普通高等院校汽车工程类系列教材

汽车制造工艺学

（第3版）

郝雯婧 宋新萍 主编

清華大学出版社
北京

内容简介

本书以生产企业对汽车制造工艺的需求为基线，简化抽象、繁琐、复杂的理论，强化具体的工艺概念和工艺规程，满足理论、实践教学和工程实际工艺设计的需要。

全书包括三部分内容，第一部分为汽车零件机械加工工艺的基本理论，第二部分为汽车零件机械加工和装配工艺的制定，第三部分为汽车制造工艺学课程设计（机械加工和装配工艺实例）。三部分自成一体，又相互支撑，从理论到实践，使学生逐步获得汽车制造工艺的基本理论知识和实践运用能力，提高学生解决工程实际问题的能力，为将来从事车辆（汽车）设计和制造工艺工作奠定一定的工艺基础，为后续专业课程的学习和相关的实践教学环节打好基础。

本书可供高校车辆工程、机电一体化、数控技术、机械制造与自动化、模具制造、机械制造与设备等专业的学生使用，也可供相关工程技术人员参考。

图书在版编目（CIP）数据

汽车制造工艺学/郝雯婧，宋新萍主编．—3 版．—北京：清华大学出版社，2022.5（2025.8 重印）
普通高等院校汽车工程类系列教材
ISBN 978-7-302-60496-9

Ⅰ．①汽…　Ⅱ．①郝…　②宋…　Ⅲ．①汽车－生产工艺－高等学校－教材　Ⅳ．①U466

中国版本图书馆 CIP 数据核字（2022）第 054293 号

责任编辑：许　龙
封面设计：傅瑞学
责任校对：赵丽敏
责任印制：杨　艳

出版发行：清华大学出版社
　　网　　址：https://www.tup.com.cn，https://www.wqxuetang.com
　　地　　址：北京清华大学学研大厦 A 座　　**邮　　编**：100084
　　社 总 机：010-83470000　　**邮　　购**：010-62786544
　　投稿与读者服务：010-62776969，c-service@tup.tsinghua.edu.cn
　　质量反馈：010-62772015，zhiliang@tup.tsinghua.edu.cn
印 装 者：三河市龙大印装有限公司
经　　销：全国新华书店
开　　本：185mm×260mm　　**印　张**：20.75　　**字　　数**：504 千字
版　　次：2011 年 5 月第 1 版　2022 年 5 月第 3 版　　**印　　次**：2025 年 8 月第 3 次印刷
定　　价：59.80 元

产品编号：092140-01

前　言

随着汽车保有量的不断增加，车型的日益丰富，人们对汽车零配件的需求从专注于个别车型的某些配件，发展为多车型全系列的零配件。现代先进制造技术、汽车零部件关键产品的研发、制造工艺技术等，对汽车在国际市场的竞争和发展，以及汽车制造业劳动力市场的发展，在现在以至将来都具有至关重要的作用。汽车工业已成为中国重要的支柱产业，中国要想从汽车制造大国走向强国，必须实现汽车整车及其零部件产品的自主研发，要实现精益生产，注重工艺品质，同时施行节能和新能源汽车的战略。只有自主汽车企业支撑起民族汽车工业的发展，才能保持我国汽车工业的长期繁荣与持续发展的国际竞争力。

编者根据多年制造企业的工作经验及教学实践经验，在对上海众多汽车制造企业进行广泛调研及科研合作的基础上，完成了本书的再版工作。本书的内容满足国家通用标准和行业专业标准的要求，贯彻工程教育的理念，以社会对汽车车辆工程人才的需求为导向，以实际的汽车车辆工程为背景，以汽车车辆工程技术为主线，着力于提高学生的工程意识、工程素质和工程实践能力。

通过本书的学习，可以使学生和相关工程技术人员掌握汽车制造工艺的技术内容、方法和特点，熟悉整车和零部件的总成装配、机械加工等工艺流程；熟悉汽车和零部件产品的生产质量控制；能够用科学的方法和观点，运用现代的制造技术和工具，解决汽车产品生产和试制过程中的工艺、工装设计以及生产设备操作管理等方面的工程实际问题。

本书由郝雯婧、宋新萍主编，上海工程技术大学机械与汽车学院院长、博导崔国华教授主审。感谢崔国华教授审稿时提出的中肯建议。本书在编写过程中参阅了许多国内外的资料，在此对其作者一并表示感谢。由于编者水平有限，书中难免存在不足之处，恳请广大读者批评指正。

作　者

2021年12月

目　录

绪　论

1. 汽车制造业对国民经济的影响

汽车是机、电、液、气高度综合性的精密机械产品，汽车工业一方面需要十分广泛的配套产业，另一方面又是机床、铸造机械、锻造机械、焊接机械、电气、仪表以及多种原材料的使用大户，因此汽车工业是产业关联度较高的一个产业。汽车工业的发展能够带动国家整个相关工业和出口产品的发展，是影响国家财政收入和税收的重要产业。发展汽车工业，是国民经济发展中一个重要的领域，很多国家都把汽车工业作为国民经济的支柱产业。

1949 年以前，中国仅试制过汽车，没有正式的汽车制造厂，所用汽车由美、德、英等国进口，为数不多的汽车配件厂生产的板簧、活塞等配件的数量尚不敷维修之用。中国完整的汽车制造工业是在 1949 年中华人民共和国成立之后建立的。1956 年 7 月 13 日，国产第一辆解放牌 CA10 型 4 吨载货汽车在第一汽车制造厂胜利下线，结束了中国自己不能制造汽车的历史。时至今日，经过几代人半个多世纪的艰苦奋斗，中国汽车工业经历了创建、成长与全面发展的过程，建立了汽车制造与科研、专业教育和人才培养相结合的体系，形成了产品种类较齐全、生产能力不断增长、产品水平日益提高、市场用户持续增长、营销服务网络相对完善的汽车工业体系。中国汽车制造业的整体实力虽然不如拥有超过 100 年历史的欧洲和美国，但中国汽车工业在全球的地位却在快速提高。

汽车工业对于中国国民经济的影响是非常明显的，汽车制造业的发展带来了就业、带来了民生、带来了人民消费水平的提高、带来了整个社会人民富裕程度的提高。2009 年，中国以 1379 万辆的汽车产量，首次成为全球第一大汽车生产国。自此，中国汽车工业稳步、快速发展，年产量持续蝉联全球第一，创全球历史新高。在中国，汽车工业以及相关产业的就业量，以及汽车工业占整个国民经济 GDP 的比重逐年增加，受到世人瞩目。

2. 汽车的制造过程及其特点

狭义地讲，**汽车的制造过程**是指把汽车原材料转变为汽车产品的全过程；广义地讲，**汽车的制造过程**是从产品设计开始到成品出厂的全过程。由于汽车零件精度高、结构复杂、产量高，对零部件的安全性、可靠性及零部件之间的互换性要求高，所以汽车制造业比其他机械制造业要求更高。

广义的**汽车的制造过程**包括以下内容。

1）生产与技术的准备过程

生产与技术的准备过程是基本生产过程的前提，是指汽车产品投入生产前所进行的各种技术和装备的准备工作过程。这个准备过程包括产品的开发和调研，产品设计、试制、试验和鉴定，生产的工艺设计和专用工艺装备的设计和制造，生产计划的编制，生产资料的准备以及生产人员的培训等。

2）基本生产过程

基本生产过程是上述狭义的汽车生产过程，专指汽车零件和总成从原材料经过各种工艺过程转变为汽车产品的过程。基本生产过程包括下料、铸造、锻造、粉末冶金、机械加工、热处理、冲压、焊接、电镀、涂饰、装配等工艺过程,其流程如图 0.1 所示。作为一种综合性的精密机械产品,汽车类型以及组成汽车产品的机械零部件的数量繁多,汽车产品中机械组成部分的制造生产过程是汽车生产的中心环节。

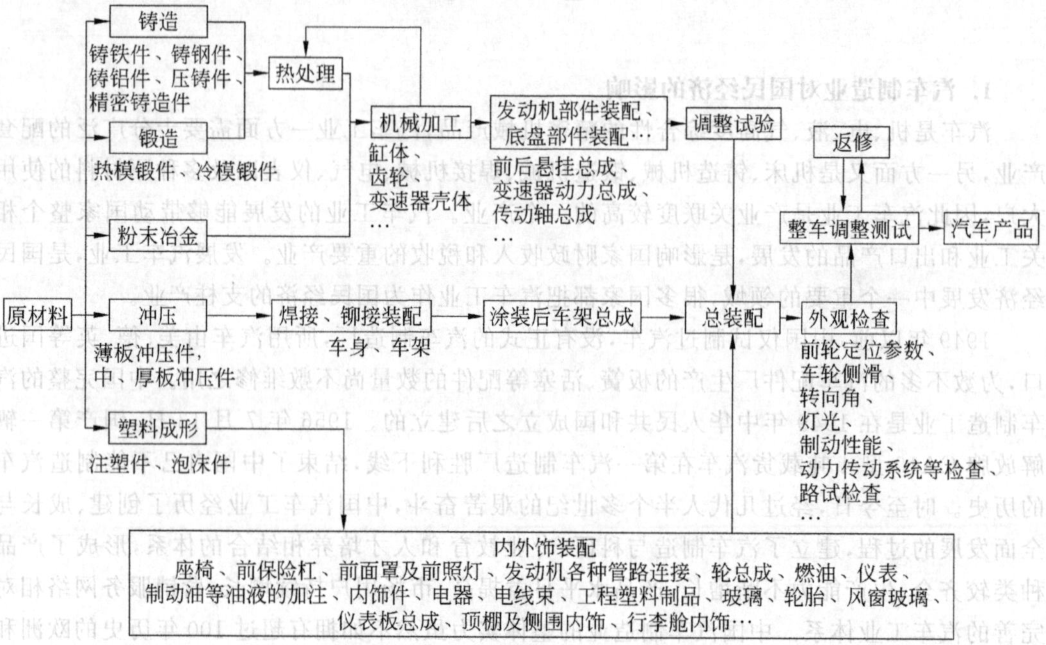

图 0.1　汽车产品的基本生产过程

3) 辅助生产过程

辅助生产过程是保证基本生产过程能正常进行所必需的辅助产品的生产、维护和维修过程。

4) 生产服务过程

生产服务过程是指为基本生产过程和辅助生产过程顺利完成所进行的各种生产服务活动,包括原材料、外购件和工具的供应、运输、保管、包装、发运、售后服务等。

从毛坯到汽车整车的生产过程中包含的生产工艺种类繁多,主要包括铸造、锻造、冲压、金属切削、热处理、检验、焊接、装配、涂装、零部件性能检测、汽车各种试验工艺等。

3. 汽车制造工艺人员的根本任务

汽车工业是技术密集型产业,在生产中应用了各种高新工艺技术。在从原材料进厂到产品出厂的整个生产过程中,都离不开工艺。汽车生产的工艺过程十分复杂,是包括生产准备、原材料供应、制造工艺、计划管理、生产计划调度、组织劳动生产、产品检验与测试等整个生产过程的多方面统一体。汽车的生产工艺是对整个汽车生产过程的正确表述,其核心是汽车制造工艺。汽车制造工艺是企业生产的基础,它直接影响着产品的质量、生产效率、企业的有序运作和经济效益。

汽车的质量和性能首先取决于设计,有了好的设计,汽车的质量和可靠性则取决于工艺水平。在保证汽车产品质量的前提下,降低生产成本同时提高劳动生产率是研究汽车制造工艺的出发点,也是**汽车制造工艺人员的根本任务**。

学习和研究汽车制造工艺学的目的就是为完成上述根本任务打好必要的理论基础。对于工艺人员，重点是要研究保证汽车零件加工精度和表面质量的方法，同时研究如何制定工艺方案，其中包括零件加工方法的选择、零件加工余量和工序尺寸的确定、零件基准的选择、工序的安排以及设备与工装的选择等。

工艺理论和工艺方法的运用灵活性很大，因此在掌握基础理论和方法后，需对实际应用中的具体情况、具体问题具体分析，本着优质、高产、低耗的原则，在生产中正确运用工艺理论和工艺方法，不断提高工艺人员的工艺水平。

汽车制造工艺学是汽车制造业工艺的核心，但并不是制造工艺工作的全部。工艺人员不但要能熟练地制定工艺；还要有相应的管理知识和能力；更要有相关专业的技术知识，既要有一定的铸造、锻压、热处理等专业知识，还必须要有工具、夹具设计与制造、机床维修及数控技术等方面的知识；并能经常在生产中调研、总结，密切研究国、内外汽车制造企业的先进制造工艺及技术动态等。这样，才能成为具有较强能力的合格工艺人员。

4. 中国的汽车制造业任重而道远

中国汽车产业的总体规模虽然大，但不强且集中度极低。从汽车国际市场分析，发达国家正在设置更高的汽车产品技术壁垒和环境壁垒，以占领发展中国家的市场并保护本国的市场。尽管发达国家的企业也向发展中国家转移某些技术，但是大多数发展中国家并不能得到他们所需要的技术，如汽车新产品研发技术、关键系统总成制造技术等。长此以往，发展中国家在汽车市场竞争中将会长期处于被动地位。

同时，发达国家在实现汽车工业现代化之后，正积极运用信息技术改造自己的汽车工业，使得他们的汽车工业日益信息化、知识化。所以对尚未实现汽车工业现代化的广大发展中国家而言，同时还面临着汽车工业信息化、知识化的挑战。

虽然中国汽车产量自2009年起连续多年达到全球第一，但目前中国的汽车生产企业仍然规模偏小，经济技术实力很弱。单独依靠一个汽车厂商，不可能自主地运用高新技术改造传统汽车工业，很难应对跨国垄断汽车集团的强有力挑战。

未来汽车产业的竞争将不仅局限于整车厂与整车厂之间的竞争，而是整个汽车零部件制造商与制造商、供应链与供应链的竞争。所有汽车制造商都在寻求降低成本，提升效率，增强企业竞争力。从当今经济全球化的进程来看，中国汽车工业要想真正从汽车制造大国迈向汽车制造强国，必须继续奋进、抓住机遇、与时俱进、同国际接轨、加快提高国际竞争力，才能屹立于世界汽车工业之林。

第1章　汽车零件机械加工工艺基本概念

1.1　机械加工工艺过程及其组成

1. 机械加工工艺过程的基本概念

在生产过程中按一定顺序逐渐改变生产对象的形状、尺寸、相对位置和性质等，使其成为(预期)成品或半成品的方法和具体过程，称为**工艺过程**。在汽车产品的制造生产中，其工艺过程包括：毛坯(铸件、锻件等)的生产工艺过程，热处理工艺过程，机械零件的机械加工工艺过程，总成(总成是由若干个零件按规定技术要求组装的装配单元)或部件及汽车产品的调试、装配工艺、检验工艺过程等。

机械加工工艺过程和装配工艺过程等，都是由若干道按一定顺序排列的工序组成的。下面以机械加工工艺过程为例说明工艺过程的组成。

2. 机械加工工艺过程的组成

机械加工工艺过程是由若干道顺序排列的工序组成的；而工序又可分为若干个安装、工位、工步和走刀，前者包含后者。

1) 工序

工序是指一个工人或一组工人在一台机床或一个工作场地，对一个或同时对几个工件进行连续加工，所完成的那一部分工艺过程，期间可能要经过几次安装。**区分工序的主要依据，是工作场地(或设备)是否变动和完成的那部分工艺内容是否连续。**

工序是组成工艺过程的基本单元，不仅能够反映加工的阶段性，而且也是制定时间定额、工人配备、作业安排和质量检验等的基本单元。

例如，在车床上加工一批轴，既可以对每一根轴连续地进行粗加工和精加工，也可以先对整批轴进行粗加工，然后再依次对它们进行精加工。在第一种情形下，由于加工场地不变且工作连续，所以加工只包括一道工序，属于工序集中；而在第二种情形下，虽然加工是在同一台机床上进行的，由于加工过程的连续性中断，就变成为粗、精加工两道工序，相对第一种情形属于工序分散。

工序集中就是将工件加工内容集中在少数几道工序内完成，每道工序的加工内容较多。工序集中的特点如下：

(1) 减少工件安装次数，在一次安装中完成零件多个表面的加工，保证产品的相互位置精度；

(2) 减少工序数目，缩短工艺路线，简化生产计划工作；

(3) 机床数量少，节省车间面积，简化生产计划和生产组织工作；

(4) 操作工人较少，工人操作技术要求较高；

(5) 专用机床和工艺设备成本高，调整维修费时费事，生产准备工作量大；

(6) 适用于单件、小批生产。

工序分散就是将工件加工内容分散在较多的工序中进行，每道工序的加工内容较少，最少时每道工序只包含一个简单工步。工序分散的特点如下：

(1) 每台机床只完成一个工步，易于组织流水生产；

(2) 机床设备及工艺装备简单，生产准备工作量少，便于平衡工序时间；

(3) 设备数量多，占用场地大，生产计划和生产组织工作较复杂；

(4) 操作工人较多，工人操作技术要求较低；

(5) 采用结构简单的高效机床和工装，易于调整；

(6) 适用于批量生产，尤其是汽车零件的流水线批量生产。

在实际生产中，工序集中、工序分散的合理设计要根据实际生产中企业的生产类型、企业的生产能力、工件结构特点和技术要求、工人技术水平、生产成本和品质要求等进行综合分析，择优选用。

单件、小批生产采用工序集中，可以简化生产计划和组织工作；对于大(重)型工件，为了减少工件装卸和运输的劳动量，工序也应适当集中；对于汽车零件这种大批大量生产的产品，可将工序分散后组织流水生产；对一些结构简单的产品，如轴承和刚性较差、精度较高的精密零件，工序应适当分散。

2) 安装

在一道工序中，工件在机床或夹具中一次装夹(即每定位和夹紧一次)所完成的那部分工序内容，称为一次**安装**。在一道工序中可以有一个或多个安装。

例如，在车床上加工轴，先从一端加工出部分表面，然后调头再加工另一端，这时的工序内容就包括两个安装。

3) 工位

在工件的一次安装中，通过分度或移位装置，使工件相对于机床床身变换加工位置，把每一个加工位置上的安装内容称为一个**工位**。每一个安装可能包含一个或几个工位。

如图 1.1 所示为一个回转工作台(多工位回转工作台)加工孔，钻、扩、铰各为一个加工内容，装夹一次产生一个合格的零件。该安装加工共有 4 个工位：工位 1 为装卸工件，工位 2 为钻孔，工位 3 为扩孔，工位 4 为铰孔。

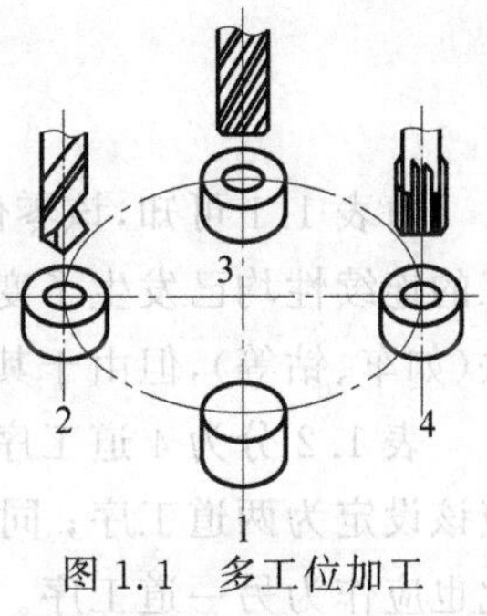

图 1.1　多工位加工

4) 工步

为了详细分析和描述工序的内容，工序还可以进一步划分到工步。**工步**是指加工表面和加工工具不变的情况下，所连续完成的那一部分工序。一道工序可以包括几个工步，也可以只有一个工步。

5) 走刀

在一个工步内，若被加工表面即材料层需被切去的金属层很厚，需分几次切削去除，则每进行一次切削就是一次**走刀**，生产中也常称为进给。一个工步可以包括一次走刀或几次走刀。例如轴类零件如果要切去的金属层很厚，则需分几次切削，这时每切削一次就称为一次走刀。

为了提高生产率，多工位、多刀或多面同时加工，使工件几个表面同时进行加工，亦可看作一个工步，这就称为**复合工步**。如图 1.2 所示，在组合钻床上加工多孔箱体孔，零件上 4 个 $\phi 8$ 孔的钻削，可以作为一个工步，即钻 $4\times\phi 8$ 为一个复合工步。

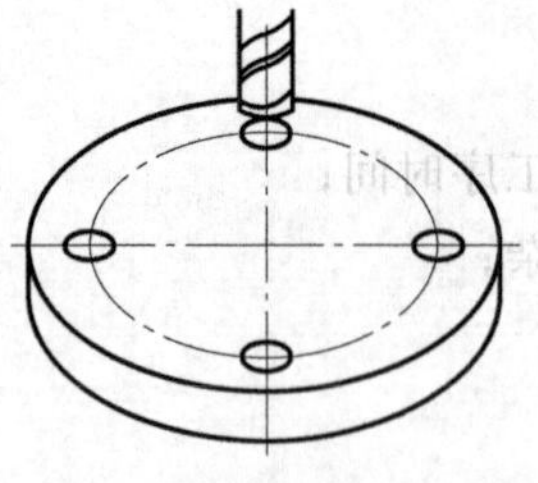

图 1.2　钻削圆盘形工件上的4个 $\phi 8$ 孔

综上所述,一个工件的机械加工工艺过程,通常要由若干道顺序完成的工序组成,其中工序是组成工艺过程的最基本单元。在一道工序中可能包含一个或几个安装,每一个安装可能包含一个或几个工位,每一个工位可能包含一个或几个工步,每一个工步可能包含一个或几个走刀。

例 1.1　如图 1.3 所示的圆盘零件,设计其单件小批及成批生产时的加工工艺过程。

解:单件小批生产时加工工艺过程如表 1.1 所示,成批生产时加工工艺过程如表 1.2 所示。

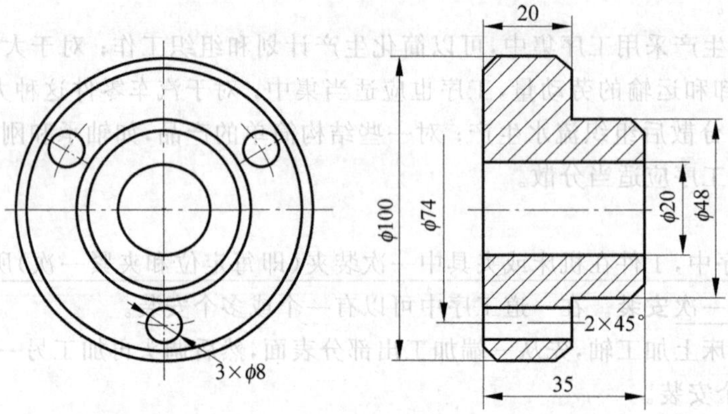

图 1.3　圆盘零件

由表 1.1 可知,该零件的机械加工分车削和钻削两道工序,两者的操作工人、机床及加工的连续性均已发生了变化。而在车削加工工序中,虽然含有多个加工表面和多种加工方法(如车、钻等),但由于其划分工序的要素未改变,故仍属同一道工序。

表 1.2 分为 4 道工序。虽然工序 1 和工序 2 同为车削,但由于加工连续性已变化,因此应该设定为两道工序;同样工序 4 修孔口锐边及毛刺,因为使用设备和工作地均已变化,因此也应作为另一道工序。

表 1.1　圆盘零件机械加工工艺过程(单件生产)

工序号	工序名称	安　装	工步	工 序 内 容	走刀	设备
1	车削	Ⅰ(三爪自定心卡盘夹紧毛坯小端外圆)	1	车大端端面		车床
			2	车大端外圆到 $\phi 100$ mm		
			3	钻 $\phi 20$ mm 孔		
			4	倒角		
		Ⅱ(工件调头,三爪自定心卡盘夹紧毛坯大端外圆)	5	车小端端面,保证尺寸 35 mm		
			6	车小端外圆到 $\phi 48$ mm,保证尺寸 20 mm		
			7	倒角		
2	钻削	Ⅰ(钻床夹具装夹工件)	1	依次加工 3 个 $\phi 8$ mm 孔		钻床
			2	在夹具中修去孔口的锐边及毛刺		

表 1.2　圆盘零件机械加工工艺过程(批量生产)

工序号	工序名称	安　装	工步	工 序 内 容	走刀	设备
1	车削	Ⅰ (三爪自定心卡盘夹紧毛坯小端外圆)	1	车大端端面	—	车床
			2	车大端外圆到 ϕ100 mm	—	
			3	钻 ϕ20 mm 孔	—	
			4	倒角		
2	车削	Ⅰ (工件调头,三爪自定心卡盘夹紧毛坯小端外圆)	1	车小端端面,保证尺寸 35 mm	—	车床
			2	车小端外圆到 ϕ48 mm,保证尺寸 20 mm	—	
			3	倒角	—	
3	钻削	Ⅰ (钻床夹具装夹工件)	1	依次加工 3 个 ϕ8 mm 孔	—	钻床
4	钳	Ⅰ	1	修去孔口的锐边及毛刺		钳工台

机械加工工艺过程的组成内容,工序、安装、工位、工步、走刀最终都在机械加工工艺规程中以符合企业标准的文书格式体现,并供生产使用。

1.2　汽车产品的生产性质、生产纲领和生产类型

1. 汽车产品的生产性质

1) 产品试制

产品试制是为了生产出少量样车(或汽车新零件)来验证新设计的汽车产品的性能和可靠性而进行的生产。汽车新产品的试制要反复进行,少则 2～3 轮,多则 3～5 轮。

2) 试生产

试生产是指按生产准备布置,模拟大批量的生产方式进行生产,用以验证生产准备中产品设计、工艺设计、机床设备及工艺装备等的完善程度,同时进行工艺文件的修订和人员的培训。试生产安排在大批量生产前,要进行数次,以使生产线达到设计能力,并使产品质量得到保证。

3) 正式生产

正式生产是指必须按生产设计、工艺文件进行的正常生产。

2. 汽车产品的生产纲领

汽车生产企业在计划期内(常指一年)生产的汽车产量称为**汽车产品的生产纲领(Q)**。

汽车零件的年生产纲领 N 可按下式计算:

$$N = Qn(1 + a\% + b\%) \tag{1.1}$$

式中,N 为汽车零件的年生产纲领,件/年;Q 为汽车产品的年生产纲领,台/年;n 为每台汽车产品中该零件的数量,件/台;$a\%$为汽车零件的备品率,是指用于维修的备件数占装车件数的比例;$b\%$为汽车零件的废品率,是指汽车零件的废品数量占投入生产件数的比例。

生产纲领的大小对生产组织形式和零件加工过程起着重要的作用,它决定了生产的规划及工序的专业化和自动化程度,决定了所应选用的工艺方法和工艺装备。工艺规程的详细程度与生产类型有关,不同的生产类型由产品的年生产纲领即年产量区别。

3. 汽车产品的生产类型及工艺特征

汽车产品的销售、汽车企业的生产能力等多种因素决定了汽车零件的年生产纲领,从而决定汽车零件不同的生产类型(即生产规模)。汽车零件的生产类型不同,相应地该产品制造的工艺方法、工艺特征、工艺装备以及生产的组织形式等均不同。

1) 生产类型

通常,按照汽车零件的年生产纲领,即生产企业的生产专业化程度,**汽车产品和汽车零件的生产类型划分为单件生产、成批生产**(每批生产的数量称为批量)、**大量生产三种类型**。汽车制造企业生产类型与产量之间的关系,如表1.3所示。

表1.3 汽车制造企业生产类型与产量之间的关系 辆/年

生产类型		产量		
		小轿车及1.5 t以下轻型载货汽车	载货汽车	
			2~6 t	8~15 t
单件生产		<10	<10	<10
成批生产	小批	10~2000以下	10~1000以下	10~500
	中批	2000~10 000	1000~10 000	500~5000
	大批	10 000~50 000	10 000~30 000	5000~10 000
大量生产		>50 000	>30 000	>10 000

(1) 单件生产

企业工作场地的加工品种频繁改变,不重复或很少重复加工相同结构、尺寸的零件,称为**单件生产**。单件生产的基本特点是:生产的汽车零件种类繁多,每种产品的产量很少,而且很少重复生产。如汽车新产品的试制属于单件生产。单件小批生产应采用通用设备和工艺装备,也可选用先进的数控机床,以降低生产成本。

(2) 成批生产

企业工作场地的生产呈周期性重复,常年分批、轮换制造若干种不同的汽车零件,称为**成批生产**。成批生产的基本特点是:分批生产相同的汽车零件,生产呈周期性重复。成批生产又可按其批量大小分为小批生产、中批生产、大批生产三种类型。其中,小批生产和大批生产的工艺特点分别与单件生产和大量生产的工艺特点类似,中批生产的工艺特点介于小批生产和大批生产之间。

(3) 大量生产

汽车产品或零件的生产纲领很大,企业工作场地常年按一定的时间定额,重复进行某一零件的某一工序的生产,称为**大量生产**。大量生产的基本特点是:产量大、品种单一,工作场地长期重复进行某个汽车零件的某一道工序的加工。例如,一般轿车的正常制造生产都属于大量生产。大批、大量生产应尽可能采用高效率的设备和工艺方法,以提高生产率。

2) 不同生产类型机械加工的工艺特征

为了提高企业生产效益,不同生产类型的企业,采取不同的工艺过程,即不同的生产组织形式、不同的生产设备、不同的工艺装备等。表1.4列举了三种生产类型所对应的工艺过程的特点。

表1.4　汽车制造业中不同生产类型的工艺特点

项　目	大量生产	成批生产	单件生产
加工对象	固定不变	周期性变化	经常变化
机床	专用、高效机床，组合机床，自动或半自动生产线	通用或专用机床、数控机床或可调自动生产线	通用机床
机床布置	自动流水线布置	成组流水线布置	机群式布置
工艺装备	专用、高效夹具，复合刀具，成型刀具	通用或专用工装、部分高效率刀具、量具	标准夹具、刀具、量具、辅具
毛坯制造	金属模、机械造型、精密铸、压铸、模锻、粉末冶金	部分金属模铸造、模锻	木模手工造型、自由锻
调整方法	调整法、自动控制法	部分试切法	试切法
安装方法	全部用夹具安装法	部分用夹具、部分划线找正	划线或直接找正
工人技术水平	不高	一般	高
制造特点	集成制造系统、主动测量	成组技术、柔性制造系统	加工中心、数控机床
工艺文件	详细、齐全	比较详细	简单

汽车零件因结构特征、质量要求及年生产纲领的不同，具有不同的生产类型。在汽车制造企业中，经常根据工序专业化程度确定零件的生产类型。**衡量工序专业化程度可用每台设备或工作场地完成的工序数目或节拍等方法确定**。表1.5所示为由设备或工作场地担负的工序数目和节拍确定生产类型的参考数据。

表1.5　确定生产类型的参数数据

生产类型	设备或工作场地完成的工序数目	生产节拍/min
大量生产	1～2	<5
大批生产	2～10	5～15
中批生产	10～20	15～60
小批生产	20～40	>60

汽车流水线零件的生产节拍是指一条生产线上相继完成两件产品生产之间的时间间隔。节拍T可按下式计算：

$$T=\frac{60H\eta}{N} \tag{1.2}$$

式中，T为汽车流水线零件的生产节拍，min；H为汽车流水线零件的年有效生产工作时间，h；η为工时利用率；N为汽车零件的年生产纲领，件/年。

在进行大量生产的汽车制造企业，由于要求流水生产线均衡生产，所以工件按工艺过程顺序加工时，在上一台设备上加工好的工件，会被连续送入下一台设备继续加工，这样就必须要求每台设备上加工工件的时间大致相同，即各工序都要按统一的节拍进行加工生产，完成传递—加工—传递的流程。理想中应该使每一道工序的时间等于节拍，或是节拍的倍数。

稳定节拍、加快节拍，是流水线生产节拍优化工程的目标。节拍不稳、质量控制波动，产能提升就会受阻，通常把一个流程中生产节拍最慢的环节叫做瓶颈(bottleneck)。流程中存在的瓶颈不仅限制了流程的产出速度，而且影响了其他环节生产能力的发挥。

如某生产线上顺序有3道工序,其作业时间分别为8 min、10 min、6 min。在考虑生产节拍时,如果是各自的产品,则生产节拍是各自的作业时间;如果是相连的工序,其生产节拍是10 min,瓶颈也出现在这道10 min的工序上。如果相连工序出现瓶颈,就应该想办法进行节拍改进,对这条生产线有两种改进方式:

(1) 把10 min的工作量拆解出来一部分,分担给下道工序(6 min的工序);

(2) 把8 min的第一道工序拆分部分工作量给第二道10 min的工序,然后给第二道工序添加一人,两人同时做,不再拆分第二道工序。

很多人误解节拍就是简单的加工一个产品的时间,其实那是生产周期。生产节拍不一定等于生产周期。如果生产周期大于生产节拍,就需要安排加班,或提前安排生产,储备一定库存,以满足生产节拍的需要。无论是加班还是增加库存都需要增加成本,因此,在组织同步化生产过程中,一定要追求生产周期与生产节拍的基本一致,否则会产生浪费。高效生产中,准确的生产节拍很重要。

3) 汽车产品生产批量与成本间的关系

集中生产、规模经济和专业化协作是发展汽车工业应遵循的三项原则,而这三项原则归纳起来就是"规模生产"。发展汽车工业的"规模生产"原则,有的人认为是最小有效经济规模。对生产单一车型的轿车厂来讲,是每年生产50万辆;对生产各种车型的企业来说,一种说法是每年生产100万辆,另一种说法是每年生产200万辆。现在世界汽车界人士大都接受后一种说法,即每年生产200万辆是最小规模生产的综合标准。汽车产品生产批量与成本间的关系见表1.6。

表1.6 一个车型的生产批量同成本的关系

汽车产量/辆	成本降低/%	汽车产量/辆	成本降低/%
由1000增加到50 000	40	由200 000增加到400 000	5
由50 000增加到100 000	15	超过400 000	小于5
由100 000增加到200 000	10	超过1 000 000	不明显

1.3 汽车零件的加工经济精度

加工经济精度是机械加工中经常用的一个概念。因为经济效益是工厂生存的根本,所以一个零件从设计到加工都要注意其经济性。所谓的**加工经济精度**是指在正常的加工条件下(采用符合质量标准的设备和工艺装备,使用标准技术等级的工人、不延长加工时间)一种加工方法所能保证的加工精度和表面粗糙度。

加工精度等级的高低是根据使用要求决定的,零件的成本是跟加工精度密切相关的。7级精度应该是比较高的精度了,再往上比如6级、5级、4级就是更高的精度,每增加一个精度等级,加工的难度会呈几何级增长,对加工机床和工具的要求就会更高,也要求工人有较高的加工水平。举例来说,7级精度用一般的机床和工具就可以达到;但6级就要用磨床;而5级就要用数控机床和精磨,甚至手工研磨了;4级就更难。每增加一个精度等级,可能会多几道工序,多用好几台更好的机床,多用很多技术工人,从而使零件的成本增加很多。追求经济精度就是要在满足使用要求的条件下以最低的精度、最低的成本,达到追求利益最大化的目的。

设计安排工艺过程时要重点考虑经济精度。

1. 加工精度与成本的关系

任何一种加工方法，其加工精度与加工成本之间都有如图1.4所示的关系。图中δ为加工误差，表示加工精度；C表示加工成本。由图中曲线可知，两者关系的总趋势是加工成本随着加工误差的下降而上升，但在不同的误差范围内成本上升的比率不同。A点左侧曲线，加工误差减少一点，加工成本会上升很多；加工误差减少到一定程度，投入的成本再多，加工误差的下降也微乎其微，这说明某种加工方法的加工精度的提高是有极限的(图中的δ_L)。在B点右侧，即使加工误差放大许多，成本下降却很少，这说明对于一种加工方法，成本的下降也是有极限的，即有最低成本(图中的C_L)。只有在曲线的AB段，加工成本随着加工误差的减少而上升的比率相对稳定。可见，只有当加工误差等于曲线AB段对应的误差值时，采用相应的加工方法加工才是经济的，该误差值所对应的精度即为该加工方法的经济精度。因此，加工经济精度是指一个精度范围而不是一个值。

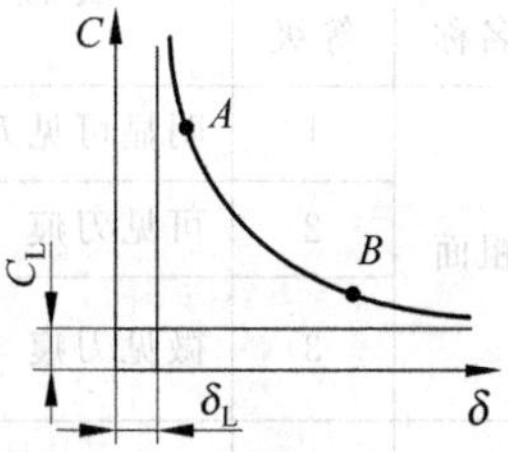

图1.4 加工精度与加工成本的关系

2. 加工经济精度与加工方法的选择

各种加工方法(车、铣、刨、钻、镗、铰等)所能达到的加工精度和表面粗糙度都是有一定范围的，各种加工方法能达到的经济精度见表1.7，各种加工方法能达到的表面光洁度见表1.8。

表1.7 各种加工方法能达到的经济精度

加工方法		公差精度等级(IT)		加工方法		公差精度等级(IT)	
		经济的精度等级	可达的精度等级			经济的精度等级	可达的精度等级
车	粗	7～8	2	铰	精	4	1
	精	6～7					
	细	3～4			细	2～3	
铣	粗	6～8	2	镗	粗	6～7	1
	精	5			精	3～5	
	细	3～4			细	2	
刨	粗	6～8	3	磨	粗	4	1
	精	5			精	3	
	细	4			细	2	
钻	无钻模	7	4	拉削	粗	*5～7	2
	有钻模	6			精	3～4	
	扩钻	5～6			细	2～3	
冷压	冲裁	8	3～4	塑料压制		8～9	6～7
	踏弯	10	5～6	切螺纹	车削	2～3	2
	拉伸	9～10	5～6		丝锥		
	挤压	5	2		板牙	3	
粉末冶金		5～7	3		碾压	2	1

*一般冷拔型钢的公差等级。

表 1.8　表面光洁度的等级、表面特征、加工方法和应用举例

<table>
<tr><th colspan="2">表面光洁度</th><th rowspan="2">表面特征</th><th rowspan="2">主要加工方法</th><th rowspan="2">应用举例</th></tr>
<tr><th>名称</th><th>等级</th></tr>
<tr><td rowspan="3">粗面</td><td>1</td><td>明显可见刀痕</td><td>粗车、粗铣、粗刨、钻</td><td rowspan="2">为光洁度最低的加工面，一般很少应用</td></tr>
<tr><td>2</td><td>可见刀痕</td><td>用粗纹锉刀和粗砂轮加工</td></tr>
<tr><td>3</td><td>微见刀痕</td><td>粗车、刨、立铣、平铣、钻</td><td>不接触表面、不重要的接触面，如螺丝孔、倒角、机座底面等</td></tr>
<tr><td rowspan="3">半光面</td><td>4</td><td>可见加工痕</td><td rowspan="3">精车、精铣、精刨、铰、镗、粗磨等</td><td>没有相对运动的零件接触面，如箱、盖、套筒</td></tr>
<tr><td>5</td><td>微见加工痕</td><td rowspan="2">要求紧贴的表面、键和键槽工作表面，相对运动速度不高的接触面，如支架孔、衬套、皮带轮轴孔的工作面</td></tr>
<tr><td>6</td><td>看不见加工痕</td></tr>
<tr><td rowspan="3">光面</td><td>7</td><td>可辨加工痕迹方向</td><td rowspan="3">精车、精铰、精拉、精镗、精磨等</td><td rowspan="3">要求很好密合的接触面，如与滚动轴承配合的表面、锥销孔等；相对运动速度较高的接触面，如滑动轴承的配合表面、齿轮轮齿的工作表面等</td></tr>
<tr><td>8</td><td>微辨加工痕迹方向</td></tr>
<tr><td>9</td><td>不可辨加工痕迹方向</td></tr>
<tr><td rowspan="5">最光面</td><td>10</td><td>暗光泽面</td><td rowspan="5">研磨、抛光、超级精细研磨等</td><td rowspan="5">精密量具的表面，极重要零件的摩擦面，如汽缸的内表面、精密车床主轴颈、坐标镗床的主轴颈等</td></tr>
<tr><td>11</td><td>亮光泽面</td></tr>
<tr><td>12</td><td>镜状光泽面</td></tr>
<tr><td>13</td><td>雾状光泽面</td></tr>
<tr><td>14</td><td>镜面</td></tr>
</table>

注：各种绝缘零件机加工表面的光洁度规定在3～6。

1.4　汽车制造专业的工艺文件

工艺文件是将工艺工作以一定格式文件的形式确定下来的全部资料的总称，按其作用可分为工艺规程和管理用工艺文件两类，如表1.9所示为机械加工主要的工艺文件。工艺规程是管理用工艺文件的基础和依据，管理用工艺文件是工艺规程得以实施的保证。

表 1.9　机械加工主要的工艺文件

<table>
<tr><th>名　称</th><th>分　类</th><th>包含内容</th></tr>
<tr><td rowspan="7">工艺文件</td><td rowspan="7">工艺规程</td><td>工艺过程卡</td></tr>
<tr><td>工艺卡</td></tr>
<tr><td>工序卡</td></tr>
<tr><td>机床调整卡</td></tr>
<tr><td>检验工序卡</td></tr>
<tr><td>工艺附图</td></tr>
<tr><td>工艺手则</td></tr>
</table>

续表

名　称	分　类	包含内容
工艺文件	管理用工艺文件	工艺分工路线图
		各类工具一览表(清单、草案),更改通知书
		专用工装设计任务书
		专用设备设计任务书
		工艺更改通知书
		工艺技术问题联系单
		毛坯图
		工厂设计说明书
		工艺设备平面布局图

为适应汽车专业化生产的需要,工艺管理必须科学化、标准化。原机械工业部于1983年颁发了《工艺工作程序及工艺文件》(JB/Z 187.1～187.5—82)等指导性技术标准,对工艺工作程序、工艺文件的完整性、工艺规程格式及填写规则、管理用工艺文件格式和专用工艺装备设计文件5个方面提出了指导性的要求和具体的格式要求。在制定工艺文件时,应当按此标准要求进行,由于各汽车制造企业具体情况不同,在实际生产中,还应结合具体情况作适当的增减。对工艺文件格式,也可根据需要自行制定。

1.4.1　工艺规程

每个零件的生产工艺过程不是唯一的,汽车制造企业应该根据零件的生产类型,在优质、高产、低成本的原则基础上,选择符合企业本身生产能力的工艺过程。

把比较合理的工艺过程确定下来后,按一定的格式(通常是表格或图表)和要求写成文件形式,要求企业有关人员必须严格执行的指令性文件,称为**工艺规程**。机械加工工艺规程是规定零件制造生产工艺过程和操作方法的工艺文件,是总结生产实践经验,结合先进制造生产工艺技术和具体生产条件,在合理的工艺理论和必要的生产工艺试验的基础上,制定并指导生产组织、生产管理、工艺管理和生产操作等的技术文件。

1. 机械加工工艺规程包括的内容

(1) 拟定机械加工工艺路线(零件在生产过程中依次通过的全部加工内容称为**工艺路线**),即确定机械加工各道工序的加工方法和顺序;

(2) 确定各道工序的具体内容,即规定各道工序具体的操作内容和完成方法。

2. 机械加工工艺规程文件形式

机械加工工艺规程是以卡片文件形式出现的文件,常用的工艺规程主要包括工艺过程卡、工序卡、调整卡、检验工序卡等。

1) 工艺过程卡

机械加工工艺过程卡以工序为单位,简要地列出整个零件加工所经过的工艺路线(包括毛坯制造、机械加工和热处理等),如表1.10所示。

机械加工工艺过程卡是制定其他工艺文件的基础,也是生产准备、编排作业计划和组织生产的依据。在这种卡片中,除了标明零件的特征外,只列出工序的序号、工序内容、设备、工装、切削规范和单件工时定额。由于各工序的说明不够具体,故一般不直接指导工人操作,而更多作为日常生产中各项管理和统计工作的依据。但在单件小批生产中,由于通常不编制其他较详细的工艺文件,因而就以这种卡片指导生产。

表 1.10 机械加工工艺过程卡示例

机械加工工艺过程卡			产品型(代)号	×××、40Cr	零(部)件图号	495A-04001	共 3 页	第 1 页
			产品名称		零(部)件名称	连杆体		
工序号	工序名称	车间	设备	工艺装备				备注
			编号 名称	编号 名称	编号 名称	编号 名称	编号 名称	
00	锻造							锻
10	锻造喷砂清理							锻
20	检验							检
30	锻造尺寸分挡							配
40	检验							检
50	粗铣二平面			圆盘铣×3016				铣
60	钻小头孔		2 小件	Z635 立钻				钳
70	粗镗小头孔		3 小件	镗床				车
80	刨角		4 小件	钻床				钳
90	铣定位面		5 小件	铣床				铣
100	粗铣分离面		6 小件	圆盘铣×3016				铣
110	粗镗大头孔		7 小件	专用机床				车

续表

	机械加工工艺过程卡		产品型(代)号 产品名称	×××、40Cr	零(部)件图号 零(部)件名称	495A-04001 连杆体	共 3 页	第 2 页
工序号	工序名称	车间	设备 编号 名称	工艺装备 编号 名称	编号 名称	编号 名称	编号 名称	备注
120	修毛刺		小件					钳
130	铣螺孔低平面		8 小件			X5024 立铣		铣
140	调质 24～32 HRC		小件					热
150	酸洗去氧化皮							
160	磁力擦伤并退伤					修磨机		
170	修磨毛刺					M7475		
180	粗磨一平面					圆盘磨		
190	退磁		小件					钳
200	磨分离面		11 小件			M7130 平面磨床		磨
210	检验							检
220	修大头孔口处毛刺		小件					钳
230	钻两螺孔		12 小件			Z635 立钻		钳

续表

机械加工工艺过程卡			产品型(代)号	×××、40Cr	零(部)件图号	495A-04001	共3页	第3页
			产品名称		零(部)件名称	连杆体		
工序号	工序名称	车间	设备	工艺装备				备注
			编号	编号	编号	编号	编号	
			名称	名称	名称	名称	名称	
240	粗镗定位孔		13 小件		专机			车
250	半精镗定位孔		14 小件		专机			车
260	精镗定位孔		15 小件		专机			车
270	2×ϕ15 mm孔口倒角		16 小件		台钻			钳
280	扩两螺孔		17 小件		专机			钳
290	（1）改螺纹2-M12×125-54		18 小件		专机			钳
	（2）去屑　（3）清洗							
300	测量螺纹垂直度		19 小件					钳
310	检验							检

2）工序卡

机械加工工序卡是根据机械加工工艺卡为一道工序制定的。它更详细地说明整个零件各道工序的要求，是用来具体指导工人操作的工艺文件。机械加工工序卡示例如表 1.11 所示。

表 1.11　机械加工工序卡示例

机械加工工序卡	产品型(代)号	495A	产品名称		零(部)件图号	495A-04001	零(部)件名称	连杆体	共 3 页 第 1 页
车间	工序号	50	工序名称	粗铣三平面	切削液		材料牌号	40Cr	硬度	同时加工件数

上工序	检验	设备	型号 ×3016		夹具	编号	PC495A-04001/1	工位器具	编号	
下工序	钻小头孔		名称	圆盘铣刀		名称	连杆体两平面夹具		名称	

工序号	工步内容	工艺装备			主轴转速	切削速度	进给量/(mm/min)	切削深度/mm	进给次数	备　注
		编号	编号	编号						
		名称	名称	名称						
1										
2										
3										
4										
5										

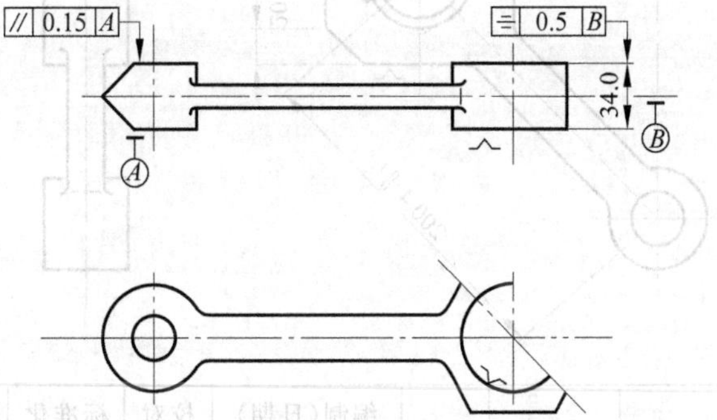

					编制(日期)	校对	标准化	会签	审核(日期)
标记	总数	更改文件号	签字	日期					

续表

机械加工工序卡	产品型(代)号	495A	产品名称		零(部)件图号	495A-04001	零(部)件名称	连杆体	共3页 第2页
车间	工序号	100	工序名称	粗铣分离面	切削液	材料牌号	40Cr	硬度	同时加工件数

上工序	铣定位面	设备	型号	×3016	夹具	编号	PC495A-04001/2	工位器具	编号
下工序	粗镗大头孔		名称	圆盘铣刀		名称	圆盘铣夹具		名称

工序号	工步内容	工艺装备			主轴转速	切削速度	进给量/(mm/min)	切削深度/mm	进给次数	备注
		编号	编号	编号						
		名称	名称	名称						
1			495A04001/9							
			定位面测量架							
2			J495A04001/2							
			分离面校对规							
3										
			0～5百分表							
4										
5										

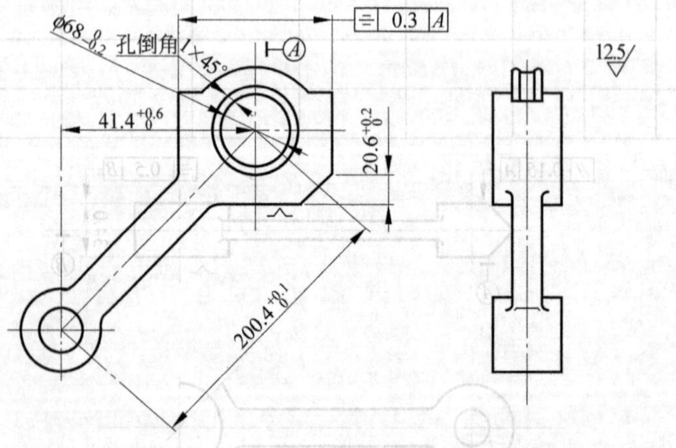

					编制(日期)	校对	标准化	会签	审核(日期)
标记	总数	更改文件号	签字	日期					

续表

机械加工工序卡	产品型(代)号	495A	产品名称		零(部)件图号	495A-04001	零(部)件名称	连杆体	共 3 页 第 3 页
车间	工序号	110	工序名称	粗铣大头孔	切削液		材料牌号	40Cr	硬度	同时加工件数

上工序	粗铣分离面	设备	型号		夹具	编号		工位器具	编号	
下工序	修毛刺		名称	专用机床		名称			名称	

工序号	工步内容	工艺装备 编号	工艺装备 编号	工艺装备 编号	主轴转速	切削速度	进给量/(mm/min)	切削深度/mm	进给次数	备注
		名称	名称	名称						
1		RJ495A-04001	LJ495A 0420013							
		0400215 粗镗刀	大头孔对刀表座							
2		RJ495A-04001	0～5 百分表							
		04002/4	0～200 游标卡尺							
3			LJ495A-04001/4							
		倒角刀	ϕ68-0.2-0.20 塞规							
4										

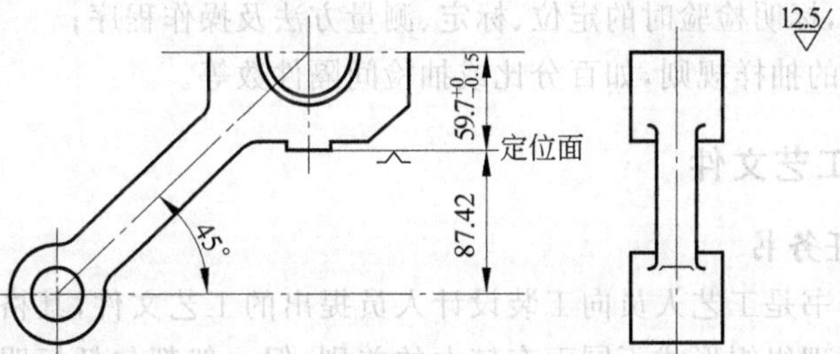

					编制(日期)	校对	标准化	会签	审核(日期)
标记	总数	更改文件号	签字	日期					

机械加工工序卡一般用于大批大量生产的零件。它更详细地说明整个零件各道工序的要求，按工序分工步，说明该工序每一工步的内容、使用设备、工装、切削工艺参数、时间定额、操作要求等详细内容，是指导生产的最详细的文件。在这种卡片上要画工序简图，对加工表面、夹紧、定位、支承、进给方向等进行详细说明。有的还要把加工刀具示意图画在图中。工序卡一般除正页外，还有附页。填写工序卡时，就按工步填写工序尺寸、公差和表面粗糙度、形位公差等技术要求，同时对工序图还有以下要求：

(1) 应画出加工件的主要轮廓线，用加粗的线标明加工表面；在不影响标注定位、夹紧符号的前提下，可以只画局部图；

(2) 用符号标注定位基准及其所限制的自由度数目和夹紧位置及力源，其符号应尽可能采用中华人民共和国机械行业标准《机械加工定位、夹紧符号》(JB/T 5061—2006)规定的符号，定位、夹紧符号应尽量在轮廓线上标注；

(3) 标注该工序应保证的工序尺寸及公差、表面粗糙度、形位公差等技术要求；

(4) 标明装夹零件的数目、加工时的排列方式等。

3) 调整卡

调整卡主要用于多工位、多刀加工的工序。它突出标明多刀位置、行程长度及各工位切削参数（刀具参数和切削用量），以便于调整，其格式一般因机床而异。

4) 检验工序卡

检验工序卡是用于指导检验人员对复杂的、精度高的零件进行检验的工艺文件，其主要内容有：

(1) 检验项目、精度及技术要求；

(2) 检验用夹具、量具名称、规格、编号；

(3) 检验简图，标明检验时的定位、标定、测量方法及操作程序；

(4) 检验对象的抽样规则，如百分比或抽检间隔件数等。

1.4.2 管理用工艺文件

1. 工装设计任务书

工装设计任务书是工艺人员向工装设计人员提出的工艺文件，其格式因各种工装的要求不同和各企业管理组织形式不同而有较大的差别，但一般都包括标明加工、定位、夹紧的位置和技术要求的简图、生产设备的型号、规格参数，如果对工装结构、动力源有特殊要求的应加以说明。

2. 工具一览表（清单）与草案

工具一览表（清单）与草案有刀具、刀辅具、夹辅具、量具一览表（清单）与草案等。列入草案的工具用于生产准备中一次性订货。列入工具一览表（清单）的工具用于正式生产，工具供应部门按定额进行储备，并保证供应。

3. 工厂设计文件

工厂设计文件有工艺设备平面布置图，是厂房设计和地面施工的依据；还有工厂设计说明书，包括设备明细表、面积、动能、投资、人员五大指标及其说明。工厂设计又分扩大初步设计、施工设计两个阶段。在这两个阶段的工厂设计中，工艺设计是逐步深化的。

工艺文件的详简程度，主要取决于生产专业化的程度和零件工艺的复杂程度。专业化程度越高，其工艺文件越详细。单件小批生产因为节拍时间短，不希望混入人为的差错，其工艺文件常常是一次性有效，为了充分发挥工人的技艺，其工艺文件规定得较简单。

为了提高生产现场工艺文件的快速可读性，要求它的内容简明扼要，文字清晰整齐，术语、符号、计量单位应符合有关标准。

习　题

1. 简述汽车的生产过程及其所包含的工艺内容。
2. 简述机械加工工艺过程及其组成内容。
3. 什么是产品的生产纲领？它对于制定生产工艺有何作用？
4. 什么是工艺文件？
5. 工艺人员的根本任务是什么？
6. 某厂年产4105型柴油机1000台，已知连杆的备用率为5%，机械加工废品率为1%，试计算连杆的生产纲领，说明其生产类型及主要工艺特点(注：一般零件质量小于100 kg为轻型零件；大于100 kg且小于2000 kg为中型零件；大于2000 kg为重型零件)。

第 2 章　汽车零件的机械加工质量

汽车由成千上万个零件组成，零件的质量决定着汽车的质量。汽车零件的机械加工质量影响着汽车零件的使用寿命、工作性能和可靠性，保证汽车零件的机械加工质量是保证汽车整车质量极其重要的环节。制定工艺规程的前提条件是必须保证产品质量，所以掌握机械加工质量的基本理论是合理制定工艺规程的基本保证。

2.1　汽车零件机械加工质量的基本知识

1. 加工精度与加工误差

加工精度是指零件加工后的实际几何参数（尺寸、形状及各表面间的相互位置等参数）与理想几何参数的符合程度。理想几何参数，对尺寸而言，指的是平均尺寸；对表面几何形状而言，指的是绝对的圆、圆柱、平面、锥面、直线等；对表面之间的相互位置而言，指的是绝对的平行、垂直、同轴、对称和一定的角度等。

与加工精度相对应的另一个概念，就是加工误差。零件加工后的实际几何参数与理想几何参数之间的偏离程度被称为**加工误差**。加工精度高，就表明加工误差小，反之亦然。加工精度与加工误差都是评价加工表面几何参数的专业术语，加工精度用公差等级衡量，等级值越小，其精度越高；加工误差用数值表示，数值越大，其误差越大。

每一种零件都有相对应的加工精度要求，也就是允许存在一定的加工误差，只要零件的加工误差在规定的范围之内，就认为零件是满足精度要求的合格产品。

根据几何参数的不同，加工精度可以划分为尺寸精度、形状精度和位置精度三类。

(1) **尺寸精度**指零件的直径、长度、宽度和表面距离等尺寸的实际值与理想值的符合程度；

(2) **形状精度**指零件表面或线的实际形状与理想形状的符合程度，例如直线度、平面度、圆柱度、圆度、线轮廓度和面轮廓度等；

(3) **位置精度**指零件表面或线的实际位置和理想位置的符合程度，例如平面度、垂直度、同轴度、对称度、位置度等。

2. 表面质量

经过机械加工后的零件表面，总存在一定的微观几何形状偏差，表面层的物理力学性能也发生了变化。**零件的表面质量**是指机械加工后零件表面层的状况，包括加工表面的微观几何形状特征和表面层的物理机械性能变化特征两个方面。

1) 加工表面的微观几何形状

加工后的表面几何形状，总是以“峰”“谷”交替的形式偏离理想的表面。这种偏离是由于在机械加工过程中，存在刀痕、切削过程中切屑分离时的塑性变形、工艺系统的某些振动以及刀具与被加工表面的摩擦等。根据偏离的误差又有宏观和微观之分。

加工表面的微观几何形状特征是通过加工表面的表面粗糙度、表面波度、纹理方向和缺陷 4 个方面来共同衡量的。如图 2.1 所示，表面粗糙度是波距 L 小于 1 mm 的表面微小波纹；表面波度是指波距 L 在 1～20 mm 之间的表面波纹。通常情况下，当 L/H（波距/波高）＜50 时为表面粗糙度，$L/H=50\sim1000$ 时为表面波度，二者都属于表面质量。波距大于 10 mm 时，属于形状误差（宏观几何形状误差），是加工精度的指标。

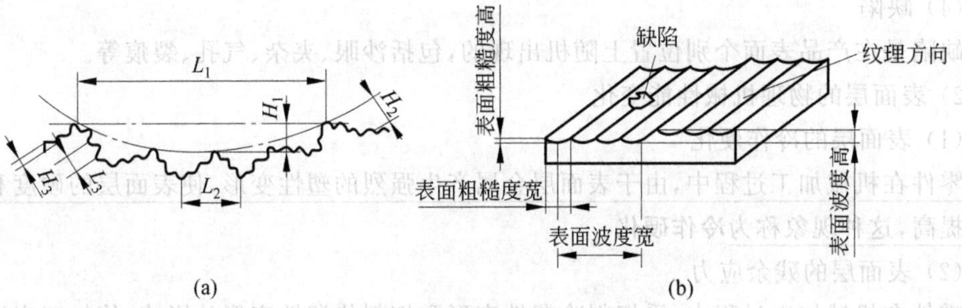

图 2.1　表面粗糙度和表面波度

(1) 表面粗糙度

表面粗糙度主要是由刀具的形状以及切削过程中的塑性变形和振动等因素引起的，在理想切削条件下，由于切削刃的形状和进给量的影响，在加工表面上遗留下来的切削层残留面积就形成了理论表面粗糙度。

表面粗糙度的两个主要评定参数为轮廓算术平均偏差 Ra 和轮廓最大高度 Ry，其中最常用的是 Ra。中美表面粗糙度对照表如表 2.1 所示。

表 2.1　中美表面粗糙度对照表

中国旧标准（光洁度）	中国新标准（粗糙度）$Ra/\mu m$	美国标准（微米）$Ra/\mu m$	美国标准（微英寸）$Ra/\mu in$
▽4	6.3	8.00	320
		6.30	250
▽5	3.2	5.00	200
		4.00	160
		3.20	125
▽6	1.6	2.50	100
		2.00	80
		1.60	63
▽7	0.8	1.25	50
		1.00	40
		0.80	32
▽8	0.4	0.63	25
		0.50	20
		0.40	16

(2) 表面波度

表面波度主要是由加工过程中工艺系统的低频振动引起的产品表面周期性形状误差。

(3) 纹理方向

纹理方向是指切削刀痕的方向,它取决于所采用的加工方法。

(4) 缺陷

缺陷是在产品表面个别位置上随机出现的,包括沙眼、夹杂、气孔、裂痕等。

2) 表面层的物理机械性能变化

(1) 表面层的冷作硬化

零件在机械加工过程中,由于表面层金属产生强烈的塑性变形,使表面层的硬度和强度都有提高,这种现象称为**冷作硬化**。

(2) 表面层的残余应力

零件在机械加工过程中,受切削冷塑性变形和切削热塑性变形的影响,使加工表层产生残余应力。若残余应力超过了材料的极限强度,就会产生裂纹,微观裂纹会给零件带来严重的隐患。

(3) 表面层金相组织变化

零件在机械加工过程中,尤其是磨削时产生的高温,会引起零件表层金属发生相变,称为磨削烧伤,它会大大降低零件表面层的物理机械性能。

2.2　保证汽车零件机械加工精度的工艺方法

2.2.1　汽车零件对加工精度的要求

汽车行驶中,由于受路况变化的影响,汽车工作状况也处于随机变化中。有时工作环境非常恶劣,再加上汽车上许多零部件是在高速、高温、高压和化学腐蚀的状态下进行工作的,所以对相关零件相应会有许多特殊的要求。如要求发动机中活塞、排气门、阀座等零件要能耐高温、耐化学腐蚀,同时热膨胀小、导热性好而且耐磨；对曲轴连杆机构要求具备高速旋转的平稳性,并能承受交变载荷,且具有足够的刚度；对高速旋转中的各摩擦副要求有良好的配合、足够的润滑；对易产生噪声的零件,如变速箱齿轮等,除要求有足够的强度和刚度外,为防止噪声,还要求有很高的接触精度。

由于零件在汽车中的作用和工作状态的不同,对它们的要求也不同,这在汽车产品图纸中都有详细的说明。

汽车的整车性能、寿命、安全性和可靠性等,在很大程度上取决于零件的加工精度、表面质量和装配质量是否达到了产品图纸所规定的要求(一般为IT6～IT9)。而汽车制造通常是大批、大量生产的,出于使用维护方便和生产节奏的要求,汽车整车及部件的装配方法,多采用互换法或分组互换法装配,以零件的加工精度来保证装配精度,从而保证汽车各项性能指标的要求和维修配件的互换要求。

对加工精度较高的零件,在机械加工中要考虑以下几个方面的问题。

1. 加工中的形状误差应小于位置误差,位置误差应小于尺寸误差

一定的尺寸精度必须有相应的几何形状和位置精度,一定的位置精度必须有相应的几何形状精度。对于一般机械加工,几何形状误差约占尺寸误差的 1/3。

例如,过大的圆度误差就很难得到准确的直径尺寸;又如,两个平面本身的平面误差很大,就很难获得它们之间的平行度或垂直度。即使在未标注形位公差时,也应控制形位公差在尺寸公差之内。

2. 整批工件的加工误差应遵从相应的理论分布规律,尤其希望接近正态分布

要求加工工序稳定而不含或少含变值系统性误差,并有足够的工序能力,即要求尺寸分散范围 6σ 值小于公差值 T(σ 为均方差)。这是为了在整批工件合格的前提下,用互换法装配时,能获得良好的装配效果;用分组装配法装配时,保证装配中零件都能配套。

例如,轴与孔配合,就不希望出现极大值孔与极小值轴或相反的配合(尽管其尺寸都在公差带内),而希望大量出现平均值附近的轴与孔的配合,以便大量获得理想的间隙或过盈。若轴与孔的尺寸均为正态分布,即可达到这个目的。分组装配时,为使对应组的零件数大致相等就必须要求轴与孔的尺寸遵从同一分布规律。

3. 对一定加工方法的经济加工精度应保守一级

按零件精度和粗糙度要求确定加工方法时,应比有关表格推荐的经济加工精度保守一个精度等级。例如对精度等级为 IT7 的表面加工,应按 IT6 来确定加工方法,或者说,用能达到 IT6 的加工方法来加工 IT7 的表面。对粗糙度的获得方法也可这样考虑。

这主要是因为汽车零件的制造多采用调整法加工,即在一次对刀后,按规定的单件时间加工一批工件。工件的加工精度只能由工艺系统自身的运行而获得,单件时间的限制决定了不可能靠工人慢工细做的技艺来达到加工精度,也不应靠全数检查来挑选合格品。

4. 正确确定基准不重合的工序尺寸和公差以及中间工序尺寸的公差要求

在汽车零件的装卸加工中,常采用工序集中的高效组合机床或自动生产线加工,不可避免地由于要用同一基准定位而出现定位基准与设计基准不重合的工序尺寸。表面看这类工序尺寸不是零件图所标注的尺寸,实际上,它们将与其他工序一起通过尺寸链转换来共同保证设计尺寸。参照各工序所能达到的经济加工精度,合理确定这类工序尺寸的公差,才能间接保证设计尺寸的要求。

综上所述,汽车零件的加工精度,要求注重整个零件尺寸的合格,尺寸需满足正态分布。因此,为了保证汽车零件的加工精度,要求工艺系统稳定,且具备较高的工序能力。

2.2.2 加工误差的影响因素

零件加工表面的几何尺寸、几何形状和加工表面之间的相互位置关系取决于工艺系统间的相对运动关系。工件和刀具分别安装在机床和刀架上,在机床的带动下实现运动,并受机床和刀具的约束。因此,工艺系统中各种误差就会以不同的程度和方式反映为零件的加工误差。在完成任意一个加工过程中,由于工艺系统各种原始误差的存在,如机床、夹具、刀具的制造误差及磨损,工件的装夹误差、测量误差,工艺系统的调整误差以及加工中的各种力和热所引起的误差等,使工艺系统之间正确的几何关系遭到破坏而产生加工误差。这些原始误差,其中一部分与工艺系统的结构状况有关,一部分与切削过程的物理因素变化有关。这些误差产生的原因可以归纳为以下几个方面。

1. 加工原理误差

加工原理误差是指采用了近似的刀刃轮廓或近似的传动关系进行加工而产生的误差。

例如，加工渐开线齿轮用的齿轮滚刀，为使滚刀制造方便，采用了阿基米德基本蜗杆或法向直廓基本蜗杆代替渐开线基本蜗杆，使齿轮渐开线齿形产生了误差。又如车削模数蜗杆时，由于蜗杆的螺距等于蜗轮的周节，即 $m\pi$，其中 m 是模数，而 π 是一个无理数，但是车床的配换齿轮的齿数是有限的，选择配换齿轮时只能将 π 化为近似值（$\pi=3.1415$）计算，这将引起刀具对于工件成型运动（螺旋运动）的不准确，造成螺距误差。

2. 工艺系统的几何误差

零件的机械加工是在由机床、刀具、夹具和工件组成的工艺系统内完成的。工艺系统中各组成环节的实际几何参数和位置，相对于理想几何参数和位置发生偏离而引起的误差，统称为**工艺系统几何误差**。在分析工艺系统几何误差对加工误差的影响时，应找出误差的敏感方向。

机床主轴的回转运动误差直接影响加工精度，尤其是在精加工时，该误差往往是影响工件圆度误差的主要因素。如坐标镗床、精密车床和精密磨床等，都要求主轴有较高的回转精度。

主轴回转运动误差是主轴实际回转轴线相对于理想轴线的最大变动量，它具有 3 种基本形式：纯径向跳动、纯轴线窜动、纯角度摆动，如图 2.2 所示。

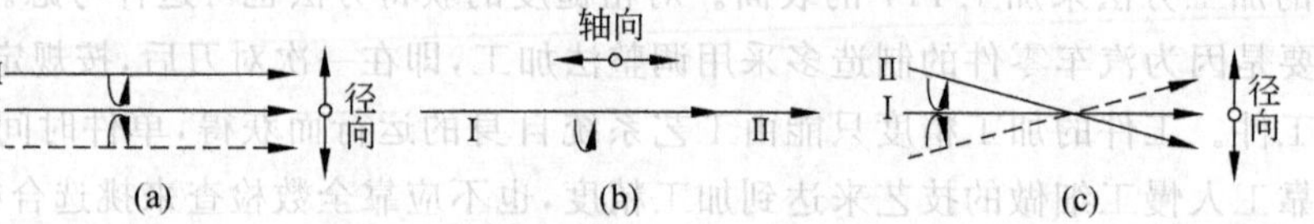

图 2.2 主轴回转误差的三种基本形式

(a) 纯径向跳动；(b) 纯轴线窜动；(c) 纯角度摆动

Ⅰ—理想回转曲线；Ⅱ—实际回转曲线

如图 2.3 所示，在车削圆柱表面时，回转误差沿刀具与工件接触点的法线方向分量 Δy 对加工精度影响最大，如图 2.3(b)所示，反映到工件半径方向上的误差为 $\Delta R=\Delta y$；而切向分量 Δz 的影响最小，由图 2.3(a)可以看出，存在误差 Δz 时，反映到工件半径方向上的误差为 ΔR，其关系式为

$$(R+\Delta R)^2=\Delta z^2+R^2 \tag{2.1}$$

整理中略去高阶微量 ΔR^2 项可得 $\Delta R=\Delta z^2/2R$。设 $\Delta z=0.01$ mm，$R=50$ mm，则 $\Delta R=0.000\,001$ mm，此值完全可以忽略不计。

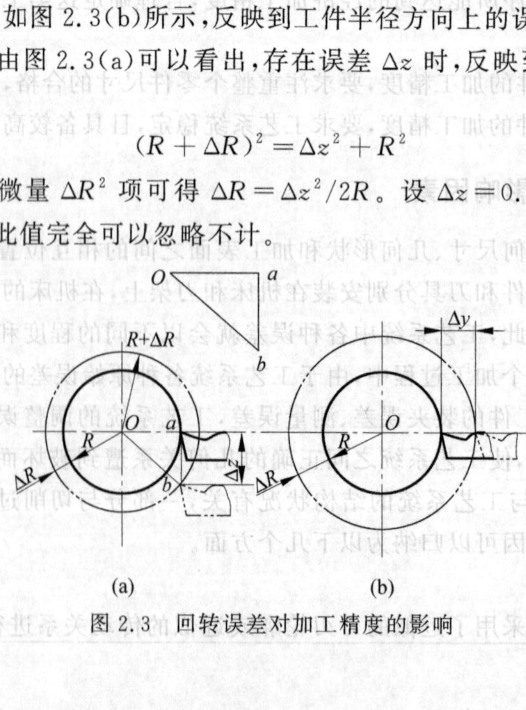

图 2.3 回转误差对加工精度的影响

因此,一般称法线方向为误差的敏感方向,切线方向为非敏感方向。

再如主轴的纯轴向窜动对工件的内、外圆加工没有影响,但会影响加工端面与内、外圆的垂直度误差。主轴每旋转一周,就要沿轴向窜动一次,向前窜的半周中形成右螺旋面,向后窜的半周中形成左螺旋面,最后切出如端面凸轮一样的形状,如图 2.4 所示,并在端面中心附近出现一个凸台。加工螺纹时,主轴轴向窜动会使加工的螺纹产生螺距的小周期误差。

还有诸如机床的导轨误差,刀具的制造、磨损和安装误差,夹具的定位、夹紧、安装和对刀误差等都将影响零件的加工误差。

3. 工艺系统受力变形引起的误差

工艺系统在切削力、夹紧力、重力和惯性力等作用下会产生变形,从而破坏已调整好的工艺系统各组成部分的相互位置关系,导致加工误差的产生,并影响加工过程的稳定性。

如图 2.5 所示,由于工件毛坯的圆度误差,使车削时加工余量不均匀,刀具的背吃刀量在 a_{p1} 与 a_{p2} 之间变化,因此,切削分力 F_y 也随切削深度 a_p 的变化由 $F_{y\max}$ 变到 $F_{y\min}$。工艺系统将产生相应的变形,即由 y_1 变到 y_2(刀尖相对于工件产生 y_1 到 y_2 的位移),这样就形成了被加工表面的圆度误差,这种现象称为**误差复映**。

图 2.4　主轴轴向窜动对端面加工的影响

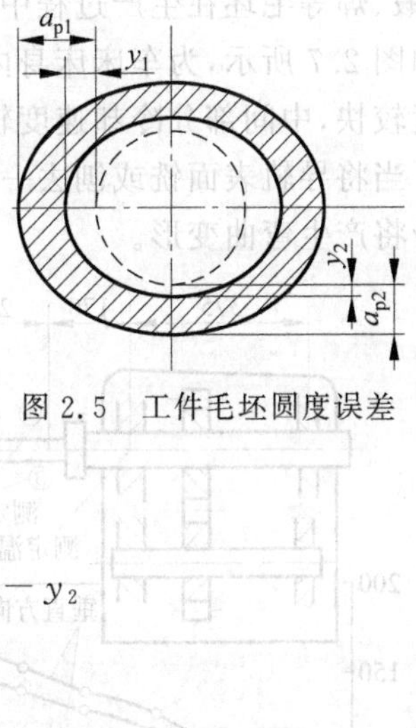

图 2.5　工件毛坯圆度误差

若令

$$\Delta h = a_{p1} - a_{p2},\quad \Delta l = y_1 - y_2$$

则

$$\varepsilon = \frac{\Delta l}{\Delta h} \tag{2.2}$$

式中,ε 为误差复映系数。

复映系数 ε 定量地反映了毛坯误差在经过加工后减小的程度,它与工艺系统的刚度成反比,与径向切削力成正比。要减小工件的复映误差,可增加工艺系统的刚度或减小径向切削力(如增大主偏角、减小进给量等)。

当毛坯的误差较大,一次走刀不能满足加工精度要求时,需要多次走刀来消除 Δm 复映到工件上的误差。多次走刀总 ε 值计算如下:

$$\varepsilon_{\Sigma} = \varepsilon_1 \varepsilon_2 \cdots \varepsilon_n \tag{2.3}$$

由于 ε 是远小于 1 的系数,所以经过多次走刀后,ε 已降到很小值,加工误差也可以逐渐减小,从而达到零件的加工精度要求(一般经过 2～3 次走刀后即可达到 IT7 的精度要求)。

4. 工艺系统受热变形引起的误差

引起工艺系统热变形的热源大致可分为两类:内部热源和外部热源。内部热源包括切削热和摩擦热,外部热源包括环境温度和辐射热。切削热和摩擦热是工艺系统的主要热源。

工艺系统受各种热源的影响,其温度会逐渐升高。图 2.6 所示为车床主轴箱的热变形。车床类机床的主要热源是主轴箱中的轴承、齿轮、离合器等传动副的摩擦热,这种摩擦热使主轴箱和床身的温度上升,造成机床主轴抬高和倾斜。如图 2.6 所示的主轴在水平方向的位移只有 10 μm,而垂直方向的位移却达到 180~200 μm。这对于刀具水平安装的卧式车床的加工精度影响较小,但对于刀具垂直安装的自动车床和转塔车床来说,对其加工精度的影响就不容忽视了。

工件、刀具和夹具在切削温度的影响下,同样会发生变形,从而产生加工误差。

5. 工件内应力引起的误差

零件在没有外加载荷的情况下,仍然残存在工件内部的应力称为**内应力或残余应力**。工件在铸造、锻造及切削加工后,内部会存在各种内应力。零件内应力的重新分布不仅影响零件的加工精度,而且对装配精度也有很大的影响。内应力存在于工件的内部,其存在和分布情况相当复杂,下面只作一些定性的分析。

铸、锻、焊等毛坯在生产过程中,由于工件各部分的厚薄不均,冷却速度不均匀而产生内应力。如图 2.7 所示,为车床床身内应力引起的变形情况。铸造时,床身导轨表面及床腿面冷却速度较快,中间部分冷却速度较慢,因此形成了上下表层受压应力、中间部分受拉应力的状态。当将导轨表面铣或刨去一层金属时,和上图开口一样,内应力将重新分布和平衡,整个床身将产生弯曲变形。

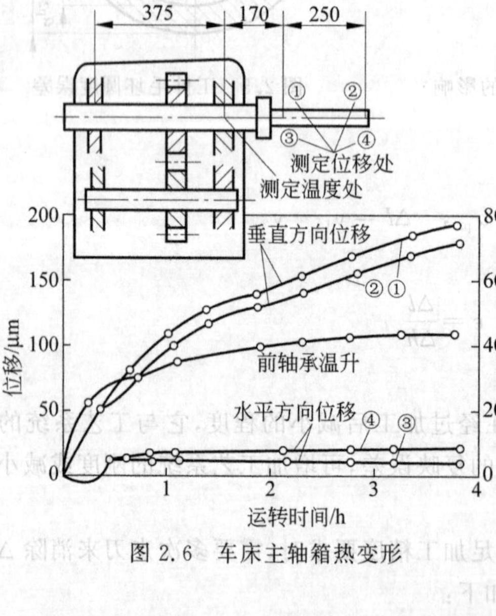

图 2.6 车床主轴箱热变形

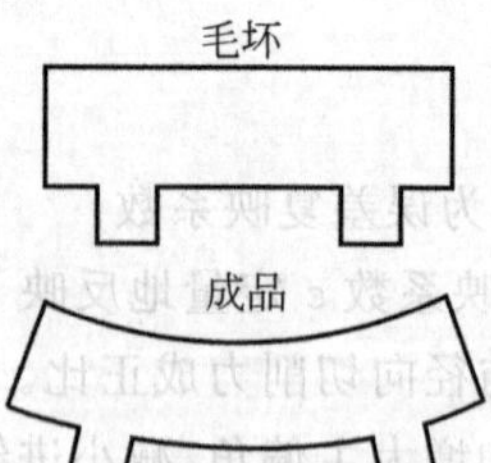

图 2.7 床身内应力引起变形

细长的轴类零件,如光杠、丝杠、曲轴、凸轮轴等在加工和运输中很容易产生弯曲变形,因此,大多数工件会在加工中安排冷校直工序,这种方法简单方便,但会带来内应力。因此,对于精密零件的加工是不允许安排冷校直工序的。当零件产生弯曲变形时,如果变形较小,可加大加工余量,利用切削加工方法去除其弯曲度,这时要注意切削力的大小,因为这些零件刚度很差,极易受力变形;如果变形较大,则可用热校直的方法,这样可减小内应力,但操作比较麻烦。

工件在进行切削加工时，在切削力和摩擦力的作用下，使表层金属产生塑性变形，体积膨胀，受到里层组织的阻碍，故表层产生压应力、里层产生拉应力；由于切削温度的影响，表层金属产生热塑性变形，表层温度下降快，冷却收缩也比里层大，当温度降至弹性变形范围内时，表层收缩受到里层的阻碍，因而产生拉应力，里层将产生平衡的压应力。

通常情况下应力处于平衡状态，但毛坯或加工后具有应力的工件，当工件的应力恢复平衡状态时，将使工件变形，从而产生加工误差。

6. 测量误差

在工序调整及加工过程中测量工件时，由于测量方法、量具精度等因素对测量结果准确性的影响而产生的误差，统称为**测量误差**。测量误差，也会使工件产生加工误差。

2.2.3 加工误差的综合分析

生产实际中，影响加工误差的因素往往是错综复杂的，有时很难用简单因素来分析其因果关系，而要用数理统计方法进行综合分析来找出解决问题的途径。

1. 加工误差的性质

各种单因素的加工误差，按其统计规律的不同，可分为系统性误差和随机性误差两大类。系统性误差又分为常值系统误差和变值系统误差两种。

1）系统性误差

(1) 常值系统误差

顺次加工一批工件后，其大小和方向保持不变的误差，称为**常值系统误差**。加工原理误差和机床、夹具、刀具的制造误差等，都是常值系统误差。此外，机床、夹具和量具的磨损速度较慢，在一定时间内也可看作是常值系统误差。

(2) 变值系统误差

顺次加工一批工件中，其大小和方向按一定的规律变化的误差，称为**变值系统误差**。机床、夹具和刀具等在热平衡前的热变形误差和刀具的磨损等，都是变值系统误差。

2）随机性误差

顺次加工一批工件，出现大小和方向不同且无规律变化的加工误差，称为**随机性误差**。毛坯误差（余量大小不一、硬度不均匀等）的复映、定位误差（基准面精度不一、间隙影响）、夹紧误差（夹紧力大小不一）、多次调整的误差、残余应力引起的变形误差等，都是随机性误差。

随机性误差从表面看来似乎没有什么规律，但是应用数理统计的方法可以找出一批工件加工误差的总体规律，然后在工艺上采取措施来加以控制。

2. 加工误差的统计分析法——分布图分析法

统计分析是以生产现场观察和对工件进行实际检验的数据资料为基础，用数理统计的方法分析处理这些数据资料，从而揭示各种因素对加工误差的综合影响，获得解决问题途径的一种分析方法。主要有分布图分析法和点图分析法等，这里只介绍分布图分析法。

1）实际分布图——直方图

在加工过程中，对某工序的加工尺寸采用抽取有限样本数据进行分析处理，用直方图的形式表示出来，以便于分析加工质量及其稳定程度的方法，称为**直方图分析法**。

在抽取的有限样本数据中，加工尺寸的变化称为尺寸分散；出现在同一尺寸间隔的零件数目称为频数；频数与该批样本总数之比称为频率；频率与组距（尺寸间隔）之比称为频率密度。

以工件的尺寸（很小的一段尺寸间隔）为横坐标、以频数或频率为纵坐标表示该工序加工尺寸的实际分布图称为直方图。直方图上矩形的面积＝频率密度×组距（尺寸间隔）＝频率。由于各组频率之和等于100%，故直方图上全部矩形面积之和等于1。下面通过实例来说明直方图的作法。

例如，磨削一批轴径为 $\phi 60^{+0.06}_{+0.01}$ mm 的工件，每隔一定时间间隔，随机抽测几个工件，经历一定时间后，直到测得100个工件。实测后的尺寸如表2.2所示。

表2.2 轴径尺寸实测值

μm

44	20	46	32	20	40	52	33	40	25	43	38	40	41	30	36	49	51	38	34
22	46	38	30	42	38	27	49	45	45	38	32	45	48	28	36	52	32	42	38
40	42	38	52	38	36	37	43	28	45	36	50	46	38	30	40	44	34	42	47
22	28	34	30	36	32	35	22	40	35	36	42	46	42	50	40	36	20	16(S_m)	53
32	46	20	28	46	28	54(L_a)	18	32	33	26	46	47	36	38	30	49	18	38	38

注：表中数据为实测尺寸与基本尺寸之差。

作直方图的步骤如下。

(1) 收集数据。一般取100件左右，找出最大值 $L_a=54\ \mu m$，最小值 $S_m=16\ \mu m$（见表2.2）。

(2) 把100个样本数据分成若干组，分组数可用表2.3确定。

表2.3 样本与组数的选择

数据的数量	分组数	数据的数量	分组数
50～100	6～10	250以上	10～20
100～250	7～12		

本例取组数 $K=9$。经验证明，组数太少会掩盖组内数据的变动情况，组数太多会使各组的高度参差不齐，从而看不出变化规律。通常确定的组数要使每组平均至少摊到4～5个数据。

(3) 计算组距 h，即组与组间的间隔为

$$h=\frac{L_a-S_m}{k-1}=\frac{54-16}{8}=4.75\approx 5\ (\mu m)$$

(4) 计算第一组的上、下界限值。

上界限值为

$$S_m+\frac{h}{2}=\left(16+\frac{5}{2}\right)=18.5\ (\mu m)$$

下界限值为

$$S_m-\frac{h}{2}=\left(16-\frac{5}{2}\right)=13.5\ (\mu m)$$

(5) 计算其余各组的上、下界限值。

第一组的上界限值就是第二组的下界限值。第二组的下界限值加上组距就是第二组的

上界限值，其余类推。

(6) 计算各组的中心值 x_i。中心值是每组中间的数值，即

$$x_i = \frac{\text{某组上限值} + \text{某组下限值}}{2}$$

$$\text{第一组中心值 } x_i = \frac{13.5 + 18.5}{2} = 16\ (\mu\text{m})$$

(7) 记录各组的数据，整理成频数分布表，如表 2.4 所示。

表 2.4　频数分布表

组数 n	组界/μm	中心值 x_i /μm	频数统计	频数 m_i	频率/%	频率密度/(μm^{-1}%)
1	13.5～18.5	16	|||	3	3	0.6
2	18.5～23.5	21	|||||||	7	7	1.4
3	23.5～28.5	26	||||||||	8	8	1.6
4	28.5～33.5	31	|||||||||||||	13	13	2.6
5	33.5～38.5	36	||||||||||||||||||||||||||	26	26	5.2
6	38.5～43.5	41	||||||||||||||||	16	16	3.2
7	43.5～48.5	46	||||||||||||||||	16	16	3.2
8	48.5～53.5	51	||||||||||	10	10	2
9	53.5～58.5	56	|	1	1	0.2

(8) 统计各组的尺寸频数、频率和频率密度，并填入表 2.4 中。

(9) 按表列数据以频率密度为纵坐标、以组距(尺寸间隔)为横坐标就可以画出直方图，如图 2.8 所示。

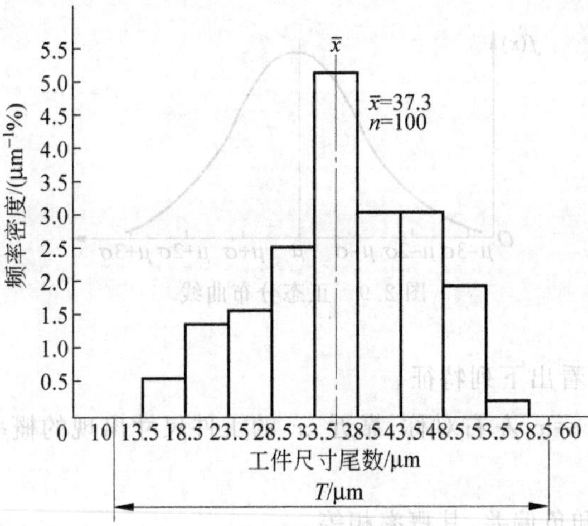

图 2.8　直方图

由图 2.8 可知，该批工件的尺寸分散范围大部分居中，偏大、偏小者较少。

尺寸分散范围＝最大直径－最小直径＝60.054－60.016＝0.038 (mm)

尺寸分散范围中心为

$$\bar{x} = \frac{1}{n}\sum_{i=1}^{n} x_i = \frac{60.016 \times 3 + 60.021 \times 7 + \cdots + 60.054 \times 1}{100} = 60.037\ (\text{mm})$$

$$直径的公差带中心 = 60 + \frac{0.06 + 0.01}{2} = 60.035\ (\text{mm})$$

标准差为

$$\sigma = \sqrt{\frac{1}{n}\sum_{i=1}^{n}(x_i - \bar{x})^2}$$

$$= \sqrt{\frac{(60.016 - 60.037)^2 \times 3 + \cdots + (60.054 - 60.037)^2 \times 1}{100}}$$

$$= 0.0092\ (\text{mm})$$

从图2.8中可看出,这批工件的分散范围为0.038 mm,比公差带还小,但尺寸分散范围中心与公差带中心不重合,若设法将分散范围中心调整到与公差带重合,即只要把机床的径向进给量增大0.001 mm,就能消除常值系统误差。

2) 理论分布图

(1) 正态分布曲线

大量的试验、统计和理论分析表明,当一批工件总数极多,加工的误差是由许多相互独立的随机因素引起的,而且这些误差因素中又都没有任何特殊的倾向时,其分布是服从正态分布的。这时的分布曲线称为正态分布曲线(即高斯曲线),如图2.9所示,其函数表达式为

$$y = \frac{1}{\sigma\sqrt{2\pi}} e^{-\frac{1}{2}\left(\frac{x-\bar{x}}{\sigma}\right)^2} \tag{2.4}$$

式中,y 为分布的概率密度(相当于直方图上的频率密度); $\bar{x}$ 为工件尺寸的平均值; σ 为标准差,$\sigma = \sqrt{\frac{1}{n}\sum_{i=1}^{n}(x_i - \bar{x})^2}$,$n$ 为样本工件的总数。

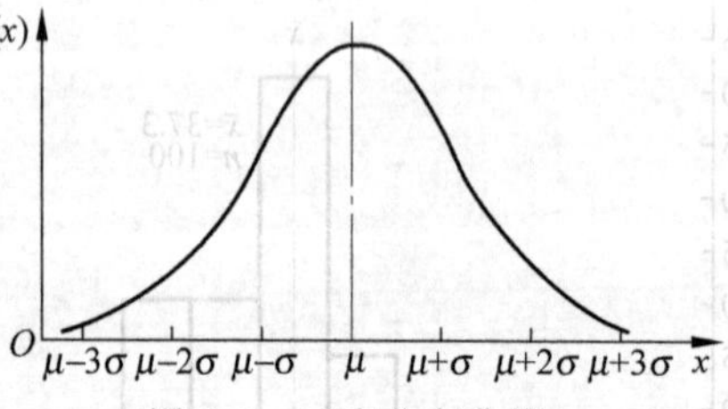

图2.9 正态分布曲线

从正态分布图上可看出下列特征。

① 曲线关于直线 $x=\bar{x}$ 左右对称,靠近 $\bar{x}$ 的工件尺寸出现的概率较大,远离 $\bar{x}$ 的工件尺寸出现的概率较小。

② 对 $\bar{x}$ 的正偏差和负偏差,其概率相等。

③ 分布曲线与横坐标所围成的面积包括了全部零件数(即100%),故其面积等于1; 其中 $x-\bar{x}=\pm 3\sigma$ (即在 $\bar{x}\pm 3\sigma$)范围内的面积占了99.73%,即99.73%的工件尺寸落在 $\pm 3\sigma$ 范围内,仅有0.27%的工件在该范围之外(可忽略不计)。因此,取正态分布曲线的分布范围为 $\pm 3\sigma$。

④ $\pm 3\sigma$(或 6σ)的概念,在研究加工误差时应用很广,是一个很重要的概念。6σ 的大小代表某加工方法在一定条件(如毛坯余量,切削用量,正常的机床、夹具、刀具等)下所能达到

的加工精度，所以在一般情况下，应该使所选择的加工方法的标准偏差 σ 与公差带宽度 T 之间具有下列关系：

$$6\sigma \leqslant T \tag{2.5}$$

⑤ 如果改变参数 $\bar{x}$（σ 保持不变），则曲线沿 x 轴平移而不改变其形状，如图 2.10 所示。$\bar{x}$ 的变化主要是由常值系统性误差引起的。如果 $\bar{x}$ 值保持不变，当 σ 值减小时曲线形状陡峭，σ 增大时曲线形状平坦，如图 2.11 所示。σ 是由随机性误差决定的，随机性误差越大则 σ 越大。

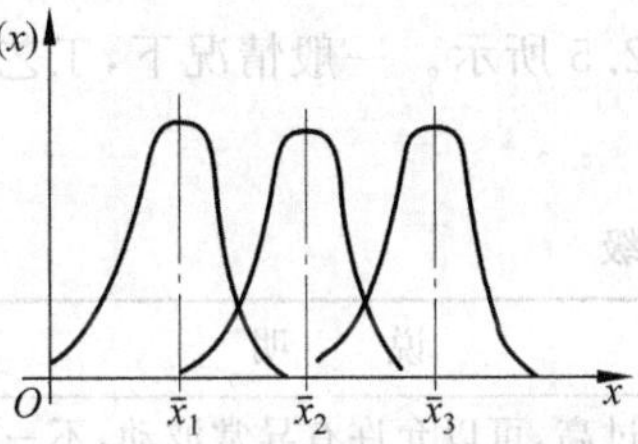

图 2.10　σ 相同，$\bar{x}$ 对曲线位置的影响

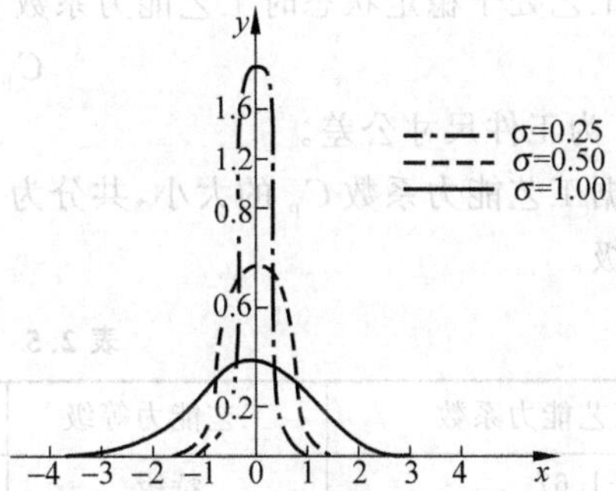

图 2.11　σ 值对分布曲线的影响

(2) 非正态分布曲线

工件的实际分布，有时并不接近于正态分布。例如，将在两台机床上分别调整加工出的工件混在一起测定，得到图 2.12 所示的双峰曲线，实际上是两组正态分布曲线（如图中虚线所示）的叠加，亦即随机性误差中混入了常值系统误差。每组有各自的分散中心和标准差 σ。

又如，在活塞销贯穿磨削中，如果砂轮磨损较快而没有补偿的话，工件的实际尺寸分布将呈平顶分布，如图 2.13 所示。它实质上是正态分布曲线的分散中心在不断地移动，亦即在随机性误差中混有变值系统误差。

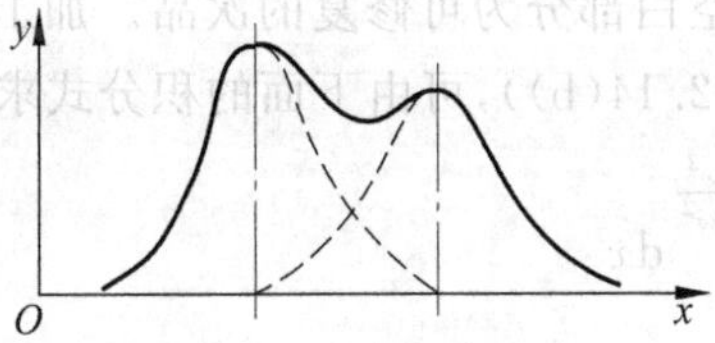

图 2.12　双峰分布曲线

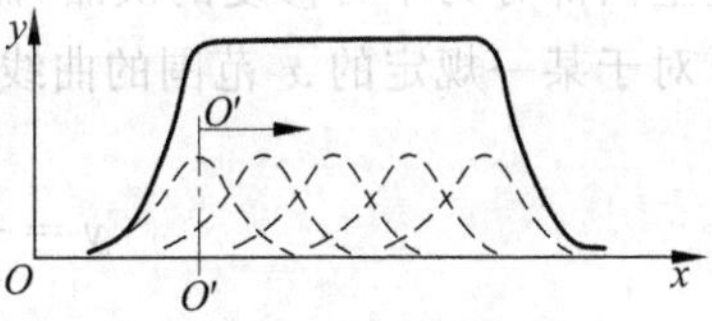

图 2.13　平顶分布曲线

3) 分布图分析法的应用

(1) 判别加工误差的性质

如前所述，假如加工过程中没有变值系统误差，那么其尺寸分布就服从正态分布，即实际分布与正态分布基本相符，这时就可进一步根据 $\bar{x}$ 是否与公差带中心重合来判断是否存在常值系统误差（$\bar{x}$ 与公差带中心不符说明存在常值系统误差）。如实际分布与正态分布有较大出入，可根据直方图初步判断变值系统误差是什么类型。

(2) 确定各种加工误差所能达到的精度

由于各种加工方法在随机性因素影响下所得的加工尺寸的分散规律符合正态分布，因而可以在多次统计的基础上，为每一种加工方法求得它的标偏差 σ 值。然后，按分布范围等于 6σ 的规律，即可确定各种加工方法所能达到的精度。

(3) 确定工艺能力及其等级

工艺能力即工序处于稳定状态时，加工误差正常波动的幅度。由于加工时误差超出分散范围的概率极小，可以认为不会发生分散范围以外的加工误差，因此可以用该工序的尺寸分散范围来表示工艺能力。当加工尺寸分布接近正态分布时，工艺能力为 6σ。

工艺能力等级是以工艺能力系数来表示的，即工艺能满足加工精度要求的程度。

当工艺处于稳定状态时工艺能力系数 C_p 按下式计算：

$$C_p = T/6\sigma$$

式中，T 为工件尺寸公差。

根据工艺能力系数 C_p 的大小，共分为5级，如表2.5所示。一般情况下，工艺能力不应低于二级。

表2.5 工艺能力等级

工艺能力系数	工艺能力等级	说　明
$C_p > 1.67$	特级	工艺能力过高，可以允许有异常波动，不一定经济
$1.67 \geqslant C_p > 1.33$	一级	工艺能力足够，可以允许有一定的异常波动
$1.33 \geqslant C_p > 1.00$	二级	工艺能力勉强，必须密切注意
$1.00 \geqslant C_p > 0.67$	三级	工艺能力不足，可能出现少量不合格品
$C_p \leqslant 0.67$	四级	工艺能力差，必须加以改进

(4) 估算次品率

正态分布曲线与 x 轴之间所包含的面积代表一批零件的总数(100%)，如果尺寸分散范围大于零件的公差 T 时，则将有次品产生。如图2.14所示，在曲线下面至 C、D 两点间的面积(阴影部分)代表合格品的数量，而其余部分，则为次品的数量。当加工外圆表面时，图的左边空白部分为不可修复的次品，而图的右边空白部分为可修复的次品。加工孔时，恰好相反。对于某一规定的 x 范围的曲线面积(见图2.14(b))，可由下面的积分式求得：

$$y = \frac{1}{\sigma\sqrt{2\pi}}\int_0^x e^{-\frac{x^2}{2\sigma^2}} dx \tag{2.6}$$

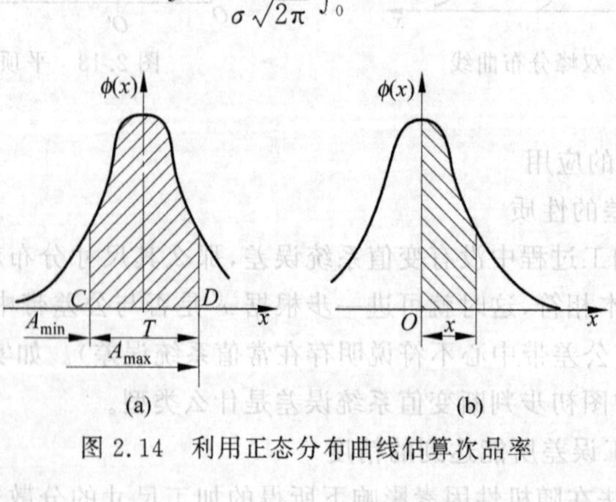

图2.14 利用正态分布曲线估算次品率

为了方便起见，设 $z=\dfrac{x}{\sigma}$，所以有

$$y=\frac{1}{\sqrt{2\pi}}\int_{0}^{z}\mathrm{e}^{-\frac{z^{2}}{2}}\,\mathrm{d}z \tag{2.7}$$

正态分布曲线的总面积为

$$2\phi(\infty)=\frac{1}{\sqrt{2\pi}}\int_{0}^{\infty}\mathrm{e}^{-\frac{z^{2}}{2}}\,\mathrm{d}z=1 \tag{2.8}$$

在一定的 z 值时，函数 y 的数值等于加工尺寸在 x 范围的概率。各种不同 z 值的 y 值列于表 2.6 中。

表 2.6 $y=\dfrac{1}{\sqrt{2\pi}}\int_{0}^{z}\mathrm{e}^{-\frac{z^{2}}{2}}\,\mathrm{d}z$

z	y	z	y	z	y	z	y	z	y
0.00	0.0000	0.26	0.1023	0.52	0.1985	1.05	0.3531	2.60	1.4953
0.01	0.0040	0.27	0.1064	0.54	0.2054	1.10	0.3634	2.70	0.4965
0.02	0.0080	0.28	0.1103	0.56	0.2123	1.15	0.3749	2.80	0.4974
0.03	0.0120	0.29	0.1141	0.58	0.2190	1.20	0.3849	2.90	0.4881
0.04	0.0160	0.30	0.1179	0.60	0.2257	1.25	0.3944	3.00	0.498 65
0.05	0.0199	—	—	—	—	—	—	—	—
0.06	0.0239	0.31	0.1217	0.62	0.2324	1.30	0.4032	3.20	0.499 31
0.07	0.0279	0.32	0.1255	0.64	0.2389	1.35	0.4115	3.40	0.499 66
0.08	0.0319	0.33	0.1293	0.66	0.2454	1.40	0.4192	3.60	0.499 41
0.09	0.0359	0.34	0.1331	0.68	0.2517	1.45	0.4265	3.80	0.499 28
0.10	0.0398	0.35	0.1368	0.70	0.2580	1.50	0.4332	4.00	0.499 968
0.11	0.0438	0.36	0.1406	0.72	0.2642	1.55	0.4394	4.50	0.499 997
0.12	0.0478	0.37	0.1443	0.74	0.2703	1.60	0.4452	5.00	0.499 999 97
0.13	0.0517	0.38	0.1480	0.76	0.2764	1.65	0.4505	—	—
0.14	0.0557	0.39	0.1517	0.78	0.2823	1.70	0.4554	—	—
0.15	0.0596	0.40	0.1554	0.80	0.2881	1.75	0.4599	—	—
0.16	0.0636	0.41	0.0591	0.82	0.2939	1.80	0.4641	—	—
0.17	0.0675	0.42	0.1628	0.84	0.2995	1.85	0.4678	—	—
0.18	0.0714	0.43	0.1664	0.86	0.3051	1.90	0.4713	—	—
0.19	0.0753	0.44	0.1700	0.88	0.3106	1.95	0.4744	—	—
0.20	0.0793	0.45	0.1736	0.90	0.3159	2.00	0.4772	—	—
0.21	0.0832	0.46	0.1772	0.92	0.3212	2.10	0.4821	—	—
0.22	0.0871	0.47	0.1808	0.94	0.3264	2.20	0.4861	—	—
0.23	0.0910	0.48	0.1844	0.96	0.3315	2.30	0.4893	—	—
0.24	0.0948	0.49	0.1879	0.98	0.3365	2.40	0.4918	—	—
0.25	0.0987	0.50	0.1915	1.00	0.3413	2.50	0.4938	—	—

若在磨床上加工销轴，要求外径 $d=12^{-0.016}_{-0.043}$ mm，$\bar{x}=11.974$ mm，$\sigma=0.005$ mm，其尺寸分布符合正态分布，则该工序的工艺能力和次品率的求解如下所述。

工序尺寸分布如图 2.15 所示。

由于

$$C_p = \frac{T}{6\sigma} = \frac{0.027}{6 \times 0.005} = 0.9 < 1$$

工艺能力系数 $C_p<1$，说明该工序工艺能力不足，因此产生次品是不可避免的。

工件最小尺寸为

$$d_{\min} = \bar{x} - 3\sigma = 11.959 \text{ mm} > A_{\min} = 11.957 \text{ mm}$$

故不会产生不可修复的次品。

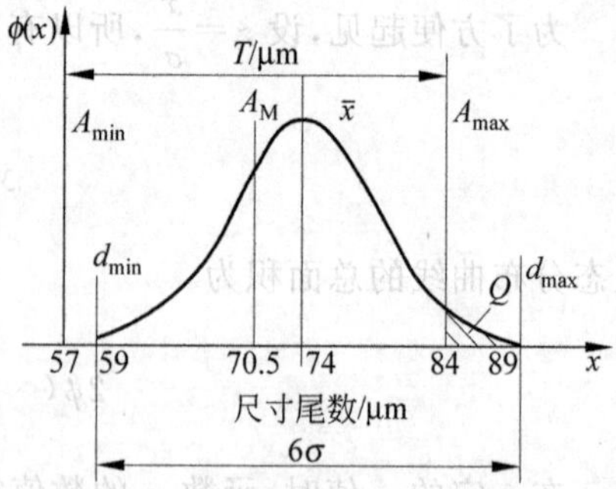

图 2.15 磨削轴工序尺寸分布

工件最大尺寸为

$$d_{\max} = \bar{x} + 3\sigma = 11.989 \text{ mm} > A_{\max} = 11.984 \text{ mm}$$

故要产生可修复的次品。

次品率 $Q=0.5-y$，因

$$z = \frac{|x-\bar{x}|}{\sigma} = \frac{|11.984-11.974|}{0.005} = 2$$

查表 2.6，$z=2$ 时，$y=0.4772$，可得

$$Q = 0.5 - 0.4772 = 0.0228 = 2.28\%$$

如重新调整机床使分散中心 $\bar{x}$ 与公差带中心 A_M 重合，则可减少次品率。

4）分布图分析法的缺点

(1) 不能反应误差的变化趋势。加工中随机性误差和系统性误差同时存在，由于分析时没有考虑到工件加工的先后顺序，故很难把随机性误差与变值系统误差区分开来。

(2) 由于必须等一批工件加工完毕后，才能得出分布情况。因此，不能在加工过程中及时提供控制精度的资料。

2.2.4 减少加工误差的方法

随着汽车产品的更新换代、结构的改进，对汽车零件的精度要求不断提高，加工难度也不断增加，保证和提高加工精度就成为汽车生产中经常遇到的课题。**常用的保证加工精度的方法有减少误差法、误差补偿法、误差转移法、误差分组法、误差平均法、就地加工法等。**

加工过程中，若经过观察分析，能确认产生加工误差的主要原因，而采取切实可行的措施，直接减少或消除加工误差的方法就是**减少误差法**。

误差补偿法是人为地造成一种误差，去抵消加工、装配或使用过程中的误差。当机床加工精度达不到零件加工要求时，往往不是一味去提高机床的加工精度，而是在工艺方法上、夹具上去想办法，使机床的加工误差转移到不影响零件加工精度的方向上去，此即**误差转移法**。

在加工过程中，前一道工序产生的误差将影响本道工序的加工精度。若在加工前将半成品按误差大小分为 n 组，则每个“毛坯”组的误差是原来的 $1/n$，这就大大减小了上道工序对本道工序的影响，这种方法称为**误差分组法**。

误差平均法是利用有密切联系的表面，相互比较，相互检查，在对比中发现差异后，或是相互修正（如偶件的对研），或互为基准进行加工。

除了上述所列的常用方法之外，根据加工误差产生的原因不同，可采取不同的措施，或者将多种措施结合起来，共同作用，以保证和提高零件的加工精度。

1. 减少工艺系统受力变形的主要措施

减少工艺系统的受力变形，是机械加工中保证产品质量和提高生产效率的主要途径之一。根据生产的实际情况，可采取以下几方面的措施。

1）提高接触刚度

零件表面总是存在着宏观和微观的几何误差，连接表面之间的实际接触面积只是名义接触面积的一部分。在外力作用下，这些接触处将产生较大的接触应力，引起接触变形。所以，**提高接触刚度是提高工艺系统刚度的关键**。常用的方法是改善工艺系统主要零件接触表面的配合质量，例如刮研机床导轨副、配研顶尖锥体与主轴和尾座套筒锥孔的配合面、研磨加工精密零件用的顶尖孔等，都是在实际生产中行之有效的工艺措施。提高接触刚度的另一措施是预加载荷，这样可以消除配合面间的间隙，而且还能使零部件之间有较大的实际接触面，减小受力后的变形量。预加载荷法常在各类轴承的调整中使用。

2）提高工件刚度，减少受力变形

切削力引起的加工误差，往往是由于工件本身刚度不足或工件各个部位结构不均匀而产生的。特别是加工叉类、细长轴等结构的零件，非常容易变形，在这种情况下，提高工件的刚度就是提高加工精度的关键。其主要措施是缩小切削力作用点到工件支承面之间的距离，以增大工件加工时的刚度。图 2.16 所示为车削细长轴时采用中心架或跟刀架以增加工件的刚度（图(a)为采用中心架，图(b)为采用跟刀架）。

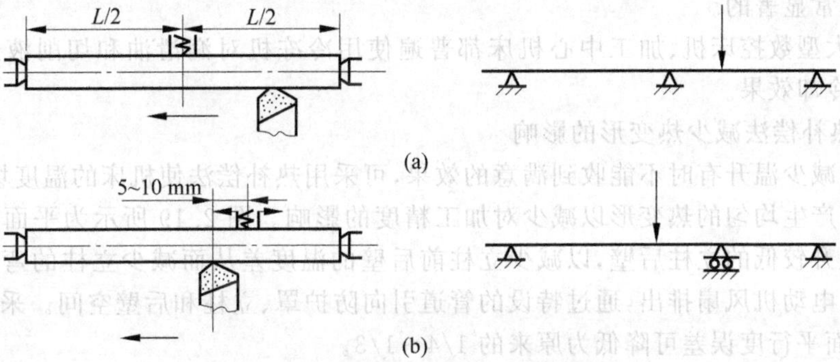

图 2.16 增加支承提高工件刚度

3）提高机床部件刚度，减少受力变形

在切削加工中，有时由于机床部件刚度低而产生变形和振动，影响加工精度和生产率的提高，所以加工时常采用一些辅助装置以提高机床部件的刚度。图 2.17(a)所示为在转塔车床上采用固定导向支承套，图 2.17(b)所示为采用转动导向支承套，并用加强杆与导向套配合以提高机床部件刚度的示例。

4）合理装夹工件，减少夹紧变形

对于薄壁零件的加工，夹紧时必须特别注意选择适当的夹紧方法，否则将会引起很大的形状误差。

2. 减少工艺系统热变形的主要途径

1）减少发热和隔热

切削中内部热源是机床产生热变形的主要根源。为了减少机床的发热，在新的机床产

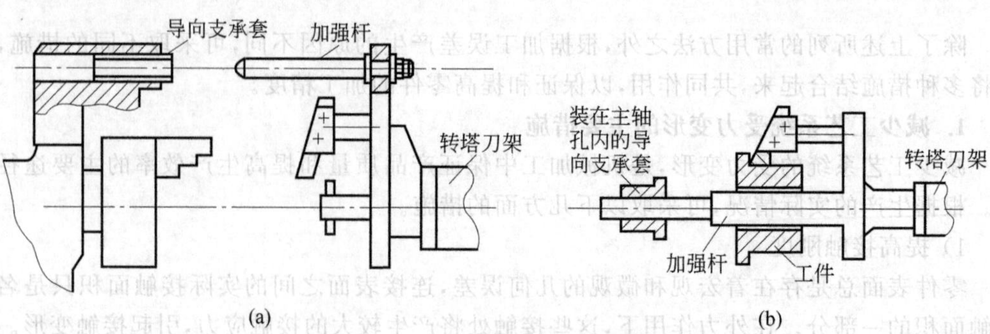

图 2.17　提高部件刚度的装置

品中凡是能从主机上分离出去的热源，一般都有分离出去的趋势，如电动机、齿轮箱、液压装置和油箱等已有不少分离出去。对于不能分离出去的热源，如主轴轴承、丝杠副、高速运动的导轨副、摩擦离合器等，可从结构和润滑等方面改善其摩擦特性，减少发热，例如采用静压轴承、静压导轨、低黏度润滑油、锂基润滑脂等。

2）加强散热能力

为了消除机床内部热源的影响，可以采用强制冷却的办法，吸收热源发出的热量，从而控制机床的温升和热变形，这是近年来使用较多的一种方法。如图 2.18 所示，为一台坐标镗床采用强制冷却的试验结果。曲线 1 为没有采用强制冷却时的情况，机床运行 6 h 后，主轴中心线到工作台的距离产生了 150 μm（垂直方向）的热变形，且尚未达到热平衡。曲线 2 为采用强制冷却后，上述热变形减少到 15 μm，且机床很快就达到热平衡，可见强制冷却的效果是非常显著的。

目前，大型数控床机、加工中心机床都普遍使用冷冻机对润滑油和切削液进行强制冷却，以提高冷却效果。

3）用热补偿法减少热变形的影响

单纯的减少温升有时不能收到满意的效果，可采用热补偿法使机床的温度场比较均匀，从而使机床产生均匀的热变形以减少对加工精度的影响。图 2.19 所示为平面磨床采用热空气加热温升较低的立柱后壁，以减少立柱前后壁的温度差从而减少立柱的弯曲变形。图中热空气从电动机风扇排出，通过特设的管道引向防护罩、立柱和后壁空间。采用这种措施后，工件端面平行度误差可降低为原来的 1/4～1/3。

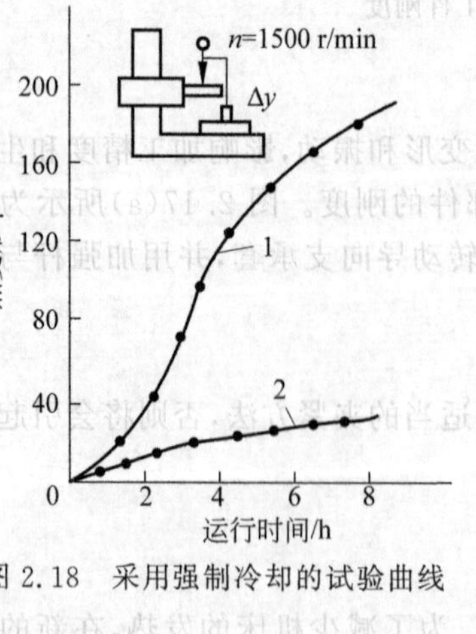

图 2.18　采用强制冷却的试验曲线

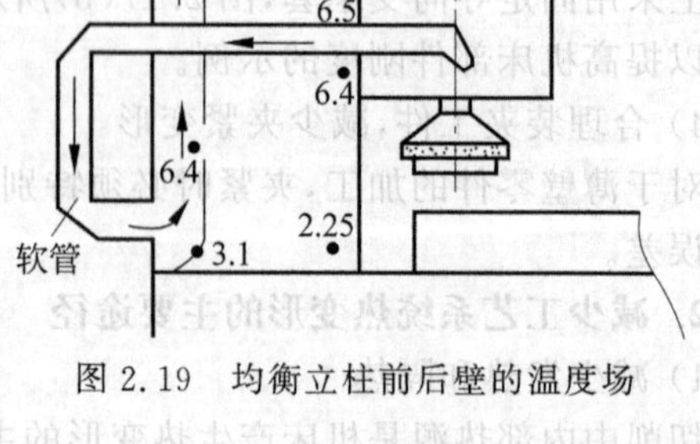

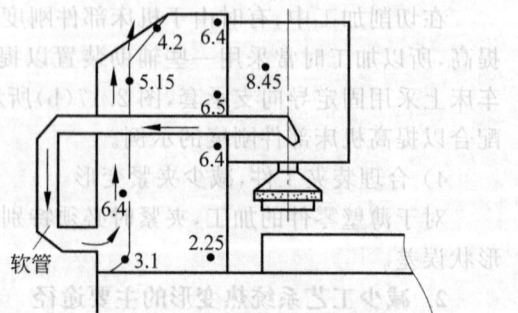

图 2.19　均衡立柱前后壁的温度场

4）控制温度的变化

环境温度的变化和室内各部分的温差，将使工艺系统产生热变形，从而影响工件的加工精度和测量精度。因此，在加工或测量精密零件时，应控制室温的变化。

精密机床（如精密磨床、坐标镗床、齿轮磨床等）一般安装在恒温车间，以保持其温度的恒定。恒温精度一般控制在±1℃，精密级为±0.5℃，超精密级为±0.01℃。

采用机床预热也是一种控制温度变化的方法。由热变形规律可知，热变形影响较大的是在工艺系统升温阶段，当达到热平衡后，热变形趋于稳定，加工精度就容易控制。因此，对精密机床特别是大型精密机床，可在加工前预先开动，高速空转，或人为地在机床的适当部位附设加热源预热，使它达到热平衡后再进行加工。基于同样的原因，精密加工机床应尽量避免较长时间的中途停机。

2.3　保证汽车零件机械加工表面质量的工艺方法

2.3.1　表面质量对汽车零件性能的影响

机器零件的破坏一般是从表面层开始的，这说明零件的表面质量至关重要。

零件表面质量虽然只反映表面的几何特征和表面层特征，但它对零件的耐磨性、疲劳强度、耐腐蚀性、配合性质等使用性能都有不同程度的影响。

1. 表面质量对工件耐磨性的影响

机器上相配合的零件相对运动时要产生摩擦，摩擦一方面消耗能量（如汽车发动机在满负荷下工作时，大约有20%的功率消耗在摩擦上），另一方面会引起零件的磨损。

汽车很大一部分零件工作时都在作相对运动，为保证汽车的使用寿命，零件要具有一定程度的耐磨性。零件的耐磨性与润滑、摩擦副的材料及热处理等有关，但在上述条件确定的情况下，起主导作用的就是表面质量。

加工后的表面是粗糙不平的，两配合表面只是在凸峰顶部接触，实际接触面积比名义接触面积小得多。

较小的表面粗糙度值可提高零件的耐磨性，延长零件的使用寿命。但表面粗糙度值太小，由于表面间接触紧密，不易形成润滑油膜，而且两表面分子间的亲和力增加，反而使磨损剧烈增加。零件表面有一个最合适的表面粗糙度值（一般由试验确定）。图 2.20 所示为发动机活塞销最合适的表面粗糙度值，这时的磨损最小。

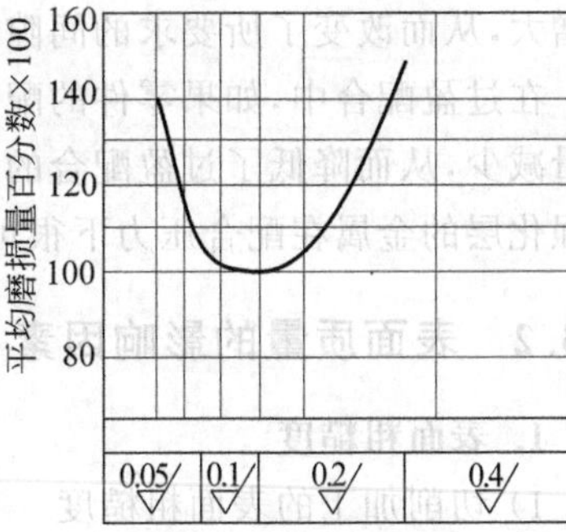

图 2.20　发动机活塞销最合适的表面粗糙度值

表面加工纹理方向对磨损也有影响，它随摩擦形式、摩擦条件和表面粗糙度的不同而不同，为了提高耐磨性，必须使摩擦副表面具有符合摩擦条件的加工纹理方向。对于机器零件的主要表面，除规定表面粗糙度参数值外，还应规定最后工序的加工方法及加工纹理方向。

零件表面层的强化程度和强化深度也对耐磨性有影响。表面层显微硬度的提高，增强了表面层的接触刚度，减少了摩擦表面发生塑性变形及咬合的现象。但硬度也不能过高，否则会降低金属组织的稳定性，使金属表面变脆，在摩擦过程中，有较小的颗粒脱落就会使磨损增大。

2. 表面质量对零件疲劳强度的影响

零件在长期承受交变载荷的工作条件下，其疲劳强度除了与零件材料的物理力学性能有关外，与表面质量的关系也很大。

在循环交变载荷下工作的零件，当表面上有微观不平度时便形成应力集中。应力集中主要发生在不平度的谷底上，谷底越深，谷尖半径越小，则应力集中越严重。在谷底出现的应力数值可能超过金属的疲劳极限，促使裂纹逐渐扩展。当裂纹扩展到一定程度，在偶然的超载冲击下，零件就会遭受破坏。因此，承受循环载荷的零件表面粗糙度值大时，就容易发生疲劳破坏。相反，减小表面粗糙度值将有助于提高疲劳强度。

3. 表面质量对零件耐腐蚀性的影响

腐蚀性介质凝聚在金属表面，会对金属表层产生腐蚀作用。例如燃料在发动机中燃烧后的废气中含有酸性物质，它凝结在汽缸壁上，使汽缸壁发生腐蚀，加速了汽缸的磨损。机械加工后表面产生凹谷或显微裂纹，腐蚀性物质就会积聚在凹谷和裂纹处，如图2.21所示，并按箭头方向产生侵蚀作用，逐渐渗透到金属内部，使金属断裂而剥落下来，然后形成新的凹凸表面。以后腐蚀作用再由新的凹谷向内扩展，如此重复继续下去。腐蚀的程度和速度与零件表面粗糙度有很大关系，表面粗糙度值越大，凹谷越深，则越容易发生腐蚀。

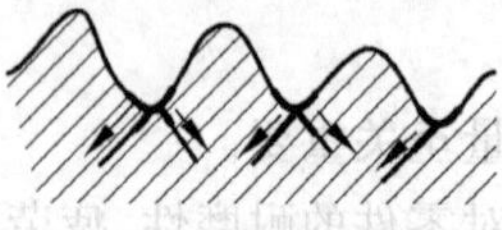
图 2.21　表面腐蚀过程

在零件表面层造成压缩残余应力和一定程度的强化，将有助于提高零件的耐腐蚀性。有些零件按其在机器中的作用，并不要求小的表面粗糙度值，但由于工作环境的原因，要求它有较高的耐腐蚀能力，此时，零件的表面必须经过抛光等精整、光整加工。

4. 表面质量对零件配合性质的影响

在间隙配合中，如果零件的配合表面很粗糙，则在工作过程中将会很快磨损，使配合间隙增大，从而改变了所要求的间隙配合性质。

在过盈配合中，如果零件的配合表面很粗糙，则在配合时，表面的凸峰被压平，使有效过盈量减少，从而降低了过盈配合的连接强度。此外，在过盈配合中，如果表面强化现象严重，则强化层的金属在配合压力下很可能与内部金属脱离，从而破坏了配合性质。

2.3.2 表面质量的影响因素

1. 表面粗糙度

1）切削加工的表面粗糙度

表面粗糙度的形成主要有两方面的原因：一是物理原因，二是几何原因。物理原因主要是切削过程中产生的积屑瘤、鳞刺和工艺系统的振动。

(1) 切削残留痕迹对表面粗糙度的影响

表面粗糙度与工件表面上留下的残留面积高度 Ry 有关，Ry 越小，表面粗糙度值越小。采用小的进给量 f 和改变车刀几何参数（κ_r，κ_r'，r_ε）均可使 Ry 减小，进而减小表面粗糙度值。但实际加工表面的微观几何形状及高度并不仅仅由切削残留痕迹所形成。表面粗糙度的大小还受积屑瘤、工件表层塑性变形、振动等因素的影响。

(2) 工艺系统的振动对表面粗糙度的影响

机械加工中工艺系统的振动，是指刀具相对于工件产生周期性的位移，在加工表面上形成波纹状的振痕。当振动频率较高时，加工表面粗糙度值增大；在频率较低时，会产生波度。不仅如此，振动还会使刀具很快磨损或崩刃，机床连接特性将遭到破坏，也限制了切削用量的进一步提高，影响生产率。当振动严重时，切削过程就不能继续进行。机械加工中产生的振动主要有强迫振动和自激振动两种类型。

① 强迫振动的影响。

由外界具有一定频率的周期性变化的激振动力所引起的振动称为强迫振动。其特征是振动的频率与激振力的频率一致，它不会自行衰减消失。当激振力的频率接近或等于工艺系统本身的固有频率时，就会引起共振现象，这时振幅极大，对工艺系统危害严重，应力求避免。机械加工时产生强迫振动的原因有如下几个方面。

(a) 由其他机床设备传来的振动。当机床安装在不坚固的地基上，附近其他机床设备的振动会通过地基传给机床。对于这种振动，可以通过加强地基并采用弹性垫板隔振的方法加以防止。

(b) 机床传动件制造误差和装配误差引起的振动。如齿轮的齿距误差、齿形误差或齿圈径向跳动都将引起周期性的激振力，从而使机床振动。要消除它，必须提高传动件的制造精度和装配精度。液压传动中的液压冲击等，也会引起强迫振动。

(c) 由于断续切削产生切削力周期性变化引起的振动。如铣削时，各切削刃轮流切入工件或从工件切出，会发生由于周期性冲击而引起的强迫振动。要消除这种振动，可增强工艺系统刚度，或在铣刀杆上安装飞轮使转速均匀。

(d) 由于旋转工件或机床转动部分不平衡产生离心力而引起的振动。如带轮、齿轮、飞轮、电动机转子、卡盘等不平衡引起的离心力。由于该力与角速度的平方成正比，在高速机床上要特别予以注意。旋转零件的不平衡，使轴承增加额外的径向力，有时会达到很大的数值，不仅加速轴承的磨损，也使轴承受到周期性的脉动载荷而引起机床振动。要防止这类振动，必须对旋转部分进行平衡。

② 自激振动的影响。

没有外界周期性激振力时所产生的振动称为自激振动。这时，激振力是由切削运动本身产生的，它的特征是切削过程停止，激振力也随之消失。自激振动的频率接近于系统的固有频率，它不会自行衰减。

(3) 工艺因素对表面粗糙度的影响

影响表面粗糙度的工艺因素主要包括刀具的几何参数、切削速度、被加工材料等多个方面。

减小进给量和刀具的主、副偏角，或增大刀尖的圆弧半径，都能减小残留面积高度。加工钢时，低速和高速切削对减小表面粗糙度值有利；而在精车时，应采用高速切削($v>1.33$ m/s)。金刚镗加工时，切削速度可达 $v=2.5\sim5$ m/s。表面粗糙度与工件材料的塑性和硬度有关。若切削材料塑性大，容易增大表面粗糙度值。若工件材料硬度大，容易获得低粗糙度值的表面。但是，当 $v>2.33$ m/s 时，各种材料的硬度对表面粗糙度的影响差别不大。

2) 磨削加工的表面粗糙度

与切削加工时表面粗糙度的形成过程一样,磨削加工表面粗糙度的形成也是由几何因素、表面层的塑性变形和振动等物理因素决定的。

(1) 几何因素的影响

磨削是由砂轮上磨粒形成的微刃进行切削的过程。磨削加工表面是由大量微刃刻划出来的极细的刻痕形成的。单纯以几何因素分析,单位面积上的刻痕越多(即通过单位面积的磨粒越多)、刻痕深度越均匀,表面粗糙度值就越小。

① 砂轮粒度和砂轮的修整。磨粒越细,砂轮单位面积上的磨粒越多,磨削表面上的刻痕就越细密,表面粗糙度值就越小;砂轮的修整可获得砂轮的正确几何形状,更主要的是使砂轮表面形成锋利的微刃,从而减小加工表面的粗糙度值。

② 磨削用量。砂轮转速越高,单位时间内通过被磨削表面的磨粒就越多,表面粗糙度值就越小;工件线速度大,通过被加工表面的磨粒数相对减少,使表面粗糙度值增大。

(2) 表面层的塑性变形

① 磨削用量。高速下,表面粗糙度值偏小。增大磨削深度和工件线速度,将使塑性变形加剧,使表面粗糙度值增大。为提高磨削效率,一般是磨削开始时采用较大的径向进给量,后期采用较小的径向进给量或无进给量磨削,以减小表面粗糙度值。

② 砂轮的粒度与硬度。理论上讲,砂轮粒度越细,磨削表面粗糙度值越小。但磨粒太细,砂轮容易被磨屑堵塞,若此时导热情况不好,会在加工表面产生烧伤等现象,使表面粗糙度值增大。常用砂轮的粒度为 $36^{\#}\sim80^{\#}$。

砂轮的硬度是反映磨粒在磨削力作用下从砂轮上脱离的难易程度。砂轮硬度通常在中软范围内选取,在一般情况下,工件表面硬,砂轮就选得软些,反之要硬些。

2. 表面层的力学性能和化学性能

1) 表面强化

切削过程中,表面层由于塑性变形的结果其强度和硬度提高,塑性和韧性降低,从而在工件表面形成一定深度的硬化层,这种现象称为表面强化(冷作硬化或简称冷硬)。表面强化主要是切削过程中金属发生塑性变形的结果。只要有塑性变形,就会产生表面强化现象,塑性变形越大,表面强化就越严重。如图 2.22 所示为已加工表面的强化情况。图中的组织破坏层和变形硬化层的硬度都比基体金属高,而组织破坏层的硬度更高。机械加工方法一般都产生表面强化,例如对钢件的磨削,表面硬度平均值可达原工件硬度的 1.2~2 倍,强化层深度平均值可达 0.02~0.06 μm;手工研磨时,表面仍有 3~7 μm 的硬化层,其显微硬度比基体金属高 12%~17%。

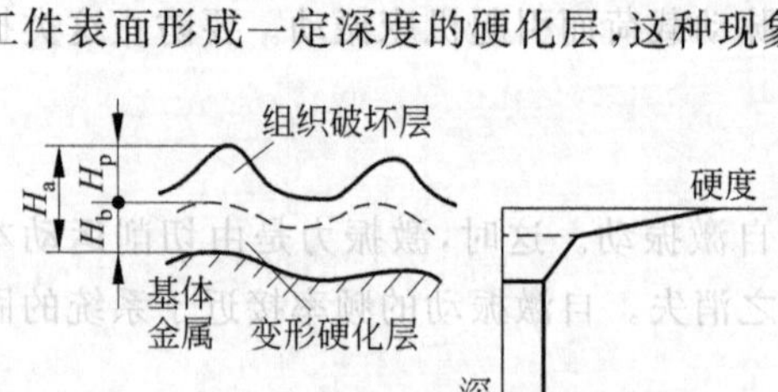

图 2.22 加工表面的强化

另外,切削过程中伴随有切削热,它使加工表面温度提高,当温度达到某一数值时,表面强化会完全消失,这种现象称作弱化。由于塑性变形和切削热是同时产生的,所以表面强化和弱化同时存在。一般在温度不高的情况下,表面强化占主要地位。金属的塑性越大,导热性越好,则加工后的强化现象越严重。

2) 残余应力

在切削过程中,工件表面层受切削力的作用,金属晶体发生塑性变形,位错、空位等晶体缺陷大为增加,使晶格中的一部分原子偏离其平衡位置造成了晶格畸变,破坏了原来晶格中原子最紧密的排列,导致金属密度下降,体积增加,因受到基体材料的限制而产生"表压内拉"的应力。此外,切除切屑时,表面层金属的晶粒被拉长,与后刀面的摩擦又助长了这种拉伸作用,产生伸长塑性变形,但此时基体金属仍处于弹性变形状态。刀具切离后,基体金属的弹性恢复受已产生塑性变形的表面层金属的限制,结果也会产生"表压内拉"的应力。

此外,切削过程中产生的热作用在不引起相变的情况下,会使工件表面层产生拉伸残余应力,而里层产生压缩残余应力。

加工淬火钢时,由于切削区温度高,工件表层还可能产生金相组织的变化。因为马氏体的密度比托氏体、奥氏体的密度小,故当淬硬钢表面磨削加工后表层组织回火,转变为回火托氏体或回火索氏体时,表面层密度较大(体积缩小),但受到里层的阻碍,结果在表层产生残余拉伸应力,而在里层产生残余压缩应力。残余拉应力的数值随托氏体、索氏体所占的比例和回火层深度的增加而增加。反之,如果磨削后马氏体占较大比例,而回火层的深度不大时,则在表面层产生残余压缩应力,而在里层产生残余拉伸应力。机械加工后工件表面层的残余应力是上述三方面综合作用的结果,应力状态主要取决于上述因素中哪个起主导作用。切削加工时,起主要作用的往往是切削力引起的冷态塑性变形,表面层常产生残余压缩应力;磨削加工时,起主要作用的通常是切削热引起的热态塑性变形或金相组织变化,表面层常产生残余拉伸应力。

3) 表面层的金相组织变化

机械加工中所消耗能量的大部分都转变为热量,使加工表面温度升高,当温度升高到超过金相组织变化的临界点(相变温度)时,就会发生金相组织变化。

对于普通的切削加工,温度一般不会达到如此高的程度,但对于磨削加工而言,大部分切削刃为负前角,切削力大,磨削速度又高,因此切除金属的功率消耗远远大于其他加工方法。在磨削加工所消耗功率转化的切削热中,有60%～80%传给工件,使工件表面具有很高的温度(瞬时温度可高达800～1200℃,超过金属相变温度),引起工件表面层金相组织的变化,强度和硬度降低,并使工件表层氧化而显现出不同的氧化膜颜色,这种现象称为磨削烧伤。磨削淬火钢时,由于磨削区温度及磨削条件的不同,可能产生以下三种金相组织的变化。

(1) 当磨削区的温度超过马氏体的转变温度(中碳钢为300℃左右),但未超过淬火钢的相变温度时,工件表层组织由原来的马氏体转变为硬度较低的回火组织(索氏体或托氏体),此现象称为回火烧伤。

(2) 当磨削区的温度超过了相变温度,再加上随后切削液的急冷作用,表层金属会产生二次淬火马氏体组织,其硬度比原马氏体高,但二次淬火层很薄,只有几微米。在它下层,由于冷却缓慢形成了硬度较低的回火组织。因为二次淬火层极薄,表层总的硬度是降低的,此现象称为淬火烧伤。

(3) 当磨削温度超过了相变温度,而磨削过程无切削液(或冷却效果不好)时,则表层产生退火组织,硬度急剧下降,此现象称为退火烧伤。

磨削烧伤会破坏工件表层组织,严重时还会产生裂纹,使工件表面质量恶化,严重影响工件的使用性能,必须力求避免。

要控制和避免磨削烧伤可采取以下两方面的措施。

(1) 减少磨削热的产生。减小径向进给量 f_r,选取较软的砂轮,减少工件和砂轮的接触面积(例如在端面磨削时,采用砂轮斜向安装、斜向进给的方式,使砂轮与端面为线接触),根据磨削要求合理选择砂轮的粒度(砂轮粒度号低些不易烧伤,粒度号太高易烧伤),经常保持砂轮在锋利条件下磨削,以及选择适当的切削液以减少磨粒与工件之间的摩擦等。

(2) 加速磨削热散出。除适当提高工件速度和轴向进给量外(可使工件与砂轮的接触时间减少),还应采取有效的冷却方法。为了提高冷却效果,可采用喷雾冷却、高压冷却和切削液通过砂轮内部直接进入磨削区的内冷却等方法。

2.3.3 提高零件机械加工表面质量的方法

1. 无屑加工

零件加工过程中,表层往往产生残余应力,而表层的应力状态直接影响其使用寿命。对于承受高负荷和交变载荷的零件,要求其表面具有压应力。无屑加工方法往往作为改善表面物理机械性能的加工方法,**常用的无屑加工方法有滚压加工、金刚石压光和喷丸强化等。**

1) 滚压加工

所谓滚压加工是用滚压工具对金属坯料或工件施加压力,使其产生塑性变形,从而将坯料成型或压光表面的加工方法。

滚压加工时,一般是用自由旋转的滚子对加工表面施加压力,使其产生塑性变形,以表面上的峰去"填充"表面上的谷,如图 2.23 所示。图中箭头所示为工件表面在压力作用下,产生塑性变形的滑移方向。图中,R_{y2} 为滚压后峰顶到谷底的距离,R_{y1} 为滚压前的峰顶到谷底的距离,d_1 为滚压前直径,d_2 为滚压后直径。滚压过程中的塑性变形使表面金属晶格产生错位,晶体结构被歪曲,故金属表面得到强化,表面层产生压应力,使零件的疲劳强度得到提高。

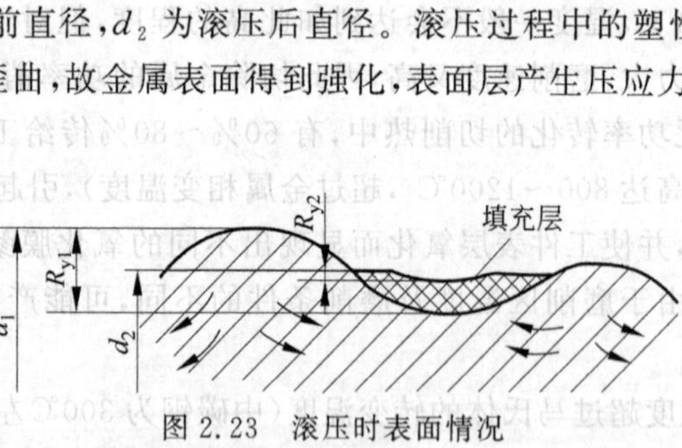

图 2.23 滚压时表面情况

滚压所需的设备简单,又可获得好的经济效益,所以被机械加工行业广泛采用。在汽车制造业中滚压常用于圆柱面、孔的表面、平面、圆角和齿轮齿面的精加工。

图 2.24 所示为滚击式滚压工具,1 为刀杆,其右端为莫氏锥度,左端作成 6、9 或 10 等分的多角形。左顶端有螺孔,2 是衬套,在其上开槽,用来固定滚柱,3 为滚柱,螺钉 4 可使 2、3 固定在 1 上。工作时由于多角形顶点的作用,使滚柱外胀,滚击零件表面。若多角形的平面与滚柱作用时,滚柱向内收缩些,则对零件表面无滚击作用。这样循环滚击零件表面,完成对零件的加工,其效果与其他纯滚压加工相类似。

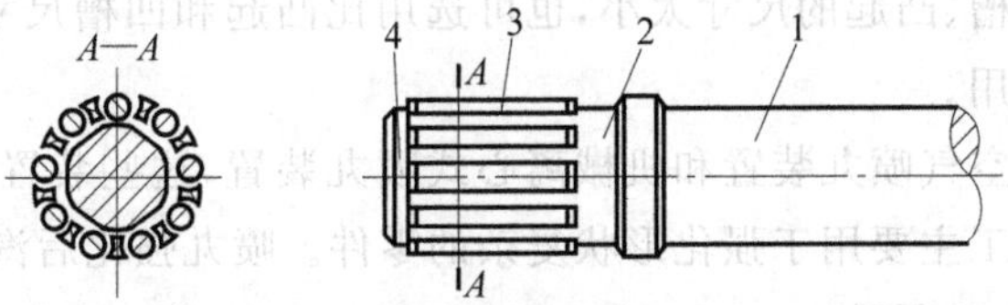

图 2.24　滚击式滚压工具

1—刀杆；2—衬套；3—滚柱；4—螺钉

滚压加工孔的表面，在汽车行业的应用较为广泛，而且，不论是通孔还是不通孔都可用滚压的方法加工。滚压工具也是各种各样，可根据滚压加工原理具体情况进行设计。

轴的圆角加工也是很重要的，我们知道轴的圆角处是轴的危险截面之一，圆角处理得不好，往往从此处的截面产生疲劳损坏，为提高轴类零件(特别是曲轴)的寿命，必须采用改善圆角的加工方法。圆角用滚压加工是提高轴类零件寿命的有效途径之一。在汽油机和柴油机的曲轴加工中，主轴颈和曲柄轴颈中的圆角有不少工厂的工艺中就采用滚压圆角，而且进行深滚压。滚压的圆角如图 2.25 所示。这种滚压的压缩应力层深达 5 mm 左右，可以消除切削痕迹，并使内圆角的几何形状精确。滚压加工后轴类零件疲劳强度的提高根据材料的不同而异。

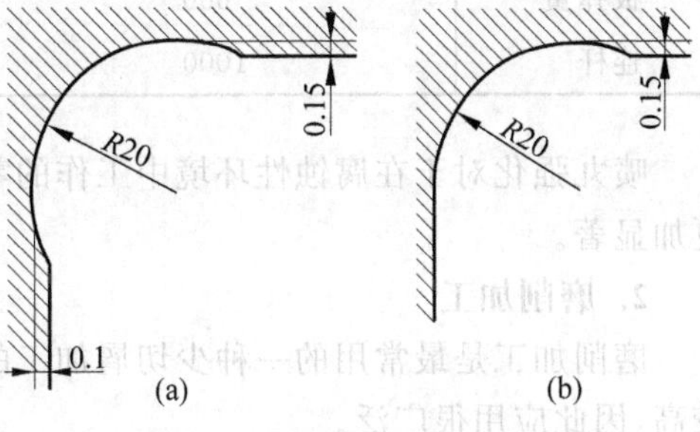

图 2.25　滚压后的圆角情况

(a) 主轴颈圆角；(b) 曲柄轴颈圆角

2）金刚石压光

金刚石压光是一种用金刚石挤压的新工艺，该工艺已在国外精密仪器制造业中得到比较广泛的应用。压光后的零件表面粗糙度可达到 Ra 0.32～0.02 μm，而耐磨性也比磨削后增加 1.5～3 倍，但比研磨后的要低，而生产效率要比研磨高很多。加工精度主要靠前面工序的加工精度。压光前后的尺寸相差很小，约在 1 μm 以内。这种加工方法可以对碳钢、合金钢及铜、铝等有色金属进行光整加工；也可对电镀过的表面进行光整加工，以提高电镀表面的物理机械性能和减小表面粗糙度参数值。

金刚石压光可以在镗床、车床、钻床上进行，但对机床的精度、刚度和转速要求较高，并保证加工中无振动。主轴转动与进给最好不相联系，以保证压光的质量。

3）喷丸强化

喷丸强化加工方法，是利用压缩空气将大量的直径为 0.4～2 mm 的丸粒(铸铁丸、钢丸或铝丸、玻璃丸等)高速向零件表面喷射。此时受到丸粒冲击的表面产生了很大的塑性变形，使零件表面冷作硬化，表面得到残余压应力。硬化层深度可达 0.7 mm，表面粗糙度可自 Ra 5～2.5 μm 减小到 Ra 0.63～0.32 μm。

最常用的钢丸粒是切成相当短的钢丝(使用一段时间后，自然变成球状)。对于小的零件或表面粗糙度参数值较小的零件，用较细小的丸粒。对于铝制品零件，为了避免喷丸加工后在表面残留铁质微粒引起电解腐蚀，应使用铝丸或玻璃丸。在零件上有凹槽和凸起形状时，一般都有过渡的圆弧，故丸粒半径应小于这些圆弧半径。其目的就是使这些应力集中部位得到强化。如果凹槽、凸起的尺寸太小,也可选用比凸起和凹槽尺寸大的半径丸粒,此时也会有一定的强化作用。

常用设备是压缩空气喷丸装置和机械离心式喷丸装置,这些装置可使丸粒的速度达到35～50 m/s。喷丸加工主要用于强化形状复杂的零件。喷丸强化后汽车上的零件使用寿命得到很大提高,如表2.7所示。

表2.7 喷丸加工对使用寿命的影响

零件名称	使用寿命提高百分比/%	零件名称	使用寿命提高百分比/%
齿轮	400	半轴	1900
板弹簧	600	曲轴	2900
连杆	1000	螺旋弹簧卷	5500

喷丸强化对于在腐蚀性环境中工作的零件特别是淬火以后的零件,增强抗蚀疲劳强度更加显著。

2. 磨削加工

磨削加工是最常用的一种少切屑加工的方法,它可减小表面粗糙度参数值,生产效率比较高,因此应用很广泛。

磨削加工的表面是由分布在砂轮表面上的磨粒与被磨零件相对运动产生的刻痕所组成的表面。通过单位面积上的磨粒越多,此时表面就越光。磨削容易获得表面粗糙度参数值较小的表面,一般普通磨削可得到的表面粗糙度为 Ra 1.25～0.16 μm。砂轮在磨削过程中,对表面粗糙度的影响随机因素很大,与磨削条件、工艺系统等多方面有关。

但磨削烧伤将给工件的表面带来极不利的影响,会使工件在使用中过早的疲劳损坏。为了在磨削过程中尽量减少烧伤,可采取下列措施。

1) 控制磨削用量

磨削深度和被磨工件的速度对表面的烧伤有着明显的影响。当磨削深度增加时,无论是表面温度,还是表层下不同深度的温度,都随之增高,会增加烧伤的可能性,故磨削时应采用小的磨削深度。

在磨削较长的工件时,纵向进给量加大虽能使工件表面温度降低,减小烧伤的可能性,但是当采用大的纵向进给时,又会使表面粗糙度参数值增大。此时,可采用宽砂轮磨削来保证表面粗糙度的要求。

被磨削工件的速度的变化也会影响温度的变化,对烧伤同样有影响。虽然这时的温升影响要比磨削深度增加的温升影响小得多,但会导致表面粗糙度参数值增大。为了弥补这个缺陷,可提高砂轮的速度,但提高砂轮的速度要有高强度的机床及砂轮。总之,工艺人员在考虑避免烧伤时,同时要考虑效率及可实施性。

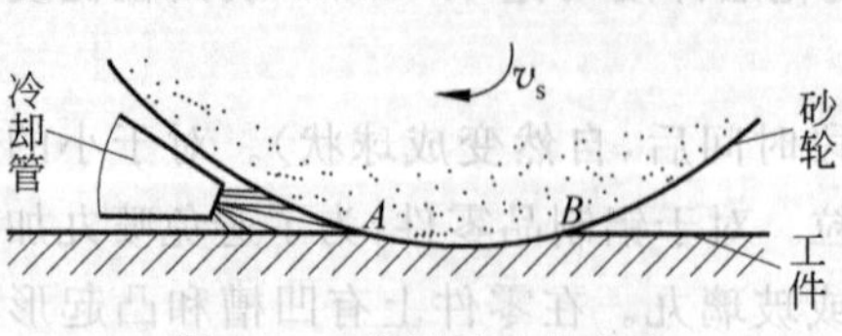

图2.26 常用的冷却方法

2) 冷却方法

利用冷却液来降低切削区的温度是很有效的方法,但现在一般采用的冷却方法的效果不太理想。图2.26中 AB 为磨削区。冷却液不能直接冷却,只能靠热的传导方式冷却,效果很低。

这时，若磨削出现烧伤，是在已烧伤后才获得冷却，故冷却效果不理想。若是冷却液从砂轮的内部流出，这样的冷却效果是很好的，能有效地控制烧伤。如图 2.27 所示，将冷却液引入砂轮的中心腔内，在砂轮转动的离心力作用下，冷却液经过砂轮内部的孔隙从砂轮的四周边缘甩出，冷却液可直接进入磨削区。但冷却液必须经过过滤，保持冷却液的清洁性，不然会产生堵塞，影响冷却效果。

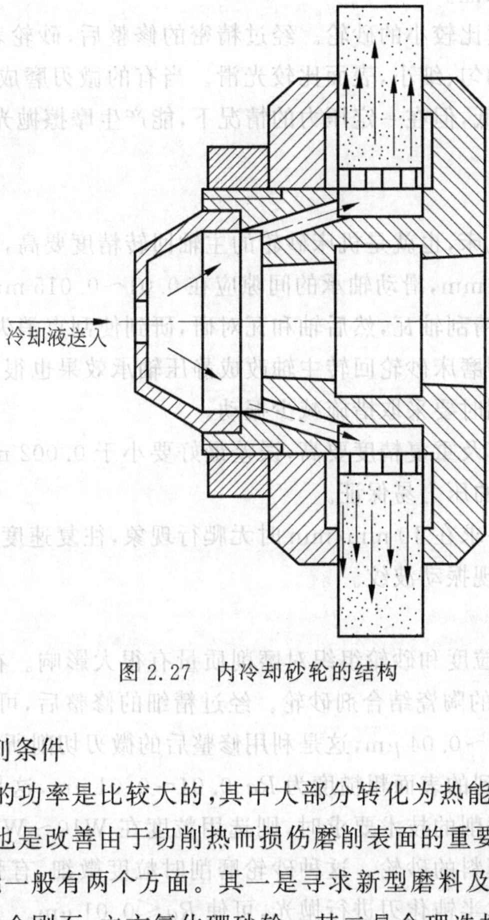

图 2.27　内冷却砂轮的结构

3) 改善砂轮的切削条件

磨削加工时，消耗的功率是比较大的，其中大部分转化为热能，热量传入被磨工件。故改善砂轮的切削性能，也是改善由于切削热而损伤磨削表面的重要途径之一。

改善砂轮切削性能一般有两个方面。其一是寻求新型磨料及结合剂，保持砂轮切削微刃的锋利。如采用人造金刚石、立方氮化硼砂轮。其二是合理选择砂轮参数以改善切削性能。选用较软的砂轮，提高其微刃自锐性，保持切削刃较长时间的锋利。选用粗砂轮或组织疏松的砂轮，砂轮的工作表面不易被切屑堵塞，从而保持良好的切削性能。

在实际生产中，及时对砂轮进行修整，或在砂轮工作部位上剖出一定宽度、一定深度和一定数量的沟槽进行间断切削，对保持磨粒微刃锋利和提高自锐性有明显效果，这样就可以提高砂轮的切削性能，降低磨削温度。

3. 光整加工

光整加工就是精加工后，进行的不切除或切除极薄金属层，用以降低表面粗糙度或强化其表面的加工过程。

对于尺寸精度和表面质量要求较高的零件常采用光整加工的方法。**常用的光整加工的方法有高精度磨削、研磨、抛光、珩磨、滚压和超精加工等。**

1) 高精度磨削

磨削后使工件表面粗糙度 $Ra \leqslant 0.16\ \mu m$ 的磨削通常称为**高精度磨削**。精密磨削时为 Ra 0.4～0.16 μm，超精磨削时为 Ra 0.04～0.01 μm，而镜面磨削则可使 $Ra \leqslant 0.01\ \mu m$。

高精度磨削与其他的光整加工方法相比具有效率高，几何精度亦高，适用范围广等优点。我国已生产出高精度的外圆磨床及多种不同性质的磨料，如铬刚玉、微晶刚玉等，为高精度磨削提供了可靠的保证。

高精度磨削采用粒度比较小的砂轮。经过精密的修整后，砂轮表面的切削微刃大都处于等高状态。这时切屑均匀、细小，表面比较光滑。当有的微刃磨成半钝化状态，微刃出现"圆角"，此时切削作用降低，但在一定压力的情况下，能产生摩擦抛光作用，使工件获得更小的表面粗糙度参数值。

(1) 机床

首先要有高精度的机床，也就是机床砂轮的主轴回转精度要高，可能的情况下主轴径向圆跳动误差应小于 0.001 mm，滑动轴承的间隙应在 0.01～0.015 mm 之间。若是三块瓦轴承，表面调修的方法是先精刮轴瓦，然后轴和瓦对研，研到使刮点消失为止，清洗后再调整到上述数值。把一般的外圆磨床砂轮回转主轴改成静压轴承效果也很好。

在提高机床精度的同时要采取措施减少振动。

径向进给机构灵敏度及重复精度要高，误差最好要小于 0.002 mm，这样在修磨砂轮时易形成等高性，摩擦抛光的压力易保证。

工作台低速平稳性要求在 10 mm/min 时无爬行现象，往复速度差不超过 10%，工作台换向要平稳，防止两端出现振动波纹。

(2) 砂轮

砂轮的特性如磨料、粒度和砂轮组织对磨削质量有很大影响。在高精度磨削时砂轮一般用粒度为 100# ～280# 的陶瓷结合剂砂轮。经过精细的修整后，可进行精密磨削，能得到的表面粗糙度为 Ra 0.16～0.04 μm，这是利用修整后的微刃切削所得到的。当利用半钝化的微刃摩擦作用时，可得到的表面粗糙度为 Ra 0.04～0.01 μm，这是超精磨所获得的表面粗糙度。当要达到镜面磨削的技术要求时，则选用粒度在 W10～W20 的微粉粒度，采用树脂或橡胶结合剂加石墨填料的砂轮。这种砂轮磨削时粒度微细、有弹性、切削深度很小，在磨削压力作用下主要通过半钝化刃进行抛光，可使 $Ra \leqslant 0.01\ \mu m$。

修整砂轮时纵向和径向进给量要有所不同，进给量越小，微刃的等高性就越好。

表面粗糙度要求：Ra 为 0.16～0.04 μm 时，纵向进给量取 15～50 mm/min；Ra 为 0.04～0.01 μm 时，纵向进给量取 10～15 mm/min；$Ra \leqslant$ 0.01 μm 时，纵向进给量取 6～10 mm/min。

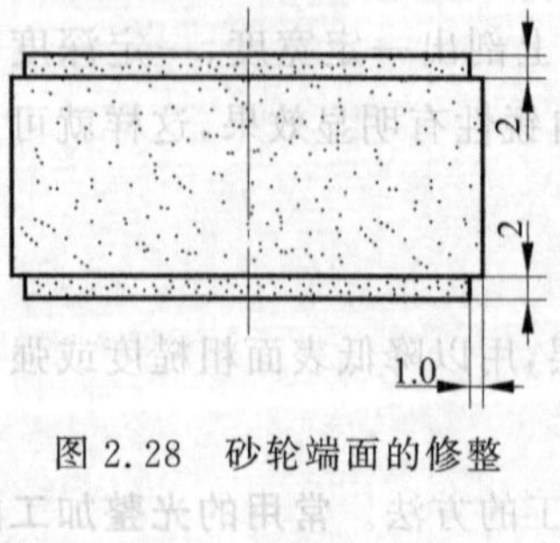

图 2.28　砂轮端面的修整

径向进给量每个修整行程一般取 0.002～0.005 mm。在修整过程中横进给次数取 2～4 次。砂轮两个端面最好修整为如图 2.28 所示形状，这样可保持砂轮端面的清洁性。

(3) 磨削用量

砂轮的线速度一般取 15～30 m/s。

工件的线速度和工作台移动速度在高精度磨削情况下影响不大，所以一般情况工件的线速度取 10～15 m/min，工作台速度取 50～100 mm/min。镜面磨削时，工件线速度不应大于10 m/min，工作台速度选取50～100 mm/min。

径向进给时的径向进给量和进给次数对磨削表面质量有很大的影响，如果进给量太大或进给次数过多，会增大磨削热量，使表面烧伤；如果进给量太小或进给次数太少，则发挥不出砂轮微刃的切削性能和抛光作用。所以一般径向进给量应控制在0.0025～0.005 mm之内，超精磨削与镜面磨削则控制在0.0025 mm左右。

当无径向进给只作纵向走刀进行光磨时，虽无横向进给，但也能磨去微量的金属，此时砂轮对工件仍有一定的压力。光磨次数越多，表面的抛光情况越好，表面越光滑。在操作时，根据表面粗糙度的要求来决定光磨的次数。但光磨的次数还和工件的材料、砂轮、机床等有关。

(4) 加工工艺

高精度磨削时加工余量不能大，一般为0.01～0.015 mm。同时要注意其他有关的环节，如：

① 工件在磨削前要修研中心孔，使其表面的接触足够多；

② 砂轮的修整要仔细，做好砂轮静平衡；

③ 磨削前要使机床进行空转，使机床各项性能都处于稳定状态，再进行磨削加工；

④ 磨削时严格控制径向进给，机床刻度不准时，在径向可装上千分表来进行控制；

⑤ 冷却液要进行很好的过滤，一定保持清洁，避免污物、杂物划伤表面。

2) 研磨

研磨是一种古老而不断技术创新的光整加工工艺方法。研磨是利用涂敷或压嵌在研具上的磨料颗粒，通过研具与工件在一定压力下的相对运动对加工表面进行的精整加工(如切削加工)。研磨加工时，研磨工具和工件之间加有研磨剂(由极细粒度的磨料、研磨液及辅助材料组成)，研具给工件一定的压力，在工件表面作复杂的相对运动，使磨料尽可能按不重复的轨迹滚动或滑动，起着微量切削、刮擦和挤压作用，从而获得很高的表面质量及精度。

研磨可用于加工各种金属和非金属材料，加工的表面形状有平面，内、外圆柱面和圆锥面，凸、凹球面，螺纹，齿面及其他型面。加工精度可达IT1～IT5，表面粗糙度值可达 *Ra* 0.63～0.01 μm。

研磨方法根据研磨时有无研磨液，一般可分为湿研、干研和半干研3种。

(1) 湿研：又称敷砂研磨，把液态研磨剂连续加注或涂敷在研磨表面，磨料在工件与研具间不断滑动和滚动，形成切削运动。湿研一般用于粗研磨，所用微粉磨料粒度粗于W7。

(2) 干研：又称嵌砂研磨，把磨料均匀地压嵌在研具表面层中，研磨时只需在研具表面涂以少量的硬脂酸混合脂等辅助材料。干研常用于精研磨，所用微粉磨料粒度细于W7。

(3) 半干研：类似湿研，所用研磨剂是糊状研磨膏。

研磨既可用手工操作，也可在研磨机上进行。工件在研磨前须先用其他加工方法获得较高的预加工精度，所留研磨余量一般为5～30 μm。

研磨剂由磨料、研磨液和辅助材料组成。加工硬度高的淬火钢及铸铁时，采用硬度高的碳化硅(金刚砂)；加工硬度低的软钢、有色金属时，采用氧化铝(刚玉)为宜。另外，如要求表面粗糙度很细时，可采用氧化铬软磨料。粒度的大小要考虑表面粗糙度情况，一般情况下粒度不大于W28；当粗糙度要求越细时，粒度也越小，在W14以下即可。

研磨液采用机油和煤油，它的作用有两个：一是调和磨料，同时使其均匀地分布在研具表面；二是起冷却和润滑作用。

辅助材料用硬质酸、油酸、脂肪酸及工业用甘油等。

正确处理好研磨的运动轨迹是提高研磨质量的重要条件。在平面研磨中，一般要求：

(1) 工件相对研具的运动，要尽量保证工件上各点的研磨行程长度相近；

(2) 工件运动轨迹均匀地遍及整个研具表面，这样有利于研具均匀磨损；

(3) 运动轨迹的曲率变化要小，用以保证工件运动平稳；

(4) 工件上任一点的运动轨迹尽量避免过早出现周期性重复。

为了减少切削热，研磨一般在低压、低速条件下进行。当增大压力及速度时，可提高生产效率，但表面粗糙度参数值增大，所以一般情况下，粗研磨时取压力为0.15～0.3 MPa，研磨速度为0.67～0.83 m/s。精研磨的目的是减小表面粗糙度，所以一般取压力为0.03～0.06 MPa，研磨速度为0.1～0.2 m/s。

3) 抛光

抛光是利用机械、化学或电化学的作用，使工件获得光亮、平整表面的加工方法。抛光是用软的研具对表面几何精度差、不能用研磨的方法进行加工的、同时又要求细的表面粗糙度的工件进行光整加工。也就是说工件的表面无精度要求，只有表面粗糙度的要求时才采用抛光。总之抛光只能减小表面粗糙度。精抛光表面粗糙度可达到 Ra 0.02～0.01 μm。

4) 珩磨

珩磨是用磨粒很细的油石(又称珩磨条)在一定压力下，以低速对工件表面进行的精整、光整加工方法，又称镗磨，多用于加工圆柱孔，早在1929年就在汽车制造业中开始应用。珩磨主要用于加工直径5～500 mm甚至更大的各种圆柱孔，孔深与孔径之比可达10或更大。在一定条件下，也可加工平面、外圆面、球面、齿面等。

珩磨作为一种精整、光整加工工艺，在大量生产中，珩磨前往往进行细镗(金刚镗)。珩磨通常分为粗珩、精珩两个工步，粗珩去除余量的2/3～4/5，其余的由精珩去除。精珩一般只是去掉或修平粗珩所留下的表面凸峰。珩磨余量与孔径、珩磨前采用的加工方法及工件材料的性质有关，其数值如表2.8所示。

表2.8 珩磨余量

被加工孔直径 D/mm	直径上加工余量 z/mm	
	钢	铸铁
25～125	0.01～0.04	0.02～0.10
125～250	0.02～0.05	0.06～0.15
>250	0.04～0.06	0.10～0.20

珩磨孔的工具称珩磨头，其结构有很多种。珩磨头工作时其运动形式有旋转运动和轴向往复运动两种。在这两种运动作用下，油石上每颗磨粒在工件孔壁上磨出螺旋形的交叉痕迹。为使整个工件表面能均匀地被加工到，油石在孔的两端都要露出一段越程量(为油石长度的1/5～1/3)。珩磨头的旋转速度：加工铸铁为1 m/s左右，钢为0.5 m/s左右，铝青铜和黄铜为1.33～1.5 m/s。珩磨头的轴向往复速度：加工铸铁或青铜时为0.25～0.38 m/s，钢为0.2 m/s。提高珩磨头旋转速度，可以减小工件表面粗糙度值；提高珩磨头的往复速

度，可以提高珩磨的生产率。

珩磨能获得表面粗糙度值 Ra 0.63～0.08 μm。由于珩磨头具有很大的径向刚度，故工作平稳，不会产生振纹。由于加工余量很小，冷却润滑充分，故磨削温度低，有利于获得高的尺寸精度（可达 IT6～IT7 级）。珩磨时，油石总对工件表面施有压力，因为油石是用径向弹簧将它保持在珩磨头上的，所以在孔径较小的部位油石的压力大，就会多磨去一些金属；在孔径大的部位油石的压力小，就会少磨去一些金属，最终使加工表面逐渐获得精确的圆柱孔，圆度和圆柱度公差可保证在 0.003～0.005 mm 的范围内。

珩磨时，由于加工余量小，为保证切削时加工余量均匀，珩磨头和机床主轴采用浮动连接，故珩磨不能修正被加工孔轴线的位置误差与直线度误差。

珩磨的应用范围很广，广泛用于汽车发动机汽缸孔、汽缸套及主轴承座孔、连杆大头孔和各种液压装置的钢套孔和铸铁套等的最终加工。但珩磨不宜加工韧性的有色金属，因为油石容易被堵塞而不能工作。

一般珩磨时压力的选取如下：粗珩时，铸铁件取 0.45～0.9 MPa，钢件取 0.72～1.8 MPa；精珩时，铸铁件取 0.2～0.5 MPa，钢件取 0.4～0.8 MPa；超精珩时，铸铁件和钢件均取 0.05～0.1 MPa。

珩磨时珩磨条的材料和粒度对表面粗糙度的影响很大，基本上同磨削的砂轮类似。一般情况下，加工淬火钢可用白刚玉，加工铸铁用碳化硅较多。粗珩时粒度取 60# ～120#，精珩时取 120# ～W20，超精珩时取 W20～W14。珩磨条的长度，若孔径小于孔长时，取孔长的 1/2 左右；若孔径大于孔长时，取孔长的 2/3～4/3。珩磨条的数量和宽度如表 2.9 所示，与孔径的大小有关。

表 2.9 珩磨条数目和宽度

珩磨头直径/mm	珩磨条条数	珩磨条宽度/mm	珩磨头直径/mm	珩磨条条数	珩磨条宽度/mm
≤10	2	3～5	50～150	3～6	7～15
10～20	2～3	3～8	150～250	4～10	11～20
20～50	2～4	5～10	≥250	≥8	≥15

珩磨时切削液能影响表面质量，首先冷却润滑液必须充足，这样才能吸收热量和冲去切屑及珩磨条上的磨粒，更好地起润滑作用。其次冷却润滑液的黏度要适当，在珩磨较硬的材料时，黏度应低；材料硬度低时，黏度应稍高，一般常采用煤油或 70%～80% 的煤油加 20%～30% 锭子油的混合油。再次冷却润滑液要保持清洁，为了防止冷却润滑液中存在脱落的砂粒、切屑及污物划伤表面，破坏表面质量，故冷却润滑液要很好地过滤。

4. 减小加工中的振动

在切削过程中如有振动发生，将影响表面加工质量，缩短刀具的寿命。必须采用相应的措施，把振动减小到允许的范围内，即可保证加工的表面质量。这就要分清振动的类型，加以消除。如果零件表面有波纹，可能是因受迫振动和颤振而产生，这两类振动特征不同。颤振只是在切削过程中才发生，其频率接近于系统某主振部的固有频率；受迫振动则是由外界的持续激振所激发的。除切削受到的冲击振动外，它与切削过程是否进行无关，其频率符合外界干扰力的频率。根据以上的分析，只要在停机或机床空运转时，检查刀具与工件处于加工位置时是否振动，其频率是否与切削过程出现的振频相同或近似，就可判别振动的类型，同时可以判别是机外还是机内所引起的。

1）受迫振动的改善

受迫振动振幅的大小，在很大程度上取决于激振频率 ω 与系统固有频率 ω_0 的比值 λ。当 $\lambda \approx 1$ 时，系统的振幅最大。增加系统的静刚度和阻尼、减小振动力 F，都能减小振幅。改善受迫振动的具体措施有以下几条。

(1) 质量不平衡的高速旋转的物体是影响较大的振源。此时，应进行仔细的静、动平衡，特别对于转速高、质量大的砂轮尤其重要。由于磨削一般用于精加工，若有振动则影响较大。一般可进行两次静平衡。在第一次静平衡后砂轮在机床上进行修整，若砂轮中进入冷却液，可能对原来的静平衡有所破坏，需要再对砂轮重新作一次静平衡。对于齿轮啮合不良引起的振动，要尽量避开或更换齿轮。对于旋转质量不均的夹具，应做好配重，调整到最佳状态。

(2) 若是皮带引起的振动，需更换合格的皮带。轴承间隙引起的振动，可更换精度符合要求的轴承。特别是需调整间隙的滑动轴承要调整好间隙，直到达到满意的效果为止。

(3) 工件和夹具系统的固有频率往往与机内的某些振源的激振频率比较接近。首先要避免在谐振区工作，避免发生谐振的方法是改变激振频率或改变工件、夹具的固有频率。改变主轴的转速，可改变激振频率。改变工件或夹具的固有频率，一般是提高静刚度。因为增大静刚度不但提高了固有频率，同时可减小频率比，避开谐振区域，也提高了系统的动刚度、减小了振幅而且有利于减小静变形对加工精度的影响。

(4) 如果刀齿的冲击频率或其倍数接近工艺系统某一固有频率时，也会引起明显的受迫振动。这时可改变刀齿的数目或刀具的转速来避开谐振区。增加铣刀的齿数，可提高铣削的平稳性，减轻振动。采用顺铣加工，可比逆铣平稳。采用不等齿距的端铣刀，亦可减轻由于切削冲击引起的受迫振动。在其他办法无效时，也可降低切削用量，以减小冲击切削的激振力。

(5) 对于某些动力源，如电机、油泵、床头箱等最好与主轴分开，用减振的弹性件连接以减小振动。为了消除系统外的振源，一般常在机床的周围挖防振沟，也可把需隔振的设备装在隔振装置（弹性基础）上。

2）颤振的抑制

加工过程中是否发生颤振，与切削过程及工艺系统的柔度有关。现以车削为例说明颤振的抑制。

(1) 合理选择切削用量

切削速度 v 对振幅 A 的影响，如图 2.29 所示。极限切削宽度 a_{wlim} 与切削速度 v 的关系如图 2.30 所示。由图中可知，在高速或低速范围内不易产生颤振（振幅小）。一般采用高速车削（$v=0.33\sim1$ m/s）可以避免颤振，又可提高生产效率。进给量 f 的选择与振幅 A、极限宽度 a_{wlim} 的关系曲线如图 2.31 和图 2.32 所示，从图中可看出稳定性随进给量 f 增大而提高。因此，为了避免颤振，在加工系统刚度、强度允许，又不影响表面质量的情况下，尽量采用较大的进给量。

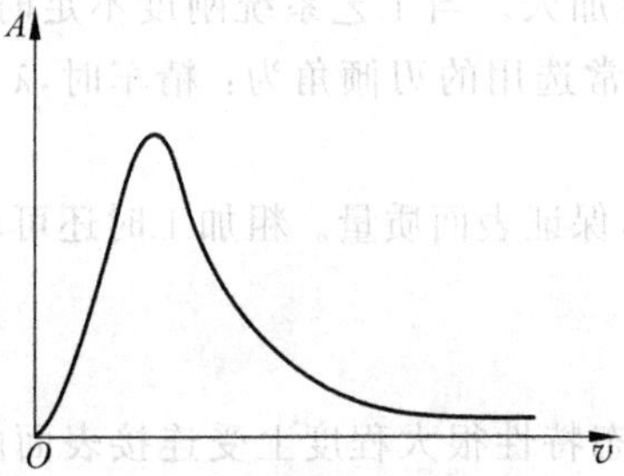

图 2.29 速度与振幅的关系

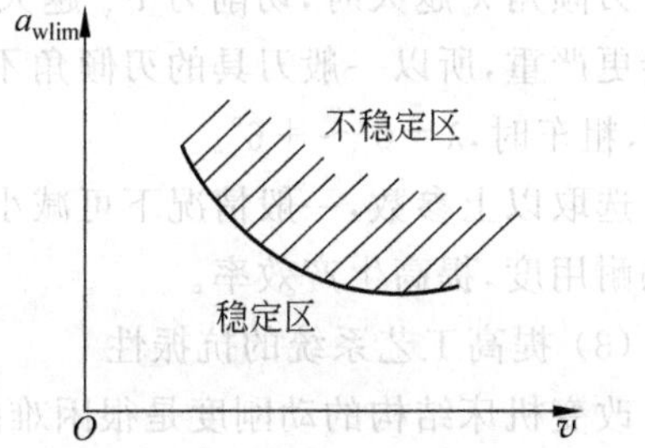

图 2.30 速度与极限切削宽度的关系

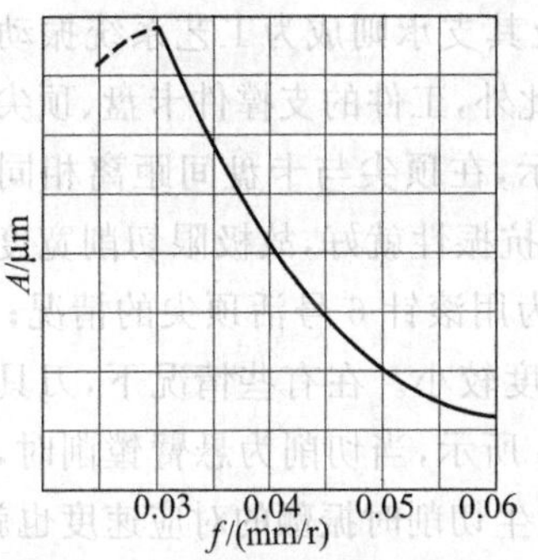

图 2.31 进给量与振幅的关系

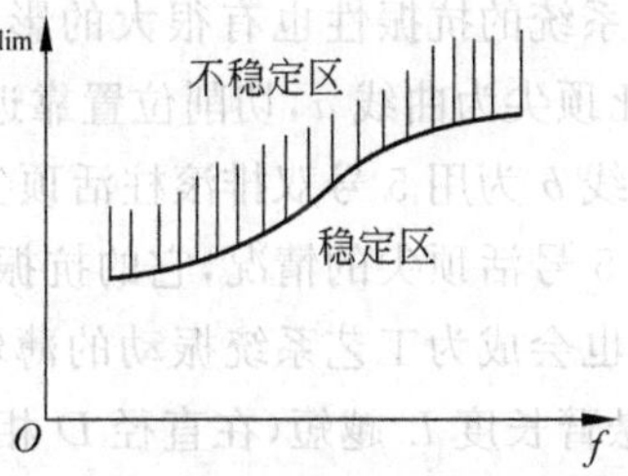

图 2.32 进给量与极限切削宽度的关系

切削深度 a_p 对振幅的影响如图 2.33 所示。当车削时，切削宽度 $a_w=\dfrac{a_p}{\sin\kappa_r}$（$\kappa_r$ 为主偏角）。当 κ_r 角一定时，随着切削深度 a_p 的增大，切削宽度 a_w 也随之加大，振幅也就不断加大。若减小切削深度，生产率就会下降。从图 2.32 可知，当 a_p 较大时，同时增大进给量 f，则仍能保持系统的稳定性。

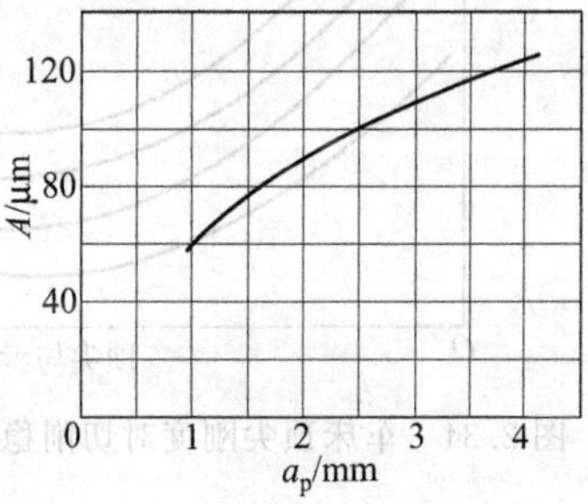

图 2.33 切削深度与振幅的关系

（2）合理选择刀具的几何参数

前角 γ 增大时，可以减小切削变形和切削力，使切削力 F_y 显著下降，振动减小，振幅随之下降。但在较高速切削范围内，前角对振动的影响将减小。对于不同工件的材料和不同的刀具材料，前角 $\gamma=10°\sim35°$ 为宜。

主偏角 κ_r 增大时，切削力 F_y 减小，但 F_x 增大。因此当工艺系统刚性较差（如车细长轴）时，应选用较大的主偏角 κ_r，则振幅减小。主偏角一般为 $\kappa_r=75°\sim93°$ 为好，若再大于此值，则振幅将加大。

后角 α 增大时，使刃口锋利，减少了已加工表面的挤压变形，就会降低振动，振幅减小。α 角太大又降低了刀具的耐用度，所以一般粗车时 $\alpha=4°\sim6°$，精车时 $\alpha=8°\sim12°$。

刀尖圆弧半径 r_ε 增大时，切削力 F_y 显著增大，容易引起振动。所以刀尖圆弧半径不能过大。但 r_ε 太小时不但影响表面粗糙度，而且还使刀具的耐用度下降。其常用的数值为：高速钢车刀，$r_\varepsilon=0.5\sim5$ mm；硬质合金车刀，$r_\varepsilon=0.5\sim2$ mm。上述数值当工艺系统刚性较好时可取大值，工艺系统刚性差时应取小值。

刃倾角 λ 越大时，切削力 F_y 越大，引起的颤振会加大。当工艺系统刚度不足时，振动就会更严重，所以一般刀具的刃倾角不宜过大。一般常选用的刃倾角为：精车时，$\lambda=0°\sim-4°$，粗车时，$\lambda=0°\sim+6°$。

选取以上参数，一般情况下可减小加工中的振动，保证表面质量。粗加工时还可增加刀具的耐用度，提高生产效率。

(3) 提高工艺系统的抗振性

改变机床结构的动刚度是很困难的，但机床的动态特性很大程度上受连接表面的接触刚度和接触阻尼的影响，因此可以利用刮研连接表面、提高接触刚度等方法来提高机床的抗振性能。

当工件的刚度较差（细长杆件、薄壁件等）时，零件及其支承则成为工艺系统振动的主要矛盾，这时在加工中要加辅助支撑（中心架、跟刀架等）。此外，工件的支撑件卡盘、顶尖等的刚度对工艺系统的抗振性也有很大的影响。如图2.34所示，在顶尖与卡盘间距离相同的情况下，采用死顶尖为曲线 a，切削位置靠近卡盘时，工艺系统抗振性就好，故极限切削宽度就可以达到。曲线 b 为用5号双排滚柱活顶尖的情况；曲线 c 为用滚针6号活顶尖的情况；曲线 d 为用滚针5号活顶尖的情况，它的抗振性最差，故切削宽度较小。在有些情况下，刀具及刀具的支撑件也会成为工艺系统振动的薄弱环节。如图2.35所示，当切削为悬臂镗削时，镗杆刚度越高，悬臂长度 L 越短（在直径 D 相同的情况下），能发生切削时振颤的对应速度也就越大。

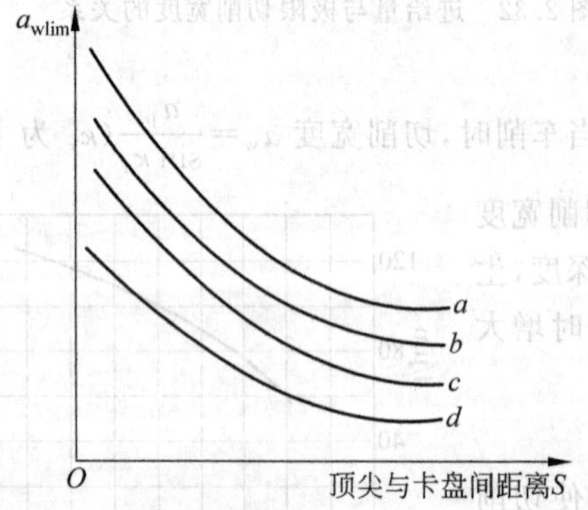

图2.34　车床顶尖刚度对切削稳定性的影响

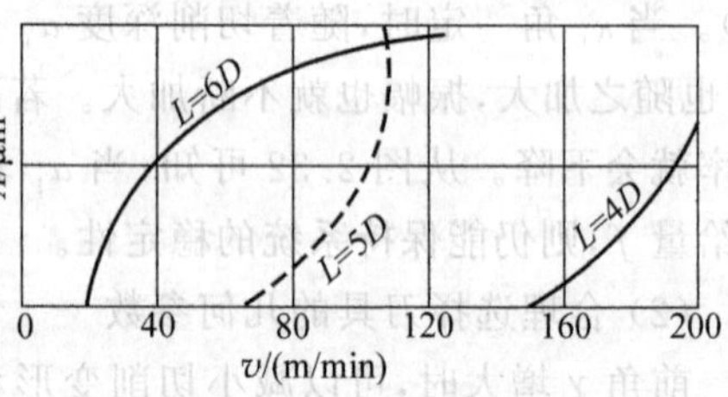

图2.35　镗杆刚度对切削稳定性的影响

(4) 合理调整振型的刚度比

根据振型的耦合原理，工艺系统的振动将受到各种振型的刚度比及其组合的影响。合理调整它们之间的关系可提高切削过程的稳定性。如在车削过程中，工件正转车削与反转车削对振动的影响不一样。工件反转切削时，其切削力方向一般与系统高刚度主轴方向一致，因此切削稳定性一般比较好。在镗削时一般采用扁镗杆比圆镗杆要好。

3) 采用减振装置对振动加以改善

采用上述的措施如减振的程度还不理想，不能获得满意的效果，就要考虑采用减振装置进行减振。减振装置的结构轻巧，使用方便，对受迫振动和振颤的减弱有着显著的效果，故在实际应用中受到重视。一般常用的减振装置有以下几种。

(1) 阻振器

阻振器用来增加振动的阻尼，当系统振动时，通过阻尼的作用来消耗振动能量，达到减振的效果。如图 2.36 所示为一液压阻尼器，通过可调的弹簧 1 施加预紧力，通过活塞 2 和液压油 3，把预紧力传给柱塞 5 和钢球 6。钢球和加工工件接触，使振动产生阻尼，以达到减振的目的。再如图 2.37 所示为减小主轴振动的阻振器，相当于间隙很大的滑动轴承，通过间隙中油液的黏滞阻尼效果来达到减振的目的。

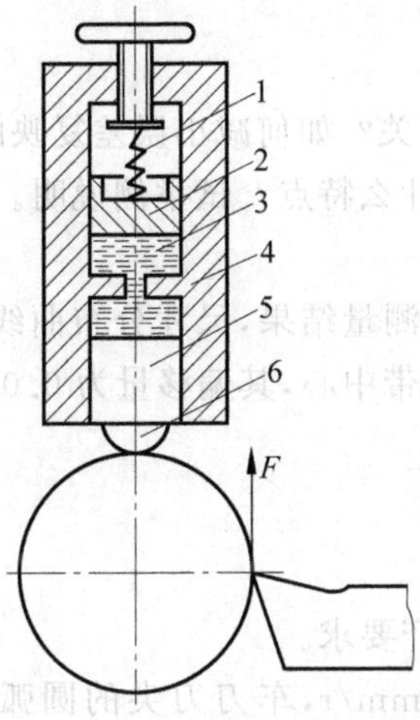

图 2.36　液压阻尼器

1—弹簧；2—活塞；3—液压油；4—壳体；5—柱塞；6—钢球

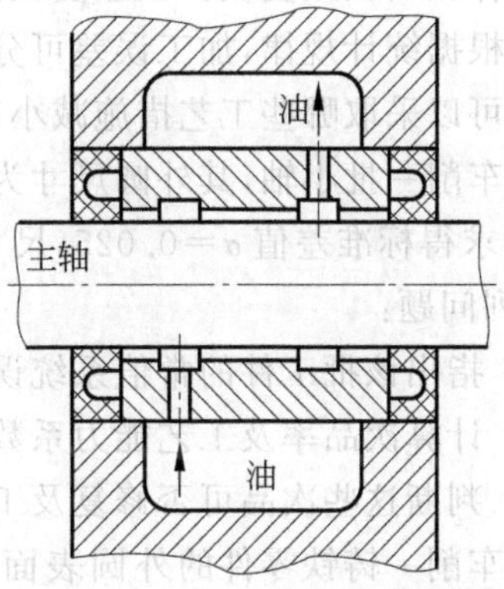

图 2.37　减小主轴振动的阻振器

(2) 冲击式减振器

冲击式减振器是在振动系统中的刚性连接件上加工出一个空腔，腔内装入可自由冲击的质量块。这时，如系统发生振动，质量块反复冲击振动系统而消耗振动能量，达到减振的目的。如图 2.38 所示为冲击式减振镗杆。冲击块一般取相对密度较大的淬火钢或硬质合金，其质量一般为镗杆外伸部分质量的 1/10～1/8。若由于体积所限，冲击块质量不能达到这一要求时，可以用其他方法加大冲击块的质量，如在冲击块中加入铅等。冲击块与孔的配合表面的粗糙度应为 $Ra \leqslant 1.25\ \mu m$，径向一般可按间隙配合，一般为 H7/g6 或 H7/f6。一般要通过实验确定最佳间隙。如图 2.39 所示为车刀的冲击式减振器，它是在刀体上直接加工出空腔，减振的冲击块为一钢球。钢球的冲击活动间隙 δ 可用丝堵调整到最佳状态。此种冲击式减振器结构简单、质量轻、体积小，可在较大的频率范围内广泛使用。

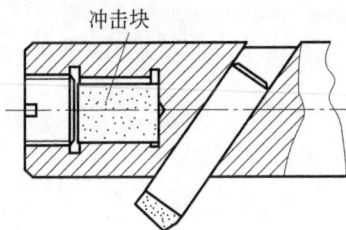

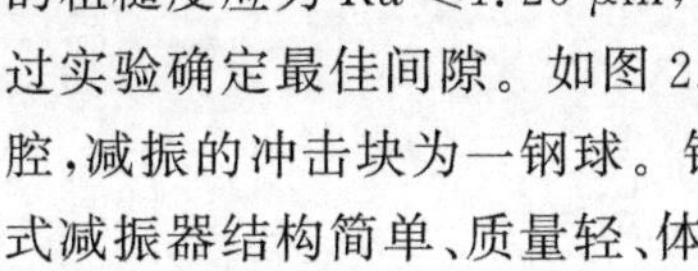

图 2.38　冲击式减振镗杆

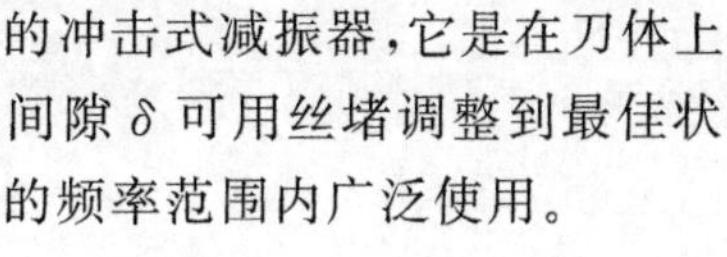

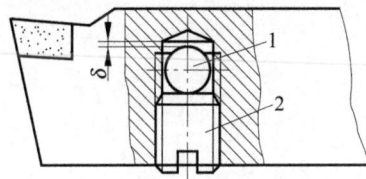

图 2.39　冲击式减振器

1—钢球；2—丝堵

习　题

1. 机械加工质量的两大指标是什么？机械加工精度和机械加工表面质量包含哪些内容？

2. 什么叫加工误差？它与公差有何区别？

3. 什么叫误差复映？误差复映的大小与哪些因素有关？如何减小误差复映的影响？

4. 根据统计规律，加工误差可分为哪些类型？各有什么特点？试举例说明。

5. 可以采取哪些工艺措施减小表面粗糙度的值？

6. 车削一批小轴，其外圆尺寸为 $\phi 20_{-0.1}^{\ 0}$ mm。根据测量结果，尺寸分布曲线符合正态分布，已求得标准差值 $\sigma=0.025$，尺寸分散中心大于公差带中心，其偏移量为 0.03 mm。试回答下列问题：

(1) 指出该批工件的常值系统误差及随机性误差；

(2) 计算次品率及工艺能力系数；

(3) 判断这些次品可否修复及工艺能力是否满足生产要求。

7. 车削一铸铁零件的外圆表面，若进给量 $f=0.5$ mm/r，车刀刀尖的圆弧半径 $r_\varepsilon=0.4$ mm，求能达到的加工表面粗糙度值。

第 3 章　汽车零件常用制造工艺基础知识

3.1　汽车零件毛坯制造工艺的基本知识

毛坯的质量好坏会影响到零件的质量。毛坯的选择是零件机械设计和制造中的一个重要环节。毛坯种类的选择不仅影响毛坯的制造工艺及费用，而且也与零件的机械加工工艺和加工质量密切相关。合理选择毛坯的类型，会使零件制造工艺简便、质量稳定、生产率高、制造周期缩短、成本降低。为此需要毛坯制造和机械加工两方面的工艺人员密切配合，合理地确定毛坯的种类、结构形状，并绘出毛坯图。

为了能合理选用毛坯，需清楚地了解各类毛坯的特点、适用范围及选用原则等。常用的汽车零件的毛坯种类有铸件、锻压件、冲压件、焊接件及粉末冶金件等。

3.1.1　铸造

1. 概念

铸造是将熔化后的金属液浇灌入铸型空腔中，待其凝固、冷却后，获得一定形状的零件或零件毛坯的成型方法。通过铸造成型方法获得的毛坯或零件称为**铸件**。铸造是最常用的毛坯生产方法，对于形状复杂、用其他方法难以成型的各类汽车零件都可用铸造方法生产其毛坯。

在汽车制造过程中，采用铸造制成毛坯的零件很多，约占全车质量的 10%，仅次于钢材用量，居第二位。就材质而言，铸铁、铸钢、铸铝、铸铜等应有尽有，仅铸铁就采用了灰铸铁、球墨铸铁、蠕墨铸铁、可锻铸铁及合金铸铁等多种材料。因此可以说，汽车工业使各种铸造材质达到物尽其用的地步。汽车用铸件的主要特点是壁薄、形状复杂、质量轻、可靠性好、尺寸精度高、年产批量大等，如汽缸体，变速器箱体及进、排气支管，转向器壳体，后桥壳体，制动鼓，各种支架等。

2. 铸造的特点及分类

根据所采用的工艺方法，通常将铸造分成砂型铸造和特种铸造两大类。在汽车用铸件生产中，砂型铸造所生产的铸件占整个汽车铸件的 90%以上。为弥补砂型铸件的不足，汽车零件也常采用特种铸造方法来生产铸造毛坯，用于提高生产率，改善劳动条件，获得尺寸精确高、机械强度好的铸件。凡不同于砂型铸造的其他所有铸造方法，统称为特种铸造，如永久型铸造、精密铸造、压力铸造、熔模铸造、壳模铸造和离心铸造等。各种铸造方法及工艺特点见表 3.1。

1）砂型铸造

液态金属完全靠重力充满整个铸型型腔，直接形成铸型的原材料主要为型砂，这种铸造方法称为**砂型铸造**。砂型的原料以砂子为主，并与黏结剂、水等混合而成。砂型材料必须具有一定的黏合强度，以便被塑成所需的形状并能抵御高温铁水的冲刷而不会崩塌。为了在

表3.1　各种铸造方法的工艺特点

毛坯制造方法	最大质量/kg	最小壁厚/mm	形状的复杂性	材　料	生产方式	精度等级(IT)	尺寸公差值/mm	表面粗糙度/μm	其　他
手工砂型铸造	不限制	3～5	最复杂		单件生产及小批生产	14～16	1～8	—	余量大,一般为1～10 mm;由砂眼和气泡造成的废品率高;表面有结砂硬皮,且结构颗粒大;适于铸造大件;生产率低
机械砂型铸造	至250	3～5	最复杂	铁碳合金、有色金属及其他合金		14左右	1～3		生产率比手工制砂型高数倍至数十倍;设备复杂,但要求工人的技术低;适于制造中小型铸件
永久型铸造	至100	1.5	简单或平常		大批生产及大量生产	11～12	0.1～0.5	12.5	生产率高,因免去每次制造铸型;单边余量一般为1～3 mm;结构细密,能承担较大压力;占用生产面积小
离心铸造	通常200	3～5	主要是旋转体			15～16	1～8	12.5	生产率高,每件只需要2～5 min;力学性能好且少砂眼;壁厚均匀;不需要泥芯和浇注系统
压力铸造	10～16	0.5(锌),1.0(其他合金)	由模子制造难易而定	锌、铝、镁、铜、锡、铅各金属的合金		11～12	0.05～0.15	6.3	生产率最高,每小时可制50～500件;设备昂贵;可直接制取零件或仅需少许加工
熔模铸造	小型零件	0.8	非常复杂	适于切削困难的材料	单件生产及成批生产	—	0.05～0.2	25	占用生产面积小,每套设备需30～40 m^2;铸件机械性能好;便于组织流水线生产;铸造延续时间长,铸件可不经加工
壳模铸造	至200	1.5	复杂	铸铁和有色金属	小批至大量	12～14	—	12.5～6.3	生产率高,一个制砂工班产量为0.5～1.7 t;外表面余量为0.25～0.5 mm;孔余量最小为0.08～0.25 mm;便于机械化与自动化;铸件无硬皮

砂型内塑成与铸件形状相符的空腔,必须先用木材制成模型,称为木模。炽热的铁水冷却后体积会缩小,因此,木模的尺寸需要在铸件原尺寸的基础上按收缩率加大,需要切削加工的表面相应加厚。空心的铸件需要制成砂芯子和相应的芯子木模(芯盒)。有了木模,就可以翻制空腔砂型(铸造也称为翻砂)。在制造砂型时,要考虑上下砂箱怎样分开才能把木模取出,还要考虑铁水从什么地方流入,怎样灌满空腔以便得到优质的铸件。砂型制成后,就可以浇注,也就是将铁水灌入砂型的空腔中。浇注时,铁水温度在1250～1350℃,熔炼时温度更高。

(1) 砂型铸造的工艺过程

砂型铸造工艺过程主要由以下几个部分组成：造型、造芯、砂型及型芯烘干、合箱、熔炼金属、浇注、落砂、清理、检验，如图3.1所示。

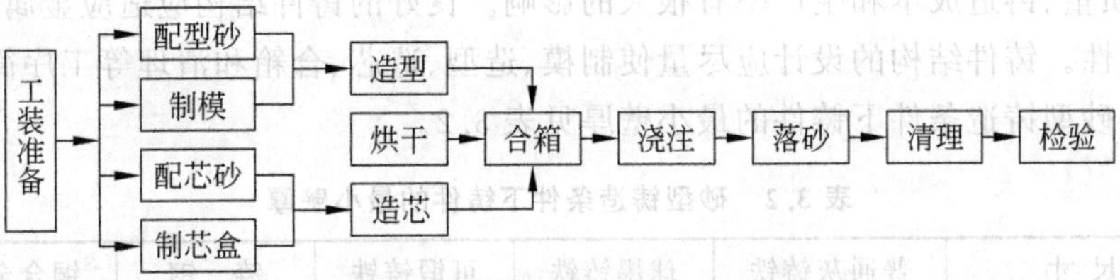

图3.1　砂型铸造的工艺过程

(2) 工艺参数的选择

铸造工艺方案确定以后，还要选择各种工艺参数。铸造工艺设计参数(简称工艺参数)是指铸造工艺设计时需要确定的某些数据，这些工艺数据一般都与模样及芯盒尺寸有关，即与铸件的精度有密切关系，同时也与造型、制芯、下芯及合箱的工艺过程有关。铸造工艺设计参数主要有铸件尺寸公差、铸件重量公差、机械加工余量、铸造收缩率、起模斜度、最小铸出孔及槽、工艺补正量、分型负数、反变形量、砂型负数、非加工壁厚的余量、分芯负数等。

① 机械加工余量

所谓机械加工余量，就是铸件上需要切削加工的表面，应预先留出一定的加工余量，其大小取决于铸造合金的种类、工艺方法、造型方法、铸件大小和结构、生产批量及加工面在铸型中的位置等诸多因素。铸件表面粗糙、变形大，其机械加工余量大；非铁合金表面较光洁，其机械加工余量小；铸件越大、越复杂，其加工余量越大；铸件的顶面比底面和侧面的机械加工余量大。

② 起模斜度

起模斜度是指为了使模样便于从铸型中取出，在垂直于分型面的立壁上所加的斜度。模样越高，斜度取值越小；内壁斜度比外壁斜度大；手工造型的斜度比机器造型的斜度大。铸件外壁斜度一般取0.5°～4°。

③ 收缩余量

由于铸件在浇注后的冷却收缩，制作模样时要加上这部分收缩尺寸。一般灰铸铁的收缩余量为0.8%～1.0%，铸造铝合金的收缩余量为1.0%～1.5%，铸钢的收缩余量为1.8%～2.2%。收缩余量的大小除了与合金种类有关外，还与铸造工艺、铸件在收缩时的受阻情况等有关。

④ 铸造圆角

为了防止铸件在壁的连接和拐角处产生应力和裂纹，防止铸型的尖角损坏和产生砂眼，在设计铸件时，铸件壁的连接和拐角部分应设计成圆角。

⑤ 型芯头

为保证型芯在铸型中的定位、固定和排气，模样和型芯都要设计成型芯头。它们之间的尺寸和形状要留有装配用的芯头间隙。

(3) 铸件结构工艺性

铸件结构工艺性是指所设计的铸件结构在满足零件使用性能要求的前提下，还能适应铸造工艺和合金铸造性能的要求，以及铸造成型的可行性和经济性。铸件结构设计是否合理，对铸件质量、铸造成本和生产率有很大的影响。良好的铸件结构应适应金属的铸造性能和铸造工艺性。铸件结构的设计应尽量使制模、造型、造芯、合箱和清理等工序简化，从而提高生产率。砂型铸造条件下铸件的最小壁厚见表 3.2。

表 3.2 砂型铸造条件下铸件的最小壁厚 mm

铸件尺寸	普通灰铸铁	球墨铸铁	可锻铸铁	铸 钢	铜合金	铝合金
<200×200	4~6	6	5	8	3~5	3
200×200~500×500	6~10	12	8	10~12	6~8	4
>500×500	15~20	—	—	18~20	—	6

注：若铸件结构复杂或铸造合金的流动性差，则应取上限值。

2) 特种铸造

特种铸造是指凡与普通砂型铸造有一定区别的其他铸造方法。特种铸造可以克服砂型铸造尺寸精度不高、表面粗糙、生产率低、质量不稳定、劳动强度大的缺点。**在汽车用铸件中常用的特种铸造方法有压力铸造、低压铸造、金属型铸造、离心铸造及消失模铸造和熔模铸造等**。此外，还有其他的特种铸造，如陶瓷型铸造、挤压铸造、石膏型铸造、连续或半连续铸造及真空吸注等，目前在汽车铸件大量生产中采用较少。

(1) 压力铸造

压力铸造是将熔融金属在高压下高速充型，并在压力下凝固的铸造方法。压力铸造使用的压铸机如图 3.2(a)所示，由定型、动型、压室等结构组成。首先使动型与定型合紧，用活塞将压室中的熔融金属压射到型腔，如图 3.2(b)所示；凝固后打开铸型并顶出铸件，如图 3.2(c)所示。

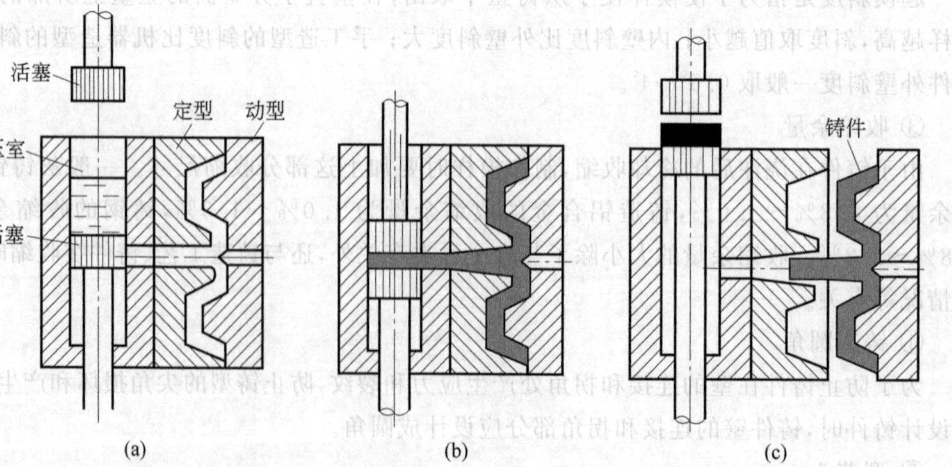

图 3.2 压力铸造
(a) 合型浇注；(b) 压射；(c) 开型顶件

压力铸造以金属型铸造为基础，又增加了在高压下高速充型的功能，从根本上解决了金属的流动性问题。压力铸造可直接铸出零件上的各种螺纹、孔眼、齿形等。铸件的组织更细密，其力学性能比砂型铸造提高20%～40%，铸件质量好，生产效率高，经济效益好。但由于熔融金属的充型速度快、排气困难，常在铸件的表皮下形成许多小孔，这些小孔内充满高压气体，受热时因气体膨胀而导致铸件表皮产生凸起缺陷，甚至使整个铸件变形。因此，压力铸造铸件不能进行热处理。

在汽车行业中，压力铸造的零件有上百种，其中最复杂的铝压铸件为缸体、缸盖等。压铸时除了要下很多型芯之外，对铝缸体还要将铸铁缸套压铸到缸体中。

(2) 低压铸造

低压铸造是将铸型安置在密封的坩埚上方，坩埚内通入压缩空气，在熔融金属的表面上造成低压力(20～70 kPa)，使金属液压入铸型并在压力下结晶凝固的铸造方法。因其压力低，故称为低压铸造。低压铸造的工艺原理如图3.3所示。工作时由储气罐向保温室中送入压力为0.01～0.08 MPa的干燥压缩空气或惰性气体，使金属液沿升液管从密封坩埚中以10.5～10.6 m/s的速度压入铸型型腔内，将其充满后，仍保持一定的压力到型腔内金属液完全凝固。然后撤出压力，使未凝固的金属液在重力作用下流回到坩埚，保证升液管和浇口内没有凝固的金属液。最后，打开铸型取出铸件。

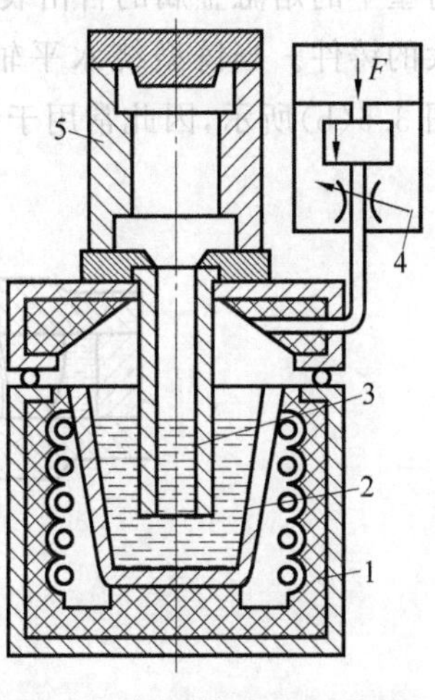

图3.3　低压铸造工艺原理图

1—保温室；2—坩埚；3—升液管；4—储气罐；5—铸型

铸件在压力下凝固结晶，浇口又能起补缩作用，铸件自上而下顺序凝固，因此组织致密，能有效克服铝合金的针孔等缺陷，铸件成品率高，浇口余头小，金属利用率高(高达95%)。另外，低压铸造的铸件表面粗糙度值可达 Ra 12.5～3.2 μm，公差等级能满足IT12～IT14，最小壁厚为2～5 mm。

低压铸造是介于重力铸造(靠金属液本身重力流入型腔)和压力铸造之间的一种铸造方法，它可以生产铝、镁、铜合金和少量钢制薄壁壳体类铸件，例如汽车发动机的缸体和缸套，高速内燃机的活塞、带轮、变速箱壳体等。

(3) 金属型铸造

金属型铸造是在重力下将熔融金属浇入金属铸型(即金属型)中获得铸件的方法。金属型是指由金属材料制成的铸型，不能称为金属模。常用的垂直分型式金属型如图3.4所示，由定型和动型两个半型组成，分型面位于垂直位置，浇注时先使两个半型合紧，待熔融金属凝固、铸件定型后，再利用简单的机构使两个半型分离，取出铸件。

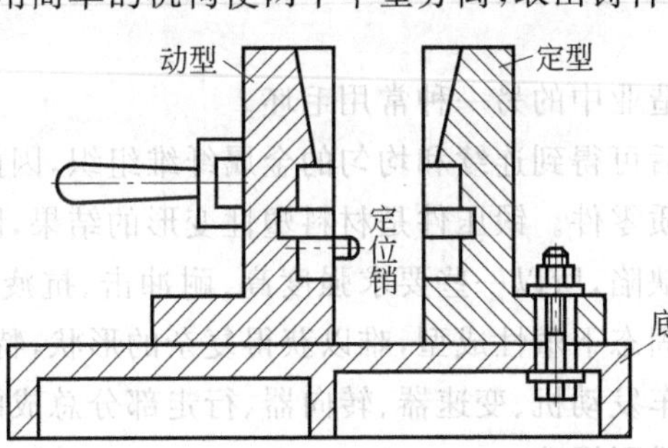

图3.4　垂直分型式金属型铸造

金属型铸造实现了“一型多铸”，下芯、合型比较方便，劳动条件好，克服了砂型铸造造型工作量大、占地面积大、生产率低等缺点，具有铸件精度高和力学性能高的特点。其缺点是上型排气困难，开型和取出铸件均不方便。例如，汽车的铝合金缸盖、进气管及活塞等常用此方法铸造。

（4）离心铸造

离心铸造是将熔融金属浇入水平、倾斜或立轴旋转的铸型中，在离心力的作用下凝固成型的铸件轴线与旋转铸型轴线重合的铸造方法。通常铸件多是简单的圆筒形，铸造时不用型芯就可形成圆桶形内孔。离心铸造过程如图3.5所示。当铸型绕垂直线回转时，浇注入铸型中的熔融金属的自由表面呈抛物线形状，如图3.5(a)所示，因此不宜铸造轴向长度较大的铸件。当铸型绕水平轴回转时，浇注入铸型中的熔融金属的自由表面呈圆柱形，如图3.5(b)所示，因此常用于铸造要求壁厚均匀的中空铸件。

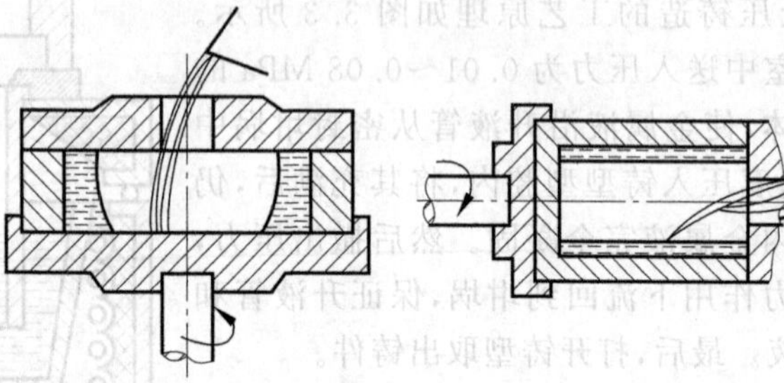

图3.5　离心铸造

(a) 垂直轴线；(b) 水平轴线

离心铸造时，熔融金属受离心力的作用容易充满型腔；在离心力的作用下结晶能获得组织致密的铸件。但铸件的内表面质量较差，尺寸也不准确。离心铸造主要用于制造铸钢、铸铁、有色金属等材料的各类管状零件的毛坯，多用于浇注各种金属的圆管状铸件，如各种套、环、管等；也可以铸造各种要求组织致密、强度要求较高的成型铸件，如小叶轮、成型刃具等。

3.1.2　锻造

1. 概念

锻造是利用金属材料的可塑性，借助外力（加压设备）和加工模具的作用，使坯料或铸锭产生局部或全部变形而形成所需要的形状、尺寸和一定组织性能锻件的加工方法。

2. 铸造的特点及分类

锻压件是汽车零件制造业中的另一种常用毛坯。

锻件毛坯由于经锻造后可得到连续和均匀的金属纤维组织，因此锻件的力学性能较好，常用于受力复杂的重要钢质零件。锻压件是材料塑性变形的结果，因此锻压件晶粒较细，没有铸件的粗大组织和内部缺陷，所以一些要求强度高、耐冲击、抗疲劳的重要零件大多采用锻造毛坯。但由于它是在固态下塑性成型，难以获得复杂的形状，特别是一些复杂内腔的零件。锻压件广泛应用于汽车发动机、变速器、转向器、行走部分总成的零件上。

锻造分为自由锻造和模型锻造。

1）自由锻造

自由锻造是将金属坯料放在铁砧上承受冲击或压力而成型的加工方法（简称"打铁"）。汽车的齿轮和轴等的毛坯就是用自由锻造的方法加工的。

按自由锻件的外形及其成型方法，可将自由锻件分为六类：饼块类、空心类、轴杆类、曲轴类、弯曲类和复杂形状类。

自由锻应用设备和工具有很大的通用性，且工具简单，所以只能锻造形状简单的锻件。自由锻操作强度大，生产率低。自由锻可以锻出质量从不到1 kg到（200～300）t的锻件。对于大型锻件，自由锻是唯一的加工方法，因此自由锻在重型机械制造中有特别重要的意义。自由锻依靠操作者控制其形状和尺寸，锻件精度低，表面质量差，金属消耗也较多。所以，自由锻主要用于品种多、产量不大的单件小批量生产，也可用于模锻前的制坯工序。

自由锻造加工与其他加工方法相比，具有以下特点。

（1）改善金属组织，提高力学性能。金属材料经锻造加工后，其组织、性能都得到改善和提高，锻压加工能消除金属铸锭内部的气孔、缩孔和树枝状晶等缺陷，并由于金属的塑性变形和再结晶，可使粗大晶粒细化，得到致密的金属组织，从而提高金属的力学性能。在零件设计时，若正确选用零件的受力方向与纤维组织方向，可以提高零件的抗冲击性能。

（2）材料的利用率高。金属塑性成型主要是靠金属的形体组织相对位置重新排列，而不需要切除金属。

（3）较高的生产率。锻造加工一般是利用压力机和模具进行成型加工的。例如，利用多工位冷镦工艺加工内六角螺钉，比用棒料切削加工工效提高400倍以上。

（4）锻压所用的金属材料应具有良好的塑性，以便在外力作用下，能产生塑性变形而不破裂。常用的金属材料中，铸铁属脆性材料，塑性差，不能用于锻造。钢和非铁金属中的铜、铝及其合金等可以在冷态或热态下压力加工。

（5）不适合成型形状较复杂的零件。锻造加工是在固态下成型的，与铸造相比，金属的流动受到限制，一般需要采取加热等工艺措施才能实现。对制造形状复杂，特别是具有复杂内腔的零件或毛坯较困难。

由于锻造具有上述特点，因此承受冲击或交变应力的重要零件（如机床主轴、齿轮、曲轴、连杆等）都应采用锻件毛坯加工。所以锻造加工在机械制造、军工、航空、轻工、家用电器等行业得到广泛应用。汽车的齿轮和轴等的毛坯就是用自由锻造的方法加工的。

锻造用材料涉及面很宽，既有多种牌号的钢及高温合金，又有铝、镁、钛、铜等有色金属；既有经过一次加工成不同尺寸的棒材和型材，又有多种规格的锭料；所锻材料大多数是已列入国家标准的，也有不少是研制、试用及推广的新材料。

锻造加热的目的是为了降低锻造变形力和提高金属塑性，但加热也带来一系列问题，如氧化、脱碳、过热及过烧等。准确控制始锻及终锻温度，对产品组织与性能有极大影响。根据热源不同，在锻压生产中金属的加热方法可分为火焰加热和电加热两大类。

（1）火焰加热

火焰加热是利用燃料（煤、油、煤气等）燃烧所产生的热能直接加热金属的方法。由于燃料来源方便，炉子修造较容易，费用较低，加热的适应性强等原因，所以应用较为普遍。其缺点是劳动条件差，加热速度较慢，加热质量较难控制等。

（2）电加热

电加热是利用电能转换为热能来加热金属的方法。与火焰加热相比，它具有很多优点：

升温快(如感应加热和接触加热),炉温易于控制(如电阻炉),氧化和脱碳少,劳动条件好,便于实现机械化和自动化。电加热的缺点是对毛坯尺寸形状变化的适应性不够强,设备结构复杂,投资费用较大。

锻件的冷却是指锻件从终锻温度出模冷却到室温,它是锻造生产中的重要环节之一。如果冷却方法选择不当,有可能将其粗大的锻造组织遗传给其后的热处理组织或影响以后的热处理组织,也可能由于应力过大造成裂纹或产生白点而影响产品质量,甚至使锻件报废。因此,选择冷却方法、制定冷却规范对于防止锻件缺陷是非常重要的。坯料在加热过程中会产生内应力,同样,锻件在冷却过程中也会引起内应力。由于锻件冷却后期温度较低而呈弹性状态,因此冷却内应力的危险性比加热内应力更大。内应力有温度应力、组织应力和锻造变形不均匀引起的残余应力。按照冷却速度的不同,锻件的冷却方法主要有:在空气中冷却、在灰箱或砂箱中冷却、在保温坑中冷却、在炉内冷却。

任何一个锻件的成型过程,都是由一系列变形工步组成的。自由锻工序一般可分为基本工序、辅助工序和修整工序三类。

(1) 基本工序

基本工序指能够较大幅度地改变坯料形状和尺寸的工序,也是自由锻造过程中主要变形工序。基本工序可分为镦粗、拔长、芯棒拔长、冲孔、扩孔、弯曲、剁切、切割、错移和扭转等工步。

镦粗指的是使毛坯高度减小、横断面积增大的锻造工序。在坯料上某一部分进行的镦粗叫做局部镦粗。镦粗和局部镦粗的主要方法和用途见表 3.3。

表 3.3　镦粗的方法和用途

序号	名　称	简　图	用　途
1	平砧间镦粗	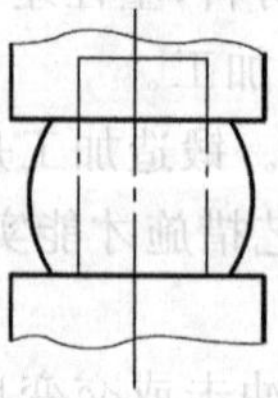	用于镦粗棒料和切去冒口
2	在带孔的垫环间镦粗	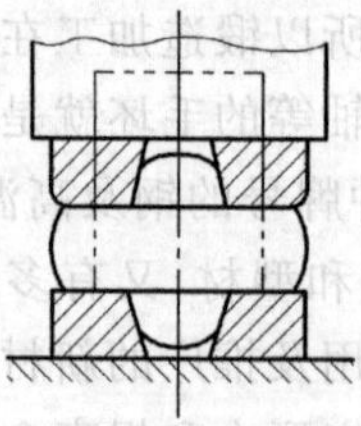	用于锻造带凸座的齿轮、突缘等锻件。在锻件直径较大,凸座直径很小,而且所用的毛坯直径比凸座的直径要大得多时采用
3	在漏盘或模子内局部镦粗	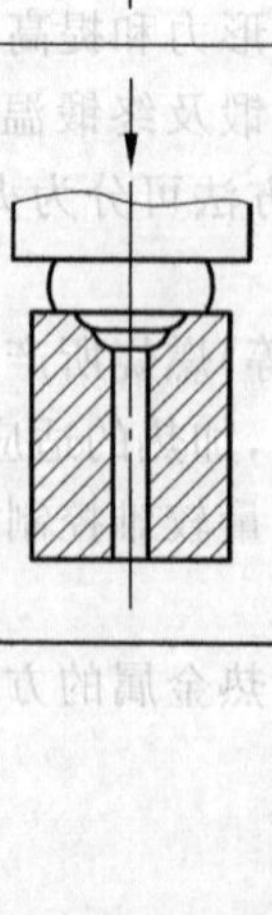	用于锻造带凸座的齿轮和长杆类锻件的头部和凸缘等,这时凸座的直径和高度都较大

拔长指的是使毛坯横断面积减小而长度增加的工序。拔长包括矩形断面毛坯的拔长和圆断面毛坯的拔长(见图 3.6),拔长的主要问题是生产率和质量,主要的工艺参数是送进量(l)和压下量(Δh)。

① 矩形断面毛坯的拔长。矩形断面毛坯在平砧间拔长,当相对送进量(送进长度 l 与坯料宽度 a 之比,即 l/a,也叫进料比)较小时,金属多沿轴向流动,轴向的变形程度 ε_l 较大,横向的变形程度 ε_a 较小,随着 l/a 的不断增大,ε_l 逐渐减小,ε_a 逐渐增大(见图 3.7)。可见,为提高拔长时的生产率,应当采用较小的进料比。但送进量 l 也不宜过小,因为 l 过小时总的送进次数要增多。因此,通常取 $l=(0.4\sim0.8)b$,式中 b 为平砧的宽度。

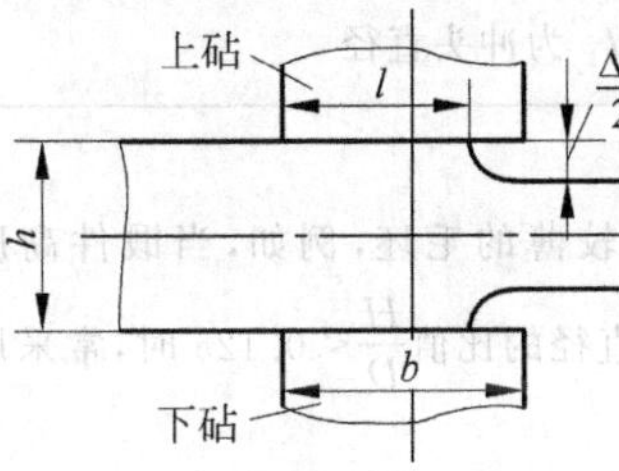

图 3.6　拔长

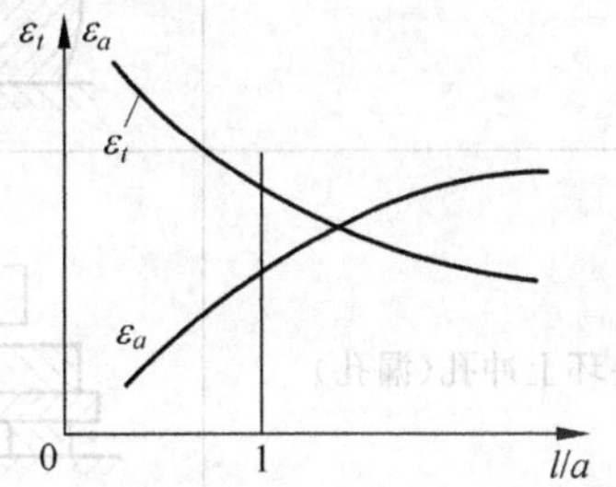

图 3.7　轴向和横向变形程度随相对送进量的变化情况

ε_l—轴向变形程度；ε_a—横向变形程度

② 圆断面毛坯的拔长。用平砧拔长圆断面毛坯时,若压下量较小,则接触面积较窄较长(见图 3.8),金属多作横向流动,不仅生产效率低,而且常易在锻件内部产生纵向裂纹。芯棒拔长是一种减小空心毛坯外径(壁厚)而增加其长度的锻造工序,用于锻制长筒类锻件(见图 3.9)。

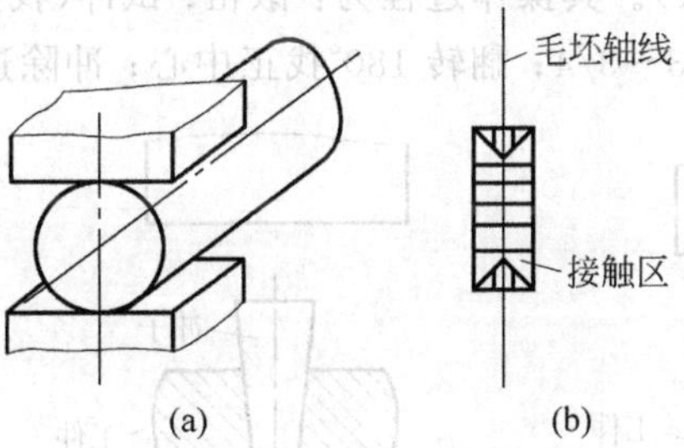

图 3.8　平砧、小压下量拔长圆形断面坯料

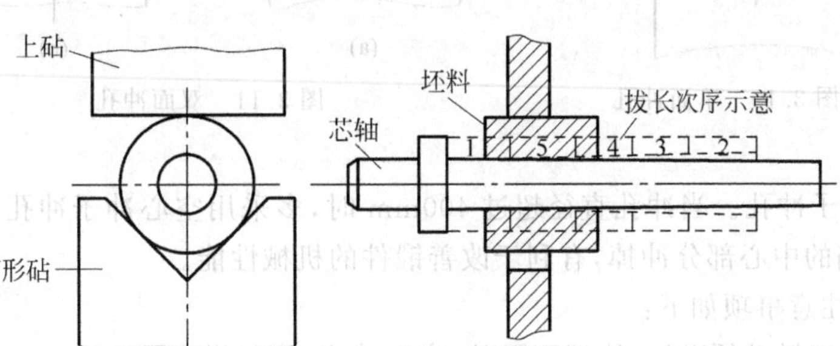

图 3.9　芯棒拔长

冲孔指的是在坯料中冲出通孔或盲孔的锻造工序。常用的冲孔方法和应用范围见表3.4。

表 3.4 冲孔方法和应用范围

序号	冲孔方法	简图	应用范围和工艺参数
1	实心冲子冲孔（双面冲孔）	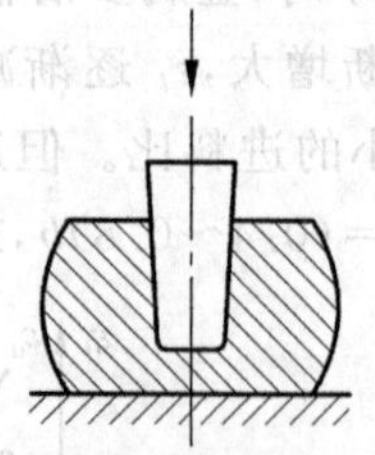	用于冲一般的孔，其工艺参数为 $\frac{D_0}{d_1} \geqslant 2.5 \sim 3$ $H_0 \leqslant D_0$ 式中，D_0 为原毛坯直径；H_0 为原毛坯高度；d_1 为冲头直径
2	在垫环上冲孔（漏孔）	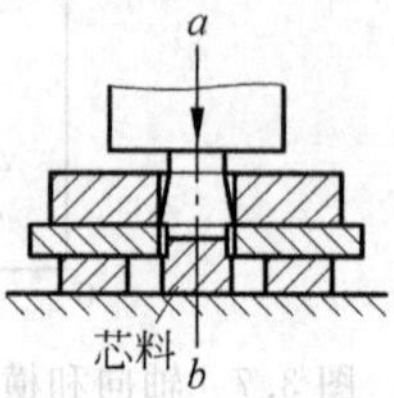	用于冲较薄的毛坯，例如，当锻件高度 H_0 和直径的比值 $\frac{H}{D}<0.125$ 时，常采用此法

根据冲孔所用冲子形状的不同，冲孔分实心冲子冲孔和空心冲子冲孔。实心冲子冲孔又分单面冲孔和双面冲孔。

① 单面冲孔。对于较薄工件，即工件高度与冲孔孔径之比小于0.125时，可采用单面冲孔（见图3.10）。冲孔时，将工件放在漏盘上，冲子大头朝下，漏盘的孔径和冲子的直径应有一定的间隙，冲孔时应仔细校正，冲孔后稍加平整。

② 双面冲孔（见图3.11）。其操作过程为：镦粗；试冲（找正中心冲孔痕）；撒煤粉；冲孔，即冲孔到锻件厚度的2/3～3/4；翻转180°找正中心；冲除连皮；修整内孔；修整外圆。

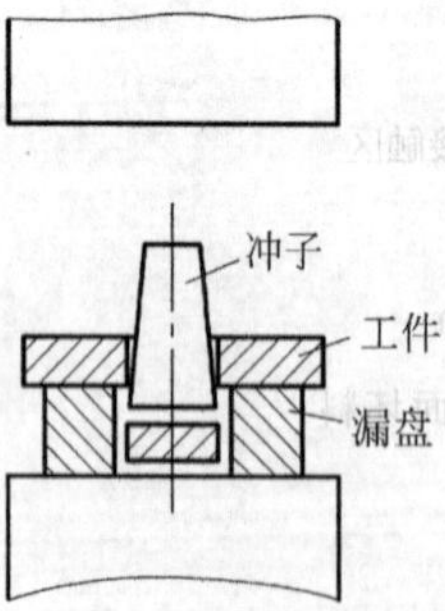

图 3.10 单面冲孔

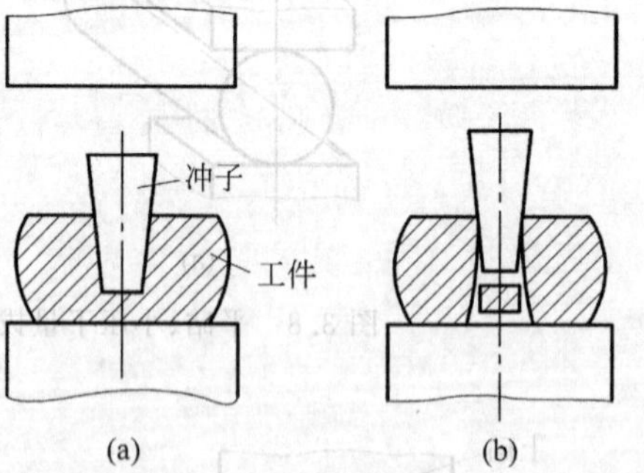

图 3.11 双面冲孔

③ 空心冲子冲孔。当冲孔直径超过400mm时，多采用空心冲子冲孔。对于重要的锻件，将其有缺陷的中心部分冲掉，有利于改善锻件的机械性能。

冲孔时的注意事项如下：

① 冲孔前坯料必须镦粗，使端面平整，高度减小，直径增大；

② 冲头必须放正，打击方向应和冲头端面垂直；

③ 在冲出的初孔内应撒上煤末或木炭粉，以便取出冲头；

④ 在冲孔过程中要不断地移动冲头并把毛坯绕轴心线转动，以免冲头卡在坯料内，并可防止孔形位置的偏斜；

⑤ 冲制深孔时要经常取出冲头在水中冷却。

弯曲指的是将毛坯弯成所规定的外形的锻造工序。

弯曲过程中弯曲区的内边金属受压缩，外边受拉伸，因而弯曲后毛坯的断面形状发生改变(见图3.12)，弯曲区毛坯的断面积要减小，内边可能产生折叠，外边可能产生裂纹。圆角半径越小，弯曲角越大时，上述现象越严重。

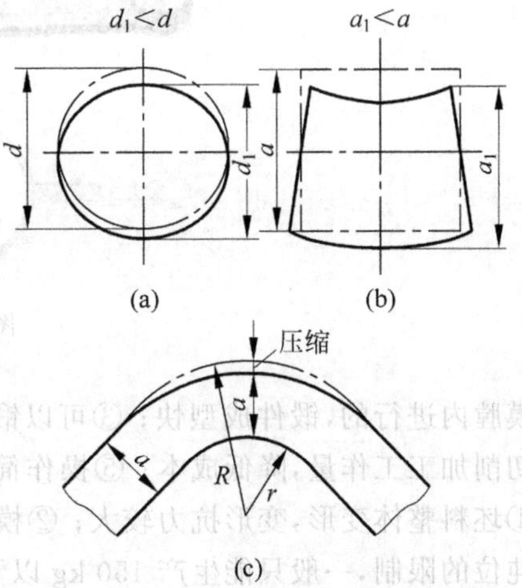

图3.12　坯料在弯曲时的变形

弯曲时的注意事项如下：

① 当锻件有数处弯曲时，弯曲的次序一般是先弯端部及弯曲部分与直线部分交界的地方，然后再弯其余的圆弧部分；

② 为了抵消弯曲区断面积的减小，一般弯曲前在弯曲的地方预先聚集金属，或者取断面尺寸稍大的原毛坯，弯曲以后再把两端延伸到要求的尺寸；

③ 被弯曲锻件的加热部分不宜太长，最好只限于被弯曲的一段，加热必须均匀。

最简单的弯曲方法是在砧角上用大锤弯曲；或将毛坯夹在锤子上下砧间，用吊车来弯曲；或采用与断面相适应的垫模、冲头或万能辅具进行弯曲。

(2) 辅助工序

辅助工序指在坯料进入基本工序前预先变形的工序。例如，钢锭倒棱、压钳把、阶梯轴分段压痕等工步。

(3) 修整工序

修整工序指用来精整锻件尺寸和形状使其完全达到锻件图纸要求的工序。修整工序一般在某一基本工步完成后进行，如镦粗后的鼓形滚圆和截面滚圆、端面平整、弯曲较直等工步。

任何一个自由锻锻件的成型过程中，上述三类工序中的各工步可以单独使用或穿插组合使用。自由锻件在基本工序的变形中，均属敞开式、局部变形或局部连续变形。了解和掌握自由锻基本工序的各个工步中的金属流动规律和变形分布，对合理制定锻件自由锻工艺规程、准确分析质量是非常重要的。

2) 模型锻造

金属坯料在锻模模膛内在一次或多次承受冲击力或压力的作用下，被迫流动成型的过程称为**模锻**。通过模膛对金属坯料流动的限制，最终得到与模膛形状相符的锻件。典型模锻件如图3.13所示。模型锻造是将金属坯料放在锻模的模膛内，承受冲击或压力而成型的加工方法，模型锻造有点像面团在模子内被压成饼干形状的过程。

(1) 模锻的特点

模锻的主要特点是：①模锻件尺寸相对精确，加工余量小；②生产率高，金属变形是在

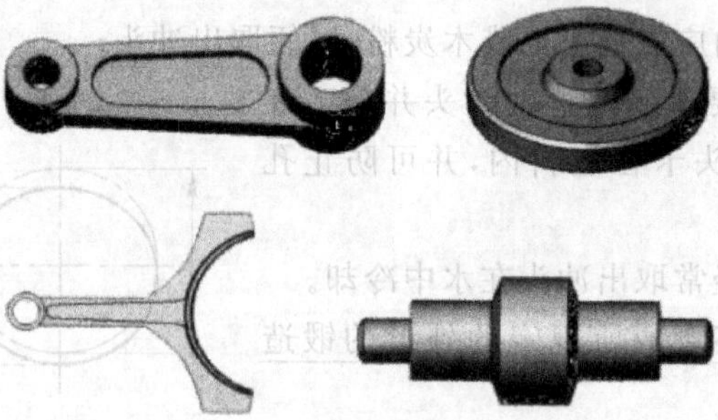

图 3.13　典型模锻件

模膛内进行的，锻件成型快；③可以锻出形状比较复杂的锻件；④比自由锻节省材料，减少切削加工工作量，降低成本；⑤操作简单，易于实现机械化和自动化生产。模锻的缺点是：①坯料整体变形，变形抗力较大；②模锻所需的设备吨位较大，故锻件的重量通常受到设备吨位的限制，一般只能生产 150 kg 以下的中小型锻件；③模锻制造的成本昂贵，适用于中、小型锻件的大批量生产。

(2) 模锻的分类

按使用设备不同，模锻可分为胎膜锻、锤上模锻、压力机上模锻及其他专用设备上的模锻。其中锤上模锻的工艺通用性强，是目前最常用的模锻方法。与自由锻相比，模锻所制造的工件形状更复杂，尺寸更精确。汽车的模锻件的典型例子有发动机连杆和曲轴、汽车前轴、转向节等。

模锻按成型温度可分为冷锻、热锻、等温锻、温锻等类型，其加工特点见表 3.5。

表 3.5　模锻按成型温度分类

名称	特　点
冷锻	室温下或低于工件再结晶温度下进行的锻造
热锻	终锻温度高于再结晶温度的锻造过程，工件温度高于模具温度
等温锻	模具带加热或保温装置
温锻	介于热锻及冷锻之间的加热锻造

(3) 模锻生产过程

模锻生产过程如图 3.14 所示。

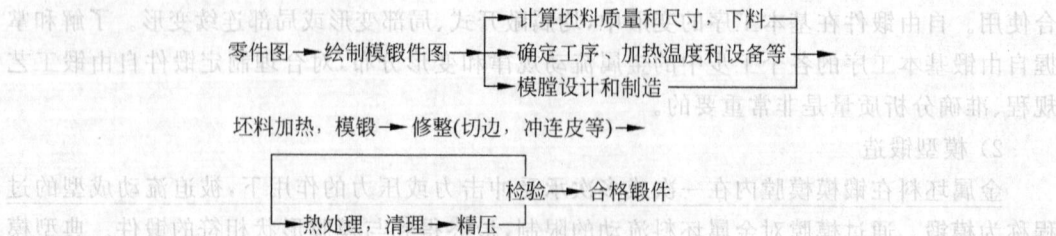

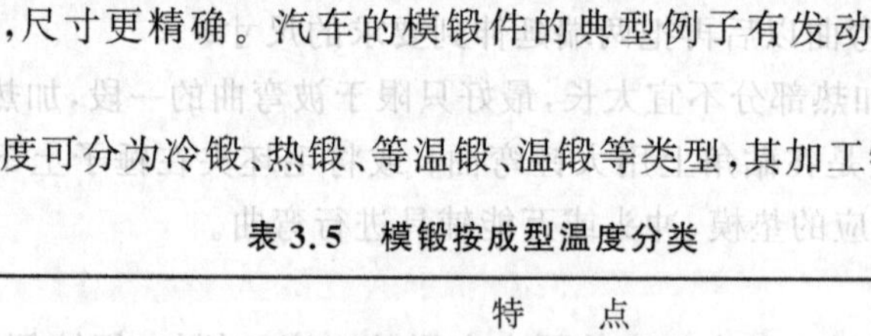

图 3.14　模锻生产过程

① 绘制模锻件图

模锻件图(又叫模锻过程图)是生产过程中各个环节的指导性技术文件。在制定模锻件图时应考虑的因素有：分模面，加工余量、锻件公差和敷料，模锻斜度，模锻件圆角半径等。

② 坯料质量计算

模锻件坯料质量＝模锻件质量＋氧化烧损质量＋飞边(连皮)质量

飞边质量的多少与锻件形状和大小有关，一般可按锻件质量的 20%～25%计算。氧化烧损按锻件质量和飞边质量总和的 3%～4%计算。

③ 模锻工序的确定

模锻工序与锻件的形状和尺寸有关。由于每个模锻件都必须有终锻工序，所以工序的选择实际上就是制坯工序和预锻工序的确定。

④ 修整工序

由锻模模膛锻出的模锻件，尚须经过一些修整工序才能得到符合要求的锻件，修整工序如下。

(a) 切边与冲孔。刚锻制成的模锻件，周边通常都带有横向飞边，对于有通孔的锻件还有连皮。飞边和连皮须用切边模和冲孔模在压力机上切除。

对于较大的模锻件和合金钢模锻件，常利用模锻后的余热立即进行切边和冲孔，其特点是：所需切断力较小，但锻件在切边和冲孔时易产生轻度的变形。对于尺寸较小的和精度要求较高的锻件，常在冷态下进行切边和冲孔，其特点是：切断后锻件切面较整齐，不易产生变形，但所需的切断力较大。

切边模和冲孔模由凸模和凹模组成，如图 3.15 所示。切边凹模的通孔形状和锻件在分模面上的轮廓一样，而凸模工作面的形状和锻件上部外形相符。冲孔凹模作为锻件的支座，其形状做成使锻件放在模中能对准冲孔中心，冲孔后连皮从凹模孔落下。

当锻件批量很大时，切边和冲连皮可在一个较复杂的复合式连续模上联合进行。

(b) 校正。在切边及其他工序中有可能引起锻件变形，因此对许多锻件特别是形状复杂的锻件，在切边(冲连皮)之后还需进行校正。校正可在锻模的终锻模膛或专门的校正模内进行。

(c) 热处理。对模锻件进行热处理的目的是为了消除模锻件的过热组织、加工硬化组织和内应力等，使模锻件具有所需的组织和性能。热处理可用正火或退火。

(d) 清理。清理是指去除在生产过程中形成的氧化皮、所沾油污及其他表面缺陷，以提高模锻件的表面品质。清理有下列几种方法：滚筒打光、喷丸清理及酸洗等。

对于要求精度高和表面粗糙度低的模锻件，除进行上述各修整工序以外，还应在压力机上进行精压，如图 3.16 所示。

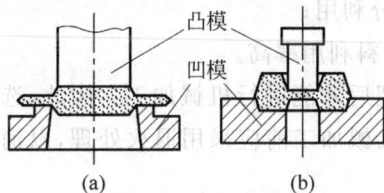

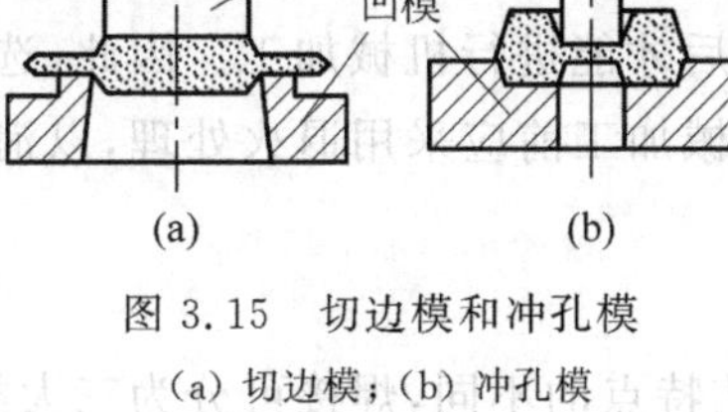

图 3.15　切边模和冲孔模

(a) 切边模；(b) 冲孔模

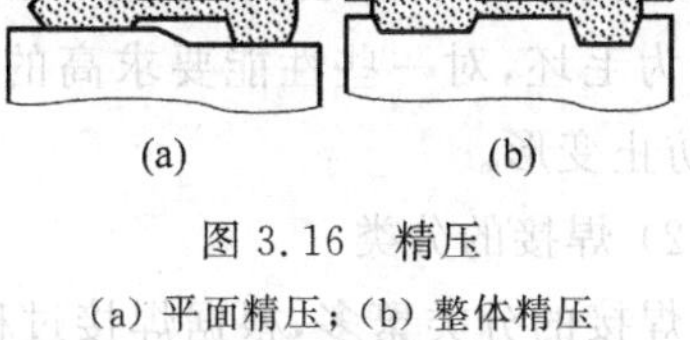

图 3.16　精压

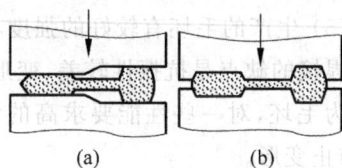

(a) 平面精压；(b) 整体精压

(4) 模锻设计原则

设计模锻件时,应在保证零件使用要求的前提下,结合模锻过程特点,模锻件结构技术特征应遵循下列原则,从而确保锻件品质,有利于模锻生产,降低成本,提高生产率。

① 模锻零件必须具有一个合理的分模面,以保证模锻件易于从锻模中取出、敷料最少。锻模应容易制造。

② 零件外形力求简单、平直和对称,尽量避免零件截面间差别过大,或具有薄壁、高筋、高凸起等结构(见图3.16),以便于金属充满模膛和减少工序。

③ 尽量避免有深孔或多孔结构。

④ 在可能的情况下,对复杂零件采用锻-焊组合,以减少敷料,简化模锻过程。

3.1.3 焊接

1. 概念

焊接是用或不用填充材料,将两片金属局部加热或同时加热、加压而接合在一起的加工方法。

通过焊接,被连接的焊件不仅在宏观上建立了永久性的联系,且在微观上建立了组织之间的内在联系。焊接能非常方便地利用型材和采用锻-焊、铸焊、冲压-焊等复合工艺,制造出各种大型、复杂的机械结构和零件,并可把不同材质和不同形状尺寸的坯材连接成不可拆卸的整体,从而使许多大型复杂的铸、锻件的生产过程由难变易,由不可能变为可能。焊接技术在机器制造、造船工业、建筑工程、电力设备生产、航空及航天工业等应用十分广泛。焊接技术也还存在一些不足之处,包括:焊接结构不可拆卸,给维修带来不便;焊接结构中会存在焊接应力和变形;焊接接头的组织性能往往不均匀,并会产生焊接缺陷等。

汽车制造中焊接生产具有批量大、生产速度快、自动化程度高、对被焊接零件的装配焊接精度要求高等特点,其生产中广泛采用专用自动焊机和弧焊机器人工作站。

2. 焊接的特点、分类及方法

1) 焊接的特点

焊接与其他连接方法有着本质的区别,焊接生产的特点主要有:

(1) 节省金属材料,结构质量轻,生产周期短;

(2) 以小拼大、化大为小,可制造重型、复杂的机器零部件,简化铸造、锻造及切削加工工艺,获得最佳技术经济效果;

(3) 焊接接头具有良好的力学性能和密封性;

(4) 能够制造双金属结构,使材料的性能得到充分利用;

(5) 生产的毛坯有较好的强度和刚度,质量轻,材料利用率高。

焊接的缺点是抗振性较差、变形大,需经时效处理后才能进行机械加工。因此,选用焊接件为毛坯,对一些性能要求高的汽车重要零件在机械加工前应采用退火处理,以消除应力、防止变形。

2) 焊接的分类

焊接的分类繁多,根据焊接过程中加热程度和工艺特点的不同,焊接可分为三大类,见图3.17。

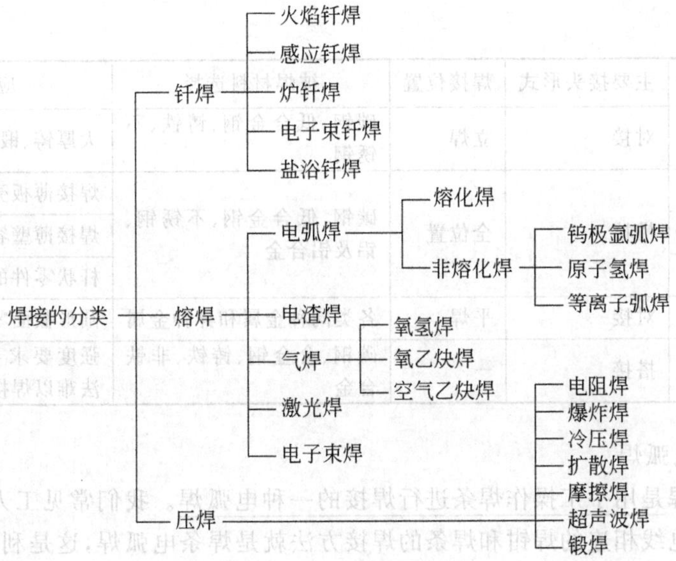

图 3.17　焊接的分类

(1) 钎焊

采用熔点低于被焊金属的钎料（填充金属）熔化之后，填充接头间隙，并与被焊金属相互扩散实现连接的焊接方法称为钎焊。钎焊过程中被焊工件不熔化，且一般没有塑性变形。

(2) 熔焊

将工件焊接处局部加热到熔化状态，形成熔池（通常还加入填充金属），冷却结晶后形成焊缝，被焊工件结合为不可分离的整体的焊接方法称为熔焊。常见的熔焊方法有气焊、电弧焊、电渣焊、等离子弧焊、电子束焊、激光焊等。

(3) 压焊

在焊接过程中无论加热与否，均需要加压的焊接方法称为压焊。常见的压焊有电阻焊、摩擦焊、冷压焊、扩散焊、爆炸焊等。

3) 常用的焊接方法

焊接的方法多种多样，常用焊接方法的选择如表 3.6 所示。

表 3.6　常用焊接方法的选择

焊接方法	主要接头形式	焊接位置	被焊材料选择	应用选择
焊条电弧焊	对接、角接、搭接、T 形接	全位置	碳钢、低合金钢、铸铁、铜及铜合金、铝及铝合金	各类中小型结构
埋弧自动焊		平焊	碳钢、合金钢	成批生产、中厚板长直焊缝和较大直径环焊缝
氩弧焊		全位置	铝、铜、镁、钛及其合金，耐热钢，不锈钢	致密、耐蚀、耐热的焊件
CO_2 气体保护焊			碳钢、低合金钢、不锈钢	
等离子弧焊	对接、搭接		耐热钢，不锈钢，铜、镍、钛及其合金	一般焊接方法难以焊接的金属和合金
气焊	对接		碳钢、低合金钢、铸铁、铜及铜合金、铝及铝合金	受力不大的薄板及铸件和损坏的机件的补焊

续表

焊接方法	主要接头形式	焊接位置	被焊材料选择	应用选择
电渣焊	对接	立焊	碳钢、低合金钢、铸铁、不锈钢	大厚铸、锻件的焊接
点焊	搭接	全位置	碳钢、低合金钢、不锈钢、铝及铝合金	焊接薄板壳体
缝焊	搭接	全位置	碳钢、低合金钢、不锈钢、铝及铝合金	焊接薄壁容器和管道
对焊	搭接	全位置	碳钢、低合金钢、不锈钢、铝及铝合金	杆状零件的焊接
摩擦焊	对接	平焊	各类同种金属和异种金属	圆形截面零件的焊接
钎焊	搭接	—	碳钢、合金钢、铸铁、非铁合金	强度要求不高,其他焊接方法难以焊接

(1) 焊条电弧焊

焊条电弧焊是用手工操作焊条进行焊接的一种电弧焊。我们常见工人一手拿着面罩,另一手拿着与电线相连的焊钳和焊条的焊接方法就是焊条电弧焊,这是利用电弧放电产生的高温熔化焊条和焊件使之接合的焊接方法。

焊条电弧焊具有以下优点:①设备简单,操作简单灵活,可以进行各种位置及各种不规则焊缝的焊接,对生产环境及焊接位置的适应性强;②焊条系列完整,可以焊接大多数常用金属材料,对焊接接头装配要求低,可焊的金属材料广。焊条电弧焊同时具有以下缺点:①由于焊工需要在高温、尘雾环境下工作,故劳动条件差,强度大;②焊条载流能力有限(电流为20～500 A),焊接厚度一般在3～20 mm,生产率较低,焊接质量很大程度上取决于焊工的操作技能。焊条电弧焊不适合焊接一些活泼金属、难熔金属及低熔点金属。由于焊条电弧焊的熔敷速度低,焊接质量受焊工水平的影响大,焊后焊渣的清理比较麻烦,因而在汽车生产线上已较少应用。

(2) 电阻焊

电阻焊属于压焊的一种,是利用电流通过焊件及其接触处产生的电阻热,将连接处加热到塑性状态或局部熔化状态,再施加压力形成接头的焊接方法。电阻焊的生产率高,焊接变形小,不需要填充金属,劳动条件好,操作简便,所以易于实现自动化生产。但焊接设备复杂,耗电量大,对焊件厚度和接头形式有一定限制,通常适用于大批量生产。电阻焊通常分为点焊、缝焊和对焊,如图3.18所示。对焊又可根据焊接过程的不同,分为电阻对焊和闪光对焊,汽车座椅骨架的零件等用到了电阻焊。

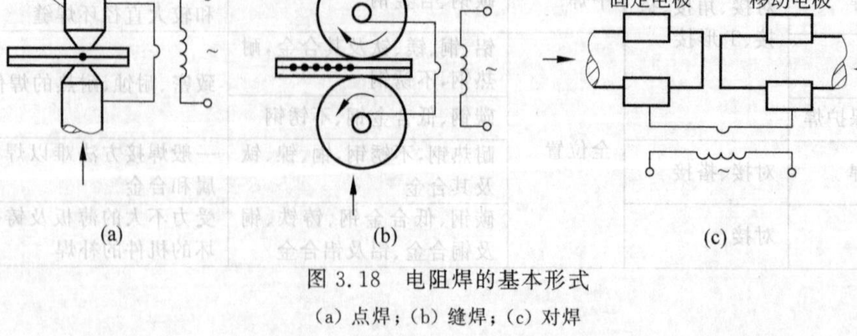

图3.18　电阻焊的基本形式

(a) 点焊;(b) 缝焊;(c) 对焊

(3) 气体保护焊

气体保护焊是利用外加气体来保护电弧和焊缝的电弧焊。目前常用的保护气体是氩气和二氧化碳(CO_2)，称为氩弧焊和CO_2保护焊。氩弧焊的保护气体氩气是惰性气体，在高温下，氩气不与金属发生化学反应，且保护电弧和熔池不受空气的有害作用。氩弧焊按所用的电极不同可分为钨极氩弧焊和熔化极氩弧焊两种。CO_2气体保护焊是以CO_2作为保护气体，以连续送进的焊丝为电极的焊接方法。

(4) 钎焊

钎焊是采用熔点比母材(焊件)低的合金作为钎料，加热时钎料熔化，并靠润湿作用和毛细作用填满并保持在接头间隙内，将焊件连接起来的焊接方法。钎焊时焊件常以搭接形式装配好，而母材处于固态，依靠液态钎料和固态母材间的相互扩散形成钎焊接头。在钎焊过程中，使用熔剂的作用是清除母材表面的氧化物和杂质，并保护母材和钎料在钎焊过程中免受氧化，增加钎料的渗透能力和对母材的附着能力。按钎料的熔点不同，钎焊可分为硬钎焊与软钎焊两种。

钎焊有如下特点：①加热温度较低，对母材的物理化学性能影响小，焊接应力和变形较小，可以保证焊件的尺寸；②焊接接头外表美观整齐，无需再进行加工；③钎焊可以焊接性能差别较大的异种金属和厚薄不等的焊件，对焊件整体加热时，可同时焊接具有多条焊缝的复杂焊件，生产率很高；④钎焊设备简单，生产投资较少。但钎焊接头的强度较低，耐热能力差，对焊件清理要求严格，不适用于较重要钢结构和重载、动载机件的焊接。

(5) 激光焊接

激光技术采用偏光镜反射激光产生的光束，使其集中在聚焦装置中产生能量巨大的光束，如果焦点靠近工件，工件就会在几毫秒内熔化和蒸发，这一效应应用于焊接工艺上就是激光焊接。

激光焊接技术是在20世纪80年代运用于汽车领域的。汽车工业中，激光技术主要用于车身拼焊、零件焊接和自动变速器的联体齿轮(如锁环式自动挂挡同步器联体齿轮)的焊接。激光焊接的主要优点如下。

① 可焊接不同物性(如不同电阻)的两种金属，可将热量降到最低的需要量，热影响区金相变化范围小，且因热传导所导致的变形亦最小；不需真空，亦不需做X射线防护。

② 若以穿孔式焊接，焊道深宽比可达10：1；可以切换装置将激光束传送至多个工作站。

③ 不需使用电极，没有电极污染或受损的顾虑，且因不属于接触式焊接，机具的耗损及变形均可降至最低。

④ 激光束易于聚焦、对准及受光学仪器所导引，可放置在离工件适当的距离，且可通过工件周围的机具或障碍，其他焊接方法则因受到上述的空间限制而无法发挥。

⑤ 工件可放置在封闭的空间(经抽真空或内部气体环境在控制下)。

⑥ 激光束可聚焦在很小的区域，可焊接小型且间隔相近的部件。

⑦ 可焊材质种类范围大，亦可相互接合各种异质材料。

⑧ 易于以自动化进行高速焊接，亦可以数控或计算机控制。

⑨ 焊接薄材或细径线材时，不会像电弧焊接那样容易有回熔的困扰。

⑩ 不受磁场所影响(电弧焊接及电子束焊接则容易受影响)，能精确地对准焊件。

激光拼焊是在车身设计制造中,根据车身不同的设计和性能要求,选择不同规格的钢板,通过激光裁剪和拼装技术完成车身某一部位的制造,例如前挡风玻璃框架、车门内板、车身底板、中立柱等。激光拼焊具有减少零件和模具数量、减少点焊数目、优化材料用量、降低零件重量、降低成本和提高尺寸精度等好处,目前已经被许多大汽车制造商和配件供应商所采用。激光焊接主要用于车身框架结构的焊接,例如顶盖与侧面车身的焊接,传统焊接方法的电阻点焊已经逐渐被激光焊接所代替。采用激光焊接技术,工件连接之间的接合面宽度可以减小,既降低了板材使用量也提高了车体的刚度。激光焊接零部件,零件焊接部位几乎没有变形,焊接速度快,而且不需要焊后热处理,目前激光焊接零部件已经被广泛采用,常见于变速器齿轮、气门挺杆、车门铰链等。目前,新的激光焊接有激光混合焊接技术、双焦点激光焊接技术两种。激光焊接运用于汽车可以降低车身重量、提高车身的装配精度、增加车身的刚度、降低汽车车身制造过程中的冲压和装配成本、减少车身零件的数目同时将其整体化。采用激光焊接的车身提高了30%多的刚度,从而提升了车身的安全性;同时也减轻了车身重量,还可以达到省油的目的;焊接的精度也得到了提高。

3. 材料的焊接性

材料的焊接性是指采用一定焊接方法、焊接材料、工艺参数及结构形式的条件下,获得优质焊接接头的难易程度,即其对焊接加工的适应性。

1) 金属材料的焊接

金属材料的焊接性是指在一定的焊接工艺条件下,金属材料获得优质焊接接头的难易程度。它一般包括两个方面:一是接合性能,即在给定的焊接工艺条件下,金属形成完好焊接接头的能力,特别是接头对产生裂纹的敏感性要小;二是使用性能,即在给定的焊接工艺条件下,金属的焊接接头在使用条件下安全运行的能力,包括焊接接头的力学性能和其他特殊性能(如耐高温、耐腐蚀、抗疲劳等)。这不仅与金属本身材质有关,也与焊接时采用的工艺条件、焊接方法有关。

2) 碳素钢和低合金结构钢的焊接

(1) 低碳钢的焊接

Q235、10、15、20等低碳钢的碳含量少,由于其碳的质量分数低于0.25%,塑性很好,淬硬倾向小,不易产生裂纹,所以焊接性最好,是应用最广泛的焊接结构材料。这种材料在焊接过程中不需要任何特殊的工艺措施,任何焊接方法和最普通的焊接工艺即可获得优质的焊接接头。但由于施焊条件、结构形式不同,焊接时还需注意以下问题:①在低温环境下焊接厚度大、刚性大的结构时,应该进行预热,否则容易产生裂纹;②重要结构焊后要进行去应力退火以消除焊接应力。低碳钢对焊接方法几乎没有限制,应用最多的是焊条电弧焊、埋弧焊、气体保护电弧焊和电阻焊。

(2) 中碳钢的焊接

中碳钢的碳的质量分数为0.25%~0.60%,有一定的淬硬倾向,焊接接头容易产生低塑性的淬硬组织和冷裂纹,焊接性较差。焊接时应适当进行预热。中碳钢的焊接结构多为锻件和铸钢件,或进行补焊。

(3) 高碳钢的焊接

高碳钢的碳的质量分数大于0.60%,其焊接特点与中碳钢基本相同,但淬硬和裂纹倾向更大，焊接性更差。一般这类钢不用于制造焊接结构，大多是用焊条电弧焊或气焊来补焊修理一些损坏件。焊接时，应注意焊前预热和焊后缓冷。

(4) 低合金结构钢的焊接

低合金结构钢含碳量较低，对硫、磷控制较严，焊条电弧焊、埋弧焊、气体保护焊和电渣焊均可用于此类钢的焊接，以焊条电弧焊和埋弧焊较常用。选择焊接材料时，通常从等强度原则出发，为了提高抗裂性，尽量选用碱性焊条和碱性焊剂；对于不要求焊缝和母材等强度的焊件，亦可选择强度级别略低的焊接材料，以提高塑性，避免冷裂。

3) 铸铁的焊补

铸铁的碳、硅含量高，塑性很差，属于焊接性很差的材料。一般铸铁不考虑作为焊接结构件，而只能进行焊补。铸铁在制造和使用中容易出现各种缺陷和损坏。铸铁补焊是对有缺陷铸铁件进行修复的重要手段，在实际生产中具有很大的经济意义。

4) 有色金属的焊接

(1) 铜及铜合金的焊接：存在的问题是难熔合，裂纹倾向大，焊接应力和变形较大，容易产生气孔。

(2) 铝及铝合金的焊接：铝具有密度小、耐腐蚀性好、很高的塑性、优良的导电性、优良的导热性以及良好的焊接性等优点，因而铝及铝合金在航空、汽车、机械制造、电工及化学工业中得到了广泛应用。

4. 焊接件的结构工艺性

焊接件的结构工艺性是指在一定的生产规模条件下，如何选择零件加工和装配的最佳工艺方案，因而焊接件的结构工艺性是焊接结构设计和生产中一个比较重要的问题，是经济原则在焊接结构生产中的具体体现。设计焊接件以及在焊接结构的生产制造中，除了要考虑到焊件的使用性能外，还应考虑焊件结构的工艺性能，使焊件生产简便、质量优良、成本低廉，能保证在较高的生产率和较低的成本下，获得符合设计要求的产品质量。焊件结构工艺性应考虑到各条焊缝的可焊到性、焊缝质量的保证、结构材料的选择、接头形式、焊缝布置、焊后热处理等方面。

1) 焊接结构材料的选择

对焊接结构来说，材料的焊接性不能只强调选用高强度、高质量的结构材料，还应该考虑制造成本、生产周期及材料加工性能。汽车焊接结构选用的材料一般可焊性都较好，车身大都采用可焊性较好的低碳钢冷轧板材。在满足焊接结构件使用性能的前提下，应尽量选用焊接性良好的材料。低碳钢和普通低合金钢的焊接性良好、价格低、焊接工艺简单、易于保证焊接质量，应优先选用。而中、高碳钢焊接性不好，应尽量避免使用。在采用两种不同材料进行焊接时，应注意它们焊接性的差异。

2) 焊接接头形式及厚度

焊接接头的形式主要有角接接头、对接接头、T形接头和搭接接头4种，其次还有弯接接头、锁底接头、套管接头及斜T形接头，而汽车车身零件常用的装焊形式可以分为搭接接头和弯接接头。

采用搭接接头的零件比较小且焊点布置又靠近零件的边缘时，可以在固定式点焊机上进行焊接；但若零件比较大且焊点又处于零、合件中间时，就要视焊点的数目采用不同的点焊机。焊点多时使用多点点焊机，焊点少时使用带焊枪的悬挂式点焊机。对弯接接头来说，小合件一般在固定式点焊机上进行,而大合件或分总成一般在悬挂式点焊机上使用焊钳来完成。对于焊接接头,在车身设计时应尽量避免封闭式接头,因为车身本身的刚性及零件形状的偏差使得装焊焊接质量很难控制。弯接接头在装配精度上要比搭接接头更容易保证质量。例如汽车顶盖的下盖板与下后围连接若采用搭接接头,搭配时易产生上下错位,而改为弯接接头,装配就比较稳固。此外,对涉及车身外观的焊接,由于焊接热应力会使表面产生局部的变形而影响外观质量,这时可以通过改变车身零件的形状来消除或减少这种缺陷。

焊接件连接处材料的厚度直接影响着材料的焊接工艺性。当厚度过大时,不仅增加了结构的重量和焊接接头的工作量,延长了热处理的时间,而且在焊接加热或冷却受热不均时,容易产生裂纹;而材料太薄时,易于过热或烧穿。为简化焊接工作,提高焊接质量,在设计焊接结构时,应尽可能采用统一的几种厚度的板料和管料,在统一结构上尽量采用同一厚度的材料,若受条件约束,不能使其厚度完全相同时,两个相连接的零件厚度差别不能过大,要求有一定厚度比,否则在连接处容易产生应力集中。一般在较厚零件与薄壁零件焊接时要采用过渡接头连接形式。

3)焊缝的布置

焊缝是指焊接后焊件中形成的结合部分。焊缝的布置设计对焊接结构工艺性有着非常重要的意义。合理的焊缝布置可以减小内应力和变形,提高结构的安全可靠性。焊缝一般遵循下列原则:

(1) 焊缝位置应便于施焊,有利于保证焊缝质量;尽量减少结构的焊缝数量和焊缝的长度;尽量使焊缝对称分布;

(2) 尽量减少交叉焊缝,焊缝布置应有利于减少焊接应力和变形(尽可能减少焊缝数量,尽可能分散布置焊缝,尽可能对称分布焊缝);

(3) 焊缝应尽量避开结构最大应力和应力集中部位;

(4) 焊缝应尽量避开机械加工面。

4)互换性的难易程度和精度要求

焊接结构的生产过程中要保证焊接结构的尺寸符合设计要求。某些尺寸的误差会影响结构的最终尺寸要求,因此焊接过程中要对尺寸进行控制和检验。汽车车身大部分是由薄板冲压件组成的,焊接后不可避免地要收缩和变形,所以要求焊接结构有过高的精度是不合理的。但为了保证焊接结构在使用上和成批生产时互换的要求,减少矫正和整修工作量,也必须规定焊接结构及其零件的尺寸应有合理的公差,要照顾到工艺上的可能性和经济性,但这并不是只考虑焊接件的全部收缩变形的需要,如果这样就放松了对焊接件的公差值要求,将不能满足结构使用上的要求。焊接收缩量应由零件焊接前放大尺寸来补偿,而不应当全部由焊接件的制造公差来保证,否则是制造不出高精度的焊接结构的。焊接件装配接头的螺栓孔,在未精加工前的相互位置公差不能过大或过小。过大的公差,要求装配接头上所留的加工余量增大,会给整修工作带来困难;过小的公差,由于焊接收缩量极不稳定,往往在工艺上达不到所规定的公差范围。按经验,焊接后对于交点接头距离尺寸公差可达IT14级。而在装配完毕后,经过扩孔和铰孔精加工到最后尺寸,按照一般机械加工的方法可达IT7~IT11级。一般对组成焊接件的机械加工零件的自由公差按IT12级制作,其他件则为IT14级。对于形状复杂的零件的连接处,为了保证合理的焊接间隙,则零件留有余量,在装配时可用修配的方法来保证装配尺寸和间隙。保证焊接结构的互换性，对大批量生产的汽车来说是很重要的。因为生产率越高，产品分离装焊的组件和部件数量越多，加之焊接变形和内应力，这给保证部件和组件的互换性增加了难度，互换协调关系较复杂。焊接结构互换性难易取决于焊接结构的复杂程度、装配接头的构造、焊接结构尺寸的稳定性。

5）结构的开敞性

焊缝结构的开敞性是指设计的结构在装配焊接过程中，既能保证焊接装配质量，又能采用经济的焊接装配加工方法，无需特殊的夹具和其他专用设备，就能方便自如地接近工件，进行焊接装配工作。结构开敞性的好坏直接影响焊接及装配工作的可达性和能否顺利进行焊接质量检验，这与结构的形式和尺寸大小、焊接接头的形式和焊缝的分布有关。另外，结构焊接时，采用的焊接方法不同，对结构的开敞性有着不同的要求。电阻点焊和滚焊要求结构的开敞性比熔化焊（手工电弧焊、CO_2 气体保护焊等）要好，因为要求工件允许尺寸较大的滚盘和电极自由地接近焊缝处，例如某些油箱只能采用铆接，以后再焊铆钉头以密封，而不能采用生产率高和变形小的点焊或滚焊方法。

焊接结构的开敞性，在设计结构时应着重进行考虑，特别是一些夹角处焊缝结构因开敞性差而导致焊接质量难以保证。

结构的分解装配就是对于结构复杂、尺寸较大的产品，把它分解成若干个部件和组合件，分别进行装配和焊接，然后再装配为整体结构。结构的分解装配也能评价一个产品工艺性的好坏，如果产品结构有足够的分解装配的工艺面，那么产品就可以从复杂变为简单，大大提高生产率和改变结构的敞开性。

3.1.4　冲压

1. 概念

冲压工艺是一种先进的金属加工方法，它是建立在金属塑性变形基础上，在常温条件下使金属板料在冲模中承受压力而被切离或成型，从而获得具有一定形状、尺寸和性能的零件的加工方法。板料冲压的坯料厚度一般小于4 mm，通常在常温下冲压，故又称为冷冲压。

汽车车身是由覆盖件、结构件等组焊而成的全金属薄壳结构，车身本体的零件基本上都是采用冲压工艺生产出来的，冲压材料（薄板等）的质量占据全部汽车材料的40%～45%。采用冲压工艺生产的零件，不仅质量轻、强度和刚性好，而且工艺过程较简单、尺寸的一致性好、材料消耗少。因此，冲压不仅可以提高生产效率，还可降低生产成本，使汽车工业得以迅速发展。如车身的内、外覆盖件和骨架件，车架的纵梁、横梁和保险杠等，车轮的轮辐、轮辋和挡圈等，座椅的骨架、滑轨和调角器等，车厢的侧板和底板等，发动机的汽缸垫、油底壳和滤清器等，底盘上的制动器零件、减振器零件等，散热器的散热片、冷却水管和储水室等，车锁及其他附件零件等都是冲压件。

汽车车身对其冲压件的尺寸精度和表面质量的要求高，只有合格的冲压件才能焊装出合格的车身，因此冲压件的质量是汽车车身制造质量的基础，冲压技术是汽车车身制造中的关键技术之一。

2. 冲压的特点

冲压生产的优点是低耗、高效、低成本，“一模一样”、质量稳定、互换性好，可加工薄壁、复杂零件，对工人的技术要求较低。其缺点是噪声大，安全性较差。由于冲压加工零件的形状、尺寸、批量大小、精度要求、原材料性能等的不同,冲压方法多种多样。冲压多用于批量生产中,在日常产品、高科技产品中都得到广泛的应用。

在冲压生产中,先进的模具、高效的冲压设备和合理的冲压成型工艺是构成冲压加工的3个基本要素,如图3.19所示。

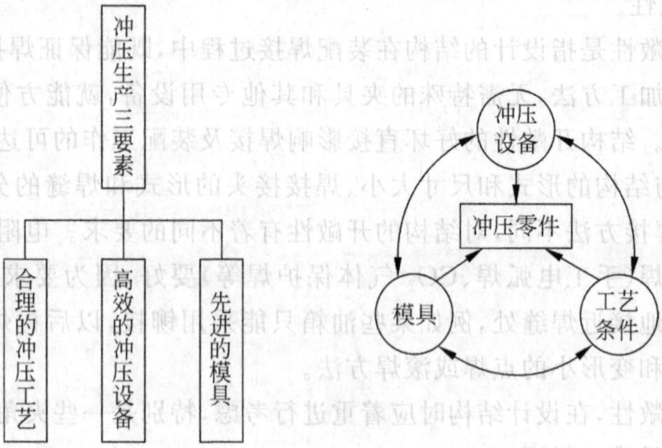

图3.19 冲压零件的影响因素

3. 冲压工序的分类

冲压加工因制件的形状、尺寸和精度的不同,所采用的工序也不同。根据材料的变形特点可将冲压工序分为分离工序和成型工序。

1) 分离工序

分离工序是指坯料在模具刃口作用下,沿一定的轮廓线分离而获得冲件的加工方法。分离工序主要包括落料、冲孔、分离等,如图3.20所示。

图3.20 冲孔落料件

2) 成型工序

成型工序是指坯料在模具压力作用下,使坯料产生塑性变形,但不产生分离而获得具有一定形状和尺寸的冲件的加工方法。成型工序主要有弯曲、拉深、翻边等,如图3.21所示。

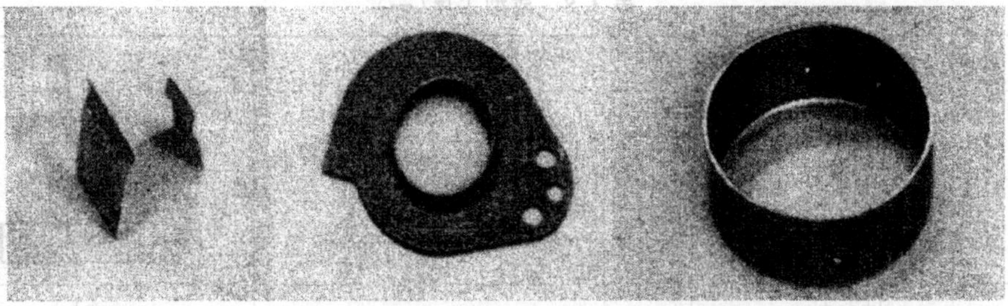

图 3.21　冲压成型件

典型的冲压工序见表 3.7～表 3.9。

表 3.7　分离工序

工序名称	工序简图	工序特征	模具简图
切断	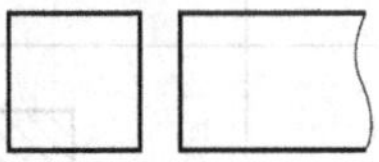	用剪刀或模具切断板料，切断线不是封闭的	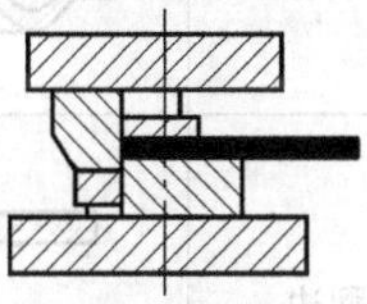
落料	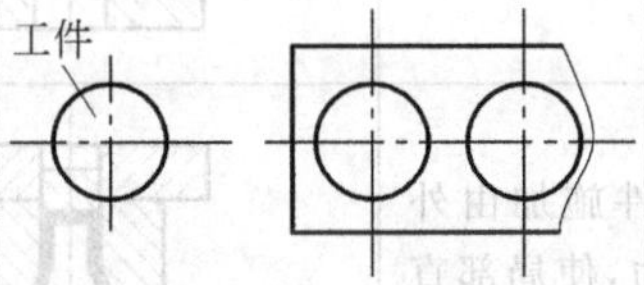	用模具沿封闭线冲切板料，冲下的部分为工件	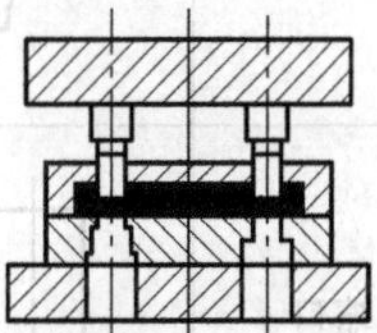
冲孔	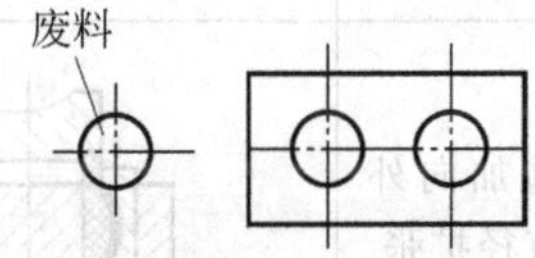	用模具沿封闭线冲切断板，冲下的部分为废料	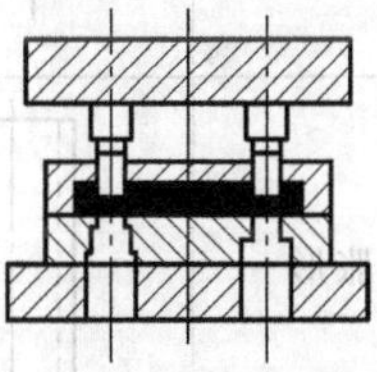
切口	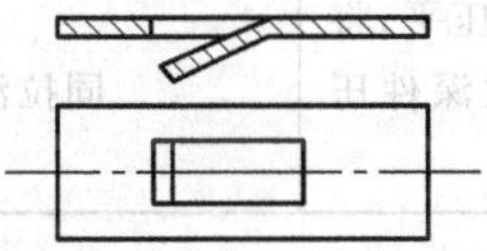	用模具将板料局部切开而不完全分离，切口部分材料发生弯曲	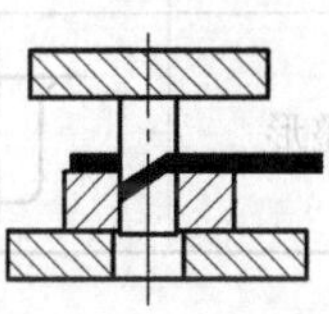
切边	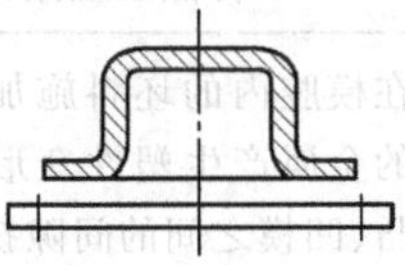	用模具将工件边缘多余的材料冲切下来	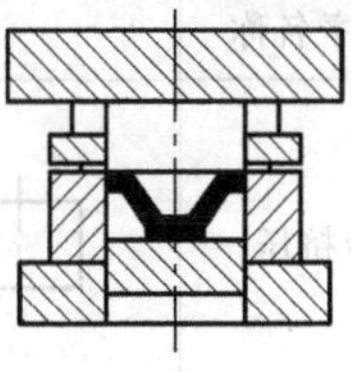

表 3.8 成型工序(一)

工序名称	工序简图	工序特征	模具简图
弯曲	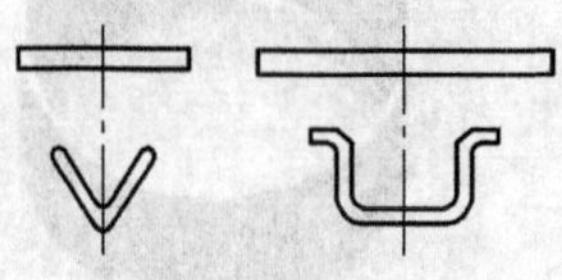	用模具使板料弯成一定角度或一定形状	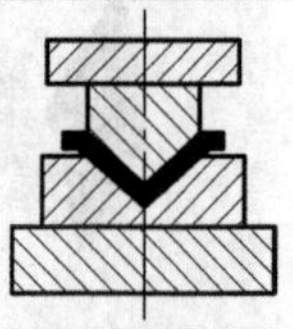
拉深	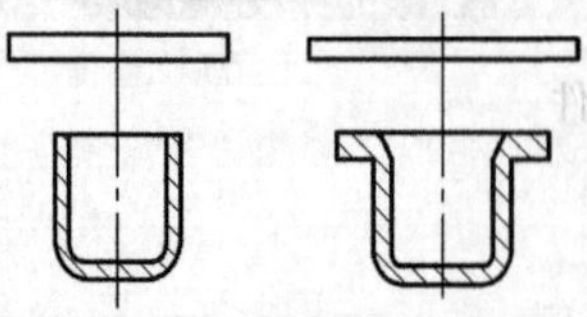	用模具将板料压成任意形状的空心件	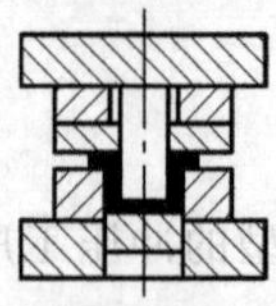
起伏(压肋)	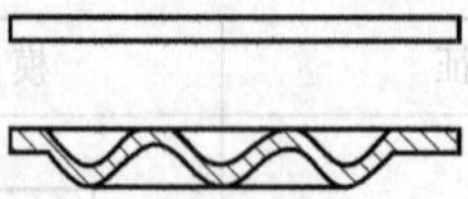	用模具将板料局部拉伸成凸起和凹进形状	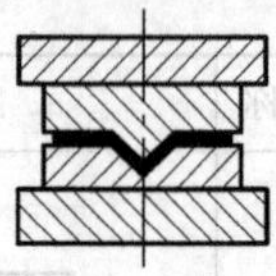
翻边	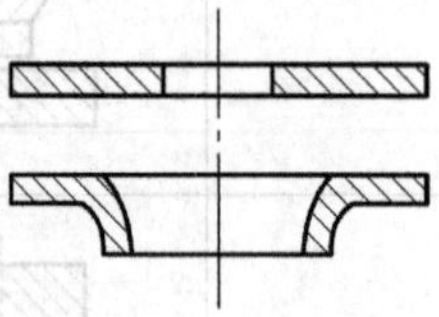	用模具将板料上的孔或外缘翻成竖边	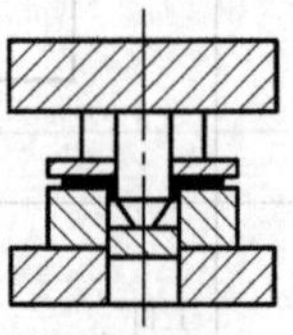
缩口	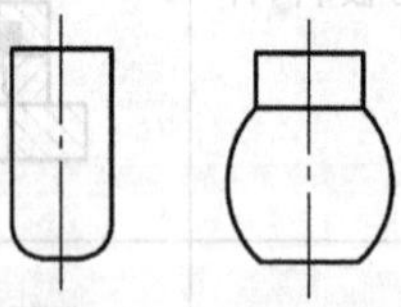	用模具对空心件施加由外向内的径向压力,使局部直径缩小	
胀形	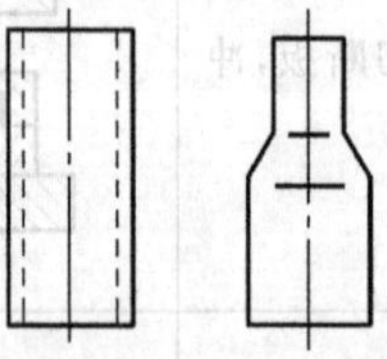	用模具对空心件施加向外的径向力,使局部直径扩张	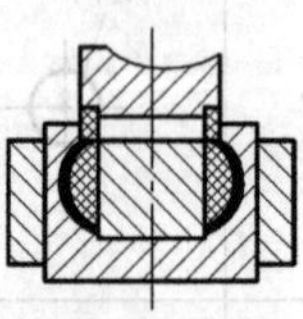
整形	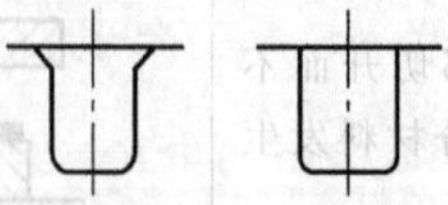	将工件不平的表面压平,将原先的弯曲件或拉深件压成正确形状	同拉深模具

表 3.9 成型工序(二)

工序名称	工序简图	特点及应用范围
冷挤压	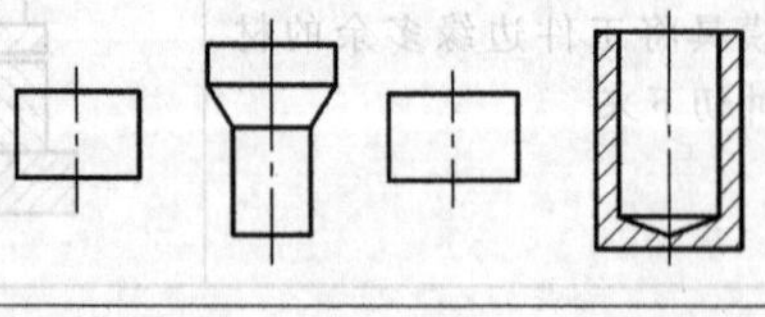	对放在模腔内的坯料施加强大压力,使冷态下的金属产生塑性变形,并将其从凹模孔或凸、凹模之间的间隙挤出,以获得空心件或横截面积较小的实心件

续表

工序名称	工 序 简 图	特点及应用范围
冷嵌	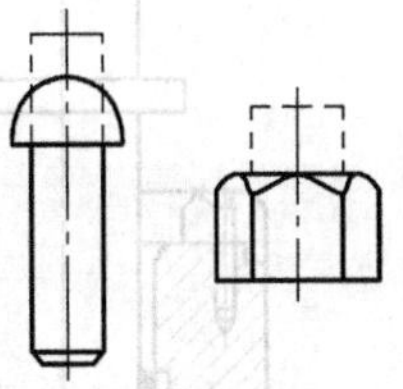	用冷嵌模使坯料产生轴向压缩，使其横截面积增大，从而获得螺钉、螺母类的零件
压花		压花是强行局部排挤材料，在工件表面形成浅凹花纹、图案、文字或符号，但在压花表面的背面并无对应于浅凹花纹的凸起

4. 冲模的分类

所谓冲模就是加压将金属或非金属板料或型材分离、成型或接合而得到制件的工艺装备。冲压件的质量、生产效率以及生产成本等与模具设计和制造有直接关系。冲压模具可按以下几个主要特征分类。

图 3.22　冲裁模

1) 根据工艺性质分类

(1) 冲裁模。冲裁模是指沿封闭或敞开的轮廓线使材料分离的模具，如落料模、冲孔模、切断模、切口模、切边模、剖切模等，如图 3.22 所示。

(2) 弯曲模。弯曲模是指使板料毛坯或其他坯料沿着直线(弯曲线)产生弯曲变形，从而获得一定角度和形状的工件的模具，如图 3.23 所示。

(3) 拉伸模。拉伸模是指把板料毛坯制成开口空心零件，或使空心零件进一步改变形状和尺寸的模具，如图 3.24 所示。

(4) 成型模。成型模是指将毛坯或半成品工件按凸、凹模的形状直接复制成型，而材料本身仅产生局部塑性变形的模具，如胀形模、缩口模、扩口模、起伏成型模、翻边模、整形模等。

2) 根据工序组合程度分类

(1) 单工序模。单工序模是指在压力机的一次行程中，只完成一道冲压工序的模具，如图 3.25 所示。

(2) 复合模。复合模是指只有一个工位，在压力机的一次行程中，在同一工位上同时完成两道或两道以上的冲压工序的模具，如图 3.26 所示。

(3) 连续模(也称级进模)。连续模是指在毛坯的送进方向上，具有两个或更多的工位，在压力机的一次行程中，在不同的工位上逐次完成两道或两道以上的冲压工序的模具，如图 3.27 所示。

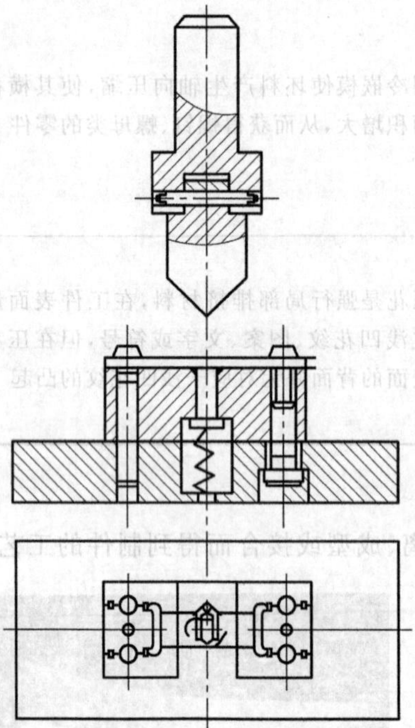

图 3.23　弯曲模

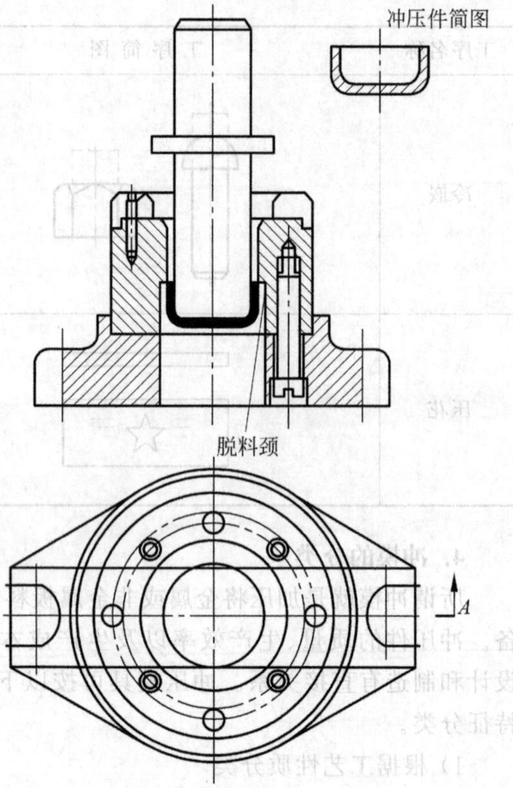

图 3.24　拉伸模

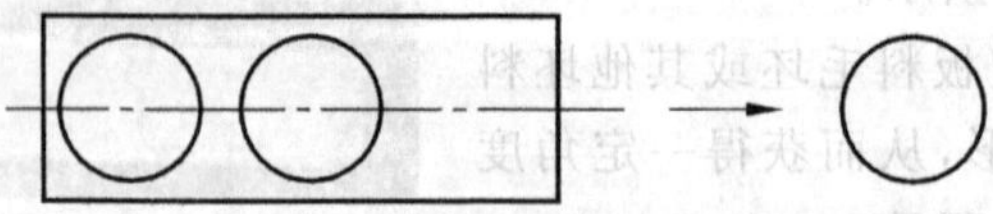

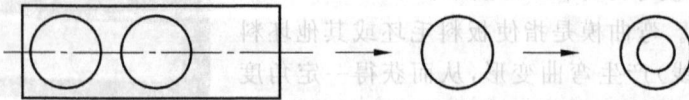

图 3.25　落料和冲孔

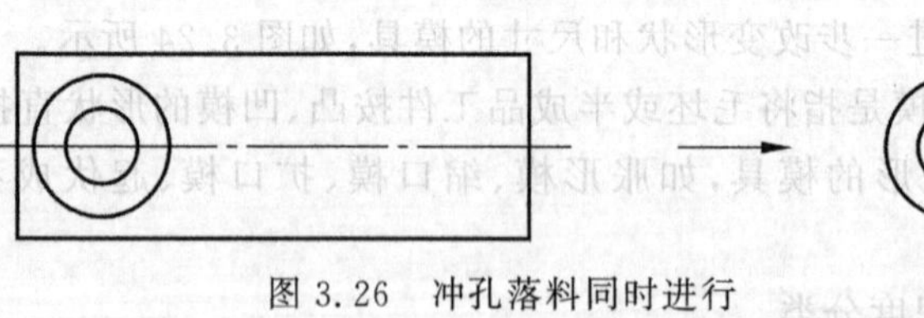

图 3.26　冲孔落料同时进行

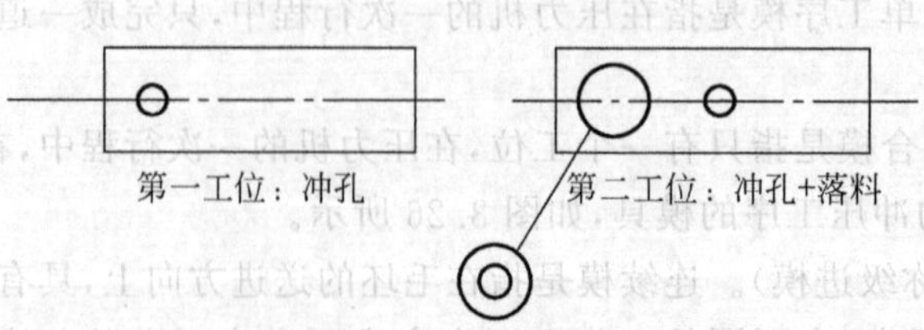

图 3.27　冲孔、落料逐次进行

单工序模、复合模和连续模的特点比较见表 3.10。

表 3.10　单工序模、复合模和连续模的特点比较

项　目	单工序模	复合模	连续模
冲压精度	一般较低	中、高级精度	中、高级精度
原材料要求	不严格	除条料外，小件也可用边角料	条料或卷料
冲压生产率	低	较高	高
实现操作机械化、自动化的可能性	较易，尤其适合于在多工位压力机上实现自动化	难，只能在单机上实现部分机械操作	容易，尤其适合于在单机上实现自动化
生产通用性	好，适合于中、小批量生产及大型件的大量生产	较差，仅适合于大批量生产	较差，仅适合于中、小型零件的大批量生产
冲模制造的复杂性和价格	结构简单，制造周期短，价格低	结构复杂，制造难度大，价格高	结构复杂，制造和调整难度大，价格与工位数成比例上升

5. 冲模设计与制造的关系

冲压技术工作包括冲压工艺设计、模具设计、冲模制造 3 方面内容，尽管它们内容不同，但它们之间都存在相互关联、相互影响、相互依存的关系。

冲压产品的生产流程如图 3.28 所示。

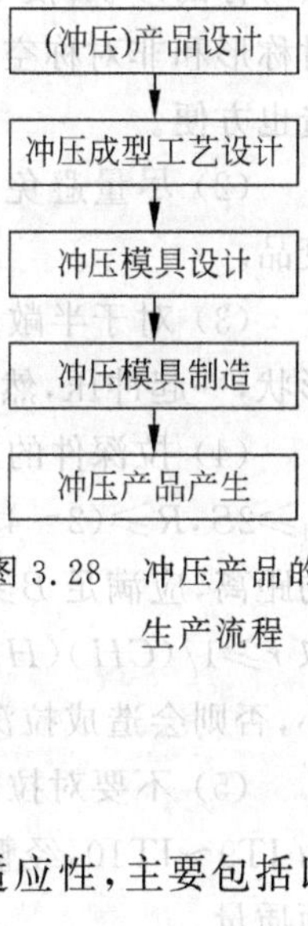

图 3.28　冲压产品的生产流程

应该强调的是，冲压模具的设计与制造必须根据企业和产品的生产批量的实际情况进行全面考虑，在保证产品质量的前提下，寻求最佳的技术经济性。

6. 冲压件的结构工艺性

进行冲压件的结构设计时，不仅要保证其使用要求，还要满足冲压工艺性的要求。这样即可减少材料的消耗和工序数，还可使产品质量稳定、模具寿命延长、操作简单、成本降低。通常，对冲压件的结构工艺性影响最大的是工件的几何形状、尺寸和精度要求。

1）冲裁件的结构工艺性

冲裁件的结构工艺性是指冲裁件的结构、形状、尺寸对冲裁工艺的适应性，主要包括以下几方面。

（1）冲裁件的形状应力求简单、对称，最好是规则的几何形状或由规则的几何形状（如圆弧与互相垂直的线条）组成，有利于排样时合理利用材料，尽可能提高材料的利用率。

（2）冲裁件转角处应尽量避免尖角，直线相接处均要以圆角过渡，通常转角处应有圆角半径 $R \geqslant 0.25t$（t 为板厚）的圆角，以减少角部模具的磨损。

（3）冲裁件应避免长槽和细长悬臂结构，对孔的最小尺寸及孔距间的最小距离等，也都有一定限制。

（4）冲裁件的尺寸精度要求应与冲压工艺相适应，其合理经济精度为 IT9～IT12，较高精度的冲裁件可达到 IT8～IT10。采用整修或精密冲裁等工艺，可使冲裁件精度达到

IT6～IT7,但成本也相应提高。

2) 弯曲件的结构工艺性设计时的考虑因素

弯曲件的结构工艺性设计时应考虑以下几个方面。

(1) 弯曲件的弯曲半径不应小于最小弯曲半径,当弯曲半径 $r<r_{\min}$ 时,可采用减薄弯曲区厚度的方法,以加大 $r_{\min}/t$,但弯曲半径不宜过大,否则会造成回弹量过大,使弯曲角度和圆角半径精度不易保证。

(2) 弯曲件的形状应尽量对称,弯曲半径应左右对称,以防止在弯曲时发生工件偏移。直边过短不易弯曲成型,应使弯曲件的直边高 $H>2S$;弯曲已冲孔的工件时,孔的位置应在变形区以外,孔与弯曲变形区的距离 $L\geqslant(1\sim2)S$。当工件不对称时,为防止板料偏移,在模具结构的设计时,可考虑增设压紧装置或定位工艺孔。

(3) 应尽可能沿材料纤维方向弯曲。多向弯曲时,为避免角部畸变,应先冲工艺孔或切槽。

3) 拉深件的结构工艺性

拉深件设计时主要考虑以下几个方面。

(1) 拉深件的形状应力求简单、对称,避免圆锥形、球面形和空间复杂曲面形,尽量采用轴对称的形状,使零件变形均匀和模具加工制造方便。拉深件的形状有回转体形、非回转体对称形和非对称空间形三类,其中以回转体形,尤其是直径不变的杯形件最易拉深,模具制造也方便。

(2) 尽量避免直径小而深度大,否则不仅需要多副模具进行多次拉深,且容易出现废品。

(3) 对于半敞开或不对称的拉深件可采用合冲工艺,即将两个或几个零件合并成对称形状,一起冲压,然后切开,以减少工序、节约材料、保证质量。

(4) 拉深件的底部与侧壁、凸缘与侧壁应有足够的圆角。一般圆角半径应满足 $R>r_d$,$r_d\geqslant2S$,$R\geqslant(2\sim4)S$;矩形盒角部的圆角半径 $r\geqslant3S$。拉深件底部或凸缘上的孔边到侧壁的距离,应满足 $B\geqslant r_d+0.5S$ 或 $B\geqslant R+0.5S$(S 为坯料厚度)。为减少拉伸次数,尽可能取 $r\geqslant1/(CH)$(H 为矩形盒高)。另外,带凸缘拉深件的凸缘尺寸要合理,不宜过大或过小,否则会造成拉深困难或导致压边圈失去作用。

(5) 不要对拉深件提出过高的精度或表面质量要求。拉深件直径方向的经济精度一般为 IT9～IT10,经整形后精度可达到 IT6～IT7;拉深件的表面质量一般不超过原材料的表面质量。

7. 冲压设备及其选用

1) 常见的冲压设备

冲压设备属于锻压机械。常见的冲压设备有机械压力机和液压机,机械压力机按驱动滑块机构种类又分为曲柄式和摩擦式,其中曲柄式压力机应用较广。

曲柄压力机(见图 3.29)的组成及应用如下。

(1) 床身。床身是压力机的机架,在床身上直接或间接地安装着压力机上的所有其他零部件,床身是这些零部件的安装基础,如图 3.30 所示。在工作中,床身承受冲压载荷,并提供和保持所有零部件的相对位置精度。因此,除了应有足够精度外,床身还应有足够的强度和刚度。

图 3.29　曲柄压力机

图 3.30　压力机传动结构图

1—曲线；2—连杆；3—大齿轮；4—离合器；5—小齿轮；6—横杆；7—底座；8—床身；9—滑块；10—限位螺钉；11—大带轮；12—带轮；13—制动器

(2) 运动系统。运动系统的作用是将电动机的转动变成滑块连接的模具的往复冲压运动。运动的传递路线为：电动机→小带轮→传动带→大带轮→传动轴→小齿轮→大齿轮→离合器→曲轴→连杆→滑块，如图 3.31 所示。大齿轮转动惯量较大，滑块惯性也较大，在运动中具有储存和释放能量，并且使压力机工作平稳的作用。

(3) 离合器。离合器是用来接通或断开大齿轮与曲轴的运动传递机钩，即控制滑块是否产生冲压动作，由操作者操纵，如图 3.32 所示。离合器的工作原理是：大齿轮空套在曲轴上，可以自由转动，离合器壳体和曲轴通过轴键刚性连接；在离合器壳体中，轴键随着离合器壳体同步转动，通过轴键插入到大齿轮中的弧形键槽或从键槽中抽出来，实现传动接通或断开；由操作者将闸叉下拉使轴键在弹簧(图中未示出)作用下插入大齿轮中的弧形键槽，从而接通传动；当操作者松开时，复位弹簧将闸叉送回原位，闸叉的楔形和轴键的楔形相互作用，使轴键从弧形槽中抽出，从而断开传动。

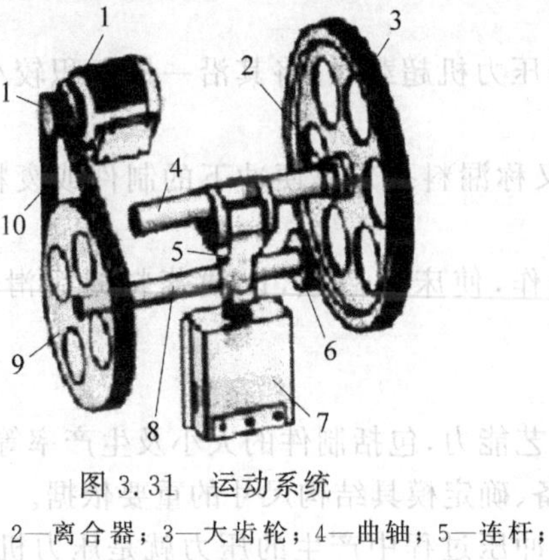

图 3.31　运动系统

1—电动机；2—离合器；3—大齿轮；4—曲轴；5—连杆；6—小齿轮；7—滑块；8—传动轴；9—大带轮；10—传动带；11—小带轮

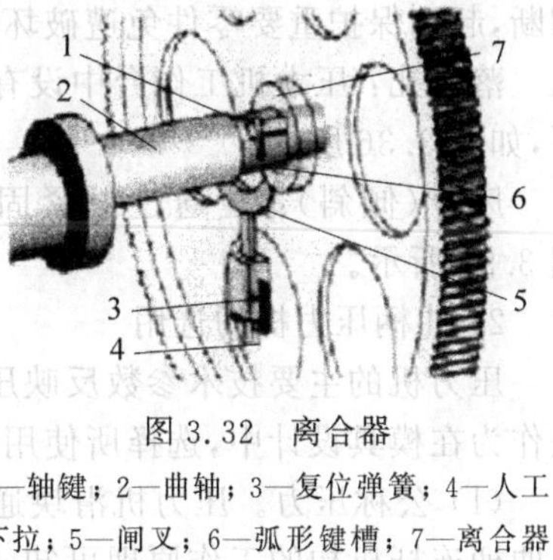

图 3.32　离合器

1—轴键；2—曲轴；3—复位弹簧；4—人工下拉；5—闸叉；6—弧形键槽；7—离合器壳体

(4) 制动器。制动器是确保离合器脱开时,滑块比较准确地停止在曲轴转动的上死点位置的装置,如图 3.33 所示。制动器的工作原理是:利用制动轮对旋转中心的偏心,使制动带对制动轮的摩擦力随转动而变化来实现制动;当曲轴转到上死点时,制动轮中心和固定销中心之间的中心距达到最大,此时,制动带的张紧力最大,从而在此处产生制动作用;转过此位置后,制动带放松,制动器则不制动。制动力的大小可通过调节拉紧弹簧来实现。

(5) 上模紧固装置。模具的上模部分固定在滑块上,由压块、紧固螺钉压住模柄来进行固定,如图 3.34 所示。

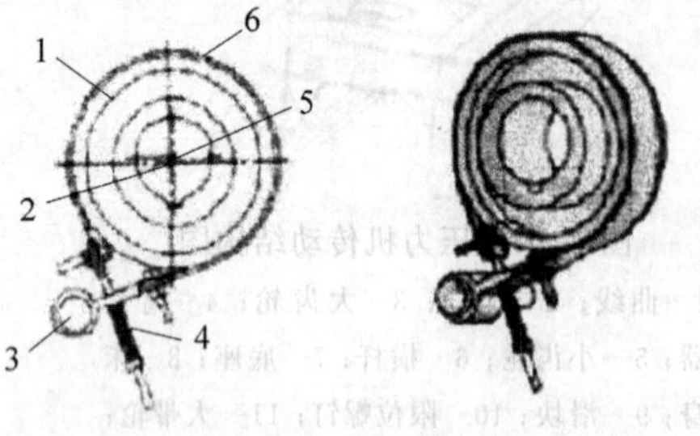

图 3.33 制动器

1—制动轮;2—旋转中心;3—固定销;4—拉紧弹簧;5—制动中心;6—制动带

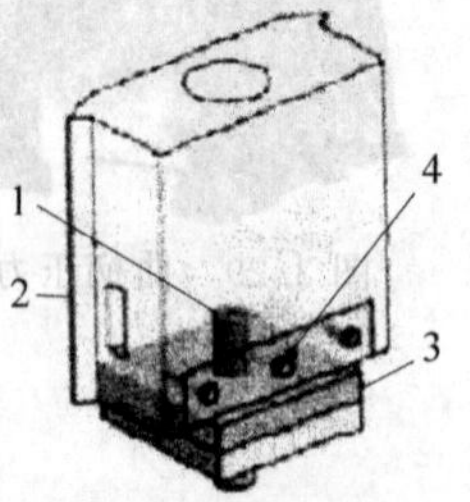

图 3.34 上模紧固装置

1—模柄;2—滑块;3—上模;4—紧固螺钉

(6) 滑块位置调节装置。为适应不同的模具高度,滑块底面相对于工作台面的距离必须能够调整。由于连杆的一端与曲轴连接,另一端与滑块连接,所以拧动调节螺杆,就相当于改变连杆的长度,即可调整滑块行程下死点到工作台面的距离。

(7) 打料装置(见图 3.35)在有些模具的工作中,需要将制件从上模中排出。这要通过模具打料装置与曲柄压力机上的相应机构的配合来实现。打料装置的工作原理是:当冲裁结束以后,制件紧紧地卡在模具孔里面,并且托着打料杆下端,而打料杆上端顶着横杆,三者一起随滑块向上移动,当滑块移动到接近上死点时,横杆受到两端的限位螺钉的阻挡,停止移动,迫使打料杆和与其紧密接触的制件也停止移动,而模具和滑块仍然向上移动若干毫米,于是,打料杆、制件就产生了相对滑块的运动,将制件从模具中推下来。

(8) 曲柄压力机的其他部分导轨。导轨装在床身上,为滑块导向,但导向精度有限,因此,模具往往自带导向装置。

安全块:安全块(见图 3.35)的作用是当压力机超载时,将其沿一周面积较小的剪切面切断,起到保护重要零件免遭破坏的作用。

落料孔:压力机工作台中设有落料孔(又称漏料孔),以便冲下的制件或废料从孔中漏下,如图 3.36 所示。

床身(倾斜):是通过对紧固螺杆的操作,使床身后倾,以便落料向后滑落排出,如图 3.36 所示。

2) 曲柄压力机的选用

压力机的主要技术参数反映压力机的工艺能力,包括制件的大小及生产率等。同时,也是作为在模具设计中,选择所使用的冲压设备、确定模具结构尺寸的重要依据。

(1) 公称压力。压力机滑块通过模具在冲压过程中产生的压力就是压力机工作压力。由曲柄连杆机构的工作原理可知,压力机滑块的静压力随曲柄转角的变化而变化。图 3.37 所示为压力机的许用压力曲线。从曲线中可以看出,当曲柄从离下死点 30°处转到下死点位置时，压力机的许用压力最大值规定为 F_{max}。所谓公称压力，是指压力机曲柄转到离下死点一定角度(称为公称压力角，等于 30°)时，滑块上所容许的最大工作压力。图中还显示了曲柄转角与滑块位移的对应关系。所选压力机的公称压力必须大于实际所需的冲压力。

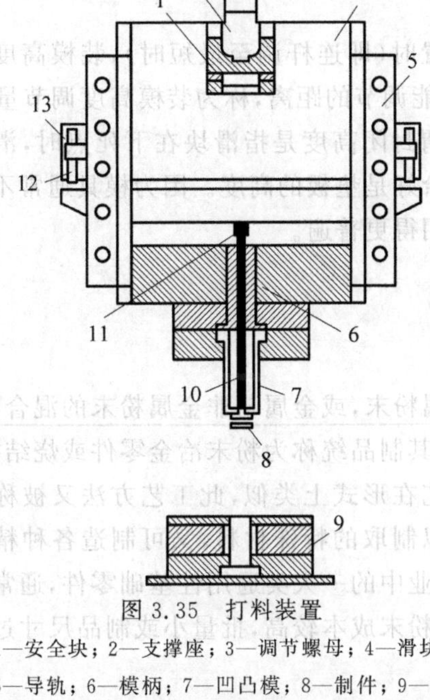

图 3.35　打料装置

1—安全块；2—支撑座；3—调节螺母；4—滑块；5—导轨；6—模柄；7—凹凸模；8—制件；9—下模；10—打料杆；11—锁紧螺母；12—限位螺钉；13—固定块

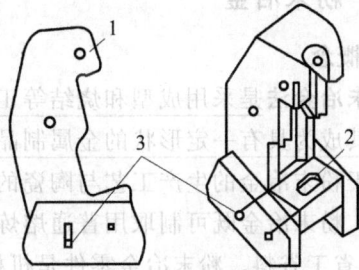

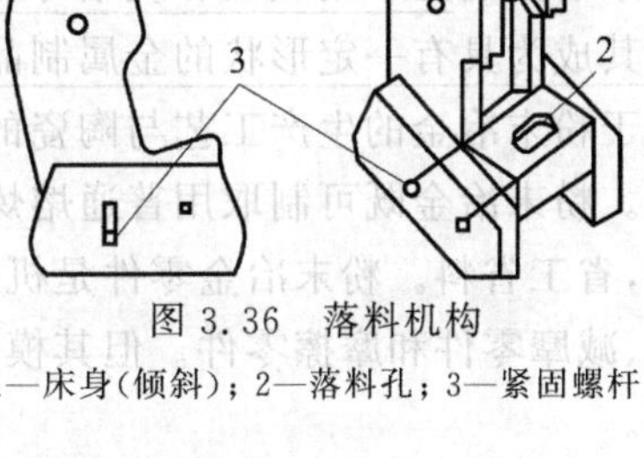

图 3.36　落料机构

1—床身(倾斜)；2—落料孔；3—紧固螺杆

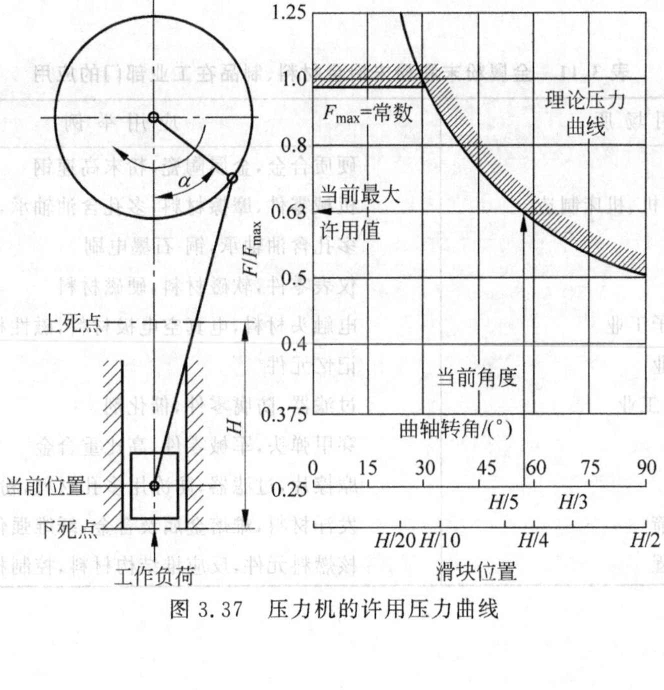

图 3.37　压力机的许用压力曲线

(2) 滑块行程。滑块行程是指滑块从上死点移动到下死点的距离。对于曲柄压力机，其值等于曲柄长度的两倍。

(3) 工作频率。滑块每分钟冲压次数反映了曲柄压力机的工作频率。滑块每分钟行程次数的多少,关系到生产率的高低。一般压力机的工作频率是不变的。

(4) 压力机装模高度。压力机的装模高度是指滑块在下死点时,滑块下表面到工作垫板上表面的距离。

当装模高度调节装置将滑块调整至最上位置时(即连杆调至最短时),装模高度达到最大值,称为最大装模高度;装模高度调节装置所能调节的距离,称为装模高度调节量。

和装模高度并行的标准还有封闭高度。所谓封闭高度是指滑块在下死点时,滑块下表面到工作台上表面的距离。它和装模高度之差恰好是垫板的高度。因为模具通常不直接装在工作台面上,而是装在垫板上,所以装模高度用得更普遍。

3.1.5 粉末冶金

1. 概念

粉末冶金法是采用成型和烧结等工序将金属粉末,或金属与非金属粉末的混合物,通过固结使其成为具有一定形状的金属制品的技术,其制品统称为粉末冶金零件或烧结零件。

由于粉末冶金的生产工艺与陶瓷的生产工艺在形式上类似,此工艺方法又被称为金属陶瓷法。粉末冶金既可制取用普通熔炼方法难以制取的特殊材料,又可制造各种精密的机械零件,省工省料。粉末冶金零件是机械制造工业中的一大类通用性基础零件,通常包括结构零件、减摩零件和摩擦零件。但其模具和金属粉末成本较高,批量小或制品尺寸过大时不宜采用。

从普通机械制造到精密仪器,从五金工具到大型机械,从电子工业到电机制造,从采矿到化工,从民用工业到军事工业,从一般技术到尖端高科技,几乎没有一个工业部门不在使用着粉末冶金材料或制品。金属粉末和粉末冶金材料、制品在工业部门的应用举例见表3.11。

表3.11 金属粉末和粉末冶金材料、制品在工业部门的应用

应用场所	应用举例
机械加工	硬质合金,金属陶瓷,粉末高速钢
汽车、拖拉机、机床制造	机械零件,摩擦材料,多孔含油轴承,过滤器
电机制造	多孔含油轴承,铜-石墨电刷
精密仪器	仪表零件,软磁材料,硬磁材料
电气和电子工业	电触头材料,电真空电极材料,磁性材料
计算机工业	记忆元件
化学、石油工业	过滤器,防腐零件,催化剂
军工	穿甲弹头,军械零件,高比重合金
航空	摩擦片,过滤器,防冻用多孔材料,粉末超合金
航天和火箭	发汗材料,难熔金属及合金,纤维强化材料
原子能工程	核燃料元件,反应堆结构材料,控制材料

汽车工业中使用的各类粉末冶金零件，已占粉末冶金总产量的70%～80%。由于零部件的高强度化、高精度化及低成本化，使粉末冶金零件在汽车上的使用量越来越多，如汽车发动机的气门座、带轮、链轮、连杆等。

2. 粉末冶金的特点及分类

粉末冶金材料和工艺与传统材料工艺相比具有以下特点。

(1) 粉末冶金工艺是在低于基体金属的熔点下进行的，因此可以获得熔点、密度相差悬殊的多种金属、金属与陶瓷、金属与塑料等多相不均质的特殊功能复合材料和制品。

(2) 提高材料性能。用特殊方法制取的细小金属或合金粉末，凝固速度极快、晶粒细小均匀，保证了材料的组织均匀、性能稳定，以及良好的冷、热加工性能，且粉末颗粒不受合金元素和含量的限制，可提高强化相含量，从而发展新的材料体系。

(3) 利用各种成型工艺，可以将粉末原料直接成型为少余量、无余量的毛坯或净形零件，大量减少机加工量，提高材料利用率，降低成本。

粉末冶金的品种繁多，主要有：钨等难熔金属及合金制品；用Co、Ni等作黏结剂的碳化钨(WC)、碳化钛(TiC)、碳化钽(TaC)等硬质合金，用于制造切削刀具和耐磨刀具中的钻头、车刀、铣刀，还可制造模具等；Cu合金、不锈钢及Ni等多孔材料，用于制造烧结含油轴承、烧结金属过滤器及纺织环等。随着粉末冶金生产技术的发展，粉末冶金及其制品将获得更加广泛的应用。

粉末冶金工艺过程的基本工序有：①原料粉末的制取和准备，粉末可以是纯金属或它的合金、非金属、金属与非金属的化合物及其他各种化合物等；②将金属粉末及各种添加剂均匀混合后制成所需形状的坯块；③将坯块在物料主要组元熔点以下的温度进行烧结，使制品具有最终的物理、化学和力学性能。即粉末冶金工艺过程包括粉料制备、成型、烧结及后续处理等工序，其工艺流程如图3.38所示。

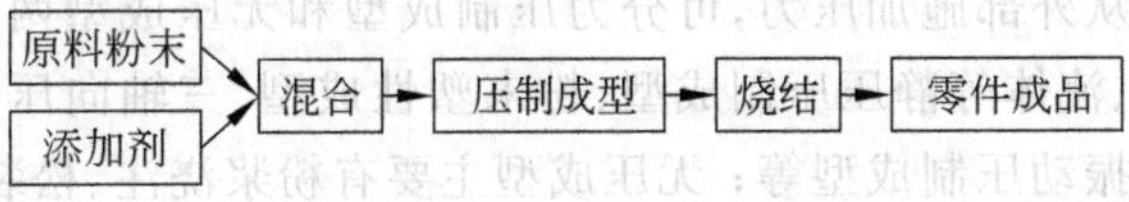

图3.38　粉末冶金工艺流程

3. 粉末的制取

制取粉末主要取决于该材料的性能及制取方法的成本。粉末的形成是将能量传递到材料，从而制造新生表面的过程。例如，一块1 m^3的金属可制成大约2×10^{18}个直径为1 μm的球形颗粒，其表面积大约为6×10^6 m^2，要形成这么大的表面，需要很大的能量。

制粉方法大体上可分为机械法和物理化学法两大类。机械法制取粉末是将原材料机械地粉碎，而化学成分基本上不发生变化的工艺过程；物理化学法则是借助化学或物理的作用，改变原材料的化学成分或聚集状态而获得粉末的工艺过程。但是，在粉末冶金生产实践中，机械法和物理化学法之间并没有明显的界限，而是相互补充的。例如，可使用机械法去研磨还原法所得粉末，以消除应力、脱碳以及减少氧化物。从工业规模而言，制粉应用最广泛的方法是机械粉碎法、雾化法和还原法。

1) 机械粉碎法

机械粉碎法是靠压碎、击碎和磨削等作用，将块状金属、合金或化合物机械地粉碎成粉末。依据物料粉碎的最终程度,可以分为粗碎和细碎两类。以压碎为主要作用的有碾碎、辊轧以及鄂式破碎等;以击碎为主的有锤磨;属于击碎和磨削等多方面作用的机械粉碎有球磨、棒磨等。实践表明,机械研磨比较适用于脆性材料,塑性金属或合金制取粉末多采用涡旋研磨、冷气流粉碎等方法。最常见的球磨机是利用回转筒内不断抛落的钢球破碎金属。

2) 雾化法

雾化法是将依靠自重从漏包中流出的金属液流借助从喷嘴喷射出的高压气流或水流冲击破碎为细小液滴,雾化成粉。喷射流的主要作用是:把熔融液流击碎成细小的液滴;通过急冷使细小的液滴凝固。该法可以用来制取多种金属粉末和各种合金粉末。实际上,任何能形成液体的材料都可以通过雾化来制取粉末。各种雾化高质量粉末与新的致密技术相结合,出现了许多粉末冶金新产品,其性能往往优于相应的铸锻产品。

3) 还原法

还原法是用还原剂还原金属氧化物及盐类来制取金属粉末,是一种广泛采用的制粉方法。还原剂可呈固态、液态或气态,被还原的物料也可以是固态、气态或液态物质。在工业上,还原法被广泛地用来制取铁、铜、镍、钴、钨、钼等金属粉末,这是因为还原法制取的粉末不仅经济,且制粉过程比较简单,在生产时容易控制粉末的颗粒大小和形状。还原法制得的粉末还具有很好的压制性和烧结性。

4. 粉末成型

粉末制取后,粉末成型过程通常由下列工序组成:粉末混合、粉末压紧、粉末烧结。在粉末压紧过程中,金属粉末被制成具有一定形状、尺寸、孔隙度、孔隙类型及强度的预成型坯。烧结是将粉末压坯置于基体金属熔点以下的温度加热保温,粉末颗粒之间发生原子扩散、固溶、化合和熔接,致使压坯收缩并强化。

根据成型时是否从外部施加压力,可分为压制成型和无压成型两大类。压制成型主要有封闭钢模冷压成型、流体等静压压制成型、粉末塑性成型、三轴向压制成型、高能率成型、挤压成型、轧制成型、振动压制成型等;无压成型主要有粉浆浇注、松装烧结等。

1) 钢模冷压成型

粉末压紧时,需要较高的压力使粉末成为所需形状。常用的工艺方法称为钢模冷压成型。封闭钢模冷压成型是指在常温下,粉料在封闭的钢模中,按规定的单位压力将粉料制成压坯的方法。这种成型过程通常由下列工序组成:称粉、装粉、压制、保压及脱模。压制后的工件称为预成型坯。预成型坯一般具有足够的强度,搬运时不会破裂,但远低于烧结后的工件强度。

常用的钢模冷压成型的压力设备为机械类、水压类或者二者的结合。根据工件的复杂程度,钢模冷压成型的基本方式有3种,即单向压制、双向压制以及浮动阴模压制。

2) 烧结

烧结对粉末冶金材料和制品的性能有着决定性的影响。烧结的结果是粉末颗粒之间发生粘接,烧结体的强度增加,密度提高。如果烧结条件控制得当,烧结体的密度和其他物理、力学性能可以接近或达到相同成分的致密材料。用粉末烧结的方法可以制得各种纯金属、合金、化合物以及复合材料。由于粉末冶金生产属于大批量生产,所以大多烧结炉设计成自动进料方式,一般包括三个步骤:预热、烧结和冷却。

随着粉末冶金工业的发展,粉末冶金出现了许多新工艺,并得到迅速发展。如热压成型、粉末挤压、粉末轧制、粉末锻造、等静压成型、喷射成型等。这些先进工艺的特点是：具有更高的生产率；采用加热压实,以减小成型压力,提高了压实密度并增加了制件强度；提高了制件表面质量；扩大了应用范围等。

3.1.6　塑料成型工艺

1. 概念

非金属材料是除金属以外的工程材料。工程上常用的非金属材料有塑料、橡胶、陶瓷、复合材料等。在塑料成型生产中,塑料原料、成型设备和成型所用模具是三个必不可少的物质条件,必须运用一定的技术方法,使这三者联系起来形成生产能力,这种方法称为塑料成型工艺。

2. 塑料成型工艺的特点及分类

塑料成型工艺的特点主要包括以下几个方面。

(1) 流动性。塑料在一定的温度与压力下填充模具型腔的能力称为塑料的流动性。

(2) 收缩性。塑料制品从模具中取出冷却到室温后,发生尺寸收缩的特性称为收缩性。由于塑料的热膨胀系数较钢大 3～10 倍,塑料件从模具中成型后冷却到室温的收缩相应也比模具的收缩大,故塑料件的尺寸较型腔小。

(3) 结晶性。按照聚集态结构的不同,塑料可以分为结晶型塑料和无定形塑料两类。如果高聚物的分子呈规则紧密排列则称为结晶型塑料,否则为无定形塑料。一般高聚物的结晶是不完全的,高聚物固体中晶相所占质量分数称为结晶度。结晶型高聚物完全熔融的温度 T_m 为熔点。塑料的结晶度与成型时的冷却速度有很大关系,塑料熔体的冷却速度愈慢,塑件的结晶度也愈大。塑料的结晶度大,则密度也大,分子间作用力增强,因而塑料的硬度和刚度提高,力学性能和耐磨性增高,耐热性、电性能及化学稳定性亦有所提高；反之,结晶度低,其与分子链运动有关的性能,如柔韧性、耐折性、伸长率及冲击强度等则较大,透明度也较高。

(4) 热敏性和水敏性。热敏性是指塑料对热降解的敏感性。有些塑料对温度比较敏感,如果成型时温度过高容易变色、降解,如聚氯乙烯、聚甲醛等。水敏性是指塑料对水降解的敏感性,也称吸湿性。水敏性高的塑料,在成型过程中由于高温高压,使塑料产生水解或使塑件产生气泡、银丝等缺陷。所以塑料在成型前要干燥除湿,并严格控制水分。

(5) 毒性、刺激性和腐蚀性。有些塑料在加工时会分解出有毒性、刺激性和腐蚀性的气体。例如,聚甲醛会分解产生刺激性气体甲醛,聚氯乙烯及其衍生物或共聚物分解出既有刺激性又有腐蚀性的氯化氢气体。成型加工上述塑料时,必须严格掌握工艺规程,防止有害气体危害人体和腐蚀模具及加工设备。

除上述工艺性能外,还有吸气性、粘模性、可塑性、压缩性、均匀性和交联倾向等。

塑料种类很多,其成型方法也很多,表 3.12 列出了常用的成型加工方法与模具。

塑料的成型方法除了表 3.12 中列举的 6 种外,还有压延成型、浇铸成型、玻璃纤维热固性塑料的低压成型、滚塑(旋转)成型、泡沫塑料成型、快速成型等。

表3.12 常用的成型加工方法与模具

序号	成型方法	成形模具	用途
1	注射成型	注射模	如电视机外壳、食品周转箱、塑料盆、桶、汽车仪表盘等
2	压缩成型	压缩模	如电器照明用设备零件、电话机、开关插座、塑料餐具、齿轮等
3	压注成型	压注模	适用于生产小尺寸的塑件
4	挤出成型	口模	如塑料棒、管、板、薄膜、电缆护套、异形型材(扶手等)
5	中空吹塑	口模、吹塑模	适用于生产中空或管状塑件,如瓶子、容器、玩具等
6	热成型	真空成型模具	适合生产形状简单的塑件,此方法可供选择的原料较少
		压缩空气成型模具	

3. 常用的塑料成型工艺

1) 注射成型原理和工艺过程

塑料注射成型又称注塑成型,是热塑性塑料制件的一种主要成型加工方法。近年来,塑料注射成型也用于部分热固性塑料的成型加工。

包括汽车保险杠、仪表板和车门内护板在内的大部分大型塑料件普遍采用注塑成型工艺,该工艺的主要优点是可成型形状比较复杂的产品、生产效率较高、制品刚性好等,缺点是要求制品原材料熔融后的流动性好、小批量生产成本高。

注射成型所用的设备是注射机。注射过程包括加料、塑化、注射、保压、冷却定型和脱模等几个步骤。其工作过程是:①将颗粒状或粉状塑料从注射机料斗送入高温的料筒;塑料在受到料筒加热和螺杆的剪切摩擦热作用下逐渐熔融塑化,并在不断被螺杆压实的同时被推向料筒前端,产生一定压力,使螺杆在转动的同时,缓慢地向后移动,当螺杆退到预定位置,触及限位开关时,螺杆即停止转动;②注射活塞带动螺杆按一定的压力和速度,将积存于料筒端部的塑料黏流态熔体经喷嘴注入模具型腔;③充满模腔的熔料经一定时间的保压冷却定型后,开模分型,脱模取出塑件,获得具有一定形状和尺寸的塑料制件;④塑件经注射成型后,除去浇口凝料、余料和飞边毛刺,有些制件还需要进行消除应力或稳定性能的后处理。

注塑成型具有生产效率高,易于实现机械化和自动化,并能制造外形复杂、尺寸精确的塑料制品等优点。有60%~70%的塑料制件用注塑成型方法生产。注塑成型在汽车塑料制品生产中所占的比例很大,如保险杠、仪表板、通风格栅、座椅靠背、护风圈、空调机壳等大型零件及各种开关、结构件、把手、装饰件、轮罩、减摩耐磨件、护条等小型零件。

2) 压缩成型工艺

压缩成型又称压塑成型、模压成型,其工艺原理是将预制的粉状、粒状或纤维状的热固性塑料(也可以是热塑性塑料)直接加入敞开的模具加料室(见图3.39(a)),再合模,并对模具加热加压,使其熔融,塑料在热和压力的作用下呈熔融流动状态充满型腔(见图3.39(b)),随后由于塑料分子发生交联反应逐渐硬化成型,最后脱模,即得到所需制品(见图3.39(c))。

压缩成型工艺过程是预先对塑料原料进行预压成型和预热处理,然后将塑料原料加入

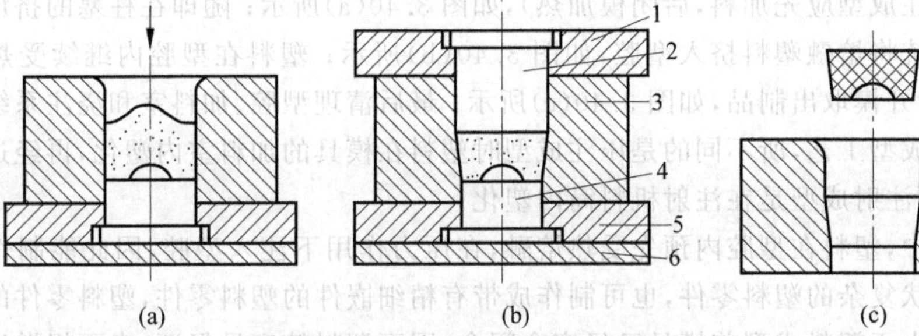

图 3.39 压缩成型原理

1—凸模；2—上凸模；3—凹模；4—下凸模；5—凸模固定板；6—下模座

到模具加料室闭模后加热加压，使塑料原料塑化，经过排气和保压硬化后，脱模取出塑件，然后清理模具和对塑件进行后期处理。

考虑到影响压缩成型的因素，应控制好成型温度和压力，压缩成型温度的高低，对塑料顺利充型及塑件质量有较大影响。在一定范围内，提高温度可以缩短成型周期，减小成型压力，但如果温度过高会加快塑料的硬化，影响物料的流动，造成塑件内应力大，易出现变形、开裂、翘曲等缺陷；温度过低会使硬化不足，塑件表面无光，物理性能和力学性能下降。通常压缩比大的塑料需要较大的压力，生产中常将松散的塑料原料预压成块状，既方便加料又可以降低成型所需压力。

压缩成型主要用于热固性塑料的加工和生产。热塑性塑料也可采用压缩成型，在成型前一阶段与热固性塑料相同，但因为没有交联反应，所以必须冷却固化才能脱模，故需要模具交替加热与冷却，生产周期长，只在模压较大平面热塑性塑料零件时才采用压缩成型。压缩成型适合于汽车大型零件的生产，如车门、门梁柱、导流板、顶盖等。

3）压注成型工艺

压注成型又称传递成型或挤胶成型，其工艺原理如图 3.40 所示，是在改进压缩成型的基础上发展起来的一种热固性塑料成型方法。

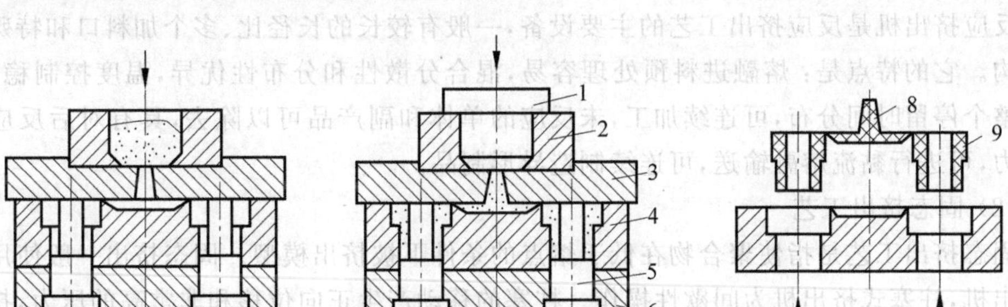

图 3.40 压注成型原理

1—柱塞；2—加料腔；3—上模板；4—凹模；5—型芯；6—型芯固定板；
7—下模板；8—浇注系统；9—塑件

压注成型的工艺过程是将塑料原料经过预处理,闭模后将原料加入加料室加热软化(若是下加料室压注成型应先加料,后闭模加热),如图3.40(a)所示;随即在柱塞的挤压下通过模具的浇注系统将熔融塑料挤入型腔,如图3.40(b)所示;塑料在型腔内继续受热受压而固化成型,然后开模取出制品,如图3.40(c)所示;最后清理型腔、加料室和浇注系统。其工艺类似于注射成型工艺,所不同的是压注成型时塑料在模具的加料室内塑化,再经过浇注系统进入型腔,而注射成型是在注射机料筒内塑化。

压注成型中,塑料在型腔内预先受热熔融,在压力作用下注入型腔,因此能制作成型状带有深孔或形状复杂的塑料零件,也可制作成带有精细嵌件的塑料零件,塑料零件的密度和强度也较高。由于塑料成型前模具已经完全闭合,因而塑料精度易保证,表面粗糙度值也较小,塑料零件上只有少许模具分型面造成的很薄的塑料飞边。

压注成型的优点有:①成型周期短,塑件飞边小,易于清理;②能成型薄壁多嵌件的复杂塑料制品;③塑件的精度和质量较压塑件高。但压注成型加料室内总会留有余料,故存在塑料损耗较大、模具结构较压塑模复杂、制造成本较高等缺点。

4) 挤出成型新工艺

随着聚合物加工的高效率和应用领域的不断扩大和延伸,挤出成型制品的种类不断出新,挤出成型的新工艺层出不穷,其中主要有反应挤出工艺、固态挤出工艺和共挤出工艺。

(1) 反应挤出工艺

反应挤出工艺是20世纪60年代后才兴起的一种新技术,是连续地将单体聚合并对现有聚合物进行改性的一种方法,因可以使聚合物性能多样化、功能化且生产连续、工艺操作简单和经济适用而普遍受到重视。该工艺的最大特点是将聚合物的改性、合成与聚合物的加工这些传统工艺中分开的操作联合起来。

反应挤出成型技术是可以实现高附加值、低成本的新技术,已经引起了世界化学和聚合物材料科学与工程界的广泛关注,在工业方面发展很快。与原有的成型挤出技术相比,它有明显的优点:节约加工中的能耗;避免了重复加热;降低了原料成本;在反应挤出阶段,可在生产线上及时调整单体、原料的物性,以保证最终制品的质量。

反应挤出机是反应挤出工艺的主要设备,一般有较长的长径比、多个加料口和特殊的螺杆结构。它的特点是:熔融进料预处理容易,混合分散性和分布性优异,温度控制稳定,可控制整个停留时间分布,可连续加工,未反应的单体和副产品可以除去,具有对后反应的控制能力,可进行黏流熔融输送,可连续制造异形制品。

(2) 固态挤出工艺

固态挤出工艺是指使聚合物在低于熔点的条件下被挤出模型。固态挤出一般使用单柱塞挤出机,柱塞式挤出机为间歇性操作。柱塞的移动产生正向位移和非常高的压力,挤出时模型内的聚合物发生了很大的变形,其效果远大于熔融加工,从而使得制品的力学性能大大提高。固态挤出有直接固态挤出和静液压挤出两种方法。

(3) 共挤出工艺

在塑料制品生产中应用共挤出技术可使制品多样化或多功能化,从而提高制品的档次。共挤出工艺由两台以上挤出机完成,可以增大挤出制品的截面积,组成特殊结构和不同颜色、不同材料的复合制品,使制品获得最佳的性能。

按照共挤物料的特性，可将共挤出技术分为软硬共挤、芯部发泡共挤、废料共挤、双色共挤等。由 3 台挤出机共挤出 PVC 发泡管材的生产线，比两台挤出机共挤方式控制的挤出工艺条件更准确，内外层和芯部发泡层的厚度尺寸更精确，因此可以获得性能更优异的管材。随着农用薄膜、包装薄膜发展的需要，共挤出吹塑膜可达到 9 层。多层共挤出对各种聚合物的流变性能、相黏合性能以及各挤出机之间的相互匹配有很高的要求。

3.2　汽车零件常用的机械加工方法

汽车零件的表面形状千变万化，由不同的典型表面如外圆、内孔、平面、螺纹、花键和轮齿齿面等组合而成。这些典型表面都有一定的加工要求，大多数表面都需要经过专业加工来实现其机械制造过程。

金属切削加工是用刀具将金属毛坯逐层切削，使工件得到所需要的形状、尺寸和表面粗糙度的加工方法。金属切削加工包括钳工和机械加工两种方法。

钳工是工人用手工工具进行切削的加工方法，操作灵活方便，在装配和修理中广泛应用。

机械加工，是根据具体的设计要求选用相应的机床（包括车、铣、钻和磨等）及切削加工方法，即在机床上通过刀具与工件的相对运动，从工件毛坯上切除多余金属，使之形成符合要求的形状、尺寸的表面的过程。根据汽车零件的结构特征、加工表面形式及其加工要求、生产率要求等条件，可以采用不同的加工方法及工艺过程来保证，表 3.13 列举了汽车零件外圆和内孔表面加工中常采用的加工方法和机床设备。

表 3.13　汽车零件外圆和内孔表面加工中常采用的加工方法和机床设备

加工表面	加 工 方 法	使用的机床设备	典 型 零 件
外圆表面	车削	数控(CNC)车床	阶梯轴、齿轮轴（主减速齿轮轴、变速器三轴等）、曲轴、凸轮轴、半轴和盘齿轮齿坯等
		双轴卧式数控车床	
		双轴立式数控车床	
		液压仿形车床	
		转塔式数控车床	
		专用车床，如凸轮轴、曲轴车床等	
		数控(CNC)曲轴车拉机床	曲轴
	外圆磨削	普通外圆磨削	阶梯轴、齿轮轴（主减速齿轮轴、变速器三轴等）、曲轴、凸轮轴、半轴、活塞销、十字轴、气门等
		端面外圆磨削	
		无心外圆磨削	
		曲轴、凸轮轴外圆磨削	
		宽砂轮外圆磨削	
		多砂轮外圆磨削	
		立方氮化硼(CBN)砂轮外圆磨削	
	铣削	数控(CNC)曲轴铣床	曲轴等
	抛光	纸带子抛光机床	曲轴、凸轮轴等
	超精加工	超精加工机床	曲轴等

续表

加工表面	加 工 方 法	使用的机床设备	典 型 零 件
	钻、扩、铰	数控钻削中心	杆叉类零件(拔叉、摇臂等)、盘类零件(差速器壳体、凸缘等)和箱体类零件(变速器壳体、汽缸体、主减速器壳体等)等
		摇臂钻床	
		立式单轴钻床	
		多轴组合钻床	
内孔表面	内孔磨削	内圆磨床	盘状齿轮等
	拉削(键槽、光孔、花键孔)	立式拉床	盘状齿轮等
		卧式拉床	
	镗削	缸孔镗床	连杆、活塞离合器壳体、变速器壳体、主减速器合体、汽缸体等
		组合	
		单轴及多轴金刚镗床	
		数控镗铣加工中心等	

3.2.1 车削

车削是以工件的旋转作为主运动，车刀的移动作为进给运动的切削加工方法。车削的切削运动由车床提供。车床适于切削各种旋转表面，如内、外圆柱或圆锥面，还可以车削端面。汽车的许多轴类零件以及齿轮毛坯都是在车床上加工的。汽车发动机、变速器、转向机、主减速器等总成中的诸多零件，各种传动轴、齿轮、曲轴和凸轮轴等的回转体表面，都需要进行车削加工。

切削运动中的主运动是工件与刀具产生相对运动以进行切削的基本运动，进给运动是使切削持续进行以形成所需要的工件表面的运动。汽车零件表面切削加工时，车削刀具必须与被加工零件之间保持一定的相对运动——车削运动。例如车削外圆时，如图3.41所示，工件绕其轴线旋转(主运动)，车刀沿工件轴线移动(进给运动)。

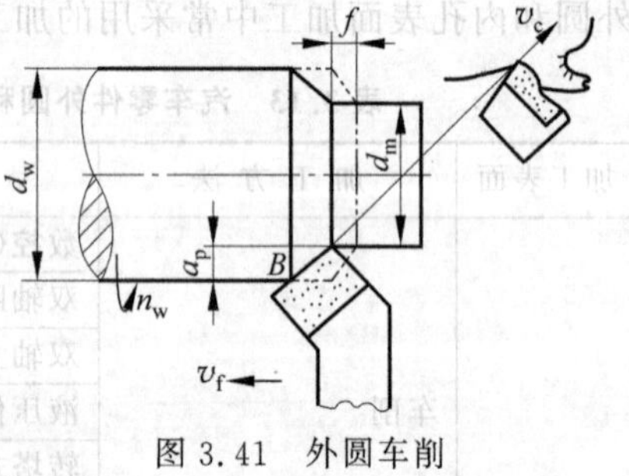

图3.41 外圆车削

(1) 主运动，即主轴的回转运动。电动机的回转运动经带传动机构(V带及带轮)传递到主轴箱，在箱内经变速、变向机构再传到主轴，使主轴获得24级正向转速(转速范围10～1400 r/min)和12级反向转速(转速范围14～1580 r/min)。

(2) 进给运动，即刀具的纵向、横向移动。主轴的回转运动从主轴箱经挂轮箱、进给箱传递给光杠或丝杠，使它们回转，再由溜板箱将光杠或丝杠的回转转变为滑板、刀架的直线运动，使刀具作纵向或横向进给运动。CA6140型车床的纵向进给速度共有64级(进给量范围0.08～1.59 mm/r)，横向进给速度共有64级(进给量范围0.04～0.79 mm/r)。

车削是最基本的、应用最广的切削方法，其切削特点是刀具沿着所要形成的工件表面以一定的切削深度 a_p 和进给量 f 对回转工件进行切削。刀具沿平行旋转轴线运动时，就形成内、外圆柱面。刀具沿与轴线相交的斜线运动，就形成锥面。仿形车床或数控车床可以控制刀具沿着一条曲线进给，则形成一特定的旋转曲面。采用成型车刀，横向进给时，也可加工出旋转曲面来。车削还可以加工螺纹面、端平面及偏心轴等。

1. 常见车床分类

车床的种类很多，主要有仪表车床，单轴、多轴自动与半自动车床，回轮、转塔车床，立式车床，落地及卧式车床，仿形及多刀车床及数控车床等。其中，以卧式车床应用最广泛，如图 3.42 所示为 CA6140 卧式车床的外形图。CA6140 卧式车床的两类运动如图 3.43 所示。

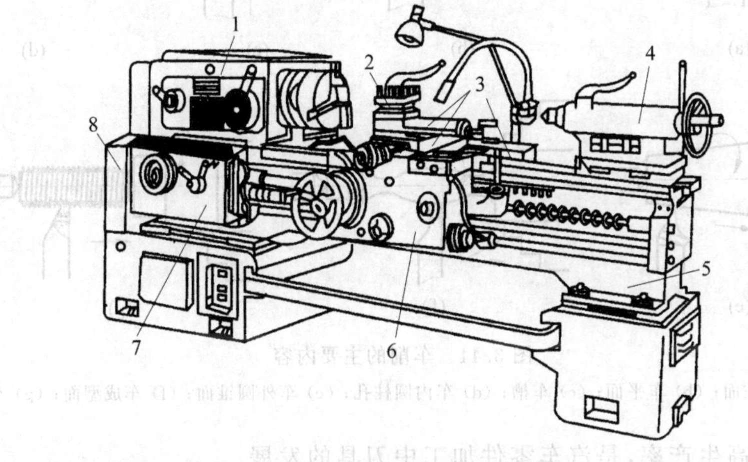

图 3.42　CA6140 卧式车床

1—主轴箱；2—刀架；3—滑板；4—尾座；5—床身；6—溜板箱；7—进给箱；8—挂轮箱

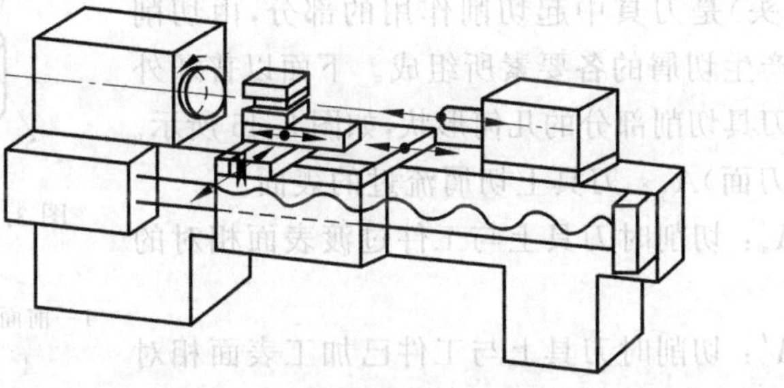

图 3.43　车床运动示意图

2. 车削加工对象、范围及其使用刀具

用车削方法可以进行车外圆（圆柱、圆锥）、车孔（圆柱孔、圆锥孔）、车平面、车槽、车螺纹、车成型面等加工，此外，车削还可以完成钻孔、铰孔、滚花等工作。车削加工精度一般为 IT7～IT8，表面粗糙度值为 *Ra* 6.3～1.6 μm。精车时，加工精度可达 IT5～IT6，表面粗糙度值可达 *Ra* 0.4～0.1 μm。车削的生产率较高，切削过程比较平稳，刀具较简单。图 3.44 所示为车削的主要内容。

车削时使用的车刀结构主要有整体式、焊接式和机夹车刀、可转位车刀和成型车刀等。随着汽车工业生产中半自动、自动车床和数控车床的广泛使用，机械夹固的硬质合金可转位车刀的使用越来越显示其优越性。硬质合金刀片有两个面各有 4 个切削刃供使用。使用中，一个切削刃磨钝或损坏时，只要松开夹紧螺钉，将刀片转换一个位置，就可以使用另一个新切削刃，不必卸下车刀。因此，使用这种车刀很方便，刀片定位准确，加工精度有可靠保

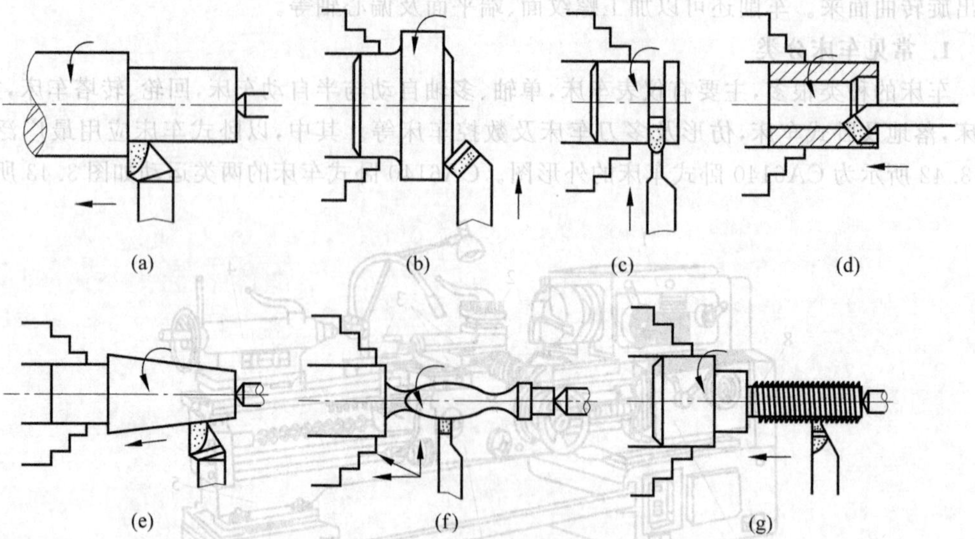

图 3.44 车削的主要内容

(a) 车外圆柱面;(b) 车平面;(c) 车槽;(d) 车内圆柱孔;(e) 车外圆锥面;(f) 车成型面;(g) 车螺纹

证,也有利于提高生产率,是汽车零件加工中刀具的发展方向。

各种刀具都是由切削部分和刀体或刀柄两部分组成。切削部分(俗称刀头)是刀具中起切削作用的部分,由切削刃、前面及后面等产生切屑的各要素所组成。下面以普通外圆车刀为例,说明刀具切削部分的几何形状,如图 3.45 所示。

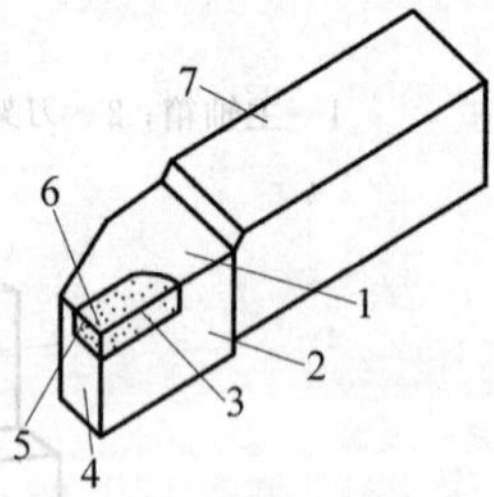

图 3.45 普通外圆车刀切削部分的组成

1—前面;2—主后面;3—主切削刃;4—副后面;5—副切削刃;6—刀尖;7—刀体

(1) 前面(前刀面)A_γ:刀具上切屑流过的表面。

(2) 主后面 A_α:切削时刀具上与工件过渡表面相对的表面。

(3) 副后面 A'_α:切削时刀具上与工件已加工表面相对的表面。

(4) 主切削刃 S:前面与主后面的交线,切削时起主要切削作用。

(5) 副切削刃 S':前面与副后面的交线,切削时起辅助切削作用。

(6) 刀尖:主切削刃与副切削刃连接处相当少的一部分切削刃。刀尖有修圆刀尖和倒角刀尖。

汽车零件车削加工中使用的刀具材料有高速钢、硬质合金、立方氮化硼、陶瓷和金刚石等。在我国汽车工业生产中常用的硬质合金刀片材料主要有三类:钨钛钴类硬质合金、钨钴类硬质合金、钨钛钽钴类硬质合金。为了提高硬质合金和高速钢刀具材料的切削性能,在刀具基体上涂覆一层耐磨性高的难熔金属化合物,将这类刀具称为涂层刀具。除了常用的硬质合金刀具材料外,超硬刀具材料——立方氮化硼、人造金刚石和天然金刚石刀具材料也得到了一定的应用。在汽车加工业生产中应用较广泛的是立方氮化硼刀具材料。上述刀具材料不仅适合制造车刀,也适合制造其他刀具,如铣刀、钻头、扩孔钻、铰刀和磨具等。

3. 车削用量的选择

车削加工时，工件以一定的旋转速度旋转，刀具切削刃上的某一点相对于待加工表面在主运动方向上的瞬时速度称为切削速度 v_c。简单地说，就是切削刃选定点相对于工件的主运动的瞬时速度(线速度)。切削速度的单位为 m/min 或 m/s。通常选定点为线速度最大的点。车外圆时的切削速度计算公式为

$$v_c = \frac{\pi d_w n_w}{1000}(\mathrm{m/min}) \tag{3.1}$$

或

$$v_c = \frac{\pi d_w n_w}{60 \times 1000}(\mathrm{m/s}) \tag{3.2}$$

式中，d_w 为车刀切削刃选定点工件的回转直径，mm；n_w 为工件(或刀具)的转速，r/min。

进给量 f(mm/r)是刀具在进给运动方向上相对于工件的位移量，可用刀具或工件每转或每行程的位移来表述和度量。车削外圆时的进给量为工件每转一转刀具沿进给运动方向所移动的距离；每分钟的进给量称为进给速度 v_f，其与进给量的关系为

$$v_f = f n_w(\mathrm{mm/min}) \tag{3.3}$$

按照加工精度和表面粗糙度，车削加工一般分为粗加工、半精加工、精加工和精细加工4个阶段，各个阶段经济精度范围和表面粗糙度见表3.14。粗加工阶段的主要目的是切除加工表面的大部分加工余量，故主要考虑的是如何提高生产率。半精加工阶段的主要任务是使零件达到一定的准确度，为重要表面的精加工做好准备，并完成一些次要表面的加工。精加工和精细加工阶段的主要任务是达到零件的全部尺寸和技术要求，这个阶段主要考虑的是如何保证加工质量。

表3.14　车削加工4个阶段的经济精度范围和表面粗糙度值

加工阶段	经济精度范围	表面粗糙度 $Ra/\mu m$	加工阶段	经济精度范围	表面粗糙度 $Ra/\mu m$
粗加工	IT10～IT12	12.5～6.3	精加工	IT7～IT8	3.2～0.8
半精加工	IT8～IT10	6.3～3.2	精细加工	IT6～IT7	0.8～0.2

粗车时，在允许范围内应尽量选择大的切削深度 a_p 和进给量 f，以提高生产率，而切削速度 v_c 则相应选取低些，以防止车床过载和车刀的过早磨损。半精车和精车用于工件的半精加工(后续一般有磨削)或精加工(主要是加工有色金属材料)，以保证工件加工质量为主，因此，应尽可能减小切削力、切削热引起的由机床—夹具—工件—刀具组成的工艺系统的变形，减小加工误差。所以，应选取较小的切削深度 a_p 和进给量 f，而切削速度则可取高些。选择切削用量时，通常是先确定切削深度 a_p，然后是进给量 f，最后确定切削速度 v_c。

4. 车削加工工艺特点

(1) 适合于加工各种内、外回转表面。车削的加工精度范围为IT6～IT12，表面粗糙度为 Ra 12.5～0.2 μm。

(2) 车刀结构简单，制造容易，便于根据加工要求对刀具材料、几何角度进行合理选择。车刀刃磨及装拆也较方便。

(3) 车削对工件的结构、材料、生产批量等有较强的适应性，应用广泛。除可车削各种钢

材、铸铁、有色金属外，还可以车削玻璃钢、夹布胶木、尼龙等非金属。对于一些不适合磨削的有色金属可以采用金刚石车刀进行精细车削，能获得很高的加工精度和很小的表面粗糙度。

（4）除毛坯表面余量不均匀外，绝大多数车削为等切削横截面的连续切削，因此，切削力变化小，切削过程平稳，有利于高速切削和强力切削，生产效率高。

3.2.2　钻削

钻削是使用钻头或扩孔钻刀具在工件的实体材料上加工孔的切削加工方法。钻削时，钻头或扩孔钻的回转运动是主运动，钻头或扩孔钻沿自身轴线方向的移动是进给运动。

1. 常见钻床分类

钻削在钻床上进行。钻床是用钻头在工件上加工孔的机床，通常用于加工尺寸较小、精度要求不太高的孔，可完成钻孔、扩孔、铰孔及攻螺纹等工作。

常用的钻床有台式钻床、立式钻床、摇臂钻床及深孔钻床等。台式钻床是放置在台桌上使用的小型钻床，用于钻削中小型工件上的小孔，通常是直径小于 12 mm 的孔。台式钻床结构简单，主轴通过变换 V 带在塔形带轮上的位置来实现变速，钻削时只能手动进给。台式钻床用于单件、小批量生产。立式钻床只适合于加工中小型工件，用于单件、小批量生产。摇臂钻床适合于大型工件或多孔工件的钻削。立式钻床和摇臂钻床外形图见图 3.46 和图 3.47。

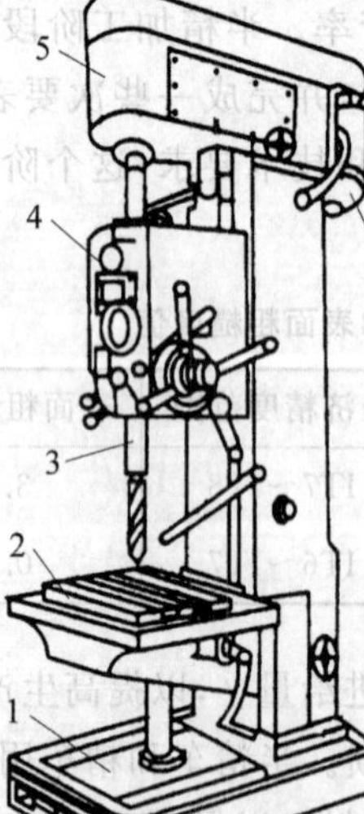

图 3.46　Z5135 型立式钻床

1—底座；2—工作台；3—主轴；4—进给箱；5—主轴箱；6—电动机

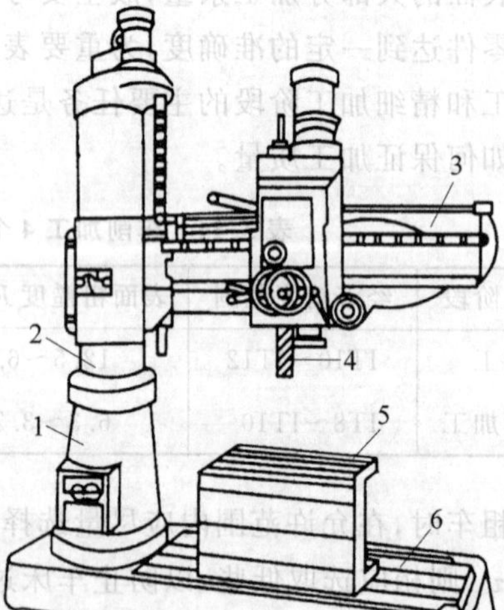

图 3.47　摇臂钻床

1—立柱座；2—立柱；3—摇臂；4—主轴；5—工作台；6—底座

2. 钻削加工对象、范围及其使用刀具

钻削是汽车零件加工中应用较为广泛的一种切削加工方法，如各类箱壳体类零件的连接孔及螺纹孔的底孔、凸缘和法兰类零件的连接孔等，都需要进行钻削加工。

孔加工刀具按其用途可分为两大类：一类是从实体材料中加工出孔的刀具，如麻花钻、扁钻、中心钻和深孔钻等；另一类是对工件上的已有的孔进行再加工，如扩孔钻、锪钻、铰刀及镗刀等。钻削时使用的孔加工刀具称为麻花钻头，简称为钻头。使用麻花钻头在预制孔上扩大孔的切削加工称为扩钻。标准麻花钻由刀体(工作部分)、刀柄和颈部组成。刀体包括切削部分和导向部分，麻花钻在其轴线两侧对称分布有两个切削部分。

麻花钻切削刃外缘处的线速度为切削速度，表达式为

$$v_s = \frac{\pi d n}{1000} (\mathrm{m/min}) \tag{3.4}$$

式中，d 为麻花钻直径，mm；n 为麻花钻转速，r/min。

钻削时麻花钻每回转一转钻头与工件在进给运动方向(麻花钻轴向)上的相对位移为进给量 f，单位为 mm/r。麻花钻为多齿刀具，它有两条切削刃(两个刀齿)，其每齿进给量 f_Z (单位为 mm/齿)为进给量的一半，即

$$f_Z = \frac{f}{2} \tag{3.5}$$

切削深度 a_p 一般指工件已加工表面与待加工表面间的垂直距离。钻孔时的切削深度为麻花钻直径的一半，即

$$a_p = \frac{d}{2} \tag{3.6}$$

3. 钻削加工工艺特点

(1) 麻花钻的两条切削刃对称地分布在轴线两侧，钻削时，所受径向抗力相互平衡，因此不像单刃刀具那样容易弯曲。

(2) 钻孔时切削深度达到孔径的一半，金属切除率较高。

(3) 钻削过程是半封闭的，钻头伸入工件孔内并占有较大空间，切屑较宽且往往成螺旋状，而麻花钻容屑槽尺寸有限，因此排屑较困难，已加工孔壁由于切屑的挤压摩擦常被划伤，使表面粗糙度值较大。

(4) 钻削时，冷却条件差，切削温度高，因此，限制了切削速度，影响生产率的提高。刀具刚性差，排屑困难，切削热不易排出。

(5) 钻削为粗加工，其加工经济精度等级为IT11～IT13，表面粗糙度为 Ra 50～12.5 μm，一般用作要求不高的孔(如螺栓通过孔、润滑油通道孔等)的加工或高精度孔的预加工。

3.2.3 铰削

铰削(即铰孔)是使用铰削刀具从工件孔壁上切除微量金属层，以提高其尺寸精度和减小其表面粗糙度值的方法。

铰削的工作方式一般是工件不动，由铰刀旋转并向孔中作轴向进给。在车床上铰削时，工件旋转，铰刀作轴向进给。铰削过程中，铰刀前端的切削部分进行切削，后面的校准部分起引导、防振、修光和校准作用。铰孔的尺寸和几何形状精度直接由铰刀决定。

1. 铰削加工对象、范围及其使用刀具

铰削一般在钻孔、扩孔或镗孔以后进行，用于加工精密的圆柱孔和锥孔，加工孔径范围一般为 3～100 mm。由于铰刀的切削刃长，铰削时各刀齿同时参加切削，生产效率高，在孔的精加工中应用较广。铰削一般在孔半精加工(扩孔或半精镗)后用铰刀进行加工，主要用于对中、小孔的半精加工和精加工。

铰削使用的刀具称为铰刀,铰刀结构与扩孔钻相似,由工作部分、柄部和颈部组成。铰刀一般用高速钢和硬质合金制造。在变速器箱(壳)体等零件上铰孔时,大多使用硬质合金铰刀。图 3.48(a)所示铰刀为在立式钻床和组合钻床上常使用的机用铰刀,图 3.48(b)所示的锥度铰刀可以加工锥孔,图 3.48(c)所示为手用铰刀的结构及其组成。

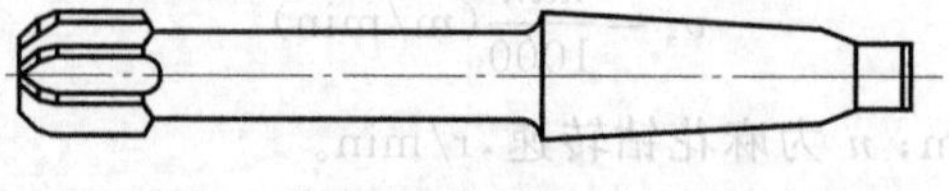

(a)

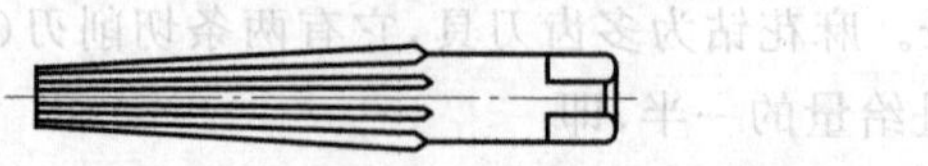

(b)

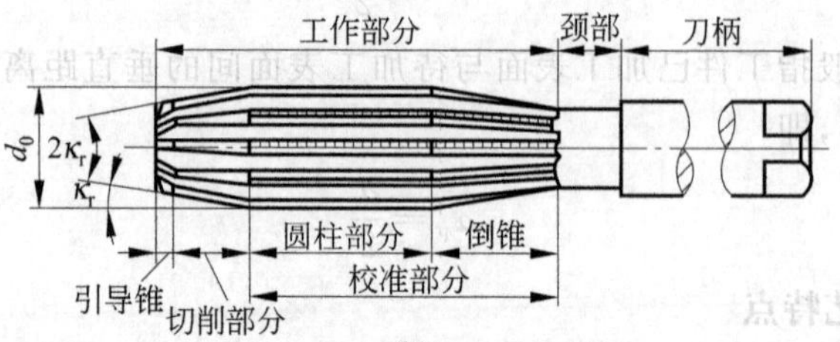

(c)

图 3.48 铰刀的结构及组成

2. 铰削加工工艺特点

铰削可分粗铰和精铰,一般在车床、镗床或钻床上进行,称为机铰,也可手工铰削。粗铰的切削深度(单边加工余量)为 0.3~0.88 mm,加工精度可达 IT9~IT10,表面粗糙度为 Ra 10~1.258 mm。精铰的切削深度为 0.06~0.38 mm,加工精度可达 IT6~IT8,表面粗糙度为 Ra 1.25~0.08 mm。铰孔的切削速度较低,例如用硬质合金圆柱形多刃铰刀对钢件铰孔时,当孔径为 40~100 mm 时,切削速度为 6~12 m/min,进给量为 0.3~2 mm/r。正确选用煤油、机械油或乳化液等切削液可提高铰孔质量和延长刀具寿命,并有利于减小振动。铰削的主要特点如下。

(1) 铰孔的加工余量较小,一般粗铰为 0.15~0.35 mm,精铰为 0.05~0.15 mm。铰刀的容屑槽较浅,刚性较高;铰刀的齿数较多,导向性较好;铰刀校准部分的圆柱部分副切削刃起着修光作用,修光作用不仅有切除少量金属的作用,同时其刃带还有挤压作用。

(2) 为了避免在铰削时切削刃上产生积屑瘤而影响表面粗糙度,铰孔的切削速度较低。铰削时的进给量较大,一般为 0.2~1.2 mm/r,是钻孔的 3~5 倍。

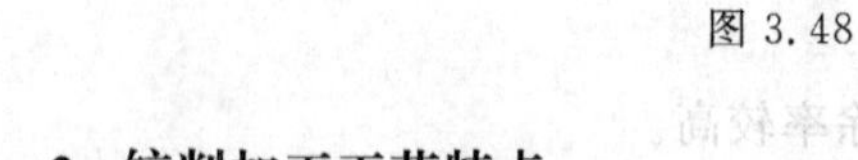

(a)

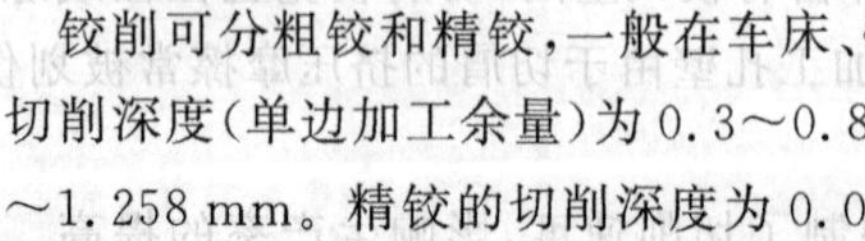

(b)

图 3.49 复合孔加工刀具

在大批量生产中,为了提高铰孔的生产率,除常使用硬质合金铰刀外,还使用相同工艺组合的复合铰刀(见图 3.49(a))或不同工艺组合的复合刀具,如钻、铰复合刀具(见图 3.49(b))。

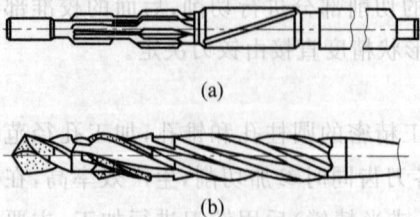

3.2.4　铣削

铣削是铣刀旋转作为主运动、工件或铣刀作为进给运动的切削加工方法。

(1) 主运动,即主轴(铣刀)的回转运动。主电动机的回转运动,经主轴变速机构传递到主轴,使主轴回转。主轴转速共 18 级(转速范围 30～1500 r/min)。

(2) 进给运动,即工件的纵向、横向和垂直方向的移动。进给电动机的回转运动,经进给变速机构,分别传递给三个进给方向的进给丝杠,获得工作台的纵向运动、横向溜板的横向运动和升降台的垂直方向运动。进给速度各 18 级,纵向进给量范围为 12～960 mm/min,横向为 12～960 mm/min,垂直方向为 4～320 mm/min,并可以实现快速移动。普通铣床工作台最大纵向行程为 700 mm,横向溜板最大横向行程为 255 mm,升降台最大升降行程为 320 mm。

1. 铣床分类

铣床就是用铣刀进行切削加工的机床。铣床可分为卧式升降台铣床、立式升降台铣床、龙门铣床、万能工具铣床、仿形铣床和键槽铣床等。其中应用最普遍的为卧式升降台铣床。图 3.50 所示为 X6132 型卧式升降台铣床的外形图,其运动如图 3.51 所示。

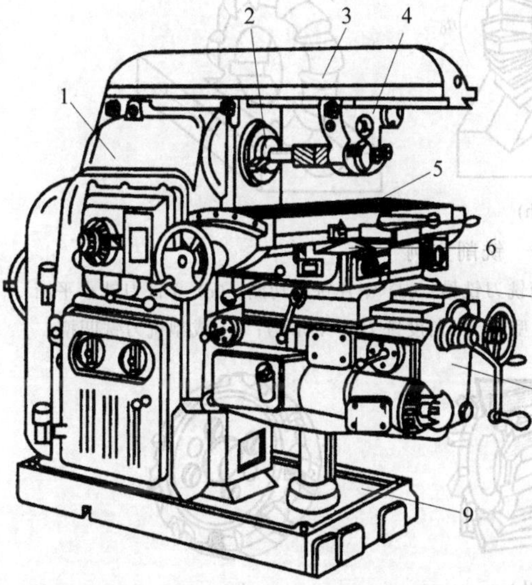

图 3.50　X6132 型卧式升降台铣床外形图

1—床身；2—主轴；3—横梁；4—挂架；5—工作台；6—转台；7—横向溜板；8—升降台；9—底座

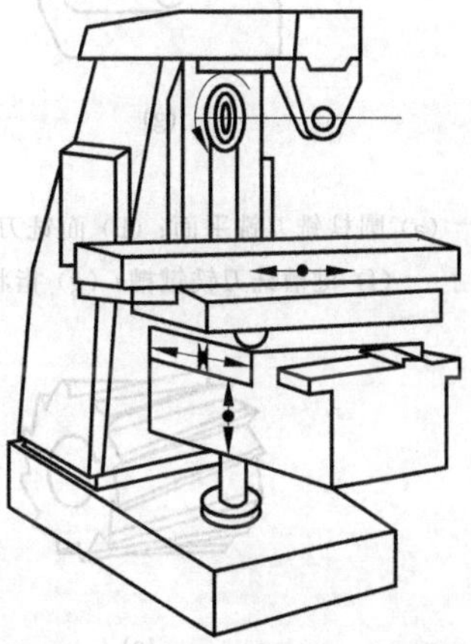

图 3.51　卧式铣床运动示意图

2. 铣削加工对象、范围及其使用刀具

铣削是加工平面的主要方法之一。在铣床上使用不同的铣刀可以加工平面(水平面、垂直平面、斜面)、阶台、沟槽(直角沟槽、V 形槽、燕尾槽、T 形槽等)、特形面和切断材料等。此外,使用分度装置可加工需周向等分的花键、齿轮、螺旋槽等。在铣床上还可以进行钻孔、铰孔和铣孔等工作。图 3.52 所示为铣削的典型实例,其中铣削平面在汽车零件的铣削加工中占有较大的比重,主要用于汽缸体、汽缸盖、变速器箱体、离合器壳体等箱壳体类零件的平面铣削加工。

铣刀是一种多刃回转刀具,铣刀的种类很多,按其用途可分为加工平面用铣刀、加工沟槽用铣刀和加工特形面用铣刀三大类,分别如图 3.53～图 3.56 所示。

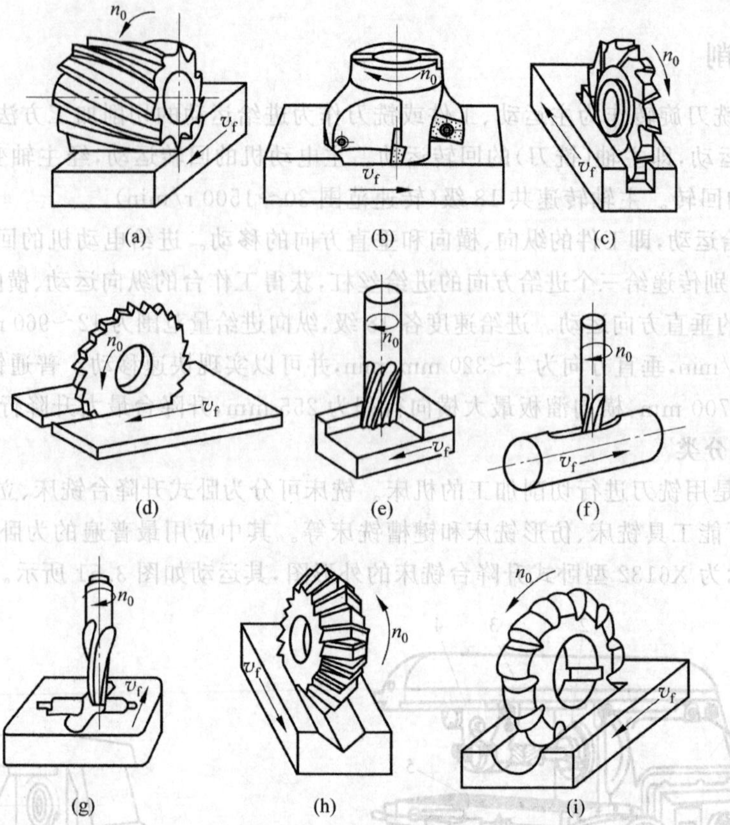

图 3.52　铣削实例

(a) 圆柱铣刀铣平面；(b) 面铣刀铣平面；(c) 槽铣刀铣槽；(d) 锯片铣刀切断；(e) 立铣刀铣小平面；(f) 键槽铣刀铣键槽；(g) 指状铣刀铣磨具槽型；(h) 角度铣刀铣 V 形槽；(i) 成型铣刀铣凹槽

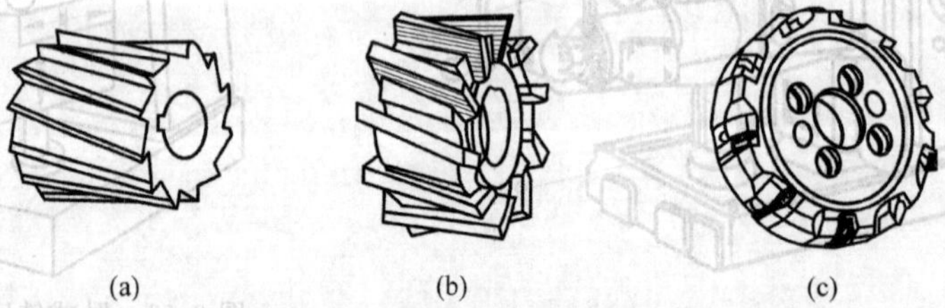

图 3.53　加工平面用铣刀

(a) 整体式圆柱形铣刀；(b) 镶齿圆柱形铣刀；(c) 可转位硬质合金刀片端铣刀

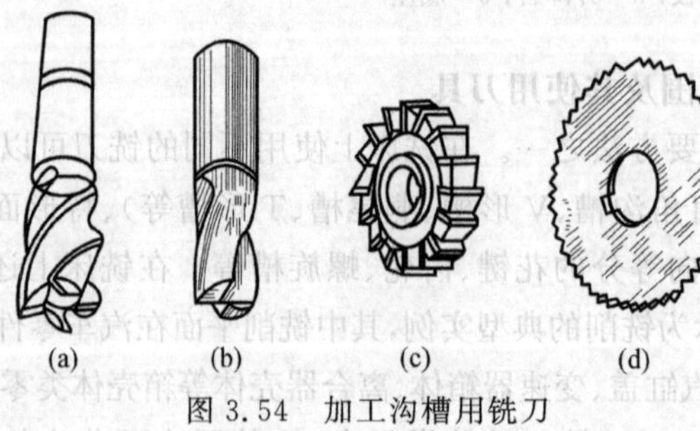

图 3.54　加工沟槽用铣刀

(a) 立铣刀；(b) 键槽铣刀；(c) 三面刃铣刀；(d) 锯片铣刀

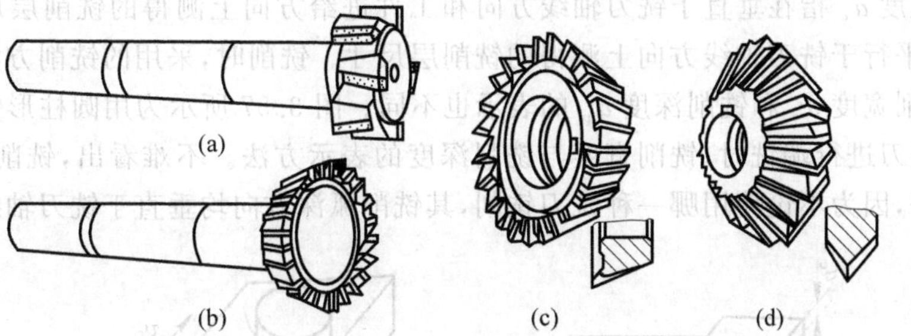

图 3.55　加工特形沟槽用铣刀

(a) T 形槽铣刀；(b) 燕尾槽铣刀；(c) 单角铣刀；(d) 对称双角铣刀

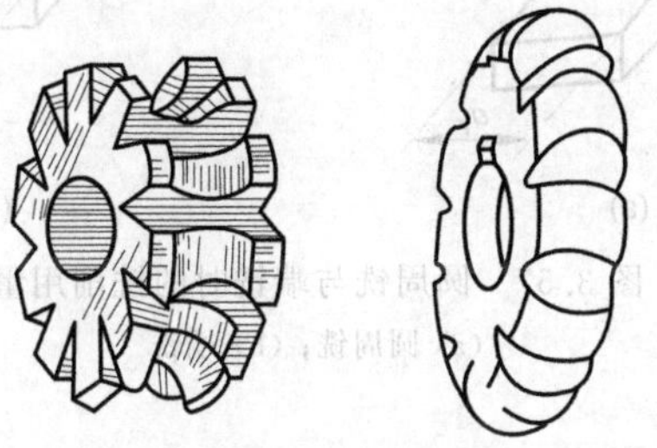

图 3.56　加工特形面铣刀

3. 铣削用量

铣削用量是指铣削过程中选用的铣削速度 v_c、进给量 f、铣削宽度 a_e 和铣削深度 a_p。铣削用量的选择与提高铣削的加工精度、改善加工表面质量和提高生产率有着密切的关系。

铣削速度 v_c 是铣削时切削刃上选定点在主运动中的线速度，即切削刃上离铣刀轴线距离最大的点在 1 min 内所经过的路程。铣削速度与铣刀直径、铣刀转速有关，计算公式为

$$v_c = \frac{\pi d n}{1000}(\mathrm{m/min}) \tag{3.7}$$

式中，d 为铣刀直径，mm；n 为铣刀转速，r/min。

进给量 f 是铣刀在进给运动方向上相对工件的单位位移量。铣削中的进给量根据实际需要可用 3 种方法表示：

(1) 每转进给量 f 是铣刀每回转一周在进给运动方向上相对工件的位移量，单位为 mm/r；

(2) 每齿进给量 f_Z 是铣刀每转中每一刀齿在进给运动方向上相对工件的位移量，单位为 mm/齿；

(3) 每分钟进给量(即进给速度) v_f 是铣刀每转 1 min 在进给运动方向上相对工件的位移量，单位为 mm/min。

三种进给量的关系为

$$v_f = fn = f_Z zn(\mathrm{mm/min}) \tag{3.8}$$

式中，n 为铣刀(或铣床主轴)转速，r/min；z 为铣刀齿数；f 为进给量，mm/r。

铣削时，根据加工性质先确定每齿进给量 f_Z，然后根据铣刀的齿数 z 和铣刀的转速 n 计算出每分钟进给量 v_f，并以此对铣床进给量进行调整(铣床铭牌上进给量用每分钟进给量表示)。

铣削宽度 a_e 指在垂直于铣刀轴线方向和工件进给方向上测得的铣削层尺寸。铣削深度 a_p 指在平行于铣刀轴线方向上测得的铣削层尺寸。铣削时，采用的铣削方法和选用的铣刀不同，铣削宽度 a_e 和铣削深度 a_p 的表示也不同。图 3.57 所示为用圆柱形铣刀进行圆周铣与用端铣刀进行端铣时，铣削宽度与铣削深度的表示方法。不难看出，铣削宽度 a_e 都表示铣削弧深，因为不论使用哪一种铣刀铣削，其铣削弧深方向均垂直于铣刀轴线。

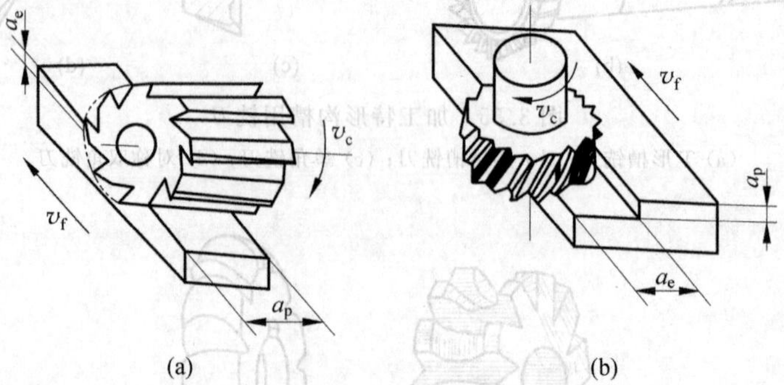

图 3.57　圆周铣与端铣时的铣削用量

(a) 圆周铣；(b) 端铣

4. 铣削加工工艺特点

(1) 铣削在金属切削加工中的应用仅次于车削，其主运动是铣刀的回转运动，切削速度较高，除加工狭长平面外，其生产效率均高于刨削；

(2) 铣刀为多刃刀具，铣削时，各刀齿轮轴承担切削工作，散热冷却条件好，刀具寿命长；

(3) 铣刀种类多，铣床功能强，因此铣削的适应性好，能完成多种表面的加工；

(4) 铣削时，各铣刀刀齿的切削是断续的，铣削过程中同时参与切削的刀齿数是变化的，切屑厚度也是变化的，故切削力是变化的，存在冲击和振动；

(5) 铣削的经济加工精度为 IT7～IT9，表面粗糙度为 Ra 12.5～1.6 μm。

3.2.5　拉削

拉削是使用拉削刀具进行加工的一种高生产率的精切削加工方法，即拉削是使用拉削刀具加工各种内外成型表面的切削工艺。

1. 拉床分类

拉床是用拉刀加工工件各种内、外成型表面的机床。加工时，一般工件不动，拉刀作直线运动进行切削。拉削时机床拉刀的直线运动是加工过程的主运动，进给运动则靠拉刀本身的结构来实现。按工作性质的不同，拉床可分为内拉床和外拉床。拉床一般都是液压传动，它只有主运动，结构简单。液压拉床的优点是运动平稳，无冲击振动，拉削速度可无级调节，拉力可通过压力来控制。拉床的生产效率高，加工质量好，精度一般为 IT7～IT9，表面粗糙度为 Ra 1.6～0.8 μm。但由于一把拉刀只能加工一种尺寸表面，且拉刀较昂贵，所以拉床主要用于大批量生产。

2. 拉削加工对象、范围及其使用刀具

拉削在成批大量生产中得到了广泛应用，如内表面的拉削——圆孔、花键(矩形、渐开线形、三角形)孔、键槽、方孔等异形孔,外表面的拉削——小平面(连杆的侧平面、分离平面、半圆孔等)、大型平面(缸体平面)、成型表面(制动凸轮等)、齿轮轮齿(直齿锥齿轮轮齿、弧齿锥齿轮轮齿等)、曲轴轴颈等。在汽车零件表面的拉削加工中,例如锥齿轮轮齿的加工,则应用了圆盘拉铣刀。圆盘拉铣刀是以圆周切削运动方式进行加工的。

拉削时使用的刀具称为拉削刀具,简称为拉刀。拉刀是非常复杂的组件,由一个单件制造而成。材料主要是高速钢,硬质合金作为刀具材料仅用于灰铸铁的机械加工。拉刀是一种可加工内、外表面的多齿高效刀具。与许多其他切削作业不同,拉削主要考虑的问题是刀具的磨损或刀具的使用寿命。

拉刀的种类虽多,但结构组成均类似。拉刀的结构和刀齿形状与拉削方式有关。拉刀结构有整体式、装配式和镶齿式 3 类。对形状复杂的大型拉刀,刀齿材料可用高速钢或硬质合金整体制造,用机械方法将刀齿块或刀齿紧固在刀体上。装配式拉刀和镶齿式拉刀亦称为组合式拉刀。这种拉刀的刀齿可用高速钢或硬质合金制造,因生产率高、寿命长,在汽车工业中常用于加工缸体和轴承盖等零件,但硬质合金拉刀制造困难,故刀体用高强度碳素钢制造,这样可节省刀具材料,简化刀具制造,且刀齿磨损或损坏后,便于更换和调整。

3. 拉削加工工艺特点

拉削加工具有以下优点:生产率高;加工精度高,表面质量好;加工经济精度为 IT7～IT8,表面粗糙度为 Ra 0.8～0.4 μm;可拉削特形表面;机床结构简单,只有一个运动等。其缺点为刀具成本高。

3.2.6　镗削

镗削是一种用刀具扩大孔或其他圆形轮廓的内径车削工艺,其应用范围一般从半粗加工到精加工,所用刀具通常为单刃镗刀(称为镗杆)。

镗削是以镗刀旋转运动作为主运动,工件或镗刀作进给运动,扩大工件预制孔(铸造孔、锻造孔或粗加工孔)的切削加工方法。在汽车零件孔的扩大加工中,镗孔占有较大的比例。镗削时,工件被装夹在工作台上,并由工作台带动作进给运动,镗刀用镗刀杆或刀盘装夹,由主轴带动回转作主运动。主轴在回转的同时,可根据需要作轴向移动,以取代工作台作进给运动。镗削可以在组合镗床、金刚(细)镗床和铣镗加工中心上进行,利用装有镗刀的镗杆(或镗刀)旋转,或装有工件的工作台作轴向进给实现对预制孔进行切削加工。按镗孔的加工质量镗削可分为粗镗、精镗和细镗。

1. 镗床分类

镗削在镗床上进行。镗床通常用于加工尺寸较大、精度要求较高的孔,特别是分布在不同表面上、孔距和位置精度要求较高的孔,如各种箱体、汽车发动机缸体等零件上的孔。常用的镗床有立式镗床、卧式镗床、坐标镗床、金刚镗床等。图 3.58 所示为 T618 型卧式镗床的外形图。

2. 镗削加工对象、范围及其使用刀具

在镗床上除镗孔外,还可以进行钻孔、铰孔,以及用多种刀具进行平面、沟槽和螺纹的加工。图 3.59 所示为卧式镗床上镗削的主要内容。

镗削所用刀具为镗刀,可在镗床、车床或铣床上使用。因装夹方式的不同,镗刀柄部有方柄、莫氏锥柄和 7∶24 锥柄等多种形式。为了使孔获得高的尺寸精度,精加工用镗刀的尺

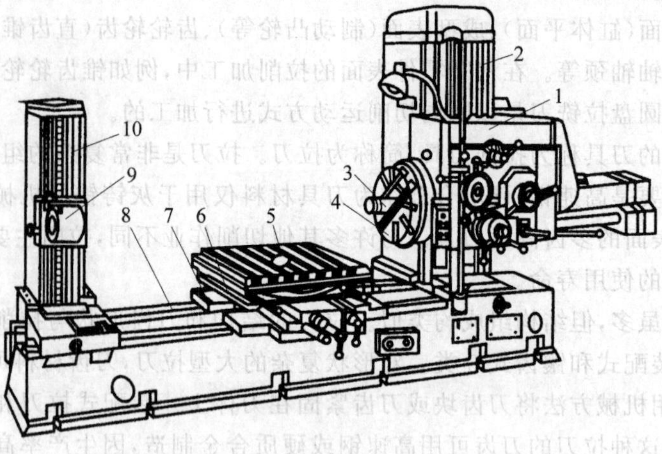

图 3.58　T618 型卧式镗床的外形图

1—主轴箱；2—主立柱；3—主轴；4—平旋盘；5—工作台；6—上滑座；
7—下滑座；8—床身；9—镗刀杆支承座；10—尾立柱

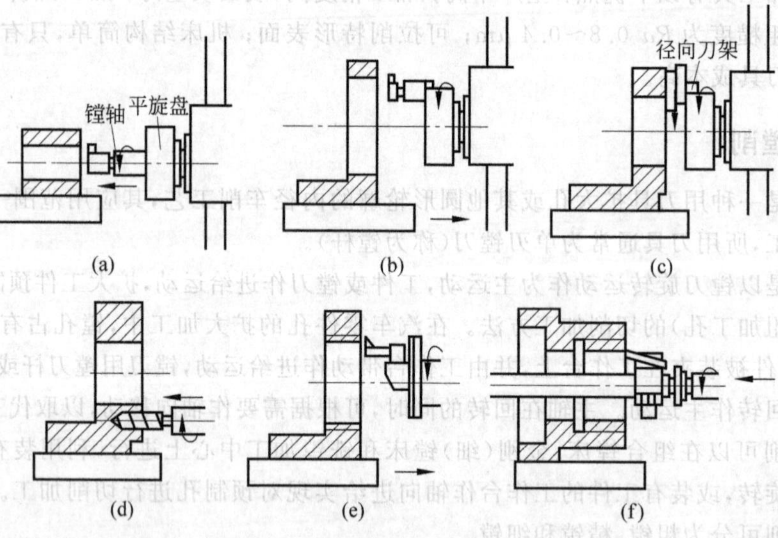

图 3.59　卧式镗床上镗削的主要内容

(a) 用主轴安装镗刀杆镗不大的孔；(b) 用平旋盘上镗刀镗大直径孔；(c) 用平旋盘上径向刀架镗平面；
(d) 钻孔；(e) 用工作台进给镗螺纹；(f) 用主轴进给镗螺纹

寸需要准确地调整。微调镗刀可以在机床上精确地调节镗孔尺寸，它有一个刻有精密游标刻线的指示盘，指示盘与装有镗刀头的心杆组成一对精密丝杠螺母副机构。当转动螺母时，装有刀头的心杆即可沿定向键作直线移动，游标刻度读数精度可达 0.001 mm。镗刀的尺寸也可在机床外用对刀仪预调。

3. 镗削用量

(1) 卧式镗床的镗削用量(见表 3.15)

表 3.15 卧式镗床的镗削用量

加工方式	刀具材料	刀具类型	铸铁		钢(包括铸钢)		铜、铝及其合金		a_p/mm(直径上)
			v/(m/min)	f/(mm/r)	v/(m/min)	f/(mm/r)	v/(m/min)	f/(mm/r)	
粗镗	高速钢	刀头	20～35	0.3～1.0	20～40	0.3～1.0	100～150	0.4～1.5	5～8
		镗刀块	25～40	0.3～0.8	—	—	120～150	0.4～1.5	
	硬质合金	刀头	40～80	0.3～1.0	40～60	0.3～1.0	200～250	0.4～1.5	
		镗刀块	35～60	0.3～0.8	—	—	200～250	0.4～1.0	
半精镗	高速钢	刀头	25～40	0.2～0.8	30～50	0.2～0.8	150～200	0.2～1.0	1.5～3
		镗刀块	30～40	0.2～0.6	—	—	150～200	0.2～1.0	
		粗铰刀	15～25	2.0～5.0	10～20	0.5～3.0	30～50	2.0～5.0	0.3～0.8
	硬质合金	刀头	60～100	0.2～0.8	80～120	0.2～0.8	250～300	0.2～0.8	1.5～3
		镗刀块	50～80	0.2～0.6	—	—	250～300	0.2～0.6	
		粗铰刀	30～50	3.0～5.0	—	—	80～120	3.0～5.0	0.3～0.8
精镗	高速钢	刀头	15～30	0.15～0.5	20～35	0.1～0.6	150～200	0.2～1.0	0.6～1.2
		镗刀块	8～15	1.0～4.0	6.0～12	1.0～4.0	20～30	1.0～4.0	
		粗铰刀	10～20	2.0～5.0	10～20	0.5～3.0	30～50	2.0～5.0	0.1～0.4
	硬质合金	刀头	50～80	0.15～0.5	60～100	0.15～0.5	200～250	0.15～0.5	0.6～1.2
		镗刀块	20～40	1.0～4.0	8.0～20	1.0～4.0	30～50	1.0～4.0	
		粗铰刀	30～50	2.5～5.0	—	—	50～100	2.0～5.0	0.1～0.4

注：1. 镗杆以镗套支承时，f 取中间值；镗杆悬伸时，v 取小值。

2. 当加工孔径较大时，a_p 取大值；当加工孔径较小且加工精度要求较高时，a_p 取小值。

(2) 金刚镗床的精密镗削用量(表 3.16～表 3.18)

表 3.16 铸铁的精密镗削用量

工件材料	刀具材料	v/(m/min)	f/(mm/r)	a_p/mm	加工表面粗糙度 Ra/μm
HT100	YG3X	80～160	0.04～0.08	0.1～0.3	6.3～3.2
	立方氮化硼	160～200	0.04～0.06	0.05～0.3	3.2
HT150 HT200	YG3X	100～160	0.04～0.08	0.1～0.3	
	立方氮化硼	300～350	0.04～0.06		3.2～1.6
HT200 HT250	YG3X	120～160	0.04～0.08		
	立方氮化硼	500～550	0.04～0.06		1.6
KTH300-06 KTH380-08	YG3X	80～140	0.03～0.06		6.3～3.2
	立方氮化硼	300～350			3.2
KTZ450-05 KTZ600-03	YG3X	120～160			
	立方氮化硼	500～550			3.2～1.6
高强度铸铁	YG3X	120～160	0.04～0.08		
	立方氮化硼	500～550	0.04～0.06		1.6

表 3.17 钢的精密镗削用量

工件材料	刀具材料	v/(m/min)	f/(mm/r)	a_p/mm	加工表面粗糙度 Ra/μm
优质碳素结构钢	YT30	100～180	0.04～0.08	0.1～0.3	3.2～1.6
	立方氮化硼	550～600	0.04～0.06		1.6～0.8
合金结构钢	YT30	120～180	0.04～0.08		
	立方氮化硼	450～500	0.04～0.06		0.8
不锈钢、耐热合金	YT30	80～120	0.02～0.04	0.1～0.2	1.6～0.8
	立方氮化硼	200～220			0.8
铸钢	YT30	100～160	0.02～0.06	0.1～0.3	3.2～1.6
	立方氮化硼	200～230			1.6
调质结构钢(26～30 HRC)	YT30	120～180	0.04～0.08		3.2～0.8
	立方氮化硼	350～400	0.04～0.06		1.6～0.8
淬火结构钢(40～45 HRC)	YT30	70～150	0.02～0.05	0.1～0.2	1.6
	立方氮化硼	300～350	0.02～0.04		1.6～0.8

表 3.18 铜、铝及其合金的精密镗削用量

工件材料	刀具材料	v/(m/min)	f/(mm/r)	a_p/mm	加工表面粗糙度 Ra/μm
铝合金	YG3X	200～600	0.04～0.08	0.1～0.3	1.6～0.8
	立方氮化硼	300～600	0.02～0.06	0.05～0.3	0.8～0.4
	天然金刚石	300～1000	0.02～0.04	0.05～0.1	0.4～0.2
青铜	YG3X	150～400	0.04～0.08	0.1～0.3	1.6～0.4
	立方氮化硼	300～500	0.02～0.06		0.8～0.4
	天然金刚石	300～500	0.02～0.03	0.05～0.1	0.4～0.2

续表

工件材料	刀具材料	$v/(\mathrm{m/min})$	$f/(\mathrm{mm/r})$	a_p/mm	加工表面粗糙度 $Ra/\mu m$
黄铜	YG3X	150～250	0.03～0.06	0.1～0.2	1.6～0.8
	立方氮化硼	300～350	0.02～0.04		0.4～0.2
	天然金刚石	300～350	0.02～0.03	0.05～0.1	
紫铜	YG3X	150～250	0.03～0.06	0.1～0.15	1.6～0.8
	立方氮化硼	250～300	0.02～0.04		0.8～0.4
	天然金刚石	250～300	0.01～0.03	0.4～0.08	0.4～0.2

(3) 坐标镗床镗削用量和加工精度(见表3.19～表3.22)

表3.19 坐标镗床的切削用量

加工方式	刀具材料	$v/(\mathrm{m/min})$					$f/(\mathrm{mm/r})$	a_p/mm(直径上)
		软钢	中硬钢	铸铁	铝、镁合金	铜合金		
半精镗	高速钢	18～25	15～18	18～22	50～75	30～60	0.1～0.3	0.1～0.8
	硬质合金	50～70	40～50	50～70	150～200	150～200	0.08～0.25	
精镗	高速钢	25～28	18～20	22～25	30～60	30～60	0.02～0.08	0.05～0.2
	硬质合金	70～80	60～65	70～80	150～200	150～200	0.02～0.06	
钻孔	高速钢	20～25	12～18	14～20	60～80	60～80	0.08～0.15	—
扩孔		22～28	15～18	20～24	60～90	60～90	0.1～0.2	2～5
精钻、精铰		6～8	5～7	6～8	8～10	8～10	0.08～0.2	0.05～0.1

注:1. 加工精度高、工件材料硬度高时,切削用量选低值。

2. 刀架不平衡或切屑飞溅大时,切削速度选低值。

表3.20 坐标镗床的加工精度

加工过程	孔距精度	孔径精度	加工表面粗糙度 $Ra/\mu m$	适用孔径/mm
钻中心孔—钻—精钻、钻—扩—精钻	1.5～3	H7	3.2～1.6	<6
钻—半精镗—精钻	1.2～2			
钻中心孔—钻—精铰、钻—扩—精铰	1.5～3			<50
钻—半精镗—精铰	1.2～2	H7～H6	1.6～0.8	
钻—半精镗—精镗、粗镗—半精镗—精镗				一般

表3.21 坐标镗床镗削淬火钢的切削用量

加工方式	刀具材料	$v/(\mathrm{m/min})$	$f/(\mathrm{mm/r})$	a_p/mm(单边)
粗加工	YT15、YT30 YN10或立方氮化硼	50～60	0.05～0.07	<0.3
精加工			0.04～0.06	<0.1

注:工件硬度不高于45 HRC。

表 3.22 坐标镗床的铣削用量

加工方式	刀具材料	v/(m/min)					f/(mm/r)	a_p/mm（直径上）
		软钢	中硬钢	铸铁	铝、镁合金	铜合金		
半精铣	高速钢	18～20	10～12	16～18	100～150	40～50	0.1～0.2	0.2～0.5
	硬质合金	50～55	30～40	50～60	200～250	—		
精铣	高速钢	20～25	12～15	20～22	150～200	30～40	0.05～0.08	0.05～0.2
	硬质合金	55～60	40～45	60～70	250～300	—		

4. 镗削加工工艺特点

(1) 镗削能方便地加工直径很大的孔。

(2) 镗削能方便地实现对孔系的加工，如用坐标镗床、数控镗床进行孔系加工，可获得很高的孔距精度。

(3) 镗床多种部件能实现进给运动，故其工艺适应能力强，能加工形状多样、大小不一的各种工件的多种表面。

(4) 镗削是孔加工的主要方法之一。在镗床上镗孔是以刀具的回转为主运动，与以工件回转为主运动的孔加工方式比较，特别适合机架、箱体等复杂结构的大型零件上的孔加工，原因主要有：①工件结构复杂，外形不规则，孔或孔系在工件上往往不处于对称中心或平衡中心，工件回转时，平衡较困难，容易因平衡不良而产生加工过程中的振动；②大型工件回转作主运动时，工件外形尺寸大，故转速不宜太高，工件上的孔或孔系直径相对较小，不易实现高速切削。

(5) 镗孔的经济精度等级为IT7～IT9，表面粗糙度为 Ra 3.2～0.8 μm。

3.2.7 刨削

刨削是用刨刀对工件作水平相对直线往复运动的切削加工方法。

1. 刨床分类

刨削在刨床上进行。刨削类机床有牛头刨床、龙门刨床（包括悬臂刨床）和插床。刨削时，刨刀（或工件）的直线往复运动是主运动，工件（或刨刀）在垂直于主运动方向的间歇移动是进给运动。图3.60所示为在牛头刨床和龙门刨床上刨削平面时的切削运动。

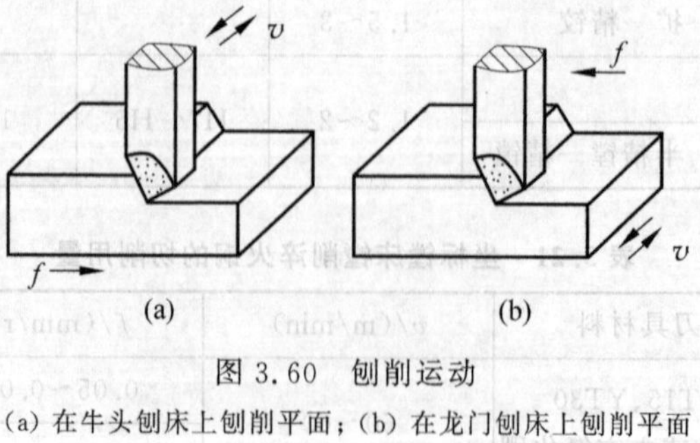

图 3.60 刨削运动

(a) 在牛头刨床上刨削平面；(b) 在龙门刨床上刨削平面

图3.61所示为常用牛头刨床的外形及其运动的示意图。牛头刨床由床身、滑枕、刀架、工作台等主要部件组成。牛头刨床刨削工件时，刨刀的直线往复运动为主运动，刨刀回程时

工作台(工件)作横向水平或垂直移动的进给运动。

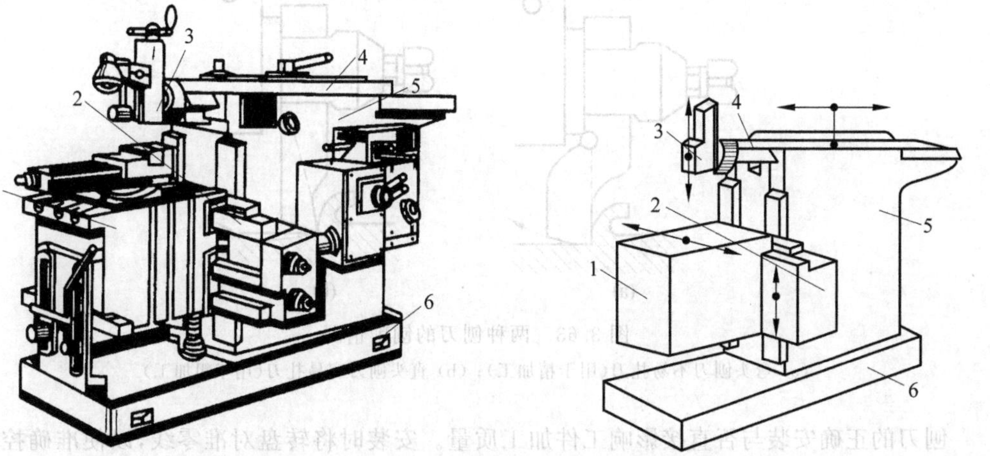

(a)　　(b)

图 3.61　牛头刨床

(a) 外形图；(b) 运动示意图

1—工作台；2—横梁；3—刀架；4—滑枕；5—床身；6—底座

2. 刨削加工对象、范围及其使用刀具

刨削是平面加工的主要方法之一。在刨床上可以刨平面(水平面、垂直平面和斜面)、沟槽(直槽、V 形槽、燕尾槽和 T 形槽)和曲面、台阶等,如图 3.62 所示。

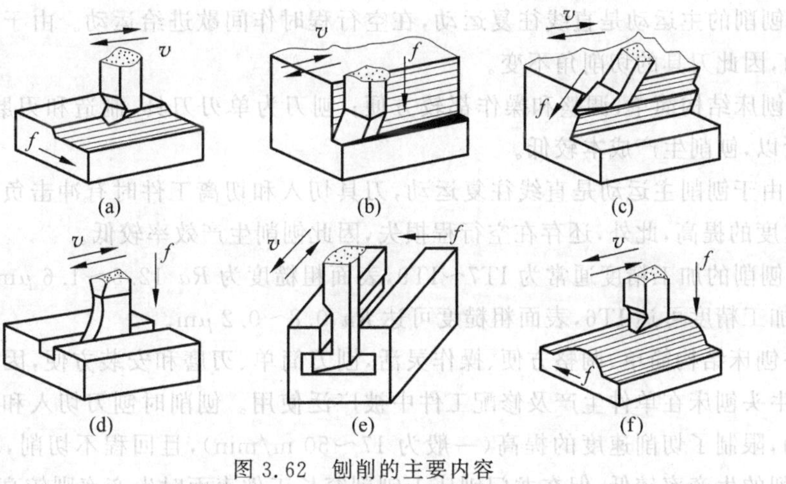

图 3.62　刨削的主要内容

(a) 刨水平面；(b) 刨垂直平面；(c) 刨斜面；(d) 刨直槽；(e) 刨 T 形槽；(f) 刨曲面

刨刀属单刃刀具,其几何形状与车刀大致相同,如图 3.63 所示。由于刨刀在切入工件时受较大的冲击力,所以刀杆的截面积一般比车刀大,切削时可承受较大的冲击力。为增加刀尖强度,一般应将刨刀的刀尖磨成小圆弧并选刃倾角为负值。按加工用途不同,常用刨刀有直头刨刀和弯头刨刀两种。直头刨刀受力弯曲变形时会扎入工件表面,损坏已加工表面和刀尖；弯头刨刀在受到较大的切削力时,刀杆弯曲变形可退离工件,刀尖不会扎入工件表面。为避免刨削时产生“扎刀”而造成工件报废,刨刀常制成弯头形式。

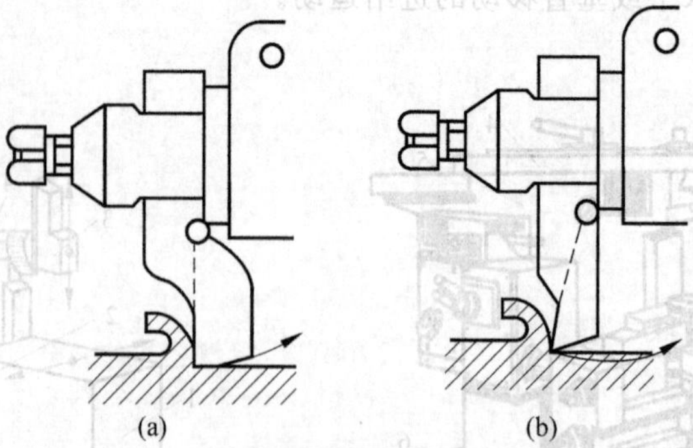

图 3.63　两种刨刀的刨削情况

(a) 弯头刨刀不易扎刀(用于精加工)；(b) 直头刨刀容易扎刀(用于粗加工)

刨刀的正确安装与否直接影响工件加工质量。安装时将转盘对准零线，以便准确控制吃刀深度。刀架下端应与转盘底侧基本相对，以增加刀架的刚度。直头刨刀的伸出长度一般为刀杆厚度的1.5～2倍。夹紧刨刀时应使刀尖离开工件表面，防止碰坏刀具和擦伤工件表面。

3. 刨削用量

刨削平面选择的切削用量一般为背吃刀量 $a_p=0.2\sim2$ mm，进给量 $f=0.33\sim0.66$ mm/双行程，切削速度 $v=17\sim50$ m/min。粗刨时，a_p 和 f 取大值；精刨时，a_p 和 f 取小值，v 取大值。

4. 刨削加工工艺特点

(1) 刨削的主运动是直线往复运动，在空行程时作间歇进给运动。由于刨削过程中无进给运动，因此刀具的切削角不变。

(2) 刨床结构简单，调整和操作都较方便；刨刀为单刃刀具，制造和刃磨较容易，价格低廉。所以，刨削生产成本较低。

(3) 由于刨削主运动是直线往复运动，刀具切入和切离工件时有冲击负载，因此，限制了切削速度的提高，此外，还存在空行程损失，因此刨削生产效率较低。

(4) 刨削的加工精度通常为IT7～IT9，表面粗糙度为 Ra 12.5～1.6 μm；采用宽刃刀精刨时，加工精度可达IT6，表面粗糙度可达 Ra 0.8～0.2 μm。

牛头刨床结构简单、调整方便、操作灵活，刨刀简单、刃磨和安装方便，因此刨削的通用性良好，牛头刨床在单件生产及修配工件中被广泛使用。刨削时刨刀切入和切出会产生冲击和振动，限制了切削速度的提高(一般为17～50 m/min)，且回程不切削，增加了辅助时间，故刨削的生产率较低，但在龙门刨床上刨削窄长工件表面时生产率则较高。

3.2.8　磨削

磨削是用磨具以较高的线速度对工件表面进行加工的方法。通常磨削是指在磨床上用砂轮切削金属的过程。

应用最普遍的是以砂轮为磨具的普通磨削。磨削时，砂轮的回转是主运动。进给运动包括：砂轮的轴向、径向移动，工件的回转运动，工件的纵向、横向移动等。

磨削加工根据加工对象的几何形状可分为外圆、内圆、平面及成型磨削加工等。根据工件被夹紧和被驱动的方法，可分为定心磨削和无心磨削两种。根据进给方向，可分为纵向进给磨削和横向进给磨削两种。根据砂轮的工作表面类型，可分为周边磨削、端面磨削及周边-端面磨削三种。

1. 磨床分类

除了某些形状特别复杂的表面外，机器零件的各种表面大多能用磨床加工，因此磨床有许多种类。在汽车制造业中，常用的磨床有普通磨床和专用磨床两大类。普通磨床的通用性好，可适应多种零件的加工。普通磨床主要有外圆磨床、内圆磨床、平面磨床、无心磨床、工具磨床、刀具刃磨床等。

(1) 外圆磨床主要用于磨削外回转表面，包括万能外圆磨床、普通外圆磨床、无心外圆磨床等。

(2) 内圆磨床主要用于磨削内回转表面，包括普通内圆磨床、无心内圆磨床、行星式内圆磨床等。

(3) 平面磨床用于磨削各种平面，包括卧轴矩台平面磨床、立轴矩台平面磨床、卧轴圆台平面磨床、立轴圆台平面磨床等。

(4) 工具磨床用于磨削各种工具，包括工具曲线磨床、卡板磨床、钻头沟槽磨床、丝锥沟槽磨床等。

(5) 刀具刃磨床用于刃磨各种切削刀具，包括万能工具磨床、车刀刃磨床、钻头刃磨床、滚刀刃磨床、拉刀刃磨床等。

专用磨床用于磨削某一零件上的一种表面，主要有花键轴磨床、曲轴磨床、凸轮轴磨床、活塞环磨床、球轴承套圈沟磨床、导轨磨床、曲轴磨床等。

在生产中应用最多的是外圆磨床、内圆磨床、平面磨床、无心磨床 4 种。

图 3.64 所示为 M1432B 型万能外圆磨床的外形图。在这种磨床上，可以磨削内、外圆柱面和圆锥面。

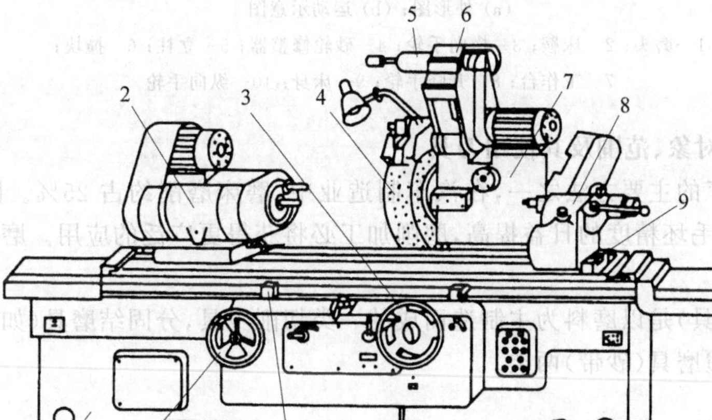

图 3.64　M1432B 型万能外圆磨床

1—床身；2—头架；3—横向进给手轮；4—砂轮；5—内圆磨具；6—内圆磨头；7—砂轮架；8—尾座；9—工作台；10—挡块；11—纵向进给手轮

万能外圆磨床切削运动的主运动包括：磨外圆时为砂轮的回转运动，磨内圆时为内圆磨具的回转运动。进给运动主要有：①工件的圆周进给运动，即头架主轴的回转运动；②工作台的纵向进给运动，由液压传动实现；③砂轮架的横向进给运动，每当工作台一个纵向往复运动终了，由机械传动机构使砂轮架横向移动一个位移量（控制磨削深度），为步进运动。

常用的平面磨床按其砂轮轴线的位置和工作台的结构特点，可分为卧轴矩台平面磨床、卧轴圆台平面磨床、立轴矩台平面磨床、立轴圆台平面磨床等几种类型，其中卧轴矩台平面磨床应用最广。图3.65所示为M7120A型平面磨床，是一种常用的卧轴矩台平面磨床。

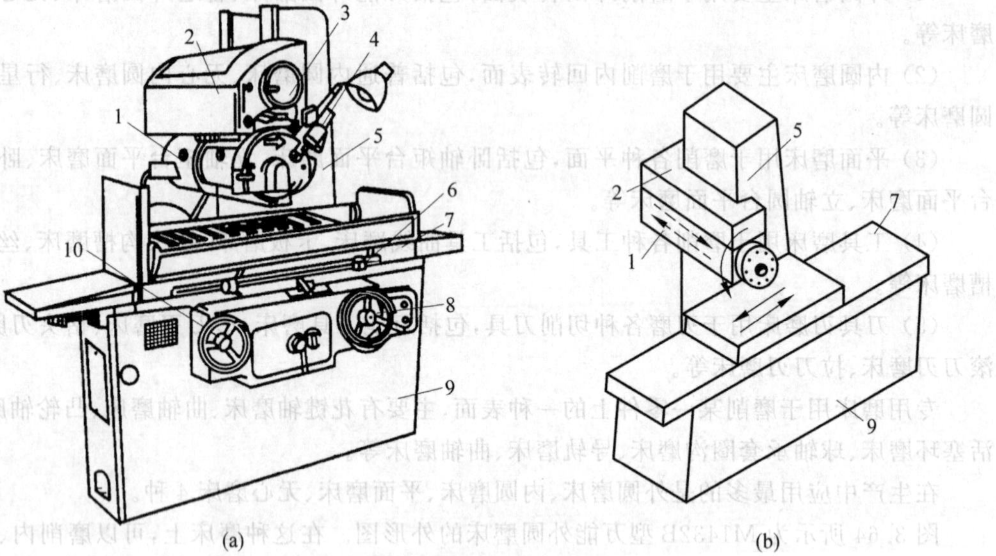

图3.65　M7120A型平面磨床

(a) 外形图；(b) 运动示意图

1—磨头；2—床鞍；3—横向手轮；4—砂轮修整器；5—立柱；6—撞块；7—工作台；8—升降手轮；9—床身；10—纵向手轮

2. 磨削加工对象、范围及其使用刀具

磨削是精加工的主要方法之一，在汽车制造业中，磨床磨削约占25%。随着毛坯制造方法的不断改进，毛坯精度的日益提高，磨削加工必将获得更广泛的应用。磨削的主要内容如图3.66所示。

磨具（磨削工具）是以磨料为主制造而成的一类切削工具，分固结磨具（如砂轮、磨头、油石、砂瓦等）和涂覆磨具（砂带）两类。

3. 磨削用量

磨削用量是指磨削过程中选用的磨削速度 v_0、进给量 f、工件圆周速度 v_w。磨削速度是指砂轮的圆周速度，即砂轮外圆表面上某一磨粒在1 s内所通过的路程，即

$$v_0=\frac{\pi d_0 n_0}{1000\times 60}\ (\mathrm{m/s}) \tag{3.9}$$

式中，d_0 为砂轮直径，mm；n_0 为砂轮转速，r/min。

一般磨床的砂轮主轴只有一种速度，磨外圆和磨平面时，v_0 一般为30～35 m/s，操作时

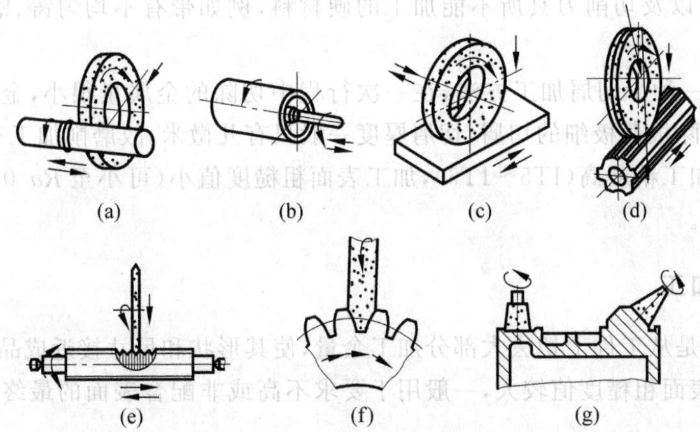

图 3.66　磨削的主要内容

(a) 磨外圆；(b) 磨孔；(c) 磨平面；(d) 磨花键；(e) 磨螺纹；(f) 磨齿轮；(g) 磨导轨

无选择余地，且随砂轮直径变小而减小。磨内圆时由于砂轮直径较小，v_0 为 18～30 m/s。高速磨削时 v_0 在 50 m/s 以上。

对于外圆磨削、内圆磨削、无心磨削而言，背吃刀量 a_p 又称横向进给量，即工作台每次纵向往复行程终了时，砂轮在横向移动的距离。背吃刀量大，生产率高，但对磨削精度和表面粗糙度不利。通常，磨外圆时，粗磨 $a_p=0.01\sim0.025$ mm，精磨 $a_p=0.005\sim0.015$ mm；磨内圆时，粗磨 $a_p=0.005\sim0.03$ mm，精磨 $a_p=0.002\sim0.01$ mm；磨平面时，粗磨 $a_p=0.015\sim0.15$ mm，精磨 $a_p=0.005\sim0.015$ mm。

外圆磨削时，纵向进给量 f 是指工件每回转一周，沿自身轴线方向相对砂轮移动的距离。粗磨时 $f=(0.3\sim0.85)T$，精磨时 $f=(0.2\sim0.3)T$，其中 T 是砂轮宽度，f 的单位是 mm/r。

工件圆周速度 v_w 是指圆柱面磨削时工件待加工表面的线速度，又称工件圆周进给速度，用下式表示：

$$v_w=\frac{\pi d_w n_w}{1000\times60}(\text{m/min}) \tag{3.10}$$

式中，d_w 为工件直径，mm；n_w 为工件转速，r/min。

粗磨时 $v_w=20\sim85$ m/min，精磨时 $v_w=15\sim50$ m/min。

4. 磨削加工工艺特点

(1) 砂轮在磨削时具有极高的圆周速度，其磨削速度可达 60 m/s(约为普通刀具切削速度的 10 倍以上)，而采用 CBN 砂轮磨削时，磨削速度已发展到 120～180 m/s。

(2) 磨削加工切除单位体积金属所消耗的能量大，而这些能量大部分转化为切削热。故砂轮在磨削时除了对工件表面有切削作用外，还有强烈的摩擦，磨削区域的温度可高达 400～1000℃，易引起工件表面退火或烧伤。磨削过程中磨粒切削刃与工件接触点的瞬时温度可达 1000℃以上，砂轮与工件接触区的平均温度通常可达 500～800℃。故磨削表面容易产生残余应力，容易造成烧伤和产生裂纹。

(3) 砂轮磨料的硬度高，耐热性好，砂轮可以磨削铜、铝、铸铁等较软的金属材料，还可以磨削硬度很高的淬硬钢、高速钢、硬质合金、钛合金和玻璃等金属及非金属材料。故磨削能加工一般金属以及切削刀具所不能加工的硬材料，例如带有不均匀铸、锻硬皮的工件表面，淬硬表面等。

（4）磨削是一种少切屑加工方法，在一次行程中切除的金属量很小，金属切除效率低。但磨削加工能切除极薄极细的切屑，切屑厚度一般只有几微米，故磨削加工有较强的修正误差能力，其经济加工精度高（IT5～IT6），加工表面粗糙度值小（可小至 Ra 0.1 μm），广泛用于工件的精加工。

3.2.9 光整加工

粗加工工序是从工件上切去大部分加工余量，使其形状和尺寸接近成品要求的工序，其加工精度较低，表面粗糙度值较大，一般用于要求不高或非配合表面的最终加工，也作为精加工的预加工。

精加工工序是从经过粗加工的表面上切去较少的加工余量，使工件达到较高的加工精度及表面质量的工序。如工件表面无特别高的要求，精加工常作为最终加工。

光整加工是对经过精加工的工件表面采用不切除或切除极薄金属层，用以得到很高加工表面的尺寸精度、形状精度，并减小表面粗糙度值或用以强化表面的加工方法。研磨、珩磨、超精加工及抛光等方法属于光整加工工序。汽车发动机汽缸套、凸轮轴支承轴颈及凸轮表面、曲轴的主轴颈及连杆轴颈均需经精整、光整加工。

3.2.10 成组加工

不同的生产类型，有相应的生产组织形式。大批大量生产采用高效机床，组成按工艺路线排列的流水生产线；单件小批生产采用通用设备，按机群式布置。由于成组技术的形成和发展，使具有相似加工要求的零件组可以通过相应的机床组来完成其全部或大部分加工内容，因此出现了成组加工的生产组织形式。

根据零件相似程度和零件组的生产纲领的不同，其生产组织形式有成组流水线、成组单元和成组单机。

1. 成组流水线

成组流水线是将产量较大，且相似程度高的零件组，按一固定的加工顺序来布置机床组的生产线。它与普通流水生产线的主要区别是，在生产线流动的不是一种固定零件，而是一组（多种）相似的零件。零件组内的零件，可以在成组流水线的不同设备上作单向流动，以适应同组内不同零件的加工。它是成组加工实现工艺过程合理化的高级形式，可以发挥成组技术的最大经济效果。

2. 成组生产单元

成组生产单元是把工艺上相似的零件组（可以是几组）封闭在完成其工艺过程所需要的一组设备上构成的生产系统。同组内的零件在单元内的加工顺序和数目可以不完全相同，以适应同组内不同零件的加工。由于生产单元的设备是按成组工艺路线布置的，零件可以按件而不必按批在工序间输送，这样可以缩短生产周期和减少在制品数量，此外，零件在单元内的运输路线也缩短了。

3. 成组单机

当零件组中的零件工艺过程只有少数的工序相似时，可以将加工工序相同的零件组织在一台成组机床上加工，称为成组单机，其余工序仍由若干普通机床完成。这种组织形式的特点是，不改变车间原有设备的布置，成组单机仍然是机群式布置中的一台设备。这种形式简单易行，但它所取得的经济效果也最差。

3.3　汽车车身制造工艺的基本知识

车身，作为汽车上三大部件之一，越来越受到重视。从重量上，轿车、客车的车身已占整车的40%～60%，货车车身也达20%～30%；从制造成本上，车身占整车的百分比还要超过这些数值的上限值。随着科学技术的发展和物质生活水平的提高，人们追求汽车的安全、舒适、豪华和新颖等特色通常要通过汽车车身来体现。汽车车身不同于一般的机械产品。车身制造需要综合运用冲压、焊接、涂漆、装饰等各方面的工艺知识。

3.3.1　汽车车身制造工艺

汽车车身是一个形状复杂的空间薄壁壳体，其主要零部件均由钢板冲压焊接而成。为增加美观和防蚀性，车身表面还涂有漆膜。此外，还有各种金属和非金属的装饰件。因此，冲压、装焊和涂饰是车身制造的主要工序。

从结构上看，车身大致可以分为无骨架车身和有骨架车身两大类。

1. 无骨架车身生产制造的工艺流程

无骨架车身的生产工艺流程如图3.67所示。

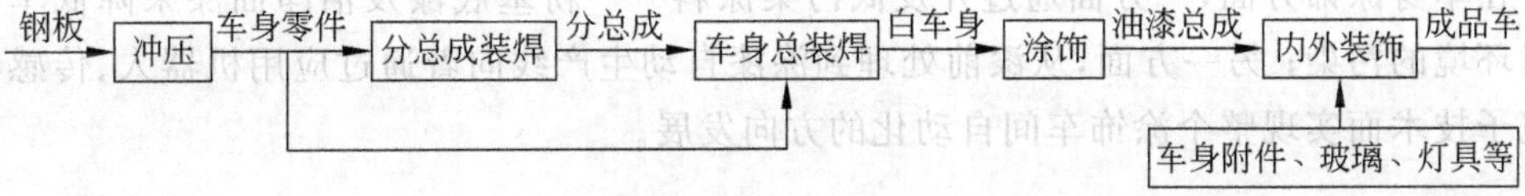

图3.67　无骨架车身的生产工艺流程

微型车、轿车和各种小型客车及载货汽车的驾驶室等都属于无骨架车身。无骨架车身并不是因为没有骨架而不能承载，有些无骨架车身(如很多轿车)还属于承载式车身。即使属于非承载式车身的货车驾驶室等也要具有一定的刚度以抵抗受力变形。因此无骨架车身是以车身板制件冲压成某种形状或是几个车身零件焊合后形成具有某种截面形式的“梁”，以增加其刚性或承受较大载荷，只不过是没有专门的骨架零件而已。因此，无骨架车身具有以下特点。

(1) 无骨架车身的零件一般比较复杂。

(2) 由于没有骨架，车身的表面形状完全由覆盖件形成，因此车身覆盖件必须具有要求的形状和能保持这种形状的刚性。增加车身零件刚性可以通过结构(例如车身顶盖一般都冲有加强筋)和工艺来实现。例如某些形状变化不大但较平坦的零件，在拉深成型时可通过增加拉深阻力使其增加胀形成分而变形更加充分些。

(3) 无骨架车身的覆盖件的表面质量要求较高，特别是轿车。这是车身制造的难点所在。

2. 有骨架车身生产制造的工艺流程

中、大型客车通常采用有骨架车身，有骨架车身的生产工艺流程如图3.68所示。

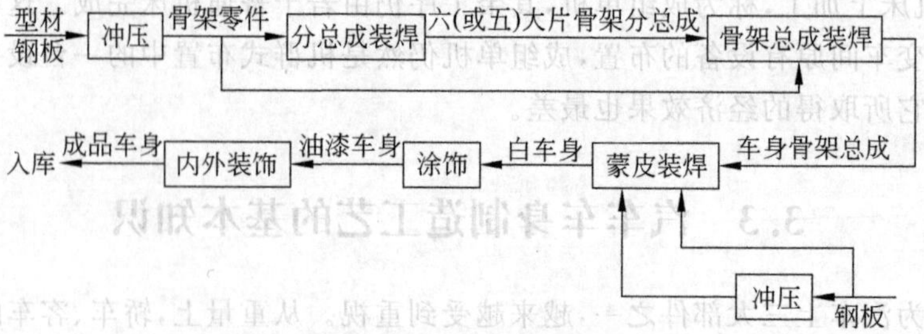

图 3.68　有骨架车身的生产工艺流程

从图 3.68 可见,有骨架车身的制造工艺分两个阶段,即先制成车身骨架,再在骨架上蒙上蒙皮。与无骨架车身相比,由于有骨架支撑,蒙皮的形状较简单,要求也较低。通常中、大型客车的产量不大,因此工艺水平也较低。

近年来,随着汽车产量的激增和科学技术的飞速发展,针对汽车车身的生产制造特点,各国都非常重视汽车车身制造技术的研究和改进工作,已取得了一些可喜的成果。

在车身冲压方面,实现了大型覆盖件的冲压生产机械化或自动化,坯料准备即卷料的开卷、校平、剪切和落料等的自动化以及冲压废料处理的自动化,现在正向着 CAD/CAM(车身设计、冲模设计、冲模制造和车身制造)一体化系统的方向发展。

在车身装焊方面,从现在大量使用悬挂式点焊钳的装焊生产线向以多点焊机为主的自动生产线过渡,并向着机器人自动化装焊生产线的方向发展。

在车身涂饰方面,一方面通过开发低污染涂料——粉基底漆及洁净面漆来降低车身生产对环境的污染;另一方面,从漆前处理到涂漆自动生产线向着通过应用机器人、传感器和微电子技术而实现整个涂饰车间自动化的方向发展。

3.3.2　汽车车身装焊工艺

众所周知,汽车车身是由大量的薄板经过冲压后通过装配和焊接而形成的一个复杂结构体,因此车身装焊工艺是汽车车身制造工艺的重要部分。

汽车装焊工艺是汽车制造生产过程中的重要组成部分。对于车身装焊而言,车身外部形状是由型面或型线组成,零件基本上都是低碳钢薄板冲压件,其尺寸大、刚度小的特点使得装焊难度很大。为了保证汽车车身的质量,就必须采用高精度的装焊夹具,采用先进的装焊方法和焊接设备。

在进行车身焊接结构设计时,要尽量保证焊缝在剪应力作用下工作,而不是拉力,这是因为低碳钢焊缝剪应力允许的最大值要大于拉力的最大值。另外,还要尽量避免焊缝交汇在一点或密集布置,否则金属会因过热而产生严重的应力集中和变形。对于焊接构件或产品,不管复杂还是简单,都由若干个零件按照产品设计图的尺寸、形状和技术要求,进行装配和焊接而成。考虑到车门虽然是车身的一部分,但它与车身采用可拆卸式的铰链结构连接,在结构上具有完整性,一般将它作为独立的总成进行装配焊接,所以通常将车门装焊从车身装焊独立出来。以下分别从车身装焊和车门装焊两个方面作简要介绍。

1. 汽车车身装焊结构

对于车身的类型,除了根据有无骨架分为有骨架结构和无骨架结构外,还可根据车身的承载形式分为非承载式结构和承载式结构两类。不同的车身结构具有不同的特点，应用在不同的车型上。以下以不同的车型为例简要介绍车身的装焊结构特点。

(1) 轿车车身壳体由若干冲压钣金零件、预先由零件装焊好的组件和部件装焊成车身壳体总成。这种承载式的轿车车身壳体，在装焊过程中，即要保证符合设计要求的外形与尺寸，又要保证其结构强度能满足使用中所承受的负载能力。

(2) 小型厢式货车车身框架由门窗框架、梁柱及其他零件先装焊成前围、后围、左右侧围框架，然后与地板装焊成车身框架总成，最后焊上蒙皮形成车厢总体。该车身的装焊，根据生产批量的大小不同，采用的装焊分散程度和装焊方式也不一样。因为这类车身是非封闭式框架，其部件刚性较差，所以要考虑刚架。这种车身承载能力大。

(3) 小型厢式旅行车车厢壳体车身由窗、门框和梁柱等其他零件与蒙皮装焊成左右侧围、前围、后围、顶盖等部件，然后与车架装焊成车厢壳体总成。这种厢式车身在装焊过程中，预先装焊的部件刚性小，故在搬运和储存过程中容易产生变形，因此要求装焊部件的装焊胎具与总成装焊胎具的协调性要好，以便保证车身外形与尺寸要求。

(4) 货车车身包括驾驶室和钢制车厢。货车驾驶室无论是平头型、凸头型、单或双排座等，其装焊工艺大体相同。首先由支柱、加强梁和其他受力构件与零件装焊成前围、后围、地板等部件，最后装焊成车厢壳体总成。驾驶室结构属于全金属半骨架式，故组成零件基本上都是薄板冲压件，因此部件的结构刚性较差，易产生变形而影响驾驶室装焊总成的装焊质量，或增加焊后校形工序。货车车厢种类较多，其用途不同所采用的车型形式也不一样，采用最多的是普通栏板式车厢，这种形式的钢结构的栏板、底板和保险架由钢板与冲压凸筋或角钢装焊而成。

(5) 大客车车身骨架承载能力大，装焊过程是由型材先装焊成左右侧、前后、上下等骨架部件，再装焊成骨架总成，最后骨架外装焊蒙皮，形成车身焊接总成。该车身骨架结构刚性大，连接接头多，装焊过程中应力和变形都较大。骨架外装焊蒙皮可分为大张拉蒙皮和小张钢板蒙皮两种。小张钢板蒙皮通常采用铆钉拼接，铆钉点露在车身外表面，影响车身外观，但制造简单。大张拉蒙皮直接焊接于车架上，焊点在蒙皮内，车身外表面平整光洁，但要求焊点分布均匀对称，使拉力均匀。

(6) 特种车辆车身，如油罐车、洒水车等运输液体的货车，采用的圆筒状容罐是用较厚的钢板卷压焊接而成；运输食品、百货的冷藏车等，采用厢式车厢，用角钢、加强筋与钢板焊接而成；起重车辆的起重臂是用厚钢板焊接或铆焊而成。

2. 车门的装焊

车门的结构形式通常分为框架式车门和整体式车门两种。框架式车门的装焊是先把车门框架、内外加强部分和连接件焊好，最后进行内、外板包边点焊。整体式车门由作为一个整体冲压件的窗框、车门内外板、车门铰链加强板及车门内板加强板等组成，这些组成部分均先由两个以上的薄板冲压件先焊成组合件，然后分别与车门内、外板焊接，最后内、外板包边点焊而成。

3. 汽车车身生产的工艺特点

与一般机械产品相比，车身生产具有较明显的特点。

(1) 车身的表面处理要求高。因为汽车行驶在野外的各种路况和气候中，所以要求车身表面要有很好的抗蚀性和涂膜耐候性。且汽车车身本身还要体现一定的艺术效果，所以对车身表面的漆前处理和涂饰工艺要求很高,通常需要很复杂的设备和先进的技术才能实现。

(2) 冲压件质量要求高,制造难度大。车身(尤其是轿车车身)除了体现它的使用价值,还要体现它的艺术价值。所以车身的覆盖件多为尺寸大、形状复杂的空间曲面,尤其是表面质量要求很高,表面必须光顺,不允许有任何皱裂和拉痕等缺陷。这些就给覆盖件成型的关键工序,即拉深工序提出了很高的要求。能否达到这些要求,关键在于拉深模。因此冲模是车身制造技术的难点和关键所在。

(3) 车身制造投资大、周期长。汽车生产通常是大量生产,因此必须达到一定的经济规模才能产生较好的经济效益。为了实现优质高产的目标,车身制造需要大吨位压力机、大型冲模及先进的冲压生产线、装焊线、漆前处理线、涂漆线等主要生产设施及其配套工程。因此所需投资巨大,一般都需数亿或数十亿元,且建厂周期长,投资回收慢。

3.3.3 汽车车身涂饰工艺

作为主要交通运输工具之一的汽车,除意外事故损坏之外,其主要损坏是腐蚀与磨损。汽车腐蚀不仅直接影响汽车的质量和寿命,且因腐蚀损坏的零件极易引发交通事故,造成人员伤亡和财产损失。汽车腐蚀还给环境带来污染,并造成材料和能源的巨大浪费。

汽车外观的色泽鲜丽且经久不变,不仅是汽车质量的一个标志,也起到了装饰美化的作用,同时提高了使用效果和商品价值,故汽车外观成了近年来厂家竞争的一个重要方面。防腐蚀和装饰主要都是通过涂饰来实现的,因此涂饰是汽车车身制造工艺的一个重要方面。

1. 汽车车身涂饰的典型工艺

汽车涂饰属于多层涂饰,由于各类汽车使用条件的不同,涂饰工艺也各不相同。通常国内外汽车车身涂饰工艺可分为以下三个基本体系。

(1) 涂两层烘两次体系。即底漆涂层+面漆涂层,无中间涂层,两层分别烘干。中型、重型载重汽车的驾驶室一般采用这一涂饰体系。

(2) 涂三层烘两次体系。涂层同上,底漆层不烘干,涂中间涂层后一起烘干,采用“湿碰湿”工艺,两面烘干次数由三次减为两次。对于外观装饰性要求不太高的旅行车和大客车车身及轻型载重汽车的驾驶室等一般采用这一涂饰体系。

(3) 涂三层烘三次体系。即底漆涂层+中间涂层+面漆涂层,三层分别烘干。对于外观装饰性要求高的轿车车身、旅行车和大客车车身一般都采用这一涂饰体系。

例如,我国东风汽车公司的载重汽车车身就属于涂两层烘两次体系,其涂饰工艺是:白件装挂→预脱脂→脱脂→水洗→磷化→水洗→钝化→循环纯水洗→干净纯水洗→热风吹干→冷却→上电极→阴极电泳涂漆→循环超滤水洗→干净超滤水洗→循环纯水洗→干净纯水洗→卸电极→电泳漆烘干→打磨→喷防声胶→擦净→喷一道面漆→闪蒸→喷两道面漆→晾置→面漆烘干→检验→送总装车间。

东风公司的雪铁龙 ZX(富康)轿车 CKD 小批量生产的涂装工艺属于涂三层烘三次体系,具体工艺过程为:预清洗→碱液脱脂→水洗→表面调整→磷化→水洗(两次)→阴极电泳涂漆→水洗(4次)→烘干→底漆打磨→喷中涂(两道)→晾置→烘干→中涂打磨→喷面漆(两道)→烘干→检查。

上述涂饰工艺流程均为大量生产方式，在小批量生产时，涂饰方式和涂饰设备相差很大，但其基本的工艺体系还是一样的。

2. 涂漆方法及设备

要使涂膜色泽鲜艳、光亮丰满、经久耐用，起到保护和装饰作用，除了涂料本身的质量优良外，涂漆方式的选择是否恰当也有很大关系。涂漆的方式很多，各有优缺点，应该根据具体情况加以正确地选择和使用。

汽车车身制造中常用的涂漆方法有刷涂、浸涂、喷涂、静电喷涂、电泳涂漆和粉末涂饰等。

1）刷涂

刷涂是一种使用毛刷手工涂漆的方法。除了一些快干和分散性不好的涂料外，几乎所有的涂料都可使用刷涂。常用的有油性漆、酚醛漆和醇酸漆等。特别是油性涂料对金属的表面细孔容易渗透、附着力好，使用得较多。

刷涂的优点是所需设备简单、投资少、施工方便、操作简单、容易掌握、灵活性大。但其缺点是手工劳动生产率低，施工的质量在很大程度上取决于手工技巧，漆膜往往有粗粒和刷痕，装饰性差，故只适用于局部维修或小批量生产。

2）浸涂

浸涂是将被涂零部件浸入盛有涂料的槽中，经过一定的时间后再取出，经滴漆、流平、干燥即可。

在采用浸涂法时，涂膜厚度主要取决于漆液的黏度，而浸涂时间一般无多大影响，所以一定要使油漆黏度保持在规定的工艺范围内。另外应注意，零件入槽和出槽应保持垂直位置，入槽动作也必须缓慢均匀，防止制件的表面与漆层间带入空气而破坏涂层。制件从漆槽中提出也须缓慢均匀，要保证制件上多余的漆液可以流掉。零件在浸漆、流漆及干燥过程中应处于同样的位置，这样便于漆液更快流尽，涂膜才能均匀无流痕。在大容量的漆槽内，应设有搅拌器，以防止涂料发生沉淀。

浸漆是一种最简单、生产效率较高的涂漆方式。它既不要很高的技术，又不需要复杂的设备。涂漆过程很容易实现机械化或自动化。浸涂也存在着一定的局限性，如对挥发性涂料，含有重质颜料的涂料及双组分涂料等不适用。由于浸涂所形成的漆膜易产生上薄下厚、流挂等现象，故仅适用于外观装饰要求不太高的防蚀性涂层。

3）喷涂

一般说的喷涂是指压缩空气喷涂。它是利用压缩空气在喷枪喷嘴处产生的负压将漆流带出并分散为雾状，涂覆在物面上，这是目前使用最普遍的涂饰工艺方法。

喷涂所用装置及设备主要有喷枪、喷漆室、油水分离器、空气压缩机等。喷漆室是一种专用的喷漆设备。由于空气喷涂过程中有大量溶剂、漆雾，会污染空气，危害工人健康，且易造成火灾，有爆炸的危险，因此喷漆室应设置在远离火源的地方，且结构材料上应能防火。室内温度要求在18～30℃，要有排气装置，使空气流通，室内保持负压状态，以防止和减少溶剂、漆雾扩散至全车间。喷漆室的空气要经过过滤，保持室内清洁，无尘土、油污，以保证喷漆质量。喷漆室的光线要充足，以便能看清喷涂工件的各部位。

喷涂涂膜光滑平整，厚薄均匀，对于快干和挥发性漆（如硝基漆、过氯乙烯漆等）使用最合适。但油漆的有效利用率低，尤其是在喷涂小型零件时，漆雾损失较大，并易引起火灾和苯中毒,影响工人健康,需要良好的通风除尘设备。

4) 静电喷涂

静电喷涂是借助于高压电场的作用,使喷枪喷出的漆雾带电,通过静电引力而沉积在导电的工件表面上而完成喷漆过程,是一种涂饰新工艺。图3.69为静电喷涂的示意图。由图可知,负高压接在喷枪上,工件接地,使负电极与工件之间形成一个不均匀的静电场,靠电晕放电现象,首先在负极附近激发出大量电子,被雾化的漆粒子一进入电场就与电子相结合,带负电荷的粒子在电场力作用下奔向工件(正极),使油漆微粒均匀地吸附在工件表面上,经过烘干便形成牢固的涂膜。

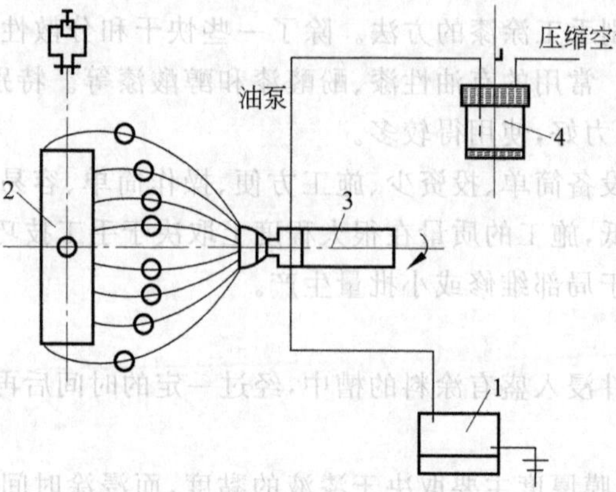

图3.69 静电喷涂的示意图

1—高压发生器;2—输漆罐;3—喷枪;4—工件

静电喷涂用的高频高压静电发生器是产生直流高压电源的装置。电压的高低是影响喷涂质量的重要因素,电压高,涂着率就高。但电压过高时对设备的绝缘性能要求就会很高,通常采用的电压为80~100 kV。静电喷枪的结构形式很多,有手提旋杯式、固定旋杯式、旋风式等。其中固定旋杯式喷枪的生产效率最高,材料利用率可达90%以上。

静电喷涂是一种较先进的涂饰方法,与空气喷涂相比较,有以下主要优点:

(1) 涂膜均匀,附着力好,涂膜质量好;

(2) 漆雾飞散损失少,比空气喷涂可节约涂料10%~50%,涂料利用率可达80%~90%;

(3) 生产效率高,可实现喷涂过程的连续化和自动化;

(4) 大大减轻了劳动强度,且漆雾飞散少,改善了劳动条件。

静电喷涂所用的电压高,故必须要有很好的绝缘设备,并采取必要措施,以免发生危险。静电喷涂所需设备和仪器也比较复杂,且因工件形状不同,会造成电场强弱不同,故其均匀度较差,由于漆雾密度小,对漆膜流平性和漆膜光泽度也会有一定的影响。

5) 电泳涂漆

电泳涂漆是20世纪60年代发展起来的一项涂料施工的新工艺。首先采用的是阳极电泳法(即阴离子型电泳底漆),因为工件是阳极,在电泳涂漆过程中发生电偶腐蚀,工件表面的磷化膜(磷酸盐)也部分溶解,所以降低了涂膜的耐腐蚀性。于是在20世纪70—80年代又研究发展了工件是阴极的阴极电泳涂漆。电泳涂漆有如下优点:

(1) 从根本上消除了漆雾，涂料利用率高，可达 90%～95%；

(2) 电泳涂料用水作溶剂，避免了用有机溶剂易中毒和易引起火灾等危险，大大改善了劳动条件；

(3) 涂膜均匀、附着力强、涂层质量好，一般涂装方法不易涂到或涂不好的地方(如工件内腔、凹缘、锐边、焊缝等)都能获得平整、均匀、光滑的涂膜；

(4) 施工速度快，可实现机械化和自动化连续操作，减轻劳动强度，提高劳动生产率。

但是电泳涂漆也存在以下一些缺点：

(1) 设备较复杂，投资费用大；

(2) 只限于在导电的被涂物表面上涂漆；

(3) 烘烤温度较高，耗电量稍大；

(4) 不易变换涂料颜色，废水必须进行处理。

6) 粉末涂饰

粉末涂饰是成膜物质以固体粉末的形式涂覆的，是近几年发展起来的一项新技术，它一次涂覆的涂层厚度可从几十微米到 100 μm 以上，可代替溶剂型涂料的几道涂层。粉末涂饰简化了施工工艺，大大减轻了劳动强度，提高了生产效率。但工件须经高温烘烤，调色不如溶剂型涂料方便，且要有一套配套的涂饰设备。粉末涂饰的方法有好几种，但目前应用较多的是流化床法和静电喷涂法。尤其是作为装饰性涂层，多数用静电喷涂法加工。

3. 涂膜干燥

涂膜干燥的过程即为漆膜形成的过程，各种不同的涂料有着不同的特点，其涂膜干燥的机理也不同。挥发性涂料(如纤维漆和乙烯类树脂漆等)是在室温下，由于溶剂的挥发而成膜的，成膜物质的分子结构没有显著的化学变化；氧化性涂料(如油性调和漆、油性磁漆等)漆膜的干燥不仅由于溶剂的挥发，同时还借助于油脂的氧化-聚合作用，使其干性油脂由单体或线状聚合物转化为体型聚合物，生成具有坚韧耐久的漆膜，其干燥是物理变化和化学变化相互伴随发生的。烘烤聚合型漆(如氨基烘漆、丙烯酸烘漆等)则须经过一个较高的温度烘烤，才能使成膜物分子的官能基发生交联固化。如环氧树脂漆中的不饱和基在高温和触媒剂的作用下由低聚合体形成多聚合体结构，这种干燥也是漆膜化学变化的结果。为保证涂层的装饰质量，必须根据涂料的特性，正确地选择干燥方法和干燥工艺，同时还要考虑生产条件、生产纲领等因素。

干燥方式一般可分为自然干燥和人工干燥。自然干燥不需设备，只需要灰尘少和通风良好的较大空间的场地，其消耗成本最低，但干燥时间受气候变化的影响较大，只适用于常温干燥的涂料和小批量生产或大型产品。在现代汽车制造工业中，为了缩短油漆的施工周期，提高涂层质量，广泛采用人工干燥法。根据受热方式，人工干燥法主要可以分为对流式热风干燥和热辐射式干燥两种。

1) 对流式热风干燥

对流式热风干燥方式是用电、油、煤气或蒸汽首先加热传导介质——空气，再以自然对流或强制对流的方式，将热传导给被涂饰的工件，从而使漆膜干燥。这种干燥方式的热量传递是由漆膜表面向内部进行的，漆膜表面首先受热，很快干燥成皮，使漆膜内部的溶剂挥发不易散出而降低了漆膜的干燥速度。因为漆膜内部溶剂的内扩散力克服不了漆膜的阻力，因此会引起漆膜鼓泡，当溶剂的扩散能力大于漆膜阻力时，有时会引起漆膜表面产生针孔。

对流式热风干燥存在设备体积大、占地面积多、升温时间长、热能利用率及干燥的效率都比较低等缺点。但由于其设备简单,目前仍是应用较普遍的方法。对于汽车生产,因其批量大,可设计自动化输送线,在输送线上设有不同温度的烘烤室,即中间温度高、两端温度较低,符合涂膜干燥规律。工件边移动边烘烤,经过一定的时间和温度范围,最后从烘烤室的另一端出来,即完成干燥过程。

2) 热辐射式干燥

热辐射式干燥方式是把热能转变的各种波长的电磁振动辐射能直接传导给被涂饰的工件,电磁振动辐射能透过漆膜被工件所吸收而转变成热能,使涂层从底层向外层干燥,因此具有很高的热传递效率,其热传导不需要任何中间介质。

热辐射式干燥的方法因使用的辐射线不同可分为红外线(包括远红外线)辐射式干燥、紫外线辐射式干燥和电子束辐射式干燥,后两种的干燥效率非常高,在国外已有应用。我国应用较多的是红外线辐射式干燥。因产生红外线的热源或加热器不同可分为红外线灯泡、碳化硅或氧化镁辐射器、红外线辐射器、碘钨灯和远红外线辐射器等几种。

热辐射式干燥与对流式热风干燥相比具有以下优点:

(1) 结构简单,设备成本低,体积小,节省占地面积;

(2) 干燥质量好,可减少或避免涂膜产生气泡和针孔等缺陷;

(3) 干燥速度快,由内层向外层干燥,溶剂易于挥发,可缩短干燥时间3~5倍;

(4) 升温快、热惯性小,可大大缩短烘干设备的预热时间;

(5) 热传导方向性强,能节约能源30%以上。

热辐射式干燥存在的缺点有:若工件大而复杂,那么热辐射到的部位很快干燥了,而辐射不到的部位就需较长时间才能干燥,若等这一部分达到干燥的程度,那么已干燥的部位的涂膜就会达到烤脆的程度。因此设计热辐射式干燥炉时,最好使炉膛的形状尺寸与被烘的车身(如客车)或驾驶室的形状尺寸相似,以使车身或驾驶室的涂膜各处都能被辐射线照射到,保证各处的涂膜能基本同时烘干。热辐射式干燥在产量不大的汽车车身、特别是客车车身的生产中应用较多。

3.4 装　　配

汽车是各种零部件的有机组合体,汽车生产的最后一道工序是装配(包括检测和调整),所以装配在汽车生产中占有重要的地位。

所谓**装配**是按规定的技术要求,用连接零件(螺栓、螺母、销或卡扣等)把各种零部件、合件和总成连接组合成完整汽车产品的生产过程。装配工艺是使各种零件、合件或总成具有规定的相互位置关系的工艺过程。无论是把零件组合成部件,或是把部件组合成整车,都必须满足设计图纸规定的相互配合关系,以使部件或整车达到预定的性能。例如,将变速器装配到离合器壳上时,必须使变速器输入轴的中心线与发动机曲轴的中心线对准。这种对中心的方式不是在装配时由装配工人(钳工)来调节,而是由设计和加工制造来保证。

汽车装配的特点是零件种类多、数量大、作业内容复杂。装配零部件除发动机、传动系、车身、悬架、车轮、转向系、制动系、空调系等之外,还有大量内外饰件、电器、线束、软管、硬管、玻璃、各类油液加注等。汽车总装工作量约占全部制造工作量的20%~25%,其操作内容包括过盈配合、焊接、铆接、粘接、镶嵌、配管、配线、螺纹连接、各类油液定量加注等。图 3.70 所示为各类装配作业所占比例。

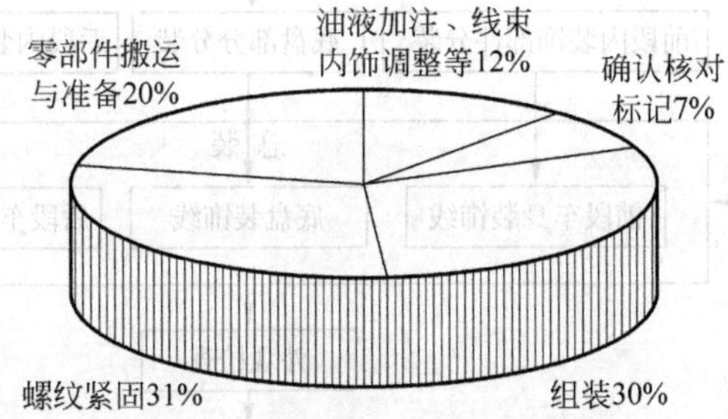

图 3.70　装配作业的分配比

汽车产品结构比较复杂，通常生产批量较大，为保证装配质量，提高劳动生产率，根据产品的结构特点，从装配工艺角度将其分解成为可单独组织装配的单元，以便合理地安排人员、设备和工作地点，组织平行、流水作业。故装配可以分为部装（分装）和总装（含内、外饰），其成品分别为分总成、总成和整车。为保证最终产品的质量，对每一级装配成品都要设有试验、检测工序即总成试验与整车试验。图 3.71 所示为装配单元示意图。

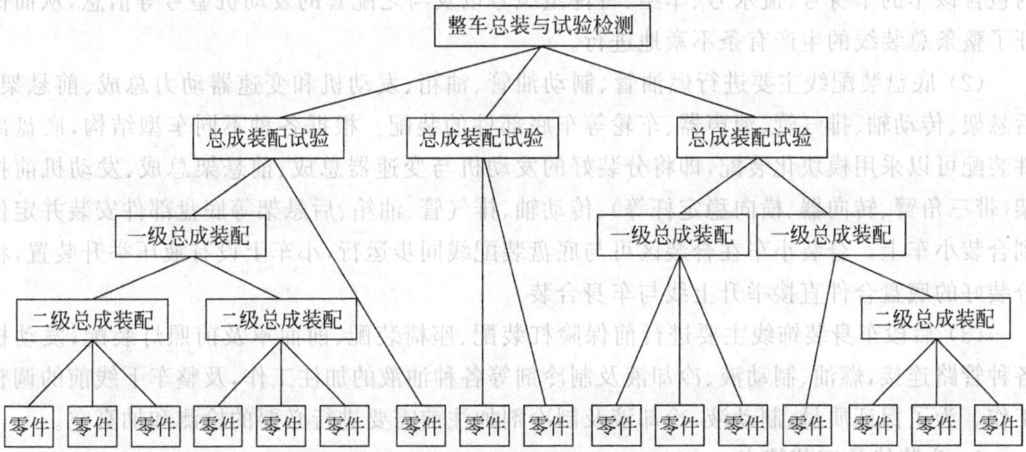

图 3.71　装配单元示意图

轿车总装车间工艺流程如图 3.72 所示。

从上述工艺流程可以看出，轿车总装车间生产线一般包括总装配线、分装线、整车检测线以及整车返修区。

1. 总装生产线及工艺特点

根据轿车的结构特点，大多数为承载式车身，其装配特点是以车身为装配基础件，所有总成、零件都依附于车身上。因此，轿车装配是将车身内外饰件和整车装配工作放在一条线上完成。轿车总装配线一般分为三个部分：前段车身装饰线、底盘装配线、后段车身装饰线。

（1）前段车身装饰线主要是车身上线以及进行电线束、工艺堵塞、顶棚装饰板、挡风玻璃、仪表板、侧围内饰板、后行李箱内饰、刮水器以及电机等部件的装饰工作。为了保证总装线实行混流生产，车身上线是由计算机进行控制的，每个车身上线前都贴有条形码，条形码

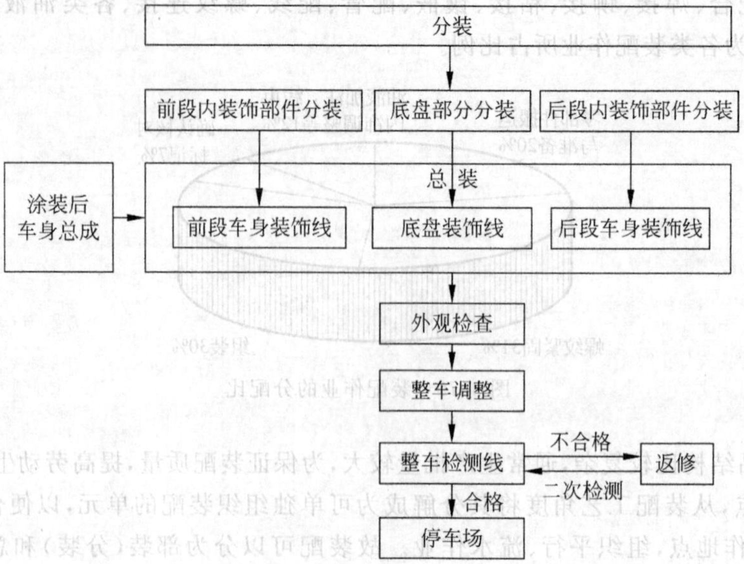

图 3.72 轿车总装车间工艺流程

内包含该车的车身号、流水号、车型、备件组织号以及与之配套的发动机型号等信息，从而保证了整条总装线的生产有条不紊地进行。

(2) 底盘装配线主要进行燃油管、制动油管、油箱、发动机和变速器动力总成、前悬架、后悬架、传动轴、排气管、消声器、车轮等车底部件的装配。根据各种不同车型结构，底盘部件装配可以采用模块化装配，即将分装好的发动机与变速器总成、前悬架总成、发动机前托架（带三角臂、转向器、横向稳定杆等）、传动轴、排气管、油箱、后悬架等底盘部件安装并定位到合装小车上。合装小车在合装区可与底盘装配线同步运行，小车上设有液压举升装置，将分装好的底盘合件直接举升上线与车身合装。

(3) 后段车身装饰线主要进行前保险杠装配、座椅装配、前面罩及前照灯装配，发动机各种管路连接，燃油、制动液、冷却液及制冷剂等各种油液的加注工作，及整车下线前的调整工作。为了保证质量，制动液、冷却液及制冷剂加注前需要进行必要的检测和抽真空。

2. 分装线及工艺特点

分装线主要包括仪表板总成分装线、车门分装线、散热器总成分装线、车轮总成分装线、前悬架总成分装线、发动机与变速器动力总成分装线、挡风玻璃分装线等。

1) 仪表板总成分装线

仪表板总成分装线可以采用空中悬挂式，也可以采用地面式。空中悬挂式一般为带吊具的普通悬挂输送机和积放式悬挂输送机；地面式一般采用随行夹具高出地面的双链牵引输送线，为了便于操作，夹具可翻转一定角度，并设有定位机构。在分装线上配有线束检测仪。

在仪表板分装线上分装的部件一般包括转向柱、仪表板框架、组合仪表、仪表板线束、组合开关、收放机、空调鼓风机、暖风热交换器、蒸发器及壳体总成等。仪表板分装完成后，采用线束检测仪进行仪表板功能检测，主要检测仪表板功能是否正常。检测时，将仪表板总成的相关线束插头与仪表板线束检测仪的对应接口接上，启动检测按钮，即可逐项检测转向、灯光、报警等功能。检测完毕后，根据仪表板总成上所贴的条形码由计算机控制上线，从而保证不同车型安装相应型号的仪表板总成。

2）车门分装线

车门分装线的形式与仪表板分装线的形式基本相同，也包括空中悬挂式和地面式两种。在分装线上主要进行门锁、玻璃升降器、防水帘、玻璃、内饰板、内手柄、外手柄、密封条等部件的装配。

车门分装工艺被越来越广泛采用，这主要是由于采用这种工艺不仅可以提高车门零件的装配效率，便于实现自动化装配，而且拆掉车门后，便于座椅、仪表板及车身内部其他零部件的装配。

3）车轮总成分装线

车轮总成分装线采用的主要设备是车轮装配机、充气机及车轮动平衡机，各设备之间的连接一般采用机动辊道。在车轮分装线上，首先将轮胎安装到轮辋上，充气到规定的压力，然后进行动平衡检查和调整，再送到总装配线上。

在各种分装线中，车轮分装线自动化程度最高，如某轿车厂的无内胎车轮自动装配线具有自动装配、快速自动充气、车轮动平衡、自动选择配重等自动功能。

4）前后悬架总成分装线和发动机与变速器动力总成分装线

前后悬架总成分装线和发动机与变速器动力总成分装线，根据不同的车型结构，若不带副车架，一般采用环形地链牵引小车式，小车上设有液压举升装置，可与底盘装配线同步运行，直接上线。

5）挡风玻璃分装线

挡风玻璃分装线主要包括粘胶部位的清洁、涂胶预处理、安装玻璃密封条等。分装完成后，由人工将玻璃放到玻璃放置台上，然后由自动涂胶机和高精度机械手自动完成玻璃位置找正，自动涂上一整圈胶，自动将玻璃用吸盘吸起，最后自动将玻璃装到车身上。

3. 整车检测线

整车出厂检测是汽车生产过程中对整车质量以及零部件功能进行综合检测的一个至关重要的环节。为确保整车的出厂质量，整车装配完成后，要在整车检测线上对其主要性能进行检测，并进行必要的调整。目前，国内几大轿车生产厂均采用计算机控制全自动检测线，该检测线对整车质量检测实现了自动控制、自动采集数据和判定、自动打印输出检测结果。由于车型不同，各厂检测线的组成也略有不同。图3.73所示为整车检测线的一般组成。

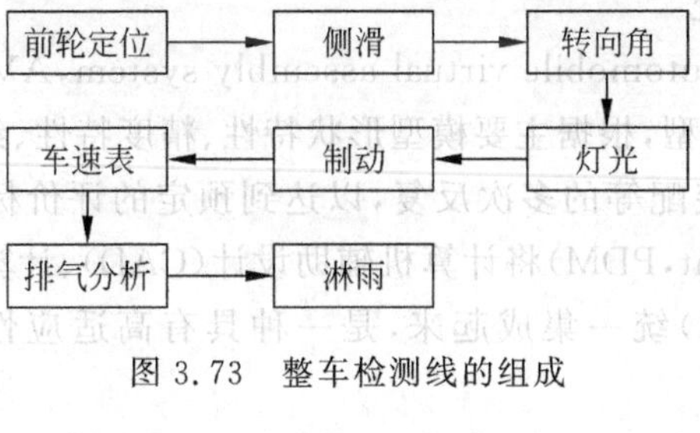

图3.73　整车检测线的组成

除上述检测项目外，一些生产厂在检测线上还进行外观检查以及配备整车电器综合检测设备，检测线上具体的检测内容有外观检查、12V外接电源启动发动机试运转、车轮定位参数检测、车轮侧滑量检测、转向角检测、前照灯检查、制动性能检查、动力传动系统检查及车速表校验、怠速排放污染物检查、整车电器综合检测、路试检查等。

4. 整车返修区

在整车检测线检验不合格的车送往整车返修区，整车返修一般包括机械部件返修、电器部件返修、钣金件返修、补漆等，在返修区一般设有整车举升机、地沟、补漆室以及必要的检测设备。

近年来，随着汽车消费市场需求的个性化和多样化，汽车装配作业也从传统的单一品种、大批量生产向多品种、中小批量转化，装配生产的批量性特点趋于复杂，安装零件的品种、数量进一步增多，对零部件的接收、保管、供给、装配作业指导等都提出了新的要求。市场的变化必将使装配生产方式产生新的变革，逐步向装配模块化、自动化装配技术与柔性装配系统(FAS)、汽车虚拟装配系统(AVAS)发展。

1) 装配模块化

所谓模块，是指按汽车的组成结构将零部件或子系统进行集成，从而形成一个个大部件或大总成。而生产装配模块化，即汽车零部件厂商生产模块化的系统产品，整车厂商只对采购的模块化产品进行装配即可完成整车生产。

模块化装配结构一般包括如下部分。

(1) 车门模块。在车门分装线上，以内板为中心将门锁、玻璃、玻璃升降器以及密封护板等用螺栓安装于其中部，再将其与车门外把手、车门铰链、密封条及玻璃滑轨安装在一起，形成车门模块，然后再将其装到车身上。

(2) 仪表板模块。在模块骨架上安装仪表板、空调、离合器踏板、制动踏板及转向柱，分装好后检查仪表和开关的技术性能，然后装到车身内。

(3) 底盘部件模块。将分装好的发动机和变速器总成、前悬架总成、后悬架总成、传动轴、排气管、油箱等底盘部件在线下合装好后，再装入车身。

(4) 车头模块。车头模块是指安装于车身前段覆盖件上的前大灯、雾灯、喇叭、发动机罩盖锁和散热器面罩等。

2) 柔性装配系统

柔性装配系统(flexible assembly system，FAS)是近年才发展起来的一种多品种自动装配系统。它是由计算机控制的具有高度的装配自动化、装配柔性，较高的生产率，及较好的可靠性的自动装配系统，是柔性制造系统(FMS)的一个重要环节。

3) 汽车虚拟装配系统

汽车虚拟装配系统(automobile virtual assembly system，AVAS)是指利用计算机辅助技术建立汽车零部件主模型，根据主要模型形状特性、精度特性、约束关系，进行计算机模拟装配→干涉分析→模拟装配等的多次反复，以达到预定的评价标准，并通过产品数据管理(product data management，PDM)将计算机辅助设计(CAD)、计算机辅助工艺规划(CAPP)和计算机辅助制造(CAM)统一集成起来，是一种具有高适应性和高柔性的集成化装配系统。

先进的装配工艺需要先进的工艺装备，工艺装备设计制造水平对保证高效率的生产和产出高质量的产品至关重要，也是汽车装配技术水平的标志。

3.5 汽车制造过程中其他工艺的基本知识

3.5.1 热处理

1. 金属热处理的概念

金属热处理是对固态金属或合金采用适当方式加热、保温和冷却，以获得所需要的组织结构与性能的加工方法。通过控制加热温度的高低、保温时间的长短、冷却速度的快慢，可使钢产生不同的组织变化。将加热的钢件浸入水中快速冷却（淬火），可提高钢件的硬度，这是热处理的实例。

为使金属工件具有所需要的力学性能、物理性能和化学性能，除合理选用材料和各种成型工艺外，热处理工艺往往是必不可少的。钢铁是机械工业中应用最广的材料，钢铁显微组织复杂，可以通过热处理予以控制，所以钢铁的热处理是金属热处理的主要内容。另外，铝、铜、镁、钛及其合金等也都可以通过热处理改变其力学、物理和化学性能，以获得不同的使用性能。

金属热处理是机械制造中的重要工艺之一，与其他加工工艺相比，热处理一般不改变工件的形状和整体的化学成分，而是通过改变工件内部的显微组织，或改变工件表面的化学成分，赋予或改善工件的使用性能。其特点是改善工件的内在质量，而这一般不是肉眼所能看到的。

2. 热处理工艺的分类

金属热处理工艺大体可分为整体热处理、表面热处理和化学热处理三大类。根据加热介质、加热温度和冷却方法的不同，每一大类又可区分为若干不同的热处理工艺。同一种金属采用不同的热处理工艺，可获得不同的组织，从而具有不同的性能。钢铁是工业上应用最广的金属，而且钢铁显微组织也最为复杂，因此钢铁热处理工艺种类繁多。

1）整体热处理

整体热处理是对工件整体加热，然后以适当的速度冷却，获得需要的金相组织，以改变其整体力学性能的金属热处理工艺。钢铁整体热处理大致有退火、正火、淬火和回火 4 种基本工艺。

退火是将工件加热到适当温度，根据材料和工件尺寸采用不同的保温时间，然后进行缓慢冷却，目的是使金属内部组织达到或接近平衡状态，获得良好的工艺性能和使用性能，或者为进一步淬火作组织准备。

正火是将工件加热到适宜的温度后在空气中冷却，正火的效果同退火相似，只是得到的组织更细，常用于改善材料的切削性能，有时也用于对一些要求不高的零件作最终热处理。

淬火是将工件加热保温后，在水、油或其他无机盐、有机水溶液等淬冷介质中快速冷却。淬火后钢件变硬，但同时变脆。

为了降低钢件的脆性，将淬火后的钢件在高于室温而低于 650℃ 的某一适当温度进行长时间的保温，再进行冷却，这种工艺称为**回火**。

退火、正火、淬火、回火是整体热处理中的“四把火”，其中的淬火与回火关系密切，常常配合使用，缺一不可。

“四把火”随着加热温度和冷却方式的不同,又演变出不同的热处理工艺。为了获得一定的强度和韧性,把淬火和高温回火结合起来的工艺,称为**调质**。某些合金淬火形成过饱和固溶体后,将其置于室温或稍高的适当温度下保持较长时间,以提高合金的硬度、强度或电性、磁性等,这样的热处理工艺称为**时效处理**。时效处理主要用于消除毛坯制造和机械加工中产生的内应力。

把压力加工形变与热处理有效而紧密地结合起来进行,使工件获得很好的强度、韧性配合的方法称为**形变热处理**。在负压气氛或真空中进行的热处理称为**真空热处理**,它不仅能使工件不氧化、不脱碳,保持处理后工件表面光洁,提高工件的性能,还可以通入渗剂进行化学热处理。

2) 表面热处理

表面热处理是只加热工件表层,以改变其表层力学性能的金属热处理工艺。为了只加热工件表层而不使过多的热量传入工件内部,使用的热源须具有高的能量密度,即在单位面积的工件上给予较大的热能,使工件表层或局部能短时或瞬时达到高温。表面热处理的主要方法有火焰淬火和感应加热热处理,常用的热源有氧乙炔或氧丙烷等火焰、感应电流、激光和电子束等。

3) 化学热处理

化学热处理是利用化学反应,有时兼用物理方法改变工件表层化学成分及组织结构,以便得到比均质材料更好的技术经济效益的金属热处理工艺。化学热处理是将工件放在含碳、氮或其他合金元素的介质(气体、液体、固体)中加热,保温较长时间,从而使工件表层渗入碳、氮、硼和铬等元素。渗入元素后,有时还要进行其他热处理工艺如淬火及回火。化学热处理的主要方法有渗碳、渗氮、渗金属。有不少汽车零件,既要保留心部的韧性,又要改变表面的组织以提高硬度,就需要采用表面高频淬火或渗碳、氮化等热处理工艺。

渗碳淬火适用于低碳钢和低合金钢,先提高零件表层的含碳量,经淬火后使表层获得高的硬度,而心部仍保持一定的强度和较高的韧性和塑性。渗碳分整体渗碳和局部渗碳。局部渗碳时对不渗碳部分要采取防渗措施(镀铜或镀防渗材料)。由于渗碳淬火变形大,且渗碳深度一般在0.5～2 mm之间,所以渗碳工序一般安排在半精加工和精加工之间,其工艺路线一般为:下料→锻造→正火→粗、半精加工→渗碳淬火→精加工。

渗氮是使氮原子渗入金属表面获得一层含氮化合物的处理方法。渗氮层可以提高零件表面的硬度、耐磨性、疲劳强度和抗蚀性。由于渗氮处理温度较低、变形小、渗氮层较薄(一般不超过0.6～0.7 mm),渗氮工序应尽量靠后安排。为减小渗氮时的变形,在切削后一般需进行消除应力的高温回火。

热处理是机械零件和工模具制造过程中的重要工序之一。大体来说,它可以保证和提高工件的各种性能,如耐磨、耐腐蚀等;还可以改善毛坯的组织和应力状态,以利于进行各种冷、热加工。

例如,白口铸铁经过长时间退火处理可以获得可锻铸铁,提高塑性;齿轮采用正确的热处理工艺,使用寿命可以比不经热处理的齿轮成倍或几十倍地提高;另外,价廉的碳钢通过渗入某些合金元素就具有某些价格昂贵的合金钢的性能,可以代替某些耐热钢、不锈钢;模具则几乎全部需要经过热处理方可使用。

3.5.2　汽车试验

由于汽车的使用条件复杂，汽车工业所涉及的技术领域极为广泛，致使许多理论问题研究得还不够充分，因此汽车工业特别重视试验研究。汽车的设计、制造过程始终离不开试验，无论是设计思想和理论计算、初步设计、技术设计、汽车定型还是生产过程，都要进行大量的试验。最后，在客户购买了汽车并使用的过程中，车辆交通管理部门还要定期对车况进行测试，以确保行车安全。除了某些研究性试验外，汽车产品试验均应遵循一定的标准和规范，对试验条件、试验方法、测试仪器及其精度、结果评价等进行限定，以确保试验结果的再现性和可对比性。不同国家甚至不同厂家的试验规范可能不同，因此在查看某种产品的试验数据时，必须弄清这些试验所依据的规程或标准。汽车试验分为汽车零部件试验和汽车整车性能试验等。

1. 汽车零部件试验

尽管汽车零部件种类繁多，其试验内容通常是性能、强度、耐久性等。

发动机是汽车中最重要的总成，其性能试验主要有功率、怠速、空转特性、负荷特性、调速特性、起动、机械效率、多缸工作均匀性、排放和噪声等试验。对发动机的重要零部件（如曲轴、连杆、活塞等运动件，以及缸盖、缸体等固定件）应进行强度试验，整机和重要部件常需进行耐久性试验，重要部件的耐久性试验可在专门的试验台上进行，整机的耐久性试验则在发动机台架上进行。

为了缩短试验时间，通常强化试验条件，如在额定工况、全负荷最大扭矩工况、超负荷超转速工况下运转。耐久性试验前后要全面测量汽车的尺寸和性能，以便评价磨损情况和动力性、经济性、排放等指标的稳定程度。许多汽车承载系统的寿命都与"道路-汽车"系统产生的随机振动特性有关，因此可以按载荷谱提供激振力（或位移）的电子液压振动试验台，它成了许多零部件试验中不可缺少的加载工作台。

2. 汽车整车性能试验

1）汽车整车性能试验

汽车性能试验是为了测定汽车的基本性能而进行的试验，主要包括以下试验。

（1）动力性能试验

对常用的3个动力性能指标，即对汽车的最高车速、加速和爬坡性能进行实际试验。

最高车速试验的目的是测定汽车所能达到的最高车速，我国规定的测试区间是1.6 km试验路段的最后500 m。加速试验一般包括起步到给定车速、高速挡或次高速挡，以及从给定初速加速到给定车速两项试验内容。爬坡试验包括最大爬坡度与爬长坡两项试验。最大爬坡度试验最好在坡度均匀、测量区间长20 m以上的人造坡道上进行，如果人造坡道的坡度对所测车不合适（如坡道过大或过小），可采用增、减载荷或变换排挡的办法做试验，再折算出最大爬坡度。爬长坡试验主要用来检查汽车能否通过坡度为7%～10%、长10 km以上的连续长坡，试验中不仅要记录爬坡过程中的换挡次数、各挡位使用时间和爬坡总时间，还要观察发动机冷却系统有无过热，供油系统有无气阻或渗漏等现象。

（2）燃料经济性试验

通常做道路试验或做汽车测功器（亦即转鼓试验台）试验，后者能控制大部分的使用因素，重复性好，能模拟实际行驶的复杂情况，能采用各种测量油耗的方法，还能同时测量废气排放。

(3) 制动性能试验

汽车制动性能的优劣直接关系到汽车行驶的安全性,用制动效能和制动效能的稳定性评价。常进行制动距离试验、制动效能试验(测制动踏板力和制动减速度关系曲线)、热衰退和恢复试验、浸水后制动效能衰退和恢复试验等。

(4) 操纵稳定性试验

试验类型较多,例如,用转弯制动试验评价汽车在弯道行驶制动时的行驶方向稳定性,用转向轻便性试验评价汽车的转向力是否适度,用蛇形行驶试验来评价汽车转向时的随从性、收敛性、转向力大小、侧倾程度和避免事故的能力,用侧向风敏感性试验来考察汽车在侧向风情况下直线行驶状态的保持性,用抗侧翻试验考察汽车在为避免交通事故而急打方向盘时汽车是否有侧翻危险,用路面不平度敏感性试验来检查汽车高速行驶时承受路面干扰而保持直线行驶的能力,用汽车稳态回转试验确定汽车稳态转向特性等。

(5) 平顺性试验

平顺性主要是根据乘坐者的舒适程度来评价的,所以又叫做乘坐舒适性。其评价方法通常根据人体对振动的生理感受和保持货物的完整程度确定。典型的试验有汽车平顺性随机输入行驶试验和汽车平顺性单脉冲输入行驶试验。前者用以测定汽车在随机不平的路面上行驶时,其振动对乘员或货物的影响;后者用以评价汽车行驶中遇到大的凸起物或凹坑冲击振动时的平顺性。

(6) 通过性试验

通过性试验一般在汽车试验场和专用路段上进行。

(7) 安全性试验

安全性试验项目很多,而且耗资巨大,特别是碰撞安全试验,除正面撞车试验外,近来还增加了侧面撞车试验。可以进行实车撞车试验,也可以进行模拟试验或撞车模拟计算,但不少国家规定新车型必须经过实车撞车试验,以验证其撞车安全性。在撞车试验中需用假人(又称人体模型)进行试验,对人体模型的要求是:其质量、尺寸分布,主要骨骼关节和动作等尽量逼近真人,又要容易测定各部位的加速度、载荷和变形。人体模型价格较高,因此也要求具有高的耐用性。当进行车内装置(如安全带、座椅、方向盘、仪表板等)抗冲撞能力试验时,为节省开支常用撞车模拟装置进行,它以装有人体模型的平台车代替实车,摸拟以一定初速运动的汽车撞击固定壁后部件的减速度特性,从而研究冲击能量的吸收情况。

2) 整车道路试验

整车道路试验中一般要记录如下内容。

(1) 整车结构参数;

(2) 滑行试验(主要是从距离判断好坏);

(3) 最低稳定车速(直接挡、最高挡);

(4) 动力性:加速性能(直接挡、起步换挡加速,最高挡加速,评定依据一般是从规定的低速到规定的高速所花时间和经过的距离)、最高车速(直接挡,最高挡)、爬坡试验;

(5) 经济性:等速燃油消耗量(直接挡、最高挡),六工况燃油消耗量,直接挡、最高挡从一特定车速全油门加速燃油消耗量;

(6) 制动试验:冷态制动、前后管路失效、热衰退、应急试验、驻坡、排气辅助制动、ABS

试验等(主要是通过减速度和制动距离判断制动性能);

(7) NVH试验:噪声试验(室内匀速噪声、车外加速、发动机定置噪声等)、振动试验、平顺性等;

(8) 整车发动机热平衡试验(主要是测量最高出水温度来得到许用环境温度);

(9) 进排气试验(进气阻力、排气被压);

(10) 操稳试验(转向轻便性、稳态回转、转向回正、角阶跃、角脉冲、蛇形等,以及一些表(车速表,里程表)的校正)。

除了以上的试验之外还会有整车道路强化腐蚀试验、耐候性试验、品质评价试验等。

3. 汽车试验场

汽车试验场,亦称试车场,是重现汽车使用过程中遇到的各种道路条件和使用条件,进行汽车整车道路试验的场所。为满足汽车的试验要求,汽车试验场将实际存在的各种道路经过集中、浓缩、不失真地强化形成典型化的道路。汽车试验场的主要试验设施是集中修筑的各种试验道路,例如高速环形跑道、高速直线跑道、可靠性强化试验路段、耐久性试验跑道、爬坡试验道路以及特殊试验路段(噪声试验路段、"比利时路"、搓板路、随机波形路、扭曲路、越野路、涉水路等)。由于汽车试验在汽车开发过程中处于极为重要的地位,许多汽车企业都投入巨额资金修建大型的汽车综合试验场,例如通用汽车公司的密尔福德试验场、日本汽车研究所试验场、英国汽车工业研究协会(MIRA)试验场、我国海南汽车试验场等。

试验场的道路设施主要有如下几种。

(1) 高速环形跑道:是按一定的规律铺上各种石块的汽车试验道路。高速环形跑道是平面形状,长度约4~8 km,多数采用两端圆形路和中间直线路的形状,也有椭圆形或其他形状;设有3~5条车道。这种跑道的设计最高车速通常在120 km/h以上,可供汽车长时间持续高速行驶,以考验汽车的高速性能和零部件的可靠性。

(2) 高速直线跑道:高速直线跑道是水平直线路,长度约2.5~4 km,可供汽车作动力性、制动性和燃料经济性试验。为了节省建设费用,许多试验场将高速直线跑道设置在高速环形跑道的直线部分,两者结合使用。

(3) 可靠性、耐久性试验道路:模仿汽车使用寿命中在各种好路和坏路上行驶的情况,在汽车试验场内,除了建造沥青路外,也建造沙土路和各种不同的砾石路,以便进行强化试验,使汽车能在较短的行驶里程内就能暴露问题。

(4) 扭曲试验路:汽车在这种道路上行驶时,车身和车架、前后轴、悬架以及汽车传动系都产生反复扭转,以考验这些部件的性能。

(5) 坡路:汽车试验场通常还建有各种坡度的坡路,用以检验汽车的爬坡能力,还可考察驻车制动器(手刹)在坡道上的停车能力、汽车在坡路上起步时离合器的工作状况等。

(6) 操纵性、稳定性试验设施:操纵性、稳定性试验设施最常见的是圆形广场,直径为100 m,可供汽车进行转向或绕"8"字形行驶试验。有的圆形广场还备有洒水装置,使地面生成均匀的水膜以测试汽车的侧滑情况。易滑路是用来试验汽车在冰雪或附着条件很低的路况下的行驶性能和制动性能,采用磨光、洒水、冰雪等方法降低路面的附着系数。横向风路段是考验汽车空气动力稳定性的设施。例如,丰田汽车公司在试车道路旁排列15个直径为2.7 m的大型风扇,可以产生类似垂直于道路的横向风,以考验汽车在横向侧风作用下的操纵性能。

(7) 涉水池：涉水池有浅水池(水深约0.2 m)和深水池(水深1～2 m)两种，用以检查汽车涉水时水对汽车各种部件的影响，如电气设备，制动器，发动机进气、排气管浸水后的工作情况等。

4. 汽车风洞

汽车风洞是用来研究汽车空气动力学的一种大型试验设施。其实风洞不是个洞，而是一条大型隧道或管道，里面有一个巨型扇叶，能产生一股强劲气流。气流经过一些风格栅，减少涡流产生后才进入试验段。风洞的最大作用是用来测量汽车的风阻，风阻的大小用风阻系数 C_D 表示，风阻系数越小，说明它受空气阻力影响越小。

当然，除了用来测量风阻外，风洞还可以用来研究气流绕过车身时所产生的效应，如升力、下压力，还可以模拟不同的气候环境，如炎热或寒冷、下雨或下雪等情况。这样，工程师们便可以知道汽车在不同环境下的工作情况，特别是冷却水箱散热、制动器散热等问题。

新车在造型设计阶段，必须将汽车制成风洞试验模型进行风洞试验，以便改进汽车的形状，提高空气动力性能。按照尺寸的大小，风洞可分为供缩小比例模型试验的风洞和供整车试验的大型风洞；按照气流流动的形式，风洞又可分为直流式和回流式两种。用道路试验的办法，不可能同时测得空气作用力的6个分力，因而风洞试验就成为研究汽车空气动力性能的最有效的手段。风洞是在飞机制造业最先应用的，从20世纪60年代起，世界各大汽车公司和有关机构开始建立自己的风洞试验室。例如，大众汽车公司的多用途风洞实验室可模拟多种环境条件下的汽车风洞实验，空气温度可在－30～45℃调节，湿度为5%～95%，最大风速为180 km/h。

风洞试验还可测定汽车模型表面的压力分布情况，以及借助于烟、丝带、油膜等显示汽车周围的气流流动情况。

3.5.3 检验

汽车从毛坯制造、零件生产、整车装配到外观，有许多检验标准，如《机动车安全技术检验项目和方法》(GB 21861—2014)、《机动车安全检验项目和方法》(GA 468—2004)等。汽车产品强制性标准检验项目主要有《轻型汽车污染物排放限值及测量方法(中国第五阶段)》(GB 18352.5—2013)、《汽车及挂车倒车灯配光性能》(GB 15235—2007)、《汽车座椅、座椅固定装置及头枕强度要求和试验方法》(GB 15083—2006)、《机动车运行安全技术条件》(GB 7258—2012)等。

汽车检验规则主要有：

(1) 装配前，操作人员应对零部件进行自检，表面不得有任何的损伤、油漆划伤、胶污现象；

(2) 装配调整后，操作人员应自检合格后交专职检验人员复检；关键工序质量控制点应重点控制，并做好检查结果的记录；

(3) 每辆车必须按照规定项目检验合格并配备合格证；

(4) 整车经检验合格后，在前风挡玻璃表面右上角贴3C认证标志。

在各种检验工艺中，检具的作用是最为重要的。

1. 传统汽车检具技术

传统汽车生产中，单件小批生产应广泛采用通用量具，如游标卡尺、百分尺和千分表等，如图 3.74 所示；大批大量生产采用各种量规和高效的专用检验夹具和量仪等，如图 3.75 所示。常用测量工具包括：①通用量具、仪表、三坐标测量机(CMM)等；②光滑极限量规(止通规、塞规)和样板；③检验夹具(含测量支架)；④自动或半自动测量仪、检验机等。

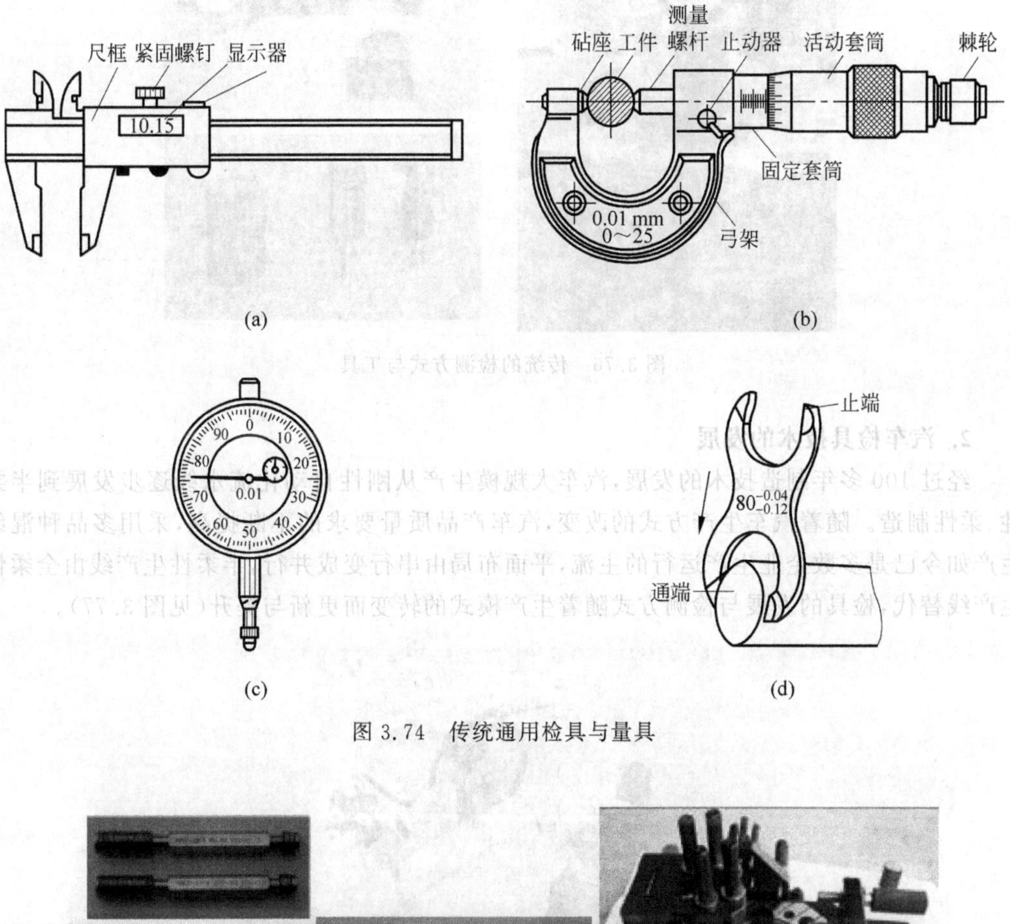

图 3.74　传统通用检具与量具

图 3.75　常用测量工具

传统的检测方法(见图 3.76)是对毛坯和最终成品进行检测，该检测方式对于大批量生产来说效率低，且不容易控制生产过程中的质量，废品率较高。在生产线上，若每个产品以通用量具检测，会影响生产效率。因此采用产品的在线检测，使用高效的专用检验夹具和量仪快速又简捷地完成检查工作，且能提供标准的量测方式，从而得出最准确的数据，并减少废品的发生。

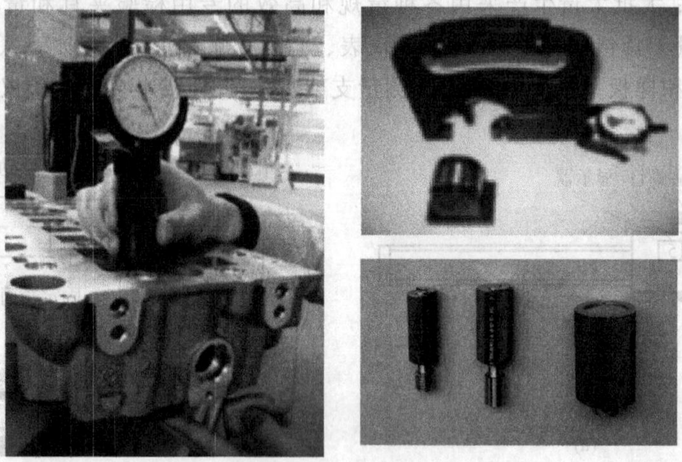

图 3.76 传统的检测方式与工具

2. 汽车检具技术的发展

经过100多年制造技术的发展,汽车大规模生产从刚性自动化流水线逐步发展到半柔性、柔性制造。随着汽车生产方式的改变,汽车产品质量要求的不断提高,采用多品种混线生产如今已是多数企业生产运行的主流,平面布局由串行变成并行,半柔性生产线由全柔性生产线替代,检具的发展与检测方式随着生产模式的转变而更新与提升(见图3.77)。

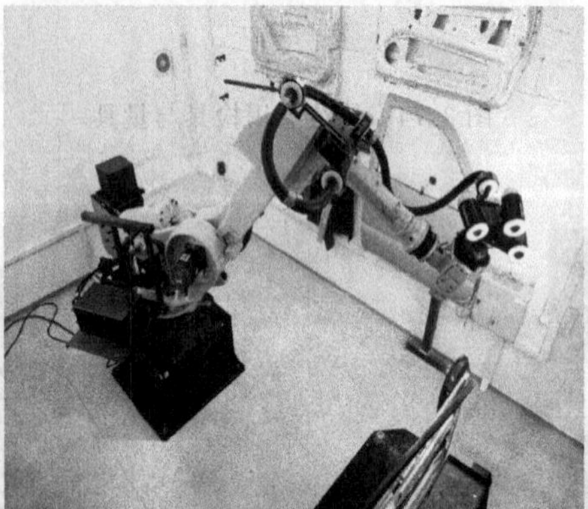

图 3.77 生产线上高速自动测量系统 WLS 400A

随着汽车生产自动化流水线柔性化的发展,汽车检具技术要跟上汽车制造生产的要求。为解决现代汽车生产中检具发展面临的问题,检具技术将向着柔性化、智能化、系列化、标准化的方向发展,其中检具的柔性化和智能化将是检具技术研究与应用的重点和难点。

1) 检具的柔性化发展

检具的柔性化设计不是简单地进行大规模的重新设计与采购,为了有效地节约成本,可以对传统检具进行柔性化改造,如配置若干夹具与辅助装置,从而能达到同时对多个尺寸进行测量的目的。另外,可以采用以关节臂式测量机为主体的柔性检具和以带有单截面测量卡规的通用机器人为主体的检测设备,将被测工件支承在托架上,只要经过编程即可方便、自如地完成多种类型的检测工作。图 3.78 所示为关节臂式测量机。

坐标测量机与光学测量仪被用于工序间的测量已经日趋普遍。两种仪器与传统的专用检具相比具有很高的通用性,柔性化程度有了相当大的提高。正是其极高的柔性化,更适用于多品种混线生产中。与专用检具相比,柔性化检具的使用重点在于可以适用于多种工序,同时可以降低生产成本,缩短准备周期。但是,这种检具的工作效率较低,对操作人员有相对较高的要求,这在一定程度上制约了大规模的普及。因此提高坐标测量机与光学测量仪的工作效率,简化这类检具的操作程度,对未来检具的发展具有推动作用。图 3.79 所示为坐标测量机。

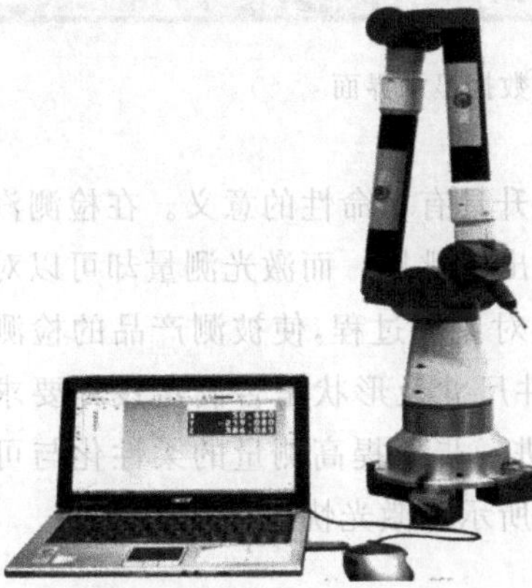

图 3.78　关节臂式测量机

图 3.79　坐标测量机

2) 检具的智能化发展

在过去专用检具的使用中,仅仅简单地通过对零部件尺寸进行量化处理判断产品是否合格。随着对汽车质量要求的提高,检具的功能不再是简单的对产品是否合格进行判断,更需要对零件的尺寸进行在线无漏测量,并自动进行统计与数据的处理,一些主流的汽车生产企业逐渐重视检具的智能化发展。

面对汽车产品的多样性,现代汽车制造逐步采用多品种混线生产模式,传统的专用检具通用性不高,工作效率低下,检测技术不能适应现代化的生产模式。随着汽车生产自动化流水线柔性化的发展,为满足产品的生产及质量要求,检具技术向着标准化、系列化、通用化、柔性化、智能化的方向发展已成为该领域的主流趋势,对汽车制造业的进步起到了推动作用。

智能化检具可通过简单交互自动生成图文并茂的检具检测报告,有效提高了检具检验报告生成的准确性与效率。在对每班加工产品进行自动数据存储与统计分析后,如果发现重要尺寸接近公差尺寸一定比例后,就要对相关的生产线进行预防性警报,通知工人进行调整。如果发现有尺寸超出了公差带时,即刻通知停线检查,将损失降低到最低限度。图 3.80 所示为多参数的智能化检具及数据显示界面。

未来的检具不仅要能判断出零件的合格与否,更要对整体产品的质量进行有效的评判,这就要求未来的检具要结合现有的光电技术与机械加工技术,使检具具有更高的柔性化与智能化水平,同时要兼顾检具的开发成本,有效地提高企业的竞争力。为此引入激光测量技术(见图 3.81),并作为检具技术发展的重要内容,正在被业内深入的研发并使用。

图 3.80 多参数的智能化检具及数据显示界面

激光测量技术应用在汽车生产中对汽车质量的提升具有革命性的意义。在检测汽车覆盖件时,产品以自由曲面为主,对检测的精度与效率提出了挑战。而激光测量却可以对这类产品进行数据采集,并经过数据处理、三维重构和数模对比等过程,使被测产品的检测数据与零误差的CAD数模进行对比,清晰直观地判断零件尺寸及形状是否满足设计要求。激光测量技术的应用不仅可以提高测量的精度,还可以进一步地提高测量的柔性化与可操作性,将来可以在汽车制造业大规模推广运用。图3.82所示为激光快速检具。

图 3.81 一种测量高度的激光仪

图 3.82 激光快速检具

习 题

1. 汽车毛坯制造工艺有哪些?各有什么特点?汽车零件上哪些产品是铸件?汽车零件上哪些产品是冲压件?

2. 常用的金属切削加工工艺有哪些?其加工对象有何特征?加工工艺参数有哪些?

3. 汽车车身的制造工艺有哪些？特点是什么？

4. 热处理工艺有哪些？各有什么特点？

5. 汽车试验有哪些？具体内容是什么？

6. 简述汽车装配工艺的特点。

7. 简述汽车检验工艺的作用。

第4章　汽车零件机械加工工艺规程的制定

4.1　概　　述

汽车零件无论生产规模大小，都必须有工艺规程，否则生产调度、技术准备、关键技术研究、设备与器材配置等都无法安排，生产将陷入混乱；同时，工艺规程也是处理生产问题的依据，如果产品质量有问题，可按工艺规程来明确各生产单位的责任。

工艺规程的制定，是一个非常重要又非常复杂的过程，它所涉及的内容非常广泛。到目前为止，还没有一套完整而又具有普遍意义的拟订最佳工艺过程的科学的方法，只能根据生产实践经验和理论上的总结，归纳出一般性的原则，在应用这些原则时，要根据具体情况，作具体的分析，切不可生搬硬套。所以工艺规程并不是固定不变的，它可以根据生产实际情况、生产工人和技术人员在生产过程中的实践经验进行修改，使其不断改进和完善，但必须有严格的审批手续。

1. 工艺规程在生产中的具体作用

按照工艺规程进行生产，便于保证产品质量、获得较高的生产效率和经济效益。工艺规程在生产中的具体作用如下所述。

1）工艺规程是生产准备、技术准备的工作基础

（1）关键技术的分析与研究；

（2）机床配备，专用的工、夹、量具设计、制造及采购；

（3）原材料及毛坯的供应；

（4）设备改造或新设备的购置或定做；

（5）生产计划、调度计划；

（6）对工人和技术人员的配备；

（7）调整、质检设备的设计及配备。

2）工艺规程是组织生产和管理生产的基本依据

（1）生产加工的具体过程和操作方法，包括零件的投料时间和数量、调整设备负荷；

（2）调整、检验的具体过程和操作方法；

（3）生产调度、工时考核按工时定额有节奏地进行生产，使整个企业的各科室、车间、工段和工作地紧密配合，保证均衡地完成生产计划。

3）工艺规程是设计新建和扩建车间（工厂）的基础

（1）确定生产需要的机床种类和数量；

（2）确定机床布置和动力配置；

（3）确定车间面积；

（4）确定工人的工种、等级及数量；

（5）确定辅助设施。

2. 工艺规程制定的原则

工艺规程制定的原则是优质、高产、低成本，即在保证产品质量稳定的前提下，争取最优的经济效益。在制定工艺规程时还应注意下列问题。

(1) 技术的先进性。在制定工艺规程时，要了解国内外本行业工艺技术的发展水平，通过必要的工艺试验，积极采用先进的工艺和工艺装备。

(2) 合理的经济性。在一定的生产条件下，可能会出现几种能保证零件技术要求的工艺方案，此时应通过核算或相互对比，选择经济上最合理的方案，使产品的能源、材料消耗和生产成本最低。

(3) 良好的适用性。在制定工艺规程时，要注意保证工人操作时有良好而安全的劳动条件。因此，在工艺方案上要注意采用机械化或自动化措施，以减轻工人繁杂的体力劳动。

3. 制定工艺规程的原始资料

为了正确、合理地制定工艺规程，需要的原始资料主要有：

(1) 产品图样及技术条件，如产品的装配图及零件图；

(2) 产品的相关资料，如产品验收质量标准、毛坯资料等；

(3) 车间分工明细表，用来了解产品及企业的管理情况；

(4) 产品的生产纲领(年产量)，用来确定生产类型和工序安排；

(5) 企业的生产条件，如工人的技术水平，企业现有设备、工艺装备及其制造能力等；

(6) 相关的工艺标准，如各种工艺手册和图表，本企业标准、国家标准和行业标准；

(7) 国内外同类产品的有关工艺资料等。

4. 制定工艺规程的步骤

在编制零件机械加工工艺规程前，首先应研究零件的工作图样和产品装配图样，审查零件的结构形状及尺寸精度、相互位置精度、表面粗糙度、材料及热处理等技术要求是否合理，是否便于加工和装配；熟悉该产品的用途、性能及工作条件，明确该零件在产品中的位置和作用；计算零件的生产纲领，确定生产类型；了解并研究各项技术条件制定的依据，找出其主要技术要求和技术关键，以便在拟订工艺规程时采用适当的措施加以保证。制定工艺规程的基本步骤如下：

(1) 计算零件的生产纲领，确定生产类型；

(2) 分析产品装配图样和零件图样，主要包括零件的加工工艺性、装配工艺性、主要加工表面质量及技术要求，了解零件在产品中的功用；

(3) 计算并确定毛坯的类型、结构形状、制造方法等；

(4) 拟订工艺路线，包括选择定位基准、确定各表面的加工方法、划分加工阶段、确定工序的集中和分散的程度、合理安排加工顺序等；

(5) 确定各工序的加工余量，计算工序尺寸及公差；

(6) 选择设备及工艺装备；

(7) 确定切削用量及计算时间定额；

(8) 填写工艺文件。

4.2　基　准

制定机械加工工艺规程时，工艺基准的选择是否合理，将直接影响加工零件的尺寸精度和相互位置精度，同时对加工顺序的安排也有重要的影响。工艺基准选择不同，工艺过程也将随之而异。

4.2.1　基准的概念及分类

机械零件是由若干几何要素（点、线、面）组成的，各几何要素之间都有一定的尺寸和位置公差的要求。所谓**基准**就是用来确定生产对象上几何要素间的几何关系所依据的那些点、线、面。按其功用不同，**基准分为设计基准和工艺基准两大类**，具体分类如图 4.1 所示。

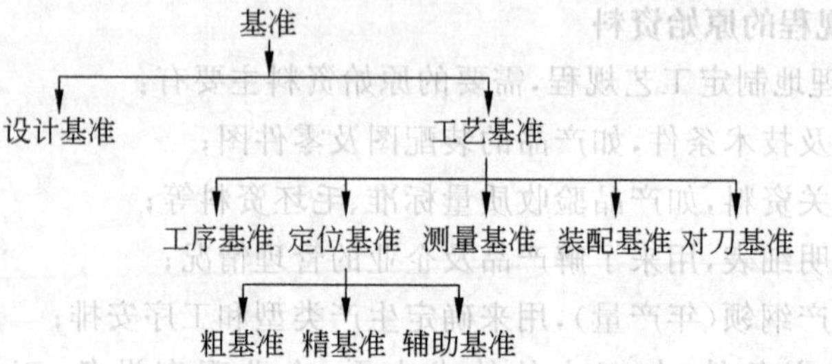

图 4.1　基准的分类

1. 设计基准

所谓**设计基准**是指设计图样上采用的基准，它是标注设计尺寸的起点。设计图样上标注的尺寸均称为**设计尺寸**。

如图 4.2(a)所示的零件，平面 2、3 的设计基准是平面 1，平面 5、6 的设计基准是平面 4，孔 7 的设计基准是平面 1 和平面 4，而孔 8 的设计基准是孔 7 的中心和平面 4。

零件图上标注的尺寸具有设计基准，标注的位置精度同样也具有设计基准。如图 4.2(b)

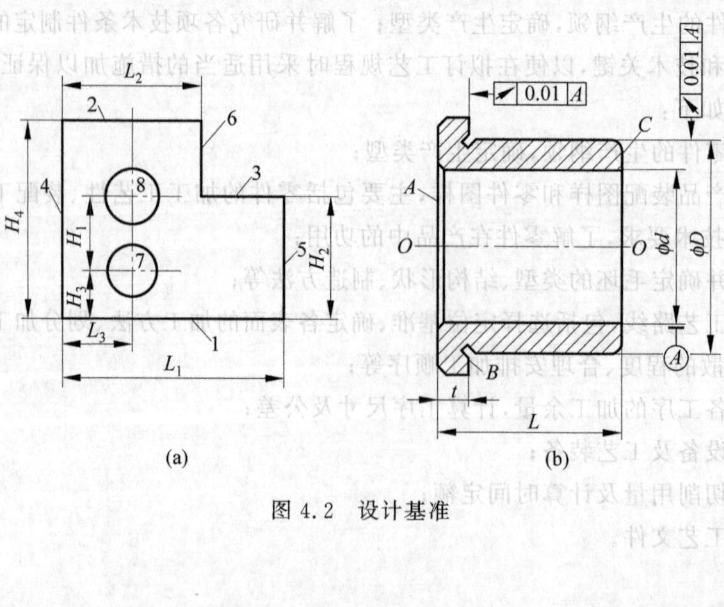

(a)　　(b)

图 4.2　设计基准

所示的钻套零件，轴心线 $O—O$ 是各外圆和内孔的设计基准，也是两项跳动误差的设计基准；端面 A 是端面 B、C 的设计基准。

如图 4.3(a)所示，假想的球心 O 为球外圆 $S\phi100$ mm 的设计基准，实际存在的球下点 B 是平面 A 的设计基准。如图 4.3(b)所示的汽车变速器拨叉图样中，孔 $\phi19$ mm 和螺纹孔 M10 的设计基准分别为假想的孔轴线和螺纹孔轴线。假想的螺纹孔轴线是拨叉平面 F 的设计基准；反之，也可以认为实际存在的拨叉平面 F 是螺纹孔的设计基准，两者互为设计基准。螺纹孔垂直度的设计基准为 $\phi19$ mm 孔的轴线和 19 mm 槽的对称中心平面组成的公共轴平面 $A—B$。

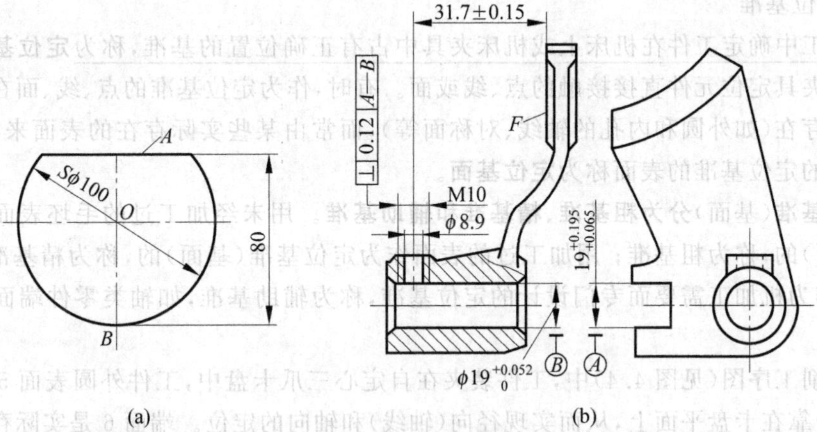

图 4.3　设计基准分析

从上述实例分析可知，设计基准是点、线、面，它既可以是实际存在的，也可以是假想的；并且有些设计基准可以是互为的。作为设计基准的点、线、面在工件上有时不一定具体存在，例如孔和外圆的中心线、两平面的对称中心面等，它们往往通过某些具体的表面来体现，用以体现基准的这些具体表面称为**基面**。

2. 工艺基准

工艺基准是在工艺过程中所使用的基准，所谓**工艺基准**是根据零件对加工、测量、安装的要求而选定的尺寸起始点。工艺过程是一个复杂的过程，按用途不同，工艺基准可分为工序基准、定位基准、测量基准、装配基准和对刀基准。

1）工序基准

工序卡上用以表示工件被加工表面加工要求及工件装夹情况的简图，称为**工序图**。在工序图中，用来标定本工序被加工面尺寸、形状和位置所采用的基准，称为**工序基准**。

如图 4.4 所示为某车削工序图，工件外圆表面 5 装夹在自定心三爪卡盘中，端面 6 靠在卡爪平面上，加工端面 F、1、2 和内孔 3 及外圆 4，加工保证轴向尺寸 L_0、L_1、L_2 和外圆直径尺寸 D 以及内孔直径尺寸 d。端面 6 是端面 F 的工序基准，端面 F 是端面 1、2 的工序

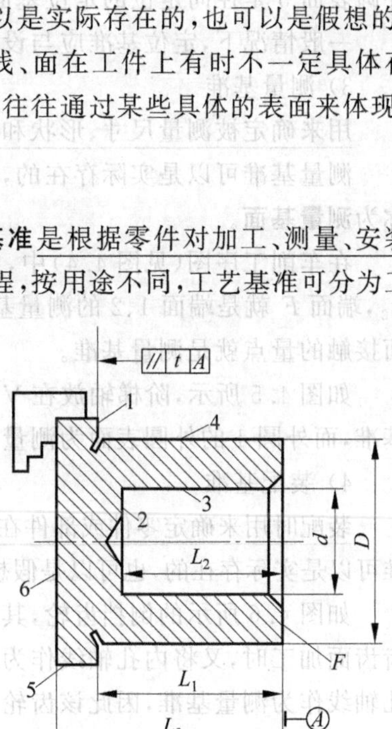

图 4.4　车削工序图

基准，表面1、2通过加工尺寸 L_1、L_2 及平行度公差与工序基准 F 相联系。外圆直径 D 和内孔直径 d 的工序基准为其轴线。

被加工表面与工序基准间的加工尺寸，是本工序应直接保证的尺寸，称为**工序尺寸**。工序基准是工序图上工序尺寸、位置公差标注的起始点。

从上述分析可知，工序基准可以是实际存在的，也可以是假想的点、线、面。**工序尺寸以工序基准为起点，指向被加工表面，所以工序尺寸具有方向性**。多数情况下，工序基准应当尽量与设计基准重合，当考虑定位或加工测量方便时，工序基准也可以与定位基准或测量基准重合。

2）定位基准

在加工中确定工件在机床上或机床夹具中占有正确位置的基准，称为**定位基准**。它是工件上与夹具定位元件直接接触的点、线或面。有时，作为定位基准的点、线、面在工件上不一定实际存在（如外圆和内孔的轴线、对称面等），而常由某些实际存在的表面来实现，这些体现假想的定位基准的表面称为**定位基面**。

定位基准（基面）**分为粗基准、精基准和辅助基准**。用未经加工过的毛坯表面作为定位基准（基面）的，称为粗基准；用加工过的表面作为定位基准（基面）的，称为精基准；为方便加工，纯粹为机加工需要而专门设计的定位基准，称为辅助基准，如轴类零件端面上的中心孔等。

在车削工序图（见图4.4）中，工件装夹在自定心三爪卡盘中，工件外圆表面5与卡爪接触，端面6靠在卡盘平面上，从而实现径向（轴线）和轴向的定位。端面6是实际存在的定位基准，它确定了工件的轴向位置；外圆轴线是假想的定位基准，它确定了工件的径向位置；外圆表面5是径向定位的定位基面。

一般情况下，定位基准应与设计基准和工序基准重合，否则将产生基准不重合误差。

3）测量基准

用来确定被测量尺寸、形状和位置的基准，即测量时所采用的基准，即称为**测量基准**。

测量基准可以是实际存在的，也可以是假想的。体现假想测量基准而实际存在的表面称为**测量基面**。

在车削工序图（见图4.4）中，以端面 F 为基准，用深度卡尺测量端面1、2的尺寸 L_1、L_2，端面 F 就是端面1、2的测量基准。用卡尺测量外圆面4的直径尺寸，卡尺量爪与外圆面接触的量点就是测量基准。

如图4.5所示，阶梯轴放在V形块上测量外圆2的径向圆跳动，外圆1的轴线3为测量基准，而外圆1的外圆表面为测量基面。

4）装配基准

装配时用来确定零件或部件在产品中的相对位置所采用的基准，称为**装配基准**。装配基准可以是实际存在的，也可以是假想的。体现假想装配基准而实际存在的表面称为**装配基面**。

如图4.6所示的倒挡齿轮，其零件图样设计时，把装配基准的内孔作为设计基准；在轮齿齿面加工时，又将内孔轴线作为工序基准和定位基准；在测量齿圈径向圆跳动时，又将内孔轴线作为测量基准，因此该齿轮的内孔轴线既是设计基准、定位基准，又是工序基准、装配基准和测量基准，称为**基准重合**。

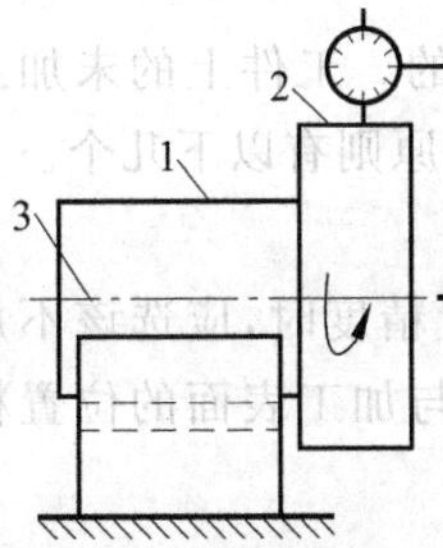

图 4.5　测量基准与测量基面

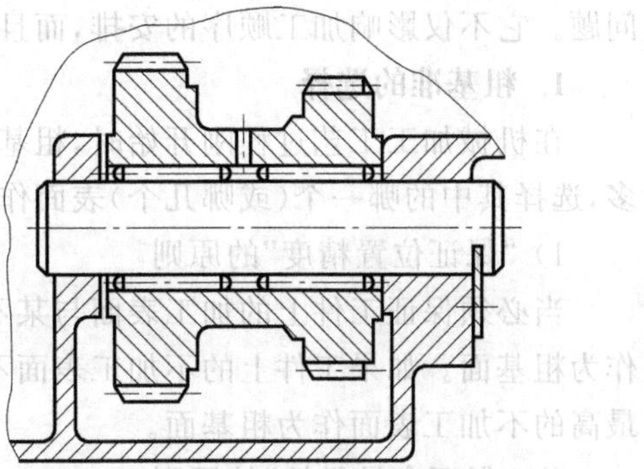

图 4.6　汽车倒挡齿轮的装配基准

5）对刀基准

在加工过程中调整刀具与机床夹具相对位置所采用的基准称为**对刀基准**，如车床的主轴轴线就是对(调)刀基准。

基准在加工工艺过程中是一个很重要的概念，必须真正搞清楚它们的含义，工艺过程中常用的基准之间的关系如图 4.7 所示。

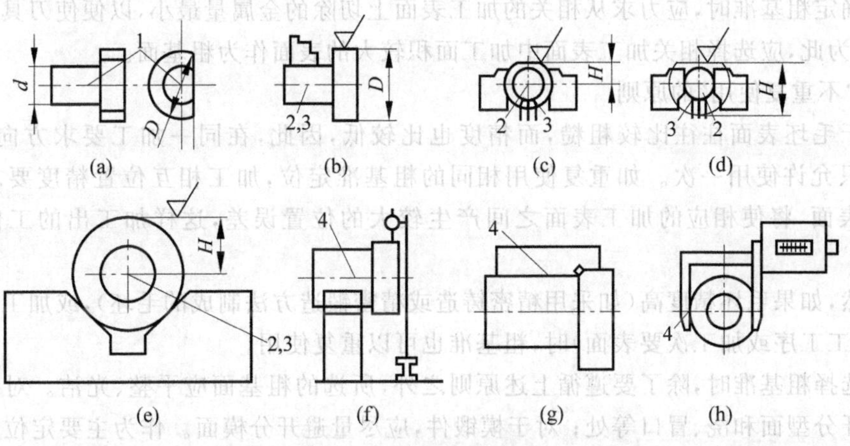

图 4.7　基准间的关系

(a) 零件图；(b)～(e) 定位简图；(f)～(h) 测量简图

1—设计基准；2—工序基准；3—定位基准；4—测量基准

从图 4.7 可以看出，有些几何要素，由于其作用不同而给予不同的基准名称，这就是前面提到的工艺学上称为基准重合的问题。

基准重合是产品设计人员和工艺人员都应遵循的基本准则。在产品设计时，应尽量把装配基准作为零件图样上的设计基准，以便直接保证装配精度的要求；在零件加工时，应尽量使工序基准与设计基准重合，以便能直接保证零件的加工精度；同时还应使工序基准与定位基准重合，避免进行复杂的尺寸换算，同时避免产生基准不重合误差，提高加工精度。

4.2.2　合理地选择工件的定位基准

合理地选择工件的定位基准，是制定机械加工工艺过程时需要解决的一个十分重要的问题。它不仅影响加工顺序的安排，而且影响加工质量、成本乃至生产率。

1. 粗基准的选择

在机械加工工艺过程刚开始时，粗基准的使用是不可避免的。工件上的未加工表面很多，选择其中的哪一个（或哪几个）表面作为粗基面，需要遵循的原则有以下几个。

1）"保证位置精度"的原则

当必须保证工件上的加工表面与某不加工表面之间的位置精度时，应选该不加工表面作为粗基面。如果工件上的不加工表面不只一个，应选择其中与加工表面的位置精度要求最高的不加工表面作为粗基面。

2）"保证余量足够"的原则

确定粗基准时，应保证所有加工表面都有足够的加工余量。当毛坯上某表面余量最小且有可能不够时，应选择该表面作为粗基面，以保证其余量够用。

3）"保证余量均匀"的原则

当要求保证零件上某重要表面余量均匀时，应该选择该表面作为粗基面，有利于保证其加工精度、表面质量及良好而均匀的耐磨性。

4）"保证金属切除量最小"的原则

在确定粗基准时，应力求从相关的加工表面上切除的金属量最小，以便使刀具和动力消耗最少，为此，应选择相关加工表面中加工面积较大的表面作为粗基面。

5）"不重复使用"的原则

由于毛坯表面往往比较粗糙，而精度也比较低，因此，在同一加工要求方向上，粗基准通常只允许使用一次。如重复使用相同的粗基准定位，加工相互位置精度要求比较高的几个表面，将使相应的加工表面之间产生较大的位置误差，这样加工出的工件有可能报废。

当然，如果毛坯精度高（如采用精密铸造或精密锻造方法制成的毛坯），或加工要求不高（如粗加工工序或加工次要表面）时，粗基准也可以重复使用。

在选择粗基准时，除了要遵循上述原则之外，所选的粗基面应平整、光洁。对于铸件应尽量避开分型面和浇、冒口等处；对于模锻件，应尽量避开分模面。作为主要定位面的粗基面，应具有较大的接触面积与分布面积。

上述各项原则，每一条原则只侧重于满足某一方面的要求。实际应用时，往往难以兼顾，甚至可能出现相互矛盾的情况。这时，应该通盘考虑，具体分析，灵活运用，确保最主要的要求。

2. 精基准的选择

已经加工过的定位基面所体现的定位基准，称为精基准（或光基准）。用精基准定位比用粗基准定位有利于保证加工质量，因此，对于中间工序和最终工序，均应尽量采用精基准定位。选择精基准时，要遵循下面的一些原则。

1）"基准重合"的原则

为了避免基准不重合误差，应尽量选用设计基准作为定位基准。特别是在最后精加工时，更应遵循这条原则。例如，加工曲轴的连杆轴颈和曲柄平面时，用最外端的两个主轴颈径向定位，以保证曲柄半径的尺寸精度和连杆轴颈对主轴颈的平行度；用设计基准曲柄侧平面轴向定位，以保证各曲柄平面的轴向尺寸精度。

2）“基准统一”的原则

遵循这一原则，就是要在尽量多的工序中，选用相同的定位基准。这样，既有利于保证这些工序加工表面的位置精度，又可简化夹具的设计与制造，缩短生产准备时间，降低成本。例如，加工轴类零件时，以两端的中心孔定位，可加工外圆、轴肩、外螺纹、轮齿、花键等。又如，加工汽缸体、变速箱、离合器壳体等零件时，选用一个平面与该平面上两个相距较远的定位销孔作定位基面，即采用“一面两孔”定位，也是较为典型的实例。

3）“互为基准”的原则

对于位置精度要求比较高的两个表面，应相互作为精基准，交替使用，反复加工，以保证这两个表面间的位置精度及加工余量均匀。

4）“自为基准”的原则

对于加工余量小而均匀的精加工工序，应选择加工表面本身作为定位基准。这样，有利于提高生产率，保证加工质量。例如在无心外圆磨床上磨削外圆表面、采用圆孔拉刀拉削圆柱形孔、用各种滚挤头对活塞销孔进行滚挤加工等工序中，工件在机床上的位置，都是由工件的加工表面本身确定的。

以加工表面本身作为定位基准时，该加工表面的位置精度应由其他工序确定。

在考虑如何合理选择定位基准时，要根据具体情况，灵活运用上述各项原则，以便达到定位准确、夹紧可靠、夹具简单、操作方便、质量可靠的效果。

3. 辅助基准与附加基准的应用

对于某些零件的加工，为确保定位精度、便于安装或实现基准统一，往往采用辅助基准定位。

在加工过程中，当工件上固有的定位基面因加工而消失时，可将带有同样定位基面的零件镶在该工件上。这种附加在工件上的定位基面所体现的定位基准，称为**附加基准**。例如，轴类工件上固有的中心孔，因加工中心通孔而消失之后，当通孔较大且定位精度要求较高时，可在通孔两端镶锥堵，然后将工件连同两个锥堵一起，顶在机床的前后顶尖之间进行加工。这样，工件装卸比较方便，且有利于保证加工精度。

4.3　毛坯的制定

毛坯种类的选择不仅影响毛坯的制造工艺及费用，而且也与零件的机械加工工艺和加工质量密切相关。为此需要毛坯制造和机械加工两方面的工艺人员密切配合，合理地确定毛坯的种类、结构形状，并绘出毛坯图。

1. 常见的毛坯种类

汽车零件在机械加工中，常用的毛坯有铸件、锻件、冲压件、挤压件、焊接件、粉末冶金件及组合毛坯等，详见第 3 章的具体介绍。

将铸件、锻件、型材、冲压件或经局部机械加工的半成品焊接成的整体毛坯，称为组合毛坯，这类毛坯适用于形状结构复杂或大型零件的制造过程，在现代汽车的生产中应用不多。

2. 毛坯选择的原则

选择毛坯时应该考虑如下几个方面的因素。

1）零件的生产纲领

大量生产的零件应选择精度和生产率较高的毛坯制造方法，用于毛坯制造的昂贵费用可由材料消耗的减少和机械加工费用的降低来补偿，铸件采用金属模机器造型或精密铸造；锻件采用模锻、精锻，选用冷拉和冷轧型材。单件小批生产时应选择精度和生产率较低的毛坯制造方法。

2）零件材料的工艺性

材料为铸铁或青铜等的零件应选择铸造毛坯；当钢质零件形状简单，力学性能要求不太高时，可选用型材；重要的钢质零件，为保证其力学性能，应选择锻造件毛坯。

3）零件的结构形状和尺寸

形状复杂的毛坯，一般采用铸造方法制造，薄壁零件不宜用砂型铸造。一般用途的阶梯轴，各段直径如相差不大，可选用圆棒料；各段直径如相差较大，为减少材料消耗和机械加工的劳动量，可采用锻造毛坯，其中尺寸大的零件一般选择自由锻造，中、小型零件可考虑选择模锻件。

4）现有的生产条件

选择毛坯时，还要考虑生产企业的毛坯制造水平、设备条件以及外协的可能性和经济性等因素。

3. 毛坯的形状及尺寸

毛坯的形状和尺寸主要由零件组成表面的形状、结构、尺寸及加工余量等因素确定，应尽量与零件相接近，力求达到少或无切削加工，以减少机械加工的劳动量。

由于现有毛坯制造技术及成本的限制，以及产品零件的加工精度和表面质量要求越来越高，所以，毛坯的某些表面仍需留有一定的加工余量，以便通过机械加工达到零件的技术要求。毛坯尺寸与零件图样上的尺寸之差称为毛坯余量。

铸件公称尺寸所允许的最大尺寸和最小尺寸之差称为铸件尺寸公差。毛坯余量与毛坯的尺寸、部位及形状有关。如铸造毛坯的加工余量，是由铸件最大尺寸、公称尺寸（两相对加工表面的最大距离或基准面到加工面的距离）、毛坯浇注时的位置（顶面、底面、侧面）、铸孔的尺寸等因素确定的。对于单件小批生产，铸件上直径小于 30 mm 和铸钢件上直径小于 60 mm 的孔可以不铸出。而对于锻件，若用自由锻，孔径小于 30 mm 或长径比大于 3 的孔可以不锻出。对于锻件，应考虑锻造圆角和模锻斜度。带孔的模锻件不能直接锻出通孔，应留冲孔连皮等。

毛坯的形状和尺寸的确定，除了将毛坯余量附在零件相应的加工表面上之外，有时还要考虑到毛坯的制造、机械加工及热处理等工艺因素的影响。在这种情况下，毛坯的形状可能与工件的形状有所不同。如图 4.8 所示，为了加工时安装方便，有的铸件毛坯需要铸出必要的工艺凸台，工艺凸台在零件加工后一般应切去。如图 4.9 所示，车床开合螺母外壳，它由两个零件合成一个铸件，待加工到一定阶段后再切开，以便于加工和保证加工质量。

有时为了提高生产率和加工过程中便于装夹，可以将一些小零件多件合成一个毛坯。如图 4.10 所示的滑键为锻件，可以将若干零件先合成一个毛坯，待两侧面和平面加工后，再切割成单个零件。如图 4.11 所示为垫圈类零件，也应将若干零件合成一个毛坯，毛坯可取一长管料，其内孔直径要小于垫圈内径。车削时，用卡盘夹住一端外圆，另一端用顶尖顶住，这时可车外圆和槽，然后用卡盘夹住外圆较长的一部分并用 $\phi16$ mm 的钻头钻孔，这样就可以分割成若干个垫圈零件，图中的垫圈间距是相同的，这样便可实现只用一把刀具完成所有的切削。

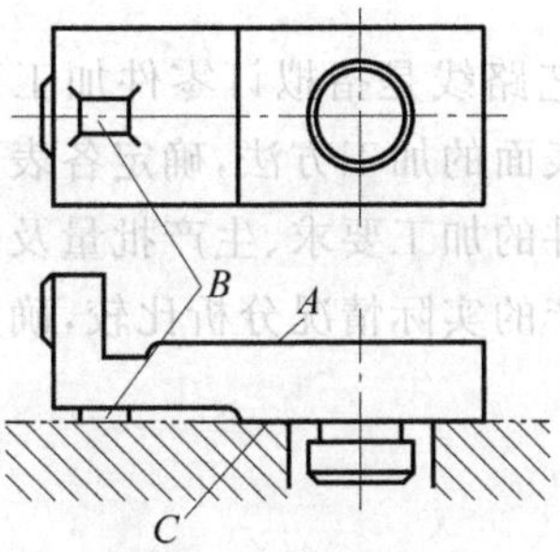

图 4.8 工艺凸台

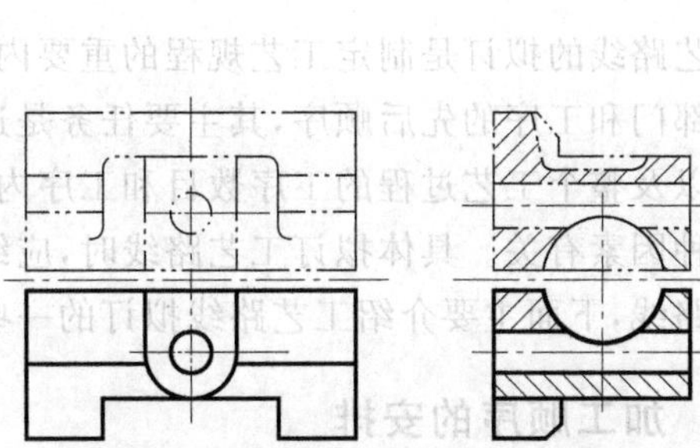

图 4.9 车床开合螺母外壳简图

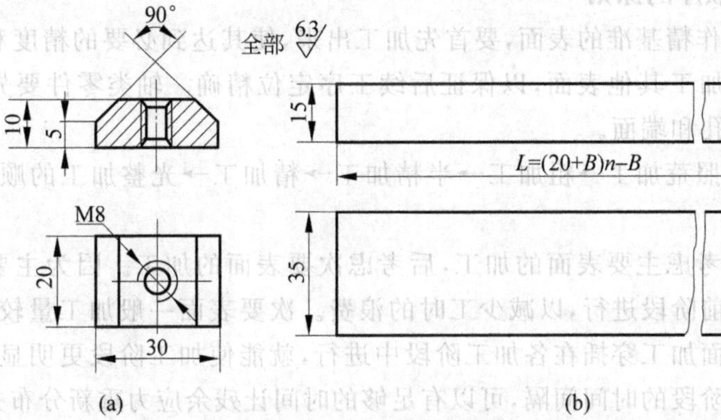

图 4.10 滑键的零件图及毛坯图

(a) 滑键零件；(b) 毛坯

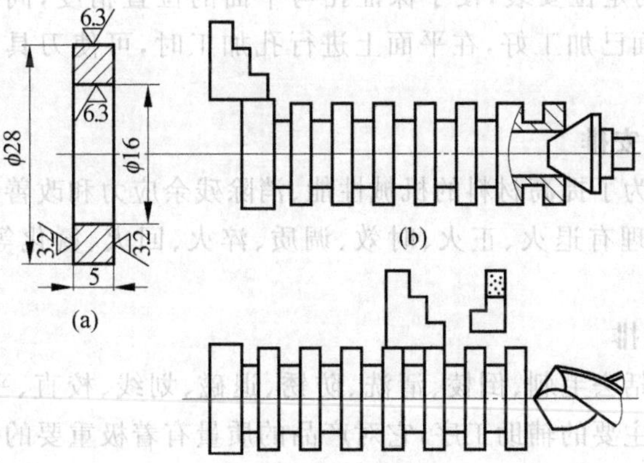

图 4.11 垫圈的整体毛坯及加工

(a) 垫圈；(b) 车外圆及切槽时的装夹方法；(c) 钻内孔

4.4 加工路线及工艺装备的选择

工艺路线的拟订是制定工艺规程的重要内容,拟订工艺路线是指拟订零件加工所经过的有关部门和工序的先后顺序,其主要任务是选择各加工表面的加工方法,确定各表面的加工顺序以及整个工艺过程的工序数目和工序内容,它与零件的加工要求、生产批量及生产条件等多种因素有关。具体拟订工艺路线时,应结合企业生产的实际情况分析比较,确定合理的工艺路线,下面主要介绍工艺路线拟订的一些共性问题。

4.4.1 加工顺序的安排

安排加工顺序的总的原则是前面的工序为后续工序创造条件,作为基础的准备。

1. 安排切削加工顺序的原则

(1) 基面先行:用作精基准的表面,要首先加工出来,使其达到必要的精度和表面粗糙度,然后以精基面定位加工其他表面,以保证后续工序定位精确。轴类零件要先加工中心孔,盘形齿轮应先加工孔和端面。

(2) 先粗后精:按照荒加工→粗加工→半精加工→精加工→光整加工的顺序,分阶段安排工件的加工。

(3) 先主后次:先考虑主要表面的加工,后考虑次要表面的加工。因为主要表面加工容易产生废品,应放在前阶段进行,以减少工时的浪费。次要表面一般加工量较小,加工比较方便,因此把次要表面加工穿插在各加工阶段中进行,就能使加工阶段更明显、顺利地进行,同时又能增加加工阶段的时间间隔,可以有足够的时间让残余应力重新分布并使其引起的变形充分消失,以便在后续工序中修正。

(4) 先面后孔:先加工平面,后加工孔。因为平面一般面积较大,轮廓平整,先加工好平面,便于加工孔时的定位安装,便于保证孔与平面的位置精度,同时也给孔的加工带来方便。另外,由于平面已加工好,在平面上进行孔加工时,可使刀具的初始工作条件得到改善。

2. 热处理工序的安排

热处理的目的是为了提高材料的机械性能、消除残余应力和改善金属的切削加工性能,机械零件常用的热处理有退火、正火、时效、调质、淬火、回火、氮化等,详见第3章的具体介绍。

3. 辅助工序的安排

辅助工序一般包括去毛刺、倒棱、清洗、防锈、退磁、划线、校直、平衡、称重、检验、打印等。其中检验工序是主要的辅助工序,它对产品的质量有着极重要的作用,检验工序一般安排在:

(1) 关键工序后;

(2) 零件换车间后,特别是进行热处理工艺后;

(3) 粗加工后、精加工前;

(4) 零件全部加工完毕后;

(5) 特种检验,如无损探伤、密封性、强度试验等按要求严格执行检验。

在划分了加工阶段以及各表面加工先后顺序后，就可以把这些内容组成为各个工序。在组成工序时，应根据生产类型、现有生产条件、企业能力、工件结构特点和技术要求等进行综合分析，择优选用工序集中或工序分散。

4.4.2　表面加工方法及加工方案的选择

选择表面加工方法时，一般应先根据表面的加工精度和表面粗糙度要求，选定最终加工方法，然后再确定精加工前的准备工序的加工方法，即确定加工方案。由于获得同一精度和同一粗糙度的方案有好几种，选择时还要考虑生产率和经济性，考虑零件的结构形状、尺寸大小、材料和热处理要求及工厂的生产条件等。表面加工方法选择时主要应考虑以下几个因素。

1. 经济精度与经济粗糙度

任何一种加工方法可以获得的加工精度和表面粗糙度均有一个较大的范围。例如，精细的操作、选择低的切削用量，可以获得较高的精度，但又会降低生产率，提高成本；反之，如通过增大切削用量来提高生产率，虽然成本降低了，但精度也降低了。所以，对一种加工方法，只有在一定的精度范围内才是经济的，这一定范围的精度就是指在正常加工条件下(采用符合质量标准的设备、工艺装备和标准技术等级的工人、合理的加工时间)所能达到的精度，这一定范围内的精度称为**经济精度**，相应的粗糙度称为**经济粗糙度**。

如表 4.1、表 4.2、表 4.3 所示，分别为外圆柱面、内孔和平面等典型加工方法和加工方案能达到的经济精度和经济粗糙度(经济精度以公差等级表示)。表 4.4 为各种加工方法加工轴线平行的孔系的位置精度(用距离误差表示)。各种加工方法所能达到的经济精度和经济粗糙度等级，在机械加工的各种手册中均能查到。

表 4.1　外圆柱面加工方法

序号	加工方法	经济精度(公差等级表示)	经济粗糙度值 $Ra/\mu m$	适用范围
1	粗车	IT11～IT13	50～12.5	适用于淬火钢以外的各种金属
2	粗车→半精车	IT8～IT10	6.3～3.2	
3	粗车→半精车→精车	IT7～IT8	1.6～0.8	
4	粗车→半精车→精车→滚压(或抛光)	IT7～IT8	0.2～0.025	
5	粗车→半精车→磨削	IT7～IT8	0.8～0.4	主要用于淬火钢，也可用于未淬火钢，但不宜加工有色金属
6	粗车→半精车→粗磨→精磨	IT6～IT7	0.4～0.1	
7	粗车→半精车→粗磨→精磨→超精加工(或轮式超精磨)	IT5	0.1～0.012(或 Rz 0.1)	
8	粗车→半精车→精车→精细车(金钢车)	IT6～IT7	0.4～0.025(或 Rz 0.1)	主要用于要求较高的有色金属加工
9	粗车→半精车→粗磨→精磨→超精磨(或镜面磨)	IT5 以上	0.025～0.006(或 Rz 0.05)	主要用于极高精度的外圆面加工
10	粗车→半精车→粗磨→精磨→研磨	IT5 以上	0.1～0.006(或 Rz 0.05)	

表 4.2 内孔加工方法

序号	加工方法	经济精度（公差等级表示）	经济粗糙度值 $Ra/\mu m$	适用范围
1	钻	IT11～IT13	12.5	加工未淬火钢及铸铁的实心毛坯，也可用于加工有色金属。孔径小于 15～20 mm
2	钻→铰	IT8～IT10	6.3～1.6	
3	钻→粗铰→精铰	IT7～IT8	1.6～0.8	
4	钻→扩	IT10～IT11	12.5～6.3	加工未淬火钢及铸铁的实心毛坯，也可用于加工有色金属。孔径小于 15～20 mm
5	钻→扩→铰	IT8～IT9	3.2～1.6	
6	钻→扩→粗铰→精铰	IT7	1.6～0.8	
7	钻→扩→机铰→手铰	IT6～IT7	0.4～0.2	
8	钻→扩→拉	IT7～IT9	1.6～0.1	大批量生产（精度视拉刀的精度而定）
9	粗镗（或扩孔）	IT11～IT13	12.5～6.3	除淬火钢外的各种材料，毛坯有铸出孔或锻出孔
10	粗镗（粗扩）→半精镗（精扩）	IT9～IT10	3.2～1.6	
11	粗镗（粗扩）→半精镗（精扩）→精镗（铰）	IT7～IT8	1.6～0.8	
12	粗镗（粗扩）→半精镗（精扩）→精镗→浮动镗刀精镗	IT6～IT7	0.8～0.4	
13	粗镗（扩）→半精镗→磨孔	IT7～IT8	0.8～0.2	主要用于淬火钢，也可用于未淬火钢，但不宜用于有色金属
14	粗镗（扩）→半精镗→粗镗→精磨	IT6～IT7	0.2～0.1	
15	粗镗（扩）→半精镗→精镗→精细镗（金钢镗）	IT6～IT7	0.4～0.05	主要用于精度要求高的有色金属加工
16	钻→（扩）→粗铰→精铰→珩磨；钻→（扩）→拉→珩磨；粗镗→半精镗→精镗→珩磨	IT6～IT7	0.2～0.025	主要用于精度要求很高的孔加工
17	以研磨代替 16 中的珩磨	IT5～IT6	0.1～0.006	

表 4.3 平面加工方法

序号	加工方法	经济精度（公差等级表示）	经济粗糙度值 $Ra/\mu m$	适用范围
1	粗车	IT11～IT13	50～12.5	端面
2	粗车→半精车	IT8～IT10	6.3～3.2	
3	粗车→半精车→精车	IT7～IT8	1.6～0.8	
4	粗车→半精车→磨削	IT6～IT8	0.8～0.2	
5	粗刨（或粗铣）	IT11～IT13	25～6.3	一般不淬硬平面（端铣表面粗糙度 Ra 值较小）
6	粗刨（或粗铣）→精刨（或精铣）	IT8～IT10	6.3～1.6	

续表

序号	加工方法	经济精度（公差等级表示）	经济粗糙度值 $Ra/\mu m$	适用范围
7	粗刨（或粗铣）→精刨（或精铣）→刮研	IT6～IT7	0.8～0.1	精度要求较高的不淬硬平面，批量较大时宜采用宽刃精刨方案
8	以宽刃精刨代替 7 中的刮研	IT7	0.8～0.2	
9	粗刨（或粗铣）→精刨（或精铣）→磨削	IT7	0.8～0.2	精度要求高的淬硬平面或不淬硬平面
10	粗刨（或粗铣）→精刨（或精铣）→粗磨→精磨	IT6～IT7	0.4～0.025	
11	粗铣→拉	IT7～IT9	0.8～0.2	大量生产，较小的平面（精度视拉削精度而定）
12	粗铣→精铣→磨削→研磨	IT5 以上	0.1～0.006（或 Rz 0.05）	高精度平面

表 4.4　轴线平行的孔系的位置精度（经济精度）　μm

加工方法	工具的定位	两孔轴线间的距离误差或从孔轴线到平面的距离误差	加工方法	工具的定位	两孔轴线间的距离误差或从孔轴线到平面的距离误差
立钻或摇臂钻上钻孔	用钻模	0.1～0.2	卧式镗床上镗孔	用镗模	0.05～0.08
	按划线	1.0～3.0		按定位样板	0.08～0.2
立钻或摇臂钻上镗孔	用镗模	0.03～0.05		按定位器的指示读数	0.04～0.06
车床上镗孔	按划线	1.0～2.0		用块规	0.05～0.1
	用带有滑模的角尺	0.1～0.3		用内径规或用塞尺	0.05～0.25
坐标镗床上镗孔	用光学仪器	0.004～0.015		用程度控制的坐标装置	0.04～0.05
金刚镗床上镗孔		0.008～0.02		用游标卡尺	0.2～0.4
多轴组合机床上镗孔	用镗模	0.03～0.05		按划线	0.4～0.6

2. 零件结构形状和尺寸大小

零件的形状和尺寸影响加工方法的选择。小孔一般用铰削加工；较大的孔用镗削加工；箱体上的孔一般难以拉削而采用镗削或铰削；对于非圆的通孔，应优先考虑用拉削，批量较小时用插削加工；对于难磨削的小孔，则可采用研磨加工。

3. 零件的材料及热处理要求

经淬火后的表面，一般应采用磨削加工；材料未淬硬的精密零件的配合表面，可采用刮研加工；对硬度低而韧性较大的金属，如铜、铝、镁铝合金等有色金属，为避免磨削时砂轮的嵌塞，一般不采用磨削加工，而采用高速精车、精镗、精铣等加工方法。

4. 生产率和经济性

对于较大的平面,铣削加工生产率较高,而窄、长的工件宜用刨削加工;对于大量生产的低精度孔系,宜采用多轴钻;对批量较大的曲面加工,可采用机械靠模加工、数控加工和特种加工等加工方法。

4.4.3 加工阶段的划分

当零件表面精度和粗糙度要求比较高时,往往不可能在一道工序中加工完成,而应划分为几个阶段来进行加工。

1. 工艺过程的4个加工阶段

(1) 粗加工阶段:主要切除各表面上的大部分加工余量,使毛坯形状和尺寸接近于成品,该加工阶段应使用大功率机床、选用较大的切削用量等,应尽可能地提高生产率和降低刀具磨损等。

(2) 半精加工阶段:为主要表面的精加工作好准备,使其达到一定的加工精度,并保证适当的精加工余量;同时还需完成一些次要表面的加工,如钻孔、攻螺纹、铣键槽等。

(3) 精加工阶段:对于加工质量(表面粗糙度及加工精度)要求不太高的零件,要求达到工程图样上的全部质量要求;对于加工质量要求极高的零件,在此加工阶段通常要达到其形状精度与位置精度的要求。

(4) 光整加工阶段:对于加工质量要求极高的零件,应该安排进行光整加工。这个加工阶段的主要任务是在精加工的基础上,进一步提高主要表面的尺寸精度、减小表面粗糙度,该加工阶段一般不用于提高零件的形状精度和位置精度。

当毛坯表面非常粗糙、加工余量极大且不均匀时,在粗加工阶段之前,还需安排荒加工(去皮加工)阶段。荒加工一般安排在毛坯准备车间内进行,以便及时发现毛坯的缺陷。

2. 划分加工阶段的原因

(1) 及时发现毛坯的缺陷。毛坯经荒加工和粗加工阶段后,缺陷(余量不足、浇不足、冷隔、气孔、裂纹等)就可暴露,可以及时发现、修补或决定报废,避免继续加工造成更大的浪费。同时,精加工工序放在最后,可以避免加工好的表面在搬运和夹紧过程中受到损伤。

(2) 保证加工质量。粗加工阶段,由于加工余量较大,工件所受的切削力、夹紧力也较大,工件在粗加工后将会引起较大的变形及内应力重新分布。划分加工阶段,由于各加工阶段间有一定的时间间隔,能对工件起到自然时效的作用,便于消除内应力及其产生的变形。通过划分加工阶段,粗加工后,半精加工和精加工的加工余量逐渐减小,切削力及切削热等影响也越来越小,能逐步恢复和修正变形,不断提高加工质量,确保达到加工零件的技术要求。

(3) 合理使用设备。机械加工分阶段进行,粗加工安排刚性好、效率高而精度较低的机床以获得较高的生产率;精加工则可以安排精度高、功率小的机床,来保证加工精度。划分加工阶段,可以充分发挥机床的性能,延长机床使用寿命,获得更好的经济效益。

(4) 便于安排热处理工序和检验工序。划分机械加工阶段,便于在各加工阶段之间,按需安插热处理工序,既能保证零件达到机械性能要求,又能逐步消除工件内应力与变形,保证加工质量。如粗加工后,安排去应力热处理,以消除内应力,稳定尺寸;零件精加工后,安排光整加工,进一步提高加工质量。

(5) 避免损伤已加工表面。重要的加工表面都会在最后安排精加工或光整加工,可以避免工件在装卸和运输过程中受到损伤。

拟订零件的工艺路线时，应遵循划分加工阶段这一原则。工艺路线中加工阶段的划分是对零件的整个机械加工过程来说的，不能简单地以某一表面的加工特点或某一工序的性质来确定其所属的加工阶段的种类。同时在具体应用时，也不可以绝对化，对有些重型零件或余量小、精度不高的零件，完全可以在一次装夹后完成表面的粗、精加工。例如，某些要求较高的定位基面，往往在粗加工阶段就必须加工得很精确；而倒角、钻小孔、切槽等粗加工工序，常会安排在半精加工甚至会在精加工阶段完成。对于精锻毛坯，对零件刚性好且加工精度要求较低的零件，可不必划分加工阶段；对于一些刚性较好的重型零件，由于吊装较困难，往往不划分加工阶段，而在一次装夹后完成粗、精加工。

4.4.4 加工工艺参数的确定

零件加工工艺路线确定后，在进一步安排各道工序的具体内容时，应正确地确定各道工序的工序尺寸，为确定工序尺寸，首先应确定加工余量。

1. 加工余量

由于毛坯不能达到零件所要求的精度和表面粗糙度，因此要留有加工余量，以便经过机械加工来达到规定的精度和表面粗糙度。

加工余量是指加工过程中从加工表面切除的金属层厚度。**加工余量分为工序余量和总余量。**

1）工序余量

工序余量是指某一表面在一道工序中切除的金属层厚度。

(1) 工序余量的计算

工序余量等于相邻两工序的工序尺寸之差。

对于外表面(见图4.12(a))，其工序余量为

$$Z=a-b$$

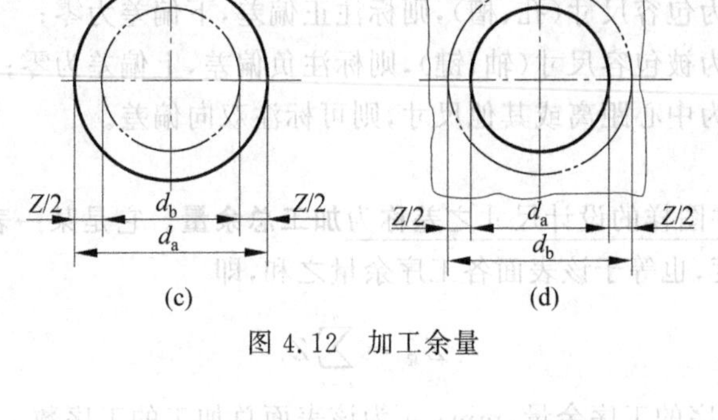

图4.12 加工余量

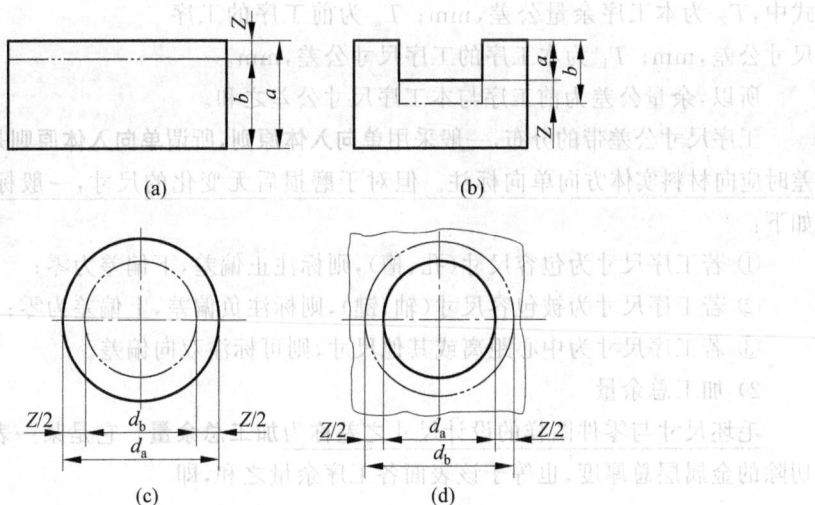

对于内表面(见图 4.12(b)),其工序余量为

$$Z=b-a$$

式中,Z 为本工序的工序余量,mm;a 为前工序的工序尺寸,mm;b 为本工序的工序尺寸,mm。

上述加工余量均为非对称的单边余量,旋转表面的加工余量为双边对称余量。

对于轴(见图 4.12(c)),其工序余量为

$$Z=d_a-d_b$$

对于孔(见图 4.12(d)),其工序余量为

$$Z=d_b-d_a$$

式中,Z 为直径上的加工余量,mm;d_a 为前工序的加工直径,mm;d_b 为本工序的加工直径,mm。

当加工某个表面的工序是分几个工步时,则相邻两工步尺寸之差就是工步余量,它是某工步在加工表面上切除的金属层厚度。

(2) 工序基本余量、最大余量、最小余量及余量公差

由于毛坯制造和各道工序尺寸都存在着误差,因此加工余量也是个变动值。当工序尺寸用基本尺寸计算时,所得到的加工余量称为**基本余量**或**公称余量**。

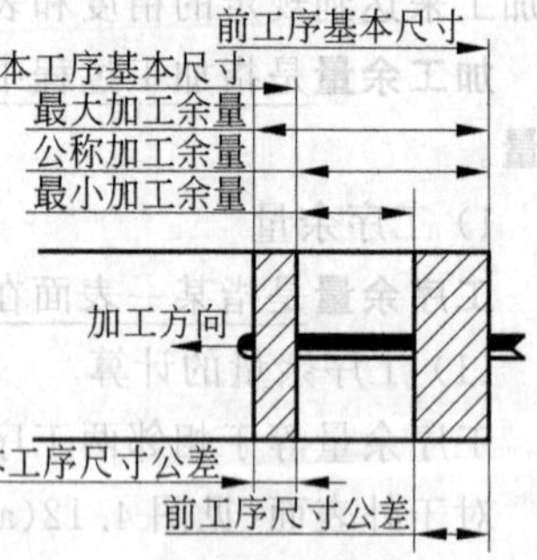

图 4.13 工序尺寸公差与加工余量

最小余量 $Z_{\min}$ 是保证该工序加工表面的精度和质量所需切除的金属层最小厚度。最大余量 $Z_{\max}$ 是该工序余量的最大值。图 4.13 表示了工序尺寸公差与加工余量间的关系。余量公差是加工余量间的变动范围,其值为

$$\begin{aligned}T_Z&=Z_{\max}-Z_{\min}=(a_{\max}-a_{\min})+(b_{\max}-b_{\min})\\&=T_a+T_b\end{aligned}$$

式中,T_Z 为本工序余量公差,mm;T_a 为前工序的工序尺寸公差,mm;T_b 为本工序的工序尺寸公差,mm。

所以,余量公差为前工序与本工序尺寸公差之和。

工序尺寸公差带的分布,一般采用**单向入体原则**,所谓**单向入体原则**是指标注工件尺寸公差时应向材料实体方向单向标注。但对于磨损后无变化的尺寸,一般标注双向偏差。规定如下:

① 若工序尺寸为包容尺寸(孔、槽),则标注正偏差,下偏差为零;

② 若工序尺寸为被包容尺寸(轴、键),则标注负偏差,上偏差为零;

③ 若工序尺寸为中心距离或其他尺寸,则可标注双向偏差。

2) 加工总余量

毛坯尺寸与零件图样的设计尺寸之差称为**加工总余量**。它是某一表面从毛坯到成品时切除的金属层总厚度,也等于该表面各工序余量之和,即

$$Z_{总}=\sum_{i=1}^{n}Z_i$$

式中,Z_i 为第 i 道工序的工序余量,mm;n 为该表面总加工的工序数。

加工总余量也是个变动值，其值及公差一般可从有关手册中查得或凭经验确定。图 4.14 表示了内孔和外圆表面经多次加工时，加工总余量、工序余量与加工尺寸的分布图。

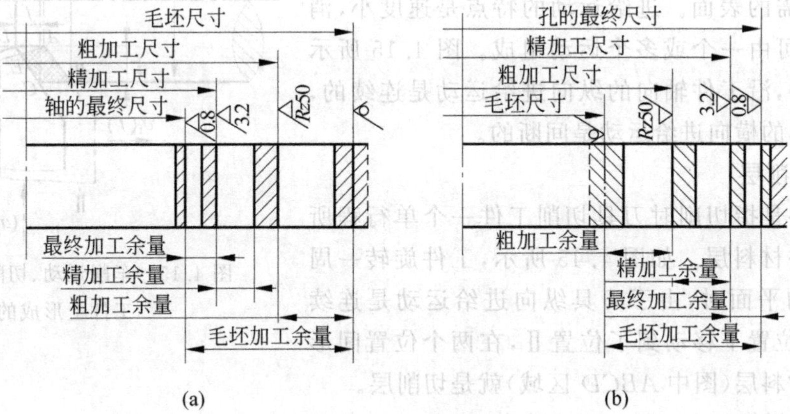

图 4.14　加工余量、工序余量和加工尺寸分布图

(a) 外圆；(b) 内孔

3）影响加工余量的因素

影响加工余量的因素有许多，主要有：

(1) 前工序的表面质量(包括表面粗糙度 H_a 和表面破坏层深度 S_a)；

(2) 前工序的工序尺寸公差 T_a；

(3) 前工序的位置误差 ρ_a，如工件表面在空间的弯曲、偏斜以及空间误差等；

(4) 本工序的安装误差 ε_b。

所以本工序的加工余量必须满足下式：

用于对称余量时

$$Z \geqslant 2(H_a + S_a) + T_a + 2\,|\,\rho_a + \varepsilon_b\,|$$

用于单边余量时

$$Z \geqslant H_a + S_a + T_a + |\,\rho_a + \varepsilon_b\,|$$

2. 切削运动与切削用量

1）切削运动

金属切削加工时，工件是机械加工过程中被加工对象的总称，任何一个工件都是经过由毛坯加工到成品的过程，在这个过程中，要使刀具对工件进行切削加工形成各种表面，必须使刀具与工件间产生相对运动，这种在金属切削加工中必须的相对运动称为切削运动。以车床加工外圆柱面为例，图 4.15 示出了车削运动、切削层及工件上形成的表面。

切削运动可分为主运动和进给运动两种。

(1) 主运动

主运动是切除工件上多余金属层形成工件新表面所必需的运动，它是切削加工中最基本、最主要的运动，通常它的速度最高、消耗的机床功率最多，如车削加工、镗削加工时是工件的回转运动，铣削加工和钻削加工时是刀具的回转运动，刨削加工时是刨刀的直线运动。

(2) 进给运动

进给运动是把被切削金属层间断或连续投入切削的一种运动，与主运动相配合即可不断地切除金属层，获得所需的表面。进给运动的特点是速度小，消耗功率少，可由一个或多个运动组成。图 4.15 所示外圆车削中，沿工件轴向的纵向进给运动是连续的，沿工件径向的横向进给运动是间断的。

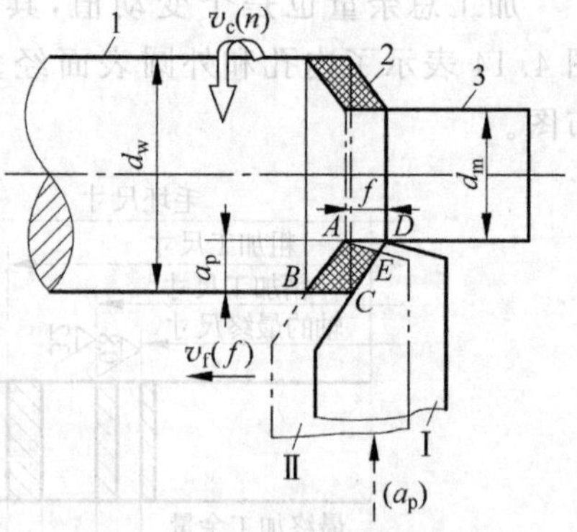

图 4.15 车削运动、切削层及工件上形成的表面

(3) 切削层

切削层是指切削时刀具切削工件一个单行程所切除的工件材料层。如图 4.15 所示，工件旋转一周回到原来的平面时，由于刀具纵向进给运动是连续的，刀具从位置Ⅰ移动到了位置Ⅱ，在两个位置间形成的工件材料层（图中 *ABCD* 区域）就是切削层。

(4) 切削过程中工件上形成的表面

工件在切削过程中形成了 3 个表面：其中待加工表面是指工件上即将被切削掉的表面，如图 4.15 中外圆表面 1；过渡表面是工件上切削刃正在切削的表面，如图 4.15 中表面 2；已加工表面是指工件上经切削加工后形成的表面，如图 4.15 中外圆表面 3。

2) 切削用量

刀具与工件之间有了相对运动才可以进行切削加工，用来衡量切削运动大小的参数称为切削用量，切削速度、进给量和背吃刀量（切削深度）称为切削用量的三要素。只有合理地确定切削用量才能顺利地进行切削。

(1) 切削速度 v

切削速度是指刀具切削刃上选定点相对于工件主运动的速度，单位为 m/min 或 m/s。由于切削刃上各点的切削速度是不同的，计算时常用最大切削速度代表刀具的切削速度。外圆车刀车削外圆时的切削速度计算式为

$$v=\frac{\pi d_w n}{1000} \tag{4.1}$$

式中，d_w 为工件待加工表面的直径，mm；n 为工件的转速，r/min。

(2) 进给量 f

刀具在进给运动方向上相对于工件的位移量称为进给量。不同的加工方法，由于所用刀具和切削运动形式不同，进给量的表述和度量方法也不同。进给量的单位为 mm/r（用于车削、镗削等）或 mm/行程（用于刨削、磨削等）。进给量表示进给运动的速度。进给运动速度还可以用进给速度 v_f（单位为 mm/s）或每齿进给量 f_Z（用于铣刀、铰刀等多刃刀具，单位为 mm/齿）表示，即

$$v_f=nf=nzf_Z \tag{4.2}$$

式中，n 为主运动的转速，m/min；z 为刀具齿数。

(3) 背吃刀量（切削深度）a_p

在垂直于主运动方向和进给运动方向的工作平面内测量的刀具切削刃与工件切削表面的接触长度称为背吃刀量。对于外圆车削，背吃刀量为工件上已加工表面和待加工表面间

的垂直距离，单位为 mm，即

$$a_p = \frac{1}{2}(d_w - d_m) \tag{4.3}$$

式中，d_w 为工件待加工表面的直径，mm；d_m 为工件已加工表面的直径，mm。

3. 切削力和切削功率

1）切削力

切削力是工件材料抵抗刀具切削产生的阻力（切削力是一对大小相等、方向相反，分别作用在工件和刀具上的作用力和反作用力，它来源于工件的弹性变形与塑性变形抗力，切屑与前刀面及工件和后刀面之间的摩擦变形力）。切削力是影响工艺系统强度、刚度和加工工件质量的重要因素，是设计机床、刀具、夹具和计算切削功率的主要依据。

为便于测量、计算切削力的大小和分析切削力的作用，通常将切削力 F 沿主运动方向、进给运动方向和切深方向分解为3个相互垂直的分力。图 4.16 所示为切削力的分力与合力，其中：

切削力 F_c（主切削力 F_z）：在主运动方向上的分力。

背向力 F_p（切深抗力 F_y）：在切深方向上的分力。

进给力 F_f（进给抗力 F_x）：在进给运动方向上的分力。

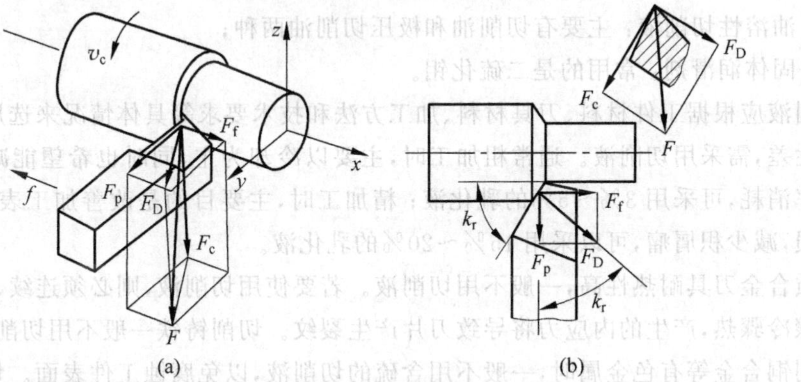

图 4.16　切削力的分力与合力

合力 F 在基面中的分力 F_D 与各分力之间的关系为

$$F = \sqrt{F_D^2 + F_c^2} = \sqrt{F_c^2 + F_p^2 + F_f^2} \tag{4.4}$$

$$F_P = F_D \cos k_r;\quad F_f = F_D \sin k_r$$

式(4.4)表明：当 $k_r = 0°$ 时，$F_p = F_D$，$F_f = 0$；当 $k_r = 90°$ 时，$F_p = 0$，$F_f = F_D$。各分力的大小对切削过程会产生明显不同的作用。

由实验可得，当 $k_r = 45°$，$\gamma_o = 15°$，$\lambda_s = 0°$ 时，各分力间近似关系为

$$F_c : F_p : F_f = 1 : (0.4 \sim 0.5) : (0.3 \sim 0.4) \tag{4.5}$$

其中，F_c 总是最大。

2）切削分力的作用

切削力 F_c 作用在工件上，并通过卡盘传递到机床主轴箱，它是设计机床主轴、齿轮和计算主运动功率的主要依据；由于 F_c 的作用，使刀杆弯曲、刀片受压，故用它决定刀杆、刀

片尺寸；F_c 也是设计夹具和选择切削用量的重要依据。

在纵车外圆时，如果加工工艺系统刚性不足，F_p 是影响加工工件精度、引起切削振动的主要原因，但 F_p 不消耗切削功率。

F_f 作用在机床进给机构上，是计算进给机构薄弱环节零件的强度和检测进给机构强度的主要依据，F_f 消耗总功率的1%～5%。

3）切削功率

主运动消耗的切削功率 P_c（单位为kW）应为

$$P_c = F_c \nu_c \tag{4.6}$$

式中，ν_c 为主运动的切削速度。

根据式(4.5)求出切削功率 P_c 后，再按下式计算主电动机的功率 P_E（单位为kW）：

$$P_E = P_c / \eta_c \tag{4.7}$$

式中，η_c 为机床传动效率，一般取 $\eta_c = 0.75 \sim 0.85$。

式(4.7)是校验和选用机床主电动机功率的计算式。

4. 切削液的合理选择

切削液起冷却、润滑、清洗与防锈作用。切削液的种类主要有如下几种。

(1) 水溶性切削液：主要有水溶液、乳化液和化学合成液3种；

(2) 油溶性切削液：主要有切削油和极压切削油两种；

(3) 固体润滑剂：常用的是二硫化钼。

切削液应根据工件材料、刀具材料、加工方法和技术要求等具体情况来选用。高速钢刀具耐热性差，需采用切削液。通常粗加工时，主要以冷却为主，同时也希望能减小切削力和降低功率消耗，可采用3%～5%的乳化液；精加工时，主要目的是改善加工表面质量，降低刀具磨损，减少积屑瘤，可以采用15%～20%的乳化液。

硬质合金刀具耐热性高，一般不用切削液。若要使用切削液，则必须连续、充分地供应，否则因骤冷骤热，产生的内应力将导致刀片产生裂纹。切削铸铁一般不用切削液。

切削铜合金等有色金属时，一般不用含硫的切削液，以免腐蚀工件表面。切削铝合金时一般可不用切削液；但在铰孔和攻丝时，常加5∶1的煤油与机油的混合液或轻柴油，要求不高时，也可用乳化液。

切削液的浇注部位、充足程度与浇注方法的差异，将直接影响切削液的使用效果。切削变形区是发热的核心区，切削液应尽量浇注在该区。

5. 确定加工工艺参数的方法

加工工艺参数的大小，直接影响着零件的加工质量和生产率。加工工艺参数过大，不仅增加机械加工劳动量，降低生产率，而且增加材料、工具和电力的消耗，增加成本；但若加工工艺参数过小，又不能消除前工序的各种误差和表面缺陷，甚至产生废品。因此，必须合理地确定加工工艺参数，确定加工工艺参数有以下3种方法。

(1) 分析计算法

分析计算法是对影响加工余量的各种因素进行分析后，再根据一定的计算公式来计算加工余量的方法。此法确定的加工余量较合理，但需要全面、可靠的原始资料，计算也较复杂，故很少应用。

(2) 经验估算法

经验估算法是根据工艺人员的经验来粗略估计零件各表面的总余量和各工序的加工余量。为避免估量不足产生报废，所估计的加工余量一般偏大，此法多适于单件小批生产。

(3) 查表修正法

根据有关手册(《金属切削手册》《机械加工工艺手册》等)，查得加工余量的数值，再结合企业的实际加工情况进行适当修正。此法比分析计算法简便，而且比较可靠，所以在工厂中应用广泛。

4.4.5 设备及工艺装备的选择

设备和工艺装备是保证工件加工质量和达到一定生产率的基础条件，设备和工艺装备的选择是工艺规程制定中的重要环节之一。为了合理地选择设备和工艺装备，必须对各种设备的规格、性能和工艺装备(尤其是刀具、量具和检具)的种类、规格等有较详细的了解，并准备好必要的技术资料。

1. 设备的选择

选择设备时，要遵循以下原则。

(1) 设备的工作区域尺寸应该与工件的轮廓尺寸相适应。加工较小的工件时选用较小规格的设备，加工较大工件时选用较大规格的设备，避免盲目增大机床规格。

(2) 设备的加工精度、功率、刚度及切削用量范围应该与工件工序的加工性质相适应。粗加工工序选择刚度大、有一定功率储备的普通精度设备，精加工工序选择主轴转速较高的高精度或精密设备。

(3) 设备的生产率应该与加工零件的生产类型相适应。单件小批生产时选择通用设备，大批大量生产时选择高生产率的专用设备。

(4) 要充分利用现有的设备。如果需要改装设备或设计专用机床，则应该提出设计任务书，说明与加工工序内容有关的参数、生产率要求，保证零件加工质量的技术要求等。

(5) 合理选用数控机床、加工中心等先进制造设备和成组加工。设备确定后，有时还需根据其负荷率对工艺路线进行修订，对工序的内容进行相应的调整。

2. 工艺装备的选择

工艺装备包括机床、夹具、切削工具和检量具等，工艺装备的选用不仅影响工件的加工质量、生产效率，而且还会影响工序的经济效益。

1) 夹具的选择

夹具的选择主要考虑工件的生产类型。由于汽车的生产属于成批、大量生产，各工序所使用的机床夹具，除车床、外圆磨床等少数机床常使用通用机床夹具外，多数为高效的专用机床夹具。在多品种，中、小批量生产的情况下，可采用可调机床夹具或成组夹具。

2) 刀具的选择

刀具的选择主要取决于工件表面的加工方法、加工表面的尺寸、工件材料、切削用量及工序的加工要求等。在选择时应尽量采用标准刀具。在组合机床及其自动线上加工时，由于需要工序集中，可采用专用的复合刀具，如相同工艺的复合刀具(复合扩孔钻等)和不同工艺的复合刀具(钻-扩-铰复合刀具等)。合理选用刀具不仅能提高工件的加工精度和生产率，加工的经济效果也十分明显。

3）检量具的选择

检量具的选择主要是根据生产类型和要求的检验项目及其精度而定。在单件、小批生产中，广泛采用通用量具（游标卡尺、千分尺等）；大批大量生产时，多采用极限量规和高生产率的主动检查仪，表面间的位置误差的检测多采用检验夹具等专用量具。

如果需要设计专用的工艺装备，应提出设计任务书。下面以夹具为例，简要说明设计任务书的内容：

(1) 产品和零件的名称和图号；

(2) 零件的生产纲领；

(3) 工序简图，图中应标明工件的安装方式、加工表面及加工要求；

(4) 所有机床、刀具、辅助工具的规格及配合尺寸；

(5) 切削条件；

(6) 夹具的名称、类型、数量；

(7) 必要的技术说明。

4.5　工序尺寸的确定

工序尺寸是指某一工序加工应达到的尺寸，其公差即为工序尺寸公差，各工序的加工余量确定后，即可确定工序尺寸及其公差。

零件从毛坯逐步加工至成品的过程中，无论在一道工序内，还是在各道工序间，也不论是加工表面本身，还是各表面之间，它们的尺寸都在变化，并存在相应的内在联系。运用尺寸链的知识去分析这些关系，是合理确定工序尺寸及其公差的基础。

4.5.1　尺寸链的概念和组成

1. 尺寸链及尺寸链图

在一个零件或一台机器的结构中，总有一些相互联系的尺寸，这些相互联系的尺寸按一定顺序连接成一个封闭的尺寸组，称为**尺寸链**。

如图4.17(a)所示为汽车变速器倒挡装置图，图中所示轴向间隙 A_0，取决于壳体内壁间轴向尺寸 A_1、止推垫片厚度尺寸 A_2 和 A_4 及倒挡中间齿轮轮毂间宽度尺寸 A_3，尺寸 A_0、A_1、A_2、A_3 和 A_4 按一定尺寸顺序形成了一个封闭尺寸组，即为尺寸链。

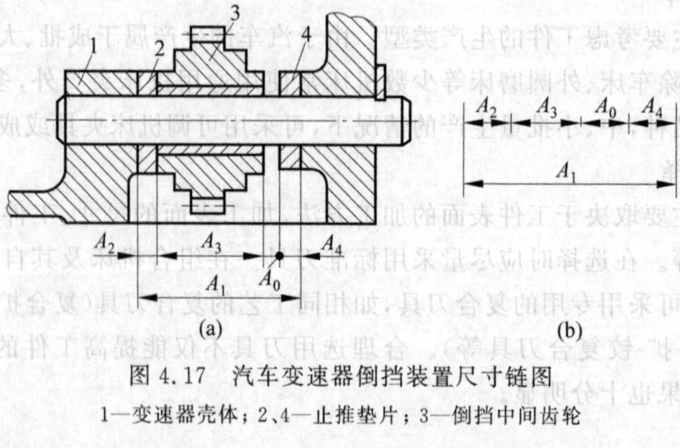

图4.17　汽车变速器倒挡装置尺寸链图

1—变速器壳体；2、4—止推垫片；3—倒挡中间齿轮如图 4.18(a)所示为内燃机活塞图，尺寸 A_1 和 A_2 为活塞轴向设计尺寸，尺寸 A_0 由尺寸 A_1 和 A_2 决定，尺寸 A_1、A_2、A_0 构成的封闭尺寸组，称为尺寸链。尺寸 A_1'和 A_3'是零件制造中的工序尺寸，A_0'是由 A_1'、A_3'直接保证后而间接获得的尺寸，A_1'、A_3'和 A_0'组成一尺寸链。

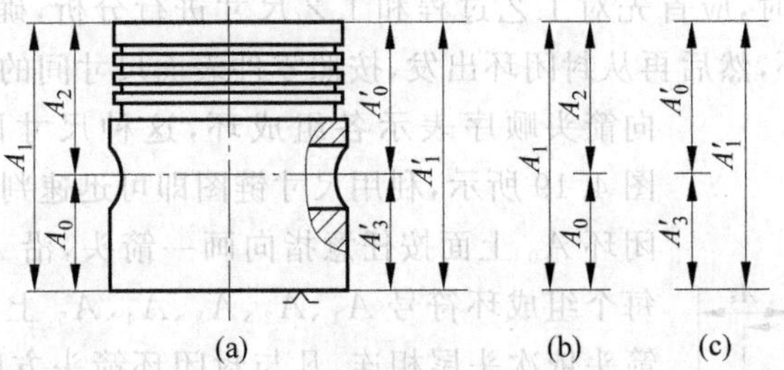

图 4.18　内燃机活塞尺寸链图

尺寸链一般都用尺寸链图表示。**尺寸链图**是将尺寸链中各相应的环，用尺寸及符号标注在示意图上的图形。尺寸链图与工程图标注的尺寸不同，它是封闭的，用于示意性表示尺寸间的关系，如图 4.17(b)及图 4.18(b)、(c)所示。

2. 尺寸链的组成及其特征

1) 尺寸链的组成

组成尺寸链的各个尺寸称为尺寸链的环，环分为封闭环和组成环。长度环用大写斜体拉丁字母 A、B、C 等表示，角度环用小写斜体希腊字母 α、β 等表示。

(1) 封闭环

在加工、测量或装配过程最后被间接保证精度(最后自然形成)的尺寸称为**封闭环**，其余尺寸称为**组成环**。**每个尺寸链必须有且只能有一个封闭环**，尺寸链图中封闭环要加下角标“0”标示，如用 A_0来表示。

对于零件的加工，封闭环通常为零件设计图上的未注尺寸，即最不重要的尺寸；对于零件的装配，封闭环通常是装配的技术要求，如间隙或过盈、距离精度、位置精度(如垂直度、平行度)等。由于封闭环是尺寸链中最后自然形成的，其尺寸大小和精度受直接得到的尺寸大小和精度的影响，故而**封闭环的尺寸精度必然低于任何一个直接得到的组成环尺寸的精度**。

(2) 组成环

在加工、测量或装配过程中直接得到的环称为**组成环**。在尺寸链中，除封闭环以外的各环皆为组成环。尺寸链图中组成环要加下角标，用阿拉伯数字表示。国家标准规定，在同一尺寸链中，全部组成环都用同一符号，如用 $A_1, A_2, \cdots, A_{n-1}$($n$ 为尺寸链中的总环数)表示。

尺寸链中预先选定某一组成环，可以通过改变其大小或位置，使封闭环达到规定的要求，该组成环为**补偿环**。

在尺寸链中，任意一个组成环的大小发生变化，都会使封闭环发生变化，按组成环变化对封闭环的影响，**组成环分为增环和减环**。

增环是指在尺寸链中，在其余组成环保持不变的条件下，该环的变动引起封闭环同向变动的组成环。同向变动是指该环增大时封闭环也增大，该环减小时封闭环减小。增环用符

号 $A(+)$表示,如图 4.17 中的 A_1。

减环是指在尺寸链中,在其余组成环保持不变的条件下,该环的变动引起封闭环反向变动的组成环。反向变动是指该环增大时封闭环减小,该环减少时封闭环增大。减环用符号 $A(-)$表示。

建立工艺尺寸链时,应首先对工艺过程和工艺尺寸进行分析,确定间接保证精度的尺寸,并将其定为封闭环,然后再从封闭环出发,按照零件表面尺寸间的联系,用首尾相接的单向箭头顺序表示各组成环,这种尺寸图就是**尺寸链图**。如图 4.19 所示,利用尺寸链图即可迅速判断组成环的性质,在封闭环 A_0 上面按任意指向画一箭头,沿 A_0 已定的箭头方向在每个组成环符号 A_1、A_2、A_3、A_4、A_5 上各画一箭头,使所画各箭头依次头尾相连,凡与封闭环箭头方向相同的环即为减环,而凡与封闭环箭头方向相反的环即为增环。按此方法可以判定,图 4.19 中,A_2、A_4、A_5 为增环,A_1、A_3 为减环。

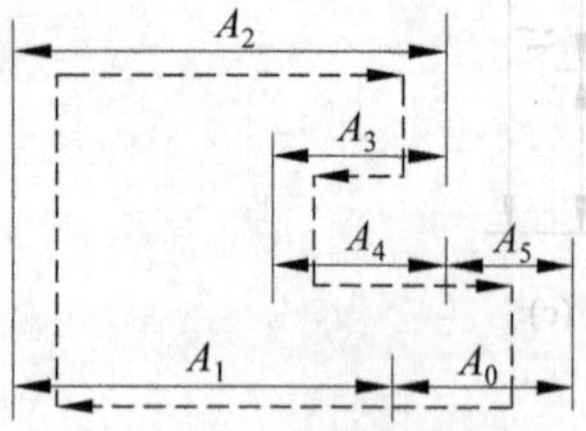

图 4.19　增、减环的简易判别

2) 尺寸链的特征

通过上述分析,可以看出,尺寸链具有以下 3 个特征。

(1) 封闭性:尺寸链是由相互有关的尺寸按一定顺序首尾相接而形成的。

(2) 关联制约性:尺寸链中某一尺寸的变化,将引起其他尺寸发生变化,这些尺寸彼此关联,相互制约。

(3) 尺寸链至少由 3 个尺寸或位置公差构成。

4.5.2　尺寸链的分类

为分析与计算尺寸链的方便,通常按尺寸链的几何特征、功能要求、误差性质及环的相互关系与相互位置等的不同,对尺寸链加以分类,得出尺寸链的不同形式,如表 4.5 所示。

表 4.5　尺寸链的分类

按各环所处空间位置	按各环相互关系	按尺寸链的应用场合
线性尺寸链 角度尺寸链 平面尺寸链 空间尺寸链	独立尺寸链 并联尺寸链	零件尺寸链 装配尺寸链 工艺尺寸链 工序尺寸链

1. 按尺寸链各环的几何特征和所处空间位置的不同分类

1) 线性尺寸链

直线尺寸链是指全部组成环平行于封闭环的尺寸链。它是尺寸链中最基本的、最常见的一种尺寸链,因为它的几何量是线性尺寸,故亦称为线性尺寸链。

图 4.17、图 4.18 所示尺寸链均为线性尺寸链。长度尺寸链用双向箭头的直线段表示。

2) 角度尺寸链

角度尺寸链是指全部环的几何量均为角度尺寸的尺寸链。如图 4.20 所示尺寸链为具有公共顶角的由纯角度几何量形成的

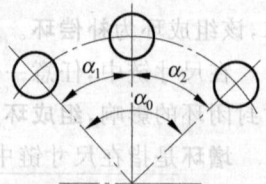

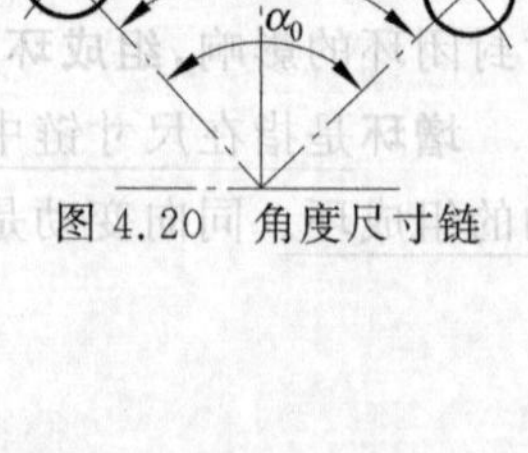

图 4.20　角度尺寸链

角度尺寸链。

角度尺寸链用带箭头的弧线段表示。

3) 平面尺寸链

平面尺寸链是指全部组成环位于一个或几个平行平面内，但某些组成环不平行于封闭环的尺寸链。

图 4.21 所示为由上、下两箱体组成的组件图，B 和 C 代表相啮合齿轮的两个轴承座孔中心，B 与 C 间的中心距为 A_0，B 孔与 C 孔中心坐标尺寸分别为 A_1、A_2 与 A_3、A_4，它们与 A_0 构成平面尺寸链，如图 4.21(b)所示。

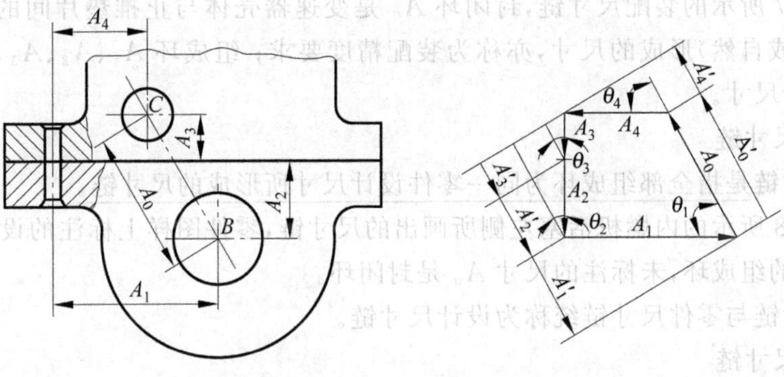

图 4.21　平面尺寸链

平面尺寸链可用投影的方法将各组成环向封闭环所在方向投影，转换成直线尺寸链，即由 A'_1、A'_2、A'_3、A'_4 及 A_0 构成的直线尺寸链。在汽车箱体类零件中经常遇到平面尺寸链。

4) 空间尺寸链

空间尺寸链是指组成环位于几个不平行平面内的尺寸链。可通过投影的方法，先将空间尺寸链转换成平面尺寸链，然后再转换成直线尺寸链求解。

2. 按尺寸链相互关系分类

1) 独立尺寸链

独立尺寸链是指所有组成环和封闭环只属于该尺寸链，不参与其他尺寸链组成的尺寸链。

2) 并联尺寸链

并联尺寸链是指由若干个尺寸链联结在一起，尺寸链间互相有影响的尺寸链。若干尺寸链构成并联尺寸链时，其中一个或几个环共属于两个或两个以上的尺寸链，这些环称为公共环。公共环可以是一尺寸链的组成环，也可以是另一尺寸链的封闭环。

如图 4.22 所示，由 3 个尺寸链并联，A 尺寸链中的组成环 A_4 又是 B 尺寸链的组成环 B_1，即通过公共环 $A_4=B_1$，将两个尺寸链并联；B 尺寸链中的封闭环 B_0 又是 C 尺寸链的组成环 C_2，即这两个尺寸链通过公

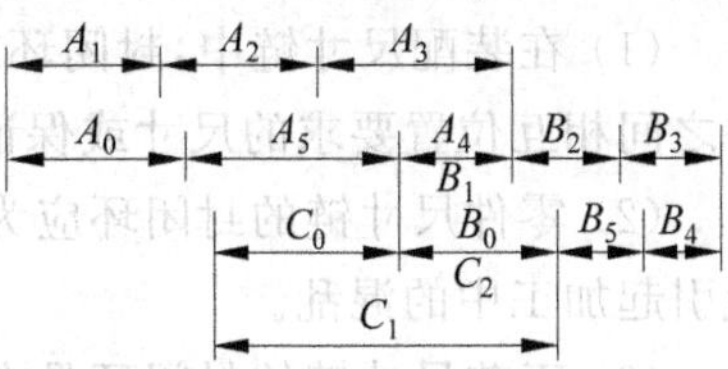

图 4.22　并联尺寸链

共环 $B_0=C_2$ 相联系。在研究并联尺寸链时,可将一个较复杂的尺寸链转换成两个或数个较简单的尺寸链,也可以将几个简单的尺寸链转换成一个较复杂的尺寸链。如以图 4.22 为例,B、C 尺寸链转换成一个较复杂尺寸链时,尺寸链变为 B_1、B_2、B_3、B_4、B_5、C_1、C_0。

3. 按尺寸链的应用范围分类

1) 装配尺寸链

装配尺寸链是指全部组成环为不同零件设计尺寸所形成的尺寸链。装配尺寸链的特点为封闭环是不同零件表面间的尺寸,该尺寸在装配后间接(或自然)得到,亦称为装配精度要求。

如图 4.17 所示的装配尺寸链,封闭环 A_0 是变速器壳体与止推垫片间的轴向间隙,是装配后间接(或自然)形成的尺寸,亦称为装配精度要求;组成环 A_1、A_2、A_3、A_4 分别为不同零件的设计尺寸。

2) 零件尺寸链

零件尺寸链是指全部组成环为同一零件设计尺寸所形成的尺寸链。

如图 4.18 所示的内燃机活塞左侧所画出的尺寸链,零件图样上标注的设计尺寸 A_1 和 A_2 是尺寸链的组成环,未标注的尺寸 A_0 是封闭环。

装配尺寸链与零件尺寸链统称为设计尺寸链。

3) 工艺尺寸链

工艺尺寸链是指全部组成环为同一零件工艺尺寸所形成的尺寸链。工艺尺寸指工艺尺寸、定位尺寸与基准尺寸等。

如图 4.18 所示的内燃机活塞右侧所画的尺寸链就是工艺尺寸链。工艺尺寸链的特点是:封闭环是在零件加工后间接(或自然)得到的,加工制造中直接获得的尺寸是组成环。

4) 工序尺寸链

零件在各道加工工序(包括检验工序)中,先后获得的各工序尺寸所构成的封闭尺寸组合,称为**工序尺寸链**。

正确地绘制、分析和计算工艺过程尺寸链,是编制工艺规程的重要手段。通过上述分析可知,无论何种尺寸链都可转换为线性尺寸链,故本节重点讨论线性尺寸链中的长度尺寸链。

4.5.3 尺寸链的建立与分析

建立尺寸链时,应遵守“**最短尺寸链原则**”,即对于某一封闭环,若存在多个尺寸链时,应选择组成环数最少的尺寸链进行分析计算。尺寸链建立与分析的步骤如下所述。

1. 确定封闭环

一个尺寸链中有且只有一个封闭环。

(1) 在装配尺寸链中,封闭环就是产品上有装配精度要求的尺寸,是指同一部件中各零件之间相互位置要求的尺寸或保证相互配合零件配合性能要求的间隙或过盈量。

(2) 零件尺寸链的封闭环应为公差等级要求最低的环,一般在零件图上不进行标注,以免引起加工中的混乱。

(3) 工艺尺寸链的封闭环是在加工中最后自然形成的环,一般为被加工零件要求达到的设计尺寸或工艺过程中需要的余量尺寸。加工顺序不同,封闭环也不同。所以工艺尺寸链的封闭环必须在加工顺序确定之后才能判断。

2. 查找组成环

在确定封闭环之后，应确定对封闭环有影响的各个组成环，使之与封闭环形成一个封闭的尺寸回路。组成环是对封闭环有直接影响的那些尺寸，与此无关的尺寸要排除在外。一个尺寸链的环数应尽量少。查找组成环时，先从封闭环的任意一端开始，找相邻零件的尺寸，然后再找与第一个零件相邻的第二个零件的尺寸，这样一环接一环，直到封闭环的另一端为止，从而形成封闭的尺寸组。

4.5.4　尺寸链的计算方法

尺寸链的计算方法有两种：极值法和统计法。

1. 极值法

极值法是按误差综合后的两个最不利的情况，即各增环均为最小极限尺寸而各减环均为最大极限尺寸的情况，或各增环均为最大极限尺寸而各减环均为最小极限尺寸的情况，来计算封闭环极限尺寸的方法。

由于各组成环同时出现极限值的机会很少，因此，这种计算方法比较保守。但该计算方法比较简单，故在生产中广泛应用。表 4.6 列出了尺寸链计算中所用的符号。

表 4.6　尺寸链计算中所用的符号

尺寸环名称	符号名称					
	基本尺寸	最大尺寸	最小尺寸	上偏差	下偏差	公差
封闭环	A_0	$A_{0\max}$	$A_{0\min}$	ES_{A_0}	EI_{A_0}	T_{A_0}
增环	A_Z	$A_{Z\max}$	$A_{Z\min}$	ES_{A_Z}	EI_{A_Z}	T_{A_Z}
减环	A_J	$A_{J\max}$	$A_{J\min}$	ES_{A_J}	EI_{A_J}	T_{A_J}

1）封闭环基本尺寸

$$A_0=\sum_{i=1}^{m}A_Z-\sum_{i=m+1}^{n}A_J \tag{4.8}$$

式中，A_0 为封闭环基本尺寸；A_Z 为增环基本尺寸；A_J 为减环基本尺寸；m 为增环数目；n 为组成环数目。即所有增环基本尺寸之和减去所有减环基本尺寸之和等于封闭环基本尺寸。

2）封闭环极限偏差

上偏差为

$$ES_{A_0}=\sum_{i=1}^{m}ES_{A_Z}-\sum_{i=m+1}^{n}EI_{A_J} \tag{4.9}$$

下偏差为

$$EI_{A_0}=\sum_{i=1}^{m}EI_{A_Z}-\sum_{i=m+1}^{n}ES_{A_J} \tag{4.10}$$

封闭环的上偏差等于各增环上偏差之和减去各减环下偏差之和，封闭环的下偏差等于各增环下偏差之和减去各减环上偏差之和。

3）封闭环公差

$$T_{A_0}=|ES_{A_0}-EI_{A_0}|=A_{0\max}-A_{0\min} \tag{4.11}$$

即封闭环的公差值等于封闭环的最大值减去封闭环的最小值。

$$T_{A_0}=T_{A_Z}+T_{A_J} \tag{4.12}$$

即封闭环的公差等于各组成环公差之和。该式可用作极值法计算各环尺寸后的验算式。

2. 统计法

统计法是应用概率论原理进行尺寸链计算的方法。在大批大量生产工件时，在正常生产条件下，工序尺寸获得极限尺寸的可能性是很小的，被加工零件的工序尺寸是按一定规律分布（如正态分布）的。

根据概率乘法定理知道，多环极限尺寸重合的概率等于各组成环出现极限尺寸概率的乘积。组成环环数越多，组成环极限尺寸相遇的概率越小。因此，在大批大量生产时，在组成环环数较多的情况下，应用极值法计算尺寸链显然是不合理的，此时应该使用统计法计算尺寸链。

应用统计法计算尺寸链，封闭环与组成环基本尺寸的关系仍然应用式(4.1)进行计算。从概率统计知道，在正常生产条件下，大批大量生产时，零件工序尺寸或加工误差一般都按正态分布，如图 4.23 所示。正态分布曲线由两个特征参数表达，即平均尺寸（算术平均尺寸）$\overline{A}_i$（$\overline{A}_0$）和均方根偏差（标准差）σ_i（σ_0）。如果工序尺寸 A_i 基本都在 $A_i \pm 3\sigma_i$ 范围内，超出此范围的工序尺寸只有 0.27%的概率。当加工误差 $\Delta_{A_i}=T_{A_i}$ 时，则 $T_{A_i}=6\sigma_i$。

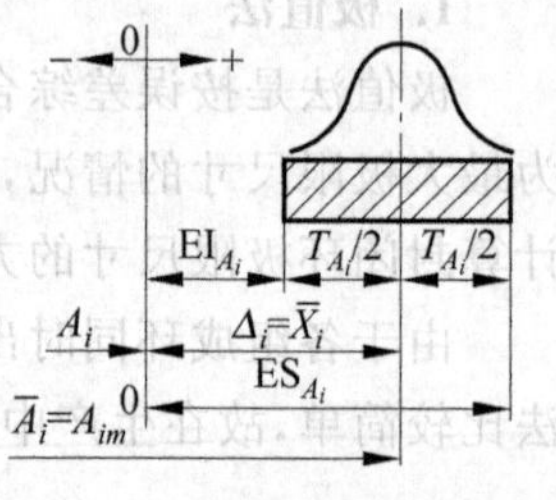

图 4.23 组成环为正态分布时的公差带

加工中某些因素起主导影响时，零件工序尺寸或加工误差就不按正态分布。表 4.7 列出了几种常见的尺寸分布曲线。

表 4.7 不同分布曲线的相对分布系数 k_i 和相对不对称系数 e_i

分布特征	正态分布	三角分布	均匀分布	平顶分布	瑞利分布	偏态分布	
						外尺寸	内尺寸
分布曲线	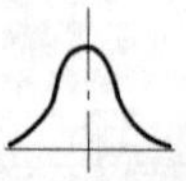	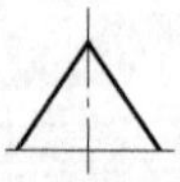	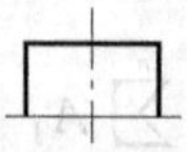		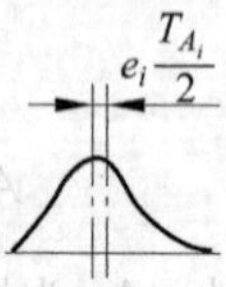	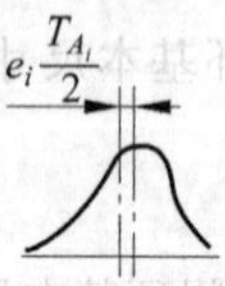	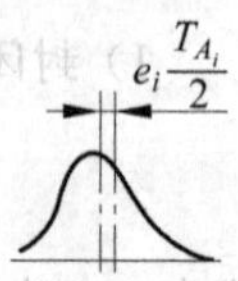
k_i	1	1.22	1.73	1.1～1.5	1.14	1.17	1.17
e_i	0	0	0	0	−0.28	0.26	−0.26

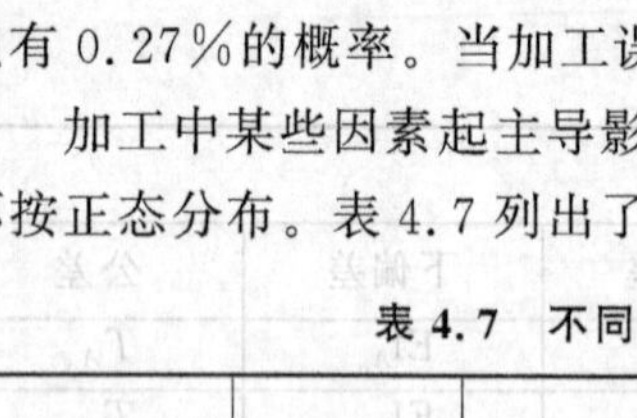

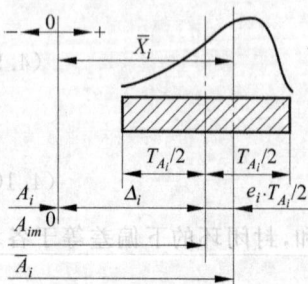

图 4.24 组成环为非对称分布式的公差带

如图 4.24 所示，为一种偏态分布——非对称分布，图中示出基本尺寸、平均尺寸和中间尺寸间的关系。

1）封闭环的公差

（1）组成环尺寸按正态分布时，封闭环公差的计算

从概率论理论知道，当多环组成环尺寸均为正态分布时，封闭环尺寸也为正态分布。从概率论可以推导出，封闭环公差等于组成环公差平方和的平方根，即

$$T_{A_0}=\sqrt{\sum_{i=1}^{n-1} T_{A_i}^2} \tag{4.13}$$

（2）组成环尺寸不符合正态分布时，封闭环公差的计算

如果组成环尺寸不符合正态分布时，根据概率论理论可知，只要组成环数目足够大，如组成环数 $n-1\geqslant 6$，且各组成环尺寸分布范围相差不大时，封闭环尺寸分布仍接近于正态分布。此时，封闭环公差 T_{A_0} 为

$$T_{A_0}=\sqrt{\sum_{i=1}^{n-1}k_i^2T_{A_i}^2} \tag{4.14}$$

式中，k_i 为相对分布系数（参见表4.7）。

2）封闭环的上、下偏差

封闭环的上、下偏差的计算，需要通过中间偏差来进行。

（1）组成环尺寸按对称分布且中间偏差与平均偏差重合的情况

如图4.23所示，组成环尺寸为对称分布，并且中间偏差 Δ_i 与平均偏差 $\overline{X}_i$ 相等时，对应的中间尺寸 A_{im} 与平均尺寸 $\overline{A}_i$ 也相等。封闭环平均尺寸为

$$\overline{A}_0=A_{0m}=A_0+\Delta_0=\sum_{z=a}^{k}(A_z+\Delta_z)-\sum_{j=k+1}^{n-1}(A_j+\Delta_j)$$

整理后得

$$\Delta_0=\sum_{z=1}^{k}\Delta_z-\sum_{j=k+1}^{n-1}\Delta_j$$

封闭环的上、下偏差按下式计算：

$$\mathrm{ES}_{A_0}=\Delta_0+\frac{T_{A_0}}{2} \tag{4.15}$$

$$\mathrm{EI}_{A_0}=\Delta_0-\frac{T_{A_0}}{2} \tag{4.16}$$

（2）组成环尺寸为不对称分布的情况

当组成环尺寸为不对称分布时，从图4.24可以看到，平均偏差 $\overline{X}_i$ 与中间偏差 Δ_i 产生偏离，其偏移量为 $e_iT_{A_i}/2$，e_i 为相对不对称系数。相对应的平均尺寸 $\overline{A}_i$ 与中间尺寸 A_{im} 也将偏移。当组成环环数 $n-1\geqslant 6$ 时，封闭环仍接近于正态分布，即对称分布。此时封闭环的中间偏差 Δ_0 为

$$\Delta_0=\sum_{z=a}^{k}\left(\Delta_z+e_z\frac{T_{A_z}}{2}\right)-\sum_{j=k+1}^{n-1}\left(\Delta_j+e_j\frac{T_{A_j}}{2}\right)$$

封闭环上、下偏差可按式（4.15）和式（4.16）计算，即

$$\mathrm{ES}_{A_0}=\Delta_0+\frac{T_{A_0}}{2}$$

$$\mathrm{EI}_{A_0}=\Delta_0-\frac{T_{A_0}}{2}$$

通过上述应用统计法进行尺寸链的计算可知，在大批大量生产时，尺寸链为多环（如 $n-1\geqslant 6$）条件下，统计法计算的合理性很高；在公差设计计算时，可以获得比极值法计算确定的更大的组成环平均公差。例如，有一尺寸链环数 $n-1=6$，封闭环设计要求的公差为 $T_{A_0}=0.12\text{ mm}$，分别用两种计算方法求出组成环平均公差。

应用极值法求出组成环平均极值公差 $T_{av,L}$ 为

$$T_{av,L}=\frac{T_{A_0}}{n-1}=0.02\ \text{mm}$$

应用统计法求出组成环平均平方公差 $T_{av,Q}$ 为

$$T_{av,Q}=\frac{T_{A_0}}{\sqrt{n-1}}\approx 0.049\ \text{mm}$$

反之，如果进行公差校核计算，即已知各组成环公差，求解封闭公差，统计法计算得到的封闭环公差值比极值法计算的小，即封闭环精度高。统计法计算尺寸链的缺点是计算较为复杂，并且必须已知组成环尺寸的分布规律。

在汽车零件生产中，由于都属于大批大量生产，并且零件加工中影响尺寸分布的随机因素较为稳定，可以认为零件尺寸分布为正态分布，可取 $k_i=1, e_i=0$。这给统计法计算带来很大的方便。

统计法计算尺寸链适合于在大批大量生产中计算多环($n\geqslant 7$)尺寸链时应用。

统计法是利用概率论原理来进行尺寸链计算的一种方法。该方法根据正态分布曲线的规律，考虑到在大多数情况下各组成环不会同时出现极值。同时，根据统计概率乘法定理，各组成环极值出现重合的概率等于各组成环出现极值概率的乘积。

因此，当环数较多时，各环极值相遇的可能性更小。因此，统计法可以扩大各组成环的公差，给加工带来方便，但在加工或装配后封闭环有可能会出现不合格尺寸。

在工艺过程尺寸链中很少采用统计法进行计算。对于装配尺寸链而言，因为封闭环不合格率较小，而且在装配时可以有选择地搭配被装配件，不合格率对装配工作没有很大影响，所以，在尺寸链环数较多、封闭环精度要求较高的装配尺寸链中可用统计法进行计算。

4.5.5 尺寸链的计算类型及基本步骤

1. 计算类型

(1) 正计算法：已知各组成环的极限尺寸，求封闭环的极限尺寸。这类计算主要用来验算设计的正确性，故又叫做校核计算。

(2) 反计算法：已知封闭环的极限尺寸和各组成环的基本尺寸，求各组成环的极限偏差。这类计算主要用在设计上，即根据机器的使用要求来分配各零件的公差。

(3) 中间计算法：已知封闭环和部分组成环的极限尺寸，求某一组成环的极限尺寸。这类计算常用在工艺上。

无论哪一种情况，其计算方法都有两种，即极值法和统计法。

2. 尺寸链的计算步骤

计算工艺尺寸链与计算装配尺寸链的方法基本相同，计算步骤如下。

(1) 确定尺寸链计算的类型(设计计算、校核计算)。

(2) 画尺寸链图。从某加工或装配的基准开始画，所有尺寸都画上，包括基本尺寸为零的尺寸，尺寸不能重叠，最后尺寸要形成封闭图形。

(3) 确定封闭环。封闭环是装配或加工后自然形成的，所以要知道装配过程和零件加工工艺过程。

(4) 确定组成环的增环、减环。

(5) 选择公式进行计算。

(6) 校核。

工艺尺寸链的建立并不复杂，但在尺寸链的建立中，封闭环的判定和组成环的查找应引起初学者的重视。因为封闭环的判定错误，整个尺寸链的计算将得出错误的结果；组成环查找不对，将得不到最少链环的尺寸链，计算的结果也是错误的。

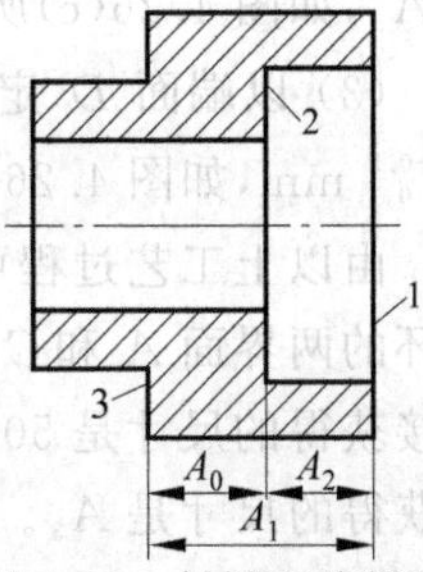

图 4.25　封闭环的判别

1) 封闭环的判定

在工艺尺寸链中，封闭环是加工过程中自然形成的尺寸。因此，封闭环是随着零件加工方案的变化而变化的。如图 4.25 所示的零件，当以表面 3 定位加工表面 1 而获得尺寸 A_1，然后以表面 1 为测量基准加工表面 2 而直接获得尺寸 A_2，则自然形成的尺寸 A_0 为封闭环；但以加工过的表面 1 为测量基准加工表面 2，直接获得尺寸 A_2，再以表面 2 为定位基准加工表面 3 直接获得尺寸 A_0，此时尺寸 A_1 便为自然形成而成为封闭环。

所以封闭环的判定必须根据零件加工的具体方案，紧紧抓住"自然形成"这一要领。

2) 组成环的查找

组成环查找的方法，从构成封闭的两表面开始，同步地按照工艺过程的顺序，分别向前查找各表面最后一次加工的尺寸，之后再进一步查找此加工尺寸的工序基准的最后一次加工时的尺寸，如此继续向前查找，直到两条路线最后得到的加工尺寸的工序基准重合(即两者的工序基准为同一表面)。至此，上述尺寸系统即形成封闭轮廓，从而构成了工艺尺寸链。

查找组成环，必须掌握的基本特点为组成环是加工过程中"直接获得"的，而且对封闭环有影响。下面以图 4.26 为例，说明尺寸链建立的具体过程。图 4.26 所示为套类零件，为便于讨论问题，图中只标出轴向设计尺寸，轴向尺寸加工顺序安排如下。

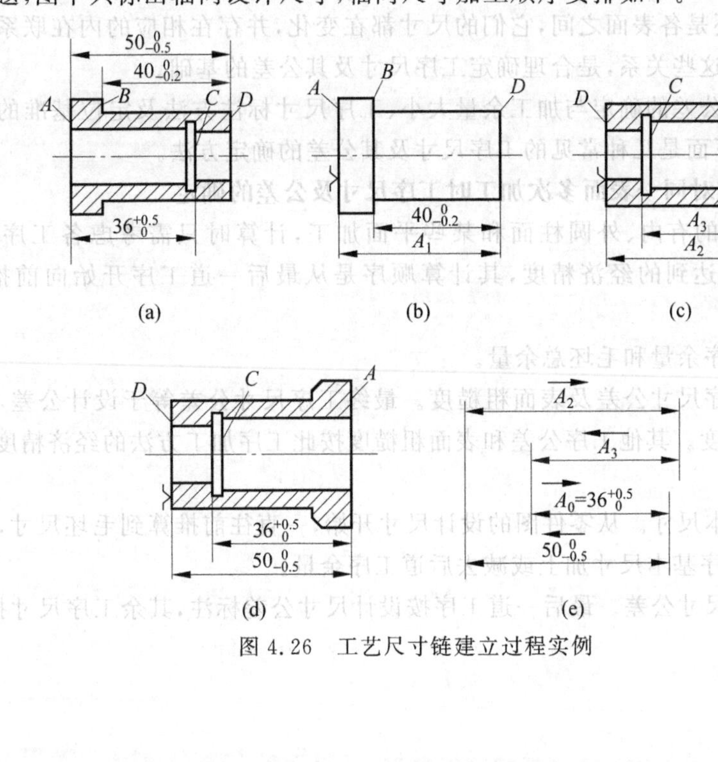

图 4.26　工艺尺寸链建立过程实例

(1) 以大端面 A 定位,车端面 D 获得 A_1;并车小外圆至 B 面,保证长度 $40_{-0.2}^{0}$ mm,如图 4.26(b)所示。

(2) 以端面 D 定位,精车大端面 A 获得尺寸 A_2,并在车大孔时车端面 C,获得孔深尺寸 A_3,如图 4.26(c)所示。

(3) 以端面 D 定位,磨大端面 A 保证全长尺寸 $50_{-0.5}^{0}$ mm,同时保证孔深尺寸为 $36_{0}^{+0.5}$ mm,如图 4.26(d)所示。

由以上工艺过程可知,孔深设计尺寸 $50_{-0.5}^{0}$ mm 是自然形成的,应为封闭环。从构成封闭环的两界面 A 和 C 面开始查找组成环,A 面的最近一次加工是磨削,工艺基准是 D 面,直接获得的尺寸是 $50_{-0.5}^{0}$ mm;C 面最近的一次加工是车孔时的车削,测量基准是 A 面,直接获得的尺寸是 A_3。显然上述两尺寸的变化都会引起封闭环的变化,是欲查找的组成环。但此两环的工序基准各为 D 面与 A 面,不重合。为此要进一步查找最近一次加工 D 面和 A 面的加工尺寸。A 面的最近一次加工是精车 A 面,直接获得的尺寸是 A_2,工序基准为 D 面,正好与加工尺寸 $50_{-0.5}^{0}$ mm 的工序基准重合,而且 A_2 的变化也会引起封闭环的变化,应为组成环。至此,找出 A_2、A_3、$50_{-0.5}^{0}$ mm 为组成环,$36_{0}^{+0.5}$ mm 为封闭环,它们组成了一个封闭的尺寸链,如图 4.26(e)所示。

工艺尺寸链要根据零件加工工艺过程来建立,间接保证的尺寸为封闭环。**工艺尺寸链的封闭环有两种基本形式**:一是以工序尺寸为组成环,间接保证零件某一设计尺寸,此时封闭环就是要间接保证的设计尺寸;二是以工序尺寸为组成环,分析确定加工余量,此时加工余量为封闭环。在任何一个零件的加工过程中,都会同时存在这两种类型的工艺尺寸链,并且往往会形成由某些工序尺寸或加工余量作为公共环的并联尺寸链。

4.5.6 工序尺寸的计算

零件从毛坯逐步加工至成品的过程中,无论在一道工序内,还是在各道工序间,也不论是加工表面本身,还是各表面之间,它们的尺寸都在变化,并存在相应的内在联系。运用尺寸链的知识去分析这些关系,是合理确定工序尺寸及其公差的基础。

工序尺寸及其公差的确定与加工余量大小、工序尺寸标注方法及定位基准的选择和变换有密切的关系,下面是几种常见的工序尺寸及其公差的确定方法。

1. 从同一基准对同一表面多次加工时工序尺寸及公差的确定

属于这种情况的有内、外圆柱面和某些平面加工,计算时只需考虑各工序的余量和该种加工方法所能达到的经济精度,其计算顺序是从最后一道工序开始向前推算,计算步骤如下。

(1) 确定各工序余量和毛坯总余量。

(2) 确定各工序尺寸公差及表面粗糙度。最终工序尺寸公差等于设计公差,表面粗糙度为设计表面粗糙度。其他工序公差和表面粗糙度按此工序加工方法的经济精度和经济粗糙度确定。

(3) 求工序基本尺寸。从零件图的设计尺寸开始,一直往前推算到毛坯尺寸,某工序基本尺寸等于后道工序基本尺寸加上或减去后道工序余量。

(4) 标注工序尺寸公差。最后一道工序按设计尺寸公差标注,其余工序尺寸按“单向入体”原则标注。

例 4.1　如图 4.27 所示，某法兰盘零件上有一个孔，孔径为 $\phi 60^{+0.03}_{0}$ mm，表面粗糙度为 Ra 0.8 μm，毛坯为铸钢件，需淬火处理。其工艺路线如表 4.8 所示。

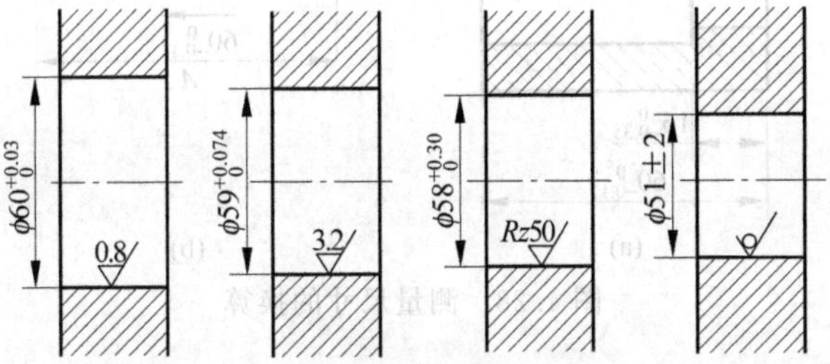

图 4.27　内孔尺寸及基本公差的计算

表 4.8　工序尺寸及其公差的计算

工序名称	工序余量	工序所能达到的精度等级	工序尺寸（最小工序尺寸）	工序尺寸及其上、下偏差
磨孔	0.4	H7($^{+0.030}_{0}$)	60	$60^{+0.030}_{0}$
半精镗孔	1.6	H9($^{+0.074}_{0}$)	59.6	$59.6^{+0.074}_{0}$
粗镗孔	7	H12($^{+0.300}_{0}$)	58	$58^{+0.300}_{0}$
毛坯孔		±2	51	51±2

解：(1) 根据各工序的加工性质，查表得它们的工序余量(见表 4.8 中的第 2 列)。

(2) 确定各工序的尺寸公差及表面粗糙度。由各工序的加工性质查有关经济加工精度和经济粗糙度(见表 4.8 中的第 3 列)。

(3) 根据查得的余量计算各工序尺寸(见表 4.8 中的第 4 列)。

(4) 确定各工序尺寸的上、下偏差。按“单向入体”原则，对于孔，基本尺寸值为公差带的下偏差，上偏差取正值；对于毛坯，尺寸偏差应取双向对称偏差(见表 4.8 中的第 5 列)。

2. 基准变换后，工序尺寸及公差的确定

在零件的加工过程中，为了便于工件的定位或测量，有时难以采用零件的设计基准作为定位基准或测量基准，这时就需要应用工艺尺寸链的原则进行工序尺寸及公差的计算。

1) 测量基准与设计基准不重合

在零件加工时会遇到一些表面加工后设计尺寸不便于直接测量的情况，因此需要在零件上选一个易于测量的表面作为测量基准进行测量，以间接检验设计尺寸。

例 4.2　如图 4.28 所示的套筒类零件，两端面已加工完毕，加工孔底 C 时，要保证尺寸 $16_{-0.35}^{0}$ mm。因该尺寸不便于测量，试标出测量尺寸。

解：(1) 建立尺寸链如图 4.28(b)所示。

(2) 由于 $16_{-0.35}^{0}$ mm 在工序中无法直接测量出，必须通过 $60_{-0.17}^{0}$ mm 和孔深 x 间接得到，因此尺寸 $16_{-0.35}^{0}$ mm 是该尺寸链的封闭环。

(3) 判断增、减环。按增、减环的定义，确定 A 为增环，x 为减环。

(4) 列出尺寸链表，如表 4.9 所示。

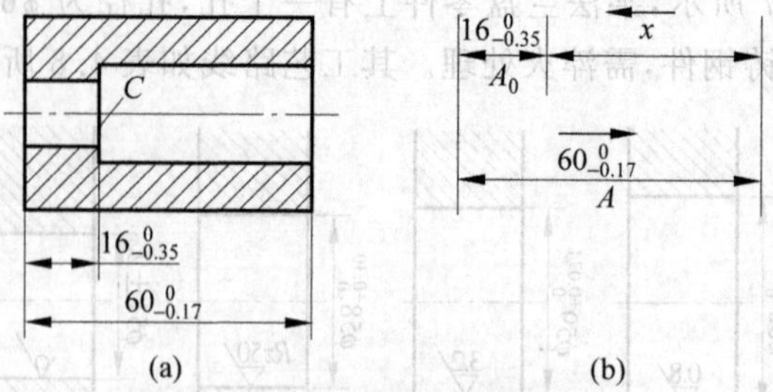

图 4.28 测量尺寸的换算

表 4.9 尺寸链表

尺寸标示	基本尺寸	上偏差 ES	下偏差 EI
A_0	16	0	−0.35
A_Z	60	0	−0.17
$A_J(x)$	$A_J(x)$	$ES_{A_J(x)}$	$EI_{A_J(x)}$

（5）计算。由公式

$$A_0=\sum_{i=1}^{m}A_Z-\sum_{i=m+1}^{n}A_J$$

代入尺寸链表中的相关尺寸得

$$16=60-A_J(x)$$

计算得

$$A_J(x)=44\ \text{mm}$$

由公式

$$ES_{A_0}=\sum_{i=1}^{m}ES_{A_Z}-\sum_{i=m+1}^{n}EI_{A_J}$$

代入尺寸链表中的相关尺寸得

$$0=0-EI_{A_J(x)}$$

计算得

$$EI_{A_J(x)}=0\ \text{mm}$$

由公式

$$EI_{A_0}=\sum_{i=1}^{m}EI_{A_Z}-\sum_{i=m+1}^{n}ES_{A_J}$$

代入尺寸链表中的相关尺寸得

$$-0.35=-0.17-ES_{A_J(x)}$$

计算得

$$ES_{A_J(x)}=0.18\ \text{mm}$$

所以得

$$x=44_{0}^{0.18}\ \text{mm}$$

（6）校核。因为

$$T_{A_0}=T_{A_Z}+T_{A_J}=0.17+0.18=0.35\ (\text{mm})$$

即封闭环的公差等于各组成环公差之和，故而以上分析计算正确。校核完毕。

通过以上的计算，可以发现，由于基准不重合而进行尺寸换算将带来以下两个问题。

(1) 换算结果明显提高了测量尺寸精度的要求。如果按原设计尺寸进行测量，其公差值为 0.35 mm，换算后的测量尺寸公差为 0.18 mm，公差值减小了 0.17 mm，此值为另一组成环的公差值。

(2) 假废品现象。按照工序图上的测量尺寸 x，当其最大尺寸为 44.18 mm，最小尺寸为 44 mm 时，零件为合格。假如 x 的实测尺寸偏大或偏小 0.17 mm，即 x 的尺寸为 44.35 mm 或 43.85 mm，零件似乎是“废品”。但只要 A 的实际尺寸也相应为最大 60 mm 和最小为 59.83 mm，此时算得 A_0 的相应尺寸分别为 $60-44.35=15.65$ (mm)和 $59.83-43.83=16.00$ (mm)，此尺寸符合零件图上的设计尺寸，此零件应为合格件。这就是假废品现象。

2) 定位基准与设计基准不重合

采用调整法加工零件时，若所选的定位基准与设计基准不重合，那么该加工表面的设计尺寸就不能由加工直接得到，这时就需要进行工艺尺寸的换算，以保证设计尺寸的精度要求，并将计算的工序尺寸标注在工序图上。

例 4.3　加工如图 4.29 所示的零件，定位基准与设计基准不重合时计算工序尺寸。图中所示为某零件的镗孔工序图，定位基准是底面 N，M、N 是已加工表面，图中 L_0 为 $100^{+0.15}_{-0.15}$、L_2 为 $200^{+0.10}_{0}$。试求镗孔调整时的工序尺寸 L_1。

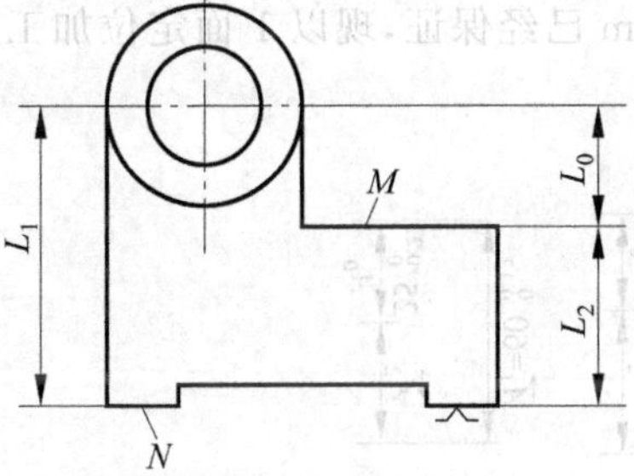

图 4.29　镗孔零件

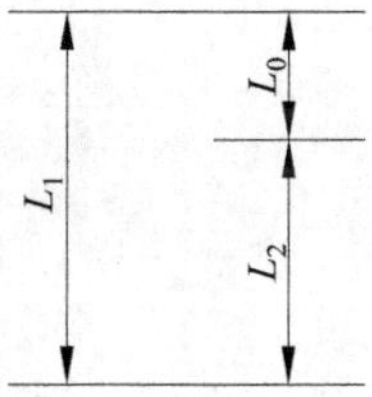

图 4.30　镗孔工序图

解：(1) 建立尺寸链如图 4.30 所示。

(2) 由于加工时，先面后孔，所以，M 面和 N 面先加工，得到尺寸 L_2，然后再镗孔。加工时，以 N 面为定位基准，得到尺寸 L_1；位置尺寸 L_0 通过工序尺寸 L_1 和加工尺寸 L_2 间接获得，故尺寸 L_0 为封闭环。

(3) 判断增、减环。按增、减环的定义，确定 L_1 为增环，L_2 为减环。

(4) 列尺寸链表，如表 4.10 所示。

表 4.10　尺寸链表

尺寸标示	基本尺寸	上偏差 ES	下偏差 EI
$A_0(L_0)$	100	+0.15	−0.15
$A_Z(L_1)$	$A_Z(L_1)$	$ES_{A_Z(L_1)}$	$EI_{A_Z(L_1)}$
$A_J(L_2)$	200	+0.10	0

（5）计算。由公式

$$A_0=\sum_{i=1}^{m}A_Z-\sum_{i=m+1}^{n}A_J$$

$$ES_{A_0}=\sum_{i=1}^{m}ES_{A_Z}-\sum_{i=m+1}^{n}EI_{A_J}$$

$$EI_{A_0}=\sum_{i=1}^{m}EI_{A_Z}-\sum_{i=m+1}^{n}ES_{A_J}$$

代入尺寸链表中的相关尺寸，计算得

$$A_Z=300\ \text{mm}$$

$$ES_{A_Z}=0.15\ \text{mm}$$

$$EI_{A_Z}=-0.05\ \text{mm}$$

所以得

$$L_1=300^{+0.15}_{-0.05}\ \text{mm}$$

（6）校核。因为

$$T_{L_0}=T_{L_1}+T_{L_2}=0.2+0.1=0.3\ (\text{mm})$$

即封闭环的公差等于各组成环公差之和，故而以上分析计算正确。校核完毕。

零件加工中定位基准与设计基准不重合，就要进行尺寸链换算来计算工序尺寸。

例 4.4　如图 4.31 所示零件，尺寸 $60_{-0.12}^{\ 0}$ mm 已经保证，现以 1 面定位加工 2 面，试计算工序尺寸 A_2。

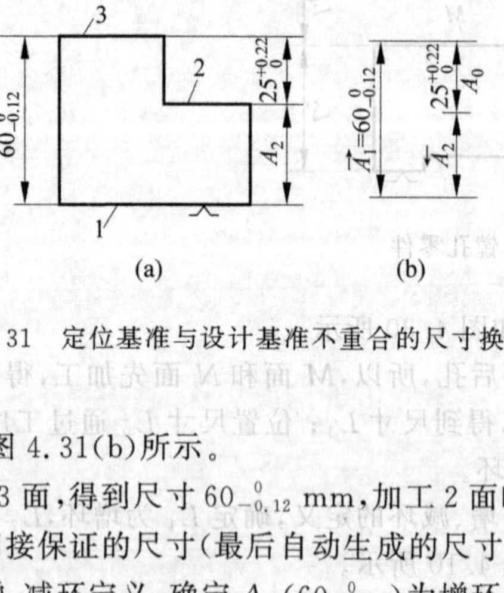

图 4.31　定位基准与设计基准不重合的尺寸换算

解：（1）建立尺寸链如图 4.31(b)所示。

（2）当以 1 面定位加工 3 面，得到尺寸 $60_{-0.12}^{\ 0}$ mm，加工 2 面时，得到尺寸 A_2，设计尺寸 $A_0=25^{+0.22}_{\ 0}$ mm 是本工序间接保证的尺寸（最后自动生成的尺寸），应为封闭环。

（3）判断增、减环。按增、减环定义，确定 $A_1(60_{-0.12}^{\ 0})$ 为增环，A_2 为减环。

（4）列尺寸链表，如表 4.11 所示。

表 4.11　尺寸链表

尺寸标示	基本尺寸	上偏差 ES	下偏差 EI
A_0	25	+0.22	0
$A_Z(A_1)$	60	0	−0.12
$A_J(A_2)$	$A_J(A_2)$	$ES_{A_J(A_2)}$	$EI_{A_J(A_2)}$

(5) 计算。由公式

$$A_0=\sum_{i=1}^{m}A_Z-\sum_{i=m+1}^{n}A_J$$

代入尺寸链表中的相关尺寸得

$$25=60-A_J$$

计算得

$$A_J=35\ \text{mm}$$

由公式

$$ES_{A_0}=\sum_{i=1}^{m}ES_{A_Z}-\sum_{i=m+1}^{n}EI_{A_J}$$

代入尺寸链表中的相关尺寸得

$$0.22=0-EI_{A_J}$$

计算得

$$EI_{A_J}=-0.22\ \text{mm}$$

由公式

$$EI_{A_0}=\sum_{i=1}^{m}EI_{A_Z}-\sum_{i=m+1}^{n}ES_{A_J}$$

代入尺寸链表中的相关尺寸得

$$0=-0.12-ES_{A_J}$$

计算得

$$ES_{A_J}=-0.12\ \text{mm}$$

所以得

$$A_2=35_{-0.22}^{-0.12}\ \text{mm}$$

(6) 校核。因为

$$T_{A_0}=T_{A_1}+T_{A_2}=0.12+0.1=0.22\ (\text{mm})$$

即封闭环的公差等于各组成环公差之和，故而以上分析计算正确。校核完毕。

在进行工艺尺寸链计算时，有时可能出现算出的工序尺寸公差过小，还可能出现零公差或负公差。遇到这种情况一般可采取两种措施：一是压缩各组成环的公差值；二是改变定位基准和加工方法。在图 4.31 中可用 3 面定位，使定位基准与设计基准重合；也可用复合铣刀同时加工 2 面和 3 面，以保证设计尺寸。

3) 从尚须继续加工的表面上标注的工序尺寸

例 4.5　如图 4.32(a)所示为一齿轮内孔的简图。内孔尺寸为 $\phi85^{+0.035}_{0}$ mm，键槽的深度尺寸为 $90.4^{+0.2}_{0}$ mm，内孔及键槽的加工顺序如下：

(1) 精镗孔至 $\phi84.8^{+0.07}_{0}$ mm；

(2) 插键槽深至尺寸 A_3(通过尺寸换算求得)；

(3) 热处理；

(4) 磨内孔至尺寸 $\phi85^{+0.035}_{0}$ mm，同时保证键槽深度尺寸 $90.4^{+0.2}_{0}$ mm。

解：(1) 建立尺寸链如图 4.32(b)所示。

(2) 根据以上加工顺序，先精镗孔至尺寸 $A_1(84.8^{+0.07}_{0})$，然后插键槽至尺寸 A_2，热处理

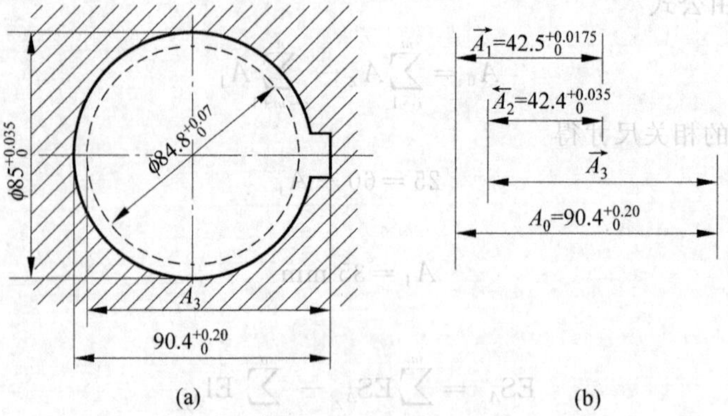

图 4.32 内孔与键槽加工尺寸换算

后，磨孔至尺寸 $A_3(85^{+0.035}_{0})$，磨孔后所得的键槽深度尺寸 $A_0=90.4^{+0.2}_{0}$ mm 是间接得到的，即为封闭环。

(3) 判断增、减环。按增、减环定义，确定 $A_2(42.4^{+0.035}_{0})$ 为减环；$A_1(42.5^{+0.0175}_{0})$ 为增环，A_3 为增环。

(4) 列尺寸链表，如表 4.12 所示。

表 4.12 尺寸链表

尺寸标示	基本尺寸	上偏差 ES	下偏差 EI
A_0	90.4	+0.20	0
$A_{Z_1}(A_1)$	42.5	+0.0175	0
$A_{Z_2}(A_3)$	$A_{Z_2}(A_3)$	$ES_{A_{Z_2}(A_3)}$	$EI_{A_{Z_2}(A_3)}$
$A_J(A_2)$	42.4	+0.035	0

(5) 计算。由公式

$$A_0=\sum_{i=1}^{m}A_Z-\sum_{i=m+1}^{n}A_J$$

代入尺寸链表中的相关尺寸得

$$90.4=42.5+A_{Z_2}(A_3)-42.4$$

计算得

$$A_{Z_2}(A_3)=90.3\ \text{mm}$$

由公式

$$ES_{A_0}=\sum_{i=1}^{m}ES_{A_Z}-\sum_{i=m+1}^{n}EI_{A_J}$$

代入尺寸链表中的相关尺寸得

$$0.20=0.0175+ES_{A_{Z_2}(A_3)}-0$$

计算得

$$ES_{A_{Z_2}(A_3)}=0.1825\ \text{mm}$$

由公式

$$EI_{A_0}=\sum_{i=1}^{m}EI_{A_Z}-\sum_{i=m+1}^{n}ES_{A_J}$$

代入尺寸链表中的相关尺寸得

$$0=0+EI_{A_{Z_2}(A_3)}-0.035$$

计算得

$$EI_{A_{Z_2}(A_3)}=0.035\ \text{mm}$$

所以得

$$A_{Z_2}(A_3)=90.3^{+0.1825}_{+0.035}\ \text{mm}$$

(6) 校核。由于

$$T_0=T_1+T_2+T_3=0.0175+0.035+0.1475=0.2\ (\text{mm})$$

即封闭环的公差等于各组成环公差之和，故而以上分析计算正确。校核完毕。

4) 保证渗碳层、渗氮层厚度的工序尺寸计算

有些零件的表面需要进行渗碳、渗氮处理，而且在精加工后还要保证规定的渗层深度。为此必须正确确定精加工前的渗层深度尺寸。

例 4.6　如图 4.33 所示为一套筒类零件，孔径为 $\phi145^{+0.04}_{0}$ mm 的表面要求渗氮，精加工后要求渗氮层深度为 0.3～0.5 mm，即单边深度为 $0.3^{+0.2}_{0}$ mm，双边深度为 $0.6^{+0.4}_{0}$ mm。试求精磨前渗氮层的深度 t_1。该表面的加工顺序为：磨内孔至尺寸 $\phi144.76^{+0.04}_{0}$ mm；作渗氮处理；精磨孔至 $\phi145^{+0.04}_{0}$ mm，并保证渗层深度为 t_0。

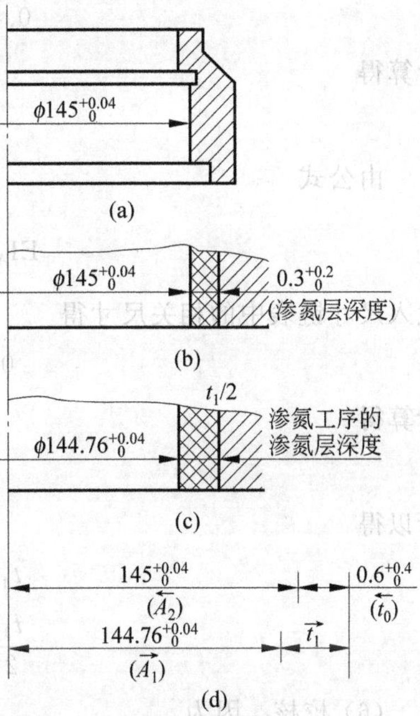

图 4.33　保证渗碳深度的尺寸计算

解：(1) 建立尺寸链如图 4.33(d)所示。

(2) 由图 4.33(d)可知，尺寸 A_1、A_2、t_1、t_0 组成了一工艺尺寸链。先磨内孔至尺寸 $A_1(144.76^{+0.04}_{0})$，然后作渗氮处理，至渗氮层深度为 t_1，再精磨孔，保证尺寸 $A_2(145^{+0.04}_{0})$，最后，自动生成 $t_0(0.6^{+0.4}_{0})$。因此，t_0 为封闭环。

(3) 判断增、减环。根据增、减环的定义，判断 A_1、t_1 为增环，A_2 为减环。

(4) 列尺寸链表，如表 4.13 所示。

表 4.13　尺寸链表

尺寸标示	基本尺寸	上偏差 ES	下偏差 EI
$A_0(t_0)$	0.6	+0.40	0
$A_{Z_1}(A_1)$	144.76	+0.04	0
$A_{Z_2}(t_1)$	$A_{Z_2}(t_1)$	$ES_{A_{Z_2}(t_1)}$	$EI_{A_{Z_2}(t_1)}$
$A_J(A_2)$	145	+0.04	0

(5) 计算。由公式

$$A_0 = \sum_{i=1}^{m} A_Z - \sum_{i=m+1}^{n} A_J$$

代入尺寸链表中的相关尺寸得

$$0.6 = 144.76 + A_{Z_2}(t_1) - 145$$

计算得

$$A_{Z_2}(t_1) = 0.84 \text{ mm}$$

由公式

$$ES_{A_0} = \sum_{i=1}^{m} ES_{A_Z} - \sum_{i=m+1}^{n} EI_{A_J}$$

代入尺寸链表中的相关尺寸得

$$0.4 = 0.04 + ES_{A_{Z_2}(t_1)} - 0$$

计算得

$$ES_{A_{Z_2}(t_1)} = 0.36 \text{ mm}$$

由公式

$$EI_{A_0} = \sum_{i=1}^{m} EI_{A_Z} - \sum_{i=m+1}^{n} ES_{A_J}$$

代入尺寸链表中的相关尺寸得

$$0 = 0 + EI_{A_{Z_2}(t_1)} - 0.04$$

计算得

$$EI_{A_{Z_2}(t_1)} = 0.04 \text{ mm}$$

所以得

$$t_1 = 0.84^{+0.36}_{+0.04} \text{ mm(双边)}$$

$$\frac{t_1}{2} = 0.42^{+0.18}_{+0.02} \text{ mm(单边)}$$

(6) 校核。因为

$$T_0 = \sum T_Z + \sum T_J = 0.36 + 0.04 = 0.4 \text{ (mm)}$$

即封闭环的公差等于各组成环公差之和,故而以上分析计算正确。校核完毕。

5) 零件电镀时工序尺寸的计算

有些零件的表面需要电镀,电镀后有两种情况:一种是为了美观和防锈,对电镀表面无精度要求;另一种对电镀表面有精度要求,既要保证图纸上的设计尺寸,又要保证一定的镀层厚度。保证电镀表面精度的方法有两种:一种是镀前控制表面加工尺寸并控制镀层厚度;另一种是镀后进行磨削加工来保证尺寸精度。这两种方法在进行尺寸链计算时,其封闭环是不同的。

例 4.7 如图 4.34(a)所示为圆环体,其表面镀铬后直径为 $\phi 28_{-0.045}^{\ 0}$ mm,镀层厚度(双边厚度)为 0.05~0.08 mm,外圆表面加工工艺是:车→磨→镀铬。试计算磨削前的工序尺寸 A_2。

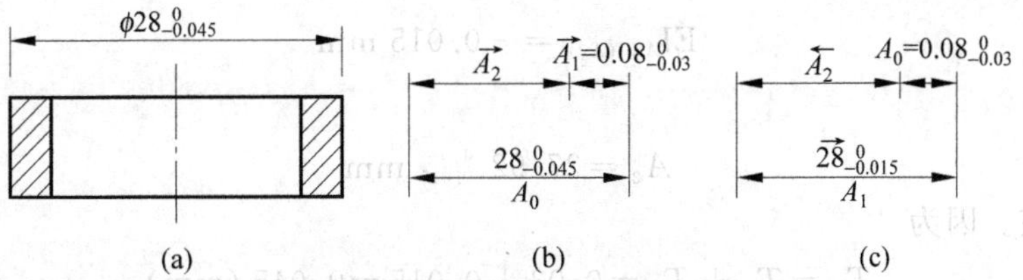

图 4.34　圆环镀层厚度工序尺寸的计算

解：(1) 建立尺寸链如图 4.34(b)所示。

(2) 根据加工顺序，先车外圆至尺寸 A_2，然后镀铬，并保证镀层厚度为 A_1(0.05～0.08 mm)，镀铬后的直径 $\phi28_{-0.045}^{\ 0}$ mm 是由控制镀铬前的尺寸 A_2 和镀层厚度 A_1 间接保证的，故封闭环应是设计尺寸 $\phi28_{-0.045}^{\ 0}$ mm。

(3) 判断增、减环。根据增、减环的定义，判断 A_1、A_2 为增环。

(4) 列尺寸链表，如表 4.14 所示。

表 4.14　尺寸链表

尺寸标示	基本尺寸	上偏差 ES	下偏差 EI
A_0	28	0	−0.045
$A_{Z_1}(A_1)$	0.08	0	−0.03
$A_{Z_2}(A_2)$	$A_{Z_2}(A_2)$	$ES_{A_{Z_2}(A_2)}$	$EI_{A_{Z_2}(A_2)}$

(5) 计算。由公式

$$A_0=\sum_{i=1}^{m}A_Z-\sum_{i=m+1}^{n}A_J$$

代入尺寸链表中的相关尺寸得

$$28=0.08+A_{Z_2}(A_2)$$

计算得

$$A_{Z_2}(A_2)=27.92\ \text{mm}$$

由公式

$$ES_{A_0}=\sum_{i=1}^{m}ES_{A_Z}-\sum_{i=m+1}^{n}EI_{A_J}$$

代入尺寸链表中的相关尺寸得

$$0=0+EI_{A_{Z_2}(A_2)}$$

计算得

$$ES_{A_{Z_2}(A_2)}=0\ \text{mm}$$

由公式

$$EI_{A_0}=\sum_{i=1}^{m}EI_{A_Z}-\sum_{i=m+1}^{n}ES_{A_J}$$

代入尺寸链表中的相关尺寸得

$$-0.045=-0.03+EI_{A_Z}$$

计算得

$$EI_{A_{Z_2}(A_2)} = -0.015\ \text{mm}$$

所以得

$$A_2 = 27.92_{-0.015}^{\ 0}\ \text{mm}$$

(6) 校核。因为

$$T_0 = T_1 + T_2 = 0.03 + 0.015 = 0.045\ (\text{mm})$$

即封闭环的公差等于各组成环公差之和，故而以上分析计算正确。校核完毕。

例 4.8 仍以图 4.34(a)圆环工件表面镀铬。其外圆直径改为 $\phi 28_{-0.015}^{\ 0}$ mm，而加工工艺采用：车→粗磨→镀铬→精磨。精磨后镀层厚度在直径上为 0.05～0.08 mm。求镀前粗磨时的工序尺寸 A_2。

解：(1) 画出尺寸链图，如图 4.34(c)所示。

(2) 根据加工顺序，先车外圆保证尺寸 A_2，之后粗磨＋镀铬＋加精磨后，保证尺寸 $\phi 28_{-0.015}^{\ 0}$ mm，按如此加工顺序，最后间接保证的尺寸是镀层厚度尺寸 A_0（0.05～0.08 mm），故 A_0 为封闭环。

(3) 判断增、减环。根据增、减环的定义，判断 A_1 为增环、A_2 为减环。

(4) 列尺寸链表，如表 4.15 所示。

表 4.15 尺寸链表

尺寸标示	基本尺寸	上偏差 ES	下偏差 EI
A_0	0.08	0	−0.03
$A_Z(A_1)$	28	0	−0.15
$A_J(A_2)$	$A_J(A_2)$	$ES_{A_J(A_2)}$	$EI_{A_J(A_2)}$

(5) 计算。由公式

$$A_0 = \sum_{i=1}^{m} A_Z - \sum_{i=m+1}^{n} A_J$$

代入尺寸链表中的相关尺寸得

$$0.08 = 28 - A_J$$

计算得

$$A_J = 27.92\ \text{mm}$$

由公式

$$ES_{A_0} = \sum_{i=1}^{m} ES_{A_Z} - \sum_{i=m+1}^{n} EI_{A_J}$$

代入尺寸链表中的相关尺寸得

$$0 = 0 - EI_{A_J}$$

计算得

$$EI_{A_J} = 0\ \text{mm}$$

由公式

$$EI_{A_0} = \sum_{i=1}^{m} EI_{A_Z} - \sum_{i=m+1}^{n} ES_{A_J}$$

代入尺寸链表中的相关尺寸得

$$-0.015=-0.03-ES_{A_J}$$

计算得

$$ES_{A_J}=0.015\ \text{mm}$$

所以得

$$A_2=27.92_0^{0.015}\ \text{mm}$$

(6) 校核。因为

$$T_0=T_1+T_2=0.015+0.015=0.03\ (\text{mm})$$

即封闭环的公差等于各组成环公差之和，故而以上分析计算正确。校核完毕。

注意：渗氮处理与镀铬处理的差别是，前者未改变实体尺寸，而后者改变了实体尺寸。

6) 孔系坐标尺寸的计算

箱体类零件上的轴承座孔之间的中心距尺寸精度要求较高，在零件设计图样上，设计人员根据齿轮传动精度的要求，往往直接标注孔间中心距尺寸及其极限偏差，再标注一个角度量或一个坐标尺寸。而零件制造时，需要直接根据坐标尺寸(工序尺寸)进行孔系加工，从而间接保证孔间中心距尺寸及公差。因此，工艺上要求将孔间中心距尺寸换算成坐标尺寸。这种孔系坐标尺寸的计算属于计算平面尺寸链的问题。

例 4.9　如图 4.35 所示为某汽车发动机缸体孔系坐标尺寸链，两坐标尺寸 A_x 和 A_y 之间的夹角为 90°。工艺人员在制定工艺规程时，需要计算 A_x 和 A_y 的基本尺寸及其极限偏差，并标注在工序图上。已知两孔间中心距尺寸 $A_0=(135\pm0.05)$ mm，A_x 的基本尺寸为 100 mm。试计算坐标尺寸 A_y 的基本尺寸和 A_x、A_y 的极限偏差。

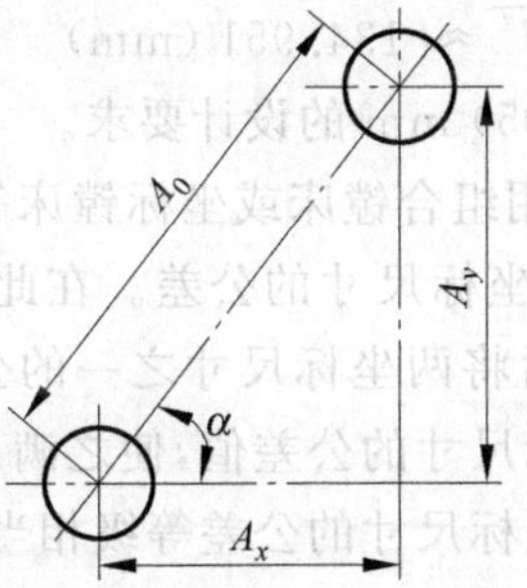

图 4.35　孔系坐标尺寸链

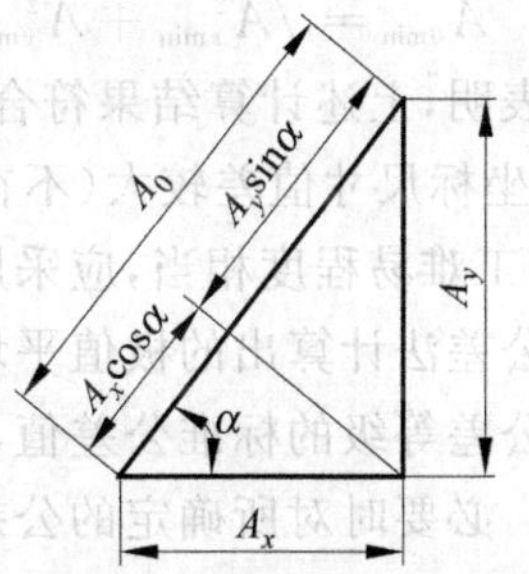

图 4.36　转换成直线尺寸链

解：(1) 工艺尺寸链的建立。

将坐标尺寸 A_x、A_y 向 A_0 方向投影，使平面尺寸链转换为以孔间中心距尺寸 A_0 为封闭环的直线尺寸链，如图 4.36 所示。由公式计算其基本尺寸为

$$A_0=\sum_{z=1}^{k}\xi_z A_z+\sum_{j=k+1}^{n-1}\xi_j A_j=A_x\cos\alpha+A_y\sin\alpha=\frac{A_x^2}{A_0}+\frac{A_y^2}{A_0}$$

(2) 坐标尺寸 A_x、A_y 的基本尺寸的确定。

坐标尺寸 A_x、A_y 与孔间中心距尺寸 A_0 的关系为

$$A_x=A_0\cos\alpha=\sqrt{A_0^2-A_y^2}$$

$$A_y=A_0\sin\alpha=\sqrt{A_0^2-A_x^2}$$

本例中给出了坐标尺寸 A_x 的基本尺寸,据此可求出另一坐标尺寸 A_y 的基本尺寸为

$$A_y=\sqrt{135^2-100^2}\approx 90.692\ (\mathrm{mm})$$

(3) 坐标尺寸 A_x、A_y 的极限偏差的计算。

根据公式,封闭环公差 T_{A0} 与组成环公差 T_{A_x}、T_{A_y} 间的关系为

$$T_{A_0}=\left|\frac{\partial A_0}{\partial A_x}\right|T_{A_x}+\left|\frac{\partial A_0}{\partial A_y}\right|T_{A_y}=T_{A_x}\cos\alpha+T_{A_y}\sin\alpha=T_{A_x}\frac{A_x}{A_y}+T_{A_y}\frac{A_y}{A_x}$$

在确定坐标尺寸的公差时,可按两种不同情况作出不同的处理:

① 若坐标尺寸 A_x 与 A_y 的值相差不大(在同一尺寸段内),或孔系采用数控机床加工(数控机床的定位精度与工作台或主轴移动距离的大小无关)时,可采用相等公差法确定坐标尺寸的公差大小,即

$$T_{A_x}=T_{A_y}=\frac{T_{A_0}}{\cos\alpha+\sin\alpha}=T_{A_0}\frac{A_0}{A_x+A_y}$$

本例即属于这种情况。将数值代入上式得

$$T_{A_x}=T_{A_y}=0.1\times\frac{135}{100+90.692}\approx 0.0708\ (\mathrm{mm})$$

将孔间中心距尺寸的极限偏差按对称分布标注,得到两个坐标尺寸分别为

$$A_x=(100\pm 0.035)\ \mathrm{mm}$$

$$A_y=(90.692\pm 0.035)\ \mathrm{mm}$$

最后,验算封闭环极限尺寸 $A_{0\max}$ 和 $A_{0\min}$ 得

$$A_{0\max}=\sqrt{A_{x\max}^2+A_{y\max}^2}=\sqrt{100.035^2+90.727^2}\approx 135.050\ (\mathrm{mm})$$

$$A_{0\min}=\sqrt{A_{x\min}^2+A_{y\min}^2}=\sqrt{99.965^2+90.657^2}\approx 134.951\ (\mathrm{mm})$$

验算结果表明,上述计算结果符合封闭环 $A_0=(135\pm 0.05)$ mm 的设计要求。

② 若坐标尺寸值差较大(不在同一尺寸段内),且采用组合镗床或坐标镗床等机床加工时,为使加工难易程度相当,应采用等公差等级法确定各坐标尺寸的公差。在此情况下,首先以相等公差法计算出的极值平均公差作为参考值,然后将两坐标尺寸之一的公差值确定为某适当公差等级的标准公差值,然后再计算出另一坐标尺寸的公差值,使之满足封闭环公差的要求。必要时对所确定的公差值再进行调整,使两坐标尺寸的公差等级相当。

4.6 定位方案与夹具设计

4.6.1 工件的装夹

只有将工件安装在机床的正确位置,才能保证其加工精度。**工件的装夹**是指工件加工前,在机床或夹具中占据某一正确加工位置,然后再予以压紧工件的过程,**即定位和夹紧的过程**。

(1) **定位**:使工件在机床(或机床夹具)中获得正确的加工位置的过程。

(2) **夹紧**:工件定位后,为了避免在加工中因受到切削力、重力等力的作用而受到破坏,用一定的机构或装置将工件固定,使其在加工过程中保持定位位置不变的操作,称为夹紧。

工件装夹时，一般先定位、后夹紧；特殊情况下定位、夹紧同时实现，如三爪自动卡盘装夹工件。工件在机床或夹具中占据某一正确加工位置的**装夹方法，主要包括找正装夹和夹具装夹两种**。

1. 找正装夹

找正法装夹工件有以下两种方式。

1）直接找正装夹

如图 4.37 所示，在磨床上磨削零件内孔，对零件的外圆与内孔有很高的同轴度要求。此时，采用四爪单动卡盘装夹工件时，采用千分表通过控制外圆的径向圆跳动，对工件外圆进行找正，确保外圆轴线与磨床主轴轴线的同轴度，从而使工件在磨床上占有一正确位置后，用四爪单动卡盘将找正获得的正确位置固定下来。此时，定位基准为外圆轴线，定位基面为需找正的外圆。

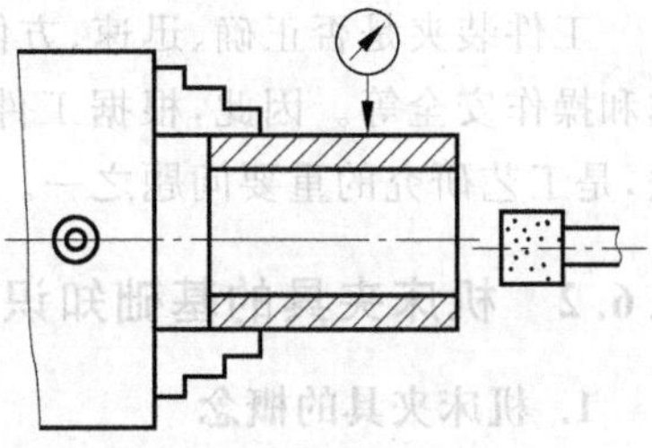

图 4.37　直接找正装夹

以工件已有表面，用划针、千分表等找正工具直接在机床上找正工件位置，并加以夹紧的方法称为**直接找正装夹**。

直接找正法装夹工件主要过程为：工件预夹紧→工件找正调整获得正确的加工位置→完全夹紧。工件是通过找正获得正确加工位置的，工件的夹紧往往是通过四爪单调卡盘、虎钳等通用机床夹具或压板夹紧来实现的，夹具只起到夹紧工件的作用。

直接找正法方便、简单，生产率低、劳动强度大，定位精度和找正的快慢取决于找正方法、找正工具和工人的技术水平等。直接找正法适用于单件、小批生产且加工质量要求不高的工件的生产，不适用于成批大量的汽车零件的机械加工生产。

2）划线找正装夹

如图 4.38 所示为在汽车变速器拨叉上加工螺纹孔的找正装夹。首先将拨叉安装在划线平台的方箱上，在螺纹孔处涂上颜色，按要求找出螺纹孔中心位置，并在孔中心处划出十字线痕和底孔圆线痕，然后将待加工拨叉装在图 4.38 所示的虎钳上，用划针找正拨叉的正确位置。加工时，将钻头对准已划出孔中心线痕的位置进行钻孔和攻螺纹。

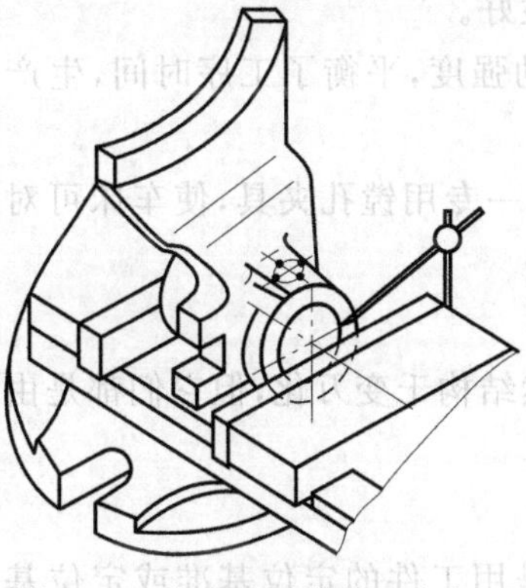

图 4.38　汽车变速器拨叉上加工螺纹孔的找正装夹

通过划线，在工件上划出待加工表面的位置，以划线线痕作为定位依据，以工件上事先划好的线痕找正工件在机床上正确位置的装夹方法，称为**划线找正装夹**。

划线找正装夹生产率低，定位精度受划线精度和找正精度的限制，对工人的技术水平要求较高。划线找正法适用于单件小批量、毛坯精度低、加工复杂的大型零件等不便于使用夹具进行加工的粗加工，不适用于成批大量的汽车零件的机械加工生产。

2. 夹具装夹

机床夹具是能使同一批工件在加工前迅速进行装夹并使工件相对于机床、刀具具有确定位置且在整个加工过程中保持上述位置关系的一种工艺装备。**夹具装夹**是直接利用夹具上的定位元件使工件获得机械加工正确位置并夹紧的方法。

由于夹具的定位元件与机床和刀具的相对位置均已预先调整好,故工件定位时不必再逐个调整,定位迅速、可靠,定位精度较高;但设计与制造的周期较长,费用较高。夹具装夹主要适用于产品相对稳定而产量较大的成批和大量的机械零件加工生产。机床夹具在汽车零件机械加工过程中应用十分广泛。

工件装夹是否正确、迅速、方便和可靠,将直接影响工件的加工质量、生产效率、制造成本和操作安全等。因此,根据工件的加工要求和具体的生产条件,合理选择工件的装夹方法,是工艺研究的重要问题之一。

4.6.2 机床夹具的基础知识

1. 机床夹具的概念

在机械加工过程中,为了保证零件的加工精度,固定工件、使之占有确定位置以接受加工或检测的工艺装备统称为**机床夹具,简称夹具**。工艺装备是指产品制造时所使用的刀具、夹具、量检具、辅具、模具等各种工具的总称。机床夹具是能使同一批工件在加工前迅速进行装夹并使工件相对于机床、刀具具有确定位置且在整个加工过程中保持上述位置关系的一种工艺装备。

为保证产品的生产纲领,在经济性、产品质量稳定性等众多因素的要求下,汽车零件的机械加工多为批量生产,故汽车工件的装夹是通过机床夹具实现的。

2. 机床夹具的作用

(1) 工件装夹迅速,减少了辅助时间,使生产高效稳定。

(2) 保证加工精度。机床夹具可准确确定工件、刀具和机床之间的相对位置,从而保证被加工表面的工序尺寸和位置公差要求,加工精度的稳定性好。

(3) 对加工成批工件效率十分显著,减轻了工人的劳动强度,平衡了工序时间,生产节拍稳定,便于生产过程自动化。

(4) 扩大了机床的工艺范围,如在卧式车床刀架处安装一专用镗孔夹具,使车床可对箱体轴承座孔进行加工。

3. 夹具的组成

在汽车零件生产中使用的专用机床夹具种类繁多,虽然结构千变万化,但它们都是由下列元件和装置组成的。

1) 定位元件

定位元件是保证工件在夹具中处于正确位置的元件,是用工件的定位基准或定位基面与机床夹具的定位元件相接触或配合来实现工件的定位的。图 4.39 所示专用钻床夹具中的定位销 3、8 和支承钉 5 均为定位元件,用它们确定工件相对于机床的正确位置。

2) 夹紧装置

夹紧装置是在工件定位后将工件压紧夹牢在定位位置的装置,能够保证工件在加工过程中受到外力(切削力等)作用时不离开已经占据的正确加工位置。图 4.39(a)所示钻床夹具中的星形手柄(螺母)7、钩形压板 6、螺杆、弹簧和紧定螺钉等组成螺旋压板夹紧机构。

定位元件和夹紧装置都是与保证工件加工精度直接有关的重要部件。

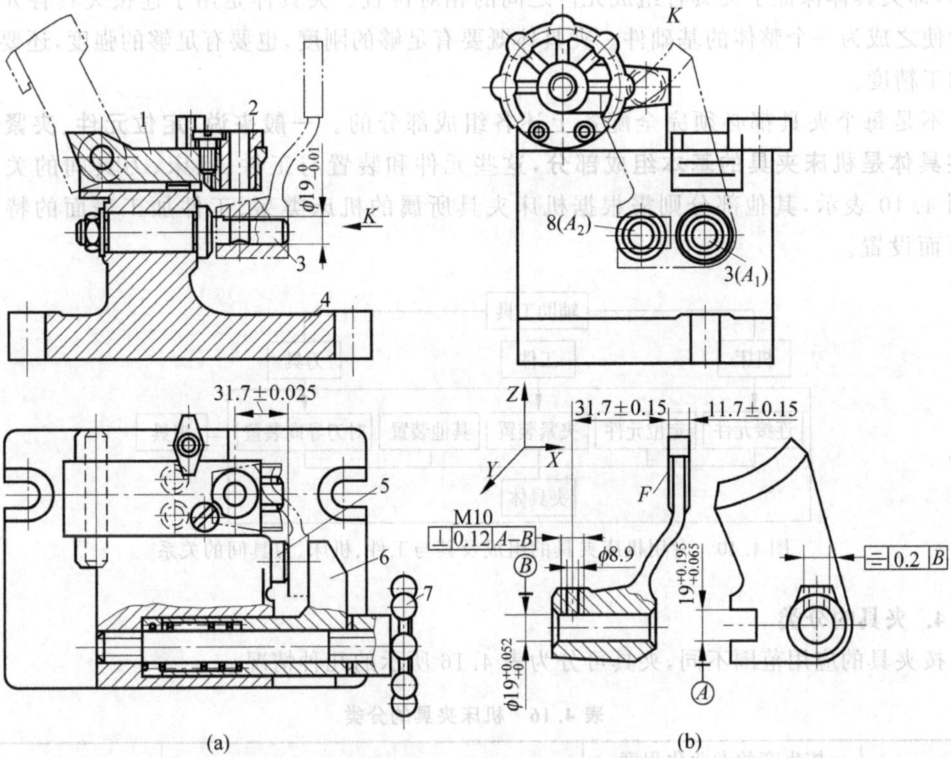

图 4.39　拨叉在专用机床夹具上的装夹

1—钻横板；2—钻套；3—定位销 A_1；4—夹具体；

5—支承钉；6—钩形压板；7—星形手柄；8—定位销 A_2

3）对刀、导向元件

为便于快速、准确调整刀具的正确位置，根据不同加工情况，可在夹具上设置确定刀具位置或引导刀具方向的对刀、导向元件。对刀、导向元件是指用于引导刀具，或确定刀具相对于夹具定位元件的正确位置的元件，如钻套、镗套、铣床夹具的对刀元件等。

4）夹具连接元件

为保证工件工序尺寸和位置公差要求，夹具最终是以一个正确的位置安装在机床上的。夹具连接元件是指用于确定夹具本身在机床上的正确位置的连接元件，如铣床、刨床夹具底面上装的定位键等，就是夹具与机床工作台保持一定位置关系的连接元件。

5）其他元件及装置

其他元件及装置指夹具中因特殊需要而设置的装置或元件。根据工件加工要求，有些机床夹具还设置了其他的元件及装置，如进行多工位加工用的分度转位装置、靠模装置、工件抬起装置等。若需加工按一定规律分布的多个表面时，常设置分度装置；为了能方便、准确的定位，常设置预定位装置；对于大型夹具，常设置吊装元件等。

6）夹具体

夹具体是机床夹具的基础件，夹具体用于将夹具上的各种元件和装置连接成一个有机整体,即夹具体保证了夹具各组成元件之间的相对位置。夹具体是用于连接夹具各元件及装置使之成为一个整体的基础件。夹具体既要有足够的刚度,也要有足够的强度,还要有高的加工精度。

不是每个夹具都必须完全配备上述各组成部分的。**一般来说,定位元件、夹紧装置和夹具体是机床夹具的基本组成部分**,这些元件和装置与工件、机床、刀具间的关系可用图 4.40 表示,其他部分则需根据机床夹具所属的机床类型、工件加工表面的特殊要求等而设置。

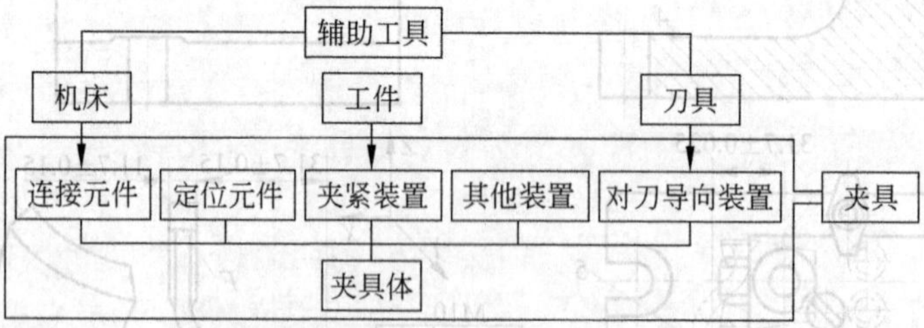

图 4.40 专用机床夹具的组成及其与工件、机床、刀具间的关系

4. 夹具的分类

按夹具的应用范围不同,夹具可分为表 4.16 所示的几种情况。

表 4.16 机床夹具的分类

分类方式	按生产的专业化程度或夹具的通用程度分类	按工艺过程分类	按夹具的动力源分类	按使用机床分类
名称	通用夹具 专用夹具 成组(可调)夹具 组合夹具 随行夹具	机床夹具 检验夹具 装配夹具 焊接夹具 其他工种夹具	电动夹具 手动夹具 液动夹具 气动夹具 磁力夹具 真空夹具 离心力夹具	车床夹具 铣床夹具 钻床夹具 刨床夹具 镗床夹具 齿轮机床夹具 其他机床夹具

4.6.3 工件在夹具中的定位

4.6.3.1 工件定位基础知识

1. 工件的六点定位原理

一个尚未定位的工件,类同于空间的一自由刚体,其空间位置是不确定的。如图 4.41 所示,在空间直角坐标系中有 6 个方向活动的可能性,即会有沿 3 个坐标轴方向移动(分别用符号 $\vec{X}$、$\vec{Y}$、$\vec{Z}$ 表示)和绕 3 个坐标轴方向转动(分别用符号$\widehat{X}$、$\widehat{Y}$、$\widehat{Z}$ 表示)到不同的位置的可能性。工件在空间不同位置的变化,就是这 6 个方向变动的结果。一般来说,我

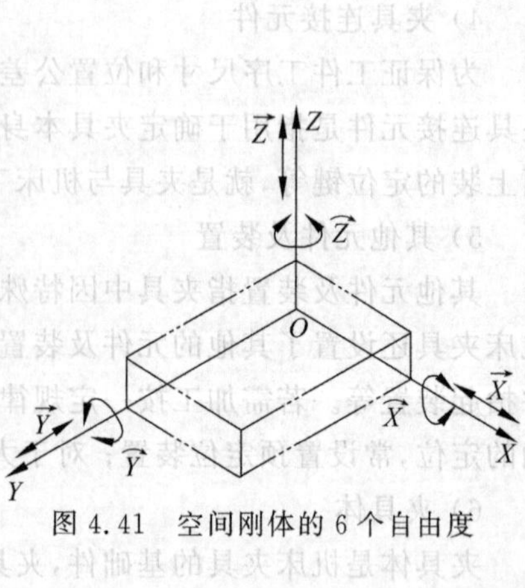

图 4.41 空间刚体的 6 个自由度

们将其中一个方向活动的可能性称为空间自由刚体(工件)的一个自由度。

用以描述一个空间自由刚体(工件)位置不确定性的 $\vec{X}$、$\vec{Y}$、$\vec{Z}$、$\widehat{X}$、$\widehat{Y}$、$\widehat{Z}$ 合称为**工件的 6 个自由度**。其中 $\vec{X}$、$\vec{Y}$、$\vec{Z}$ 分别为工件沿 X、Y、Z 轴的移动自由度，$\widehat{X}$、$\widehat{Y}$、$\widehat{Z}$ 分别为工件绕 X、Y、Z 轴的转动自由度。为方便分析，本书中所建立的坐标系，若不特殊指明，以主视图为准，即主视图为 XOZ 平面，以左右方向为 X 轴方向(右向为其正方向)，上下方向为 Z 轴方向(竖直向上为其正方向)，进出纸面方向为 Y 轴方向(从纸中穿出为其正方向)。

没有定位的工件，在空间具有 6 个可活动的自由度。要使工件在某个方向有确定的位置，就必须限制该方向的自由度。

定位，就是限制自由度。如图 4.42 所示的长方体工件，欲使其完全定位，在空间占有唯一确定的位置，可以设置 6 个固定点，工件的 3 个面分别与这些点保持接触。在工件底面设置 3 个不共线的点 1、2、3(构成一个面)，限制工件的 3 个自由度 $\vec{Z}$、$\widehat{X}$、$\widehat{Y}$；侧面设置两个点 4、5(构成一条线)，限制了工件的两个自由度 $\vec{X}$、$\widehat{Z}$；端面设置一个点 6(一个点)，限制工件的一个自由度 $\vec{Y}$。如此，工件的 6 个自由度便都被限制了，从而确定了工件在空间的唯一确定位置。

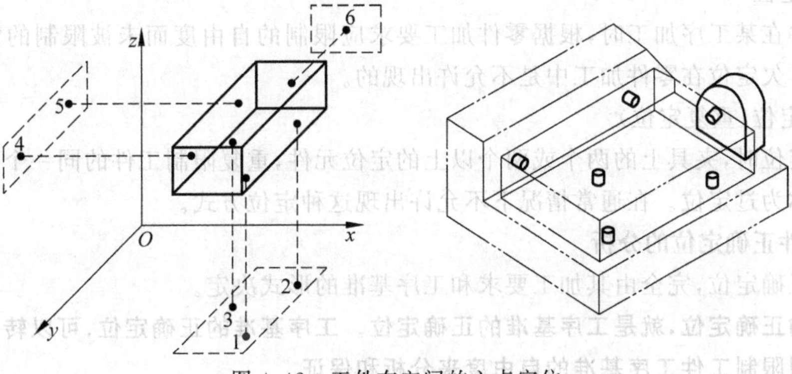

图 4.42　工件在空间的六点定位

这些用来限制工件自由度的固定点，称为**定位支承点**，简称支承点。用合理分布的 6 个支承点限制工件的 6 个自由度，从而确定工件在空间的唯一确定位置的法则，称为**工件的六点定位原理**。

2. 工件定位的几种情况

为保证某一工序的加工要求，工件必须正确定位。

正确定位可以用对工件工序基准限制一定的自由度来达到，但是并不一定是要将 6 个自由度全部都限制住；只将对加工要求有影响的自由度加以限制，而由刀具直接保证的加工要求和不影响加工要求的自由度，都不必加以限制。

如果某些自由度对加工要求有影响，则该自由度就必须加以限制。为保证加工精度，工件正确定位应限制的自由度，称为**第一类自由度**；对于加工要求无关的自由度，称为**第二类自由度**。工件实际定位时，第二类自由度可根据工件所承受切削力、夹紧力、重力等情况和刀具在工件加工表面上运行的工作行程范围，考虑是否加以限制。按照工件加工要求确定工件必须限制的自由度是工件定位中应解决的首要问题。

1）完全定位

如图 4.43 所示为加工压板导向槽的示例。由于要求保证槽深方向的尺寸 A_2，故要求限制 Z 方向的移动自由度 $\vec{Z}$；由于要求保证槽底面与 C 面平行，故绕 X 轴的转动自由度 $\widehat{X}$ 和绕 Y 轴的转动自由度 $\widehat{Y}$ 要限制；由于要保证槽长尺寸 A_1，故在 X 方向的移动自由度 $\vec{X}$ 要限制；由于导向槽要保证压板的中心，与长圆孔一致，故在 Y 方向的移动自由度 $\vec{Y}$ 和绕 Z 轴的转动自由度 $\widehat{Z}$ 要限制。这样，在加工导向槽时，6 个自由度都应限制。这种 6 个自由度都被限制的定位方式称为完全定位。

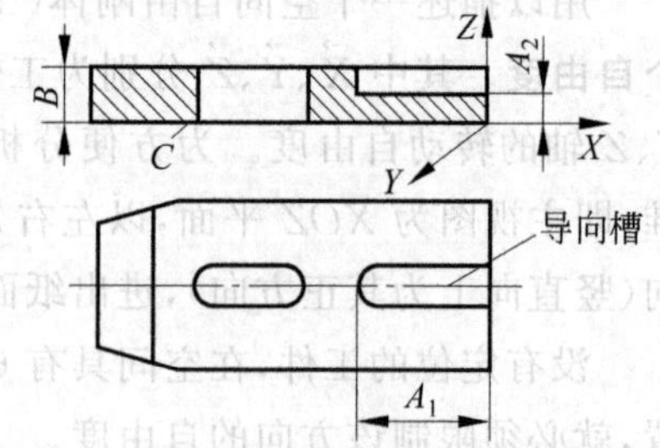

图 4.43　零件加工定位分析

2）不完全定位（第一类自由度限制）

如图 4.43 所示的导板，如在平面磨床上磨平面，要求保证板厚 B，同时加工面与底面保证平行，这时，根据加工要求只需限制 $\vec{Z}$、$\widehat{X}$、$\widehat{Y}$ 3 个自由度就可以了。这种根据零件的加工要求，实际限制的自由度少于 6 个的定位方式称为不完全定位。

3）欠定位

如工件在某工序加工时，根据零件加工要求应限制的自由度而未被限制的定位方式称为欠定位。欠定位在零件加工中是不允许出现的。

4）过定位（重复定位）

工件定位时，夹具上的两个或两个以上的定位元件，重复限制工件的同一个或几个自由度的定位称为过定位。在通常情况下不允许出现这种定位方式。

3. 工件正确定位的分析

工件正确定位，完全由其加工要求和工序基准的形式决定。

工件的正确定位，就是工序基准的正确定位。工序基准的正确定位，可以转化为在直角坐标系中用限制工件工序基准的自由度来分析和保证。

为简化分析自由度，可将对工件工序各项加工要求应限制的自由度分析，转化成对各项加工要求的工序基准的自由度分析。工序基准常见的有点、线、平面 3 种，它们在直角坐标系中的位置分别由：点——一个移动自由度决定；线——一个移动和一个转动自由度决定；平面——一个移动和两个转动自由度决定。下面结合实例来分析加工要求应限制的自由度。

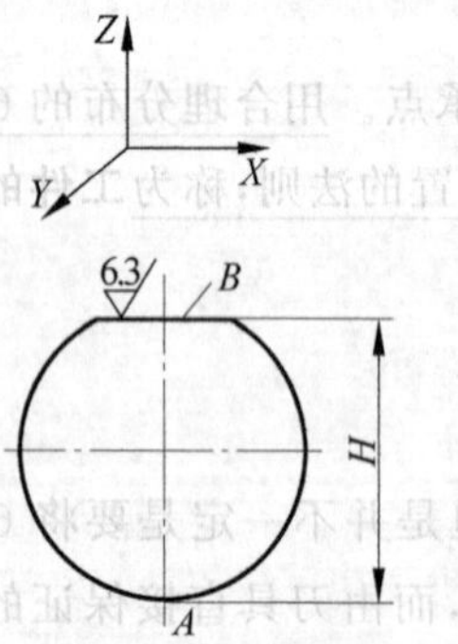

图 4.44　分析铣球平面应限制的自由度

例 4.10　在如图 4.44 所示的一圆球上铣平面 B，保证工序尺寸 H。试分析为保证加工要求应限制的自由度。

解：(1) 直角坐标系如图 4.44 所示，坐标轴应与工件工序基准重合或平行。

(2) 凡是对加工要求有影响的自由度必须加以限制，本工序的工序尺寸及其应该限制的自由度分析如下：

工序尺寸 H（工序基准为圆球下点 A）应限制的自由度为 $\vec{Z}$。

(3) 综上分析，该工序应限制 $\vec{Z}$ 一个自由度。

例 4.11　在如图 4.45 所示的一圆柱体上铣平面，保证工序尺寸 H。试分析为保证加工要求应限制的自由度。

解：(1) 直角坐标系如图 4.45 所示，坐标轴应与工件工序基准重合或平行。

(2) 凡是对加工要求有影响的自由度必须加以限制，本工序的工序尺寸及其应该限制的自由度分析如下：

工序尺寸 H(工序基准为圆柱体下母线 A)，应限制的自由度为 $\vec{Z}$、$\widehat{X}$。

(3) 综上分析，该工序应限制 $\vec{Z}$、$\widehat{X}$ 两个自由度。

例 4.12　在如图 4.46 所示圆柱体上扩孔，要保证工序尺寸 ϕd 及内孔对外圆的同轴度公差 ϕt 的加工要求。试分析工件正确定位应限制的自由度。

解：(1) 直角坐标系如图 4.47 所示，坐标轴应与工件工序基准重合或平行。

(2) 凡是对加工要求有影响的自由度必须加以限制，本工序的工序尺寸及其应该限制的自由度分析如下：

工序尺寸 ϕd，由定尺寸刀具(扩孔钻)直接保证，不需要限制自由度；

同轴度(工序基准为外圆 ϕd 的轴线)，应限制的自由度为 $\vec{X}$、$\vec{Y}$、$\widehat{X}$、$\widehat{Y}$。

(3) 综上分析，该工序应限制 $\vec{X}$、$\vec{Y}$、$\widehat{X}$、$\widehat{Y}$ 4 个自由度。

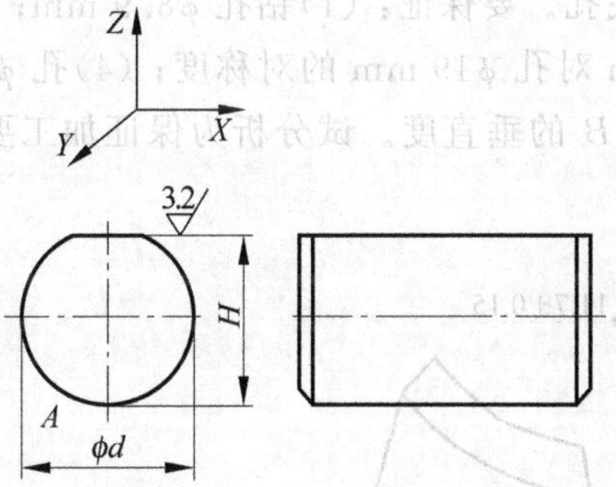

图 4.45　分析圆柱体上铣平面应限制的自由度

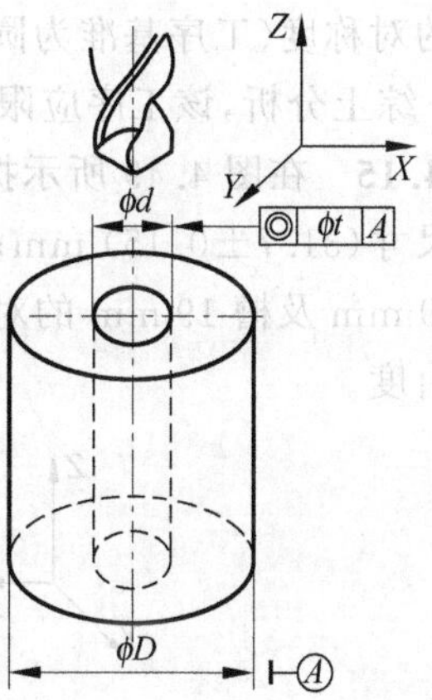

图 4.46　分析扩孔应限制的自由度

例 4.13　在如图 4.47 所示的长方形铁块上铣一通槽，要保证工序尺寸 A、B、C。试分析正确定位应限制的自由度。

解：(1) 直角坐标系如图 4.47 所示，坐标轴应与工件工序基准重合或平行。

(2) 凡是对加工要求有影响的自由度必须加以限制，本工序的工序尺寸及其应该限制的自由度分析如下：

工序尺寸 B 由定尺寸刀具直接保证，不需要限制自由度；

工序尺寸 A(工序基准为侧平面)，应限制自由度 $\vec{X}$、$\widehat{Y}$、$\widehat{Z}$；

工序尺寸 C(工序基准为底平面)，应限制自由度 $\vec{Z}$、$\widehat{X}$、$\widehat{Y}$。

(3) 综上分析，该工序应限制 $\vec{X}$、$\vec{Z}$、$\widehat{X}$、$\widehat{Y}$、$\widehat{Z}$ 5 个自由度。

例 4.14　在如图 4.48 所示的圆柱体上铣一槽，要保证：(1)槽宽尺寸 b；(2)槽深尺寸 H；(3)槽对圆柱体轴线的对称度公差 t。试分析工件正确定位应限制的自由度。

解：(1) 直角坐标系如图 4.48 所示，坐标轴应与工件工序基准重合或平行。

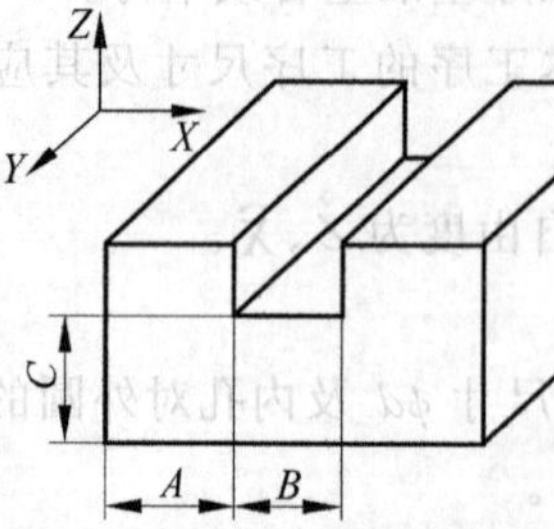

图 4.47　分析铣槽应限制的自由度

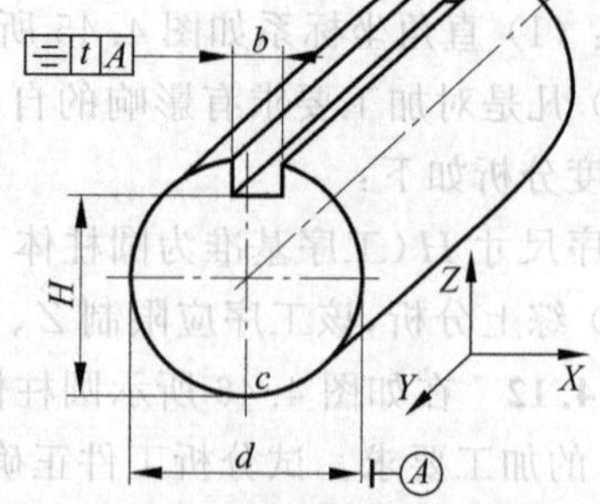

图 4.48　分析铣槽应限制的自由度

(2) 凡是对加工要求有影响的自由度必须加以限制，本工序的工序尺寸及其应该限制的自由度分析如下：

槽宽尺寸 b 由定尺寸刀具直接保证，不需要限制自由度；

槽深尺寸 H(工序基准为下母线 C)，应限制自由度 $\vec{Z}$、$\widehat{X}$；

槽的对称度(工序基准为圆柱体轴线)，应限制自由度 $\vec{X}$、$\widehat{Z}$。

(3) 综上分析，该工序应限制 $\vec{X}$、$\vec{Z}$、$\widehat{X}$、$\widehat{Z}$ 4 个自由度。

例 4.15　在图 4.49 所示拨叉上钻螺纹孔底孔。要保证：(1)钻孔 ϕ8.9 mm；(2)螺纹孔位置尺寸(31.7±0.15) mm；(3)孔 ϕ8.9 mm 对孔 ϕ19 mm 的对称度；(4)孔 ϕ8.9 mm 对孔 ϕ19 mm 及槽 19 mm 的对称中心平面 $A—B$ 的垂直度。试分析为保证加工要求应限制的自由度。

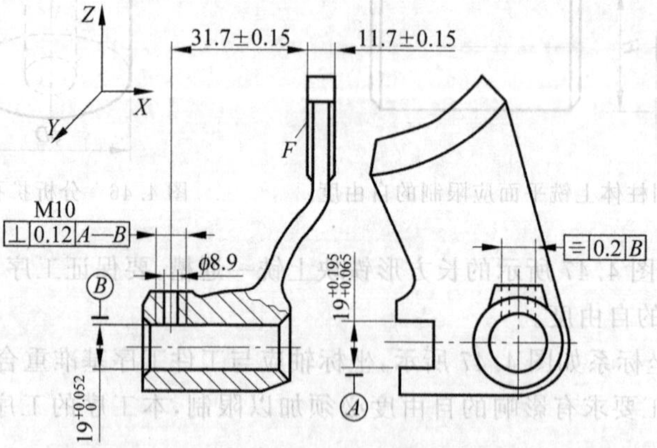

图 4.49　拨叉在专用钻床夹具上的装夹

解：(1) 直角坐标系如图 4.49 所示，坐标轴应与工件工序基准重合或平行。

(2) 凡是对加工要求有影响的自由度必须加以限制，本工序的工序尺寸及其应该限制的自由度分析如下：

钻底孔 ϕ8.9 mm 由刀具直接保证，不需要限制自由度；

工序尺寸 31.7 mm(工序基准为 F 平面)，应限制自由度 $\vec{X}$、$\widehat{Y}$、$\widehat{Z}$；

保证垂直度(工序基准为 $A—B$ 平面)，应限制自由度 $\widehat{X}$、$\widehat{Y}$；

保证对称度(工序基准为 ϕ19 mm 孔的轴线)，应限制自由度 $\vec{Y}$、$\vec{Z}$。

(3) 综上分析，该工序应限制 $\vec{X}$、$\vec{Z}$、$\widehat{X}$、$\widehat{Y}$、$\widehat{Z}$ 5个自由度。

在应用六点定位原理分析工件的定位时，应注意以下几点。

(1) 支承点限制工件自由度的作用，应理解为定位支承点与工件定位基准面始终保持接触。若二者脱离，则意味着失去定位作用。

(2) 一个定位支承点仅限制一个自由度，一个工件仅有6个自由度，所设置的定位支承点数目原则上不应超过6个。

(3) 分析定位支承点的定位作用时，不考虑力的影响。工件的某一自由度被限制，并非指工件在受到使其脱离定位支承点的外力时不能运动；使其在外力作用下不能运动，是夹紧的任务。反之，工件在外力作用下不能运动，即被夹紧，也并非是说工件的所有自由度都被限制了。

定位和夹紧是两个概念，绝不能混淆。定位是解决工件在夹紧前位置是否正确的问题；夹紧是解决工件在加工过程中，受到重力、切削力等外力作用时，是否稳固地保持在定位位置的问题。换言之，定位是解决工件位置定不定的问题，夹紧是解决工件在加工过程中动不动的问题。

(4) 工件定位时，影响加工精度要求的自由度必须限制；不影响加工精度要求的自由度可以限制也可以不限制，视具体情况而定。

常见加工形式中，为保证加工要求必须限制的自由度(第一类自由度)，如表4.17所示。

4.6.3.2　工件的定位方式与定位元件

在实际生产中，为了保证同一批工件在夹具中占据一个正确的位置，必须选择合理的定位方式和设计相应的定位元件。在实际应用时，工件正确定位时，对工件第一类自由度的限制，一般不允许将工件的定位基面直接与夹具体接触，而是通过工件定位基准(或基面)与机床夹具定位元件的配合或接触来实现的。工件定位基面与定位元件的工作表面合称为**定位副**。

工件在机床夹具中定位时，根据工件的结构特点和工序的加工要求的不同，选择的定位基准(基面)有各种形式(如平面、内孔、外圆、圆锥面和型面等)，不同的定位基准(基面)选择不同类型的定位元件。通常工件的定位方式有：

(1) 工件以平面定位；

(2) 工件以内孔定位；

(3) 工件以外圆定位；

(4) 工件以组合表面定位。

对于工件不同的定位基面的形式，定位元件的结构、形状、尺寸和布置方式也不同。下面按不同的定位基准分别介绍所用的定位元件的结构形式。

1. 工件以平面定位

在机械加工中，利用工件上的一个或几个平面作为定位基准来定位工件的方式，称为**平面定位**。如箱体、支架类零件等，常以工件的平面作为定位基准。

平面定位常用的定位元件有固定支承、可调支承、自位支承和辅助支承。

表 4.17　常见的加工形式中，为保证加工要求必须限制的自由度

序号	加工形式	第一类自由度	序号	加工形式	第一类自由度
1	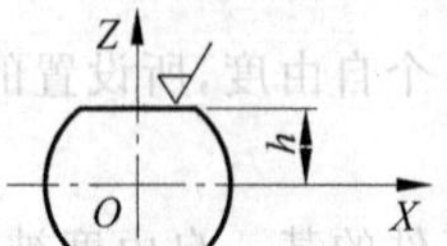	$\vec{Z}$	7	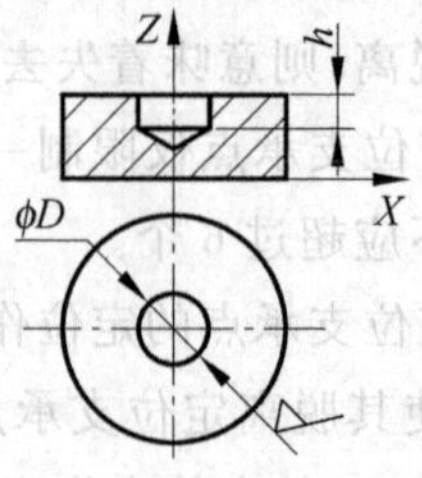	$\vec{X}$、$\vec{Y}$、$\vec{Z}$、$\widehat{X}$、$\widehat{Y}$
2	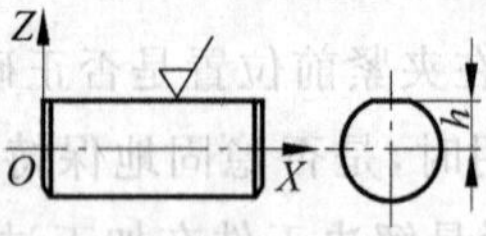	$\vec{Z}$、$\vec{Y}$	8	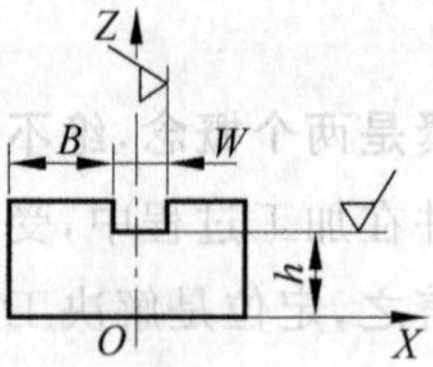	$\vec{X}$、$\vec{Z}$、$\widehat{X}$、$\widehat{Y}$、$\widehat{Z}$
3	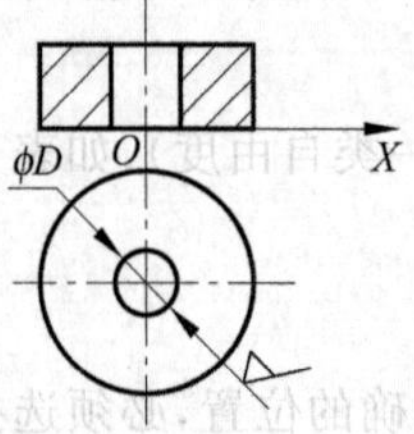	$\vec{X}$、$\vec{Y}$、$\widehat{X}$、$\widehat{Y}$	9	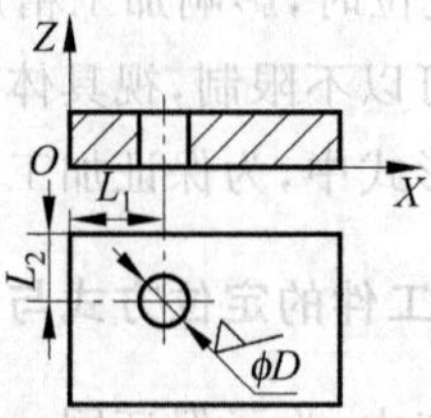	$\vec{X}$、$\vec{Y}$、$\widehat{X}$、$\widehat{Y}$、$\widehat{Z}$
4	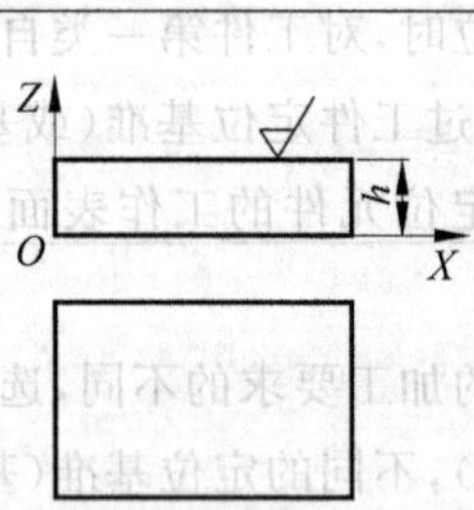	$\vec{Z}$、$\widehat{X}$、$\widehat{Y}$	10	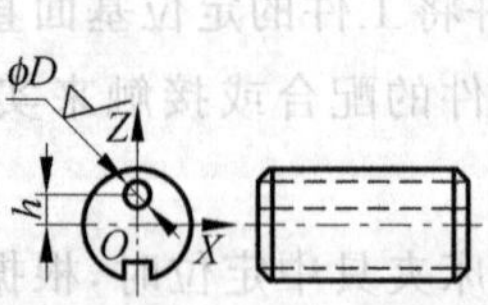	$\vec{X}$、$\vec{Z}$、$\widehat{X}$、$\widehat{Y}$、$\widehat{Z}$
5	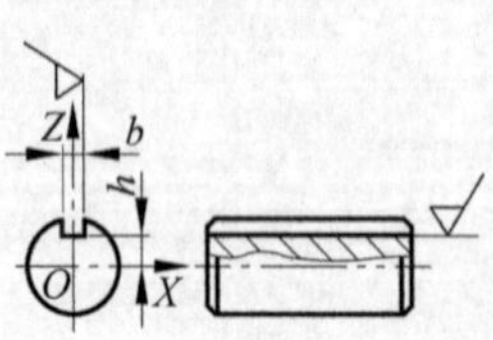	$\vec{X}$、$\vec{Z}$、$\widehat{X}$、$\widehat{Z}$	11	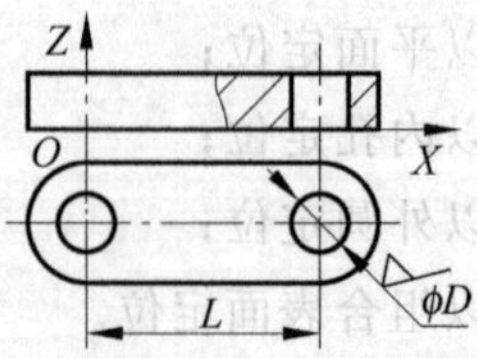	$\vec{X}$、$\vec{Y}$、$\widehat{X}$、$\widehat{Y}$、$\widehat{Z}$
6	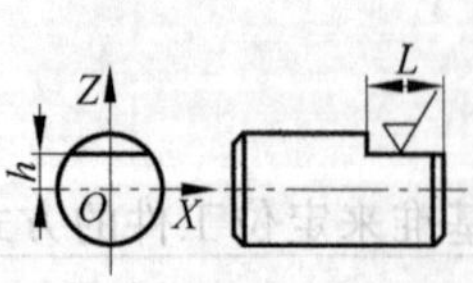	$\vec{Y}$、$\vec{Z}$、$\widehat{X}$、$\widehat{Z}$	12	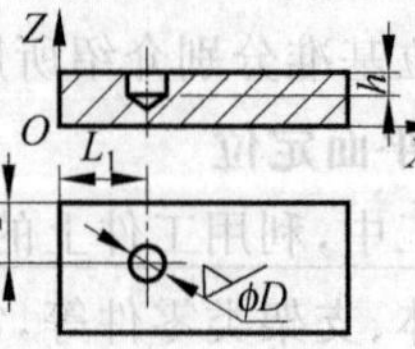	$\vec{X}$、$\vec{Y}$、$\vec{Z}$、$\widehat{X}$、$\widehat{Y}$、$\widehat{Z}$

1）固定支承

固定支承是指高度尺寸固定，不能调整的支承，包括支承钉和支承板两类，在使用过程中它们都是固定不动的。支承钉、支承板均已标准化，其公差配合、材料、热处理等可查国家标准《机床夹具零件及部件》。

（1）支承钉

常用支承钉的结构形式如图 4.50 所示，A 型平头支承钉用于支承精基准，当工件以加工过的平面定位时，可采用平头支承钉（A 型）；B 型球头支承钉用于支承粗基准，当工件以粗糙不平的毛坯面定位时，采用球头支承钉（B 型），使其与毛坯良好接触；C 型齿纹平面支承钉常用于要求摩擦力大的工件侧面的支承，能增大摩擦系数，防止工件滑动。

1 个支承钉相当于一点支承，限制 1 个自由度；在一个平面内，2 个支承钉限制 2 个自由度；不在同一条直线上的 3 个支承钉限制 3 个自由度。需要经常更换的支承钉应加衬套，如图 4.51 所示。

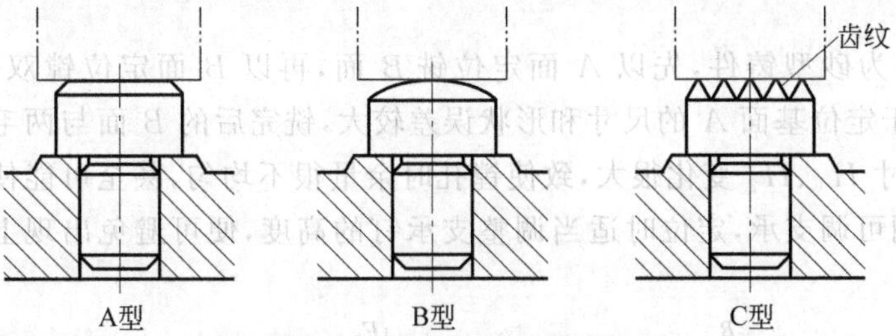

图 4.50　支承钉的结构形式

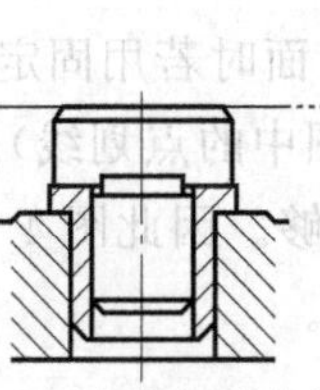

图 4.51　支承钉外加衬套

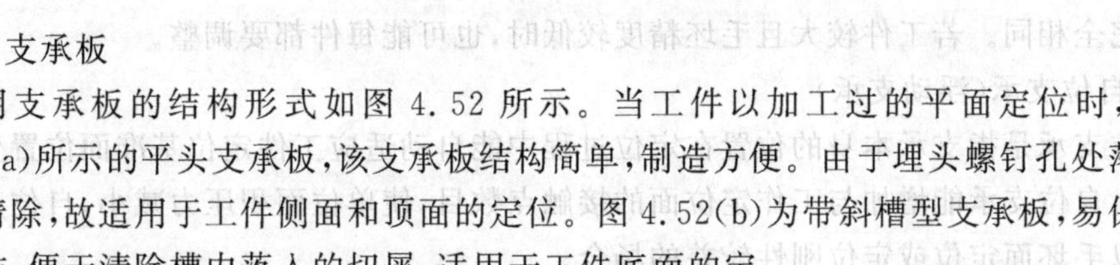

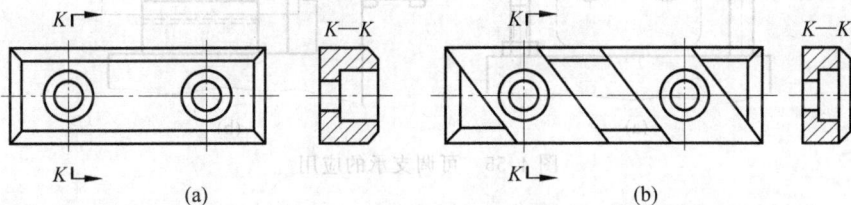

图 4.52　支承板的结构形式

（2）支承板

常用支承板的结构形式如图 4.52 所示。当工件以加工过的平面定位时，可采用图 4.52(a)所示的平头支承板，该支承板结构简单，制造方便。由于埋头螺钉孔处落入的切屑不易清除，故适用于工件侧面和顶面的定位。图 4.52(b)为带斜槽型支承板，易保证工作表面清洁，便于清除槽内落入的切屑，适用于工件底面的定位。当支承的定位基准平面较大时，常用几块支承板组合成一个大的支承平面，各支承板组装到夹具体上后，应在平面磨床上将其支承平面一起磨平，以保证等高，限制 3 个自由度，一般称为**主要支承**。1 个支承板相当于 2 个支承点，限制 2 个自由度，一般称为**导向支承**，如图 4.53 所示。一般将限制 1 个自由度的支承称为**止推支承**。

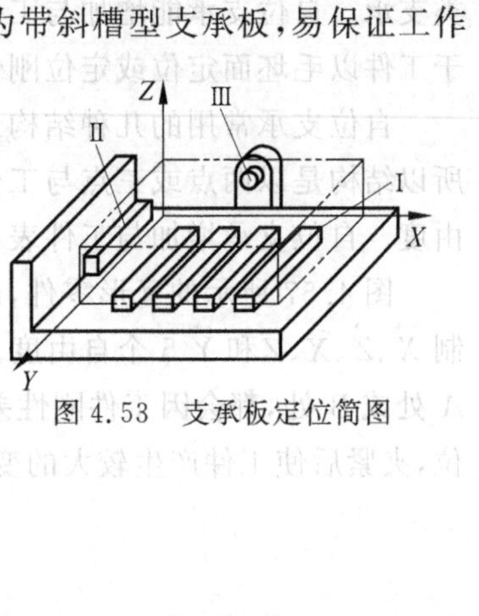

图 4.53　支承板定位简图

2）可调支承

可调支承是指顶端位置能够在一定高度范围内调整的支承。常用的可调支承结构如图 4.54 所示。可调支承多用于支承工件的粗基准面，支承高度可根据需要进行调整，调整到位后用螺母锁紧。1 个可调支承限制 1 个自由度。

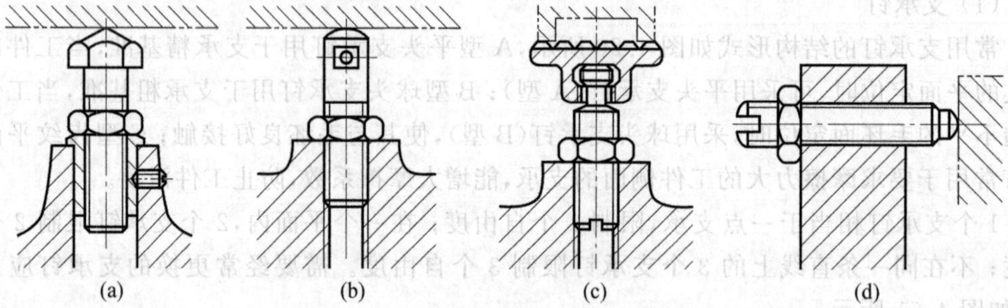

图 4.54　可调支承的结构及其应用

如图 4.55(a)所示，工件为砂型铸件，先以 A 面定位铣 B 面，再以 B 面定位镗双孔。铣 B 面时若用固定支承，由于定位基面 A 的尺寸和形状误差较大，铣完后的 B 面与两毛坯孔（图中的点划线）的距离尺寸 H_1、H_2 变化很大，致使镗孔时余量很不均匀，甚至可能使余量不够。因此图 4.55 中采用可调支承，定位时适当调整支承钉的高度，便可避免出现上述情况。

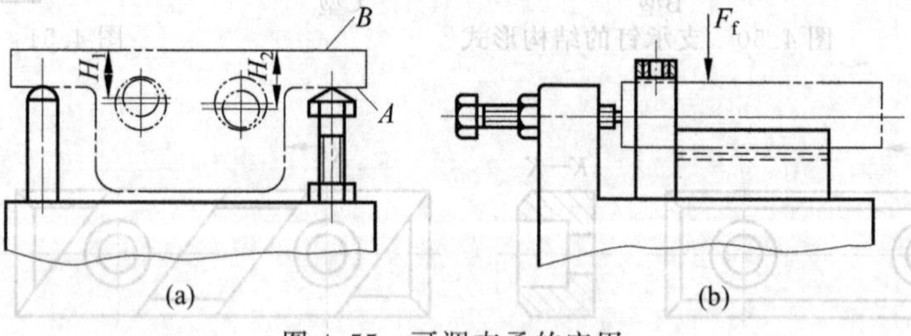

图 4.55　可调支承的应用

对于中小型零件，一般每批调整一次，调整好后，用锁紧螺母拧紧固定，此时其作用与固定支承完全相同。若工件较大且毛坯精度较低时，也可能每件都要调整。

3）自位支承（浮动支承）

自位支承是指支承本身的位置在定位过程中能自动适应工件定位基准面位置变化的一类支承。自位支承能增加与工作定位面的接触点数目，使单位面积压力减小，自位支承适用于工件以毛坯面定位或定位刚性较差的场合。

自位支承常用的几种结构形式如图 4.56 所示。由于自位支承是摆动的或浮动的结构，所以结构是以两点或三点与工件支承表面接触，其实质只起一个点的支承作用，限制一个自由度。自位支承增加与工件表面的支承点，以减小工件的变形或减小接触应力。

图 4.57 所示的叉形零件，以加工过的孔 D 及端面定位铣平面 C 和 E，用心轴及端面限制 $\vec{X}$、$\vec{Z}$、$\widehat{X}$、$\widehat{Z}$和 $\vec{Y}$ 5 个自由度。为了限制自由度$\widehat{Y}$需设置一防转支承。此支承如单独设在 A 处或 B 处，都会因工件刚性差而无法加工，若在 A、B 两处均设置防转支承则属于过定位，夹紧后使工件产生较大的变形，将影响加工精度，此时应采用自位支承。

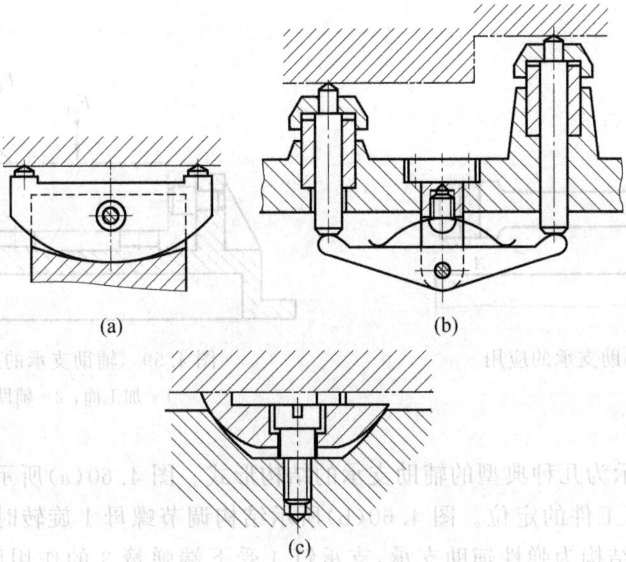

图 4.56　自位支承的结构形式

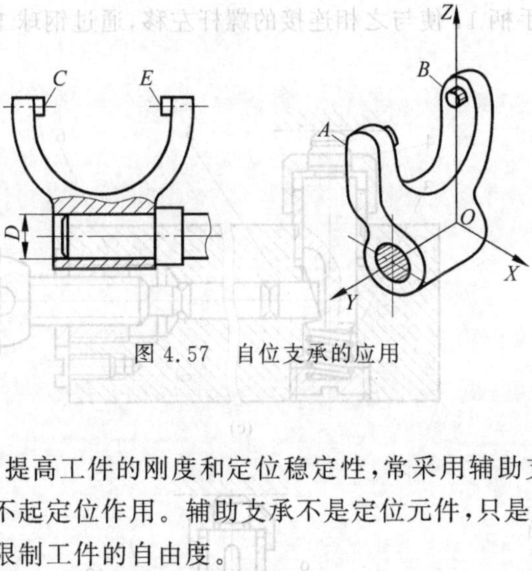

图 4.57　自位支承的应用

4）辅助支承

在生产中有时为了提高工件的刚度和定位稳定性，常采用辅助支承。辅助支承用来提高装夹刚度和稳定性，不起定位作用。辅助支承不是定位元件，只是用以增加工件在加工中的支承刚性作用，不能限制工件的自由度。

如图 4.58 所示，工件以内孔及端面定位钻右端小孔。若右端不设支承，工件装夹后，右臂为一悬臂，刚性差。若在 A 点设置固定支承则属过定位，有可能破坏左端定位。在这种情况下，宜在右端设置辅助支承。工件定位时，辅助支承是浮动的（或可调的），待工件夹紧后再把辅助支承固定下来，以承受切削力。

如图 4.59 所示工件以两个相互垂直的平面定位在支承上，并在上部夹紧，加工表面（以粗实线表示）远离定位支承面和夹紧点。由于悬伸较大，刚性差，加工时工件容易发生变形和引起振动。因此，在悬伸部位设置辅助支承 2，并在辅助支承对面处施加夹紧力 F_{c2}，这样，缩短了力臂，提高了工件在加工中的刚性和稳定性。

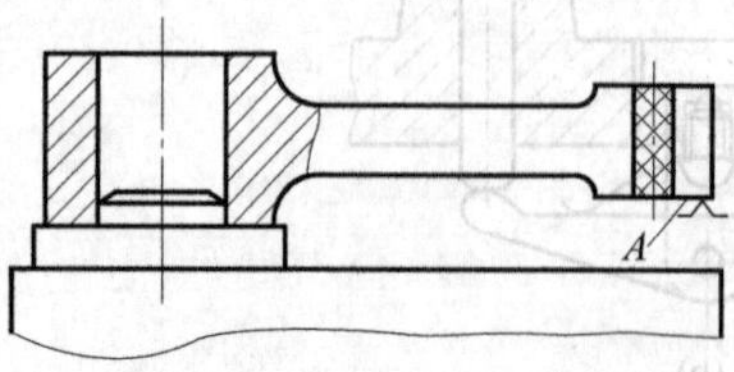

图 4.58 辅助支承的应用

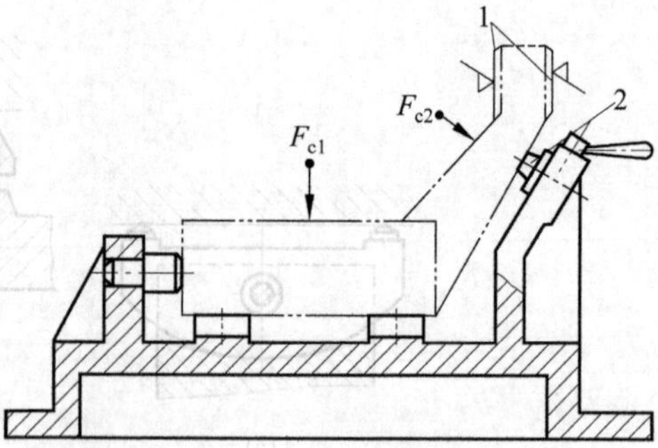

图 4.59 辅助支承的应用示例

1—加工面；2—辅助支承

如图 4.60 所示为几种典型的辅助支承的结构形式。图 4.60(a)所示结构简单，但调节支承钉转动会破坏工件的定位。图 4.60(b)所示结构调节螺母 1 旋转时，支承钉 2 作上下移动。图 4.60(c)结构为弹性辅助支承，支承钉 4 受下端弹簧 3 的作用而与工件底平面接触。当工件夹紧后，回转手柄 7 通过锁紧螺杆 6，推动斜面顶销 5，将支承钉 4 的圆柱销锁紧。图 4.60(d)所示为推力辅助支承，工作时通过推杆 8 的斜面，将支承滑柱 9 上移与工件底平面接触，然后回转手柄 11 使与之相连接的螺杆左移，通过钢球 12 使上、下半圆键 10 胀紧在孔壁上而被锁紧。

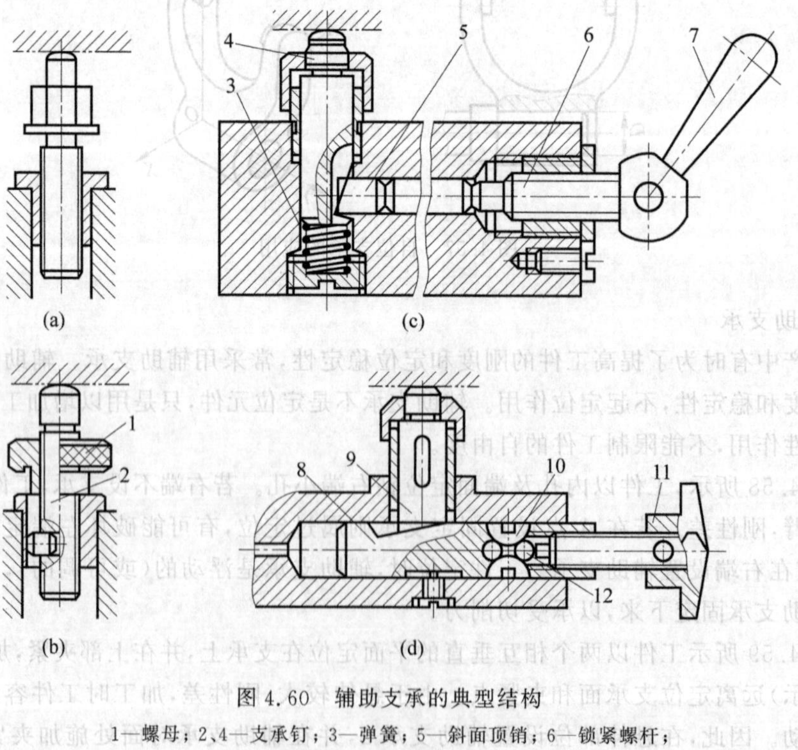

图 4.60 辅助支承的典型结构

1—螺母；2、4—支承钉；3—弹簧；5—斜面顶销；6—锁紧螺杆；
7、11—手柄；8—推杆；9—支承滑柱；10—半圆键；12—钢球

值得注意的是：无论采用哪种形式的辅助支承，它都不起定位作用，因此不限制工件的自由度。

2. 工件以圆孔定位（工件以内孔为定位基面）

有些工件，如套筒、法兰盘等类工件常以内孔作为定位基准，常用的定位元件有定位销和定位心轴两类。

1）定位销

常用的固定式定位销的几种典型结构如图 4.61 所示。当工件的内孔直径尺寸较小时，可选用图 4.61(a)所示的结构；内孔直径尺寸较大时可使用图 4.61(b)所示结构的定位销；当工件同时以内孔及其端面组合定位时，则应用图 4.61(c)所示的带有支承环的结构，该结构定位销为非标准结构；图 4.61(d)为圆锥形定位销。

圆柱定位销根据与工件内孔配合的长径比，分为长圆柱销和短圆柱销。**长圆柱销可限制 4 个自由度，短圆柱销限制 2 个自由度**。图 4.61(d)所示的圆锥销限制 $\vec{X}$、$\vec{Y}$、$\vec{Z}$ 3 个移动自由度。

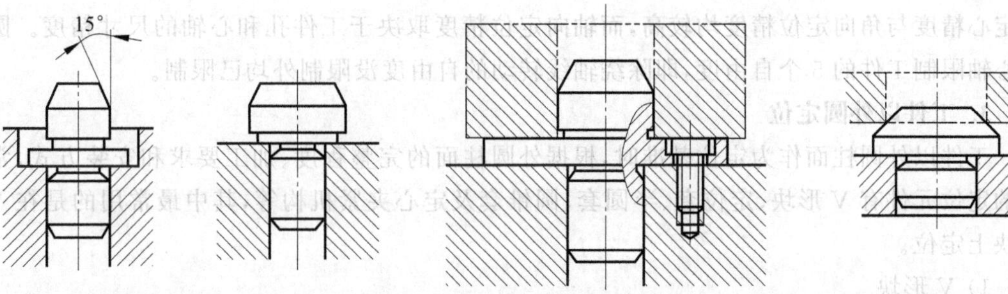

图 4.61　固定式定位销的典型结构

工件在单个圆锥销上定位容易倾斜，所以圆锥销一般与其他定位元件组合定位，通常工件以底面作为主要定位基面，采用活动圆锥销，只限制 $\vec{X}$、$\vec{Y}$ 两个移动自由度，即使工件的孔径变化较大，也能准确定位。

2）定位心轴

定位心轴主要用于套筒类和空心盘类工件的车、铣、磨及齿轮加工，常见的定位心轴有圆柱心轴和圆锥心轴等。

(1) 圆柱心轴

短圆柱心轴限制工件的 2 个自由度，长圆柱心轴限制工件的 4 个自由度。

锥形心轴的锥度，如图 4.62(a)所示，一般为 1/5000～1/1000。定位时依靠心轴的锥体定心和胀紧，可限制 5 个自由度。

过盈配合的圆柱心轴，如图 4.62(b)所示，心轴的定位部分 3 与工件定位基面内孔为过盈配合。为了使工件易于迅速而准确地套入，在心轴的前端设置导向部分 1。这种心轴的定心精度较高，利用过盈产生的摩擦力矩传递一定的扭矩，常用于盘套类零件的精车外圆和端面等。过盈配合心轴限制 4 个自由度。

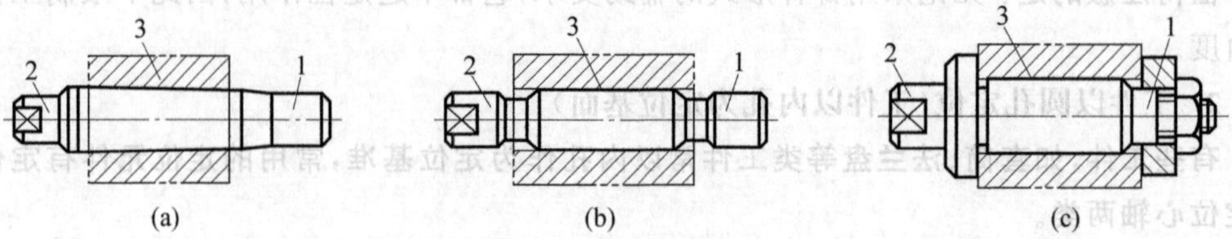

图 4.62 刚性心轴的结构

1—导向部分；2—传动部分；3—定位部分

间隙配合心轴，如图 4.62(c)所示，心轴的定位部分 3 与工件定位基面内孔为间隙配合，图示心轴左端轴肩作轴向定位，依靠心轴右端的螺母进行夹紧。间隙配合心轴装卸工件较为方便，但因存在配合间隙，定位精度较低。带轴肩的间隙配合心轴可限制 5 个自由度，其中心轴定位部分限制 4 个自由度。

(2) 圆锥心轴

这类定位方式是圆锥面与圆锥面接触，要求锥孔和圆锥心轴的锥度相同，接触良好，因此定心精度与角向定位精度均较高，而轴向定位精度取决于工件孔和心轴的尺寸精度。圆锥心轴限制工件的 5 个自由度，即除绕轴线转动的自由度没限制外均已限制。

3. 工件以外圆定位

工件以外圆柱面作为定位基准时，根据外圆柱面的完整程度、加工要求和安装方式，常用的定位元件有 V 形块、定位套、半圆套、圆锥套及定心夹紧机构等，其中最常用的是在 V 形块上定位。

1) V 形块

(1) V 形块定位的优点

① 对中性好，即能使工件的定位基准轴线对中在 V 形块两斜面的对称平面上，在左右方向上不会发生偏移，且安装方便。

② 应用范围较广。不论定位基准是否经过加工，不论是完整的圆柱面还是局部圆弧面，都可采用 V 形块定位。

③ 当工件以外圆定位时，V 形块是应用得最多的定位元件。

(2) V 形块主要参数

如图 4.63 所示，V 形块主要参数有：

① d 为 V 形块的设计心轴直径，d＝工件定位基面的平均尺寸，其轴线是定位基准；

② α 为 V 形块两工作面间的夹角，有 60°、90°、120°共 3 种，以 90°应用最广；

③ H 为 V 形块的高度；

④ T 为 V 形块的定位高度，即 V 形块的定位基准至 V 形块底面的距离；

⑤ N 为 V 形块的开口尺寸。

V 形块已标准化了，H、N 等参数均可从国家标准《机床夹具和部件》中查得，但 T 必须计算。

由图 4.63 可知

$$T = H + OC = H + (OE - CE)$$

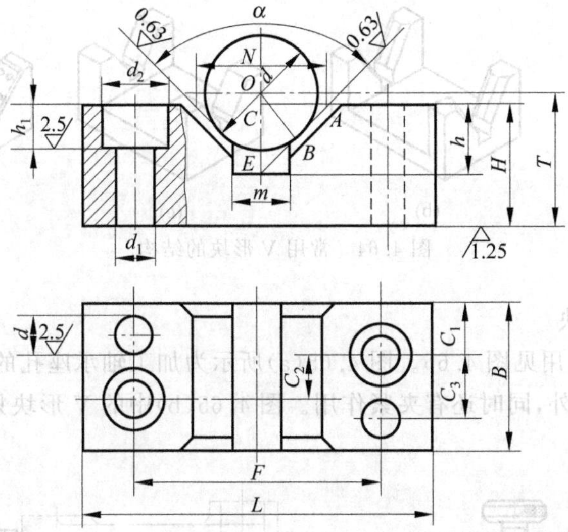

图 4.63　V 形块结构尺寸

因

$$OE=\frac{d}{2\sin\frac{\alpha}{2}}$$

$$CE=\frac{N}{2\tan\frac{\alpha}{2}}$$

所以

$$T=H+\frac{1}{2}\left(\frac{d}{\sin\frac{\alpha}{2}}-\frac{N}{\tan\frac{\alpha}{2}}\right)$$

当 $\alpha=90^\circ$ 时，$T=H+0.707d-0.5N$。

V 形块的材料一般用 20 钢，渗碳深 0.8～1.2 mm，淬火硬度为 60～64 HRC。

(3) V 形块的分类

V 形块有固定式和活动式之分。

① 固定式 V 形块

图 4.64 所示为常用 V 形块的结构。图 4.64(a)所示 V 形块用于短的精定位基面；图 4.64(b)所示 V 形块用于粗基面和阶梯定位面；图 4.64(c)所示 V 形块用于较长的精基面和相距较远的两个定位基准面。V 形块不一定采用整体结构的钢体，可在铸铁底座上镶淬硬支承板或硬质合金板，如图 4.64(d)所示。上述 V 形块如用于粗基准或阶梯外圆柱面的定位时，V 形块工作面的长度一般应减小 2～5 mm，以提高定位的稳定性。根据工件与 V 形块的接触母线长度，**固定式 V 形块可以分为短 V 形块和长 V 形块，前者限制工件 2 个自由度，后者限制工件 4 个自由度。**

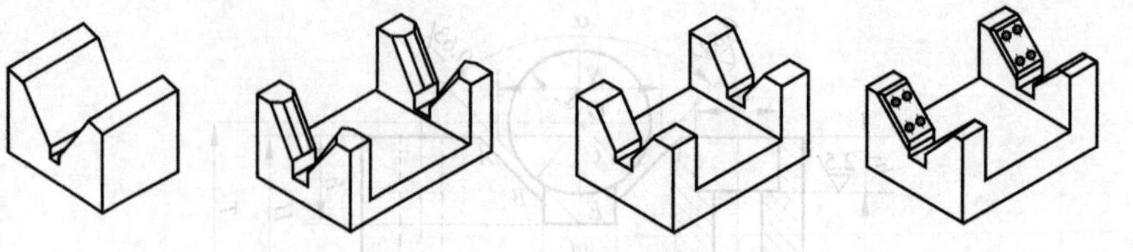

图 4.64 常用 V 形块的结构

② 活动式 V 形块

活动 V 形块的应用见图 4.65。图 4.65(a)所示为加工轴承座孔的定位方式,活动 V 形块除限制一个自由度外,同时还有夹紧作用。图 4.65(b)中的 V 形块只起定位作用,限制工件一个自由度。

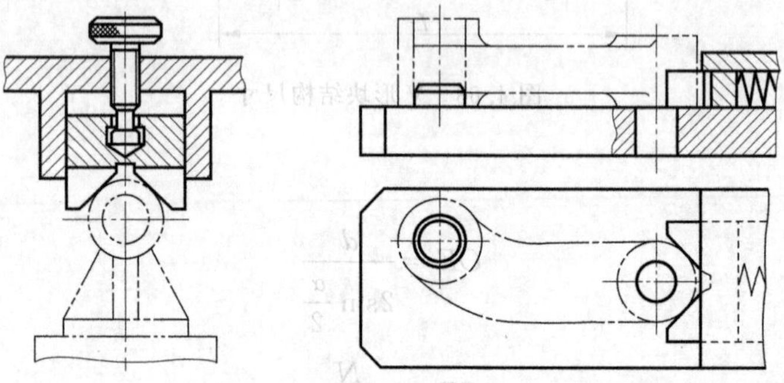

图 4.65 活动 V 形块的应用

2) 定位套

定位套的结构形式如图 4.66 所示。图 4.66(a)所示的结构用于工件以端面为主要定位基准,工件短圆柱面定位于夹具定位套内孔内,定位套孔限制 2 个自由度;图 4.66(b)所示的结构用于以工件外圆柱面为主要定位基面定位在长定位套内孔内,长定位套孔限制 4 个自由度;图 4.66(c)所示的结构用于工件以圆柱端面外缘为定位基面定位于锥孔内,定位元件锥孔限制 3 个自由度。

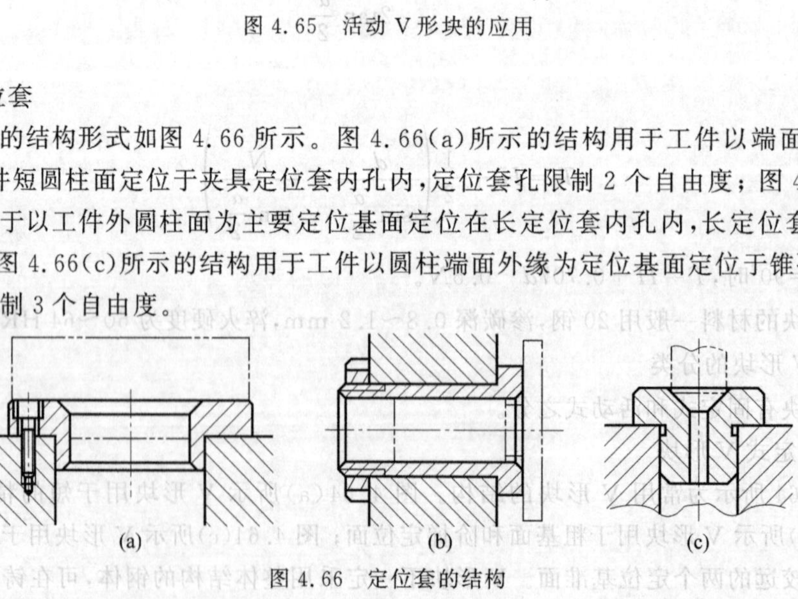

图 4.66 定位套的结构

定位套结构简单,制造容易,但定心精度不高,常用于小型、形状简单零件的定位。

3) 半圆套

如图 4.67 所示,下面的半圆套是定位元件,上面的半圆套起夹紧作用。这种定位方式主要用于大型轴类零件及不便于轴向装夹的零件。定位基面的精度不低于 IT8～IT9，半圆套的最小内径应取工件定位基面的最大值。

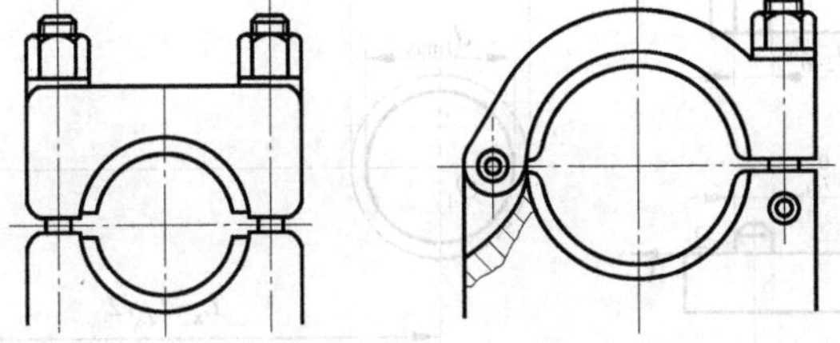

图 4.67　半圆套定位装置

4）圆锥套

图 4.68 所示为常用的反顶尖，由顶尖体 1、螺钉 2 和圆锥套 3 组成。工件以圆柱面的端部在圆锥孔中定位，锥孔中有齿纹，以带动工件旋转。顶尖体 1 的锥柄部分插入机床主轴孔中，螺钉 2 用来传递扭矩。

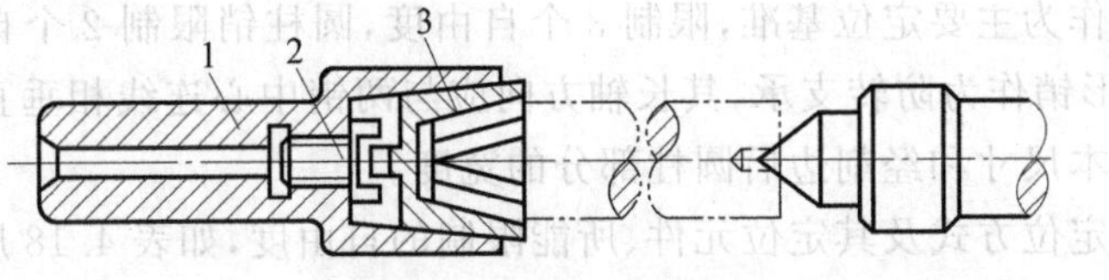

图 4.68　常用的反顶尖

1—顶尖体；2—螺钉；3—圆锥套

4. 工件以组合表面定位

在实际生产中，工件往往不是采用单一表面定位，而是以组合表面定位。为满足工序的加工要求，一般都采用几个定位基准（基面）的组合方式进行定位，即组合定位。**常用的组合定位基准（基面）有：前后顶尖孔、一孔一端面、一端面一外圆、两阶梯外圆及一端面、一长孔一外圆、一面两孔等；**相应地采用定位元件的组合定位，如前后顶尖、定位销（或心轴）与支承钉（或小支承环）组合、V 形块与支承钉（或小支承环）组合、长定位销与 V 形块组合以及支承板与双销组合等，即使用几个定位元件共同限制第一类自由度，保证工件的正确定位。

在汽车箱体类零件中，如变速器壳体、汽缸体、离合器壳体等零件加工时，常以一平面及其上的两个工艺孔组合作为定位基准，简称一面两孔定位，这种组合定位方式所采用的定位元件为支承板、圆柱销和菱形销。一面两孔定位是一种典型的组合定位方式，是基准统一的具体应用。

图 4.69(a)所示为一箱体零件以底平面及其上的两个工艺孔 D_1、D_2 作为定位基准，在机床夹具上相应地用支承板及其上的两个短圆柱销 d_1、d_2 作为定位元件。定位时，短销 d_1 与孔 D_1、短销 d_2 与孔 D_2 的最小配合间隙分别为 X_1 和 X_2。支承平面限制 $\vec{Z}$、$\widehat{X}$和$\widehat{Y}$ 3 个自由度，短销 d_1 限制 $\vec{X}$ 和 $\vec{Y}$ 2 个自由度，短销 d_2 限制 $\vec{X}$ 和$\widehat{Z}$ 2 个自由度。这样，$\vec{X}$ 自由度同时被短销 d_1 和 d_2 限制住，出现了过定位。当两孔和两销间的中心距都存在较大的误差时（见图 4.69(b)），当销 d_1 与孔 D_1 配合且两中心重合，销 d_1 与销 d_2 中心距为 $L_x - T_{L_x}/2$，孔 D_1 与孔 D_2 中心距为 $L_g + T_{L_g}/2$，$(T_{L_x} + T_{L_g})/2 > X_{min}$ 时，销 d_2 与孔 D_2 将发

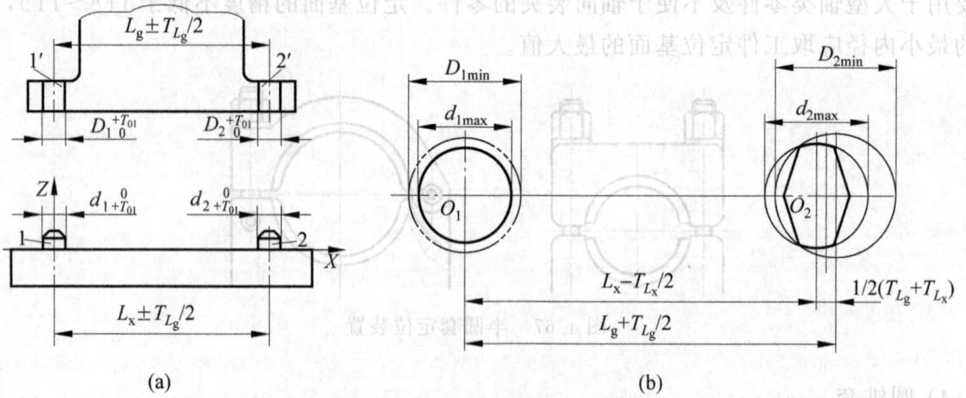

图 4.69　工件以一面两孔定位

生干涉而套不进去。为解决这一矛盾，可将短销 d_1 沿两销中心距方向削边，变成短菱形销，在发生过定位的方向，将销 d_2 削边，短菱形销只限制 $\overset{\frown}{Z}$ 1 个转动自由度。

工件以平面作为主要定位基准，限制 3 个自由度，圆柱销限制 2 个自由度，菱形销限制 1 个自由度。菱形销作为防转支承，其长轴方向应与两销中心连线相垂直，并应正确地选择菱形销直径的基本尺寸和经削边后圆柱部分的宽度。

工件常用的定位方式及其定位元件、所能限制的自由度，如表 4.18 所示。

表 4.18　工件常见的定位方法、定位元件及所能限制的工件自由度

工件定位基准	夹具定位基准	定位方式简图	限制的自由度
平面	小平面Ⅲ(一个支承钉)	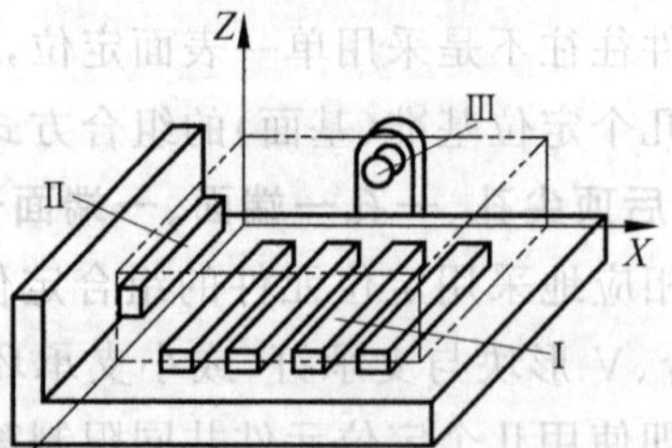	$\vec{Y}$
	支承板Ⅱ(两个支承钉)		$\vec{X}$、$\overset{\frown}{Z}$
	大平面Ⅰ(支承板组合支承钉组合)		$\vec{Z}$、$\overset{\frown}{X}$、$\overset{\frown}{Y}$
	三点自位支承	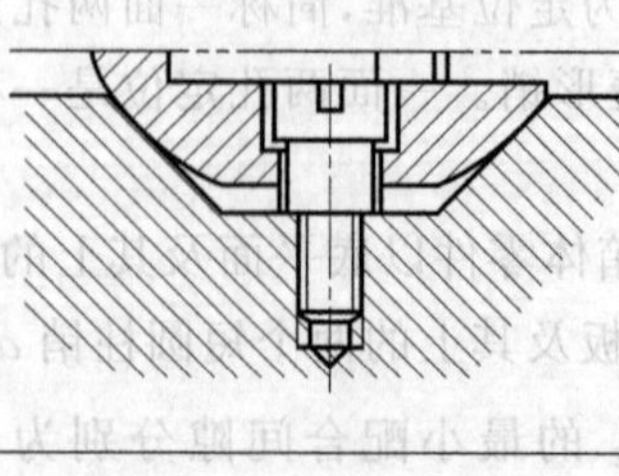	$\vec{Z}$
	两点自位支承	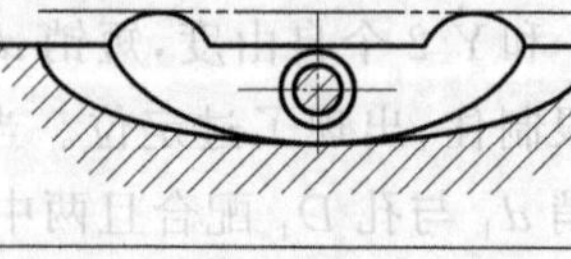	$\vec{Z}$

续表

工件定位基准	夹具定位基准	定位方式简图	限制的自由度
内孔	短心轴	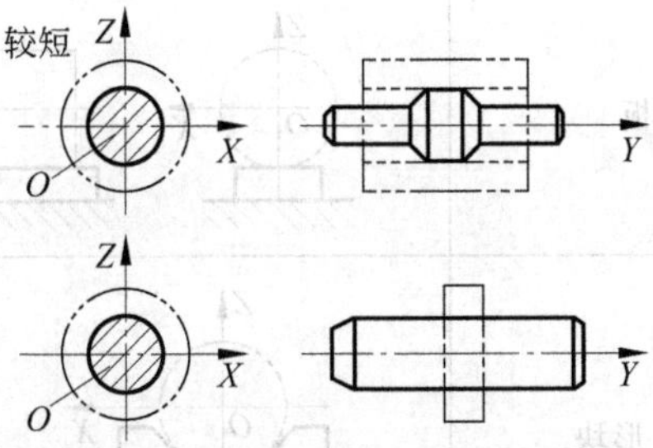	$\vec{X}$、$\vec{Z}$
	长心轴	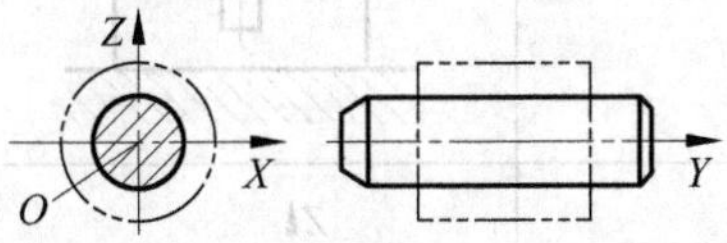	$\vec{X}$、$\vec{Z}$、$\overset{\frown}{X}$、$\overset{\frown}{Z}$
	短圆柱销	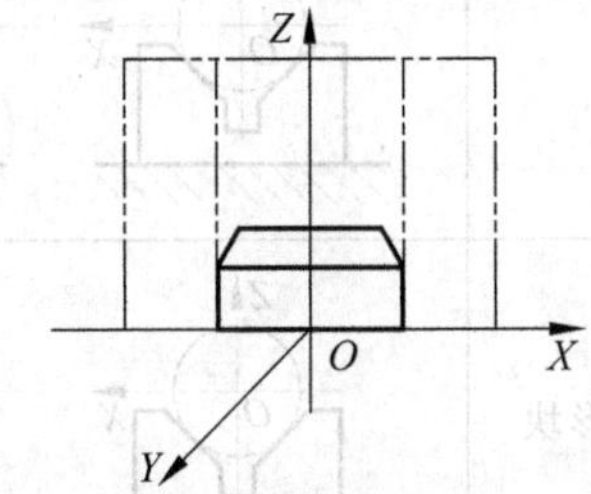	$\vec{X}$、$\vec{Y}$
	长圆柱销	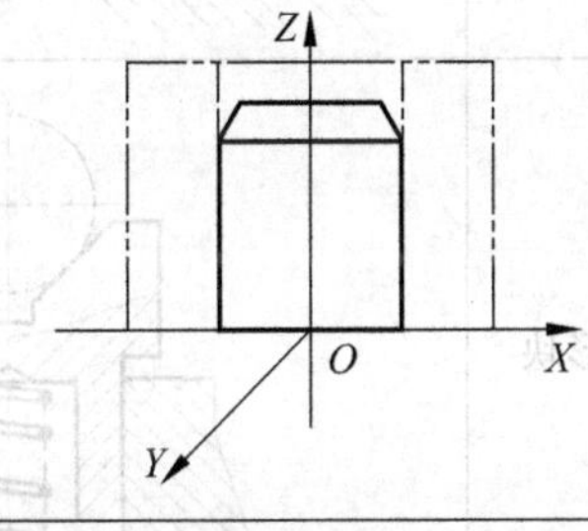	$\vec{X}$、$\vec{Y}$、 $\overset{\frown}{X}$、$\overset{\frown}{Y}$
	短削边销 (短菱形销)	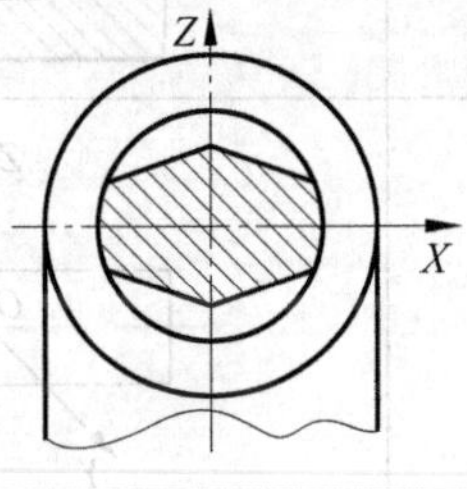	$\vec{X}$
	短锥销	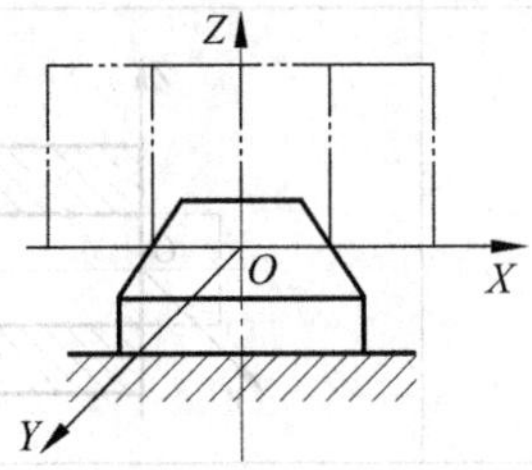	$\vec{X}$、$\vec{Y}$、$\vec{Z}$

续表

工件定位基准	夹具定位基准	定位方式简图	限制的自由度
外圆柱面	支承板	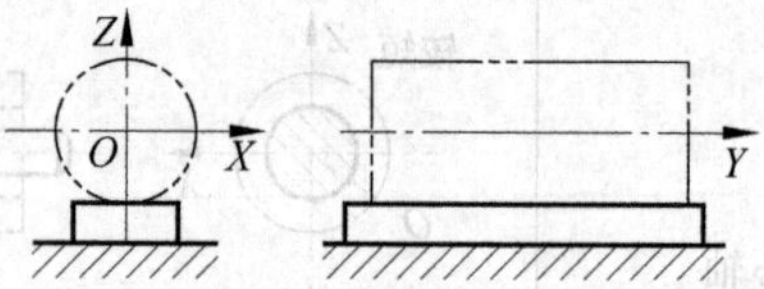	$\vec{Z}$、$\overset{\frown}{X}$
	短 V 形块	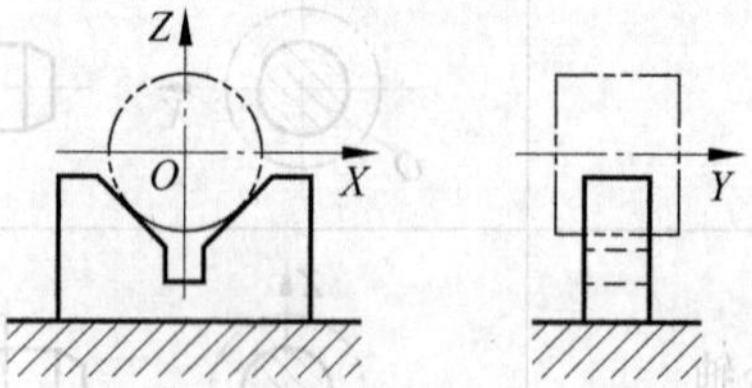	$\vec{X}$、$\vec{Z}$
	长 V 形块	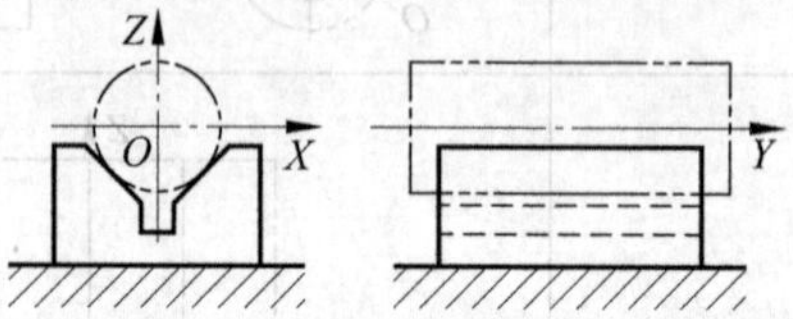	$\vec{X}$、$\vec{Z}$、$\overset{\frown}{X}$、$\overset{\frown}{Z}$
	两个短 V 形块	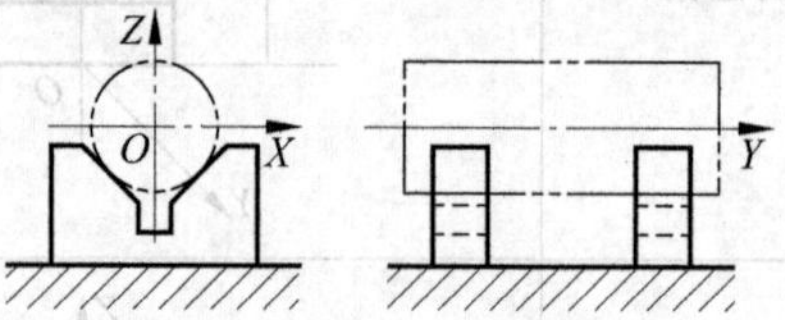	
	浮动短 V 形块	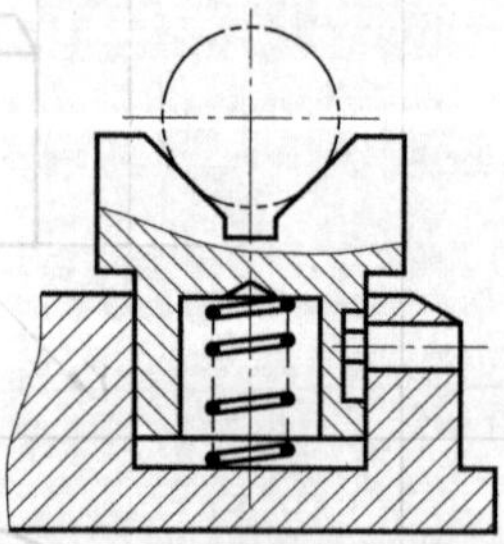	$\vec{X}$
	短定位套	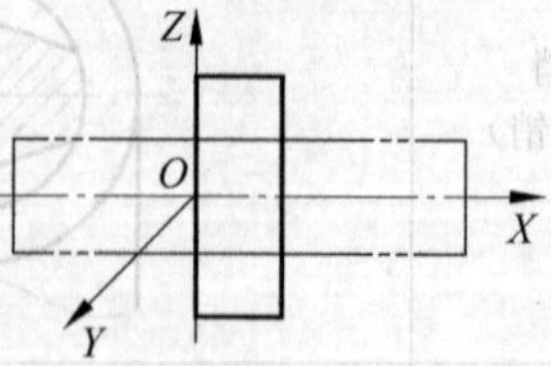	$\vec{Y}$、$\vec{Z}$
	长定位套	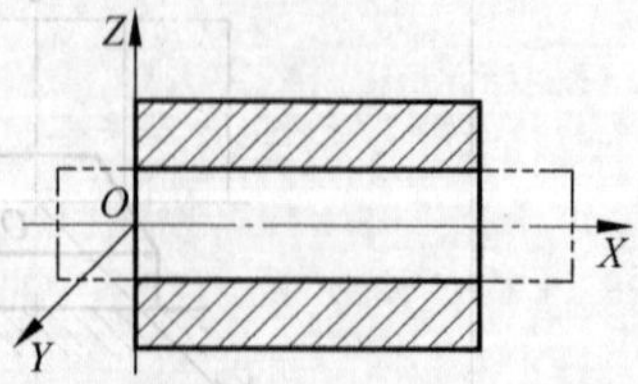	$\vec{Y}$、$\vec{Z}$、$\overset{\frown}{Y}$、$\overset{\frown}{Z}$

续表

工件定位基准	夹具定位基准	定位方式简图	限制的自由度
外圆柱面	短锥套	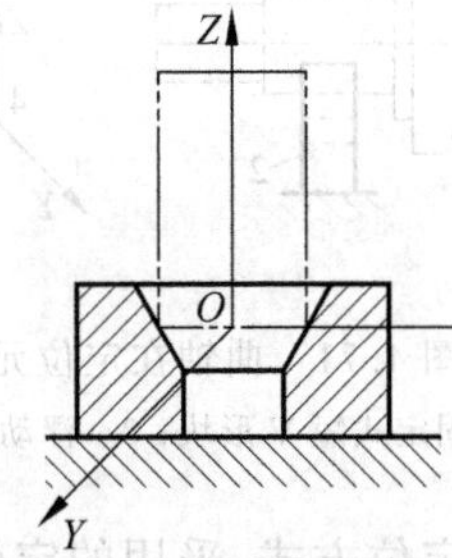	$\vec{X}$、$\vec{Y}$、$\vec{Z}$
圆锥孔	固定顶尖(前) 浮动顶尖(后)	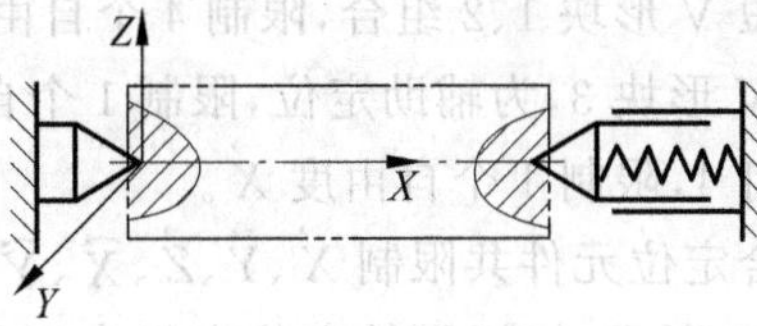	$\vec{X}$、$\vec{Y}$、$\vec{Z}$、 $\overset{\frown}{Y}$、$\overset{\frown}{Z}$
	锥心轴	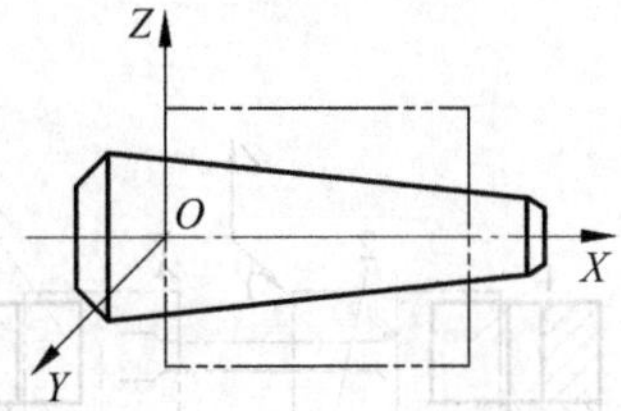	$\vec{X}$、$\vec{Y}$、$\vec{Z}$、 $\overset{\frown}{Y}$、$\overset{\frown}{Z}$

例 4.16　如图 4.70 所示，用前、后顶尖进行加工，前顶尖 1 为固定顶尖，后顶尖 2 为活动顶尖。试分析定位元件所限制的自由度。

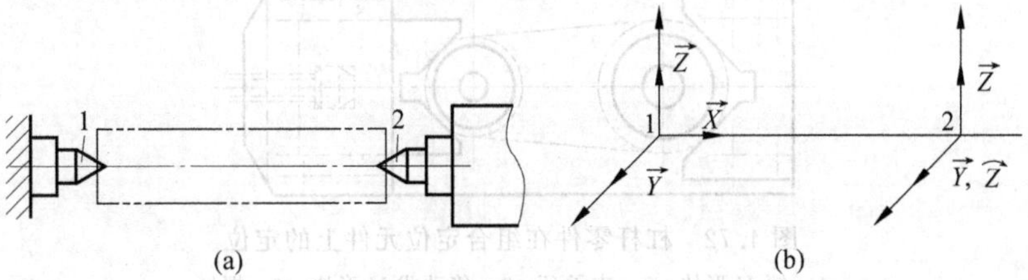

图 4.70　轴在前后顶尖上的定位

解：(1) 建立直角坐标系在定位元件上，如图 4.70 所示。

(2) 定位方式为内孔定位方式，采用的定位元件及其限制的自由度分析如下：

① 定位元件前顶尖(内孔定位方式)，限制 3 个自由度：$\vec{X}$、$\vec{Y}$、$\vec{Z}$；

② 定位元件后顶尖(内孔定位方式)为辅助定位，限制 2 个自由度 $\overset{\frown}{Y}$、$\overset{\frown}{Z}$。

(3) 综上分析，组合定位元件共限制 $\vec{X}$、$\vec{Y}$、$\vec{Z}$、$\overset{\frown}{Y}$、$\overset{\frown}{Z}$ 5 个自由度。

例 4.17　如图 4.71 所示，单缸曲轴定位在图示的定位元件上。试分析定位元件及所限制的自由度。

解：(1) 建立直角坐标系如图 4.71 所示。

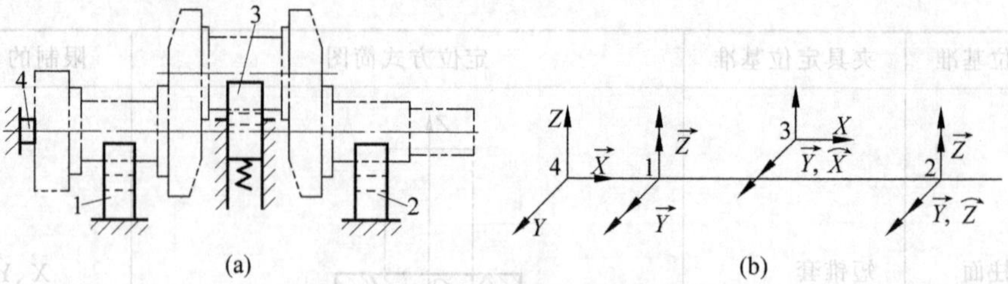

图 4.71　曲轴在定位元件上的定位

1、2—固定式短 V 形块；3—浮动 V 形块；4—支承钉

（2）定位方式为外圆柱面定位方式，采用的定位元件及其限制的自由度分析如下：

① 定位元件两个短 V 形块 1、2 组合，限制 4 个自由度 $\vec{Y}$、$\vec{Z}$、$\widehat{Y}$、$\widehat{Z}$；

② 定位元件浮动 V 形块 3，为辅助定位，限制 1 个自由度 $\widehat{X}$；

③ 定位元件支承钉 4，限制 1 个自由度 $\vec{X}$。

（3）综上分析，组合定位元件共限制 $\vec{X}$、$\vec{Y}$、$\vec{Z}$、$\widehat{X}$、$\widehat{Y}$、$\widehat{Z}$ 6 个自由度。

例 4.18　如图 4.72 所示，杠杆零件定位在组合定位元件上。试分析定位元件及所限制的自由度。

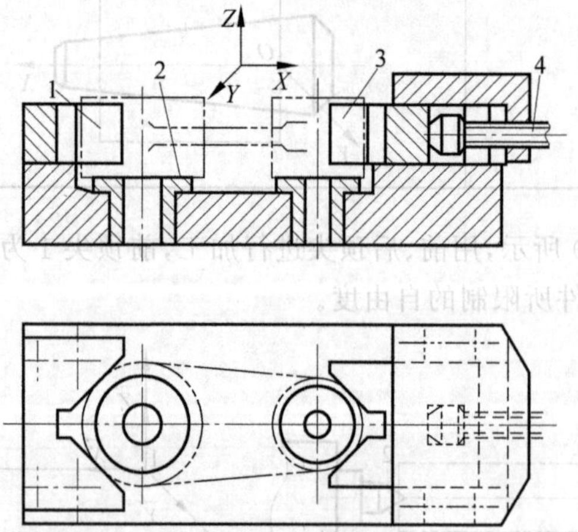

图 4.72　杠杆零件在组合定位元件上的定位

1—短 V 形块；2—支承环；3—移动式 V 形块；4—螺杆

解：（1）直角坐标系建立在定位元件上，或平行于定位元件的方向上，如图 4.72 所示。

（2）定位方式为外圆柱面定位与平面定位，采用的定位元件及其限制的自由度分析如下：

① 两个支承环 2 组成的支承平面，限制 3 个自由度 $\vec{Z}$、$\widehat{X}$、$\widehat{Y}$；

② 固定短 V 形块 1，限制 2 个自由度 $\vec{X}$、$\vec{Y}$；

③ 移动式短 V 形块，限制 1 个自由度 $\widehat{Z}$。

（3）综上分析，组合定位元件共限制 $\vec{X}$、$\vec{Y}$、$\vec{Z}$、$\widehat{X}$、$\widehat{Y}$、$\widehat{Z}$ 6 个自由度。

4.6.3.3　定位误差的分析与计算

为保证工件的加工精度，工件加工前必须正确的定位。所谓正确的定位，除应限制必要的自由度、正确地选择定位基准和定位元件之外，还应使选择的定位方式所产生的误差在工件允许的误差范围以内。通过定量地分析计算定位方式所产生的定位误差，可以确定所选择的定位方式是否合理。

通常，使用夹具时造成工件加工误差的因素包括如下4个方面：

(1) 与工件在夹具上定位有关的误差，称为定位误差 Δ_D；

(2) 与夹具在机床上安装有关的误差，称为安装误差 Δ_A；

(3) 与刀具同夹具定位元件有关的误差，称为调整误差 Δ_T；

(4) 与加工过程有关的误差，称为过程误差 Δ_G，其中包括机床和刀具误差、变形误差和测量误差等。

为了保证工件的加工要求，上述误差合成后不应超出工件的加工公差 δ_K，即

$$\Delta_D + \Delta_A + \Delta_T + \Delta_G \leqslant \delta_K$$

其中，由定位引起的同一批工件的设计基准在加工尺寸方向上的最大变动量，称为**定位误差**。当定位误差 $\Delta_D \leqslant \left(\frac{1}{2} \sim \frac{1}{3}\right)\delta_K$（根据加工精度具体确定），一般认为选定的定位方式可行。

造成定位误差 Δ_D 的原因有两个：一是由于定位基准与设计基准不重合，称为**基准不重合误差**（基准不符误差 Δ_B）；二是由于定位副制造误差而引起定位基准的位移，称为**基准位移误差**（Δ_Y），即 $\Delta_D = \Delta_B + \Delta_Y$。

1. 基准不重合误差及计算

由于定位基准与设计基准不重合而造成的定位误差称为**基准不重合误差**，以 Δ_B 表示。

如图4.73(a)所示的零件简图，在工件上铣缺口，加工尺寸为 A、B。图4.73(b)为加工示意图，工件以底面和 E 面定位，C 为确定刀具与夹具相互位置的对刀尺寸，在一批工件的加工过程中 C 的位置是不变的。

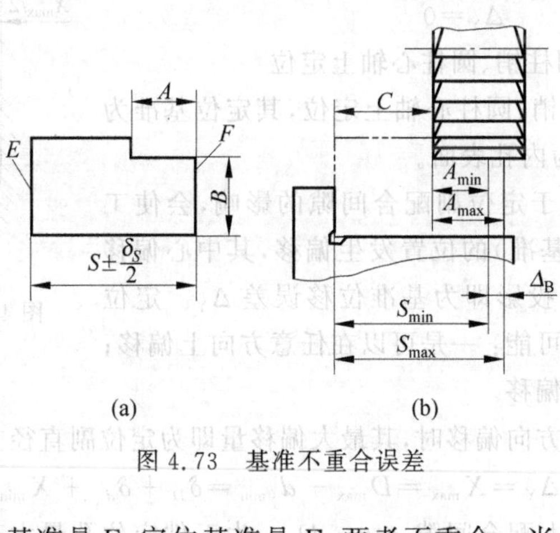

图4.73　基准不重合误差

加工尺寸 A 的设计基准是 F，定位基准是 E，两者不重合。当一批工件逐个在夹具上定位时，受尺寸 $S \pm \delta_S/2$ 的影响，工序基准 F 的位置是变动的，F 的变动影响 A 的大小，给 A 造成误差，这个误差就是基准不重合误差。

显然基准不重合误差的大小应等于定位基准与设计基准不重合而造成的加工尺寸的变动范围，由图4.73(b)可知

$$\Delta_B = A_{max} - A_{min} = S_{max} - S_{min} = \delta_S$$

S 是定位基准 E 与设计基准 F 间的距离尺寸。当设计基准的变动方向与加工尺寸的方向相同时,基准不重合误差就等于定位基准与设计基准间尺寸的公差,如图 4.73 所示,当 S 的公差为 δ_S,即

$$\Delta_B = \delta_S \tag{4.17}$$

当设计基准的变动方向与加工尺寸方向有一夹角(其夹角为 β)时,基准不重合误差等于定位基准与设计基准间距离尺寸公差在加工尺寸方向上的投影,即

$$\Delta_B = \delta_S \cos\beta \tag{4.18}$$

当定位基准与设计基准之间有几个相关尺寸的组合时,应将各相关联的尺寸公差在加工尺寸方向上投影取和,即

$$\Delta_B = \sum_{i=1}^{n} \delta_i \cos\beta_i \tag{4.19}$$

式中,δ_i 为定位基准与设计基准之间各相关联尺寸的公差,mm;β_i 为 δ_i 的方向与加工尺寸方向之间的夹角,(°)。

式(4.19)是基准不重合误差 Δ_B 的一般计算式。

2. 基准位移误差及计算

由于定位副的制造误差而造成定位基准位置的变动,对工件加工尺寸造成的误差,称为**基准位移误差**,用 Δ_Y 表示。显然不同的定位方式和不同的定位副结构,其定位基准的移动量的计算方法是不同的,下面分析几种常见的定位方式产生的基准位移误差的计算方法。

1) 工件以平面定位

工件以平面定位时的基准位移误差计算较方便。如图 4.72 所示的工件以平面定位时,定位基面的位置可以看成是不变动的,因此基准位移误差为零,即工件以平面定位时,

$$\Delta_Y = 0$$

2) 工件以圆孔在圆柱销、圆柱心轴上定位

工件以圆孔在圆柱销、圆柱心轴上定位,其定位基准为孔的中心线,定位基面为内孔表面。

如图 4.74 所示,由于定位副配合间隙的影响,会使工件上圆孔中心线(定位基准)的位置发生偏移,其中心偏移量在加工尺寸方向上的投影即为基准位移误差 Δ_Y。定位基准偏移的方向有两种可能:一是可以在任意方向上偏移;二是只能在某一方向上偏移。

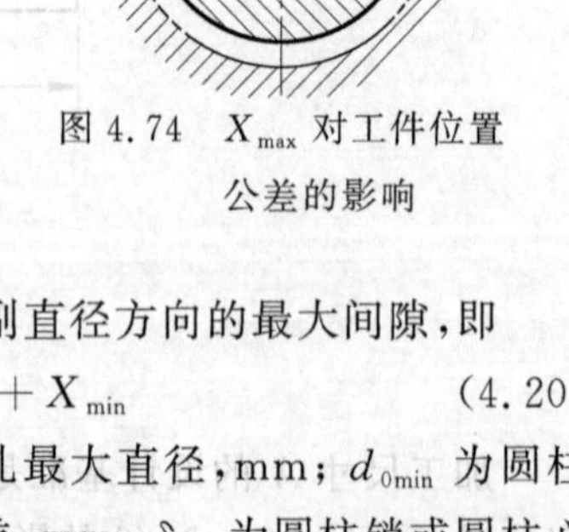

图 4.74 X_{max} 对工件位置公差的影响

当定位基准在任意方向偏移时,其最大偏移量即为定位副直径方向的最大间隙,即

$$\Delta_Y = X_{max} = D_{max} - d_{0min} = \delta_D + \delta_{d_0} + X_{min} \tag{4.20}$$

式中,X_{max} 为定位副最大配合间隙,mm;D_{max} 为工件定位孔最大直径,mm;d_{0min} 为圆柱销或圆柱心轴的最小直径,mm;δ_D 为工件定位孔的直径公差,mm;δ_{d_0} 为圆柱销或圆柱心轴的直径公差,mm;X_{min} 为定位所需最小间隙,由设计时确定,mm。

当基准偏移为单方向时,在其移动方向上的最大偏移量为半径方向的最大间隙,即

$$\Delta_Y = (1/2)X_{max} = (1/2)(D_{max} - d_{0min}) = (1/2)(\delta_D + \delta_d + X_{min}) \tag{4.21}$$

如果基准偏移的方向与工件加工尺寸的方向不一致时,应将基准的偏移量向加工尺寸

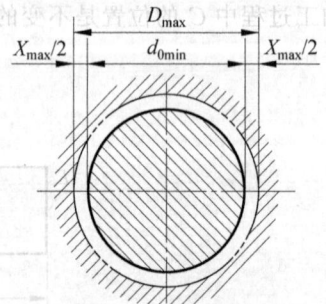

方向上投影，投影后的值才是此加工尺寸的基准位移误差。

当工件用圆柱心轴定位时，定位副的配合间隙还会使工件孔的轴线发生歪斜，并影响工件的位置精度，如图 4.75 所示。工件除了孔距公差还有平行度误差，即

$$\Delta_Y = (\delta_D + \delta_{d_0} + X_{\min})\frac{L_1}{L_2} \tag{4.22}$$

式中，L_1 为加工面长度，mm；L_2 为定位孔长度，mm。

3）工件以外圆柱面在 V 形块上定位

工件以外圆柱面在 V 形块上定位时，其定位基准为工件外圆柱面的轴心线，定位基面为外圆柱面。

若不计 V 形块的误差，而仅有工件基准面的形状和尺寸误差时，工件的定位基准会产生偏移，如图 4.76 所示。从图 4.76(b)可知，仅由于工件的尺寸公差 δ_d 的影响，使工件中心沿 Z 向从 O_1 移至 O_2，即在 Z 向的基准位移量可由下式计算：

$$O_1O_2 = \frac{\delta_d}{2\sin\frac{\alpha}{2}} \tag{4.23}$$

式中，δ_d 为工件定位基面的直径公差，mm；$\alpha/2$ 为 V 形块的半角，(°)。

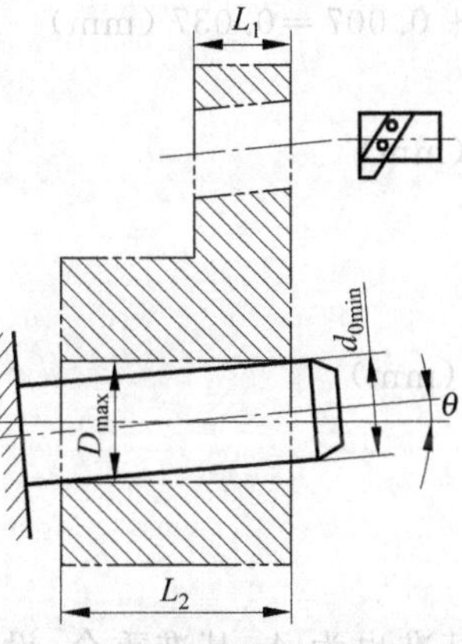

图 4.75　工件用圆柱心轴定位

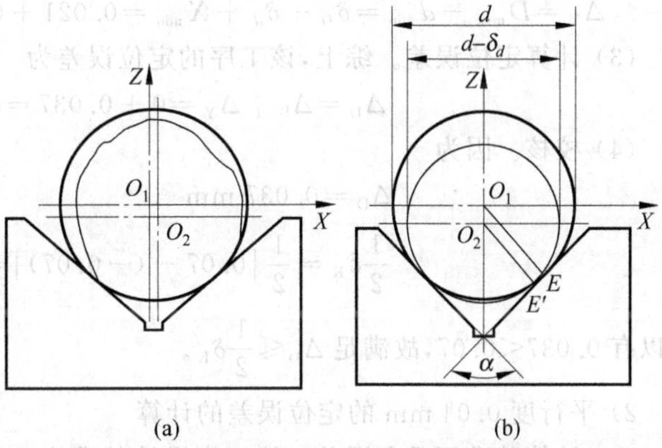

图 4.76　V 形块定位的位移误差

位移量的大小与外圆柱面直径公差有关，因此对于较精密的定位，需适当提高外圆的精度。V 形块的对中性好，所以沿其 X 方向的位移为零。

当使用 $\alpha=90°$的 V 形块时，定位基准在 Z 向的位移量可由下式计算：

$$O_1O_2 = 0.707\delta_d \tag{4.24}$$

如工件的加工尺寸方向与 Z 方向相同，则在加工尺寸方向上的基准位移误差为

$$\Delta_Y = O_1O_2 = 0.707\delta_d \tag{4.25}$$

如在加工尺寸方向上与 Z 有一夹角 β，则在加工尺寸方向上的基准位移误差为

$$\Delta_Y = O_1O_2\cos\beta = \frac{\delta_d}{2\sin\frac{\alpha}{2}}\cos\beta = 0.707\delta_d\cos\beta \tag{4.26}$$

定位误差的计算中，由于定位误差 Δ_D 是由基准不重合误差和基准位移误差组合而成的，因此在计算定位误差时，先分别算出 Δ_B 和 Δ_Y，然后将两者组合而得 Δ_D。组合时可有如

下情况:

(1) $\Delta_Y \neq 0, \Delta_B = 0$ 时,$\Delta_D = \Delta_B$ (4.27)

(2) $\Delta_Y = 0, \Delta_B \neq 0$ 时,$\Delta_D = \Delta_Y$ (4.28)

(3) $\Delta_Y \neq 0, \Delta_B \neq 0$ 时,

如果工序基准不在定位基面上,$\Delta_D = \Delta_B + \Delta_Y$ (4.29)

如果工序基准在定位基面上,$\Delta_D = \Delta_B \pm \Delta_Y$ (4.30)

式中,"+""−"的判别方法为:

① 分析定位基面尺寸由大变小(或由小变大)时,定位基准的变动方向;

② 当定位基面尺寸作同样变化时,设定位基准不动,分析工序基准变动方向;

③ 若两者变动方向相同即"+",两者变动方向相反即"−"。

例 4.19 钻铰图 4.77 所示的零件上 ϕ10H7 的孔,工件以孔 $\phi 20\text{H7}(^{+0.021}_{0})$ 定位,定位销直径 $\phi 20^{-0.007}_{-0.016}$ mm。求工序尺寸(50±0.07) mm 及平行度的定位误差。

解:1) 工序尺寸(50±0.07) mm 的定位误差的计算

(1) 计算基准不重合误差。工序尺寸(50±0.07) mm 的设计基准为 A,定位基准也为 A,设计基准与定位基准重合,所以基准不重合误差 $\Delta_B = 0$。

(2) 计算基准位移误差。该工序的定位方式为内孔定位,所以该工序的基准位移误差为

$$\Delta_Y = D_{\max} - d_{\min} = \delta_D + \delta_d + X_{\min} = 0.021 + 0.009 + 0.007 = 0.037\ (\text{mm})$$

(3) 计算定位误差。综上,该工序的定位误差为

$$\Delta_D = \Delta_B + \Delta_Y = 0 + 0.037 = 0.037\ (\text{mm})$$

(4) 校核。因为

$$\Delta_D = 0.037\ \text{mm}$$

$$\frac{1}{2}\delta_K = \frac{1}{2}\left|0.07 - (-0.07)\right| = 0.07\ (\text{mm})$$

所以有 0.037<0.07,故满足 $\Delta_D \leqslant \frac{1}{2}\delta_K$。

2) 平行度 0.04 mm 的定位误差的计算

(1) 计算基准不重合误差。该工序设计基准为 A,定位基准也为 A,基准重合,设计基准与定位基准重合,所以基准不重合误差 $\Delta_B = 0$。

(2) 计算基准位移误差。该工序的定位方式为内孔定位,所以该工序的基准位移误差为

$$\Delta_Y = (\delta_D + \delta_{d_0} + X_{\min})\frac{L_1}{L_2} = (0.021 + 0.009 + 0.007) \times \frac{29}{58}$$

$$= 0.037 \times 0.5 = 0.0185\ (\text{mm})$$

(3) 计算定位误差。综上,该工序的定位误差为

$$\Delta_D = \Delta_B + \Delta_Y = 0 + 0.0185 = 0.0185\ (\text{mm})$$

(4) 校核。因为

$$\Delta_D = 0.0185\ \text{mm}$$

$$\frac{1}{2}\delta_K = \frac{1}{2} \times 0.04 = 0.02\ (\text{mm})$$

所以有 0.0185<0.02,故满足 $\Delta_D \leqslant \frac{1}{2}\delta_K$。

综合(1)、(2)的计算分析，该内孔定位方案能够保证工序尺寸(50±0.07) mm 及平行度 0.04 mm 的加工精度的质量要求，定位方案合理。

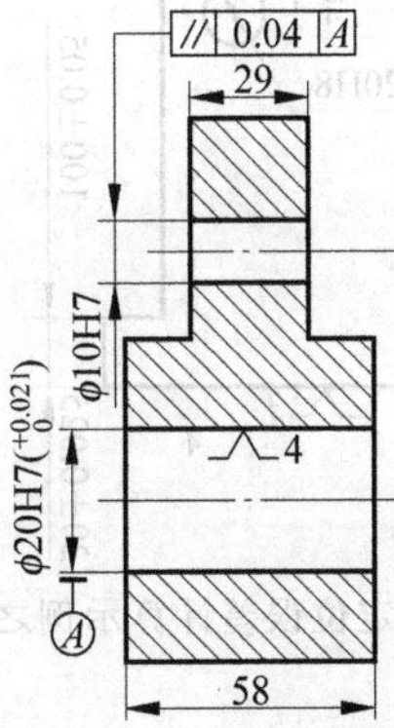

图 4.77　定位误差计算示例之一

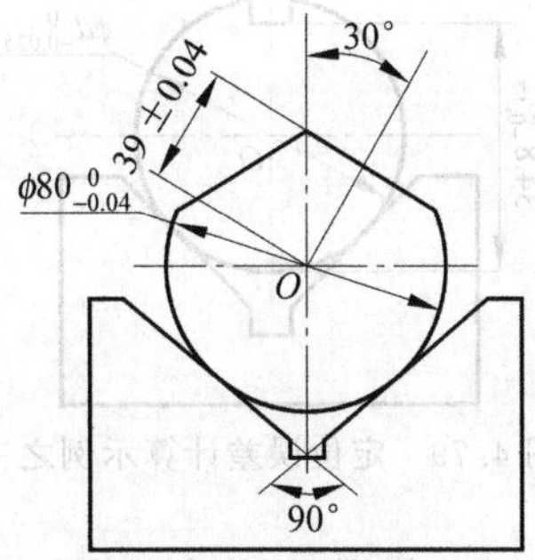

图 4.78　定位误差计算示例之二

例 4.20　如图 4.78 所示，用角度铣刀铣削斜面，求加工尺寸为(39±0.04) mm 的定位误差。

解：(1) 计算基准不重合误差。工序尺寸(39±0.04) mm 的设计基准与定位基准重合，所以基准不重合误差 $\Delta_B=0$。

(2) 计算基准位移误差。该工序的定位方式为外圆柱方式，采用的定位元件是 V 形块，所以该工序的基准位移误差为

$$\Delta_Y=0.707\delta_d\cos\beta=0.707\times0.04\times0.866=0.024\ \text{mm}$$

(3) 计算该工序的定位误差。综上，该工序的定位误差为

$$\Delta_D=\Delta_B+\Delta_Y=0.024\ \text{mm}$$

(4) 校核。因为

$$\Delta_D=0.024\ \text{mm}$$

所以满足 $\Delta_D\leqslant\frac{1}{2}\delta_K$，故该外圆柱定位方式合理。

例 4.21　如图 4.79 所示，工件以外圆柱面在 V 形块上定位加工键槽，保证键槽深度 $34.8_{-0.17}^{\ 0}$ mm。试计算其定位误差。

解：(1) 计算基准不重合误差。$34.8_{-0.17}^{\ 0}$ mm 的设计基准与定位基准不重合，所以有

$$\Delta_B=\frac{1}{2}\delta_d=\frac{1}{2}\times0.025=0.0125\ (\text{mm})$$

(2) 计算基准位移误差。该工序的定位方式为外圆柱方式，采用的定位元件是 V 形块，所以该工序的基准位移误差为

$$\Delta_Y=0.707\delta_d=0.707\times0.025=0.0177(\text{mm})$$

(3) 计算该工序的定位误差。因为工序基准在定位基面上，所以 $\Delta_D=\Delta_B\pm\Delta_Y$，经分析，此例中的工序基准变动的方向与定位基准变动的方向相反，取“—”号，所以有

$$\Delta_D=\Delta_B-\Delta_Y=0.0177-0.0125=0.0052\ (\text{mm})$$

(4) 校核。因为

$$\Delta_D=0.0052\ \text{mm}$$

所以满足 $\Delta_D\leqslant\frac{1}{2}\delta_K$，故该外圆柱定位方式合理。

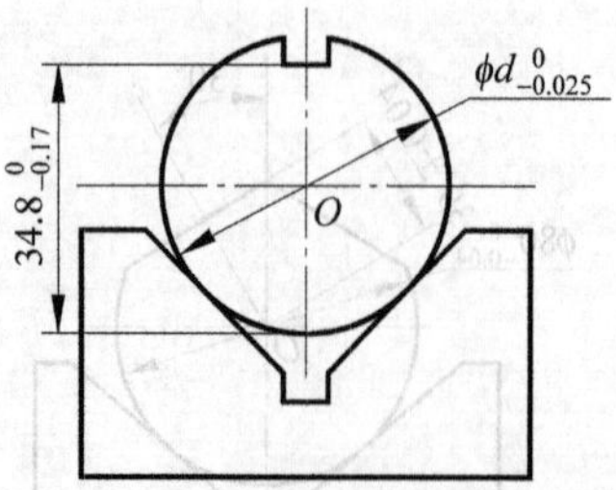

图 4.79　定位误差计算示例之三

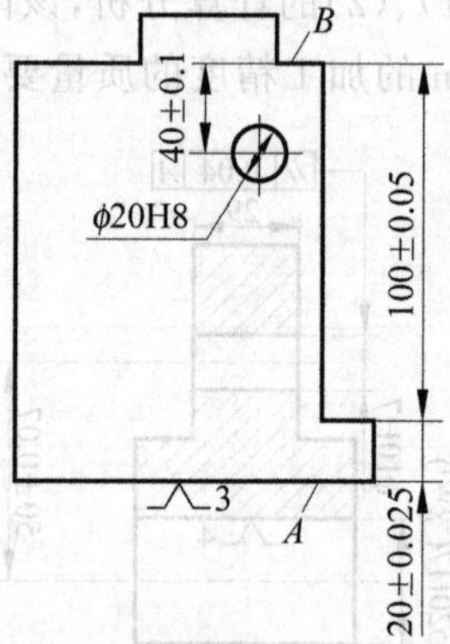

图 4.80　定位误差计算示例之四

例 4.22　如图 4.80 所示，以 A 面定位加工 ϕ20H8 孔。求加工尺寸(40±0.1) mm 的定位误差。

解：(1) 加工尺寸(40±0.1) mm 的定位基准为 A，设计基准为 B。设计基准 B 与定位基准 A 不重合，因此将产生基准不重合误差，即

$$\Delta_B = \sum \delta_i \cos\beta = (0.05 + 0.1)\cos 0° = 0.15\ (\text{mm})$$

(2) 计算基准位移误差。由于定位基面为平面，所以基准位移误差 $\Delta_Y = 0$ mm。

(3) 计算该工序的定位误差。综上，该工序的定位误差为

$$\Delta_D = \Delta_B + \Delta_Y = 0.15 + 0 = 0.15\ (\text{mm})$$

(4) 校核。因为

$$\Delta_D = 0.15\ \text{mm}$$

$$\frac{1}{2}\delta_K = \frac{1}{2}\left|0.1 - (-0.1)\right| = 0.1\ (\text{mm})$$

所以有 $\Delta_D > \frac{1}{2}\delta_K$，故这种定位方案不合理。

常见定位方式的定位误差如表 4.19 所示。

表 4.19　常见定位方式的定位误差

序号	工序简图	定位简图	工序尺寸或位置精度	定位误差
1	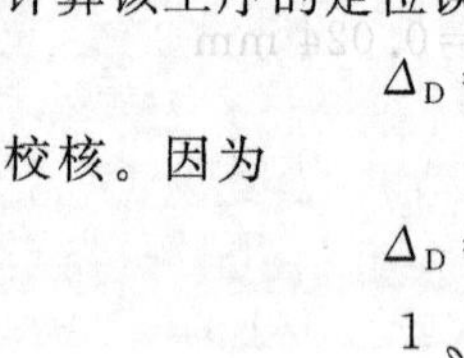	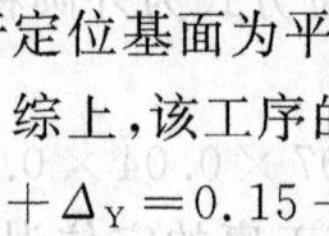	A B	$\Delta_{d(A)} = 0$ $\Delta_{d(B)} = T_H$
2		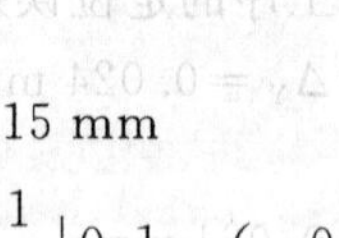	B	$\Delta_{d(B)} = 0$

续表

序号	工 序 简 图	定位简图	工序尺寸或位置精度	定 位 误 差
3	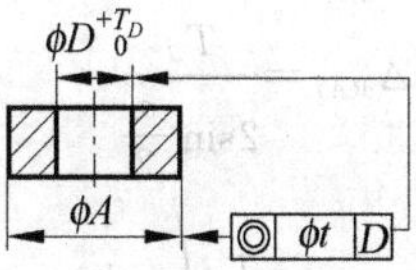	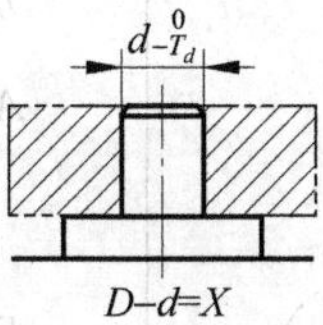	工件外圆对内孔的同轴度	$\Delta_{d(\phi t)}=T_D+T_d+X$
4			A B C	$\Delta_{d(A)}=\frac{1}{2}T_d$ $\Delta_{d(B)}=0$ $\Delta_{d(C)}=T_d$
5	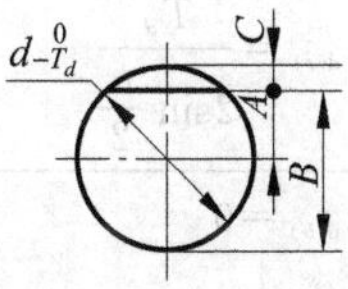	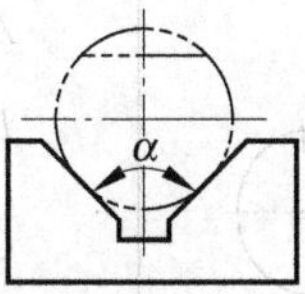	A B C	$\Delta_{d(A)}=\frac{T_d}{2\sin\frac{\alpha}{2}}$ $\Delta_{d(B)}=\frac{T_d}{2}\left(\frac{1}{\sin\frac{\alpha}{2}}-1\right)$ $\Delta_{d(C)}=\frac{T_d}{2}\left(\frac{1}{\sin\frac{\alpha}{2}}+1\right)$
6		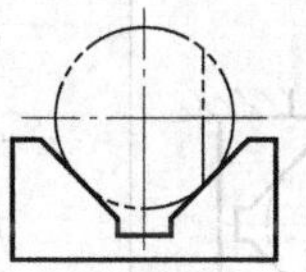	A B C	$\Delta_{d(A)}=0$ $\Delta_{d(B)}=\frac{T_d}{2}$ $\Delta_{d(C)}=\frac{T_d}{2}$
7		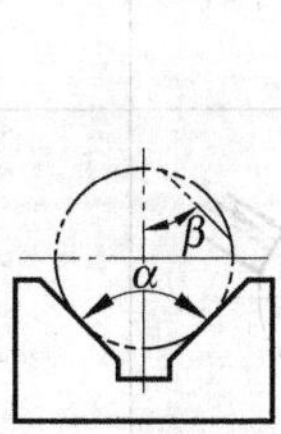	A B C	$\Delta_{d(A)}=\frac{T_d\sin\beta}{2\sin\frac{\alpha}{2}}$ $\Delta_{d(B)}=\frac{T_d}{2}\left(\frac{\sin\beta}{\sin\frac{\alpha}{2}}-1\right)$ $\Delta_{d(C)}=\frac{T_d}{2}\left(\frac{\sin\beta}{\sin\frac{\alpha}{2}}+1\right)$
8	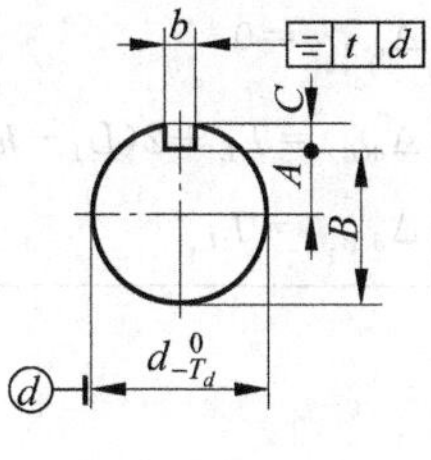	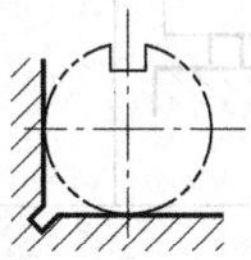	b A B C t	$\Delta_{d(b)}=0$ $\Delta_{d(A)}=\frac{T_d}{2}$ $\Delta_{d(B)}=0$ $\Delta_{d(C)}=\frac{T_d}{2}$ $\Delta_{d(t)}=\frac{T_d}{2}$

续表

序号	工序简图	定位简图	工序尺寸或位置精度	定位误差
9		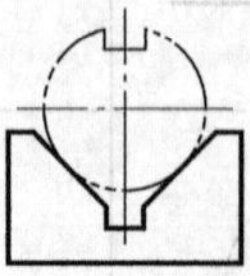	b A B C t	$\Delta_{d(b)}=0$ $\Delta_{d(A)}=\dfrac{T_d}{2\sin\frac{\alpha}{2}}$ $\Delta_{d(B)}=\dfrac{T_d}{2}\left(\dfrac{1}{\sin\frac{\alpha}{2}}-1\right)$ $\Delta_{d(C)}=\dfrac{T_d}{2}\left(\dfrac{1}{\sin\frac{\alpha}{2}}+1\right)$ $\Delta_{d(t)}=0$
10	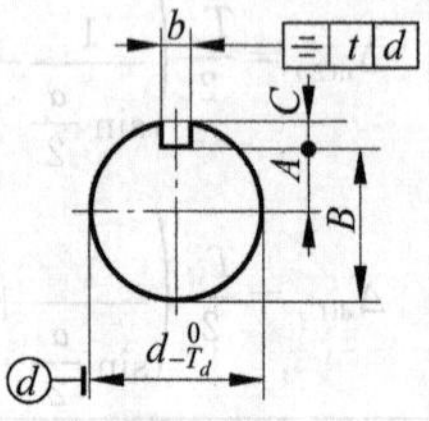	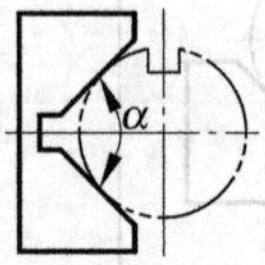	b A B C t	$\Delta_{d(b)}=0$ $\Delta_{d(A)}=0$ $\Delta_{d(B)}=\dfrac{T_d}{2}$ $\Delta_{d(C)}=\dfrac{T_d}{2}$ $\Delta_{d(t)}=\dfrac{T_d}{2\sin\frac{\alpha}{2}}$
11		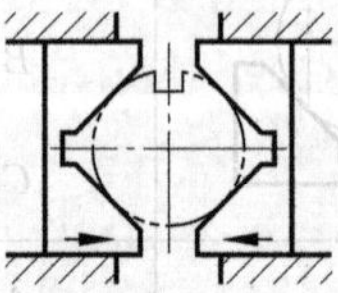	b A B C t	$\Delta_{d(b)}=0$ $\Delta_{d(A)}=0$ $\Delta_{d(B)}=\dfrac{T_d}{2}$ $\Delta_{d(C)}=\dfrac{T_d}{2}$ $\Delta_{d(t)}=0$
12		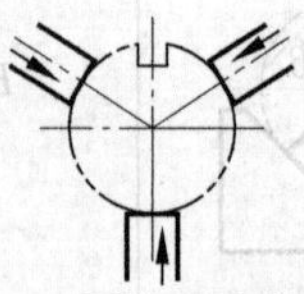 三爪自定心卡盘	b A B C t	$\Delta_{d(b)}=0$ $\Delta_{d(A)}=0$ $\Delta_{d(B)}=\dfrac{T_d}{2}$ $\Delta_{d(C)}=\dfrac{T_d}{2}$ $\Delta_{d(t)}=0$
13	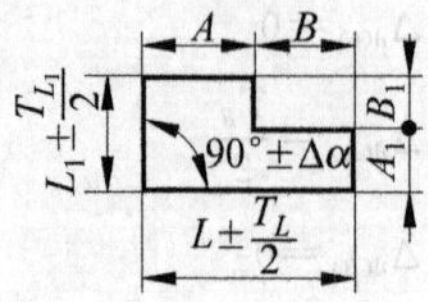	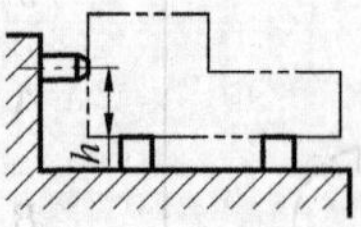	A A_1 B B_1	$\Delta_{d(A)}=2(L_1-h)\tan\Delta\alpha$ $\Delta_{d(A_1)}=0$ $\Delta_{d(B)}=T_L+2(L_1-h)\tan\Delta\alpha$ $\Delta_{d(B_1)}=T_{L_1}$

续表

序号	工序简图	定位简图	工序尺寸或位置精度	定位误差
14	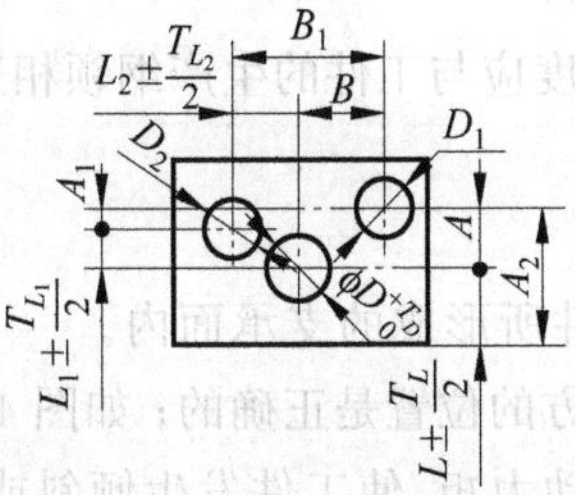	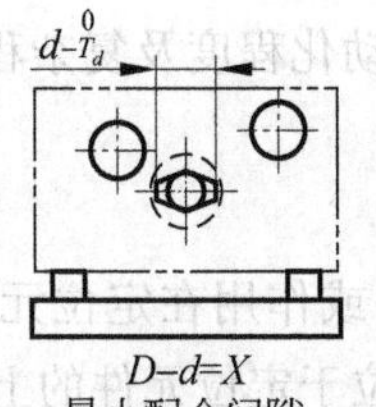	A A_1 A_2 B B_1 $D_1 D_2$	$\Delta_{d(A)} = T_L$ $\Delta_{d(A_1)} = T_L + T_{L_1}$ $\Delta_{d(A_2)} = 0$ $\Delta_{d(B)} = T_D + T_d + X$ $\Delta_{d(B_1)} = T_D + T_d + X + T_{L_2}$ $\Delta_{d(D_1, D_2)} = 0$

4.6.4　工件在夹具中的夹紧

1. 夹紧装置的组成与基本要求

工件在机床夹具上正确定位后，由机床夹具的夹紧装置将工件牢固夹紧。将工件压紧夹牢的装置称为**夹紧装置**。夹紧装置主要由以下 3 部分组成。

1）力源装置

力源装置是产生夹紧作用力的装置，其动力可用气动、液动、电动、人力等。图 4.81 中所示的力源装置是汽缸。

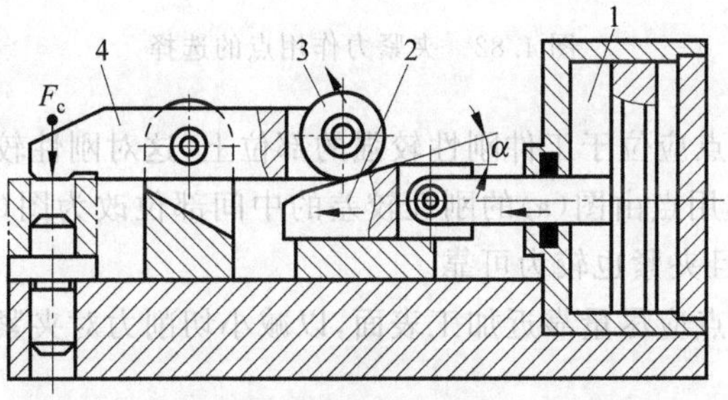

图 4.81　夹紧装置的组成

1—汽缸；2—斜楔；3—滚子；4—压板

2）中间传力机构

中间传力机构是介于力源和夹紧元件之间传递力的机构，在传递力的过程中，它起到的作用是：改变作用力的方向；改变作用力的大小，通常起增力作用；使夹紧实现自锁，保证力源提供的原始力消失后，仍能可靠地夹紧工件，这对手动夹紧尤为重要。

3）夹紧元件

夹紧元件是最终执行元件，与工件直接接触完成夹紧作用。如图 4.81 所示，动力装置为汽缸，压板为夹紧元件，由斜楔 2、滚子 3 等组成斜楔铰链传力机构。

夹紧装置的具体组成并非一成不变，须根据工件的加工要求、安装方法和生产规模等条件来确定。但无论其具体组成如何，都必须满足如下基本要求：

(1) 夹紧时不能破坏工件定位后获得的正确位置;

(2) 夹紧力大小要合适,既要保证工件在加工过程中不移动、不转动、不振动,又不能使工件产生变形或损伤工件表面;

(3) 夹紧动作要迅速、可靠,且操作要方便、省力、安全;

(4) 结构紧凑,易于制造与维修,其自动化程度及复杂程度应与工件的生产纲领相适应。

2. 夹紧方式(力)的确定

1) 夹紧力作用点的选择原则

(1) 夹紧力的作用点应正对定位元件或作用在定位元件所形成的支承面内。

如图4.82(b)所示,夹紧力 F_c 作用点位于定位元件的上方的位置是正确的;如图4.82(a)所示,当夹紧力作用点位于定位元件支承面之外,将产生转动力矩,使工件发生倾斜或变形,从而破坏工件的定位。

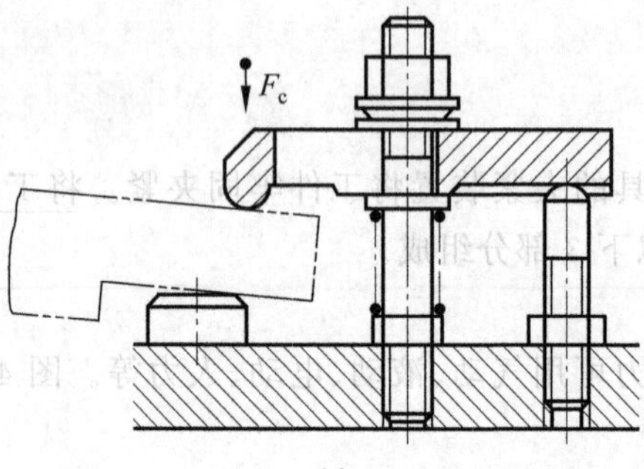

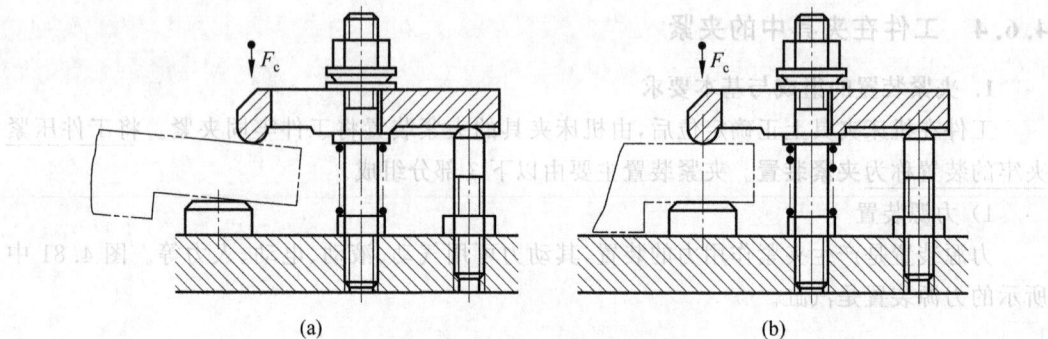

图4.82 夹紧力作用点的选择

(2) 夹紧力的作用点应位于工件刚性较强的部位上,这对刚性较差的工件尤为重要。

如图4.83所示,作用点由图(a)的刚性较差的中间部位改为图(b)的刚性强的两侧点,可避免工件发生变形,且夹紧也较为可靠。

(3) 夹紧力的作用点应尽量靠近加工表面,以减小切削力对夹紧点的力矩,防止或减少工件加工时的振动。

如图4.84所示,因切削力矩 $FR'<FR$,同样的夹紧力作用于 O_1 点,使夹紧更加牢固可靠。

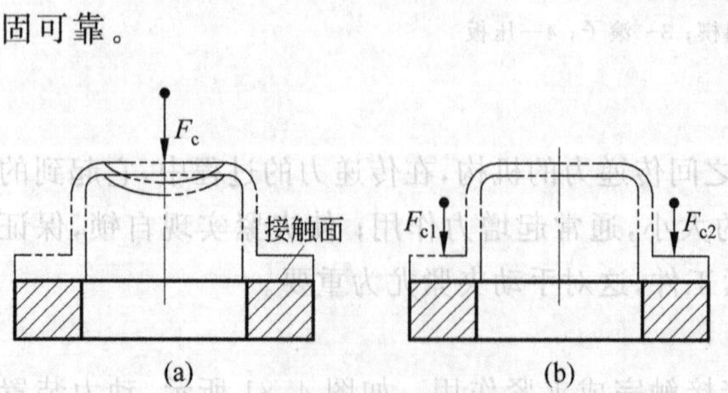

图4.83 夹紧力作用于工件刚性强的部位

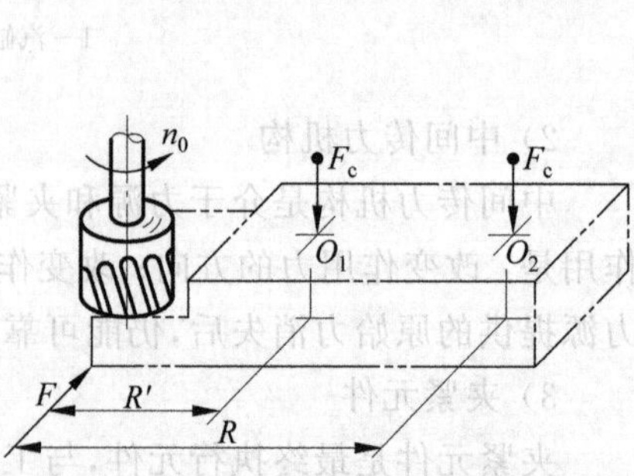

图4.84 夹紧力作用点尽可能靠近加工面

2) 夹紧力作用方向的选择原则

(1) 夹紧力的方向应垂直于主要定位基面,以保证加工精度。

如图 4.85 所示，在工件上镗孔要求保证内孔轴线与 A 平面垂直，应选择 A 平面为主要定位基准，这样不仅符合基准重合原则，而且定位稳定，工件夹紧和加工中的变形也小。

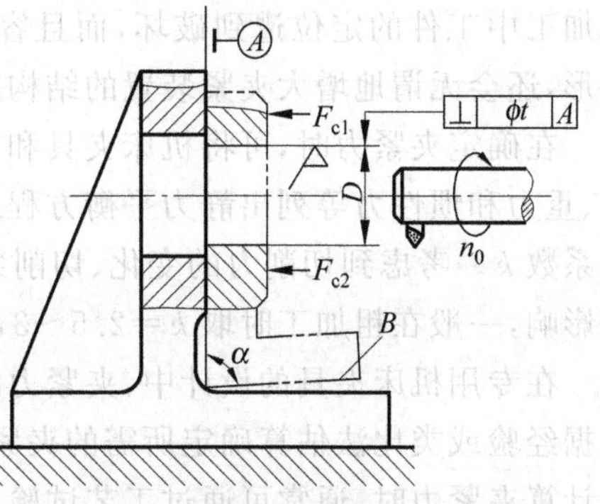

图 4.85　夹紧力作用方向垂直于主要定位基面

(2) 夹紧力方向应与工件刚度最大的方向一致，以减小工件的夹紧变形。

如图 4.86 所示，加工活塞时的两种夹紧方式：图(a)所示为夹紧力 F_c 作用在刚性较差的径向方向，活塞将产生过大的夹紧变形而无法保证加工精度；若采用图(b)所示沿活塞刚性较大的轴向夹紧，则夹紧变形较小，加工精度容易得到保证。

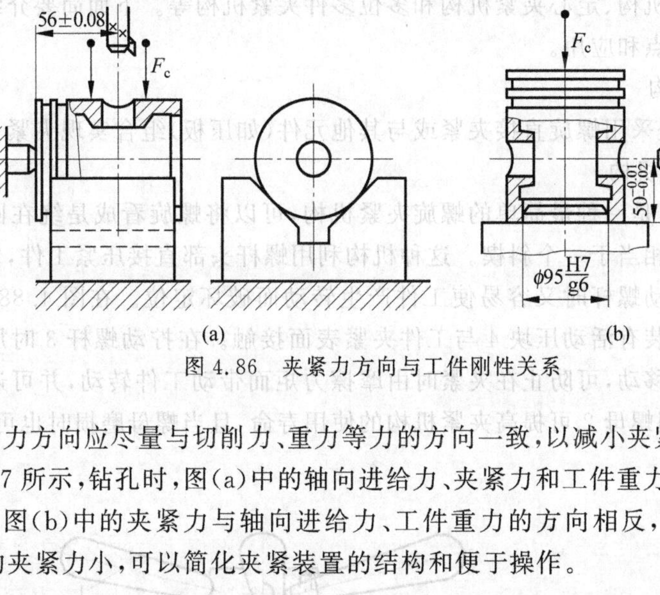

图 4.86　夹紧力方向与工件刚性关系

(3) 夹紧力方向应尽量与切削力、重力等力的方向一致，以减小夹紧力。

如图 4.87 所示，钻孔时，图(a)中的轴向进给力、夹紧力和工件重力的方向一致，需要的夹紧力较小；图(b)中的夹紧力与轴向进给力、工件重力的方向相反，需要的夹紧力较大。加工时所需的夹紧力小，可以简化夹紧装置的结构和便于操作。

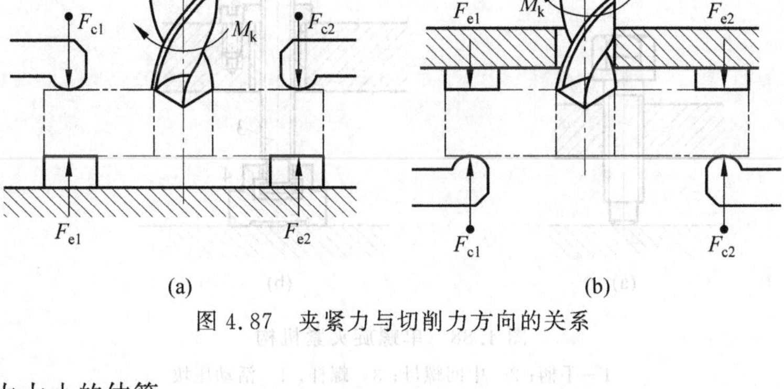

图 4.87　夹紧力与切削力方向的关系

3) 夹紧力大小的估算

设计专用机床夹具时，估算夹紧力是一件十分重要的工作。夹紧力过小工件夹不紧，切削加工中工件的定位遭到破坏，而且容易引发安全事故；夹紧力过大可能会增大工件夹紧变形，还会无谓地增大夹紧装置的结构尺寸，造成成本增加。

在确定夹紧力时，可将机床夹具和工件看成一个整体，将作用在工件上的切削力、夹紧力、重力和惯性力等列出静力平衡方程式，求出理论夹紧力。为使夹紧可靠，应再乘以一安全系数 k。考虑到切削力的变化、切削条件的变化、夹紧装置产生的夹紧力的稳定性等因素的影响，一般在粗加工时取 $k=2.5\sim3$，精加工时取 $k=1.5\sim2$。

在专用机床夹具的设计中，夹紧力的确定并非在所有情况下都需要理论计算。通常可根据经验或类比法估算确定所需的夹紧力。对于关键工序所使用的机床夹具，如果需要准确计算夹紧力时，通常可通过工艺试验来实测切削力的大小，然后再进行夹紧力计算。

3. 典型的夹紧装置

各类夹紧装置中，不论采用何种动力源形式，一切外加的作用力都要转换成夹紧力，并通过夹紧机构来实现工件的夹紧。典型的夹紧机构有斜楔夹紧机构、螺旋夹紧机构、圆偏心夹紧机构、铰链夹紧机构、定心夹紧机构和多位多件夹紧机构等。下面简要介绍几种典型的夹紧机构的结构、特点和应用。

1）螺旋夹紧机构

螺旋夹紧机构是采用螺旋直接夹紧或与其他元件（如压板）组合实现夹紧工件的机构。

（1）单螺旋夹紧机构

如图 4.88 所示，是一种最简单的螺旋夹紧机构，可以将螺旋看成是绕在圆柱体表面上的斜面，将其展开就相当于一个斜楔。这种机构利用螺杆头部直接压紧工件，使用时容易压坏工件表面，而且拧动螺杆时又容易使工件产生转动而破坏定位。在图 4.88(b)所示结构中，在螺杆 3 的头部装有活动压块 4 与工件夹紧表面接触。在拧动螺杆 3 时压块 4 不随螺杆转动，而只作轴向移动，可防止在夹紧时由摩擦力矩而带动工件转动，并可避免压坏工件夹紧表面。采用中间螺母 2 可提高夹紧机构的使用寿命，且当螺母磨损时也可更换，迅速恢复螺旋夹紧的功能。

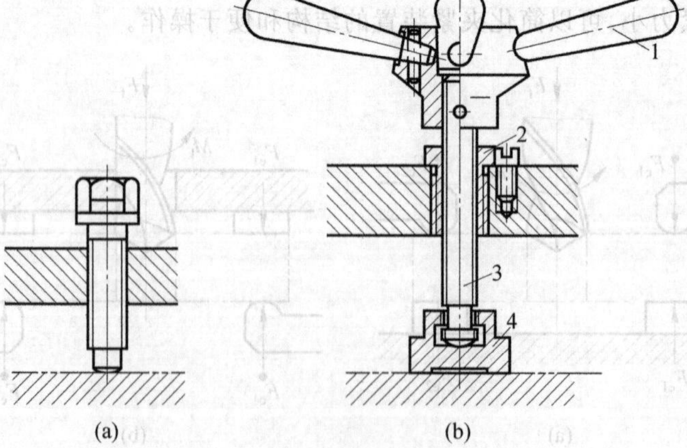

图 4.88 单螺旋夹紧机构

1—手柄；2—中间螺母；3—螺杆；4—活动压块

螺旋夹紧机构结构简单，容易制造。由于螺旋升角小，机构的自锁性能好；同时它又是一扩力机构，夹紧力较大，夹紧行程也较大，在手动机床夹具中应用较多。

(2) 螺旋压板夹紧机构

如图4.89所示的螺旋压板夹紧机构中，拧紧螺母1通过压板4压紧工件。采用螺旋压板夹紧机构夹紧时，由于被夹紧表面高度有较大尺寸差时，压板不能保持处于水平位置，所以在夹紧螺母1和压板4之间要使用球面垫圈2及锥面垫圈3，借助球面垫圈和锥面垫圈间的相互滑动，在压板倾斜时防止螺栓承受弯曲力矩作用而遭到损坏。

螺旋压板夹紧机构由于操作时劳动强度大、操作时间长而影响生产率的提高。在汽车零件机械加工中，经常将螺旋压板的中间传力机构与汽缸或液压缸组合使用。

2) 斜楔夹紧机构

斜楔夹紧机构是利用斜楔移动所产生的力来夹紧工件的机构。在实际生产中，常利用斜楔与汽缸或液压缸组合使用。图4.90所示为气动滚子斜楔夹紧机构。夹紧工件时，由汽缸活塞杆1推动斜楔2将装有滚子3的滑柱4向上推动，使滑柱上端的双头支承5将左、右两个压板6顶起，从而通过压板6将工件夹紧。这种夹紧机构具有增力倍数大、夹紧行程短和夹紧动作迅速等特点，适用于成批大量生产中夹紧较大型工件的场合。

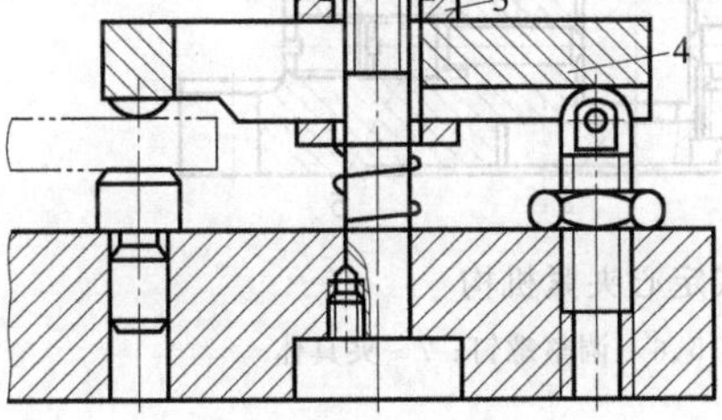

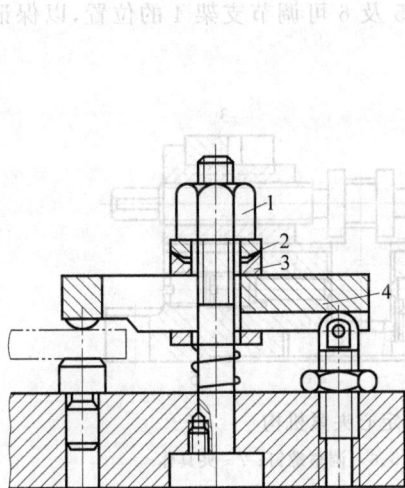

图4.89　螺旋压板夹紧机构

1—螺母；2—球面垫圈；3—锥面垫圈；4—压板

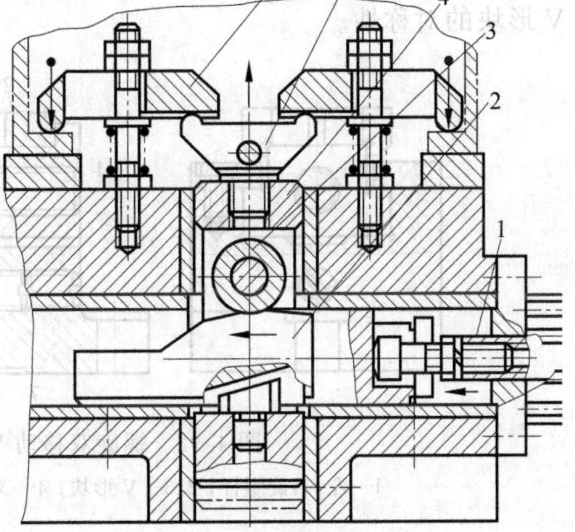

图4.90　气动滚子斜楔夹紧机构

1—活塞杆；2—斜楔；3—滚子；4—滑柱；5—双头支承；6—压板

3) 定心夹紧机构

定心夹紧机构是在实现定心作用（定位基准与工序基准重合于机床夹具定位元件的对称轴线或对称中心平面）的同时，将工件夹紧的机构，如图4.91所示。定心夹紧机构中与工件定位基准（基面）相接触的元件，既是定位元件，又是夹紧元件。定心夹紧机构是利用定位夹紧元件的等速移动或均匀的弹性变形的方式，来实现工件的定心或对中的机构。定心夹紧机构分为机械式定心夹紧机构和弹性变形式定心夹紧机构。

(1) 机械式定心夹紧机构

机械式定心夹紧机构是利用斜楔、螺旋、偏心、齿轮和齿条等刚性传动件,使定位夹紧元件作等速位移来实现定心夹紧的。一般常见的三爪自定心卡盘、齿轮式偏心机构等都是机械式定心夹紧机构。

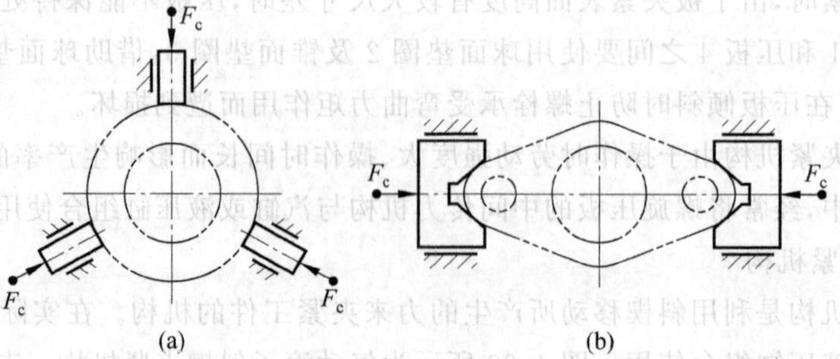

图 4.91 几何形状对称工件的定心与夹紧

图 4.92 所示为螺旋双移动 V 形块式定心夹紧机构。工件装在两个可左右移动的 V 形块 2 及 3 之间,V 形块的移动由具有左、右旋的螺杆 1 操纵。螺杆 1 的中部支承在叉形支架 4 上,支架用螺钉紧固在夹具体 7 上。借助调整螺钉 5 及 6 可调节支架 4 的位置,以保证两个 V 形块的对称性。

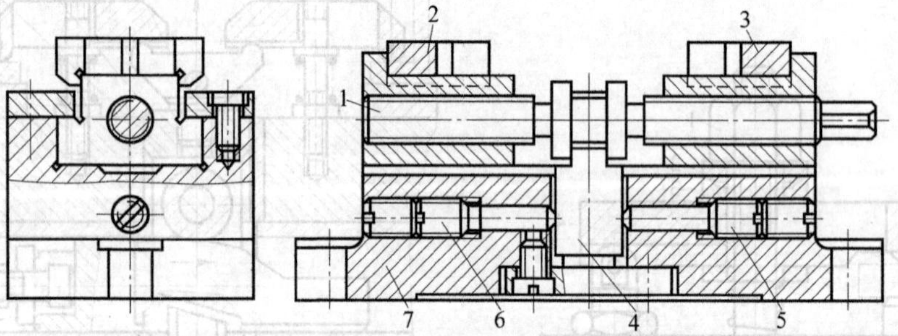

图 4.92 螺旋双移动 V 形块式定心夹紧机构

1—左、右旋螺杆;2、3—V 形块;4—叉形支架;5、6—调整螺钉;7—夹具体

该定心夹紧机构的结构简单,工作行程较长,通用性好,但定心精度不高,适用于工作行程较长、定心精度要求不高的工件的装夹。

图 4.93 所示为齿轮偏心式定心夹紧机构。在 3 个齿轮轴 3 上方装有偏心爪 2,并与中心齿轮 4 相啮合。使用时,将手柄 1 顺时针转动使 3 个偏心爪张开,装入盘类工件后松开手柄,偏心爪在拉弹簧 5 的作用下同时将工件定心夹紧。

该夹具的特点是结构简单,操作方便,通用性好,夹紧力随切削扭矩增大而加大,但定心精度较低,适用于以毛坯外圆为粗基准定位的盘类(如圆柱齿轮)工件的钻孔、扩孔等工序的工件的装夹。

(2) 弹性变形式定心夹紧机构

弹性变形式定心夹紧机构是利用薄壁弹性元件受力后产生的均匀变形,而使工件定位

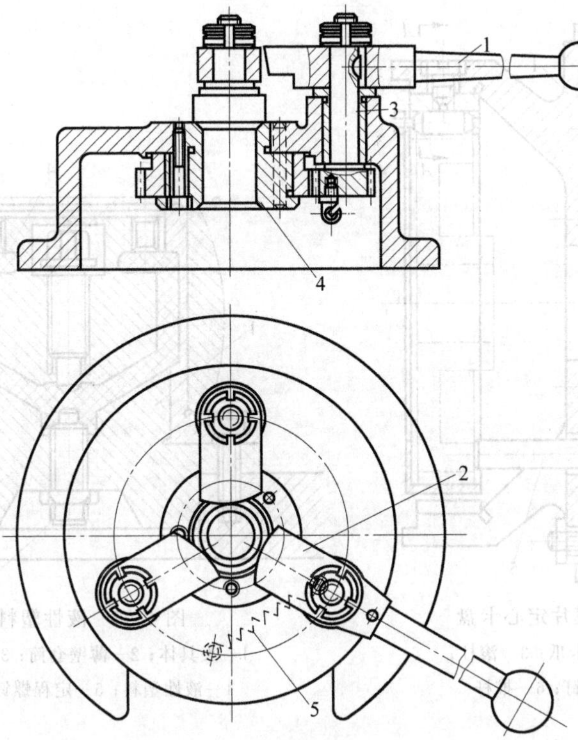

图 4.93　齿轮偏心式定心夹紧机构

1—手柄；2—偏心爪；3—齿轮轴；4—中心齿轮；5—弹簧

和夹紧的机构。图 4.94 所示为磨削圆柱齿轮内孔的一种弹簧膜片定心卡盘。当汽缸操纵推杆 6 向右推压在弹簧膜片 1 中部而变形时，卡爪 2 就会在径向上略微张开而将滚柱 3 松开，此时可装卸被磨削的齿轮。被磨削齿轮以其齿面套在圆周上有 6 个滚柱 3 的环 4 内，一同装于卡盘的 6 个卡爪 2 内，工件齿圈端面靠在 3 个支承钉 5 上。当推杆 6 向左后退时，卡盘的弹簧膜片弹性回复使卡爪收拢，卡爪通过滚柱定心夹紧被磨削齿轮。这种弹性变形式定心夹紧机构的优点是定心精度高，可保证定心精度为 0.005～0.01 mm，操作简便，生产率高；但它的缺点是夹紧力较小，因此多用于精加工，例如热处理后磨削圆柱齿轮内孔等。

图 4.95 所示为定心夹紧连杆大头孔的液性塑料夹具。弹性元件为薄壁套筒 2，其内孔中部的环槽与夹具体 1 的主通道相连通。在通道和环槽内灌满液性塑料(网纹线表示)。手动拧紧加压螺钉 3，使螺钉头部的柱塞对腔内的液性塑料施加压力，迫使薄壁套筒 2 产生均匀的径向弹性变形，将工件内孔胀紧而定心夹紧。这种夹具在大批大量生产时，利用汽缸操纵柱塞移动来实现对腔内的液性塑料施加压力而将工件定心夹紧。

液性塑料在常温下是一种半透明的冻胶状物质，具有一定的弹性和流动性，物理性能稳定，因此能将所承受的压力均匀地传递至套筒的薄壁上，使之产生均匀的径向弹性变形。由于受到薄壁套筒变形量的限制，胀开尺寸范围较小，因此定位内孔应经精加工。该机构定心夹紧可靠，定心精度高，一般可保证定心精度为 0.01～0.02 mm，适用于精加工工序。

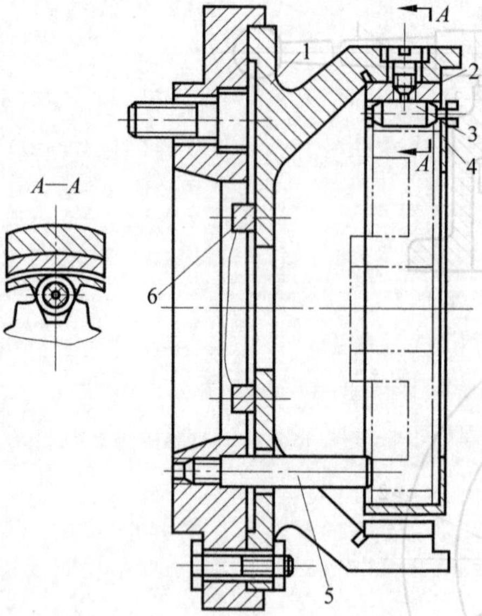

图 4.94 弹簧膜片定心卡盘

1—弹簧膜片;2—卡爪;3—滚柱;4—环;5—支承钉;6—推杆

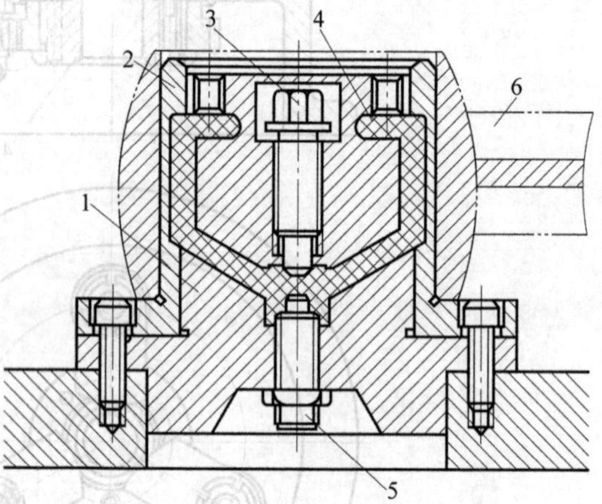

图 4.95 液性塑料夹具

1—夹具体;2—薄壁套筒;3—加压螺钉;4—液性塑料;5—定程螺钉;6—连杆

4)多位多件夹紧机构

多位多件夹紧机构是通过操作一个手柄,可对一个工件的多个位置施加均匀夹紧,或同时夹紧多个工件的夹紧机构。如图 4.96 所示,为多位斜楔铰链式夹紧机构。当操作气动手柄时,汽缸活塞杆推动斜楔 2 向左移动(A—A 旋转剖面图中)使铰链横杆 3 同时带动两个螺杆 5 向下移动,于是两个左、右压板 4 在工件的两个位置处同时将工件夹紧。图中横杆 3 和螺杆 5 组成中间传力机构。

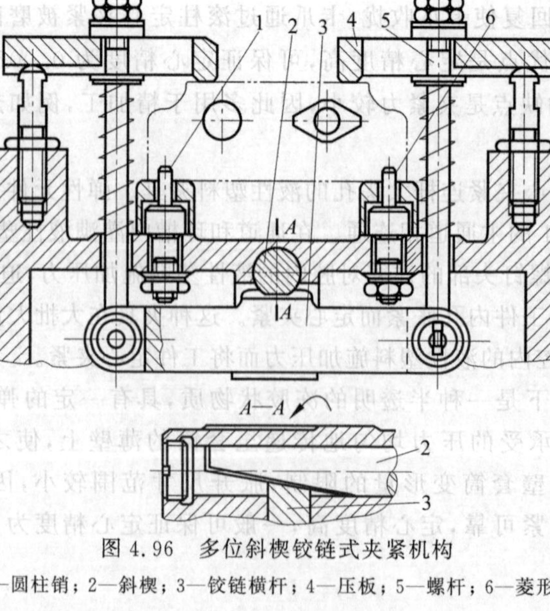

图 4.96 多位斜楔铰链式夹紧机构

1—圆柱销;2—斜楔;3—铰链横杆;4—压板;5—螺杆;6—菱形销

多件夹紧机构有平行多件夹紧机构和顺序多件夹紧机构两类。如图 4.97 所示，为顺序多件夹紧机构，夹紧时拧紧左端的螺母 1、推动钩形压板 2，将多个工件顺序夹紧。这种顺序多件夹紧机构，由于工件沿夹紧方向存在尺寸误差累积，因此适用于工件加工表面与夹紧方向相平行的场合。

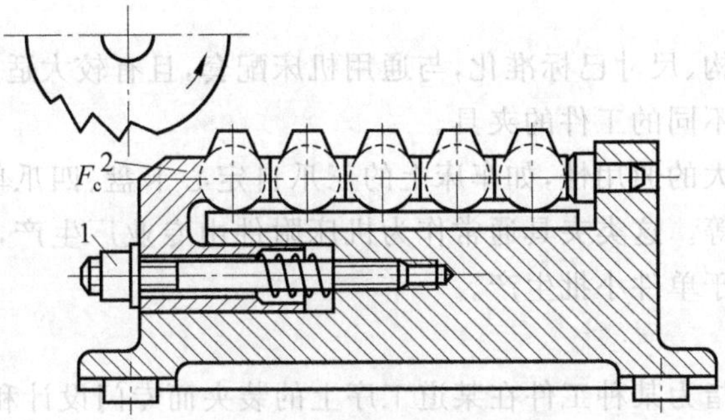

图 4.97　顺序多件夹紧机构

1—螺母；2—钩形压板

4. 夹具的动力装置

大批大量生产中，为提高生产效率和减轻工人劳动强度，多数机床夹具都采用机动夹紧装置，其动力源有气动、液动、气液联动等多种形式，相应的动力装置为汽缸、液压缸、气液增压器等。

气动夹紧的供气系统如图 4.98 所示。气动夹紧的能源是压缩空气。压缩空气一般由企业的压缩空气站通过管路供应，到达各机床处的气源开关 1、空气过滤器 2、调压阀 3 及压力计 5、油雾器 4 和换向阀 6 等附件进入汽缸，推动汽缸工作。其中调压阀 3 的功能是控制进入汽缸的空气压力，并使其保持稳定的压力。气动夹具采用的压力值为 0.4～0.6 MPa。换向阀 6 的功能是控制压缩空气进入和排出汽缸的方向，操纵汽缸工作。常用汽缸有两类：活塞式汽缸和薄膜式汽缸。汽缸按工作状态分为单向作用汽缸和双向作用汽缸，应用广泛的是双向作用汽缸。图 4.99 所示为固定式双向作用活塞式汽缸。汽缸前盖 2 和后盖 3 用螺钉紧固在汽缸体 1 上，活塞 4 在压缩空气推动下作往复移动，活塞杆 7 与中间传力机构相连接或直接与夹紧元件相连接。为防止汽缸前、后室漏气，活塞上装有密封环 6。

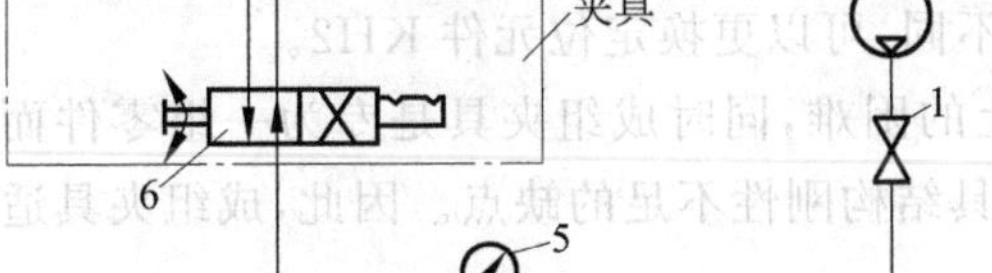

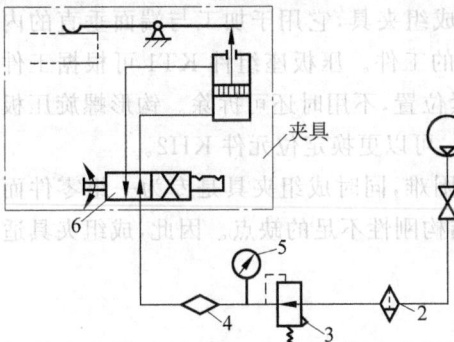

图 4.98　气动夹紧的供气系统

1—气源开关；2—空气过滤器；3—调压阀；4—油雾器；5—压力计；6—换向阀

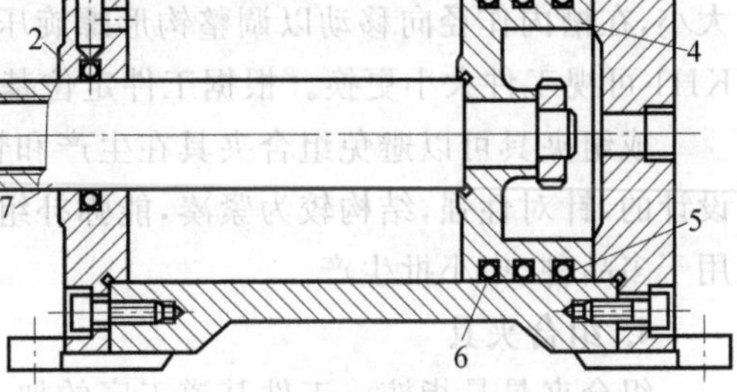

图 4.99　固定式双向作用活塞式汽缸

1—汽缸体；2—前盖；3—后盖；4—活塞；5—密封圈；6—密封环；7—活塞杆

4.6.5 现代机床夹具

机床夹具是夹具中的一类,对于夹具的分类,没有具体统一的标准,通常有如下几种分类方式。

1. 通用夹具

通用夹具是指结构、尺寸已标准化,与通用机床配套,且有较大适用范围,在使用中不加或稍加调整即可装夹不同的工件的夹具。

这类夹具具有很大的通用性,如车床上的三爪自定心卡盘、四爪单动卡盘、铣床上的平口钳、分度头、回转盘等。这类夹具通常作为机床附件由专业厂生产,其使用特点是操作费时、生产率低,主要用于单件小批生产。

2. 专用夹具

专用机床夹具是指为某种工件在某道工序上的装夹而专门设计和制造的机床夹具。专用机床夹具装夹工件,是用工件定位基准或定位基面与夹具定位元件接触或配合来实现定位的,用夹紧装置将工件夹紧。因为不需要考虑通用性,专用夹具可以设计得结构紧凑,操作方便、迅速,它比通用夹具的生产率高。

这类夹具定位准确,装卸工件迅速,但设计与制造周期较长,费用较高,并且在产品变更后无法利用。因此,主要用于产品相对稳定而产量较大的成批大量生产。在实际生产中,技术人员所设计的机床夹具通常都是专用机床夹具。

3. 成组可调夹具

在多品种小批量生产中,通用夹具生产率低,产品质量也不高,而采用专用夹具又不经济。这时可采用成组加工方法,即将零件按形状、尺寸和工艺特征等进行分组,为每一组设计一套可调整的"专用夹具",在机床夹具结构上,把与工件相联系的定位、夹紧和导向元件及装置,设计成可调整的或可更换的。当加工工件组中的某一种工件转换为另一种工件时,只需对成组夹具中的个别元件或装置进行调整或更换,即可进行加工。

成组可调夹具按照成组工艺原理设计,适用于一组零件,不对应特定的加工对象,适用范围宽,通过适当的调整或更换夹具上的个别元件,即可用于加工形状、尺寸和加工工艺相似的多种工件,是针对通用夹具和专用夹具的缺陷而发展起来的一类新型夹具。

图 4.100 所示为车削盘、套类零件内孔、外圆的成组夹具,它用于加工与端面垂直的内孔、外圆及其他端面,或两端有同轴度或垂直度要求的工件。压板座组件 KT1 可根据工件大小,在槽内作径向移动以调整钩形螺旋压板的夹紧位置,不用时还可拆除。钩形螺旋压板 KH1 可视工件大小更换。根据工件定位基面的不同,可以更换定位元件 KH2。

成组夹具可以避免组合夹具在生产和管理上的困难,同时成组夹具是专为一组零件而设计的,针对性强,结构较为紧凑,能弥补组合夹具结构刚性不足的缺点。因此,成组夹具适用于多品种、中小批生产。

4. 组合夹具

组合夹具是指按一工件某道工序的加工要求,用预先制造好的一套系列化标准零件及组件拼装而成的专用机床夹具。其特点是当产品变更时,夹具可拆卸、清洗,并在短时间内重新组装成另一种形式的夹具。因此组合夹具既适合于单件小批生产,又适合于中批生产,是一种较经济的夹具。

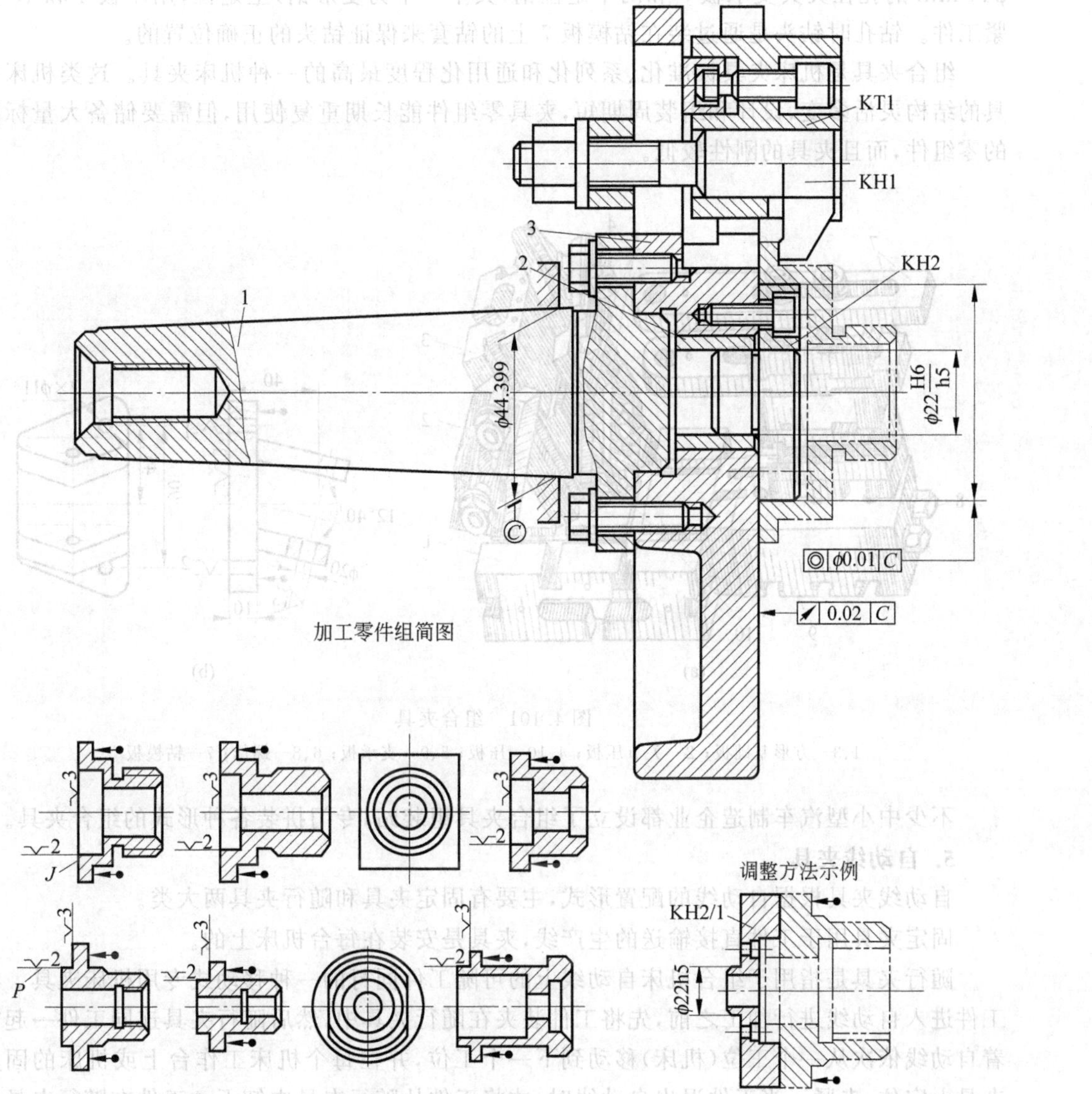

图 4.100　车削盘、套类零件内孔、外圆的成组夹具

1—锥柄；2—定位衬套；3—花盘；

KH1—钩形螺旋压板；KH2—定位元件；KT1—压板座组件

图4.101所示为加工某汽车滚轮支架用的钻斜孔的组合夹具。工件以底面和两个 ϕ11 mm的孔在夹具支承板5和两个定位销(其中一个为菱形销)上定位,用压板4和10夹紧工件。钻孔时钻头是通过装在钻模板7上的钻套来保证钻头的正确位置的。

组合夹具是机床夹具标准化、系列化和通用化程度最高的一种机床夹具。这类机床夹具的结构灵活多变,设计和组装周期短,夹具零组件能长期重复使用,但需要储备大量标准的零组件,而且夹具的刚性较低。

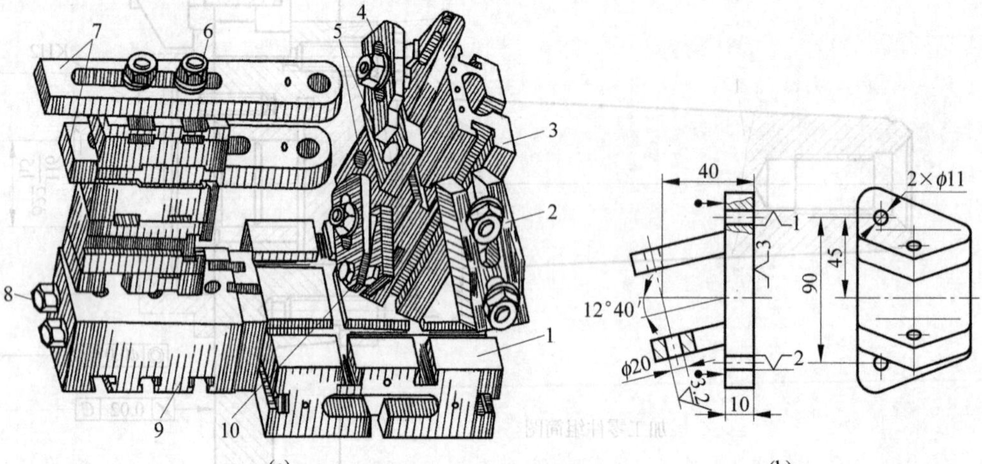

图4.101 组合夹具

1、3—方形基础板；2—关节压板；4、10—压板；5、9—支承板；6、8—螺母；7—钻模板

不少中小型汽车制造企业都设立了组合夹具组装站,专门拼装各种形式的组合夹具。

5. 自动线夹具

自动线夹具根据自动线的配置形式,主要有固定夹具和随行夹具两大类。

固定夹具用于工件直接输送的生产线,夹具是安装在每台机床上的。

随行夹具是指用于组合机床自动线上的可随工件同行的一种移动式专用机床夹具。在工件进入自动线进行加工之前,先将工件装夹在随行夹具中,然后随行夹具连同工件一起沿着自动线依次从一个工位(机床)移动到下一个工位,并在每个机床工作台上或机床的固定夹具上定位、夹紧。当工件退出自动线时,才将工件从随行夹具中卸下。工件在随行夹具上的定位和夹紧与在一般夹具上的定位和夹紧一样。图4.102所示为自动线夹具。

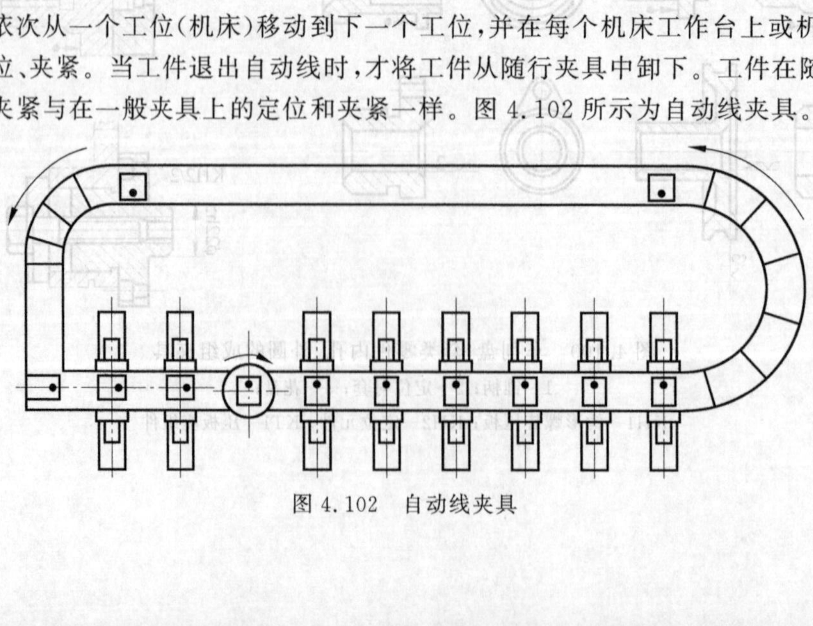

图4.102 自动线夹具

4.6.6　夹具的设计方法和步骤

1. 明确夹具的设计任务

明确夹具的设计任务，首先应分析研究工件的结构特点、材料、生产类型及有关工艺文件，了解本工序的加工要求及与前后工序的联系，弄清夹具设计的具体任务。在设计任务书中，不仅提供工件的定位、夹紧和夹具结构等一般设计要求，而且对设计中的一些特殊问题也要作说明。这对合理地制定夹具公差和技术要求有很大指导作用。

2. 分析定位基准，确定定位方案

定位基准的确定对保证加工精度和夹具结构的复杂程度均有很大的影响。

定位误差确定后，就可以根据定位基准及加工要求选择定位方案。根据加工要求分析第一类自由度，选择定位元件，计算定位误差。

3. 设计对刀元件和导向元件

4. 确定夹紧方案

根据工件的结构特点、定位方案和确定夹紧力的原则，确定夹紧力三要素，选用或设计夹紧机构。

5. 绘制夹具总图

为了良好的直观性，图纸大小为 1∶1，以操作者面向夹具的方向为主视图。

1）绘制顺序

(1) 把工件用双点划线绘出轮廓，并表示出加工余量。

(2) 把工件视为透明体，按照工件的位置依次绘出定位元件、导向或对刀元件、夹紧装置。

(3) 绘制其他元件或机构及夹具体，形成一套完整的夹具。夹具中的非标准件都需要绘制零件图。

2）有关尺寸和夹具技术要求的标注

(1) 夹具轮廓尺寸，包括长、宽、高三个方向。如果夹具有活动部分，应用双点画线画出最大活动范围，标出活动部分与处于极限位置时的尺寸。

(2) 夹具定位尺寸和工件定位基准间的配合尺寸及定位元件的位置公差。

(3) 夹具与刀具的联系尺寸。

(4) 夹具与机床连接的联系尺寸。

(5) 夹具各组成元件间的其他配合尺寸。

3）其他要求

在机械加工中，由于各种误差因素的影响，使被加工工件产生一定的误差。为保证工件的加工精度，在制定夹具的公差和技术要求时，应使夹具制造误差的总和不超过工件相应公差的 1/5～1/3。

为增加夹具使用的可靠性，延长夹具的使用寿命，必须考虑夹具使用中的磨损补偿问题。因此，应根据加工的现有设备条件和制造夹具的技术水平，在不增加制造困难的前提下，尽量地把夹具的公差制定得小一些。

在夹具制造中，为了提高夹具的制造精度、减小加工难度，可采用调整法、修配法、装配后加工、就地加工等方法。此时,允许夹具各组成元件的制造公差适当放宽要求。夹具中的尺寸、公差和技术要求应表示清楚,不要相互矛盾和重复。凡注有公差要求的部位,必须有相应的检验基准。

夹具中对于精度要求较高的定位元件,应用较好的材料制造,其淬火硬度一般不低于50 HRC,以保持精度。

夹具总图上标注公差的原则是:在满足工件要求的前提下,尽量降低夹具的制造精度。

4.7 机械加工生产线的平面布局

4.7.1 生产线的类型

由于汽车生产的生产类型不同,机械加工生产线的类型也不同,可分为下面几类。

1. 大量生产的机械加工生产线

(1) 单一连续流水生产线:其特点是生产单一制品,每台生产设备或工作地都固定地执行一道工序,制品按着严格的生产节拍一道工序一道工序的连续流水生产。全生产线上各工序的单件时间定额相差不超过15%~20%时,即可称为**连续流水生产线**。这类生产线的典型实例是单一制品的机械加工自动线。

(2) 单一间断流水生产线:其特点是生产单一制品,每台生产设备或工作地都固定地执行一道工序,只是制品的各道工序的工序时间缺乏严格的节奏,因此制品在各工序间有停放和等待。一般的机械加工流水线就是这类生产线的典型实例。

(3) 成组连续流水生产线:其特点同单一连续流水生产线类似,所不同的是生产线可以加工几种制品,每台生产设备或工作地担负几种制品的同一工序。

(4) 成组间断流水生产线:其特点同单一间断流水生产线类似,所不同的是生产线可以加工几种制品,每台生产设备或工作地担负几种制品的同一工序。

2. 成批生产的机械加工生产线

(1) 可变流水生产线:其特点是在生产线上分批轮番地制造几种制品。当一种制品制造完毕,调整生产线上的生产设备所用的工艺装备,改制另一种制品。因此每更换一种制品都要花费调整时间。制品在生产线上是按流水方式生产的。可变流水生产线又可细分为多制品的连续可变流水生产线和多制品的间断可变流水生产线。

(2) 成组可变流水生产线:其概念与可变流水生产线相同,但可同时加工几种制品。

(3) 单一制品多工序间断流水生产线:其特点是生产线固定生产一种制品,但每台设备或工作地平均担负的工序数大于1。

(4) 在小批生产时通常采用机群式排列和按工段排列两种排列方式。机群式排列的特点是按机床的类型,把同类型的设备排列在一起,如车床组、磨床组等。如果设备较少,也可以把两类设备排列在一起,如车床磨床组、铣床刨床组等。如果设备数量较多,也可以把设备组分细,如车床组可以再分为大型车床组、中小型车床组、自动车床组等。按工段排列的特点是依生产组织特点划分成工段,按工段排列本工段的设备,如大件工段排列各类大型设备,中小件工段排列各类中小型设备,齿轮工段排列各类齿轮加工设备等。

4.7.2　机械加工生产线的工艺设计

1. 设计原则

(1) 确定工艺原则：

① 依生产类型确定零件所用毛坯的生产方法与技术要求；

② 依据生产厂家的条件和生产类型决定采用何种类型生产线及生产线的工艺水平；

③ 确定工艺文件的编制范围及深度。

(2) 确定工作班次、年时基数。

(3) 确定工艺设备的选用原则。在决定工艺设备的选用原则时，必须综合考虑下列因素：

① 坚持自力更生的原则，设备力求立足国内市场，必须进口的设备要有充分的理由和根据；

② 设备的水平要与生产类型和产品的质量要求相适应；

③ 设备的规格要与产品大小相适应，不必盲目加大设备的规格；

④ 设备的选用要考虑到投资的节省和生产发展的需要；

⑤ 改(扩)建厂要充分利用原有设备。

(4) 确定生产线的机械化、自动化程度和零件的传输方式。

(5) 确定生产节拍的劳动量定额水平。

2. 工艺过程制定

工艺过程的制定主要是工序设计，其内容与方法在前面的章节中已有较详细的叙述，这里就不再重复。

4.7.3　机械加工生产线的平面布置

当工艺设计完毕，确定了生产线的类型及内容之后，就要进行生产线的平面布置。

1. 工艺设备平面布置图

(1) 工艺设备平面布置图的比例用 1∶100。

(2) 完整的工艺设备平面布置图包括以下内容：

① 厂房内的柱网尺寸及编号；

② 全部工艺设备的平面图形及位置，预留设备的位置，并标出全部设备的型号及平面图号；

③ 各种工作台、钳工台、检验台等的位置；

④ 操作工人的位置；

⑤ 各种工作地、存放地、备用地等的位置；

⑥ 各种起重机、电葫芦、运输带、运输链辊道、翻转装置、提升装置等的位置及编号，其中起重机及电葫芦要绘出轨道位置；

⑦ 各种通道。

2. 绘制工艺设备平面布置图的步骤

(1) 根据车间平面区划图按 1∶100 的比例及标准图例绘制生产线平面图，包括墙、柱、内部隔断通道及生产线划线。

(2) 用1∶100的设备样片布置生产设备及其附属装置图。

(3) 布置工作台、钳工台、检验台、划线平板等。

(4) 画出起重运输设备及行驶区域。

(5) 画出操作工人的工作位置。

(6) 标注各种编号及各种尺寸，编号包括柱网编号、设备编号及其型号、起重运输设备规格等，尺寸包括生产线平面尺寸、柱网尺寸等。

(7) 画出图框、图标、图例、方向标及生产线位置图等，书写必要的说明及对土建设计的要求，如温度、照度、防尘、防震、防火、防爆、防蚀、地坪种类等。

3. 绘制工艺设备平面布置图时应注意的问题

1) 生产线的布置

依据生产类型的不同，可将生产部门划分成若干个生产线、生产工段或机群组。

在小批生产的重型汽车厂、机械加工车间的大件生产部分往往采用具有桥式或梁式起重机的厂房，由于受起重机作业面积的限制，常把一个工段或生产线完整地布置在一个跨间内，以防止越跨运输，机床的排列采取与跨间平行的形式，厂房边柱侧及柱距间由于起重机达不到，通常不被利用。

绝大部分成批和大量生产中型和轻型载重车以及轿车等车辆的工厂，机械加工车间都不以桥式或梁式起重机为工序间的主要运输设备，生产线的布置可以不受跨间的限制，机床排列可以利用柱距间的面积。特别是采用12 m×12 m的方形柱网时，生产线的方向完全不受跨间的限制，为工艺流程的安排和工艺设备的布置提供了比较灵活的条件，使厂房面积得到最大限度的利用。

在布置机械加工生产线时，具体应注意以下几方面的问题。

(1) 按生产流程的方向布置生产线。

(2) 流水线的长度与零件机械加工工序数及工艺设备大小等因素有关。中等吨位的汽车发动机、变速箱、底盘等一些零件的生产线的长度一般采用36～60 m，某些大型复杂零件(如缸体、曲轴、凸轮轴等)生产线较长，可以呈S形布置。

(3) 按零件在装配线上的装配位置布置生产线，特别是大型零件生产线的位置应注意与装配线的衔接。

(4) 精密零件生产线应与灰尘多、振动大、切屑多的生产线分开一定距离布置。

(5) 相同材料的生产线可集中布置，便于切屑的分类回收。

(6) 生产线的前端应留有毛坯存放地，通常取距通道边线1～2 m，大型零件毛坯存放地可适当加大。生产线的末端也应留有一定面积，以备存放加工完毕的零件，并依需设置一定数量的检验台和工作台。

(7) 在改(扩)建的老厂房中布置生产线，应注意发挥已有厂房高度、跨度和起重设备的作用，充分利用原有面积。

2) 工艺设备与工作位置的布置

在设计机械加工生产线时，工艺设备及工作位置的布置应注意以下几个方面。

(1) 按零件机械加工工艺过程的顺序布置工艺设备，特别是流水生产线要严格按零件工艺过程顺序排列工艺设备，保证流程通畅，使零件运输距离短，避免零件迂回运输。

(2) 节约用地，合理利用面积，充分利用角落面积。布置设备与工作位置时要合理紧凑。当面积富裕时，不要随意加大设备间距，应集中留作备用面积。

(3) 生产线的设备可以单排或双排布置，其方向在同一生产线中可以采用直排、横排、斜排并存，以方便生产为目的，但应注意排列整齐。为此，同类设备同方向布置，斜排设备其倾斜角度应协调。

(4) 操作工人要有适当的操作面积，工作位置的确定要考虑操作方便和保证操作人员的安全，不受其他机床及运输设备的影响与干扰，设备的转动部分应避开邻近的操作人员，避免阳光直射。

(5) 设备与墙和柱子应保持一定距离，设备基础应避开厂房墙和柱子的基础。

(6) 多机床管理的设备应集中布置，其排列形式应考虑使操作人员在操作过程中行走距离最短，零件运输方便。

(7) 有可能时应集中布置需通风和吸尘的设备。

(8) 设备的控制箱、液压站等的位置，应在操作方便的前提下充分利用角落面积，最好不占用生产线通道，以免妨碍运输。

(9) 设备布置应有灵活性，以适应生产的发展。关键设备或负荷过高的设备附近，根据工艺需要适当留有增加设备的面积。

3) 生产线通道

为了在工序间运输工件、切屑和人行走的方便，需要在生产线内布置通道。这种通道的宽度与设备排列的方式、运输车辆的种类以及零件的大小等因素有关(见表 4.20)。

当零件宽度大于辊道宽度时，取

$$b_1 = \text{零件宽度}$$

悬挂运输链的宽度可参照表 4.20 内各例选取，即

$$b_1 = \text{零件宽度}\quad(\text{或挂具宽度})$$

在决定生产线通道宽度时要注意到在设备大修时把设备拖出生产线的可能性，必要时允许拆除部分辊道。

4) 设备的最小间距

设备之间的距离要适当，要考虑制品的搬运和堆放，便于设备的检查和维修，便于清除切屑和更换冷却润滑液。设备布置时还要注意到设备与建筑物间的最小距离。

机床相互间及机床距建筑物间的距离与机床类别、规格，车间生产性质，生产组织及管理水平有关。一般说，大批量流水线生产比中小批生产的设备布置应紧凑些。最小间距的确定可从汽车工厂设计手册中查得。

表 4.20　通道宽度

序号	设备布置示例	通道宽度/mm
1	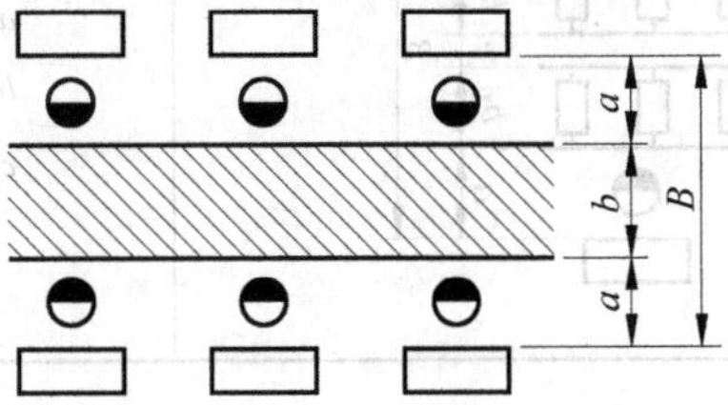	通道宽度 $B=2a+b$ a=操作位置宽度=800～900 b=车辆宽度=500～800

续表

序号	设备布置示例	通道宽度/mm
2	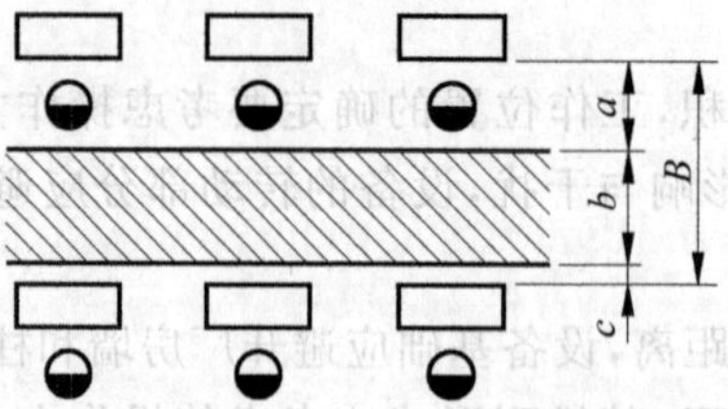	$B=2a+b+c$ $a=800\sim900$ $b=500\sim800$ $c=300\sim500$
3	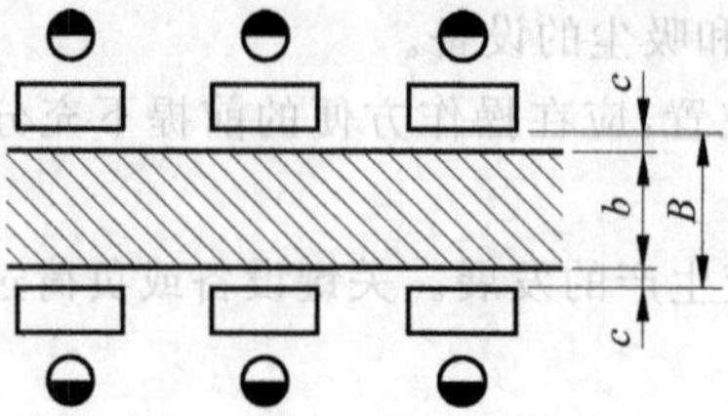	$B=b+2c$ $b=500\sim800$ $c=300\sim500$
4	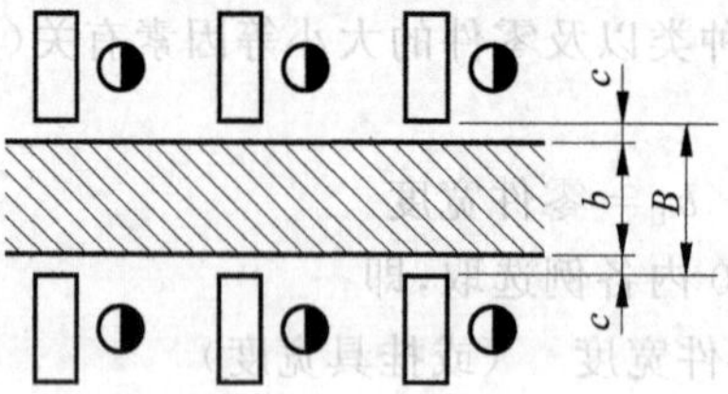	$B=b+2c$ $b=500\sim800$ $c=300\sim500$
5	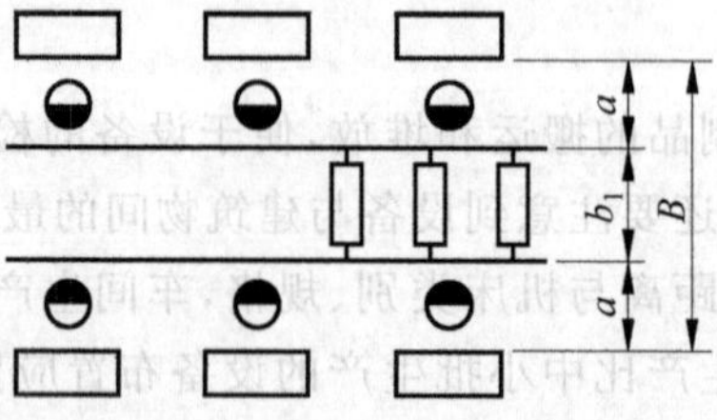	$B=2a+b_1$ $a=600\sim800$ $b_1=$辊道宽度
6	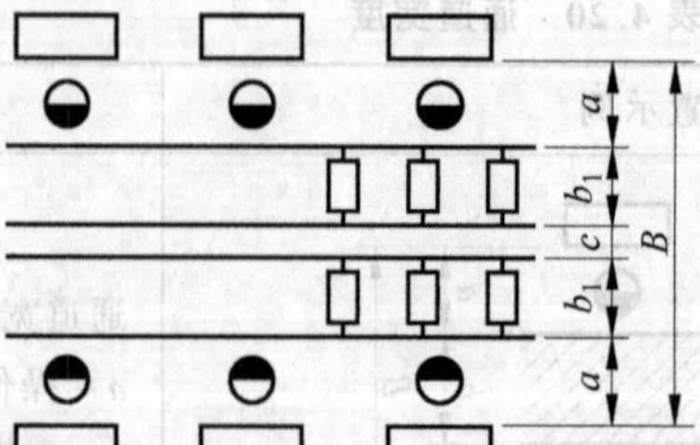	$B=2a+2b_1+c$ $a=600\sim800$ $b_1=$辊道宽度 $c=50\sim100$

习　　题

1. 制定机械加工工艺规程的原则是什么?

2. 制定机械加工工艺规程的原始资料是什么?

3. 制定机械加工工艺的步骤是什么?

4. 什么是基准?

5. 基准不重合误差与基准位移误差有何区别?

6. 什么是尺寸链?其基本特征是什么?

7. 极值法解尺寸链与统计法解尺寸链有何不同?各用于何种情况?

8. 如图1所示零件,采用单件小批生产,对其机械加工工艺过程要求如下,试分析其工艺过程的组成(包括工序、工步、走刀、安装)。工艺过程:①在刨床上分别刨削6个表面,达到图样要求;②粗刨导轨面A,分两次切削;③刨削两个越程槽;④精刨导轨面A;⑤钻孔;⑥扩孔;⑦铰孔;⑧去毛刺。

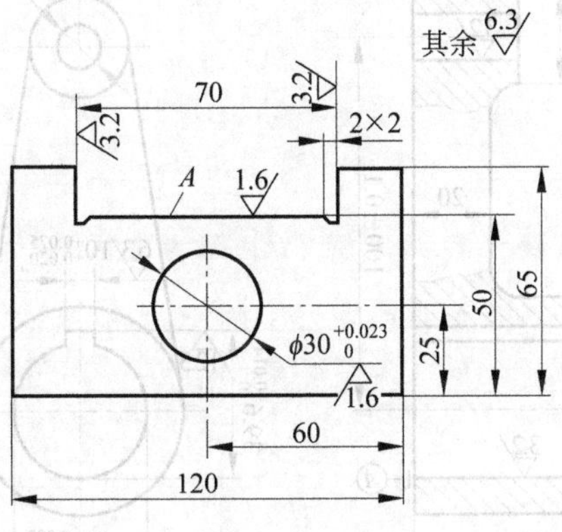

图　1

9. 图2所示零件,毛坯为ϕ35 mm棒料,采用批量生产,对其机械加工工艺过程要求如下,试分析工艺过程的组成(包括工序、工步、走刀、安装)。机械加工工艺过程:①在锯床上切断下料;②车一端面钻中心孔;③调头,车另一端面钻中心孔;④将整批工件靠螺纹一边都车至ϕ30 mm;⑤调头车削整批工件的ϕ18 mm外圆;⑥车ϕ20 mm外圆;⑦在铣床上铣两平面,转90°后铣另外两平面;⑧车螺纹,倒角。

10. 试拟定图3所示零件的机械加工工艺路线,已知:毛坯材料为灰铸铁,单件生产。

11. 试拟定图4所示零件的机械加工工艺路线,已知:毛坯材料为灰铸铁,中批生产。

12. 图5所示为小轴在两顶尖间加工小端外圆及台肩面2的工序图,试分析台肩面2的设计基准、定位基准及测量基准。

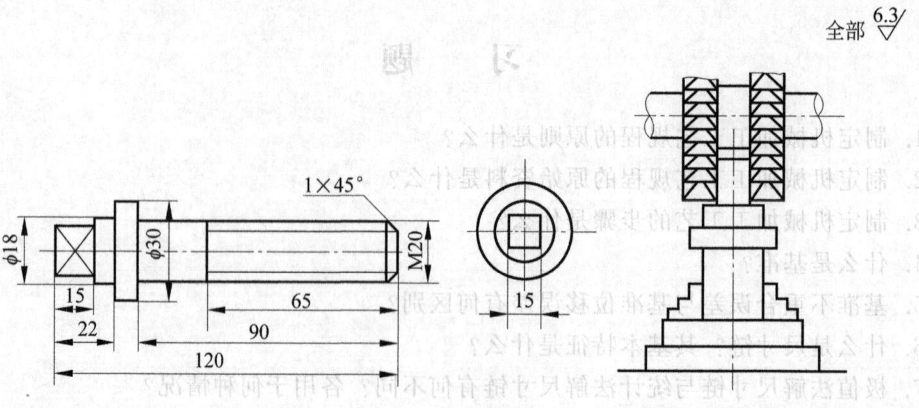
全部 6.3
1×45°
φ18
φ30
M20
15
22
65
90
120
15

(a) (b)

图 2

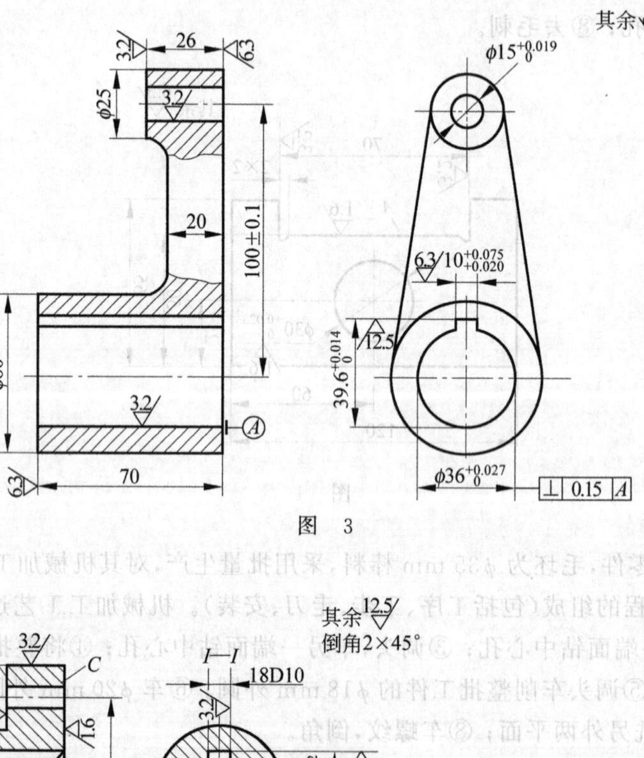
其余
φ15$^{+0.019}_{0}$
3.2
26
6.3
φ25
3.2
20
100±0.1
6.3
10$^{+0.075}_{+0.020}$
12.5
φ60
39.6$^{+0.014}_{0}$
3.2
A
6.3
70
φ36$^{+0.027}_{0}$
⊥ 0.15 A

图 3

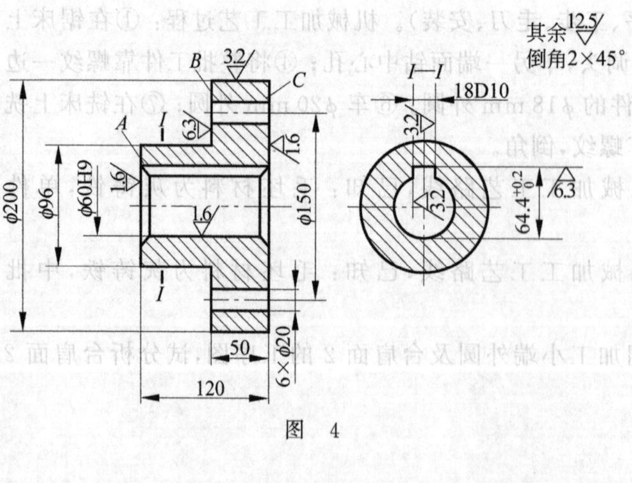
其余 12.5
倒角2×45°
B
3.2
C
I—I
18D10
A
I
6.3
1.6
3.2
φ200
φ96
φ60H9
1.6
1.6
φ150
3.2
64.4$^{+0.2}_{0}$
6.3
I
50
6×φ20
120

图 4

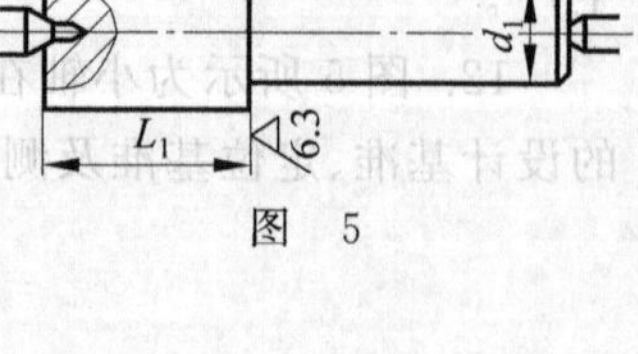
1
2
6.3
d_1
L_1
6.3

图 5

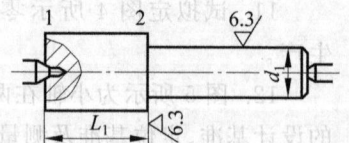

13. 根据六点定位原理，试分析图 6 所示各定位方案中各定位元件所消除的自由度。

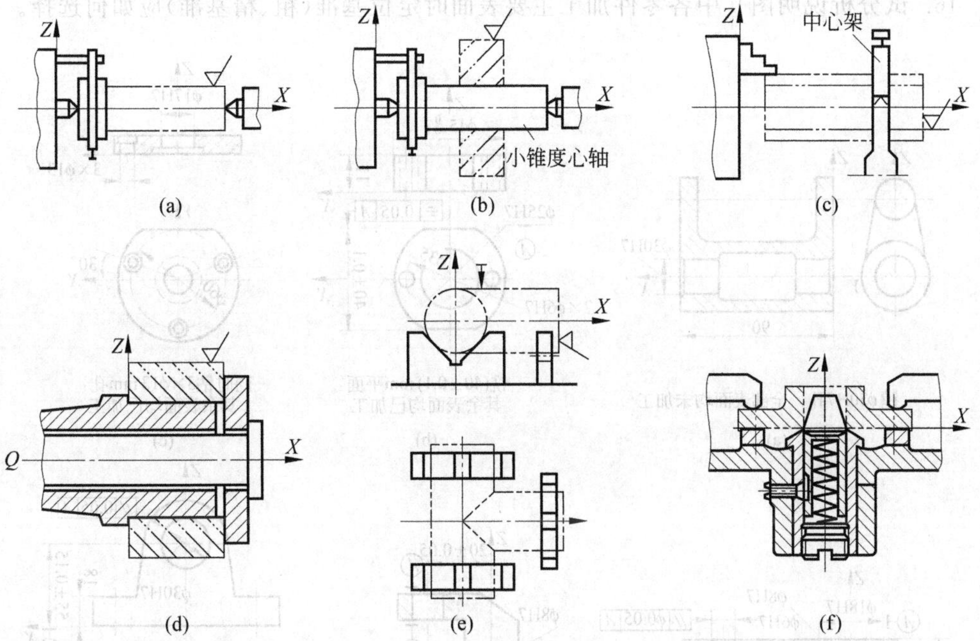

图　6

14. 根据六点定位原理，试分析图 7 所示各定位方案中各定位元件所消除的自由度。如果属于过定位或欠定位，请指出可能出现什么不良后果，并提出改进方案。

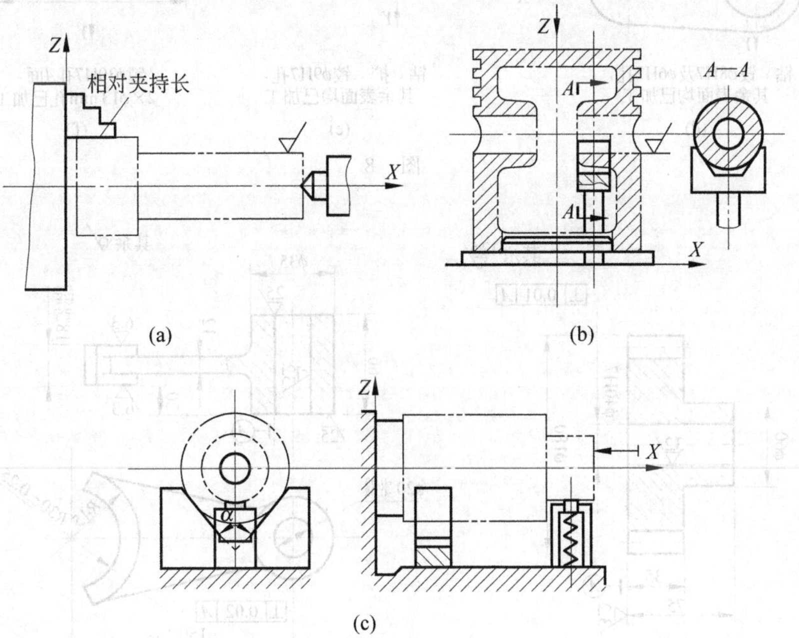

图　7

15. 如图 8 所示，根据工件加工要求，确定工件在夹具中定位时应限制的自由度。

16. 试分析说明图 9 中各零件加工主要表面时定位基准（粗、精基准）应如何选择。

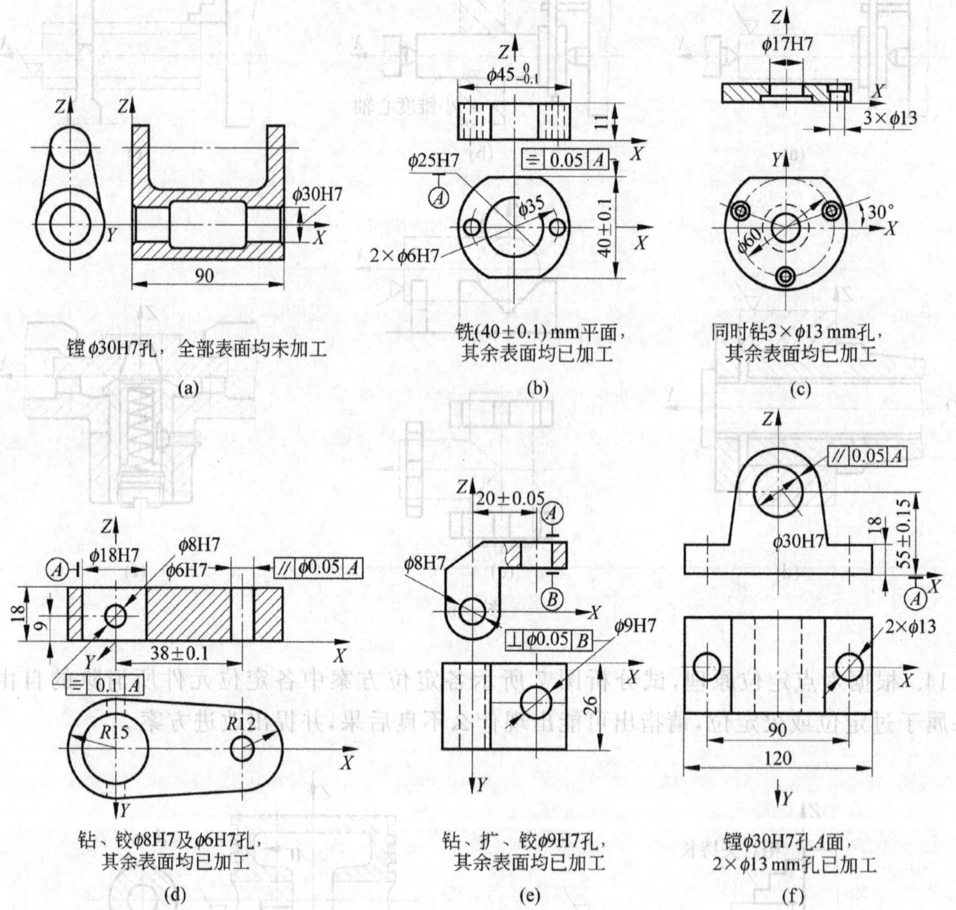

镗φ30H7孔，全部表面均未加工 (a)
铣(40±0.1) mm平面，其余表面均已加工 (b)
同时钻3×φ13 mm孔，其余表面均已加工 (c)
钻、铰φ8H7及φ6H7孔，其余表面均已加工 (d)
钻、扩、铰φ9H7孔，其余表面均已加工 (e)
镗φ30H7孔A面，2×φ13 mm孔已加工 (f)

图 8

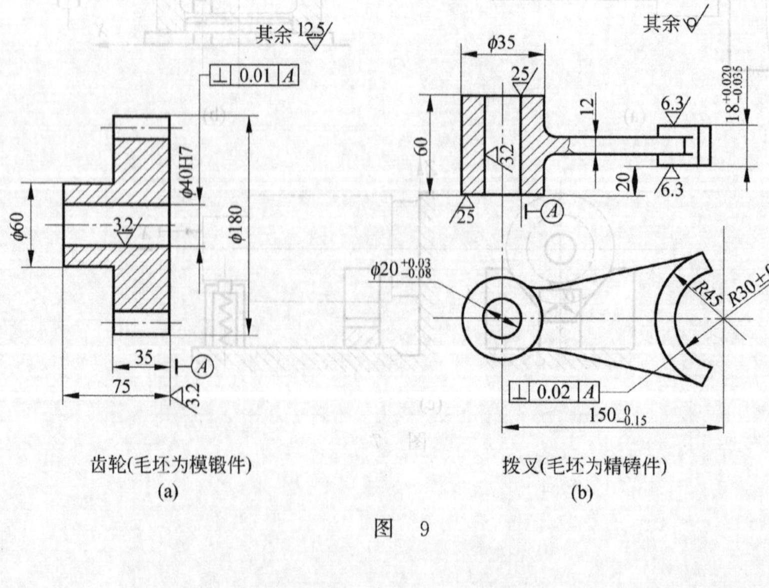

齿轮(毛坯为模锻件) (a)
拨叉(毛坯为精铸件) (b)

图 9

17. 工件定位如图10所示，欲加工 C 面，要保证尺寸(20±0.1) mm。试计算该定位方案能否满足精度要求。若不能满足精度要求，应如何改进？

18. 如图11所示，工件以 A、B 面定位加工 ϕ10H7 孔。试计算尺寸(12±0.1) mm 的定位误差。

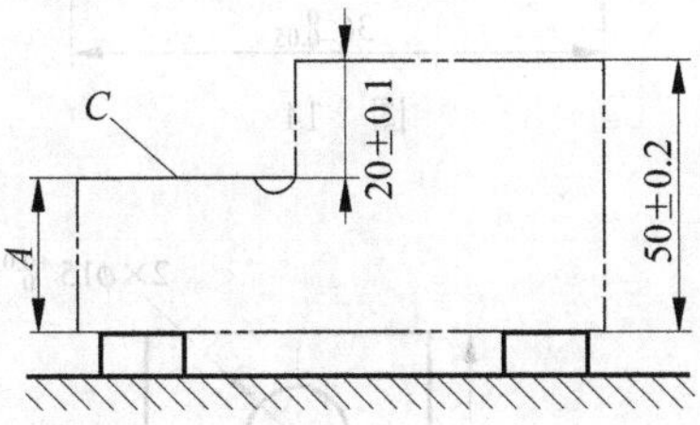

图　10

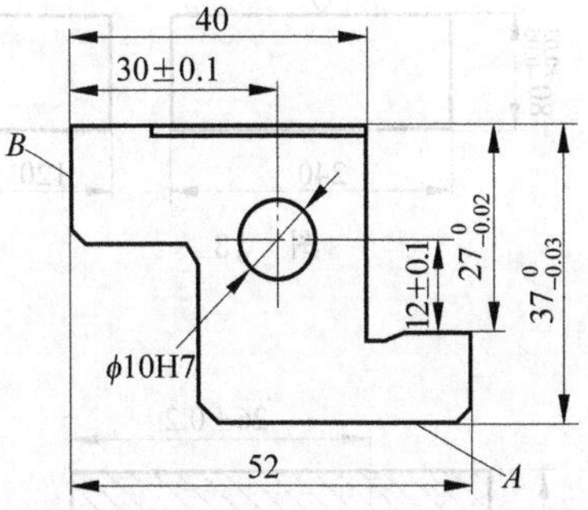

图　11

19. 在阶梯轴上铣键槽，要求保证尺寸 H、L。毛坯尺寸 $D=\phi160_{-0.14}^{0}$ mm，$d=\phi40_{-0.1}^{0}$ mm，D 对于 d 的同轴度公差为 0.04 mm，定位方案如图12所示。试求 H、L 的定位误差(V形块夹角为90°)。

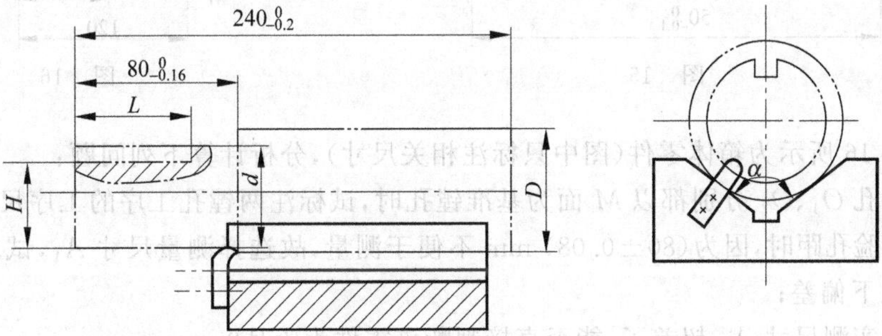

图　12

20. 某零件上有一孔 $\phi60^{+0.03}_{0}$ mm，表面粗糙度为 Ra 1.6 μm，孔长 60 mm，材料为45钢，热处理淬火达 42 HRC，毛坯为锻件。设孔的加工工艺过程是：①粗镗；②半精镗；③热处理；④磨孔。试求各工序尺寸及其偏差。

21. 单件加工如图13所示工件(材料为45钢)，若底平面已加工，现欲加工上平面，其尺寸为 $80^{+0.03}_{-0.05}$ mm，表面粗糙度为 Ra 0.4 μm。若平面的加工工艺过程是：粗铣→精铣→粗磨→精磨，试求各工序尺寸及其偏差。

22. 某零件(见图14)加工时，图纸要求保证尺寸(6±0.1) mm，因为这一尺寸不便直接测量，只好通过度量尺寸 L 来间接保证。试求度量尺寸 L 及其上、下偏差。

23. 图15所示为轴套零件，在车床上已加工好外圆、内孔及各面，现需在铣床上铣出右端槽，并保证尺寸 $5_{-0.06}^{0}$ mm 及(26±0.2)mm。求试切调刀时的度量尺寸 H、A 及其上、下偏差。

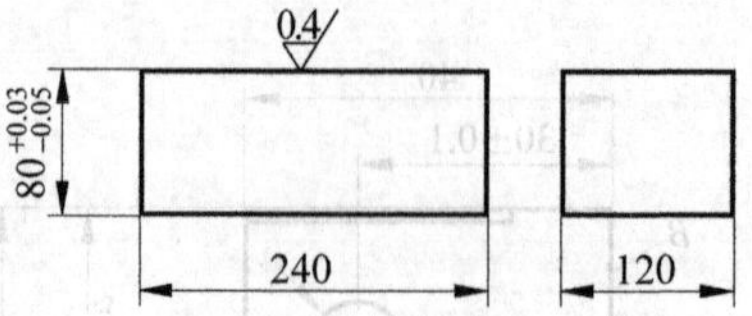

图 13

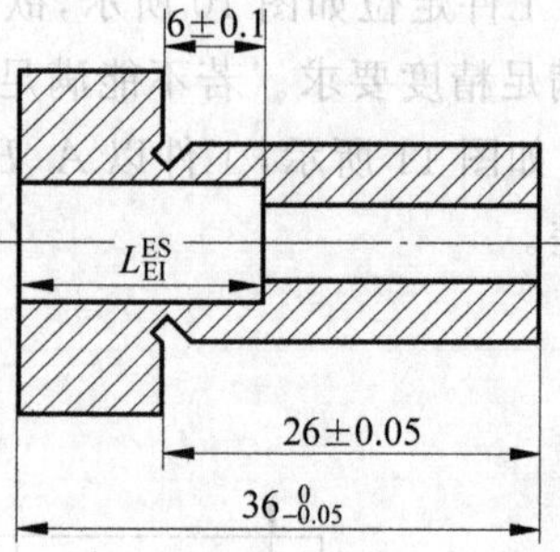

图 14

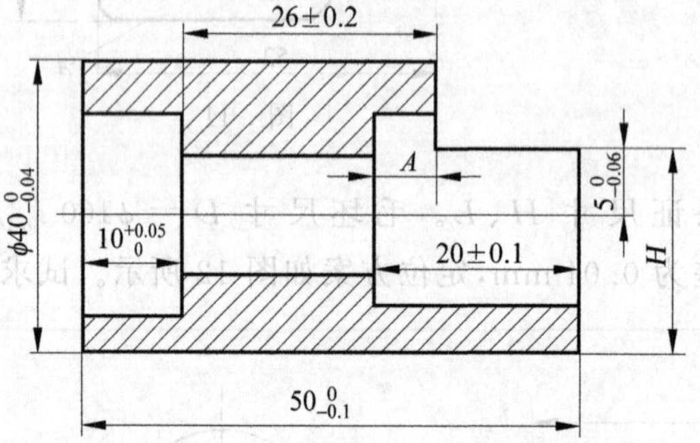

图 15

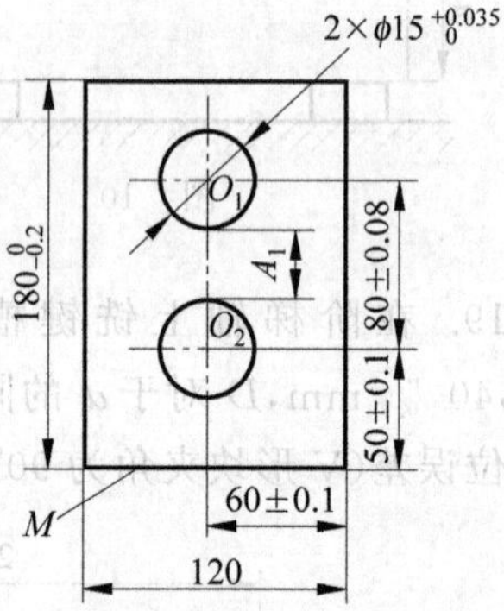

图 16

24. 图16所示为箱体零件(图中只标注相关尺寸),分析计算下列问题:

(1) 若孔 O_1、O_2 分别都以 M 面为基准镗孔时,试标注两镗孔工序的工序尺寸;

(2) 检验孔距时,因为(80±0.08) mm不便于测量,故选择测量尺寸 A_1,试求工序尺寸 A_1 及其上、下偏差;

(3) 若实测尺寸 A_1 超差了,能否直接判断该零件为废品?

第5章　汽车零件装配工艺的制定

5.1　概　　述

汽车的装配是整个汽车制造过程中的最后一个阶段，汽车的质量最终由装配来保证，因此，装配的质量对于汽车的使用性能和使用寿命影响很大。

如果装配不当，即使所有加工的零件都合格也难以获得符合质量要求的产品。同时由于装配所花费的劳动量很大、占用的时间很多，所以，对于整车生产任务的完成、工厂的劳动生产率、产品的成本和资金周转都有直接影响。近年来，毛坯制造和机械加工等方面实现了高度的机械化和自动化，产品成本不断降低，使得装配工作在整个汽车制造过程中所占劳动量的比重和占产品成本的比重越来越大，其影响就更加突出了。因此，只有迅速提高装配工作的技术水平和劳动生产率，才能适应整个汽车工业的发展形势。

对装配工艺的基本要求是：装配质量符合规定的技术要求，生产周期短，劳动生产率高，成本低，装配劳动量小，装配操作方便。

5.1.1　装配工艺的特点

装配生产类型是决定装配工艺特征的重要因素，生产类型不同，装配方法、工艺过程、所用设备及工艺装备、生产组织形式等也不同，各种生产类型的装配工艺特点见表5.1。

表5.1　各种生产类型的装配工艺特点

生产类型	大批、大量生产	中批生产	单件、小批生产
组织形式	通常采用装配流水线。有自由移动式装配或连续移动式和间歇移动式装配。还可采用自动装配机或装配自动线	笨重而批量不大的产品，采用具有固定装配台的装配流水线。批量较大的则采用移动装配式流水线，多品种同时投产的则用多品种可变节奏装配流水线	采用具有固定装配台的装配流水线进行总装，批量较大的部件也可用移动式装配流水线
装配方法	采用完全互换法装配，允许有少量的简单的调整法。精密配合件成对供应，也可用分组互换法装配。没有任何修配工作	主要采用完全互换法装配，也可用调整法、修配法等，以节约加工费用	采用调整法及修配法较多，完全互换件占有一定的比重
工艺过程	工艺过程划分很细，力求达到高度的均衡性	工艺过程的划分应适合于批量的大小，尽量使生产均衡	一般不制定详细工艺文件，工序可适当调度，工艺也可灵活掌握
工艺装备	专业化程度高，适宜采用高效率的专用工艺装备，容易实现机械化和自动化	通用设备较多。但也采用一定数量的专用工、夹、量具，以保证装配质量和提高工作效率	一般采用通用设备及通用工、夹、量具

续表

生产类型	大批、大量生产	中 批 生 产	单件、小批生产
手工操作	手工操作比重小,熟练程度容易提高,便于培养新工人	手工操作比重较大,对工人的技术水平要求较高	手工操作比重大,要求工人有较高的技术水平和多方面的工艺知识

5.1.2 装配工作的主要内容

1. 清洗

进入装配的零件必须先进行清洗,除去在制造、储存、运输过程中所粘附的切屑、油脂、灰尘等。部件、总成在运转磨合后也要清洗。清洗对于保证和提高装配质量、延长产品的使用寿命有着重要意义。

1) 清洗方式

汽车装配中常用的清洗方法除擦洗和浸洗外,还有喷溅清洗、超声波清洗、气相清洗和高压清洗等。

(1) 擦洗主要用于较大工件的局部清洗;

(2) 浸洗用于形状较复杂的工件轻度粘附油垢的清洗;

(3) 一般零件大多用喷溅清洗法;

(4) 小型较精密的零件常用超声波清洗;

(5) 气相清洗主要用于工件不允许沾上清洗液和不经过烘干的情况,如发动机的整体清洗,特别是试车后的整机清洗;

(6) 高压清洗是利用高压清洗液将杂质冲走,如发动机装配中用于汽缸体、曲轴和高压油管等零件的油道清洗。

2) 清洗液

清洗中常用的清洗液有碱性溶液、油性清洗剂(煤油、柴油和汽油)、三氯乙烯及各种化学清洗液。应根据工件的清洗要求、污物性质及粘附情况正确选用。零件在清洗后,应具有一定的防锈能力。

3) 干燥

清洗后烘干零件,比用压缩空气吹干的办法好,这不仅可以减轻噪声的影响,而且对保持车间的清洁度大有好处。车间清洁度对装配质量影响也很大,许多装配车间采用封闭式结构,并使车间内的气压略高于室外大气压,防止灰尘进入车间。

为达到良好的清洗效果,现在常采用多工位自动清洗机,按一定程序自动控制工件上、下料,清洗,干燥及转位等。

2. 平衡

旋转体的平衡是装配过程中的一项重要工作。特别是对于转速高、运转平稳性要求高的机器,对其零部件的平衡要求更为严格,平衡工作更为重要。

1) 平衡方法

旋转体的平衡有静平衡和动平衡两种方法。

(1) 对于盘状旋转体零件,如皮带轮、飞轮等,一般只进行静平衡;

(2) 对于长度大的零件，如曲轴、传动轴等，必须进行动平衡。

2) 平衡质量的措施

质量平衡的方式包括加工去除法和加配质量法。

(1) 旋转体内的不平衡质量可用**加工去除法**进行平衡，如钻、铣、磨、锉、刮等；

(2) 旋转体内的不平衡质量也可用**加配质量法**进行平衡，如螺纹连接、铆接、补焊、胶接、喷涂等方法。

在发动机装配中，曲轴的动平衡尤为重要，曲轴因其自身的结构相对于旋转中心不对称以及材料本身质量不均匀和加工尺寸精度等的影响，使曲轴在高速旋转时产生不平衡的惯性力，影响发动机的平稳运转，产生振动和噪声，增加磨损，从而影响发动机的工作性能和寿命。曲轴的平衡已普遍自动化，一般曲轴平衡自动化包括：自动上下料、自动测量不平衡量及自动修正等。

为提高发动机工作平稳性和性能，应对发动机整机装配后做一次平衡，因为发动机内各回转零件虽然进行了平衡，但各零件装配后，由于装配误差、不平衡量的综合误差，仍可能产生较大的旋转惯性力从而引起发动机的振动。但目前发动机整机动平衡尚未普遍采用。

3. 过盈连接

机器中的轴孔配合，有很多采用过盈连接。对于过盈连接件，在装配前应保持配合表面的清洁。常用的过盈连接装配方法有压入法和热胀(或冷缩)法。

(1) 压入法是在常温情况下将工件以一定压力压入装配，会把配合表面微观不平度挤平，影响过盈量。压入法适用于过盈量不大和要求不高的情况。

(2) 重要的、精密的机械以及过盈量较大的连接处常用热胀(或冷缩)法。即采用加热孔件或冷却轴件的办法，缩小过盈量或达到间隙合适进行装配。

发动机装配时，过盈连接处很多，如活塞销与销孔的配合、气门座与汽缸盖座孔的配合、飞轮齿圈和飞轮的配合、正时齿轮与曲轴的配合等。特别是气门座与座孔的配合，由于气门座位于汽缸盖的热三角区，这就要求气门座和座孔间有良好的配合，才能将热量迅速地传导出去。因其过盈量较大，气门座又属薄壁件，若在常温下以压入法装配，不仅很难保证配合质量，而且常使气门座发生变形，严重时甚至损坏零件。对于这种薄壁零件的过盈配合，大多采用深冷技术或者采用冷却轴件和加热孔件配合运用，在有间隙的状态下进行装配，保证在常温下有良好的配合质量。

4. 螺纹连接

在汽车结构中，广泛采用螺纹连接，对螺纹连接的要求如下：

(1) 螺栓杆部不产生弯曲变形，螺栓头部、螺母底面与被连接件接触良好；

(2) 被连接件应均匀受压，互相紧密贴合，连接牢固；

(3) 根据被连接件形状、螺栓的分布情况，按一定顺序逐次(一般为2～3次)拧紧螺母。

螺纹连接的质量，除受有关零件的加工精度影响外，与装配技术有很大关系。如拧紧的次序不对，施力不均，零件将产生变形，降低装配精度，造成漏油、漏气、漏水等。运动部件上的螺纹连接，若拧紧力达不到规定数值，将会松动，影响装配质量，严重时会造成事故。因此，对于重要的螺纹连接，必须规定拧紧力的大小。

螺纹连接中控制拧紧力的方法按原理可以分为以下3种。

(1) 控制扭矩法：用电动机驱动的工具、扳手或用一个限制扭矩装置的手动工具来控制扭矩。

(2) 控制旋转角法：先按一初始扭矩预紧，使工件相互贴紧后，再从此扭矩值开始旋转一个预先确定的角度。

(3) 控制屈服点法：由电动机驱动的螺纹拧紧工具输出测量值，由这些值构成旋转角——扭矩曲线，当达到螺栓屈服点时，即发出信号使螺栓扳手停止。

现在，已经使用由计算机控制的扭矩系统，可同时控制和显示多轴扳手的扭矩值，较好地控制了螺纹连接的拧紧力。

5. 校正

所谓校正是指各零部件本身或相互之间位置的找正及相应的调整工作，是装配时要做的工作之一。

除上述装配工作的基本内容外，部件或总成以至整个产品装配中和装配后的检验、试运转、油漆、包装等也属于装配工作，应考虑安排。

5.1.3　装配工作的组织形式

装配的组织形式主要取决于生产类型、装配劳动量和产品的结构特点等。装配工作的组织形式一般分为两种，即固定式装配和移动式装配。

1. 固定式装配

固定式装配可直接在地面上或在装配台架上进行，是把所需装配的零件、部件或总成全部运送至固定的装配地点，并在该地点完成装配过程。根据装配的密集程度，固定式装配又分为集中的固定式装配和分散的固定式装配。

1) 集中的固定式装配

集中的固定式装配是指产品的所有装配工作都集中在一个工作地点完成。这种装配需要完成多种不同的工作，因此对工人的技术水平要求高，需要较大的生产面积，装配周期也较长。因为在工作地点需要供应全部零件，所以运输也比较复杂，仅适用于单件小批生产和新产品试制的装配。

2) 分散的固定式装配

分散的固定式装配是指将装配过程分为部件装配和总成装配，分别由几组装配工人在各自的工作地点同时装配各自的部件或总成，然后送到总装配地点，由另一组工人完成汽车的总装配。这种装配多使用专用装配工具，装配专业化程度较高，可有效地利用生产面积，装配周期较短。

对于批量比较大的情况，工人可在装配台上进行装配，所需的零件和部件不断送至各装配台，工人在一个装配台完成装配后带着工具箱转移到另一个装配台，装配时工人沿着各装配台移动。若各装配台排在一条线上，则构成固定装配台的装配流水线，这是分散的固定式装配的高级形式，其中装配台的数目取决于装配工艺过程的工序数目。

2. 移动式装配

移动式装配是把所需装配产品的基础件不断地从一个工作地点移送到另一个工作地点，将装配过程所需的零件及部件送到相应的工作地点，在每个工作地点有一组工人采用专用的工艺装备重复地进行固定的装配工作。移动式装配又分为自由移动式装配和强制移动式装配。

1）自由移动式装配

这种装配是在装配时由工人根据具体情况决定移动基础件的时间，产品放在小车上或在辊道上沿工作地点由工人移动，也可用输送带或吊车等机械设备运送，各个工作地点所占的装配时间不固定，但应尽量保持均衡。

2）强制移动式装配

这种装配是产品放在小车上或输送带上由链条强制拖动，装配过程按预定的节拍进行。强制移动式装配又分为间歇移动式装配和连续移动式装配。间歇移动式装配是输送小车或输送带以等于装配节拍的时间间歇移动的装配。连续移动式装配是产品装在连续移动的输送带上，边移动边进行的装配，由于装配过程和运输过程重合，所以装配生产率很高。

5.2 保证装配精度的装配方法

制造汽车，不仅要保证每个零件的加工精度，还要使零件能正确地进行装配，达到规定的装配精度。汽车的装配精度包括：

(1) 有关零件或部件间的尺寸精度，如间隙或过盈量等；

(2) 位置精度，如平行度、垂直度和同轴度等；

(3) 相对运动精度，即在相对运动过程中，保证有关零件或部件间相对位置的准确度以及各个配合表面的接触精度等。

零件都有规定的公差，即允许有一定的加工误差。装配时零件误差的累积会影响装配精度。如果这种累积误差不超出装配精度指标所规定的允许范围，则装配工作只是简单的连接过程，很容易保证装配精度。但事实上，零件的加工精度不但受到现实制造技术的限制，而且还受到经济性的制约，因此，用尽可能提高加工精度以降低累积误差来保证装配精度，有时是行不通的，所以还必须依赖装配工艺技术。

汽车制造中常用的保证装配精度的装配方法有以下4种，即互换装配法、选择装配法、调整装配法和修配装配法。

1. 互换装配法

互换装配法是在装配时各配合零件不经修理、选择或调整即可达到装配精度的方法。

互换装配法的实质就是用控制零件加工误差来保证装配精度的一种方法。采用互换装配法，有关零件的公差按下述两种原则确定。

(1) 各有关零件公差之和应小于或等于装配公差，用公式表示如下：

$$T_0 \geqslant \sum_{i=1}^{n} T_i = T_1 + T_2 + \cdots + T_n \tag{5.1}$$

式中，T_0 为装配公差；T_i 为各有关零件的制造公差；下标 n 为组成尺寸链各有关零件的个数。

显然，在这种装配中，零件是可以完全互换的，因此又称为完全互换法。

(2) 各有关零件公差值平方和的平方根小于或等于装配公差，用公式表示如下：

$$T_0 \geqslant \sqrt{\sum_{i=1}^{n} T_i^2} = \sqrt{T_1^2 + T_2^2 + \cdots + T_n^2} \tag{5.2}$$

显然，按式(5.2)计算时，与式(5.1)相比零件的公差可以放大一些，从而使加工变得容易而经济，同时仍能保证装配精度。但式(5.2)的应用是有条件的，由于其原理的根据是概率理论，所以只适用于大批大量生产类型。当符合一定条件时，能够达到完全互换法的效果，否则，会使一部分装配产品达不到装配精度要求，此时称为不完全互换法。

完全互换装配法的优点是：可保证零部件的互换性，便于组织专业化生产，备件供应方便；装配工作简单、经济，生产率高；便于组织流水线装配及自动化装配；对装配工人的技术水平要求不高，易于扩大再生产。由于有这些优点，完全互换法成为保证装配精度的先进装配方法，被广泛用于汽车装配。

2. 选择装配法

选择装配法是在成批或大量生产中，将产品配合副经过选择进行装配以达到装配精度的方法。

在成批或大量生产条件下，若组成零件不多而装配精度很高时，如果采用完全互换法，将会使零件的公差值过小，不仅会造成加工困难，甚至会超过加工的现实可能性。在这种情况下，就不能只依靠零件的加工精度来保证装配精度。这时可以采用选择装配法，将配合副中各零件的公差放大，然后通过选择合适的零件进行装配，以保证规定的装配精度。

选择装配法按其形式不同可分为3种：直接选配法、分组装配法和复合选配法。

1）直接选配法

直接选配法即在装配时，由装配工人直接从待装配的零件中选择合适的零件进行装配，以满足装配精度的方法。例如，为了避免在发动机工作时，活塞环在环槽中卡死，装配工人凭经验直接挑选合适的活塞环进行装配，完全是凭经验判定活塞环和环槽的间隙来保证装配精度。

这种装配方法的优点是简单，但装配质量在很大程度上取决于装配工人的技术水平，而且工时也不稳定，不适宜用于节拍要求严格的流水装配线。

2）分组装配法

分组装配法是在成批或大量生产中，将产品各配合副的零件按实测尺寸分组，装配时按组进行互换装配以达到装配精度的方法。

对于装配精度要求很高的情况，各组成零件的加工精度也很高，使得加工很不经济或很困难，甚至无法满足要求。例如，发动机活塞销和销孔的配合，技术要求规定，在冷态装配时应有0～0.0050 mm的过盈量。若用完全互换法装配，则活塞销和销孔的公差分别为0.0025 mm，将给机械加工造成极大困难，也不经济。在实际生产中采用分组装配法，即把活塞销和销孔的公差放大到0.012 mm，然后对零件进行测量分组，按分组顺序，对应组的零件进行装配，以保证达到装配精度的要求。

分组装配法的优点是：降低了零件加工精度的要求，仍能获得很高的装配精度；同组内的零件可以互换，具有完全互换法的优点。

它的缺点是增加了零件的测量、分组工作，增加了零件存储量，并使零件的储存、运输工作复杂化。

分组装配法只适用于大批大量生产中的组成件数少而装配精度要求高的场合，例如柴油机中的精密耦合件都采用分组装配法，大量生产滚动轴承的工厂也采用此种装配法。

采用分组装配法时应注意如下事项：

(1) 配合件的公差应相等，公差增大应在同一方向，增大的倍数就是分组组数；

(2) 配合件的表面粗糙度、形位公差必须保持原设计要求，不应随着配合件公差的放大而降低要求；

(3) 保证零件分组装配中都能配套，若产生某一组零件过多或过少而无法配套时，必须采取措施，避免造成积压或浪费；

(4) 所分组数不宜过多，以免管理复杂。

3) 复合选配法

复合选配法是上述两种方法的复合，即先把零件测量分组，装配时再在对应组零件中直接选择装配。它吸取了前述两种选择装配法的优点，既能较快地选择合适的零件进行装配，又能达到理想的装配质量。发动机汽缸孔与活塞的装配大都采用这种装配方法。

3. 调整装配法

调整装配法是用改变可调整零件的相对位置或选用合适的调整件来达到装配精度的方法。根据调整件的不同，**调整装配法又分为可动调整装配法和固定调整装配法**。对于组成件数比较多，而装配精度要求又高的场合，宜采用调整装配法。

调整装配法的优点是：能获得很高的装配精度，在采用可动调整时，可达到理想的精度，而且可以随时调整由于磨损、热变形或弹性变形等原因所引起的误差；零件可按加工经济精度确定公差。

调整装配法的缺点是：应用可动调整装配法时，往往要增大机构体积，当机构复杂时，计算繁琐，不易准确；应用固定调整装配法时，调整件需要准备几种不同的规格，增加了零件的数量，增加了制造费用；调整工作繁杂，费工费时，装配精度在一定程度上依赖于工人的技术水平。

1) 可动调整装配法

可动调整装配法是用改变预先选定的可调整零件(一般为螺钉、螺母等)在产品中的相对位置来达到装配精度的方法。如图 5.1 所示，发动机的气门间隙就是通过调整螺钉来保证装配要求的。

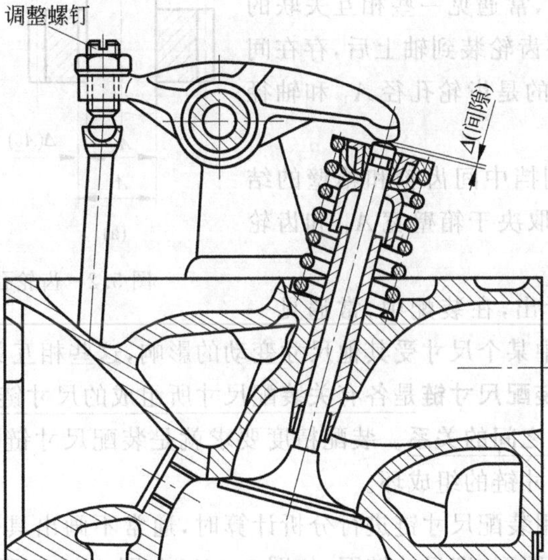

图 5.1 发动机气门间隙的调整

2）固定调整装配法

固定调整装配法是预先设置几种定尺寸调整件，在装配时根据需要选择相应尺寸的调整件装入，以达到所要求的装配精度。汽车主减速器中主动锥齿轮轴承预紧度的调整，就是通过选用不同厚度的调整垫片来保证达到装配要求的。

调整装配法虽然多用了一个调整件，因而增加了部分调整工作量和一些机械加工量，但就整个汽车生产过程来说是微不足道的，所以在汽车装配中被广泛采用。

4. 修配装配法

修配装配法是指在装配时修去指定零件上预留修配量以达到装配精度的方法。

修配装配法和调整装配法在原则上是相似的，都是用一个调整件来补偿累积误差，仅仅是具体方法不同。

修配装配法一般适用于产品产量小的场合，如单件小批生产或产品的试制。当组成件数不多但装配精度要求很高，或组成件数多而装配精度要求也很高时，各组成件按该生产条件下的加工经济精度制造，装配时修去指定零件上预留修配量或就地配制，从而保证装配精度。

汽车生产中，也有采用修配装配法的。如将主减速器中的主、被动圆锥齿轮进行直接选配后送去研磨，打上记号，然后成对送去装配。选配后的研磨，实质就是修配装配法的应用。又如柴油机中的精密耦合件也是用分组选配再研磨来保证装配精度，其选配后的研磨实质上也是修配装配法的应用。

总的来说，因为汽车多是大批大量生产，所以修配装配法的应用不如前述三种装配方法多。

5.3　装配尺寸链

5.3.1　装配尺寸链的建立

1. 装配尺寸链和尺寸链图

在汽车装配过程中，常遇见一些相互关联的尺寸，如图5.2所示，将齿轮装到轴上后，存在间隙Δ，影响间隙Δ大小的是齿轮孔径A_1和轴径A_2，$\Delta=A_1-A_2$。

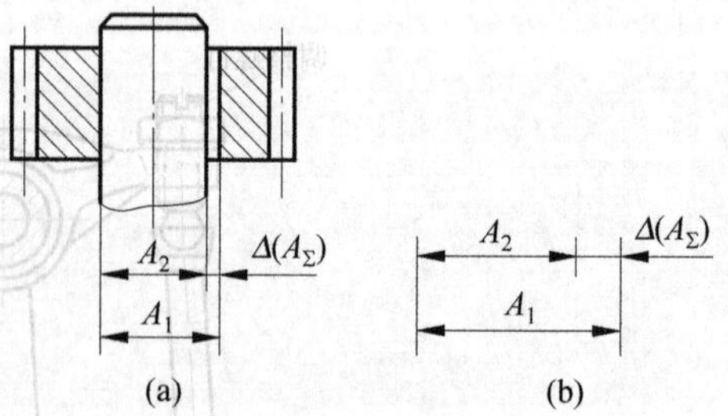

图5.2　齿轮孔和轴的间隙配合

如图5.3所示为倒挡中间齿轮和箱壁的结构，其轴向间隙Δ大小取决于箱壁宽A_1和齿轮宽A_2，即$\Delta=A_1-A_2$。

由上述示例可以看出，在装配中，常遇见一些相互关联的尺寸，其中某个尺寸受其他尺寸变动的影响，这些相互关联的尺寸即构成了装配尺寸链。因此，所谓**装配尺寸链**是各有关装配尺寸所组成的尺寸链，它表示了装配精度要求与有关零件设计尺寸之间的关系。装配精度要求就是装配尺寸链的封闭环，不同零件的有关设计尺寸是装配尺寸链的组成环。

为简便起见，在应用装配尺寸链进行分析计算时，通常不画出具体结构，只是依次绘出有尺寸的封闭尺寸示意图形，即尺寸链图，如图5.2(b)和图5.3(b)所示。

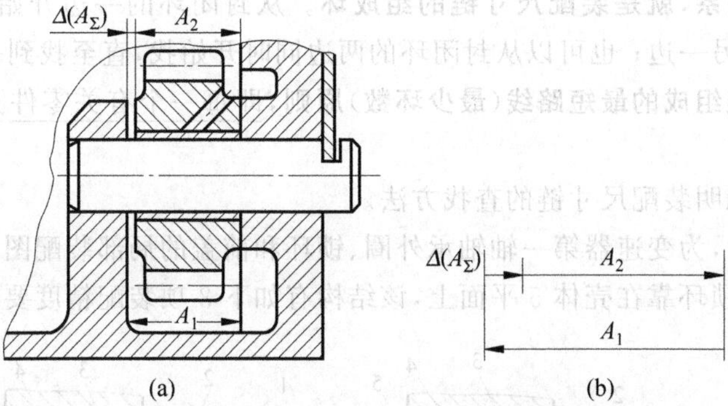

图5.3　倒挡中间齿轮和箱壁轴向间隙

在产品设计时，为保证装配精度，需要应用装配尺寸链的分析与计算，合理地确定零件的尺寸和形位公差。而在制定装配工艺过程时，选择装配方法，解决生产中的装配质量问题，也需要应用装配尺寸链进行分析与计算。

2. 装配尺寸链的建立

建立装配尺寸链，首先应当明确封闭环，根据已知的封闭环查找出各组成环。**装配精度就是装配尺寸链的封闭环**。汽车装配中有很多装配精度要求，它们都表示在有关的装配技术条件中。例如，曲轴和主轴承装配后的轴向间隙，如图5.4所示。又如装配后，进排气门与活塞顶平面之间的间隙，如图5.5所示。

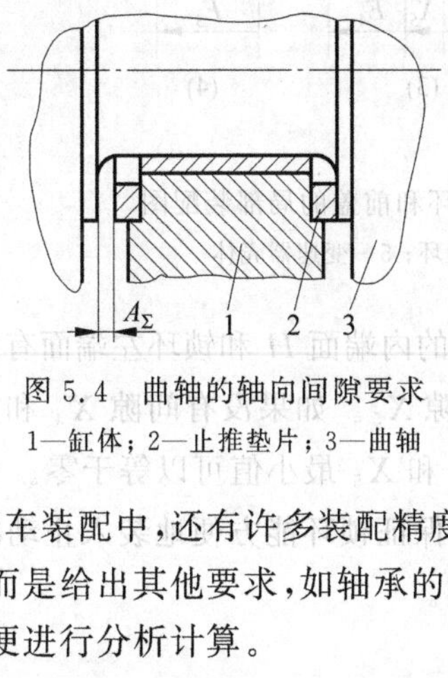

图5.4　曲轴的轴向间隙要求
1—缸体；2—止推垫片；3—曲轴

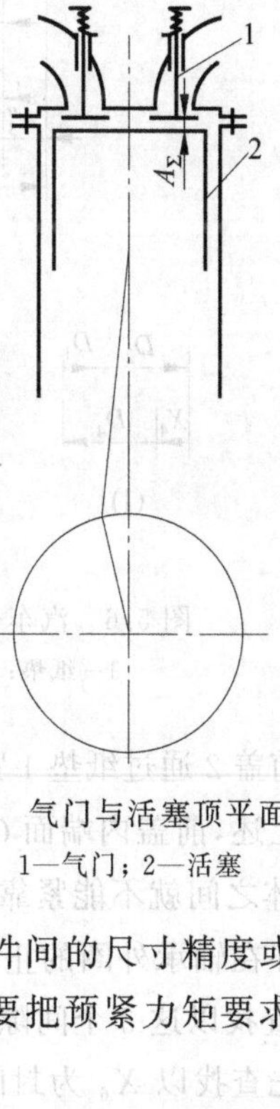

图5.5　气门与活塞顶平面间隙
1—气门；2—活塞

在汽车装配中，还有许多装配精度要求不是用零件或部件间的尺寸精度或位置精度来表示的，而是给出其他要求，如轴承的预紧度要求等，此时需要把预紧力矩要求转化成尺寸要求，以便进行分析计算。

知道了封闭环后，就可以查找组成环了。**在产品结构中，凡是直接影响装配精度的那些**

零件尺寸或位置关系，就是装配尺寸链的组成环。从封闭环的一边开始，依次查找各组成环，直至封闭环的另一边；也可以从封闭环的两边同时开始找，直至找到基准件。在查找时应遵循**装配尺寸链组成的最短路线（最少环数）原则**，即每一个有关零件只有一个尺寸列入装配尺寸链。

下面以实例说明装配尺寸链的查找方法。

如图5.6所示，为变速器第一轴轴承外圈、锁环和前盖的局部装配图。轴承外圈3向右靠在锁环4上，而锁环靠在壳体5平面上，该结构有如下3项装配精度要求。

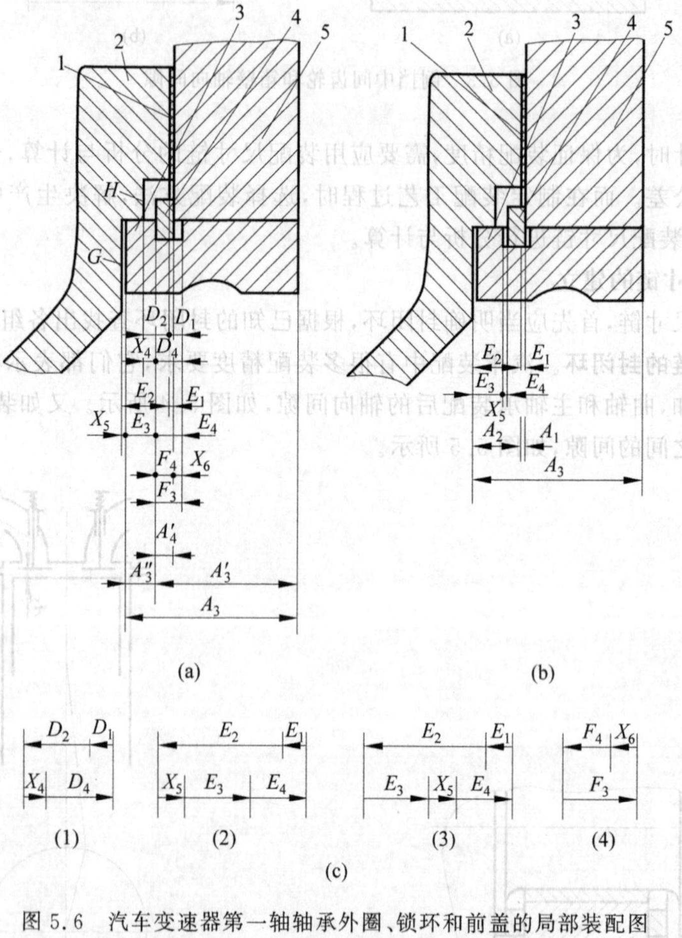

图5.6 汽车变速器第一轴轴承外圈、锁环和前盖的局部装配图

1—纸垫；2—前盖；3—轴承外圈；4—锁环；5—变速器壳体

（1）当前盖2通过纸垫1紧靠在壳体5上时，前盖的内端面 H 和锁环左端面有间隙 X_4。

（2）同上述，前盖内端面 G 和轴承外圈端面有间隙 X_5。如果没有间隙 X_4 和 X_5，前盖与纸垫及壳体之间就不能紧靠，会造成前端漏油。X_4 和 X_5 最小值可以等于零。

（3）锁环在轴承外圈的止动槽中要有间隙 X_6，以保证锁环能方便地装入止动槽中。

现分别查找以这3个间隙为封闭环的装配尺寸链。

（1）首先查找以 X_6 为封闭环的装配尺寸链。

它的组成环为轴承外圈止动槽宽 F_3 和锁环厚度 F_4，这是一个三环装配尺寸链，尺寸链

图如图 5.6(c)中(4)所示,尺寸链方程式为

$$X_6 = F_3 - F_4$$

(2) 然后再查找以 X_4 为封闭环的装配尺寸链。

它的组成环为纸垫的厚度 D_1、前盖的 H 面到外端面的距离 D_2 和锁环的厚度 D_4。这是一个四环装配尺寸链,尺寸链图如图 5.6(c)中(1)所示,尺寸链方程式为

$$X_4 = D_1 + D_2 - D_4$$

(3) 最后查找以 X_5 为封闭环的装配尺寸链。

它的组成环是纸垫的厚度 E_1、前盖的 G 面到外端的距离 E_2、轴承外圈左端面到止动槽左面的距离 E_3 和锁环的厚度 E_4,这是一个五环装配尺寸链。尺寸链图如图 5.6(c)中(2)所示,尺寸链方程式为

$$X_5 = E_1 + E_2 - E_3 - E_4$$

变速器实际工作时,由于第一轴所承受轴向力的变化,轴承外圈向左移动直到紧靠在前盖的 G 面上,如图 5.6(b)所示。这时 X_5 将移动到 E_3 和 E_4 之间,但是组成环不变,仍是五环装配尺寸链,尺寸链图如图 5.6(c)中(3)所示,尺寸链方程式也仍然不变。

通过上述查找装配尺寸链的过程,可以发现各个尺寸链之间有一定的相互关系。如锁环的宽度尺寸参加到 3 个尺寸链,分别以 D_4、E_4 和 F_4 表示;纸垫的厚度尺寸参加到 2 个尺寸链,分别以 D_1 和 E_1 表示。同一零件尺寸参加到几个装配尺寸链中,称为**公共环**。公共环可以用不同符号表示,但是它们都代表同一个数,必须同时满足所有装配尺寸链的要求。**公共环首先应满足对它要求高的装配尺寸链**,在其他装配尺寸链中,都用该值来计算。

几个装配尺寸链除通过公共的组成环来联系外,也可以通过公共的封闭环来联系,但通过封闭环来联系的形式比较复杂。

如图 5.7 所示,为汽车主减速器中主动锥齿轮轴承座的装配图,装配技术要求中规定轴承要有一定的预紧度,下面查找与轴承预紧度有关的装配尺寸链。

轴承预紧度要求不是具体的尺寸数值,不能直接作为封闭环。该预紧度反映在尺寸关系上,就是轴承内环与外环的轴向位置关系。为保证预紧力要求,内环与外环在轴向应有一定的过盈量,如图 5.8 所示,图中实线表示内环与外环处于无间隙和无过盈状态,虚线表示预紧状态,即内外环轴向之间有过盈。

假定轴向过盈量都集中在轴承的一个环上,如都在内环上。如图 5.7 所示轴承的位置是处在没有间隙也没有过盈的位置,当轴承预紧后,即轴承 1 的内环右端面的位置 H 向右移到 G(见图 5.7),轴向预紧量 HG 就是尺寸链的封闭环。从 H 面向右查找组成环,依次为轴承 1 内环右端面在原位时到外环右端面距离 A_1,轴承座 2 两个支承端面的距离 A_2、轴承 3 的宽度 A_3、主动锥齿轮 4 两个支承端面距离 A_4、调整垫片 5 的厚度 A_K,与垫片左端接触的是预紧后轴承内环右端面,即 G 面,至此找到了封闭环的另一边。该尺寸链方程式为

$$HG = A_0 = A_1 + A_2 + A_3 - A_4 - A_K$$

综上所述,查找装配尺寸链及建立装配尺寸链必须注意如下问题。

(1) 装配尺寸链要在装配图上查找。

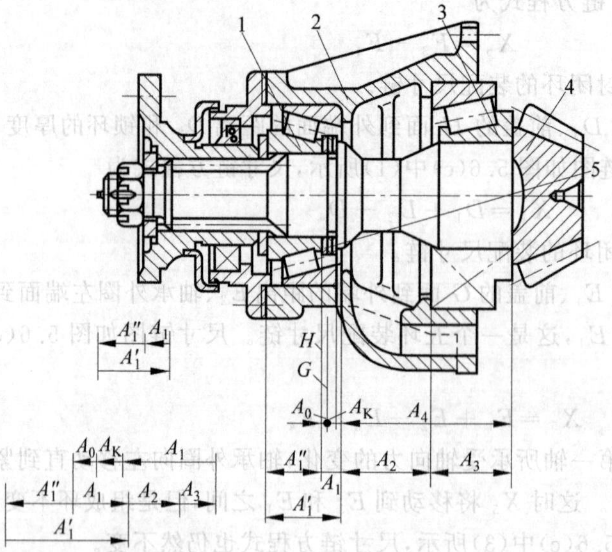

图 5.7　汽车主减速器中主动锥齿轮轴承座的装配图

1—左轴承；2—轴承座；3—右轴承；4—主动锥齿轮；5—调整垫片

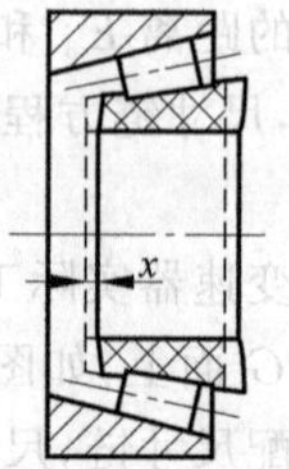

图 5.8　轴承预紧

(2) 产品的装配精度要求就是装配尺寸链的封闭环。零件或部件之间的尺寸和位置精度都可以是封闭环，它是装配后自然形成的。

(3) 根据封闭环查找各组成环。

(4) 根据封闭环和找出的各组成环画出尺寸链图。

(5) 满足尺寸链最短路线原则，即每一个有关零件只有一个尺寸列入尺寸链。

(6) 列出尺寸链方程式。

(7) 找出所有装配尺寸链及它们之间的联系形式。因为汽车各部件、总成中有许多装配精度要求，必须逐个找出所有的装配尺寸链及它们之间的联系形式。

5.3.2　装配尺寸链的计算

1. 互换装配法计算实例

互换装配法计算装配尺寸链，其根本问题是如何直接将封闭环的公差分配到各组成环上去。从已知的封闭环公差计算各组成环公差，无论用极值法求解或是用概率法求解，都有一个以上的待定值，所以其解不是唯一确定的。因此，既要确定如何将封闭环公差合理地分配给各组成环，还要确定各组成环公差带的合理位置。

(1) 当组成环为标准件时，其公差和公差带应符合标准规定，是已知值。

(2) 如果某一组成环是几个不同尺寸链的公共组成环时，其公差和公差带位置应按其精度要求最严的那个装配尺寸链先行决定。

(3) 当确定各待定的组成环公差值时，一般可根据经验和各环的加工难易程度进行分配。若尺寸相近、加工方法相同，可取其公差相等；若尺寸大小不同，所用加工方法、加工精度相当，可取其公差等级相同；若加工精度不易保证，可取较大公差值。

(4) 对于公差带的位置，一般地说，应按入体原则确定：即对于相当于轴类的被包容尺寸，标注成单向负偏差的形式；对于相当于孔类的包容尺寸，标注成单向正偏差的形式；对于孔心距的尺寸公差，则标注成对称分布的形式。

当各组成环都按上述要求确定其公差时，计算的公差累积值往往不能符合封闭环的要求。因此，需要从各组成环中保留一个组成环，该环公差值和公差带位置不按上述原则确定，使之能作若干调整而与其他各环相协调，以满足各环的公差累积值符合封闭的要求，这一组成环叫做协调环。**通常选易于制造并可用通用量具测量的尺寸为协调环**。

例 5.1 某发动机采用曲轴的第一主轴颈轴肩作为曲轴的轴向定位基准，如图 5.9(a)所示，装配后须保证轴向间隙为 0.250～0.442 mm。已知各组成零件的尺寸为 $A_1=43.8$ mm，$A_2=A_4=2.5$ mm，$A_3=38.5$ mm，试确定各尺寸的公差。

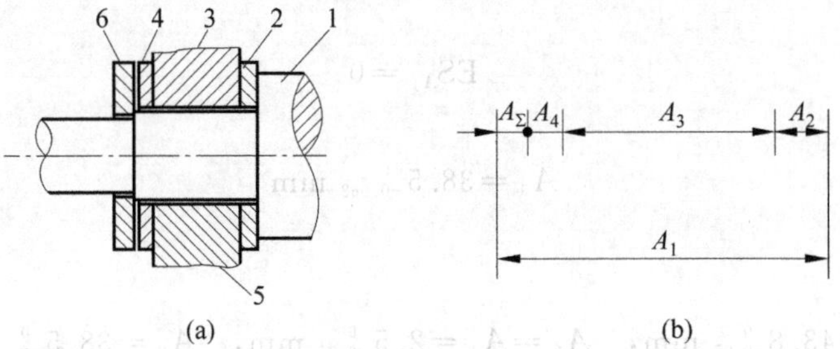

图 5.9 曲轴装配轴向定位图

1—曲轴；2、4—止推垫片；3—主轴承盖；5—隔套；6—缸体

解：按极值法求解，步骤如下。

(1) 画尺寸链图，检验基本尺寸。

建立的尺寸链图如图 5.9(b)所示，这是一个五环尺寸链，其中 A_1 为增环，A_2、A_3、A_4 为减环。封闭环 A_Σ 的基本尺寸为

$$A_\Sigma=A_1-A_2-A_3-A_4=0.3\text{ mm}$$

则 $A_\Sigma=0.3^{+0.142}_{-0.050}$ mm。

(2) 确定各组成环的公差。

按等公差法计算，即

$$T_{A_\Sigma}=\sum_{i=1}^{n-1}T_{A_i}$$

$$T_{A_i}=\frac{T_{A_\Sigma}}{n-1}=\frac{0.442-0.250}{5-1}=0.048\text{ (mm)}$$

根据加工难易程度及对装配精度的影响，最后确定各组成零件的公差为：$T_{A_1}=0.05$ mm，$T_{A_2}=T_{A_4}=0.04$ mm，$T_{A_3}=0.062$ mm。

(3) 确定各组成环的上、下偏差。

选定 A_3 为协调环，根据入体原则，有

$$A_1=43.8^{\ 0}_{-0.05}\text{ mm},\quad A_2=A_4=2.5^{\ 0}_{-0.04}\text{ mm}$$

(4) 计算协调环的上、下偏差。

由

$$\mathrm{ES}_{A_\Sigma}=\sum_{i=1}^{m}\mathrm{ES}_{A_i}-\sum_{j=m+1}^{n-1}\mathrm{EI}_{A_j}$$

即

$$0.142 = 0 - [(-0.04) + EI_{A_3} + (-0.04)]$$

得

$$EI_{A_3} = -0.062\ \text{mm}$$

$$EI_{A_\Sigma} = \sum_{i=1}^{m} EI_{A_i} - \sum_{j=m+1}^{n-1} ES_{A_j}$$

即

$$-0.05 = -0.05 - (0 + ES_{A_3} + 0)$$

得

$$ES_{A_3} = 0$$

故

$$A_3 = 38.5_{-0.062}^{\ 0}\ \text{mm}$$

(5) 结果。

最后结果为

$$A_1 = 43.8_{-0.05}^{\ 0}\ \text{mm},\quad A_2 = A_4 = 2.5_{-0.04}^{\ 0}\ \text{mm},\quad A_3 = 38.5_{-0.062}^{\ 0}\ \text{mm}$$

例 5.2 某双联转子泵，如图 5.10 所示，根据装配技术要求，其轴向间隙为 0.05～0.15 mm。已知有关零件的基本尺寸为 $A_1 = 41$ mm，$A_2 = A_4 = 17$ mm，$A_3 = 7$ mm，试确定各尺寸的公差。

解：本题分别按极值法和统计法求解。

1) 按极值法求解

(1) 画尺寸链图，检验基本尺寸。

尺寸链图如图 5.10 下方所示，这是一个五环尺寸链，A_1 是增环，A_2、A_3、A_4 是减环。封闭环 A_Σ 的基本尺寸为

$$A_\Sigma = A_1 - (A_2 + A_3 + A_4) = 0$$

则

$$A_\Sigma = 0_{-0.05}^{+0.15}\ \text{mm}$$

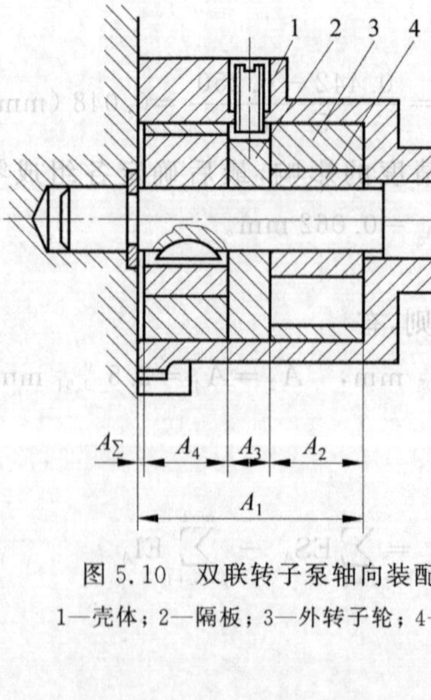

图 5.10 双联转子泵轴向装配关系图

1—壳体；2—隔板；3—外转子轮；4—内转子轮

(2) 确定各组成环的公差。

按等公差法计算，即

$$T_{A_\Sigma}=\sum_{i=1}^{n-1}T_{A_i}$$

则有

$$T_{A_i}=\frac{T_{A_\Sigma}}{n-1}=\frac{0.15-0.05}{5-1}=0.025$$

根据加工难易程度及对装配精度的影响，最后确定各组成环的公差为

$$T_{A_1}=0.049\ \text{mm},\quad T_{A_2}=T_{A_4}=0.018\ \text{mm},\quad T_{A_3}=0.015\ \text{mm}$$

(3) 确定各组成环的上、下偏差。

选定 A_1 为协调环，根据入体原则，有

$$A_2=A_4=17_{-0.018}^{\ \ 0}\ \text{mm},\quad A_3=7_{-0.015}^{\ \ 0}\ \text{mm}$$

(4) 计算协调环的上、下偏差。

由 $ES_{A_\Sigma}=\sum_{i=1}^{m}ES_{A_i}-\sum_{j=m+1}^{n-1}EI_{A_j}$，将有关数据代入，则有 $ES_{A_i}=0.099$，又 $T_{A_1}=0.049\ \text{mm}$，所以 $EI_{A_1}=0.05\ \text{mm}$，故有

$$A_1=41_{+0.050}^{+0.099}\ \text{mm},\quad A_2=A_4=17_{-0.018}^{\ \ 0}\ \text{mm},\quad A_3=7_{-0.015}^{\ \ 0}\ \text{mm}$$

(5) 结果。

最后结果为

$$A_1=41_{+0.050}^{+0.099}\ \text{mm}$$

2) 按统计法求解

(1) 确定各组成环的公差及上、下偏差。

由

$$T_{A_\Sigma}=K_M\sqrt{\sum_{i=1}^{n-1}T_{A_i}^2}$$

取 $K_M=1.5$，则有

$$T_{A_i}=\frac{T_{A_\Sigma}}{1.5\sqrt{n-1}}=\frac{0.1}{1.5\sqrt{5-1}}=0.033\ (\text{mm})$$

根据加工难易程度经调整后，取 $T_{A_2}=T_{A_4}=0.018\ \text{mm}$，$T_{A_3}=0.015\ \text{mm}$，则有

$$A_2=A_4=17_{-0.018}^{\ \ 0}\ \text{mm},\quad A_3=7_{-0.015}^{\ \ 0}\ \text{mm}$$

(2) 取 A_1 为协调环，确定协调环的公差。

由

$$T_{A_1}^2=\left(\frac{T_{A_\Sigma}}{K_M}\right)^2-T_{A_2}^2-T_{A_3}^2-T_{A_4}^2=0.0037\ \text{mm}$$

得

$$T_{A_1}=0.06\ \text{mm}$$

各环公差带为对称分布，则有

$$A_\Sigma = 0.1 \pm 0.05\ \text{mm},\quad A_2 = A_4 = (16.991 \pm 0.009)\ \text{mm},$$
$$A_3 = (6.9925 \pm 0.0075)\ \text{mm}$$

得

$$A_1 = 41.0745 \pm 0.05 = 41^{+0.1245}_{+0.0245} \approx 41^{+0.125}_{+0.025}\ (\text{mm})$$

与极值法求解相比,统计法求解公差扩大了$\dfrac{\sqrt{n-1}}{K_M}$倍,有利于零件的加工。

2. 选择装配法计算实例

选择装配法是将配合副中各零件的公差放大,按加工经济精度制造,然后通过对零件的选择进行装配,以保证装配精度。

例 5.3 某汽车发动机中活塞销和活塞销孔的配合中,活塞销和活塞销孔的基本尺寸为$\phi 28$ mm,装配技术要求中规定,在冷态装配时要求有 0~0.005 mm 的过盈。试确定活塞销和活塞销孔的公差。

解:若采用互换装配法装配,则活塞销和活塞销孔所分配的公差为

$$T_{A_i} = \frac{T_{A_\Sigma}}{n-1} = \frac{0.005}{2} = 0.0025\ (\text{mm})$$

这样小的公差值,制造时很困难也很不经济,故生产中多采用分组装配法。

(1) 确定组成环的公差。

根据活塞销和活塞销孔所选用加工方法的加工经济精度确定为公差 $T_{A_{销}} = T_{A_{孔}} = 0.015$ mm,则公差放大倍数(即分组组数)$= \dfrac{0.015}{0.0025} = 6$。

(2) 画分组公差带分布图。

为了清楚地表示配合件的分组尺寸,绘制出公差带分布图,如图 5.11 所示。绘制时,首先确定基准件,通常取活塞销为基准件,其制造尺寸为 $\phi 28^{+0.0075}_{-0.0075}$ mm,将其分成 6 组,为保证最小过盈量为 0,最大过盈量为 0.005 mm,则得活塞销孔的尺寸为 $\phi 28^{+0.005}_{-0.010}$ mm。

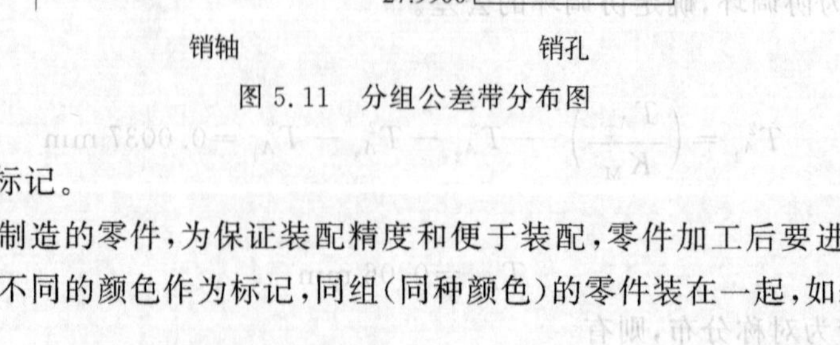

图 5.11 分组公差带分布图

(3) 分组及标记。

按上述公差制造的零件,为保证装配精度和便于装配,零件加工后要进行测量分组,并将各组零件涂上不同的颜色作为标记,同组(同种颜色)的零件装在一起,如表 5.2 所示。

表 5.2　活塞销及活塞销孔尺寸分组及标记　mm

标记	组别	活塞销	活塞销孔	配合情况	
		$\phi 28^{+0.0075}_{-0.0075}$	$\phi 28^{+0.005}_{-0.010}$	最小过盈	最大过盈
粉红	1	28.0075～28.0050	28.0050～28.0025	0	0.005
绿	2	28.0050～28.0025	28.0025～28.0000		
蓝	3	28.0025～28.0000	28.0000～27.9975		
红	4	28.0000～27.9975	27.9975～27.9950		
白	5	27.9975～27.9950	27.9950～27.9925		
黑	6	27.9950～27.9925	27.9925～27.9900		

3. 调整装配法计算实例

例 5.4　如图 5.12 所示，为某发动机水泵装配简图，装配后叶轮与垫片之间轴向间隙为 0.3～0.9 mm，有关组成零件尺寸见表 5.3。试用固定调整装配法确定调整垫片的各级尺寸。

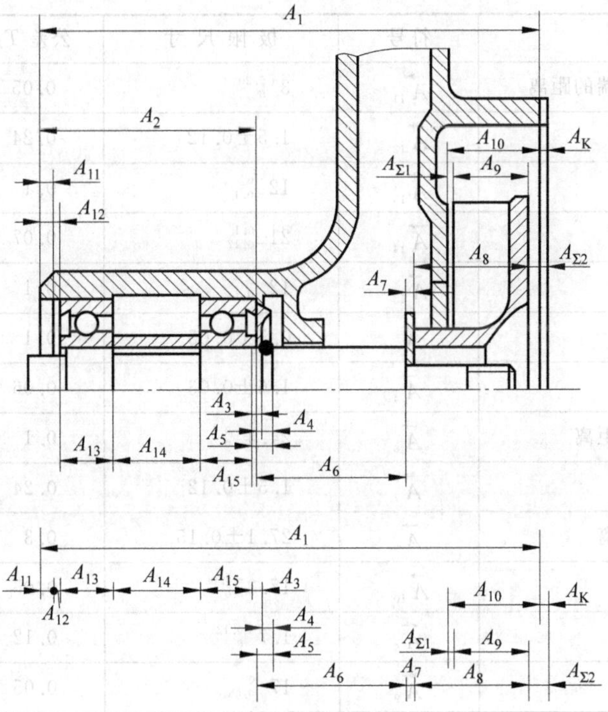

图 5.12　水泵装配简图

解：从图 5.12 可知，$A_{\Sigma_2}=0^{+0.9}_{+0.3}$ mm 为封闭环，A_K 为调整环，尺寸链图如图 5.12 下方所示。

(1) 确定调整件的分组间隔值。

封闭环的公差为

$$T_{\Sigma}=0.9-0.3=0.6\ (\text{mm})$$

取调整件 A_K 的制造公差为

$$T_K = 0.03\ \text{mm}$$

则

$$T_\Sigma - T_K = 0.6 - 0.03 = 0.57\ (\text{mm})$$

(2) 确定调整件的分级级数。

由

$$m = \frac{\sum_{i=1}^{n-2} T_i}{T_\Sigma - T_K}$$

$$= \frac{T_{11} + T_{12} + T_{13} + T_{14} + T_{15} + T_1 + T_3 + T_4 + T_5 + T_6 + T_7 + T_8}{T_\Sigma - T_K}$$

根据表5.3，将有关数据代入，得

$$m = \frac{1.71}{0.57} = 3$$

表5.3 组成环零件尺寸表 mm

名 称	符号	极限尺寸	公差 T_i	平均偏差 Δ_M
挡圈槽与泵体前端的距离	$\overrightarrow{A}_{11}$	$3^{+0.20}_{0}$	0.05	+0.025
挡圈厚	$\overrightarrow{A}_{12}$	1.5 ± 0.12	0.24	0
前轴承宽	$\overrightarrow{A}_{13}$	$12^{0}_{-0.1}$	0.1	−0.05
支承套长	$\overrightarrow{A}_{14}$	$21^{-0.1}_{-0.17}$	0.07	−0.135
后轴承宽	$\overrightarrow{A}_{15}$	$12^{0}_{-0.1}$	0.1	−0.05
隔片厚	$\overrightarrow{A}_{3}$	0.5 ± 0.05	0.1	0
弹簧圈直径	$\overrightarrow{A}_{4}$	1.6 ± 0.03	0.06	0
弹簧槽与台阶的距离	$\overrightarrow{A}_{6}$	$24.4^{+0.1}_{0}$	0.1	+0.05
垫片厚	$\overrightarrow{A}_{7}$	1.5 ± 0.12	0.24	0
叶轮前后的端距离	$\overrightarrow{A}_{9}$	27.1 ± 0.15	0.3	0
叶轮室宽	$\overrightarrow{A}_{10}$	$17.3^{+0.05}_{0}$	0.05	+0.025
弹簧槽宽	$\overleftarrow{A}_{5}$	$1.7^{+0.12}_{0}$	0.12	+0.06
叶轮宽	$\overleftarrow{A}_{9}$	$17^{0}_{-0.05}$	0.05	−0.025
叶轮体宽	$\overleftarrow{A}_{1}$	$112.66^{0}_{-0.23}$	0.23	−0.115

(3) 确定调整件各级尺寸。

从图5.12尺寸链图可以看出，若增环 A_1、A_5 为最大尺寸，减环 A_{11}、A_{12}、A_{13}、A_{14}、A_{15}、A_3、A_4、A_6、A_7、A_8 为最小尺寸，则必须选择最小尺寸级别的调整环(增环)加入尺寸链。为使这个级别的任意一个调整件，在这种极端情况下使尺寸链的封闭环都不超过技术要求的最大值，则调整件的尺寸应是最小尺寸级别里的最大值。

设最小尺寸级别为 A_K，则调整件的最大值 A_{Kmax} 可通过下式求出：

$$A_{\Sigma 2max}=(A_{5max}+A_{1max}+A_{Kmax})-(A_{11min}+A_{12min}+A_{13min}+A_{14min}+A_{15min}+A_{3min}+A_{4min}+A_{6min}+A_{7min}+A_{5min})$$

将已知数据代入，得

$$A_{Kmax}=0.29\ \text{mm}$$

则

$$A_K=0.29_{-0.03}^{\ 0}\ \text{mm}$$

同理，依次推算出各调整件尺寸，可得各调整件的分级尺寸如下：

$$A_K=0.29_{-0.03}^{\ 0}\ \text{mm}$$

$$A_K=(0.29+0.57)_{-0.03}^{\ 0}=0.86_{-0.03}^{\ 0}\ (\text{mm})$$

$$A_K=(0.86+0.57)_{-0.03}^{\ 0}=1.43_{-0.03}^{\ 0}\ (\text{mm})$$

在生产实际中，固定调整件有时也采用组合垫片的方法，即把垫片冲压制成不同厚度的薄金属片，如分别为 0.01 mm、0.02 mm、0.05 mm、0.1 mm、0.2 mm 等；另外再有一定厚度的垫片，如 1 mm、2 mm 等。这些垫片可以组成各种尺寸，根据需要选用不同的组合，以满足装配精度的要求。如解放牌载重汽车主减速器轴承调整垫片分 5 组，即 0.05 mm、0.1 mm、0.2 mm、0.5 mm 和 1 mm 等。规定每调整一次，0.05 mm 和 0.1 mm 级别垫片更换不得少于一片，以保证调整精度。

5.4 装配工艺过程的制定

制定装配工艺过程，并形成指导装配工作的工艺文件，是制定装配生产计划和技术准备工作的依据。在设计新厂和改建老厂时，则是设计装配车间的主要技术资料。

5.4.1 制定装配工艺过程的原则与需要的原始资料

1. 制定装配工艺过程的原则

汽车的装配在保证产品质量、组织生产和实现生产计划等方面有着举足轻重的地位，因此在制定装配工艺过程时，应遵循如下的基本原则。

(1) 保证装配质量。汽车的装配是整个汽车制造过程最后一个环节，汽车的质量最终由装配来保证。要保证产品装配质量，应从产品分析开始，研究保证装配精度及质量的方法，严格地按一定规范进行装配，从而达到预定的质量要求。

(2) 装配劳动量应尽量小。装配工作中，钳工劳动量很大，并且大量的人力和时间用在连接、配合、调整、运输吊装和经常性的检验上，必须采取各种技术和组织措施以减轻劳动强度，提高装配效率。

(3) 装配周期尽量缩短。装配周期长，使企业资金周转缓慢，同时，零件及部件积压，占据生产面积。应合理安排装配工序或作业计划，提高装配工作的机械化和自动化程度，尽量缩短装配周期。

(4) 占用生产面积尽量小。

2. 制定装配工艺过程所需的原始资料

(1) 产品的装配图及重要件的零件图；

(2) 产品的技术条件；

(3) 生产纲领；

(4) 产品验收的质量标准等。

5.4.2 制定装配工艺过程的步骤与方法

制定装配工艺过程的步骤，大致分为4个阶段，即产品分析、装配工艺过程的确定、装配组织形式的确定和编写装配工艺文件。

1. 产品分析

1) 分析产品图纸和装配时的技术要求

通过产品图纸分析，熟悉各零部件的相互连接关系及装配位置，为进行装配单元的划分和确定装配基准打下基础，便于确定装配顺序。装配时的技术要求，包括几何参数和物理参数：

(1) 间隙、配合性质、接触质量、相互位置和运动精度等为几何参数；

(2) 转速、重量、平衡、密封性、振动和噪声等为物理参数。

通过分析，在装配时满足技术要求，以保证产品质量。

2) 分析产品的装配工艺性

产品的装配工艺性分析包括两个方面，即尺寸分析和结构装配工艺性分析。

通过尺寸分析，掌握有关零件的尺寸误差对装配精度的影响，根据具体情况确定装配方法，从而保证装配质量。下面重点分析产品结构装配工艺性问题。

产品的使用性能与寿命，装配过程的难易程度，以至于产品的成本，在很大程度上取决于其本身的结构，因此产品结构装配工艺性占有很重要的地位。从装配工艺对产品质量、生产率及经济性等方面的影响考虑，对产品结构装配工艺性提出如下要求。

(1) 能分解成若干独立的装配单元

为缩短装配周期，产品结构要能够分解成若干个独立的装配单元，以便组织装配工作的平行、流水作业。如图5.13所示为装配单元系统示意图。从图中可以看出，按纵向可分为5个等级的装配单元，即零件、合件、组件、部件和机器。

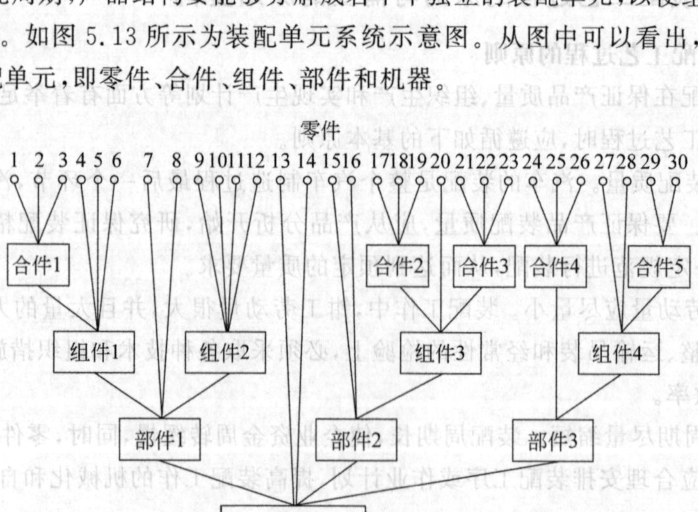

图5.13 装配单元系统示意图

① **零件**是组成机器的基本元件，一般都是将零件装配成合件、组件或部件后进入总装，直接装入机器的零件不多。

② **合件**可以是若干个零件的永久连接(如焊接或铆接等)，也可以是少数几个零件组合在一个基准件上。合件组合后，有的还需要加工，如发动机连杆小头孔压入衬套后，还需要精镗孔。

③ **组件**是一个或几个合件和零件的组合。如发动机的活塞连杆组，就是由活塞、活塞环、活塞销和连杆组合而成的。

④ **部件**是一个或几个组件、合件或零件的组合，组合后具有一定功能。

⑤ **机器**即产品，是由上述全部单元组合而成的整体。

从图5.13可以看出，同一等级的装配单元在进入总装之前互不相关，故可实行平行作业，同时独立地进行装配。在总装配时，只选定一个零件或部件作为基础，首先进入总装，其余零件、部件相继装入，实行流水作业。这样，既可缩短装配周期，又便于制定装配作业计划和布置装配车间。此外，划分装配单元也便于制定各个单元的装配工艺过程和积累装配经验。

对于汽车来说，从基础件车架开始，分为驾驶室、发动机、变速器、前桥和后桥等总成。各总成及部件可以平行地进行装配作业，扩大装配作业面，容易实现流水作业。同时，各总成和部件能够组织专业化生产，预先经过调整、试验，检验合格后可达到比较完善的状态。这时再送去总装配，更有利于保证装配质量。

(2) 要有正确的装配基准

装配过程实质是将零部件按正确的位置连接、配合并紧固的过程。为此，就需要有装配基准，才能保证零部件的相互位置正确，且使装配方便，有利于提高生产率。图5.14所示为轴承座组件装配时所用的装配基准，它是两段外圆表面及一个端面，定位既准确又方便。

(3) 要便于装配与拆卸

装配方便既利于提高装配效率又易于保证装配质量。为便于装配，在同一方向上的几个相配合的装配基准面不应同时进入基础件，而应先后依次装入。如图5.14所示，轴承座2右端外圆柱面在进入壳体的配合孔3 mm后，已具有导向性，此时开始装入左端外圆柱面，装配比较容易。同时，为避免在装配时刮伤配合表面，应使右端的配合圆柱面直径小于左端的配合圆柱面直径。

机器在装配过程中，常对已装配好的部件进行拆卸、检查，然后再装上。而机器在使用过程中，不可避免地要磨损，磨损到一定程度或者出现故障时，需要修理、检查，也要进行拆卸。如图5.15所示为轴承装至轴承座孔中的3种方案。图5.15(a)在更换轴承时，外环很难拆下；改成图5.15(b)的结构后，拆卸很方便；如图5.15(c)所示，可以在壁上做出2～4个缺口，便于拆卸。

汽车后桥半轴凸缘盘上有两个工艺螺孔，是专门为拆卸半轴用的。

(4) 尽量减少装配时的修配工作

装配时的修配工作耗费时间长，不但影响装配过程的顺利进行，也不便于组织流水作业。此外，装配时进行机械加工修配，还会因切屑掉入机体内而影响产品质量。所以，在结构设计时，应使装配时的修配工作尽量少。

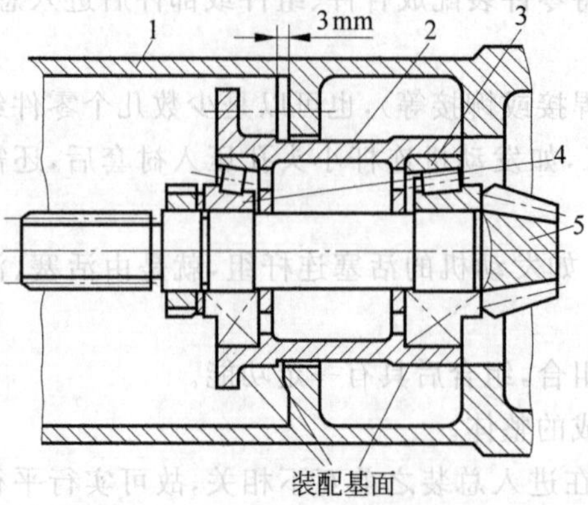

图 5.14　轴承座组件的装配基准

1—后桥壳体；2—轴承座；3—大锥形轴承；
4—小锥形轴承；5—锥齿轮轴

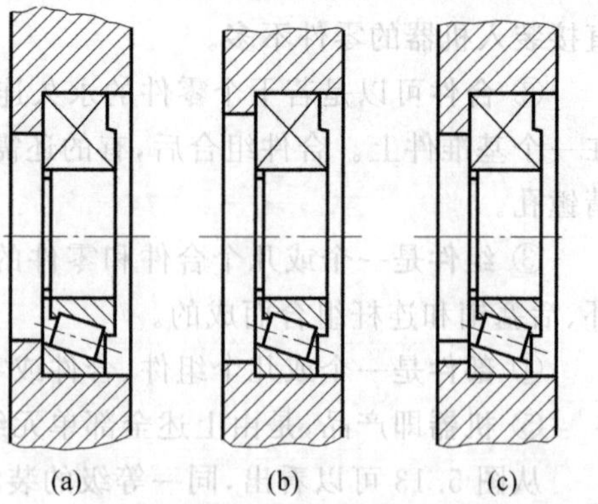

图 5.15　轴承装至轴承座孔中的 3 种方案

2. 装配工艺过程的确定

1）装配顺序的确定

装配工作通常都是由基础件开始，然后按次序将其他零件、合件、组件装上。因此，不论哪一级装配单元的装配，都要选定某一零件或比它低一级的装配单元作为基础件，首先进入装配工作，然后根据具体结构情况和装配技术要求，考虑其他零件或装配单元装配的先后次序。

装配顺序应遵守一定的原则，即先下后上、先内后外、先难后易、先重大后轻小、先精密后一般。为合理地确定装配顺序，往往需要运用尺寸链的分析方法。除了按上述原则确定装配顺序外，在装配过程中还要注意安排如下工作。

(1) 进入装配前的准备工作。注意检验，防止不合格品进入装配；注意倒角，清除毛刺，以防止装配表面擦伤；对零件进行清洗和干燥等。

(2) 基础件的安放。注意安放水平及刚度，防止因受重力或紧固面变形，而影响装配精度和基础件的调平等工作。

(3) 检验工作。某项装配工作完成后，要根据质量要求，安排必要的检验工作，这对保证装配质量极为重要。如检验运动副的啮合间隙和接触情况，过盈连接、螺纹连接的准确性和牢固情况；密封件和密封部位的装配质量，杜绝泄漏；还要进行润滑系统、操纵系统等的有关检验。

2）装配工艺方法及设备的确定

为完成装配工作，需要选择合适的装配工艺及相应的设备和工艺装备。装配工艺方法及设备等要根据产品结构特点、技术要求及工厂的具体条件来确定。汽车多是大批大量生产，因此应按互换装配法进行装配，可以有少量、简单的调整，无任何修配工作，应采用专业化的高效的工艺装备。

3）工时定额的确定

为计算装配周期和安排作业计划，对各个装配工作都要确定工时定额，工时定额可参照有关资料来确定。

3. 装配组织形式的确定

装配组织形式的选择,主要取决于产品结构特点和生产批量。考虑到汽车多为大批大量生产,故多采用流水装配线。

4. 编写装配工艺文件

1) 装配工艺流程图

在装配单元系统图的基础上,再结合装配工艺方法及装配顺序的确定,制定出**装配工艺流程图**。

从图 5.16 可以看出该部件的构成及其装配过程,该部件装配是由基准件开始的,沿水平线自左向右到装配部件为止。进入部件装配的各个单元依次是:1 个零件、1 个组件、3 个零件、1 个合件、1 个零件。在装配过程中有 2 道检验工序。上述 1 个组件的构成及装配过程也可从图上看出,从基准件开始,由一条向上的垂线引到装配组件为止,然后由组件再引垂线向上,与部件装配水平线衔接。进入该组件装配时,从基准件开始,还有 1 个合件、2 个零件,在装配过程中有钻孔和攻螺纹的工作。至于 2 个合件的组成及装配过程,也可从图上明显看到。

图 5.16 中每一长方框中要填写装配单元的名称、代号和件数,格式如图 5.16 右下方附图所示。

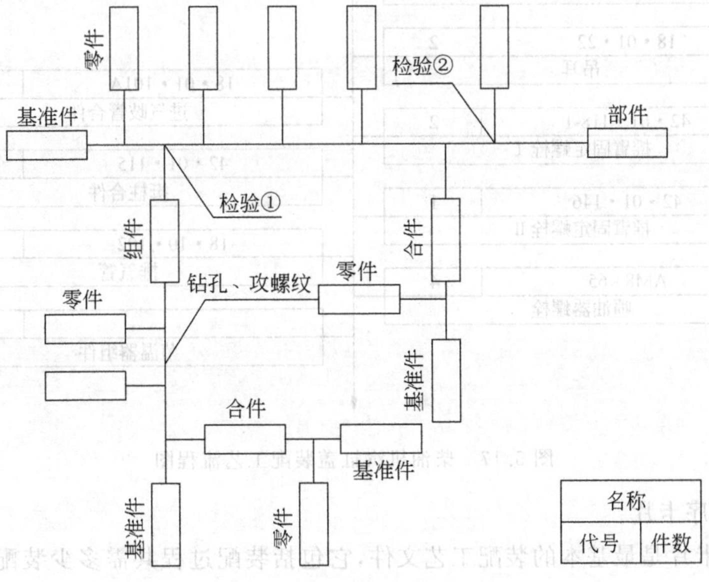

图 5.16 装配工艺流程图

装配工艺流程图既反映了装配单元的划分,又直观地表示出了装配工艺过程,对于确定装配工艺过程、指导装配工作、组织生产计划及控制装配进度,均提供了方便。

如图 5.17 所示,为某柴油机汽缸盖部件装配工艺流程图。图中对每个零件、合件、组件等都用长方格表示,注明名称、编号及数量,由基准件——汽缸盖开始,所有零件按装配顺序列出,清楚地表达出全部装配程序。

在单件小批生产时,可直接利用装配工艺流程图来代替装配工艺过程卡片。

图 5.17　柴油机汽缸盖装配工艺流程图

2）装配工序卡片

装配工序卡片是最基本的装配工艺文件，它包括装配过程共需多少装配工序及装配顺序，每一工序所需用的设备、工艺装备及辅助材料、有关装配工艺参数、装配工时定额等。它在全部装配过程中起着指导的作用，是生产管理、设备管理、材料管理、定额管理和质量管理的依据。

3）装配工位卡片

大批量的生产中，为适应强制流水装配线的特点，要以装配工序卡片为依据，制定装配工位卡片。装配工位卡片更详细地规定了每个工位应完成的装配内容、具体设备、工艺装备、工艺参数和工时定额等，以确保均衡生产。

4）工艺平面图

对于大量生产，有时还需要编制工艺平面图，工艺平面图包括厂房内各种工艺设备的布置、工位器具和投放零件的位置，是设备安装和零件投放的依据。

习 题

1. 制定装配工艺规程的原则及原始资料是什么？制定装配工艺的步骤是什么？

2. 简述装配尺寸链组成的最短原则。

3. 说明装配尺寸链中组成环、封闭环、相依环（协调环）和公共环的含义。

4. 保证机器或部件装配精度的主要方法有几种？

5. 图 1 所示为 CA6140 车床主轴法兰盘装配图，根据技术要求，主轴前端法兰盘与床头箱端面间保持间隙在 0.38～0.95 mm 范围内。试查明影响装配精度的有关零件上的尺寸，并求出有关尺寸的上、下偏差。

6. 图 2 所示为齿轮箱部件，根据使用要求，齿轮轴肩与轴承端面间的轴向间隙应在 1～1.75 mm。若已知各零件的基本尺寸为 $A_1=101$ mm，$A_2=50$ mm，$A_3=A_5=5$ mm，$A_4=140$ mm。试确定这些尺寸的公差及偏差。

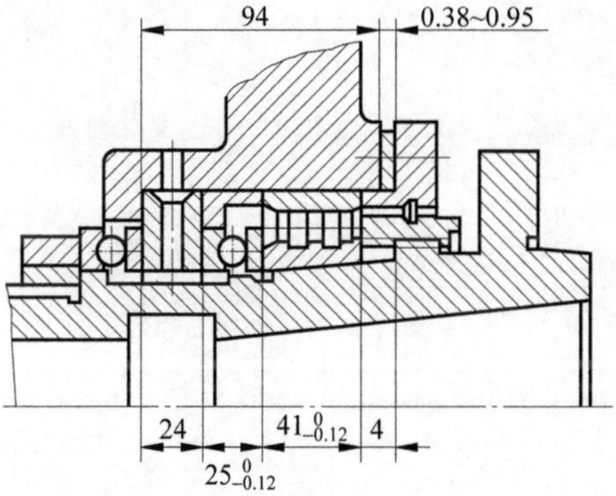

图 1

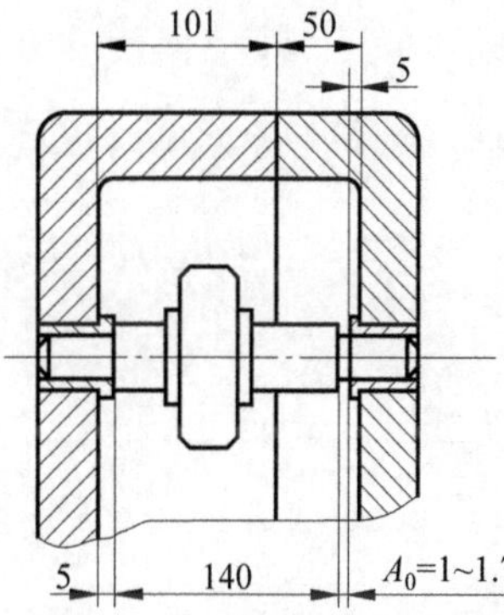

图 2

7. 图 3 所示主轴部件，为保证弹性挡圈能顺利装入，要求保持轴向间隙为 $A_0=0^{+0.42}_{+0.05}$ mm。已知 $A_1=32.5$ mm，$A_2=35$ mm，$A_3=2.5$ mm，试计算确定各组成零件尺寸的上、下偏差。

8. 图 4 所示为键槽与键的装配尺寸结构，其尺寸为 $A_1=20$ mm，$A_2=20$ mm，$A_0=0^{+0.15}_{+0.05}$ mm。试回答下列问题：

（1）当大批量生产时，采用完全互换法装配，求各组成零件尺寸的上下偏差；

（2）当小批量生产时，采用修配法装配，试确定修配的零件，并求出各有关零件尺寸的公差。

9. 图 5 所示为某一齿轮机构的局部装配图，装配后要求保证轴右端与右端轴承端面之间的间隙在 0.05～0.25 mm。试用极值法和统计法计算各组成环的尺寸公差及上、下偏差，并比较两种方法的结果。

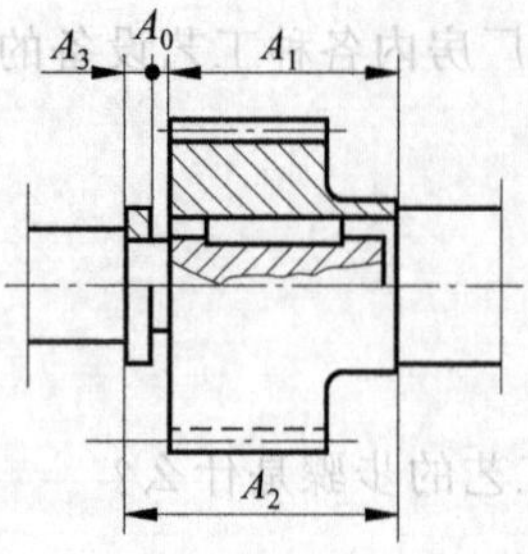

图 3

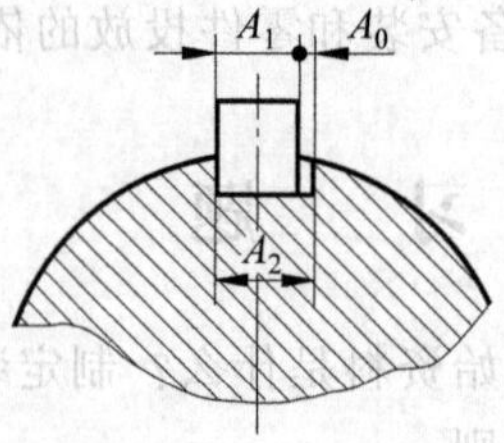

图 4

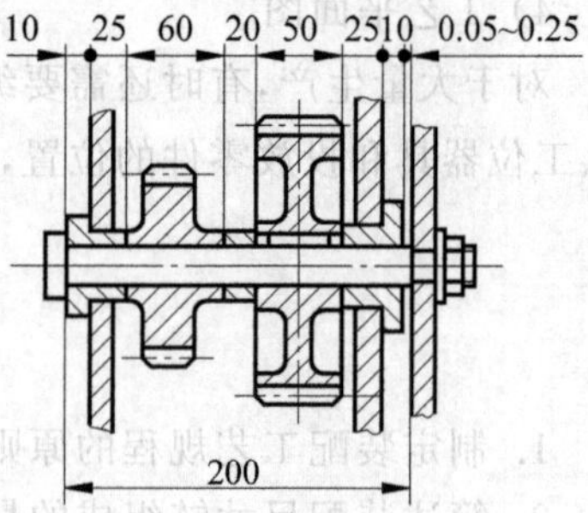

图 5

第 6 章　汽车制造工程管理系统

汽车制造是个非常复杂的过程，涉及上万个零件和上百个主要部件，需要在不同的工位、车间、协作厂间协调一致地工作。

20 世纪初，从美国福特汽车公司创立第一条汽车生产流水线以来，大规模的生产流水线在相当长的时间里一直是现代汽车工业生产的主要特征。大规模生产方式是以标准化、大批量生产来降低生产成本并提高生产效率的。但是“二战”以后，社会进入了一个市场需求向多样化发展的新阶段，相应地要求工业生产向多品种、小批量的方向发展，单品种、大批量的流水线生产方式的弱点日渐明显。为顺应这样的时代要求，日本丰田汽车公司在实践中摸索并首创出“精益生产制造”这一作为多品种、小批量混合生产条件下的高质量、低消耗生产模式。这种生产模式在 20 世纪 70 年代达到了非常成熟的程度，并向全日本和全世界展示了其巨大优势。到 20 世纪 90 年代，全球主要先进工业国家纷纷学习和采用该生产模式并衍生出不少类似模式。

伴随着汽车制造模式的不断演化进步，生产过程的管理工作越来越凸显其重要性。

6.1　汽车制造工程管理体系的进步

与其他行业相比，汽车制造业在先进管理思想和先进技术的应用方面最为迅速而有成效。例如，准时生产(JIT)就发源于汽车制造业，而业务流程重组(BPR)则率先在汽车制造业获得了堪称经典的成功例证，对工程管理体系进步的需求最为旺盛的产业也是汽车制造业。

由于竞争的压力，目前，一些汽车制造企业在选择汽车工程管理系统时，注重解决现有问题，忽视对企业长远发展的战略预见，为企业未来发展留下了无法弥补的缺陷。

随着汽车价格走势的回落，汽车制造企业的利润空间正在逐步缩小，加之产业变化迅猛，使今天的企业在选择汽车制造工程管理系统时，不得不做好长远打算。但由于未来的不确定性，这种战略性预见又是很难做到的。

通过下面的例子，对汽车制造工程管理体系的发展及其重要性做个分析。

大众汽车公司在巴西成立了一家商用汽车制造厂，与传统汽车装配厂不同的是：该厂汽车零部件供应商直接在大众公司的装配厂区内建立了自己的零部件装配场所，就近向总装配线供货；每个供应商提供的零部件都是一个比较完整的单元，并由各自的工人直接往汽车上安装；大众公司只委派一名有经验的 Meister(类似于中国工厂的技师、工段长或车间主任)监督、检查和指导总装生产线上各供应商的工人进行装配作业。这种装配模式意味着企业的装配零部件库存基本为零，也没有什么分装作业区，大大减少了自身的工作量和资金占用，生产成本大幅度下降，效益提高。

这个案例启发我们，整车制造企业的生产管理，正在走出“厂墙”的包围，正在将供应商的生产车间、供应商在整车厂的协配作业区以及整车厂的装配生产线有机地结合起来。

一个开放的柔性的生产管理系统,应该由整车订单需求驱动,从组装车间"拉动"至涂装、焊装和冲压车间,直至供应商及其协配作业区。由于功能架构是柔性的,可以根据企业的情况,灵活调整,从而将JIT"拉动"生产的理念与SCM"链接"的理念,在信息化领域更紧密地结合起来,满足整车装配企业协同制造的需求。

上面提到的是生产管理的例子。其实,这种柔性管理的需求在汽车生产的各个领域都有所体现。例如:在物流管理方面,由于供应商直送工位以及第三方物流的出现,使库存管理的概念发生变化,需要物流管理系统作出响应;在质量管理方面,召回制度的实施,使得质量管理系统需要更为全面地考虑如何以最简单而经济的方式,实现全面质量责任追溯。

6.2 汽车制造工程管理系统概述

如何把生产计划落实到生产的每个过程、如何指示生产的操作、如何反映生产实绩、如何跟踪生产的每一重要过程点、何时把主要部件需求信息发给外协供应商、何时把指示信息发给机器人等,一系列的工作如何在整个汽车生产过程中协调地实现,这种需求催生了称为汽车制造工程管理系统的出现。汽车制造工程管理系统的发展可以大大提高汽车制造企业的应变力,使企业能够更经济、更深入地持续发展。

汽车制造工程管理系统是近10年来在国际上迅速发展、面向车间层的生产管理技术与实时信息系统。工程管理系统可以为用户提供一个快速反应、有弹性、精细化的制造业环境,帮助企业降低成本、按期交货,提高产品的质量和服务质量;适用于不同行业(汽车、制造),能够对单一的大批量生产和既有多品种小批量生产又有大批量生产的混合型制造企业提供良好的企业工程管理。现在制造行业和汽车行业竞争越来越激烈,高效生产和有效控制迫切需要制造工程管理系统的支持。

所谓汽车制造工程管理系统,严格说来是汽车制造执行系统(manufacturing execution system,MES)中的主要构成部分,它实现了MES的部分功能。

汽车制造厂的工程管理系统主要指:车辆工程管理系统接受来自其他信息系统的指示,主要是生产顺序、安装指示等信息;在生产过程中把装配指示信息和其他操控底层设备的信息下传到控制系统;把重要部件信息反映出来送给VIPS系统,同时在生产过程中把价值比重大的或者体积大的部件信息发送给供应商,实现同步供货;反映生产实绩给车辆生产管理系统。

车辆工程管理系统通过生产过程中生产数据的收集、生产作业的指示、生产顺序的调度、生产实绩的反映、生产差错的报警等一系列作用,保证汽车制造的高品质、低成本、准时交货。汽车制造工程管理强调控制和协调,它是使汽车现代制造业系统不仅有很好的计划系统,而且能使计划落到实处的执行系统。

汽车制造工程管理系统是MES的一个主要构成部分,MES规定的11个主要功能如下所述。

1) 工序详细调度

通过基于有限资源能力的作业排序和调度来优化车间性能。

2) 资源分配和状态管理

指导劳动者、机器、工具和物料如何协调地进行生产,并跟踪其现在的工作状态和刚刚完工的情况。汽车制造企业现在广泛采用的刀具及其管理系统为企业生产和管理带来了便利和可观的经济效益。

由于汽车工业中大量采用了流水生产线，上道工序的生产直接影响到下道工序，特别是由于现在不断实施精益生产，中间在制品及缓冲区很少，为了提高生产效率和降低生产成本，采用大量的组合式刀具及非标刀具，因而，一把关键的刀具特别是非标刀具如不能按时供应，就会造成整条机加工生产线的停产。如果企业没有应急措施或不能快速反应，还有可能造成总成装配线甚至汽车总装配线的停产。

刀具费用占整个机械加工制造成本的3%～5%。刀具及其管理费用在汽车零部件的制造成本中占有相当重要的部分。一般情况下，一个年产几十万台发动机的工厂，每年刀具费用可能会达到几千万乃至上亿元人民币。此外，其刀具和刀辅具库存还要占用大量流动资金，因此，降低刀具费用就成为企业一项十分重要、迫切而又难度颇大的任务。刀具费用的降低又与新刀具、新工艺、新技术、新材料的采用紧密相关，也与刀具的采购、物流、调整、修磨、刀具质量控制、刀具优化等一系列的刀具管理工作紧密相连。

刀具管理水平高就有可能进行很好的刀具成本控制，既能保证生产线及时得到符合要求的所需刀具，又能使库存刀具数量保持在最低的必要水平上，使得流动资金的占用及其引起的财务费用降到最低，同时还能不断进行刀具的优化和降本增效工作，并能在发生刀具非正常消耗时作出及时和快速的反应，确保生产正常进行。

3）生产单元分配

通过生产指令将物料或加工命令送到某一加工单元的开始工序或工步的操作。

4）文档控制

管理和分发与产品、工艺规程、设计或工作令有关的信息，同时也收集与工作和环境有关的标准信息。汽车制造企业现在广泛采用PDM等控制和管理系统。

5）产品跟踪和产品清单管理

通过监视工件在任意时刻的位置和状态来获取每一个产品的历史记录，该记录向用户提供产品组及每个最终产品使用情况的可追溯性。

6）性能分析

将实际制造过程测定的结果与过去的历史记录和企业制定的目标以及客户的要求进行比较，其输出的报告可在线显示用以辅助性能的改进和提高。

7）人力资源管理

提供按分钟及时更新的员工状态信息数据（工时、出勤等），基于人员资历、工作模式、业务需求的变化来指导人员的工作。

8）维护管理

通过活动监控和指导来保证机器和其他资产设备的正常运转以实现工厂的执行目标。

9）过程管理

基于计划和实际产品制造活动来指导工厂的工作流程，这一模块的功能实际上也可由生产单元分配和质量管理来实现，这里是作为一个单独的系统来实现的。

10）质量管理

根据工程目标来实时记录、跟踪和分析产品和加工过程的质量，以保证产品的质量控制和确定生产中需要注意的问题。

11）数据采集

监视、收集和组织来自人员、机器和底层控制操作数据以及工序、物料信息，这些数据可由车间手工录入或由各种自动方式获取。

现在，世界各地的汽车制造工厂为增强其产品适应市场的能力，都在有针对性地应用汽车制造工程管理系统。

现代汽车制造工程管理系统将汽车制造工艺更好地应用在汽车制造生产中，将会使汽车制造企业受益，可以大大提高汽车制造企业的应变力，使汽车企业能够更经济、更深入地持续获得信息化效益，为汽车企业发展打好基础。

习　题

1. 简述汽车制造工程管理体系。
2. 简述汽车制造工程管理体系对汽车制造企业发展的作用。

第 7 章　汽车零件机械加工工艺过程制定实例

连杆作为发动机的关键零部件，其制造质量直接影响发动机的整机性能和可靠性。随着汽车行业的飞速发展，连杆的需求量在不断增加，各国的内燃机制造业对连杆的加工都非常重视，许多新的制造加工工艺也在不断应运而生。所以，对发动机连杆的加工新工艺进行研究和发展具有重要的意义。

本章对某发动机连杆生产工艺以及精镗大小头孔工序的夹具进行的工艺设计进行详细说明。

7.1　发动机连杆工艺设计目标

某发动机连杆如图 7.1 所示，要求分析掌握发动机连杆的结构特点和技术要求，设计确定发动机连杆的生产工艺过程及精镗曲轴孔及活塞销孔工序的夹具设计，本次设计的技术要求是：

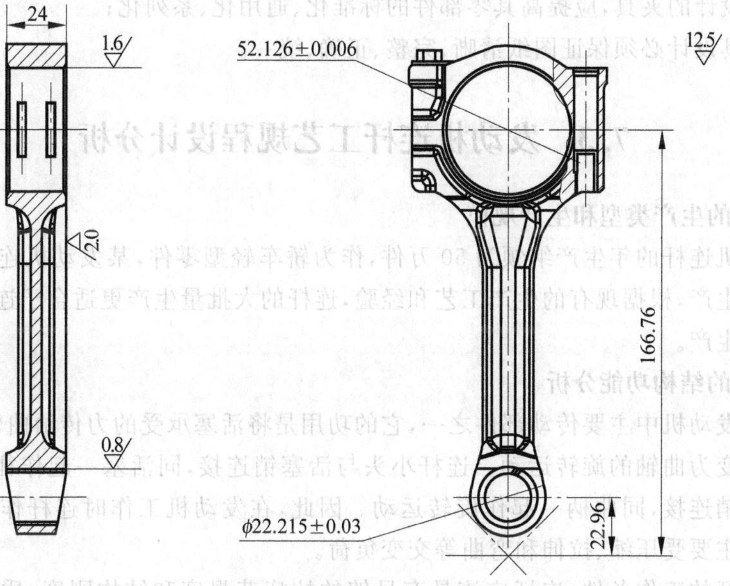

图 7.1　某发动机连杆

(1) 连杆的年生产纲领为 50 万件；

(2) 连杆废品率为 0.02%；

(3) 连杆毛坯件为粉末冶金件，硬度为 21～30 HRC；

(4) 连杆生产环境恒温(26℃左右)；

(5) 加工连杆两孔夹具的定位方式是定大小孔中心压紧平面。

7.2 发动机连杆工艺设计要求

1. 对工艺规程设计的基本要求

由于机械加工工艺规程是指导生产的重要技术文件，要求制定的机械加工工艺规程必须满足如下基本要求。

(1) 应保证零件的加工质量达到设计图纸上提出的各项技术要求。在保证质量的前提下，尽量提高生产率和降低消耗，同时要尽量减轻工人的劳动强度。

(2) 在充分利用现有生产条件的基础上，尽可能采用国内外的先进工艺技术。

(3) 工艺规程的内容应正确、完整、统一、清晰，工艺规程编写应规范化、标准化，工艺规程的格式与填写方法以及所用的术语、符号、代号等应符合相应标准和规定。

2. 对夹具设计的基本要求

本次设计的夹具除应满足工艺要求，有利于实现优质、高产、低耗，改善劳动条件外，还应满足下列要求：

(1) 所设计的夹具必须结构性能可靠、使用安全、操作方便；

(2) 所设计的夹具应具有良好的结构工艺性，便于制造、调整、维修，且便于切屑的清理、排除；

(3) 所设计的夹具，应提高其零部件的标准化、通用化、系列化；

(4) 夹具设计必须保证图纸清晰、完整、正确、统一。

7.3 发动机连杆工艺规程设计分析

1. 连杆的生产类型和生产规模

某发动机连杆的年生产纲领为50万件，作为轿车轻型零件，某发动机连杆的生产类型属于大批量生产，根据现有的生产工艺和经验，连杆的大批量生产更适合于连杆自动流水线的大批大量生产。

2. 连杆的结构功能分析

连杆是发动机中主要传动部件之一，它的功用是将活塞承受的力传给曲轴，并将活塞的往复运动转变为曲轴的旋转运动。连杆小头与活塞销连接，同活塞一起作往复运动；连杆大头与曲柄销连接，同曲柄一起作旋转运动。因此，在发动机工作时连杆作复杂的平面运动。连杆组主要受压缩、拉伸和弯曲等交变负荷。

根据连杆的工作条件，连杆应该具有足够的抗疲劳强度和结构刚度，质量应该尽可能小。若强度不足，连杆螺栓、连杆盖甚至连杆体都可能断裂。若刚度不够，则可能由于大头变形而使连杆螺栓弯曲；由于大头孔失圆而使连杆轴承的润滑遭到破坏；由于杆身弯曲而造成活塞与汽缸壁、连杆轴承与曲轴销偏磨、汽缸漏气和窜机油等弊病。

连杆主要由小头、杆身和大头组成。大头为分开式结构，连杆体与连杆盖用螺栓连接，并与曲轴装配在一起。为减少连杆大头孔和曲轴连杆轴颈之间的摩擦和便于维修，连杆的大头孔内装有金属轴瓦。在连杆大头和连杆盖之间有一组垫片，可以用来补偿轴瓦的磨损。连杆小头用活塞销与活塞连接，小头孔内压入青铜衬套，大头孔和小头孔内分别安装轴瓦和衬套，以减少活塞销和连杆小头孔的磨损，同时便于在磨损后进行修理和更换。为了减轻重量且使连杆具有足够的强度和刚度，连杆杆身一般都采用从大头到小头逐步变小的工字形截面形状，其外表面不进行机械加工。

汽油发动机的连杆都是以垂直于杆身轴线的平面作为连杆体和连杆盖的结合面的，称为平切口连杆。平切口连杆体大端的刚度较大，因此大头孔受力变形较小，而且平切口连杆制造费用较低。而有些柴油发动机由于曲柄销直径较大，因此连杆大头的外形尺寸相应较大，如果想在拆卸时能从汽缸上端取出连杆体，必须采用结合面与连杆轴线成30°～60°夹角的斜切口连杆。某汽油发动机连杆采用平切口连杆。

连杆的大头和小头端面，一般与杆身对称。有些连杆在结构上规定有工艺凸台、中心孔等，作为机械加工时的辅助基准。图7.2所示为某发动机连杆三维爆炸图。

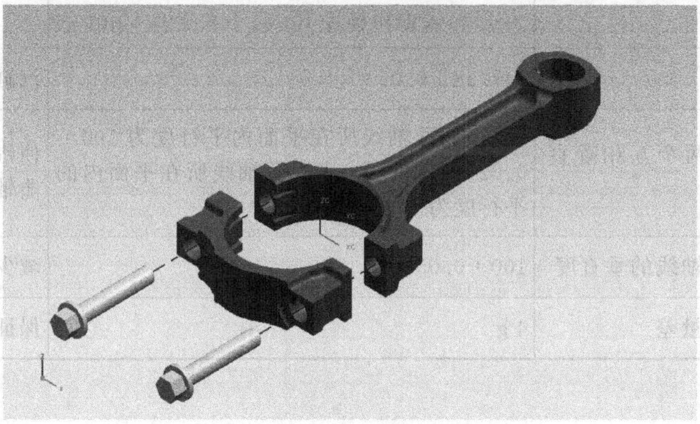

图7.2　某发动机连杆三维爆炸图

3. 连杆的结构工艺性分析

连杆的结构形式，直接影响机械加工工艺的可靠性和经济性。某汽油机连杆为大量生产，因此其在结构工艺方面有很高的合理性。影响连杆结构工艺性的因素，主要有以下几个方面。

1）连杆盖和连杆体的连接方式

某发动机连杆在连杆盖与连杆体的连接方式上采用了连杆螺栓，并采用了连杆裂解加工技术，这样产生的结合断面凸凹不平，连杆盖与连杆体再组装时的装配位置具有唯一性，这样既简化了连杆的加工工艺，保证了两者之间高精度配合，又由于连杆盖与连杆体之间没有去掉金属，金属纤维是连续的，从而保证了连杆的强度。

2）连杆大、小头厚度

为了提高生产率，便于加工，并且考虑到加工时的定位、加工中的输送等要求，连杆大、小头特意设计成相等厚度。对于不等厚度的连杆，为了加工定位和夹紧的方便，也常在工艺过程中按等厚度加工，最后再将连杆小头加工至所需尺寸。某发动机连杆大、小头采用相等厚度。

3）连杆杆身油孔的大小和深度

一般连杆小头的顶端设有油孔或油槽用以润滑。某发动机连杆在小头处铣两斜面，并在衬套上设有油口，当发动机工作时，依靠曲轴的高速转动，把汽缸体下部的润滑油飞溅到小头衬套的油孔内,以润滑连杆小头衬套与活塞销之间的摆动运动副。某发动机连杆的润滑方式主要采用了飞溅润滑。

4. 分析连杆的主要技术要求

作为发动机的重要零部件,连杆的加工精度将直接影响发动机的性能,而工艺的选择又是直接影响精度的主要因素。连杆上需要进行机械加工的主要表面为大、小头孔及其两端面。反映某发动机连杆总成精度的主要技术要求见表 7.1。

表 7.1 某发动机连杆的主要技术要求

技术要求项目	具体要求或数值	满足的主要性能
大、小头孔尺寸精度	大头孔尺寸公差等级为 IT6,表面粗糙度 *Ra* 应不大于 2.0 μm;小头孔尺寸公差等级为 IT8,表面粗糙度 *Ra* 应不大于 0.8 μm	保证与轴瓦良好配合
大、小头孔中心距	147.38±0.05	汽缸的压缩比
大、小头孔轴线在两个互相垂直方向上的平行度	大、小头孔轴线所在平面内平行度为 100∶0.021,在垂直大、小头孔轴线所在平面内的平行度为 100∶0.04	使汽缸壁磨损均匀和使曲轴颈边缘减少磨损
大头孔两端面对其轴线的垂直度	100∶0.05	减少曲轴颈边缘的磨损
连杆组内各连杆质量差	4 g	保证运转平稳

7.4 确定连杆毛坯

1. 毛坯材料和制造方法

发动机连杆是大批量生产的安全件,在竞争激烈的市场上只有可靠性高、综合成本低的生产方法或新材料才会获得工业应用。连杆在工作中承受多向交变载荷的作用,要求具有很高的强度。因此,连杆的材料一般采用高强度碳钢和合金钢,如 45 钢、55 钢、40Cr、40CrMnB 等。近年来也有采用球墨铸铁、粉末冶金材料的零件,粉末冶金零件的尺寸精度高、材料损耗小、成本低。随着粉末冶金锻造工艺的出现和应用,粉末冶金的密度和强度大为提高,因此,采用粉末冶金的方法制造连杆已得到广泛的应用。

连杆毛坯制造方法的选择,主要根据生产类型、材料的工艺性(可塑性,可锻性)及零件对材料的组织性能的要求、零件的形状及其外形尺寸、毛坯车间现有的生产条件及采用先进的毛坯制造方法的可能性来确定。

2. 毛坯尺寸的确定

分析连杆上的主要加工表面,所有加工表面的粗糙度值都大于 0.6 μm,如图 7.1 所示。

由于粉末冶金锻造的优越性,连杆的毛坯尺寸只需要将零件的设计尺寸加上所查取的加工余量值即可。根据《机械加工工艺手册》第一卷中的表 7.3.2-25、表 7.3.2-26 和表 7.3.2-27,具体确定的毛坯主要尺寸及偏差数据如表 7.2 所示。

3. 绘制连杆毛坯图

根据粉末冶金毛坯件的特点以及确定的毛坯尺寸，绘制连杆的毛坯图如图 7.3 和图 7.4 所示。

表 7.2　毛坯的参数要求　mm

主要加工面	总加工余量	成品尺寸及偏差	毛坯尺寸及偏差
平面	0.6	24	24.6
小头孔	2.215	$\phi 22.215 \pm 0.03$	$\phi 20 \pm 0.18$
大头孔	2.136	$\phi 52.126 \pm 0.006$	$\phi 49.99 \pm 0.16$
毛坯的制造方法		粉末锻造	

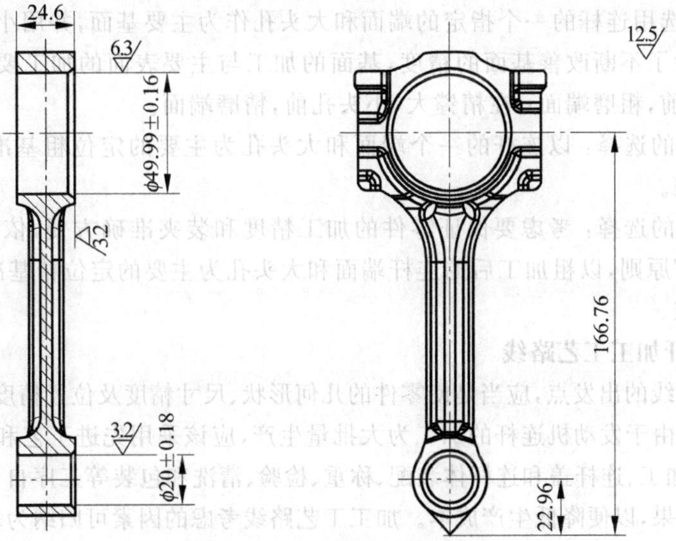

图 7.3　某发动机连杆毛坯图

图 7.4　某发动机连杆三维毛坯图

7.5 制定连杆机械加工工艺过程

1. 定位基准的选择

正确地选择定位基准是设计工艺过程的一项重要内容，也是保证零件加工精度的关键。选择定位基准时，既要考虑零件的整个加工工艺过程，又要考虑零件的特征、设计基准及加工方法。根据粗、精基准的选择原则，合理选定零件加工过程中的定位基准。

定位基准分为精基准、粗基准及辅助基准。在最初加工工序中，只能用毛坯上未经加工的表面作为定位基准（粗基准）。在后续工序中，则使用已加工表面作为定位基准（精基准）。

在某连杆机械加工工艺过程中，由于端面的面积大，定位比较稳定，用大头孔定位可直接控制大、小头孔的中心距。这样就使各工序中的定位基准统一起来，减少了定位误差。因此，大部分工序选用连杆的一个指定的端面和大头孔作为主要基面，并用小头孔的外表面作为另一基面。为了不断改善基面的精度，基面的加工与主要表面的加工要适当配合：在粗加工大、小头孔前，粗磨端面；在精镗大、小头孔前，精磨端面。

(1) 粗基准的选择：以连杆的一个端面和大头孔为主要的定位粗基准，以小头孔外表面为辅助粗基准。

(2) 精基准的选择：考虑要保证零件的加工精度和装夹准确方便，依据“基准重合”原则和“基准统一”原则，以粗加工后的连杆端面和大头孔为主要的定位精基准，以小头孔外表面为辅助精基准。

2. 拟定连杆加工工艺路线

制定工艺路线的出发点，应当是使零件的几何形状、尺寸精度及位置精度等技术要求能得到合理的保证。由于发动机连杆的加工为大批量生产，应该采用先进工艺和高生产率的专用机床，实现机械加工、连杆盖和连杆体装配、称重、检验、清洗和包装等工序自动化。除此以外，还应考虑经济效果，以便降低生产成本。加工工艺路线考虑的因素可归纳为表 7.3。

表 7.3 加工工艺路线考虑的因素

序号	因素
1	连杆是大批量生产
2	实现工序自动化，尽量使工序集中来提高生产率
3	合理地保证零件的几何形状、尺寸精度及位置精度等技术要求
4	考虑生产的经济性，降低生产成本

综上所述，并根据“先粗后精、先主后次，先面后孔、基面先行”的机加工顺序的安排原则对连杆加工进行合理的工艺路线的设计，连杆加工工艺流程如图 7.5 所示，其工艺路线如下。

工序 10：接收毛坯。

工序 20-1：曲轴孔倒角，粗镗活塞销孔并倒角。选用 8 工位转台式连杆专机。

工序 20-2：钻螺栓半孔。选用 8 工位转台式连杆专机。

工序 20-3：精锪螺栓孔平面。选用 8 工位转台式连杆专机。

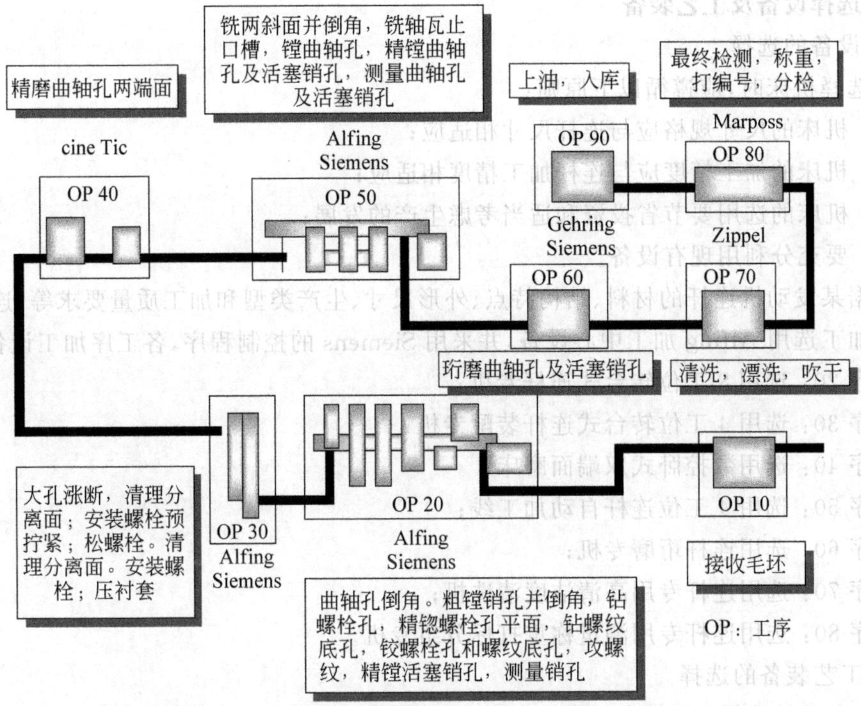

图 7.5　某发动机连杆加工工艺流程图

工序 20-4：钻螺纹底孔通孔。选用 8 工位转台式连杆专机。

工序 20-5：铰螺栓孔和螺纹底孔。选用 8 工位转台式连杆专机。

工序 20-6：攻螺纹。选用 8 工位转台式连杆专机。

工序 20-7：精镗活塞销孔。选用 8 工位转台式连杆专机。

工序 20-8：尺寸检验，测量活塞销孔。

工序 30-1：涨断，清理分离面。选用 4 工位转台式连杆装配专机。

工序 30-2：安装螺栓，预拧紧。选用 4 工位转台式连杆装配专机。

工序 30-3：松螺栓，清理分离面，安装螺栓。选用 4 工位转台式连杆装配专机。

工序 30-4：压衬套。选用 4 工位转台式连杆装配专机。

工序 40：精磨曲轴孔两端面。选用数控卧式双端面磨床。

工序 50-1：铣活塞销孔两斜面并倒角。选用 4 工位连杆自动加工线。

工序 50-2：铣轴瓦止口槽，镗曲轴孔。选用 4 工位连杆自动加工线。

工序 50-3：精镗曲轴孔及活塞销孔。选用 4 工位连杆自动加工线。

工序 50-4：尺寸检验，测量曲轴孔及活塞销孔。

工序 60-1：珩磨曲轴孔及活塞销孔。选用连杆珩磨专机。

工序 60-2：测量曲轴孔和活塞销孔。

工序 70：清洗，漂洗，吹干。选用连杆专用高清洁度清洗机。

工序 80-1：最终检测。选用连杆专用测量称重打标分组专机。

工序 80-2：称重，打编号，分检。选用连杆专用测量称重打标分组专机。

工序 90：上油，入库。

3. 选择设备及工艺装备

1) 设备的选择

在选择机床时,应遵循以下原则:

(1) 机床的尺寸规格应与连杆尺寸相适应;

(2) 机床的加工精度应与连杆加工精度相适应;

(3) 机床的选用要节省投资和适当考虑生产的发展;

(4) 要充分利用现有设备。

根据某发动机连杆的材料、结构特点、外形尺寸、生产类型和加工质量要求等,连杆主要工序的加工选用 Alfing 加工中心设备,并采用 Siemens 的控制程序,各工序加工设备如下:

工序 20:选用 8 工位转台式连杆专机;

工序 30:选用 4 工位转台式连杆装配专机;

工序 40:选用数控卧式双端面磨床;

工序 50:选用 4 工位连杆自动加工线;

工序 60:选用连杆珩磨专机;

工序 70:选用连杆专用高清洁度清洗机;

工序 80:选用连杆专用测量称重打标分组专机。

2) 工艺装备的选择

(1) 夹具的选择:根据大批量生产类型,选用高效的专用夹具;

(2) 刀具的选择:主要取决于各工序所采用的加工方法、工件材料、加工精度、生产率和经济性等,尽量选用标准刀具;

(3) 量具的选择:根据大批量生产类型,选用高生产率的专用检查仪。

7.6 完成连杆加工工艺的计算及工艺文件

1. 连杆机械加工余量、工序尺寸的确定

某发动机连杆的材料为粉末冶金,硬度为 21~30 HRC,生产环境的温度为 26℃恒温,废品率为 0.02%,年生产纲领为 50 万件,生产类型为大批量生产。

根据上述分析,分别确定各主要加工表面的机械加工余量、工序尺寸。各主要加工表面的工序余量用查表法和经验估算法综合确定。因毛坯总余量已由毛坯在设计阶段定出,故粗加工工序余量由总余量减去精加工与半精加工余量之和而得出。工序尺寸由后续加工的工序尺寸加上名义工序余量简单求得。

1) 两平面的工序余量及工序尺寸

查《切削加工简明实用手册》,确定工序余量及工序尺寸,见表 7.4。

表 7.4 两平面的工序余量及工序尺寸

工序名称	工序基本余量/mm	工序尺寸/mm	表面粗糙度/μm
毛坯		24.6	3.2
精磨	0.6	24	1.6

2）小头孔的工序余量及工序尺寸

查《切削加工简明实用手册》，确定工序余量及工序尺寸，见表7.5。

表7.5 小头孔的工序余量及工序尺寸

工序名称	工序基本余量/mm	工序尺寸/mm	表面粗糙度/μm
毛坯		$\phi 20\pm 0.18$	3.2
粗镗	1.6	$\phi 21.6\pm 0.18$	1.6
精镗	0.615	$\phi 22.215\pm 0.03$	0.8

3）大头孔的工序余量及工序尺寸

查《切削加工简明实用手册》，确定工序余量及工序尺寸，见表7.6。

表7.6 大头孔的工序余量及工序尺寸

工序名称	工序基本余量/mm	工序尺寸/mm	表面粗糙度/μm
毛坯		$\phi 49.99\pm 0.16$	6.3
粗镗	1.51	$\phi 51.5\pm 0.10$	3.2
精镗	0.58	$\phi 52.08\pm 0.006$	1.6
珩磨	0.046	$\phi 52.126\pm 0.006$	1.6

2. 切削用量的选择原则

正确地选择切削用量，对提高切削效率，保证必要的刀具耐用度和经济性，保证加工质量，具有重要的作用。

1）粗加工时切削用量的选择原则

粗加工时加工精度与表面粗糙度要求不高，毛坯余量较大，因此，选择粗加工的切削用量时，要尽可能保证较高的单位时间金属切削量（金属切除率）和必要的刀具耐用度，以提高生产效率和降低加工成本。

金属切除率可以用下式计算：

$$Z_w \approx v \times f \times a_p \times 1000$$

式中，Z_w 为单位时间内的金属切除量，mm^3/s；v 为切削速度，m/s；f 为进给量，mm/r；a_p 为切削深度，mm。

提高切削速度、增大进给量和切削深度，都能提高金属切除率。但是，在这三个因素中，对刀具耐用度影响最大的是切削速度，其次是进给量，影响最小的是切削深度。所以粗加工切削用量的选择原则是：首先考虑选择一个尽可能大的吃刀深度 a_p，其次选择一个较大的进给量 f，最后确定一个合适的切削速度 v。

选用较大的 a_p 和 f 以后，刀具耐用度 t 显然会下降，但要比 v 对 t 的影响小得多，只要稍微降低 v 便可以使 t 回升到规定的合理数值，因此，能使 v、f、a_p 的乘积较大，从而保证较高的金属切除率。此外，增大 a_p 可使走刀次数减少，增大 f 又有利于断屑。因此，根据以上原则选择粗加工切削用量对提高生产效率，减少刀具消耗，降低加工成本是比较有利的。

(1) 切削深度的选择

粗加工时切削深度应根据工件的加工余量和由机床、夹具、刀具和工件组成的工艺系统的刚性来确定。在保留半精加工、精加工必要余量的前提下，应当尽量将粗加工余量一次切除。只有当总加工余量太大，一次切不完时，才考虑分几次走刀。

(2) 进给量的选择

粗加工时限制进给量提高的因素主要是切削力，因此，进给量应根据工艺系统的刚性和强度来确定。选择进给量时应考虑到机床进给机构的强度、刀杆尺寸、刀片厚度、工件的直径和长度等。

(3) 切削速度的选择

粗加工时，切削速度主要受刀具耐用度和机床功率的限制。切削深度、进给量和切削速度三者决定了切削功率，在确定切削速度时必须考虑到机床的许用功率。如超过了机床的许用功率，则应适当降低切削速度。

2) 精加工时切削用量的选择原则

精加工时加工精度和表面质量要求较高，加工余量要小且均匀。因此，选择精加工的切削用量时应先考虑如何保证加工质量，并在此基础上尽量提高生产效率。

(1) 切削深度的选择

精加工时的切削深度应根据粗加工留下的余量确定。通常希望精加工余量不要留得太大，否则，当吃刀深度较大时，切削力增加较显著，影响加工质量。

(2) 进给量的选择

精加工时限制进给量提高的主要因素是表面粗糙度。进给量增大时，虽有利于断屑，但残留面积高度增大，切削力上升，表面质量下降。

(3) 切削速度的选择

切削速度提高时，切削变形减小，切削力有所下降，而且不会产生积屑瘤。一般选用切削性能高的刀具材料和合理的几何参数，尽可能提高切削速度。只有当切削速度受到工艺条件限制而不能提高时，才选用低速，以避开积屑瘤产生的范围。

由此可见，精加工时选用较小的吃刀深度 a_p 和进给量 f，并在保证合理刀具耐用度的前提下，选取尽可能高的切削速度 v，以保证加工精度和表面质量，同时满足生产率的要求。

3. 计算切削用量

根据《切削加工简明实用手册》查得，切削力计算公式为

$$v=\pi dn/1000 \tag{7.1}$$

式中，n 为主轴转速，r/s；v 为切削速度，m/s；d 为工件直径，mm。

1) 工序20-1：粗镗活塞销孔 $\phi(21.6\pm0.18)$ mm

采用硬质合金镗刀，镗刀直径 $d_o=20$ mm，孔深 $l=24.6$ mm，机床采用8工位转台式连杆专机。

(1) 背吃刀量：单边余量 $z=0.8$ mm，可一次切除，则 $a_p=0.8$ mm。

(2) 进给量：根据《切削加工简明实用手册》表8-87查得 $f=0.2\sim0.6$ mm/r，初步选为0.6 mm/r。

(3) 切削速度：由《切削加工简明实用手册》表8-87查得 $v=2.2\sim5.0$ m/s，初步选为3.0 m/s。

(4) 主轴转速：按公式计算主轴转速为

$$n = 1000v/(\pi d_o) = 1000 \times 3.0/(\pi \times 20) = 47.75\ (\text{r/s})$$

根据机床说明书，取 $n=45$ r/s，故实际切削速度为

$$v = \pi d_o n/1000 = \pi \times 20 \times 45/1000 = 2.83\ (\text{m/s})$$

2) 工序 20-2：钻螺栓半孔 $\phi(9.05 \pm 0.114)$ mm

采用硬质合金钻头，钻孔直径 $d_o=9.05$ mm，孔深 $l=29.65$ mm，机床采用 8 工位转台式连杆专机。

(1) 背吃刀量：$a_p=d_o/2=9.05/2=4.525$ (mm)。

(2) 进给量：根据《切削加工简明实用手册》表 8-70 查得 $f=0.18 \sim 0.22$ mm/r；由于 $l/d_o=29.65/9.05=3.28$，故允许进给量需乘以修正系数 $K=1.0$，所以 $f=0.18 \sim 0.22$ mm/r；根据机床说明书，初步选定 $f=0.20$ mm/r。

(3) 切削速度：根据《切削加工简明实用手册》表 8-72 查得 $v=1.21 \sim 0.90$ m/s，初步选定 $v=1.20$ m/s。

(4) 主轴转速：按公式计算主轴转速为

$$n = 1000v/(\pi d_o) = 1000 \times 1.20/(\pi \times 9.05) = 42.21\ (\text{r/s})$$

根据机床说明书，取 $n=45$ r/s，故实际切削速度为

$$v = \pi d_o n/1000 = \pi \times 9.05 \times 45/1000 = 1.28\ (\text{m/s})$$

3) 工序 20-3：精锪螺栓孔平面

采用硬质合金刀，刀具直径 $d_o=20$ mm，孔深 $l=2$ mm，机床采用 8 工位转台式连杆专机。

(1) 背吃刀量：$a_p=d_o/2=20/2=10$ (mm)。

(2) 进给量：根据《切削加工简明实用手册》表 8-80 查得 $f=0.15 \sim 0.30$ mm/r；根据机床说明书，初步选定 $f=0.27$ mm/r。

(3) 切削速度：根据相关表查得 $v=2.5 \sim 4.08$ m/s，初步选定 $v=3.0$ m/s。

(4) 主轴转速：按公式计算主轴转速为

$$n = 1000v/(\pi d_o) = 1000 \times 3.0/(\pi \times 20) = 47.75\ (\text{r/s})$$

根据机床说明书，取 $n=45$ r/s，故实际切削速度为

$$v = \pi d_o n/1000 = \pi \times 20 \times 45/1000 = 2.83\ (\text{m/s})$$

4) 工序 20-4：钻螺纹底孔通孔 $\phi(7.7 \pm 0.114)$ mm

采用硬质合金钻头，钻孔直径 $d_o=7.7$ mm，孔深 $l=16.94$ mm，机床采用 8 工位转台式连杆专机。

(1) 背吃刀量：$a_p=d_o/2=7.7/2=3.85$ (mm)。

(2) 进给量：根据《切削加工简明实用手册》表 8-70 查得 $f=0.13 \sim 0.17$ mm/r；由于 $l/d_o=16.94/7.7=2.2$，故允许进给量需乘以修正系数 $K=1.0$，所以 $f=0.13 \sim 0.17$ mm/r；根据机床说明书，初步选定 $f=0.15$ mm/r。

(3) 切削速度：根据《切削加工简明实用手册》表 8-72 查得 $v=1.21 \sim 0.90$ m/s，初步选定 $v=1.1$ m/s。

(4) 主轴转速：按公式计算主轴转速为

$$n = 1000v/(\pi d_o) = 1000 \times 1.1/(\pi \times 7.7) = 45.47\ (\text{r/s})$$

根据机床说明书，取 $n=45$ r/s，故实际切削速度为

$$v=\pi d_{o}n/1000=\pi\times 7.7\times 45/1000=1.09\ (\mathrm{m/s})$$

5) 工序 20-5：铰螺栓孔和螺纹底孔 $\phi(9.22\pm0.04)$ mm

采用硬质合金铰刀，铰刀直径为 $d_{o}=9.22$ mm，孔深为 $l=33.74$ mm，机床采用 8 工位转台式连杆专机。

(1) 背吃刀量：$a_{p}=(9.22-9.05)/2=0.085$ (mm)。

(2) 进给量：根据《切削加工简明实用手册》表 8-85 查得 $f=0.7\sim1.1$ mm/r；根据机床说明书，初步选定 $f=0.8$ mm/r。

(3) 切削速度：根据《切削加工简明实用手册》表 8-85 查得 $v=1.5$ m/s。

(4) 主轴转速：按公式计算主轴转速为

$$n=1000\,v/(\pi d_{o})=1000\times 1.5/(\pi\times 9.22)=51.79\ \mathrm{r/s}$$

根据机床说明书，取 $n=45$ r/s，故实际切削速度为

$$v=\pi d_{o}n/1000=\pi\times 9.22\times 45/1000=1.30\ \mathrm{m/s}$$

6) 工序 20-7：精镗活塞销孔 $\phi(22.22\pm0.03)$ mm

采用硬质合金镗刀，镗刀直径 $d_{o}=22.215$ mm，机床采用 8 工位转台式连杆专机。

(1) 背吃刀量：$a_{p}=\Delta d_{o}/2=(22.215-21.6)/2=0.31$ mm。

(2) 进给量：根据《切削加工简明实用手册》表 8-90 查得 $f=0.04\sim0.08$ mm/r；根据机床说明书，初步选定 $f=0.06$ mm/r。

(3) 切削速度：根据《切削加工简明实用手册》表 8-90 查得 $v=3.33\sim10$ m/s，初步选定 $v=3.4$ m/s。

(4) 主轴转速：按公式计算主轴转速为

$$n=1000\,v/(\pi d_{o})=1000\times 3.4/(\pi\times 22.215)=48.72\ (\mathrm{r/s})$$

根据机床说明书，取 $n=45$ r/s，故实际切削速度为

$$v=\pi d_{o}n/1000=\pi\times 22.215\times 45/1000=3.14\ (\mathrm{m/s})$$

7) 工序 40：精磨曲轴孔两端面

采用砂轮两端面精磨，砂轮直径 $d_{o}=800$ mm，砂轮宽度 $b_{s}=30$ mm，机床采用数控卧轴式双端面磨床。

(1) 背吃刀量：单面余量 $z=(24.6-24)/2=0.3$ (mm)，则 $a_{p}=0.3$ mm。

(2) 进给量：根据《切削加工简明实用手册》表 8-129 查得 $f=0.0038$ mm/r。

(3) 切削速度：根据《切削加工简明实用手册》表 8-129 查得 $v=0.67$ m/s。

(4) 主轴转速：根据机床说明书，取 $n=15$ r/s。

8) 工序 50-1：铣活塞销孔两斜面

采用硬质合金面铣刀，面铣刀直径 $d_{o}=36$ mm，机床采用 4 工位转台式连杆专机。

(1) 背吃刀量：对于面铣刀确定背吃刀量，因为加工余量小于 6 mm，可取 $a_{p}=5.53$ mm，一次走刀即可完成。

(2) 进给量：根据《切削加工简明实用手册》表 8-96 查得 $f=0.2\sim0.3$ mm/r；根据机床说明书，初步选定 $f=0.3$ mm/r。

(3) 切削速度：由《切削加工简明实用手册》表 8-99 查得，切削速度 $v=6\sim10$ m/s，初步选为 6 m/s。

(4) 主轴转速：按公式计算主轴转速为

$$n = 1000v/(\pi d_o) = 1000 \times 6/(\pi \times 36) = 53.05\ (\mathrm{r/s})$$

根据机床说明书，取 $n = 55$ r/s。故实际切削速度为

$$v = \pi d_o n/1000 = \pi \times 36 \times 55/1000 = 6.22\ (\mathrm{m/s})$$

9）工序 50-2：铣轴瓦止口槽，镗曲轴孔 $\phi(51.5 \pm 0.1)$ mm

(1) 铣轴瓦止口槽

采用硬质合金三面刃铣刀，铣刀直径 $d_o = 30$ mm，齿数 $Z = 3$，机床采用 4 工位转台式连杆专机。

① 切削深度：$a_p = 3.185$ mm。

② 进给量：根据《切削加工简明实用手册》表 8-98 查得 $f = 0.10 \sim 0.18$ mm/r，初步选为 0.14 mm/r。

③ 切削速度：由《切削加工简明实用手册》表 8-99 查得 $v = 6 \sim 10$ m/s，初步选为 6 m/s。

④ 主轴转速：按公式计算主轴转速为

$$n = 1000v/(\pi d_o) = 1000 \times 6/(\pi \times 30) = 63.66\ (\mathrm{r/s})$$

根据机床说明书，取 $n = 60$ r/s。故实际切削速度为

$$v = \pi d_o n/1000 = \pi \times 30 \times 60/1000 = 5.65\ (\mathrm{m/s})$$

(2) 镗曲轴孔 $\phi(51.5 \pm 0.1)$ mm

采用硬质合金镗刀，镗刀直径 $d_o = 51.5$ mm，机床采用 4 工位转台式连杆专机。

① 切削深度：单边余量 $z = 1.51/2 = 0.755$ mm，则 $a_p = 0.755$ mm。

② 进给量：根据《切削加工简明实用手册》表 8-90 查得 $f = 0.04 \sim 0.08$ mm/r，初步选为 0.06 mm/r。

③ 切削速度：由《切削加工简明实用手册》表 8-90 查得 $v = 3.33 \sim 10$ m/s，初步选为 9.5 m/s。

④ 主轴转速：按公式计算主轴转速为

$$n = 1000v/(\pi d_o) = 1000 \times 9.5/(\pi \times 51.5) = 58.72\ (\mathrm{r/s})$$

根据机床说明书，取 $n = 60$ r/s。故实际切削速度为

$$v = \pi d_o n/1000 = \pi \times 51.5 \times 60/1000 = 9.71\ (\mathrm{m/s})$$

10）工序 50-3：精镗曲轴孔 $\phi(52.08 \pm 0.006)$ mm 及活塞销孔 $\phi(19.99 \pm 0.006)$ mm

(1) 精镗曲轴孔 $\phi(52.08 \pm 0.006)$ mm

精镗曲轴孔采用硬质合金刀具，刀具直径为 $d_o = 52.08$ mm，孔深 $l = 24$ mm，机床采用 4 工位连杆自动加工线。

① 切削深度：单边余量 $z = 0.58/2 = 0.29$ mm，则 $a_p = 0.29$ mm。

② 进给量：根据《切削加工简明实用手册》表 8-90 查得 $f = 0.04 \sim 0.08$ mm/r，初步选为 0.05 mm/r。

③ 切削速度：由《切削加工简明实用手册》表 8-90 查得 $v = 3.33 \sim 10$ m/s，初步选为 9.5 m/s。

④ 主轴转速：按公式计算主轴转速为

$$n = 1000v/(\pi d_o) = 1000 \times 9.5/(\pi \times 52.08) = 58.06\ (\mathrm{r/s})$$

根据机床说明书，取 $n = 60$ r/s。故实际切削速度为

$$v = \pi d_o n/1000 = \pi \times 52.08 \times 60/1000 = 9.82\ (\mathrm{m/s})$$

(2) 精镗活塞销孔 $\phi(19.99\pm0.006)$ mm

活塞销孔镗衬套的加工刀具采用金刚石,刀具直径为 $d_o=19.99$ mm,孔深 $l=24$ mm,机床采用4工位连杆自动加工线。

① 切削深度:单边余量 $z=0.225$ mm,则 $a_p=0.225$ mm。

② 进给量:根据《切削加工简明实用手册》表8-90查得 $f=0.02\sim0.04$ mm/r,初步选为0.04 mm/r。

③ 切削速度:由《切削加工简明实用手册》表8-90查得 $v=4\sim5.83$ m/s,初步选为4 m/s。

④ 主轴转速:按公式计算主轴转速为

$$n=1000v/(\pi d_o)=1000\times4/(\pi\times19.99)=63.69\ (r/s)$$

根据机床说明书,取 $n=60$ r/s。故实际切削速度为

$$v=\pi d_o n/1000=\pi\times19.99\times60/1000=3.77\ (m/s)$$

11) 工序60-1:珩磨曲轴孔 $\phi(52.126\pm0.006)$ mm及活塞销孔 $\phi(20.012\pm0.004)$ mm

(1) 珩磨曲轴孔 $\phi(52.126\pm0.006)$ mm

采用硬质合金刀具,刀具直径 $d_o=52.126$ mm,孔深 $l=24$ mm,采用连杆珩磨专机。

① 切削深度:$a_p=\Delta d_o/2=(52.126-52.08)/2=0.023$ (mm)。

② 进给量:根据《切削加工简明实用手册》表8-90查得 $f=0.04\sim0.08$ mm/r,初步选为0.06 mm/r。

③ 切削速度:由《切削加工简明实用手册》表8-90查得 $v=3.33\sim10$ m/s,初步选为5 m/s。

④ 主轴转速:按公式计算主轴转速为

$$n=1000v/(\pi d_o)=1000\times5.5/(\pi\times52.126)=33.59\ (r/s)$$

根据机床说明书,取 $n=35$ r/s。故实际切削速度为

$$v=\pi d_o n/1000=\pi\times52.126\times35/1000=5.73\ (m/s)$$

(2) 珩磨活塞销孔 $\phi(20.012\pm0.004)$ mm

采用硬质合金刀具,刀具直径 $d_o=20.012$ mm,孔深 $l=24$ mm,采用连杆珩磨专机。

① 切削深度:$a_p=\Delta d_o/2=(20.012-19.99)/2=0.011$ (mm)。

② 进给量:根据《切削加工简明实用手册》表8-90查得 $f=0.04\sim0.08$ mm/r,初步选为0.06 mm/r。

③ 切削速度:由《切削加工简明实用手册》表8-90查得 $v=2.5\sim6.66$ m/s,初步选为2.5 m/s。

④ 主轴转速:按公式计算主轴转速为

$$n=1000v/(\pi d_o)=1000\times2.5/(\pi\times20.012)=39.76\ (r/s)$$

根据机床说明书,取 $n=35$ r/s。故实际切削速度为

$$v=\pi d_o n/1000=\pi\times20.012\times35/1000=2.2\ (m/s)$$

4. 编写工艺过程卡和工序卡

1) 工艺过程卡

工艺过程卡也称工艺路线卡。工艺过程卡中简要写明连杆各道工序的加工内容、工艺设备、工时定额等内容,用于生产管理。某发动机连杆的工艺过程卡见表7.7。

表 7.7　某发动机连杆的工艺过程卡

机械加工工艺过程卡			材　料	零件号	零件名称
			粉末冶金	××	连杆体
工 序 号	工序名称	工 序 内 容	设　备		工 时
OP10	上料	接受毛坯			
OP20-1	粗镗	曲轴孔倒角，粗镗活塞销孔并倒角	8 工位转台式连杆专机		
OP20-2	钻	钻螺栓半孔	8 工位转台式连杆专机		
OP20-3	精锪	精锪螺栓孔平面	8 工位转台式连杆专机		
OP20-4	钻	钻螺纹底孔，通孔	8 工位转台式连杆专机		
OP20-5	铰	铰螺栓孔和螺纹底孔	8 工位转台式连杆专机		
OP20-6	攻	攻螺纹	8 工位转台式连杆专机		
OP20-7	精镗	精镗活塞销孔	8 工位转台式连杆专机		
OP20-8	检测	尺寸检验，测量活塞销孔			
OP30-1	涨断	涨断，清理分离面	4 工位转台式连杆装配专机		
OP30-2	钳	安装螺栓，预拧紧，预拧紧力矩为 32 N·m	4 工位转台式连杆装配专机		
OP30-3	钳	松螺栓，清理分离面，安装螺栓拧紧至 26 N·m+100°	4 工位转台式连杆装配专机		
OP30-4	压	压衬套	4 工位转台式连杆装配专机		
OP40	精磨	精磨曲轴孔两端面	数控卧式双端面磨床		
OP50-1	铣	铣活塞销孔两斜面并倒角	4 工位连杆自动加工线		
OP50-2	铣、镗	铣轴瓦止口槽，镗曲轴孔	4 工位连杆自动加工线		
OP50-3	精镗	精镗曲轴孔及活塞销孔	4 工位连杆自动加工线		
OP50-4	检测	尺寸检验，测量曲轴孔及活塞销孔			
OP60-1	珩磨	珩磨曲轴孔及活塞销孔	连杆珩磨专机		
OP60-2	检测	测量曲轴孔和活塞销孔			
OP70	洗、吹	清洗，漂洗，吹干	连杆专用高清洁度清洗机		
OP80-1	检测	最终检测	专用测量称重打标分组专机		
OP80-2	打标	称重，打编号，分检	专用测量称重打标分组专机		
OP90	入库	上油，入库			
设计		指导	签字	日期	

2）工序卡

为每道工序所编制的卡片称为工序卡。工序卡是指导工人进行生产的更为详细的工艺文件，在大批量生产的关键工序才使用。如表 7.8～表 7.10 所示为几种典型的机械加工工序卡。

表 7.8 机械加工工序卡示例 1

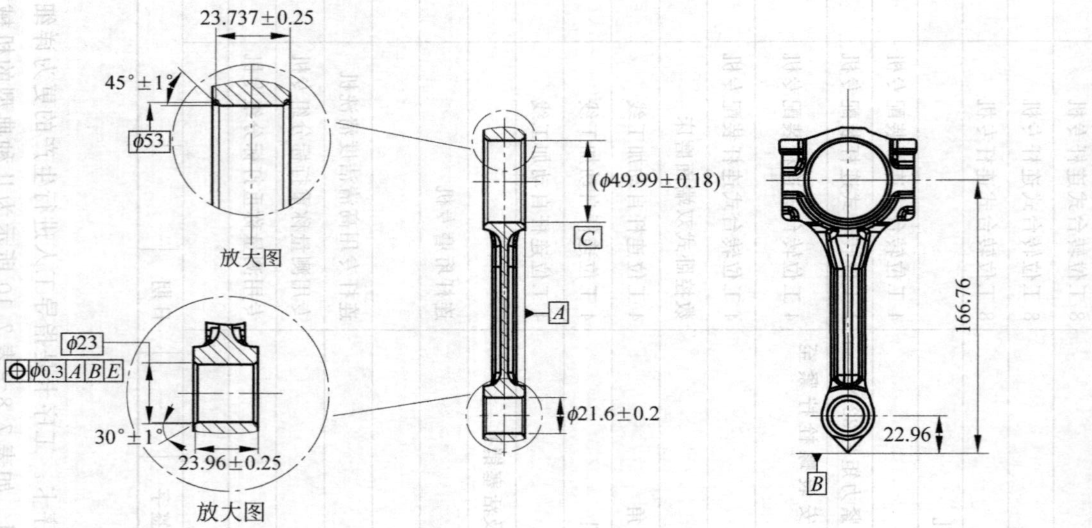

生产区		连杆加工线
设备	名称	8 工位转台式连杆专机
	编号	071839-03
夹具	名称	
	代号	
夹辅具	名称	
	代号	
	顶紧力	
工具	名称	
	代号	
工位器具	名称	
	代号	
冷却液	名称	
	浓度	

装夹	工步	内容	主轴转速 /(r/min)	进给转速 /(r/min)	切削速度 /(m/min)	进给量 /(mm/r)	切削深度 /mm	刀具刀辅具 代号	刀具刀辅具 名称

					编制		会签	某连杆/曲轴孔倒角,粗镗销孔并倒角			上海工程技术大学
					校对						机械加工工序卡
					审核		标准化	版本标记		共 1 页	OP20-1
标记	处数	更改单号	签名	日期			批准	B	Ⅲ	第 1 页	

表 7.9　机械加工工序卡示例 2

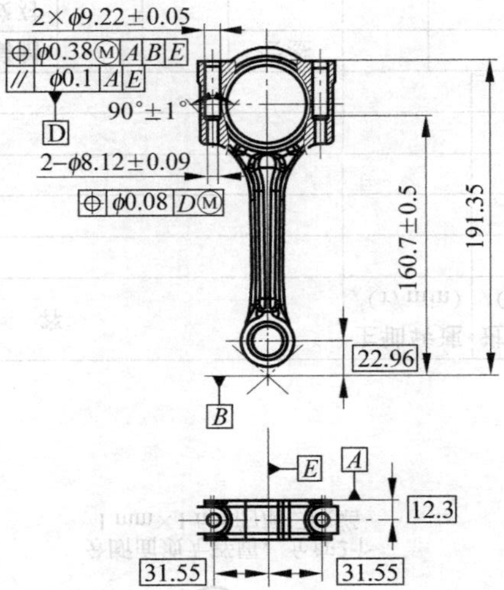

生产区		连杆加工线
设备	名称	8 工位转台式连杆专机
	编号	071839-03
夹具	名称	
	代号	
夹辅具	名称	
	代号	
	顶紧力	
工具	名称	
	代号	
工位器具	名称	
	代号	
冷却液	名称	
	浓度	

装夹	工步	内　容	主轴转速/(r/min)	进给转速/(r/min)	切削速度/(m/min)	进给量/(mm/r)	切削深度/mm	刀具刀辅具 代号	刀具刀辅具 名称		

				编制		会签		某连杆/铰螺栓孔和螺纹底孔			上海工程技术大学
				校对							机械加工工序卡
				审核		标准化		版本标记		共 1 页	OP20-5
标记	处数	更改单号	签名	日期		批准		B	Ⅲ	第 1 页	

表 7.10 机械加工工序卡示例 3

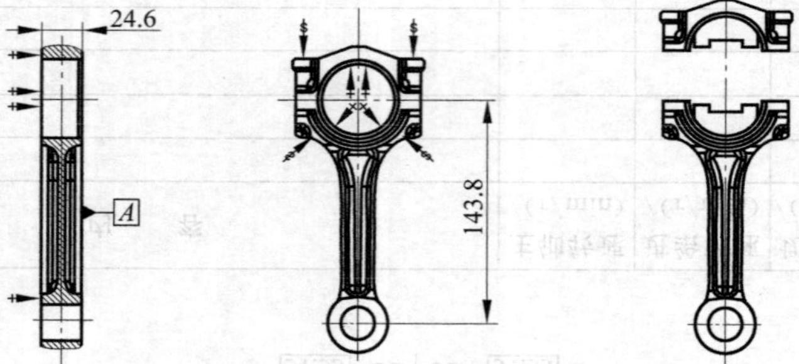

生产区		连杆加工线
设备	名称	4 工位转台式 连杆装配专机
	编号	071839-03
夹具	名称	
	代号	
夹辅具	名称	
	代号	
	顶紧力	
工具	名称	
	代号	
工位器具	名称	
	代号	
冷却液	名称	
	浓度	

装夹	工步	内容	主轴转速/(r/min)	进给转速/(r/min)	切削速度/(m/min)	进给量/(mm/r)	切削深度/mm	刀具刀辅具 代号	刀具刀辅具 名称	

					编制		会签		某连杆/涨断，清理分离面		上海工程技术大学 机械加工工序卡
					校对						
					审核		标准化		版本标记	共 1 页	OP30-1
标记	处数	更改单号	签名	日期			批准		B Ⅲ	第 1 页	

7.7　发动机连杆精镗大小头孔工序的夹具设计

为了提高劳动生产率，保证加工质量，降低劳动强度，在大批量自动生产流水线上需要设计专用夹具。本次设计的夹具为OP50-3工序（精镗曲轴孔及活塞销孔工序）的夹具。本夹具将用于数控加工中心，大头孔刀具为硬质合金镗刀，小头孔镗铜衬套刀具采用金刚石。

1. 夹具设计的基础

本夹具主要用来精镗某发动机连杆大、小头孔时夹紧工件。由于本道工序已经是加工的最后阶段，而且是大批量生产，因此要保证加工的精度，所以，本道工序加工时，主要应该考虑如何提高精度，在此基础上提高劳动生产率，降低劳动强度。

2. 夹具设计的分析

夹具是用来装夹工件的装置，是机床的一种附加装置。通常，夹具由定位元件、夹紧元件、导向元件、夹具体等组成。本次设计的夹具属于专用夹具，专为精镗连杆大、小头孔而设计的，适用于大批量生产的场合。

3. 制定设计方案

1）确定定位方法

定位基准的选择对保证加工精度和夹具结构的复杂程度均有很大影响。在考虑定位方案时，应该按工件的精度要求、工序内容等来决定应限制自由度的数目和方向，进而选择好定位基准，并考虑所需的定位元件。

在实际生产中，工件往往不是采用单一表面定位，而是以组合表面定位。为满足工序的加工要求，一般都采用几个定位基准（基面）的组合方式进行定位，即组合定位。连杆常用的组合方式有：一面一销一支承钉、一面两销等。使用几个定位元件共同限制第一类自由度，保证工件的正确定位。

对于精镗某发动机连杆大、小头孔这道工序，由于该工序已是精加工工序，故只确定精基准。通过分析确定采用“一面一销一V形块”的定位方式，如图7.6工序定位夹紧简图所示。

(1) 第一基准：完成的机加工连杆大、小头端面（齐平），由$A1$、$A2$、$A3$构成（面定位）。

(2) 第二基准：连杆体小头端的V形块，由$B1$、$B2$构成（V形块定位）。

(3) 第三基准：穿过连杆大头孔的定位心轴，由$E1$、$E2$补充完成（销定位）。

根据图7.6中所定的坐标系，对照连杆主视图可知各种定位限制的自由度如下：

平面定位限制y轴位移、x轴旋转、z轴旋转；

心轴定位限制x轴位移、z轴位移；

V形块定位限制y轴旋转。

工件定位时，影响加工精度要求的自由度必须限制，不影响加工精度要求的自由度可以限制也可以不限制。本设计中在精镗连杆大、小头孔时，是将定位销做成活动的“假销”，当连杆用大头定位夹紧后，再从大头孔中抽出假销进行加工。此外，V形块也起到了夹紧的作用，该工件如此定位共限制了6个自由度：3个移动自由度$\vec{X}$、$\vec{Y}$、$\vec{Z}$和3个旋转自由度$\widehat{X}$、$\widehat{Y}$、$\widehat{Z}$，属于完全定位。

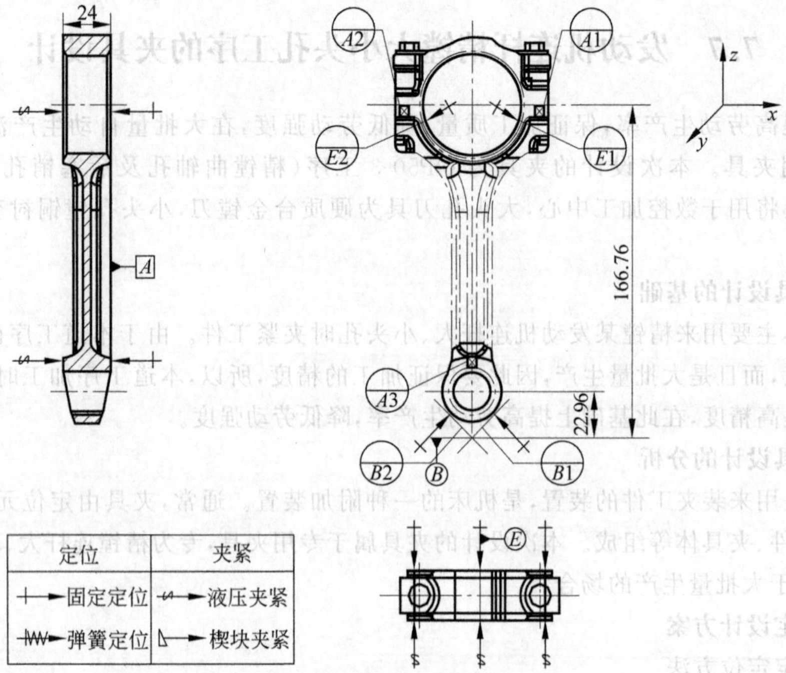

图 7.6　OP50-3 工序定位夹紧简图

2）确定夹紧方式

连杆是一个刚性较差的工件，为了使夹紧装置达到夹得稳、夹得好和夹得快的基本要求，应十分注意夹紧力的大小、方向及着力点位置的选择，以免因受夹紧力的作用而产生变形，降低加工精度。在精镗曲轴孔及活塞销孔的工序中，夹紧力的方向与端面垂直，在夹紧力的作用方向上，大头端部与小头端部的刚性强，变形小，即使有一些变形，也产生在垂直于端面的方向上，很少或不会影响大、小头孔的锥度。夹紧力通过工件直接作用在定位元件上，可避免工件产生弯曲或扭转变形。

液压夹紧机构响应快、动作灵敏、准确，故而为满足连杆的生产纲领要求和自动化要求，对于大批量生产的连杆，为了提高效率，减轻劳动强度，采用了自动化程度高的液压夹紧装置。

3）定位误差分析

为了满足连杆的加工质量要求，在分析和确定定位基准及定位元件的基础上，根据定位误差分析来确定上述方案的正确性。

在机械加工过程中，造成连杆加工误差的因素有很多。在连杆的定位过程中，会遇到定位基准与工序基准不重合的情况，这时就会引起连杆的加工误差；在连杆的定位过程中，也会出现定位基准相对于定位元件的位置不确定，这也会引起连杆的加工误差。由上述两种原因造成的加工误差属于定位误差。

如图 7.7 所示，有两个加工尺寸、两个工序尺寸和一个形位公差，它们的定位误差计算如下。

(1) 两孔加工尺寸 $\phi(19.99\pm0.006)$ mm 和 $\phi(52.08\pm0.006)$ mm 的定位误差

连杆大、小头孔的加工尺寸 $\phi(19.99\pm0.006)$ mm 和 $\phi(52.08\pm0.006)$ mm 是由刀具

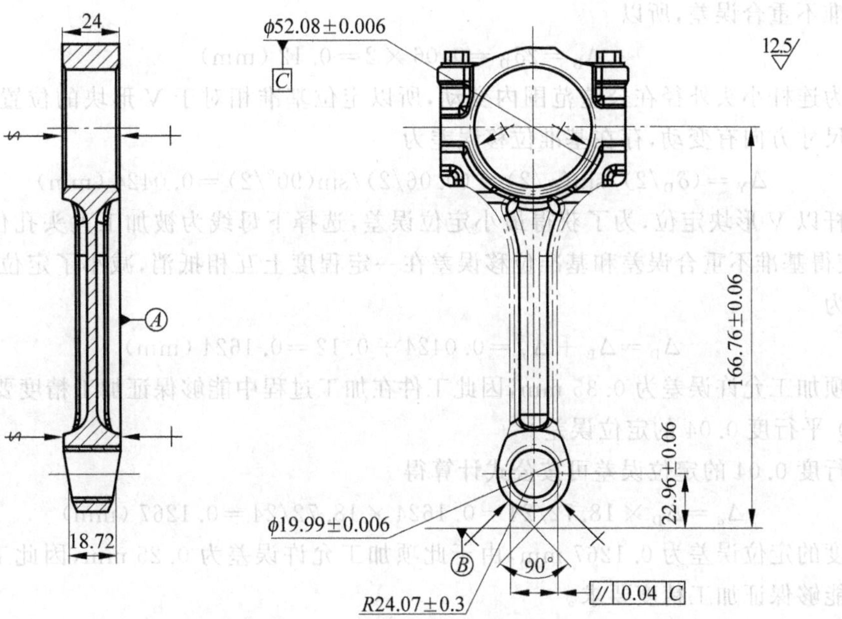

图 7.7　OP50-3 零件定位图

的直径大小直接保证的，与定位无关，故不考虑定位误差。

(2) 工序尺寸(22.96±0.06) mm 的定位误差

尺寸 22.96 mm 是由刀具与定位元件的正确位置关系保证的，与工件的定位有关。如图 7.7 所示，工件的定位基准为圆心，工序基准在 B 处，故定位基准与工序基准不重合，存在基准不重合误差。基准不重合误差按公式(7.2)计算：

$$\Delta_B = 2\delta_D \tag{7.2}$$

式中，Δ_B 为基准不重合误差；δ_D 为工序尺寸公差。因此，基准不重合误差计算如下：

$$\Delta_B = 2\delta_D = 2 \times 0.06 = 0.12\ (\text{mm})$$

因为连杆小头外径在公差范围内变动，所以定位基准相对于 V 形块的位置不确定，且沿工序尺寸方向有变动，存在基准位移误差。基准位移误差按公式(7.3)计算：

$$\Delta_Y = (\delta_D/2)/\sin(\alpha/2) \tag{7.3}$$

式中，Δ_Y 为基准位移误差；δ_D 为连杆小头外径公差；α 为 V 形块的夹角。

因此，基准位移误差计算如下：

$$\Delta_Y = (\delta_D/2)/\sin(\alpha/2) = (0.06/2)/\sin(90°/2) = 0.0424\ (\text{mm})$$

连杆以 V 形块定位，为了获得最小定位误差，选择下母线为被加工小头孔位置的工序基准，使得基准不重合误差和基准位移误差在一定程度上互相抵消，减小了定位误差，则定位误差为

$$\Delta_D = \Delta_B + \Delta_Y = 0.0424 + 0.12 = 0.1624\ (\text{mm})$$

此项加工允许误差为 0.35 mm，因此工件在加工过程中能够保证加工精度要求。

(3) 工序尺寸 166.76±0.06 的定位误差

尺寸 166.76±0.06 是由刀具与定位元件的正确位置关系保证的，与工件的定位有关。如图 7.7 所示，工件的定位基准为圆心，工序基准在 B 处，故定位基准与工序基准不重合，

存在基准不重合误差，所以

$$\Delta_B = 2\delta_D = 0.06 \times 2 = 0.12\ (\text{mm})$$

因为连杆小头外径在公差范围内变动，所以定位基准相对于V形块的位置不确定，且沿工序尺寸方向有变动，存在基准位移误差为

$$\Delta_Y = (\delta_D/2)/\sin(\alpha/2) = (0.06/2)/\sin(90^\circ/2) = 0.0424\ (\text{mm})$$

连杆以V形块定位，为了获得最小定位误差，选择下母线为被加工大头孔位置的工序基准，使得基准不重合误差和基准位移误差在一定程度上互相抵消，减小了定位误差，则定位误差为

$$\Delta_D = \Delta_B + \Delta_Y = 0.0424 + 0.12 = 0.1624\ (\text{mm})$$

此项加工允许误差为0.35 mm，因此工件在加工过程中能够保证加工精度要求。

(4) 平行度0.04的定位误差

平行度0.04的定位误差可按公式计算得

$$\Delta_d = \Delta_D \times 18.72/24 = 0.1624 \times 18.72/24 = 0.1267\ (\text{mm})$$

则平行度的定位误差为0.1267 mm，由于此项加工允许误差为0.25 mm，因此工件在加工过程中能够保证加工精度要求。

由以上分析可知，定位误差在规定的允许范围内，故本工位定位系统可用。

4) 切削力及夹紧力的计算

本工序主要是精镗连杆大、小头孔，所以要对夹具的定位稳定性、切削力和夹紧力进行计算，以便合理地选择和设计夹具夹紧装置。精镗大头孔采用硬质合金刀具，刀具直径 $d_{o1} = 52.08$ mm；精镗小头孔衬套刀具采用金刚石，刀具直径 $d_{o2} = 19.99$ mm。

(1) 切削力的计算

由实际加工经验可知，镗孔时的主要切削力为镗刀的切削方向，即垂直于工作台，根据《切削加工简明实用手册》查得，切削力计算公式为

$$F = C_F d_o^{X_F} f^{Y_F} K_F \tag{7.4}$$

式中，$C_F = 588.60$；$X_F = 1$；$Y_F = 0.8$；$f_1 = 0.06$；$f_2 = 0.03$；$K_F = K_{MF} K_{XF} K_{hF} = 1.2$，$K_{MF}$ 与加工材料有关，K_{XF} 与刀具刃磨形状有关，K_{hF} 与刀具磨钝标准有关。

可得精镗连杆大头孔的切削力为

$$F_1 = 588.60 \times 52.08 \times 0.06^{0.8} \times 1.2 = 3874.3\ (\text{N})$$

同理，精镗小头孔的切削力为

$$F_2 = 588.60 \times 19.99 \times 0.03^{0.8} \times 1.2 = 854.1\ (\text{N})$$

得

$$F = F_1 + F_2 = 3874.3 + 854.1 = 4728.4\ (\text{N})$$

(2) 夹紧力的计算

本夹具用于精镗加工，因为夹紧力与切削力的方向一致，都指向定位基准面，所以，为了防止工件在加工扭矩的作用下发生转动，可加较小的夹紧力。根据《机床夹具设计手册》表1-2-3查得，夹紧力的计算公式为

$$W_K = WK \tag{7.5}$$

式中，W_K 为实际所需夹紧力，N；W 为理论夹紧力，N；K 为安全系数。

在计算夹紧力时，必须考虑安全系数，安全系数 K 可按下式计算：

$$K = K_1 K_2 K_3 K_4$$

式中，K_1 为基本安全系数，取 1.5；K_2 为加工性质系数，取 1.1；K_3 为刀具钝化系数，取 1.1；K_4 为断续切削系数，取 1.1。

则

$$W_K = WK = 3000 \times 1.5 \times 1.1 \times 1.1 \times 1.1 = 5989.5\ (\mathrm{N})$$

根据理论计算液压夹紧力 W_K 远大于连杆加工主切削力 F，所以本夹紧装置可靠。

7.8　绘制夹具装配总图

OP50-3 精镗曲轴孔及活塞销孔工位，其夹具与工件的装配总图如图 7.8 所示。

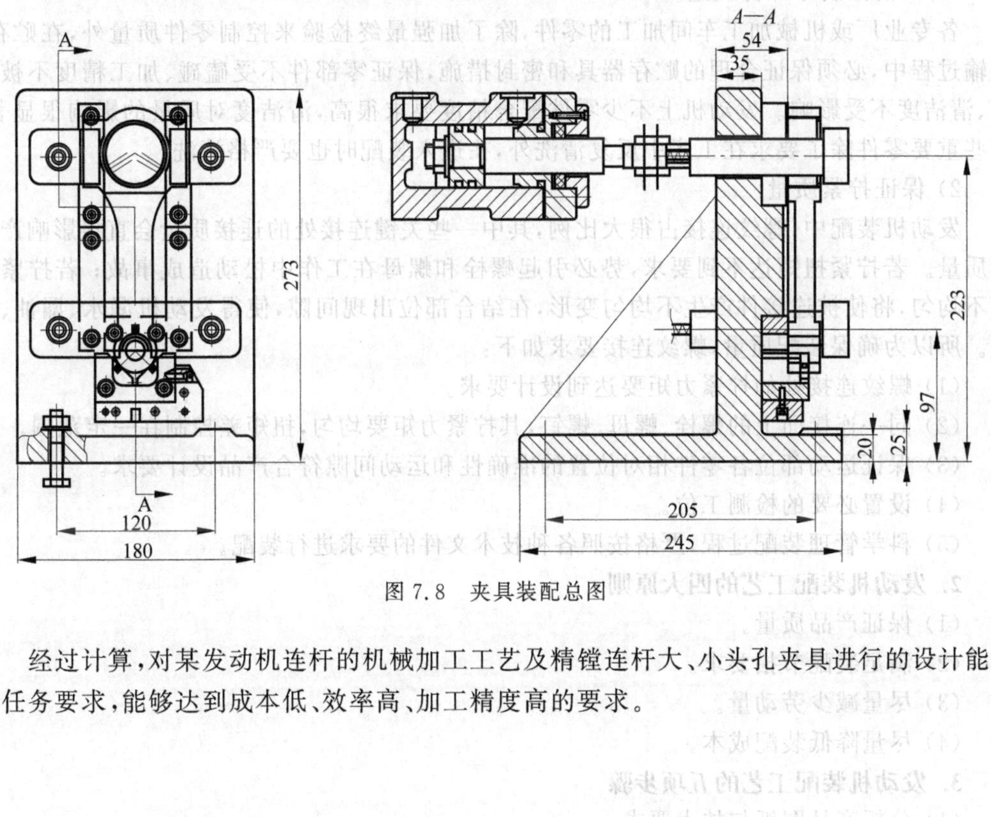

图 7.8　夹具装配总图

经过计算，对某发动机连杆的机械加工工艺及精镗连杆大、小头孔夹具进行的设计能满足任务要求，能够达到成本低、效率高、加工精度高的要求。

第 8 章　汽车零件装配工艺制定实例

8.1 发动机装配工艺过程

发动机总成的装配，共需完成将近 1000 件的加工件、标准件、外协件的装配工作，其装配质量直接影响发动机的使用性能，进而影响整个汽车的使用性能。

1. 发动机装配的基本要求

1）严格控制零部件质量

各专业厂或机械加工车间加工的零件，除了加强最终检验来控制零件质量外，在贮存、运输过程中，必须保证合理的贮存器具和密封措施，保证零部件不受磕碰、加工精度不被破坏、清洁度不受影响。发动机上不少零件配合精度要求很高，清洁度对质量的影响很显著，有些重要零件除了要求在工序中反复清洗外，在进入装配时也要严格清洗。

2）保证拧紧质量

发动机装配中，螺纹连接占很大比例，其中一些关键连接处的连接质量会直接影响产品的质量。若拧紧扭矩达不到要求，势必引起螺栓和螺母在工作中松动造成事故；若拧紧力矩不均匀，将使被连接件产生不均匀变形，在结合部位出现间隙，使得发动机漏水、漏油、漏气。所以为确保装配质量，螺纹连接要求如下：

（1）螺纹连接处的拧紧力矩要达到设计要求。

（2）同一连接面上的螺栓、螺母、螺钉，其拧紧力矩要均匀，扭矩差控制在一定范围。

（3）保证运动部位各零件相对位置的准确性和运动间隙符合产品设计要求。

（4）设置必要的检测工位。

（5）科学管理装配过程，严格按照各种技术文件的要求进行装配。

2. 发动机装配工艺的四大原则

（1）保证产品质量。

（2）满足装配节拍要求。

（3）尽量减少劳动量。

（4）尽量降低装配成本。

3. 发动机装配工艺的五项步骤

（1）分析产品图纸与技术要求。

（2）确定产品组成形式。

（3）确定装配顺序。

（4）选择合理的装配方法。

（5）编制装配文件。

4. 发动机装配的工艺路线

由于各种发动机产品结构相似，其装配顺序也大致相同。发动机装配以汽缸体为装配主体，在按一定节拍向前移动的流水装配线上进行总装。大多数装配线都分为两段：

1）前段为装配缸体内部的零部件

包括松开和取下主轴承盖，安装曲轴部件，重新上紧主轴承盖，安装凸轮轴总成，活塞连杆总成、正时齿轮总成、机油泵总成等，最后装上机油盘。在这一段装配过程中，缸体要根据装配的需要转换方向和位置，装配夹具要适应这种需要。

2）后段为装配缸体顶部、两侧及前后两端的零部件

包括缸盖总成、配气机构、缸盖罩、机油滤清器、燃油滤清器、燃油泵和喷油器或化油器和分电器、起动机、发电机、进排气歧管、风扇皮带、进出水管及各种管路、电线等外部零件和变速器总成，装配后的发动机要进行试运转。

图 8.1 为某发动机总成装配路线图。装配线采用金属间封闭，内设一条主干线，主干线分成两部分，前部（图中 1～9）称为装配一线，采用非强制流水装配，即装配主体在辊道线上用人力推动，向前运行。后部（图中 10～17）称为装配二线，采用强制性流水装配，即相互间隔一定距离的小车，按一定节拍强制拖动向前运行输送装配主体。主干线两侧设有分装线，采用小车将组装完毕的分总成运往主干线上的装配工位。对装配完毕的发动机总成进行最终检查，认定合格后，打上标记，用输送链运往总成试验车间。

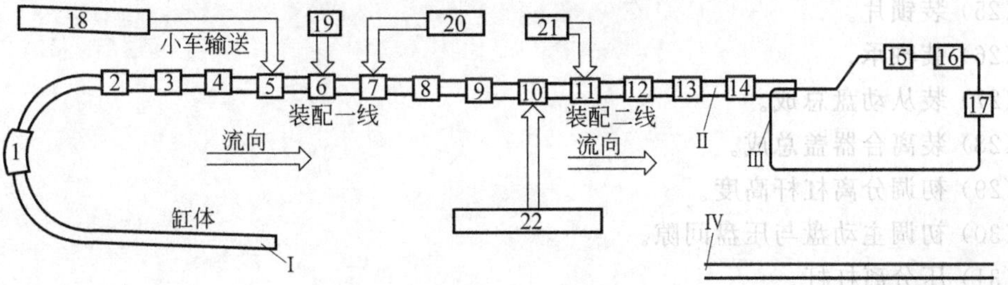

图 8.1　某发动机总成装配路线简图

1—选配活塞；2—翻转缸体；3—拆主轴承螺栓；4—装曲轴总成；5—装活塞连杆总成；6—装凸轮轴及正时齿轮总成；7—装机油泵和传动齿轮总成；8—装机油盘总成；9—翻转夹具；10—装汽缸盖与进排气管合件；11—装挺杆导向体合件；12—调整气门间隙；13—装机油滤清器总成；14—装变速器总成；15—喷漆烘干；16—装化油器、汽油泵、发电机等；17—最终检查；18—活塞连杆总成分装线；19—凸轮轴及正时齿轮分装线；20—机油泵传动齿轮分装线；21—挺杆、导向体分装线；22—汽缸盖、排气管分装线；Ⅰ—辊道；Ⅱ—装配小车；Ⅲ—悬链；Ⅳ—总成输送链

5. 传统发动机装配的工艺过程

早期的发动机大部分装配工作由工人手工完成，各个零部件按照一定的程序、要求固定在一定的位置上，高质量的装配需要丰富的经验。某直列六缸汽油发动机的装配工艺过程如下：

（1）装主油道油堵。

（2）编号。

（3）擦净汽缸孔、活塞。

（4）选配活塞。

（5）复检配缸拉力并写号。

（6）检查。

（7）装机油调节阀。

（8）翻转汽缸体。

（9）装曲轴后油封挡片。

（10）拆主轴承盖。

（11）吹擦瓦片。

（12）装主轴承瓦片。

(13) 擦净轴瓦。
(14) 装曲轴。
(15) 拧紧主轴承盖螺栓。
(16) 装填木条。
(17) 复紧主轴承盖螺栓。
(18) 检查。
(19) 装飞轮壳。
(20) 装传动销。
(21) 装飞轮。
(22) 扩铰定位销孔。
(23) 吹净。
(24) 拧紧飞轮紧固螺栓。
(25) 装锁片。
(26) 装轴承。
(27) 装从动盘总成。
(28) 装离合器盖总成。
(29) 初调分离杠杆高度。
(30) 初调主动盘与压盘间隙。
(31) 压分离杠杆。
(32) 复调主动盘与压盘间隙。
(33) 复调分离杠杆高度。
(34) 装开口销。
(35) 汽缸体复位。
(36) 整机平衡。
(37) 装连杆轴瓦。
(38) 装活塞连杆总成。
(39) 装横油道油堵。
(40) 拧紧连杆螺母。
(41) 装止推垫圈。
(42) 加热曲轴正时齿轮。
(43) 装隔圈。
(44) 装半圆键。
(45) 装曲轴正时齿轮。
(46) 复紧连杆螺母。
(47) 向止推垫圈点注油。
(48) 安装工艺起动爪。
(49) 检查。
(50) 装油道前油堵。
(51) 装垫板。
(52) 擦净凸轮轴及正时齿轮总成。

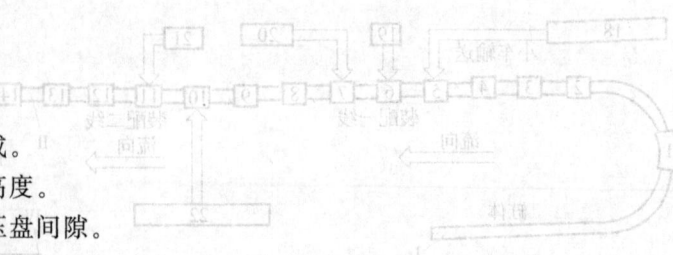

(53) 装凸轮轴。
(54) 装挡油盘与键。
(55) 涂胶。
(56) 装检查孔盖板。
(57) 装机油泵总成。
(58) 装连接板。
(59) 装出油管总成。
(60) 装机油集滤器总成。
(61) 装夹子。
(62) 检查。
(63) 中间修理。
(64) 涂润滑油。
(65) 装正时齿轮盖总成。
(66) 检查。
(67) 吹净曲轴箱。
(68) 装机油盘总成。
(69) 复紧机油盘螺栓。
(70) 检查。
(71) 拧紧横油道油堵。
(72) 涂胶。
(73) 装放水龙头和管接头。
(74) 翻转汽缸体。
(75) 拆工艺盖板。
(76) 装汽缸盖与进排气管合件。
(77) 装前悬支架。
(78) 装暖风开关。
(79) 装水温表传感器。
(80) 装爆震传感器。
(81) 装水泵总成。
(82) 复紧缸盖螺栓。
(83) 确定正时标记。
(84) 装飞轮壳盖板。
(85) 装挺杆导向体及挺杆。
(86) 装传动轴总成。
(87) 装衬套。
(88) 装推杆总成。
(89) 装摇臂轴、摇臂总成。
(90) 装挺杆室盖板。
(91) 调整气门间隙。
(92) 装汽缸盖罩盖。

(93) 装分电器总成。
(94) 点火正时调整。
(95) 更换机油细滤器弹簧。
(96) 装机油标尺管总成。
(97) 装火花塞。
(98) 装离心式机油滤清器总成。
(99) 转动小车。
(100) 拧紧火花塞。
(101) 装出水管节温器合件。
(102) 装连接软管。
(103) 装机油粗滤器总成。
(104) 装空气压缩机支架。
(105) 装空气压缩机。
(106) 装空气压缩机皮带。
(107) 转动小车。
(108) 装发动机支架。
(109) 装机油尺总成。
(110) 装皮带轮减震器总成。
(111) 装起动爪。
(112) 装变速器总成。
(113) 转动小车。
(114) 装汽油泵垫板、垫片。
(115) 装分离叉拉臂总成
(116) 装放水开关附件。
(117) 装化油器操纵机构。
(118) 装吊杆。
(119) 检查。
(120) 喷漆。
(121) 烘干。
(122) 补漆。
(123) 装进油管总成。
(124) 装出油管总成。
(125) 贴标志牌。
(126) 装搭铁线。
(127) 装化油器总成。
(128) 装汽油泵总成。
(129) 装燃油管总成。
(130) 打字。
(131) 装离合器通风孔盖板。
(132) 装曲轴箱通风装置。

(133) 装起动机总成。

(134) 装化油器操纵装置总成。

(135) 装连通管总成。

(136) 装发电机总成。

(137) 装油压感应器。

(138) 装油压警报器开关。

(139) 最后检查。

(140) 放挂发动机。

6. 发动机的主要装配工艺

某六缸发动机的主要装配工艺有：

1) 活塞的选配

(1) 装配要求

装配后，活塞和汽缸孔的间隙为 0.015～0.035 mm，为保证配合精度，采用选择装配法。

(2) 六缸发动机活塞的选配工作

加工合格的活塞和汽缸孔，按尺寸由小至大，分成四个尺寸级别，并分别用 A、B、C、D 作标记。每个尺寸级别的活塞又按重量大小，分成四个重量级别，并分别用 1、2、3、4 作标记。装配时，活塞和汽缸孔的尺寸级别应相同，当同一尺寸级别的汽缸孔和活塞选配有困难时，允许对相邻级别进行选配，但每台发动机上的六个活塞重量级别必须相同。

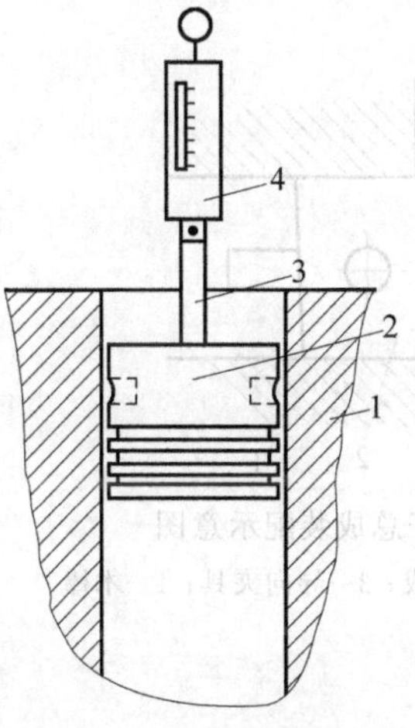

图 8.2　选配活塞示意图

1—汽缸体；2—活塞；3—厚薄规；4—弹簧秤

具体选配过程如图 8.2 所示，装配前必须用干净的白布将活塞和汽缸孔擦净，将一厚为 0.05 mm 的厚薄规 3 连接在弹簧秤 4 上，将厚薄规沿与汽缸孔轴线平行的方向放入并紧贴汽缸壁，把活塞倒置全部放进汽缸孔内，活塞裙部低于汽缸孔顶面 10～15 mm，并使活塞销孔轴线方向与厚薄规垂直。匀速用弹簧秤拉出厚薄规，拉力在 35～49 N。如拉力不在该范围内，要更换活塞，按上述方法重新选配，直至合格。

2) 曲轴的装配

加工车间将曲轴、飞轮、离合器等组装成曲轴飞轮总成，经平衡后，用滑道运往装配车间进行装配。曲轴的装配工艺过程如下：

(1) 用主轴承螺栓拆卸机拆下主轴承螺栓，取下主轴承盖，并按顺序摆放在专用的随行托盘上。

(2) 用压缩空气吹净油道、主轴瓦片，用干净的白布擦净主轴承盖和主轴承座的接合面。

(3) 安装主轴承瓦片。

(4) 在主轴承瓦片上涂润滑油。

(5) 用吊具从滑道上吊起曲轴飞轮总成，吹净油道，擦净轴颈。

(6) 将曲轴飞轮总成装在汽缸体上的主轴承座中。

(7) 按顺序安装主轴承盖，拧紧主轴承螺栓。

在拧紧主轴承螺栓过程中，为保证拧紧力矩达到设计要求和拧紧力均匀，采用了分级拧紧的方法，即首先用风动扳手将螺栓拧紧，再用扭矩扳手复紧。

3）活塞连杆总成的装配

活塞销与活塞销孔、连杆小头孔的装配采用分组互换法，即三者的直径尺寸按由大至小均分成六个尺寸级别，并分别用粉、绿、蓝、红、白、黑等六种颜色标记。同一种颜色为一个尺寸组别。装配时，同一尺寸组别的零件按互换装配法装在一起。需要注意的是，在同一台发动机中活塞连杆总成的重量级别也必须相同。

在活塞销与活塞销孔、连杆小头孔的装配过程中，要对活塞加热，然后用一专用夹具将活塞、活塞销、连杆组装在一起。

一般发动机均采用三道气环、一道油环，装活塞环的夹具如图8.3所示。由带锥度的外圆直径略大于活塞直径的心轴1，以及轴向可移动的夹片4和夹具体3构成。装配时，把活塞环放入夹片中，用心轴撑开活塞环，夹片夹住活塞环保持撑开状态，然后退出心轴，装入活塞，松开夹片，活塞环即落入活塞环槽中。

装好活塞环的活塞，在向汽缸孔装配时，由于活塞环在自由状态时其外圆尺寸比汽缸孔直径大，所以需要导向夹具，如图8.4所示。装配时，将带有锥度的导向夹具与汽缸体顶面贴紧，孔对正，将活塞连杆总成放入汽缸孔中，调整活塞环的开口位置，使相邻两活塞环开口的间隔为90°，用木棒对准活塞顶中心处施力，推入活塞连杆总成。

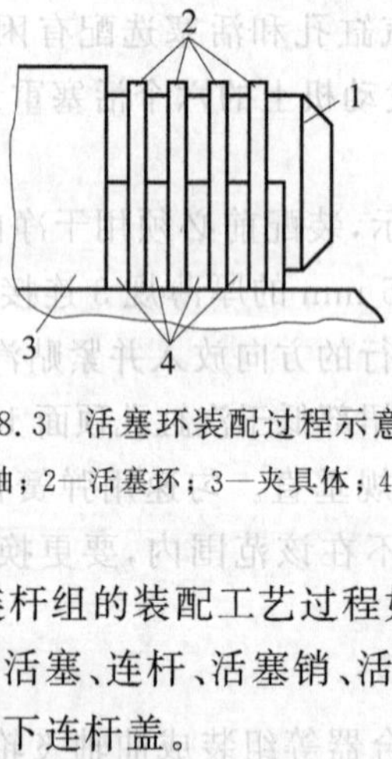

图8.3　活塞环装配过程示意图

1—心轴；2—活塞环；3—夹具体；4—夹片

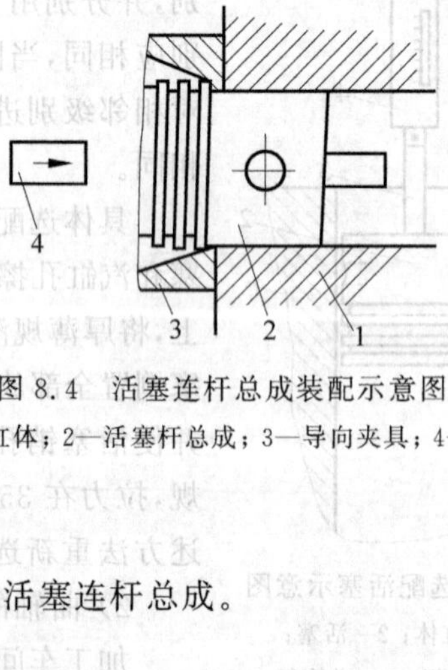

图8.4　活塞连杆总成装配示意图

1—汽缸体；2—活塞杆总成；3—导向夹具；4—木棒

活塞连杆组的装配工艺过程如下：

(1) 将活塞、连杆、活塞销、活塞环、锁环组装成活塞连杆总成。

(2) 拆下连杆盖。

(3) 安装连杆轴瓦。

(4) 向汽缸体中装活塞连杆总成。

(5) 拧紧连杆螺母。

连杆螺母要涂上GY-240胶，然后分别用气动扳手和扭矩扳手进行二次拧紧。

7. 现代汽车制造企业发动机总成装配工位

装配的方法和组织形式主要取决于产品的结构特点和生产纲领，并考虑现有的生产技术条件和设备能力。现代发动机装配组织形式应用于产品的大批量生产中，已组成流水线作业线和自动作业线。

某汽车发动机制造企业现阶段发动机总成装配工位如图8.5所示。

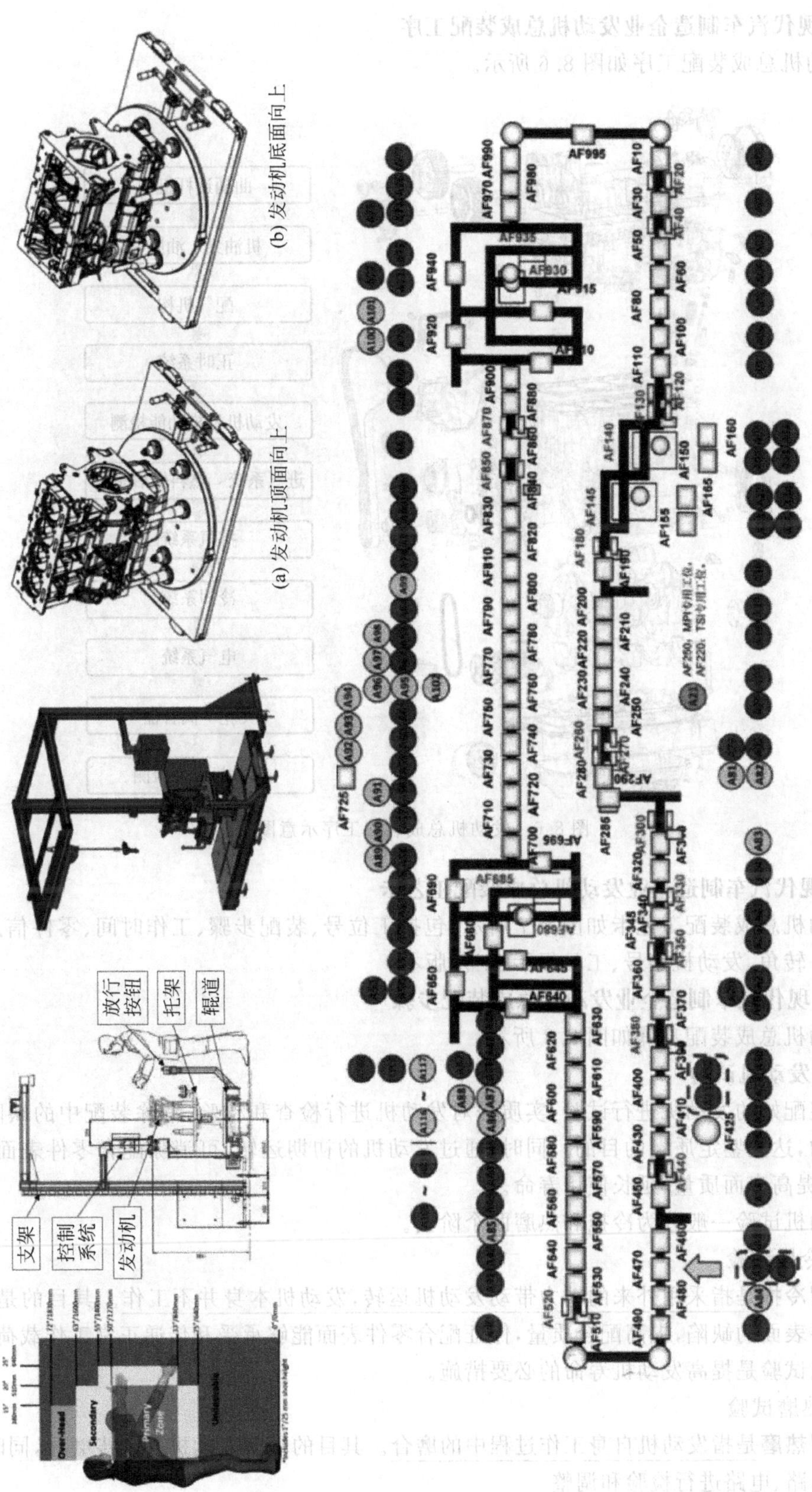

图 8.5　发动机总成装配工位示意图

彩图 8.5

8. 现代汽车制造企业发动机总成装配工序

发动机总成装配工序如图 8.6 所示。

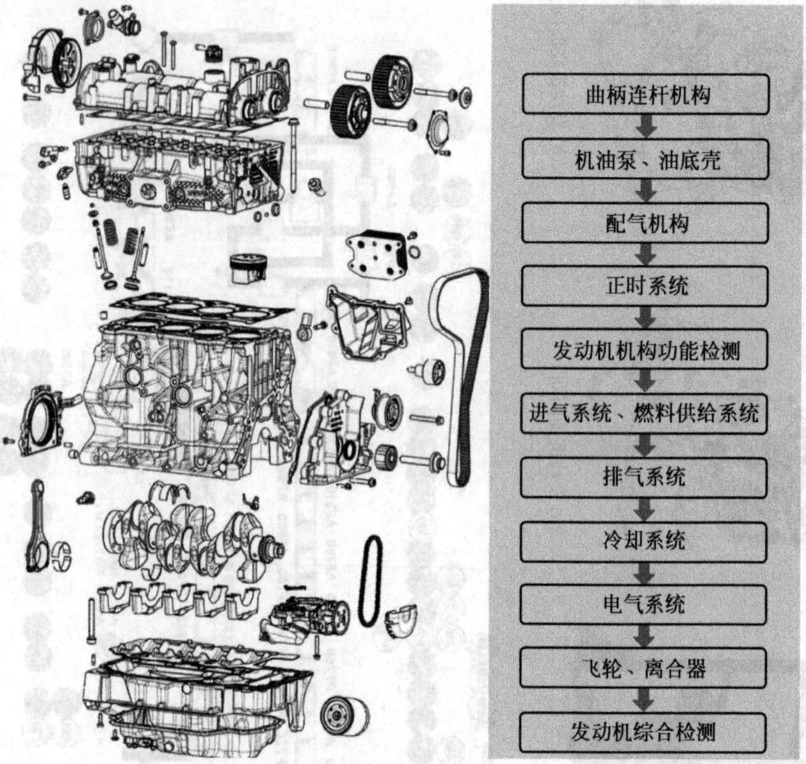

图 8.6 发动机总成装配工序示意图

9. 现代汽车制造企业发动机总成装配工艺卡

发动机总成装配工艺卡如图 8.7 所示,包括工位号、装配步骤、工作时间、零件信息、工艺扭矩+转角、发动机型号、工具提示、工艺版本。

10. 现代汽车制造企业发动机总成装配步骤

发动机总成装配步骤如图 8.8 所示。

11. 发动机试验

对装配好的发动机进行试验,实质是对发动机进行检查和检验,消除装配中的缺陷,调整各机构,达到鉴定质量的目的。同时,通过发动机的初期运转,可消除配合零件表面的微观不平,提高表面质量,延长使用寿命。

发动机试验一般分为冷拖和热磨两个阶段。

1) 冷拖试验

所谓**冷拖**是指采用外来的动力带动发动机运转,发动机本身并不工作。其目的是消除配合零件表面的缺陷,提高配合质量,保证配合零件表面能够承受和传递正常工作载荷。

冷拖试验是提高发动机寿命的必要措施。

2) 热磨试验

所谓**热磨**是指发动机自身工作过程中的磨合。其目的是对发动机进一步磨合,同时,对发动机油路、电路进行检验和调整。

	装配线工艺卡	发动机系列号：	Y	文件编号	TP-M3-001	更新日期	
	流水线：C	发动机类别	Y	版本日期	2017.12.03		
工位号：AF010						页码	1

	工作步骤：缸体上料工位 ZKG Auftegen statian	工作时间/s	零件名	零件号	数量	粗矩	转角	Mn31	发动机货号ABC A1 1.4 M 011AR	A2 1.4 O 011AR	A3 1.4 M 011AJ	A4 1.4 O 011ES	A5 1.4 M 011AO	A6 1.4 O 011AS	A7 1.4 M 011CS	A8 1.4 O 011CO	工具	编号
1	移动吊具																吊具	
2	夹紧缸体																	
3	缸体上料		缸体		1				×	×	×	×	×	×	×	×		
4	松开吊具																	
5	扫描缸体二维码																扫描仪	
6	托盘旋转180°																	
7	发动机放行																	

工厂代码　例
生产日期　250311
生产时间线号　102536 1
零件型号
分相信息　BGGBR

吊具

编制：________　校错：________　车间：________　质保：________

图 8.7　发动机总成装配工艺卡

彩图 8.8

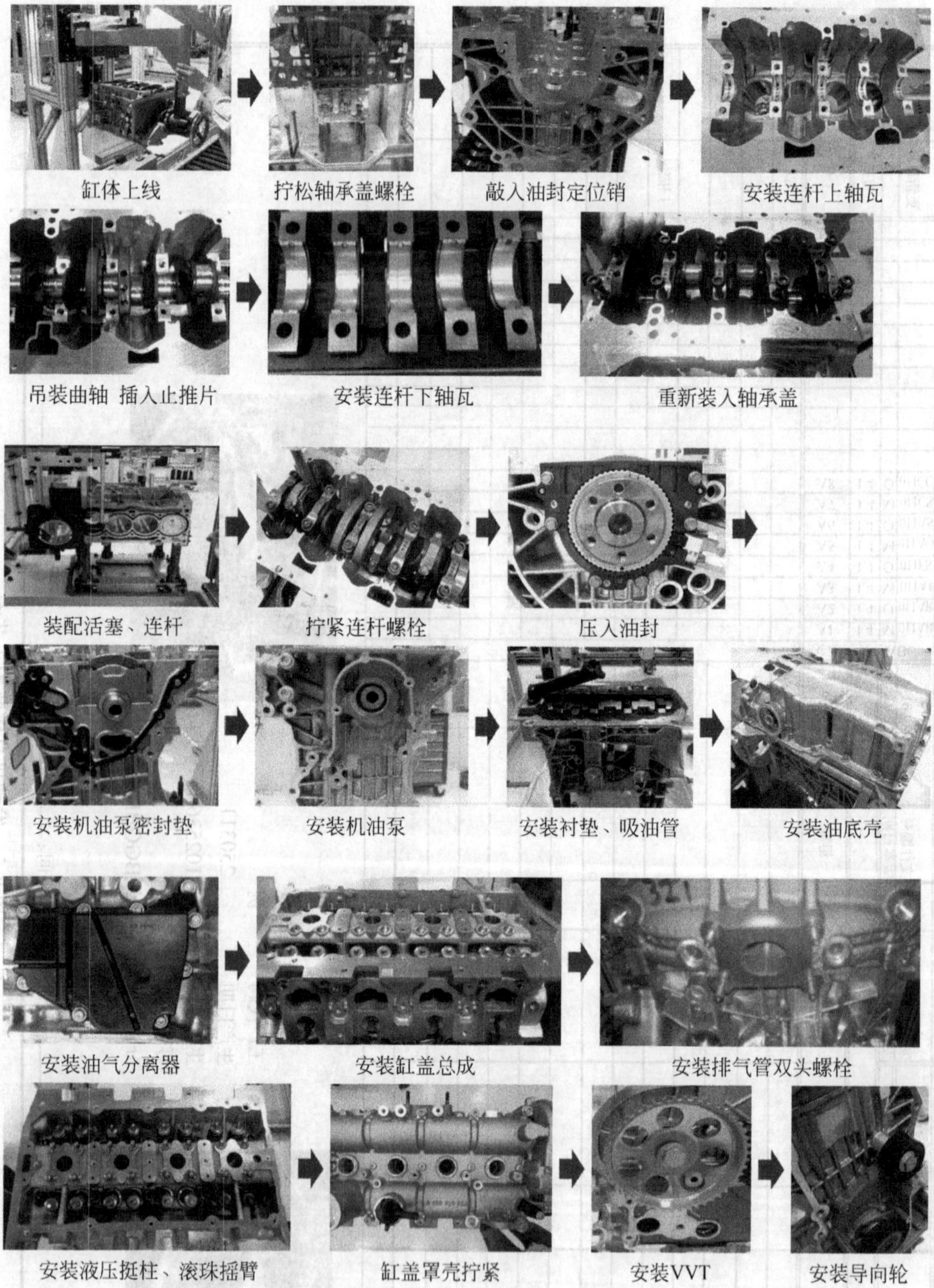

图 8.8　发动机总成装配步骤

安装涨紧轮、链轮、皮带
拧紧VVT
安装水温传感器
安装中段罩壳
安装下罩壳、拧紧皮带轮
安装正时罩盖
安装水泵带轮、水泵
安装飞轮衬板
压装止回阀、机油标尺
拧紧火花塞
拧紧爆震传感器
密封测试
安装加油口盖
安装机油压力开关
安装发动机吊钩
安装发动机线束
拧紧进气管
拧紧燃油分配管
拧紧节气门体
安装点火线圈
安装进油管
安装冷却水管
拧紧飞轮
拧紧离合器
发动机性能测试
装配完成、下线

图 8.8 （续）

发动机热磨又分为无负荷热磨和有负荷热磨，试验中先进行无负荷热磨，后进行有负荷热磨。

某发动机试验进行情况如下：

(1) 冷拖。用作热磨的发动机带动，转速为 11.7 r/s，运转 20 min。

(2) 无负荷热磨。以煤气作燃料，转速为 16.7 r/s，空转 15 min。

(3) 有负荷热磨。冷拖另一台发动机作为负荷，转速为 23.3 r/s，磨合 20 min。

在试验中，应检查各部件的工作情况，同时消除漏油、漏气、漏水和异常敲击声等缺陷。在运转中，检查机油压力：在 8.3～10 r/s 时，压力不得低于 9.8×10^4 Pa；在 40 r/s 时，压力不得高于 4.9×10^4 Pa。

12. 主要装配设备和工艺装备

1）主轴承螺栓拆卸机

主轴承螺栓拆卸机有 18 个扳手头，用于在安装曲轴前拆下主轴承螺栓。一次可同时将主轴承 18 个螺栓全部拆下。整个操作过程，如工件的推入、定位、螺栓的拆卸、工件的推出等均为自动控制。

2）气动扳手

装配线上广泛采用气动工具，如气动扳手。采用气动工具不仅能有效地保证装配质量，同时能大大减轻装配工人的劳动强度和提高劳动生产率。图 8.9 为 QB16 型气动扳手结构图。现场使用气动扳手时，对拧紧时间有一定要求。气动扳手现场使用拧紧时间如表 8.1 所示。

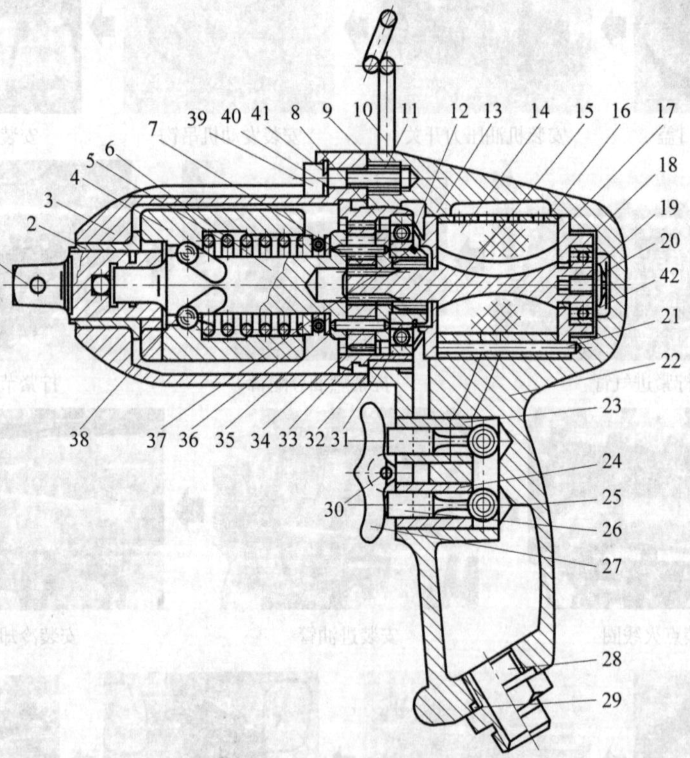

图 8.9 QB16 型气动扳手结构图

1—瓣轴；2—衬套；3—前体；4—冲击头；5—弹簧；6—行星齿轮架；7—行星齿轮；8—内齿圈；9—垫；10—吊环；11—前后体固定螺母；12—螺形弹簧；13—前盖；14—滑片；15—转子；16—汽缸；17—后盖；18—调整环；19—垫片；20—锁紧螺钉；21—销；22—后体；23、24—阀套；25—塑料球；26—推杆；27—压柄；28—进气接头；29—密封圈；30—销轴；31—轴承；32～34—滚针；35—轴；36—推力轴承；37—挡环；38—钢球；39、40—固定螺钉；41—垫圈；42—轴承

表 8.1　气动扳手现场使用拧紧时间（气压为 490 MPa）

气动扳手型号	螺 纹 规 格	拧紧时间/s
B6	M6	1.5～2.5
B10	M10	2～3
B16	M16	2.5～3.5
B20	M20	3.5～5
B30	M30	4～6

3）扭力扳手

为保证螺纹连接的拧紧力矩达到技术要求所规定的数值，常使用扭力扳手，如图 8.10 所示。拧紧螺母时，扭力扳手上的指示针在读数板上指示出达到的扭矩值。

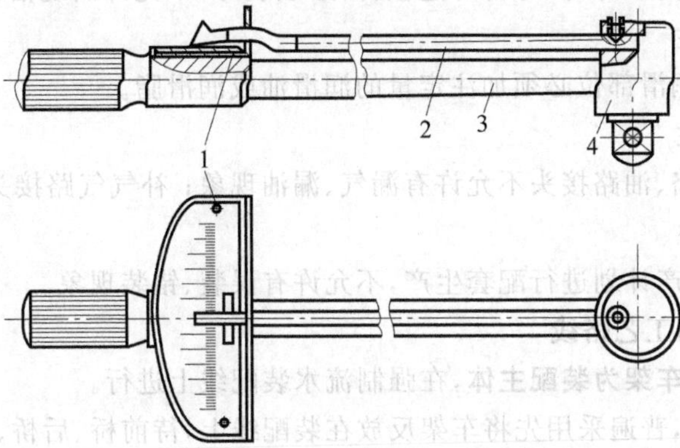

图 8.10　扭力扳手示意图

1—读数板；2—指示针；3—扳手杆；4—扳手头

8.2　汽车总装配工艺过程

汽车总装配就是将汽车各种零件、总成按一定的技术要求，通过各种方法进行组合、调试，最后形成可以行驶的汽车的过程。

汽车总装配的工艺过程大致可以分为装配、调整、路试、重修、装箱、入库等六个环节。

（1）装配。按一定的技术要求，将各种汽车零件、总成进行组合。同时，对于需润滑的部位加注润滑剂，对冷却系加注冷却液，基本达到组合后的汽车可以行驶的过程。

（2）调整。通过调整，消除发动机运转后和汽车装配中暴露的质量问题，使整机、整车处于最佳工作状态。

（3）路试。调整合格的汽车要经过 3～5 km 的路面行驶试验，完成在实际情况下的各种工艺试验，充分暴露质量问题，以便及时消除。

（4）重修。如调整和路试中暴露出不能在其各自的节奏时间内消除的质量问题，要进行重修。所谓重修，不是采用特殊工艺对有质量问题的零件或总成进行修复，一般都是换上新的零件或总成。

（5）装箱。经过路试合格的汽车装配车箱，完成汽车的最终装配。

(6) 入库。

1. 汽车总装配的一般技术要求

1) 装配的完整性

按工艺规定,所有零件、部件和总成必须全部装上,不得有漏装现象。

2) 装配的完好性

按工艺规定,所装零件、部件和总成不得有凹痕、弯曲、变形、机械损伤及生锈现象。

3) 装配的紧固性

按工艺规定,凡螺栓、螺母、螺钉等连接件,必须达到规定的扭矩要求,不允许有松动及过紧现象。

4) 装配的牢靠性

按工艺规定,凡螺栓、螺母、螺钉等连接件,必须装好,不允许出现松脱现象。

5) 装配的润滑性

按工艺规定,凡润滑部位必须加注定量的润滑油或润滑脂。

6) 装配的密封性

按工艺规定,气路、油路接头不允许有漏气、漏油现象;补气气路接头必须涂胶密封。

7) 装配的统一性

各种变型车按生产计划进行配套生产,不允许有误装、错装现象。

2. 汽车总装配的工艺路线

汽车总装配是以车架为装配主体,在强制流水装配线上进行。

载货汽车总装配,普遍采用先将车架反放在装配线上,待前桥、后桥、传动轴等总成装配后再翻转车架的装配方案。若车架一开始就正放,势必造成一些总成、零部件装配困难。

为解决地面运输的问题,杜绝各总成在运输过程中的磕碰伤,主要总成采用输送链运送,如前桥输送链、后桥输送链、发动机输送链、车头输送链、驾驶室输送链、车轮输送链,通过输送链将主要总成直接输送到装配线上进行装配。

如图 8.11 所示,为某载货汽车总装配的工艺流程图,从图中可以看出载货汽车从装配主体——车架总成上装配线开始。

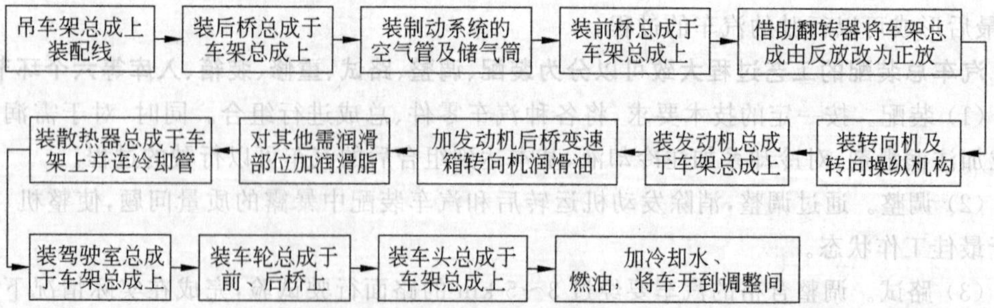

图 8.11 汽车总装配的工艺流程图

汽车装配后要进行路试。为解决由于汽车产量增加而带来的路试工作量增加的问题,有效监测产品质量,汽车制造厂可以通过汽车检测线的检查,基本完成要求的路试项目。

检测线主要的检测项目为汽车怠速排放物的检测、前轮左/右转向角的检测、前照灯光束的检测、前/后轮侧滑量的检测、前/后轮制动力的检测及走合试验等项目。检测线的所有检测数据由仪表显示，由微机处理并打印存档。

3. 汽车总装的主要装配工艺

1) 汽车总装配中的螺纹连接

汽车总装配中，螺纹连接很多，既有一般的连接，又有特殊要求的连接，对于关键部位的连接，都有拧紧力矩值的要求，如表 8.2 所示，为国产某型汽车几个关键部位的扭紧力矩值。

表 8.2　某汽车几个关键部位扭紧力矩值

部　　位	螺纹规格	扭紧矩值/(N·m(kgf·m))	备注
转向机臂轴与垂臂连接	M27×1.5	196～245(20～25)	
转向纵/横拉杆球头销连接	M20×1.5	147～245(15～25)	开口销锁紧
方向盘与上转向轴连接	M20×1.5	98～117.6(10～12)	铰扁螺母
轮胎螺母	M20×1.5	196～294(20～30)	

对于可能造成重大交通事故，从而导致人身伤亡的某些关键连接部位的扭紧力矩值，汽车行业为统一质量标准做了具体规定。

2) 气刹车系统的装配

汽车的刹车系统直接关系着汽车的行驶安全，在对气刹车系统装配时，应采取如下几项工艺措施：

(1) 为保证空气管路连接的密封性，采用密封加涂胶的办法。

(2) 在气刹车系统装配后，以 588 kPa 的压力充气，用肥皂水对各连接点逐个检查，确保整个系统的密封性。

3) 转向系统的装配

汽车的转向系统同样关系到汽车的安全行驶，装配时应满足如下工艺要求：

(1) 方向盘紧固螺母先用气动扳手拧紧，再用扭力扳手进行复检。装配后的方向盘自由转动量在 0°～15°范围内。

(2) 转向器的转向臂固定螺母，按规定的拧紧力矩用风动扳手拧紧，垂臂与轴的标记应对准，误差不大于一个齿。

(3) 转向纵拉杆球头销及转向横拉杆球头销装配时，紧固螺母要达到规定的扭矩值，并用开口销锁紧。

4. 主要装配设备和工艺装备

1) 底盘翻转器

载货汽车的装配普遍采用先将车架反放在装配线上，再翻转的工艺方案，车架的翻转由底盘翻转器来完成。图 8.12 为底盘翻转器的结构示意图。

底盘翻转器由升降机构和可以旋转的前悬挂和后悬挂组成。前/后悬挂间的距离通过调节前悬挂的前后位置获得，以便适应不同车架长度的需要。翻转器可以沿装配链方向前后移动，以便在翻转过程中不影响汽车底盘在装配链上的均匀摆放。

2) 润滑油加油器

汽车总装配时，车上的发动机、变速器、后桥、转向机等均需定量加注润滑油，因此需要有定量加油装置。如图 8.13 所示为气动定量加油器。通过调压阀 3、5 改变压缩空气压力，达到调节润滑油流速的目的，通过可调限位块 9，可改变汽缸工作行程，获得不同的加油量。

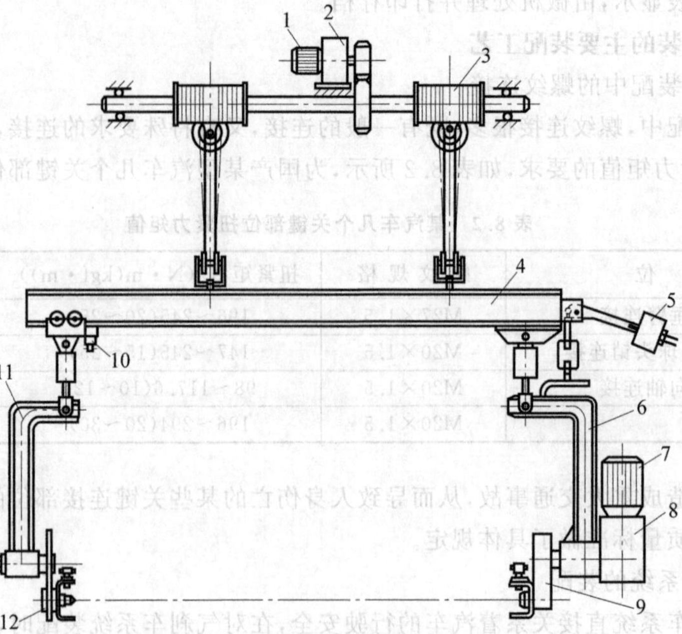

图 8.12　底盘翻转器结构示意图

1—升降电机；2—减速器；3—升降滚筒；4—横梁；5—平衡块；6—后悬挂；7—翻转电机；8—减速器；9—翻转器后夹具；10—调整位置定位器；11—前悬挂；12—翻转器前夹具

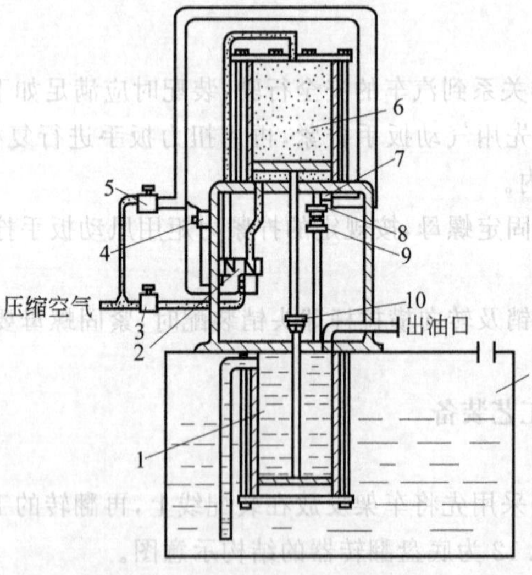

图 8.13　润滑油定量加油器

1—油缸；2—换向阀；3、5—调压阀；4—手动控制开关；6—汽缸；7—行程开关；8—上限位块；9—可调限位块；10—下限位块；11—油箱

3）总装配输送链

总装配输送链由高出地面的桥式链和与地面持平的板式链组成，如图 8.14 所示，桥式链与板式链由一台调速电机驱动，输送链的速度由减速器 2 确定，以便根据需要获得不同的速度。

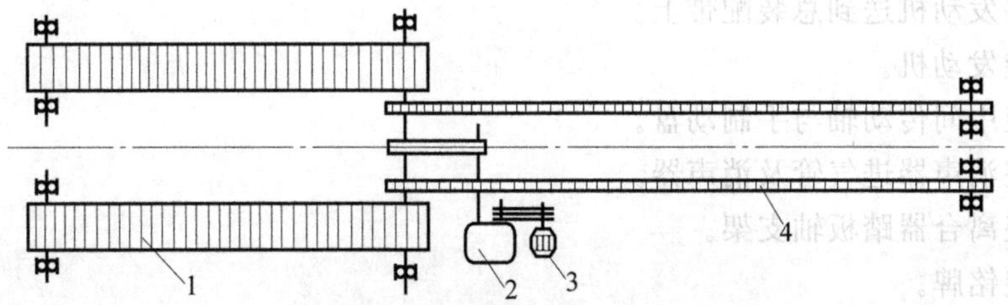

图 8.14　总装配传送链示意图

1—板式链；2—减速器；3—调速电机；4—桥式链

5. 汽车总装配工艺过程

某装载质量为 5000 kg 的载货汽车总装配工艺过程如下：

(1) 吊车架。

(2) 装后钢板弹簧软垫总成。

(3) 装后桥。

(4) 装贮气筒及湿贮气筒支架。

(5) 装贮气筒。

(6) 装湿贮气筒。

(7) 装供气三通管。

(8) 装制动系统的三通管及支架。

(9) 装制动阀。

(10) 装挂车制动阀。

(11) 装前制动管路空气管。

(12) 装后制动管路空气管。

(13) 装挂车制动管路空气管。

(14) 装蓄电池框架。

(15) 装消声器前后支架。

(16) 装传动轴及中间传动轴支承。

(17) 装汽油箱托架。

(18) 装脚踏板托架。

(19) 装蓄电池搭铁线。

(20) 装前桥。

(21) 装滑脂嘴。

(22) 翻转底盘。

(23) 装驾驶室左右前悬置支架。

(24) 装转向机和滑动叉万向节总成。

(25) 装减振器。

(26) 装转向纵拉杆。

(27) 底盘补漆。

(28) 装左/右后灯托架。

(29) 将发动机送到总装配带上。
(30) 装发动机。
(31) 装中间传动轴与手制动盘。
(32) 装消声器进气管及消声器。
(33) 装离合器踏板轴支架。
(34) 装铭牌。
(35) 往后桥、转向机、变速器及发动机内加入润滑油。
(36) 用油枪注入润滑脂。
(37) 装刹车阀至前围与管接头的空气管。
(38) 装后电线束总成。
(39) 装挂车插销座。
(40) 装速度表软轴。
(41) 装分离开关支架。
(42) 装分离开关及连接头总成。
(43) 装电扇护风罩总成。
(44) 装散热器和百叶窗。
(45) 装扭杆支架。
(46) 装前大灯及车头至车架间搭铁总成。
(47) 将车头送到分装线上。
(48) 装前大灯罩。
(49) 装喇叭。
(50) 装车头悬置支座总成扭力杆机构。
(51) 装车头总成于车架上。
(52) 装前保险杠和前后拖钩。
(53) 装备胎升降器。
(54) 装离合器操纵机构及制动操纵机构。
(55) 装雾灯。
(56) 装空气压缩机到贮气筒的空气管。
(57) 装蓄电池于框架中。
(58) 装起动机到蓄电池的电线总成。
(59) 装分电器至火花塞及点火线圈的高压线。
(60) 装下连接板总成。
(61) 装倒车灯总成。
(62) 装倒车蜂鸣器。
(63) 检验制动系统并消除漏气。
(64) 装车轮。
(65) 紧固散热器悬置，连接刹车灯开关电线及气压警报开关电线。
(66) 装转向柱与上转向轴总成。
(67) 装方向盘，转向开关。

(68) 装转向传动轴和万向节总成。
(69) 将驾驶室送到装配带上。
(70) 装驾驶室。
(71) 装气压调节器空气管，制动阀至前围管头胶管。
(72) 装左右后灯、牌照灯总成。
(73) 装汽油箱，汽油油量表感应器并接通电线。
(74) 装汽油滤清器及汽油管。
(75) 装散热器拉杆。
(76) 装左右脚踏板。
(77) 装后橡胶挡泥板。
(78) 装空气滤清器速接管。
(79) 装制动踏板和离合器踏板。
(80) 装加速踏板。
(81) 连接手油门与手风门操纵线。
(82) 连接百叶窗拉线。
(83) 连接电线。
(84) 轮胎螺母扭矩检测。
(85) 连接速度表软轴。
(86) 装驾驶员和乘员座垫、靠背总成。
(87) 气制动系统充气。
(88) 连接蓄电池搭铁，装蓄电池防护罩。
(89) 加防冻液、燃油。
(90) 装暖风装置及导水管。

附录A　机械制造部分工艺参数

表A.1　模锻件内外表面加工余量

锻件质量/kg 大于	锻件质量/kg 至	一般加工精度 F_1	磨削加工精度 F_2	锻件形状复杂系数 S_1 S_2	厚度（直径）方向	水平方向 大于0 至315	315~400	400~630	630~800	800~1250	1250~1600	1600~2500
0	0.4				1.0~1.5	1.0~1.5	1.5~2.0	2.0~2.5				
0.4	1.0				1.5~2.0	1.5~2.0	1.5~2.0	2.0~2.5	2.0~3.0			
1.0	1.8				1.5~2.0	1.5~2.0	1.5~2.0	2.0~2.7	2.0~3.0			
1.8	3.2				1.7~2.0	1.7~2.2	2.0~2.5	2.0~2.7	2.0~3.0	2.5~3.5		
3.2	5.0				1.7~2.2	1.7~2.2	2.0~2.5	2.0~2.7	2.5~3.5	2.5~4.0		
5.0	10.0				2.0~2.5	2.0~2.5	2.0~2.5	2.3~3.0	2.5~3.5	2.7~4.0	3.0~4.5	
10.0	20.0				2.0~2.5	2.0~2.5	2.0~2.7	2.3~3.0	2.5~3.5	2.7~4.0	3.0~4.5	
20.0	50.0				2.3~3.0	2.0~3.0	2.5~3.0	2.5~3.5	2.7~4.0	3.0~4.5	3.5~4.5	
50.0	150.0				2.5~3.2	2.5~3.5	2.5~3.5	2.7~3.5	2.7~4.0	3.0~4.5	3.5~4.5	4.0~5.5
150.0	250.0				3.0~4.0	2.5~3.5	2.5~3.5	2.7~4.0	3.0~4.5	3.0~4.5	3.5~5.0	4.0~5.5
					3.5~4.5	2.7~3.5	2.7~3.5	3.0~4.0	3.0~4.5	3.5~5.0	4.0~5.0	4.5~6.0
					4.0~5.5	2.7~4.0	3.0~4.0	3.0~4.5	3.5~4.5	3.5~5.0	4.0~5.5	4.5~6.0

注：本表适用于在热模锻压力机、模锻锤、平锻机及螺旋压力机上生产的模锻件。

例：锻件质量为 3 kg，在 1600 t 热模锻压力机上生产，零件无磨削精加工工序，锻件复杂系数 S_3，长度为 480 mm 时，查出该零件余量厚度方向为 1.7~2.2 mm，水平方向为 2.0~2.7 mm。

表A.2　模锻件的长度、宽度、高度偏差及错差、残留飞边量（普通级）

同轴度错差	横向残留飞边	分模线 不对称 平直对称	锻件质量/kg 大于	锻件质量/kg 至	锻件材质系数 M_1 M_2	锻件形状复杂系数 S_1 S_2 S_3 S_4	锻件轮廓尺寸/mm 大于0 至30	30~80	80~120	120~180	180~315	315~500	500~800	800~1250	1250~2500
							偏差								
0.4	0.5		0	0.4			+0.8 −0.3	+0.8 −0.4	+1.0 −0.4	+1.1 −0.5	+1.2 −0.6	+1.4 −0.6	+1.5 −0.7	+1.7 −0.8	+1.9 −0.9
0.5	0.6		0.4	1.0			+0.8 −0.4	+1.0 −0.1	+1.1 −0.5	+1.2 −0.6	+1.4 −0.6	+1.5 −0.7	+1.7 −0.8	+1.9 −0.9	+2.1 −1.1
0.6	0.7		1.0	1.8			+1.0 −0.4	+1.1 −0.5	+1.2 −0.6	+1.4 −0.6	+1.5 −0.7	+1.7 −0.8	+1.9 −0.9	+2.1 −1.1	+2.4 −1.2
0.8	0.8		1.8	3.2			+1.1 −0.5	+1.2 −0.6	+1.4 −0.6	+1.6 −0.7	+1.7 −0.8	+1.9 −0.9	+2.1 −1.1	+2.4 −1.2	+2.7 −1.3
1.0	1.0		3.2	5.0			+1.2 −0.6	+1.4 −0.6	+1.5 −0.7	+1.7 −0.8	+1.9 −0.9	+2.1 −1.1	+2.4 −1.2	+2.7 −1.3	+3.0 −1.5
1.2	1.2		5.0	10			+1.4 −0.6	+1.5 −0.7	+1.7 −0.8	+1.9 −0.9	+2.1 −1.1	+2.4 −1.2	+2.7 −1.3	+3.0 −1.5	+3.3 −1.7
1.4	1.4		10	20			+1.5 −0.7	+1.7 −0.8	+1.9 −0.9	+2.1 −1.1	+2.4 −1.2	+2.7 −1.3	+3.0 −1.5	+3.3 −1.7	+3.8 −1.8
1.6	1.7		20	50			+1.7 −0.8	+1.9 −0.9	+2.1 −1.1	+2.4 −1.2	+2.7 −1.3	+3.0 −1.5	+3.3 −1.7	+3.8 −1.8	+4.2 −2.1
1.8	2.0		50	120			+1.9 −0.9	+2.1 −1.1	+2.4 −1.2	+2.7 −1.3	+3.0 −1.5	+3.3 −1.7	+3.8 −1.8	+4.2 −2.1	+4.7 −2.3
2.0	2.4		120	250			+2.1 −1.1	+2.4 −1.2	+2.7 −1.5	+3.0 −1.5	+3.3 −1.7	+3.8 −1.8	+4.2 −2.1	+4.7 −2.3	+5.3 −2.7
2.4	2.8						+2.4 −1.2	+2.7 −1.3	+3.0 −1.5	+3.3 −1.5	+3.8 −1.8	+4.2 −2.1	+4.7 −2.3	+5.3 −2.7	+6.0 −3.0
							+2.7 −1.3	+3.0 −1.5	+3.3 −1.7	+3.8 −1.8	+4.2 −2.1	+4.7 −2.3	+5.3 −2.7	+6.0 −3.0	+6.5 −3.5
								+3.3 −1.7	+3.8 −1.8	+4.2 −2.1	+4.7 −2.3	+5.3 −2.7	+6.0 −3.0	+6.5 −3.5	+7.5 −3.5
									+4.2 −2.1	+4.7 −2.3	+5.3 −2.7	+6.0 −3.0	+6.5 −3.5	+7.5 −3.5	+8.0 −4.0
									+4.7 −2.3	+5.3 −2.7	+6.0 −3.0	+6.5 −3.5	+7.5 −3.5	+8.0 −4.0	+9.0 −4.0

表A.3 模锻件的厚度偏差及顶料杆压痕偏差(普通级)

顶料杆压痕	锻件质量/kg 大于	锻件质量/kg 至	锻件材质系数 M_1 M_2	锻件形状复杂系数 S_1 S_2 S_3 S_4	锻件厚度尺寸/mm 大于 0 至 18 偏差	大于 18 至 30	大于 30 至 50	大于 50 至 80	大于 80 至 120	大于 120 至 180	大于 180 至 315
−0.8/+0.3	0	0.4			+0.5 −0.1	+0.6 −0.2	+0.7 −0.2	+0.8 −0.2	+0.9 −0.3	+1.0 −0.4	+1.2 −0.4
−0.8/+0.4	0.4	1.0			+0.6 −0.2	+0.7 −0.2	+0.8 −0.2	+0.9 −0.3	+1.0 −0.4	+1.2 −0.4	+1.4 −0.4
−1.0/+0.5	1.0	1.8			+0.7 −0.2	+0.8 −0.2	+0.9 −0.3	+1.0 −0.4	+1.2 −0.4	+1.4 −0.4	+1.5 −0.5
−1.2/+0.6	1.8	3.2			+0.8 −0.2	+0.9 −0.3	+1.0 −0.4	+1.2 −0.4	+1.4 −0.4	+1.5 −0.5	+1.7 −0.5
−1.6/+0.8	3.2	5.0			+0.9 −0.3	+1.0 −0.4	+1.2 −0.4	+1.4 −0.4	+1.5 −0.5	+1.7 −0.5	+2.0 −0.5
−1.8/+1.0	5.0	10			+1.0 −0.4	+1.2* −0.4*	+1.4 −0.4	+1.5 −0.5	+1.7 −0.5	+2.0 −0.5	+2.1 −0.7
−2.2/+1.2	10	20			+1.2 −0.4	+1.4 −0.4	+1.5 −0.5	+1.7 −0.5	+2.0 −0.5	+2.1 −0.7	+2.4 −0.8
−2.8/+1.5	20	50			+1.4 −0.4	+1.5 −0.5	+1.7 −0.5	+2.0 −0.5	+2.1 −0.7	+2.4 −0.8	+2.7 −0.9
−3.5/+2.0	50	120			+1.5 −0.5	+1.7 −0.5	+2.0 −0.5	+2.1 −0.7	+2.4 −0.8	+2.7 −0.9	+3.0 −1.0
−4.5/+2.5	120	250			+1.7 −0.5	+2.0 −0.5	+2.1 −0.7	+2.4 −0.8	+2.7 −0.9	+3.0 −1.0	+3.4 −1.1
					+2.0 −0.5	+2.1 −0.7	+2.4 −0.8	+2.7 −0.9	+3.0 −1.0	+3.4 −1.1	+3.8 −1.2
					+2.1 −0.7	+2.4 −0.8	+2.7 −0.9	+3.0 −1.0	+3.4 −1.1	+3.8 −1.2	+4.2 −1.4
					+2.4 −0.8	+2.7 −0.9	+3.0 −1.0	+3.4 −1.1	+3.8 −1.2	+4.2 −1.4	+4.8 −1.5
					+2.7 −0.9	+3.0 −1.0	+3.4 −1.1	+3.8 −1.2	+4.2 −1.4	+4.8 −1.5	+5.3 −1.7
					+3.0 −1.0	+3.4 −1.1	+3.8 −1.2	+4.2 −1.4	+4.8 −1.5	+5.3 −1.7	+6.0 −2.0
					+3.4 −1.1	+3.8 −1.2	+4.2 −1.4	+4.8 −1.5	+5.3 −1.7	+6.0 −2.0	

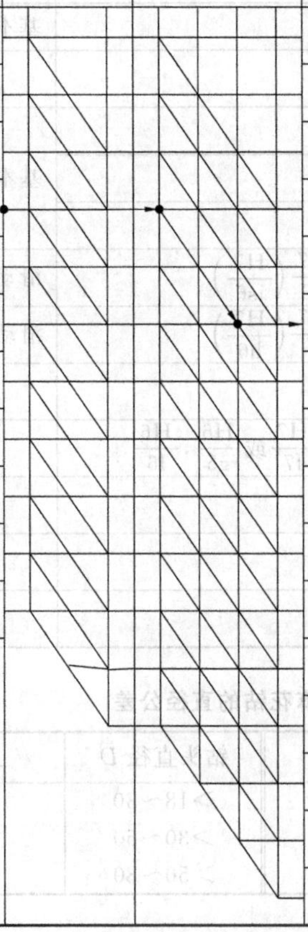

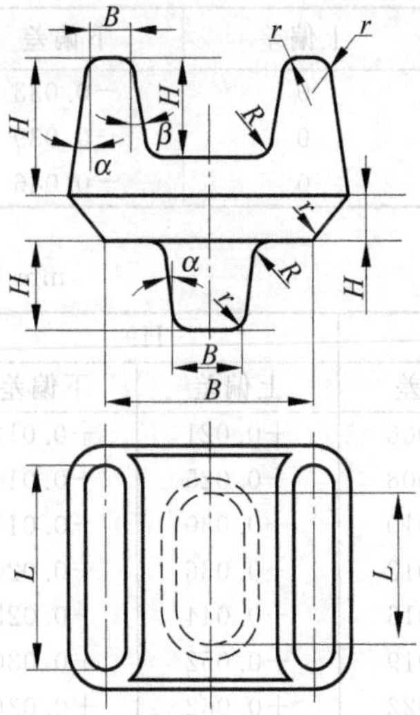

表 A.4 锤上锻件外起模角α 的数值

L/B		H/B ≤1	>1～3	>3～4.5	>4.5～6.5	>6.5
≤1.5	α	5°	7°	10°	12°	15°
>1.5	α	5°	5°	7°	10°	12°

注：1. 内起模角β可按表中数值加大 2°或 3°。

2. 在热模锻压力机和螺旋压力机上使用预料机构时，起模角可比表中数值减小 2°或 3°。

表 A.5 常用夹具元件的公差配合

元件名称	部位及配合		备注
衬套	外径与本体$\frac{H7}{r6}$或$\frac{H7}{n6}$		
	内径 F7 或 F6		
固定钻套	外径与钻模板$\frac{H7}{r6}$或$\frac{H7}{n6}$		
	内径 G7 或 F8		基本尺寸是刀具的最大尺寸
可换钻套 快换钻套	外径与衬套$\frac{F7}{m6}$或$\frac{F7}{k6}$		
	内径	钻孔及扩孔时 F8	基本尺寸是刀具的最大尺寸
		粗铰孔时 G7	
		精铰孔时 G6	
镗套	外径与衬套$\frac{H6}{h5}\left(\frac{H6}{j5}\right)$，$\frac{H7}{h6}\left(\frac{H7}{js6}\right)$		滑动式回转镗套
	内径与镗套$\frac{H6}{g5}\left(\frac{H6}{h5}\right)$，$\frac{H7}{g6}\left(\frac{H7}{h6}\right)$		滑动式回转镗套
支承钉	与夹具体配合$\frac{H7}{r6}$，$\frac{H7}{n6}$		
定位销	与工件定位基面配合$\frac{H7}{g6}$，$\frac{H7}{f7}$或$\frac{H6}{g5}$，$\frac{H6}{f6}$		
	与夹具体配合$\frac{H7}{r6}$，$\frac{H7}{h6}$		
可换定位销	与衬套配合$\frac{H7}{h6}$		
钻模板铰链轴	轴与孔配合$\frac{G7}{h6}$，$\frac{F8}{h6}$		

表 A.6 麻花钻的直径公差 mm

钻头直径 D	上偏差	下偏差	钻头直径 D	上偏差	下偏差
>3～6	0	−0.018	>18～30	0	−0.033
>6～10	0	−0.022	>30～50	0	−0.039
>10～18	0	−0.027	>50～80	0	−0.046

表 A.7 扩孔钻的直径公差 mm

钻头直径 D	上偏差	下偏差	钻头直径 D	上偏差	下偏差
>3～6	0	−0.018	>18～30	0	−0.033
>6～10	0	−0.022	>30～50	0	−0.039
>10～18	0	−0.027	>50～80	0	−0.046

表 A.8 铰刀的直径公差 mm

铰刀直径 D	H7		H8		H9	
	上偏差	下偏差	上偏差	下偏差	上偏差	下偏差
>1～3	+0.008	+0.004	+0.011	+0.006	+0.021	+0.012
>3～6	+0.010	+0.005	+0.015	+0.008	+0.025	+0.014
>6～10	+0.012	+0.006	+0.018	+0.010	+0.030	+0.017
>10～18	+0.015	+0.008	+0.022	+0.012	+0.036	+0.020
>18～30	+0.017	+0.009	+0.028	+0.016	+0.044	+0.025
>30～50	+0.021	+0.012	+0.033	+0.019	+0.052	+0.030
>50～80	+0.025	+0.014	+0.039	+0.022	+0.062	+0.036

表 A.9 座耳主要尺寸 mm

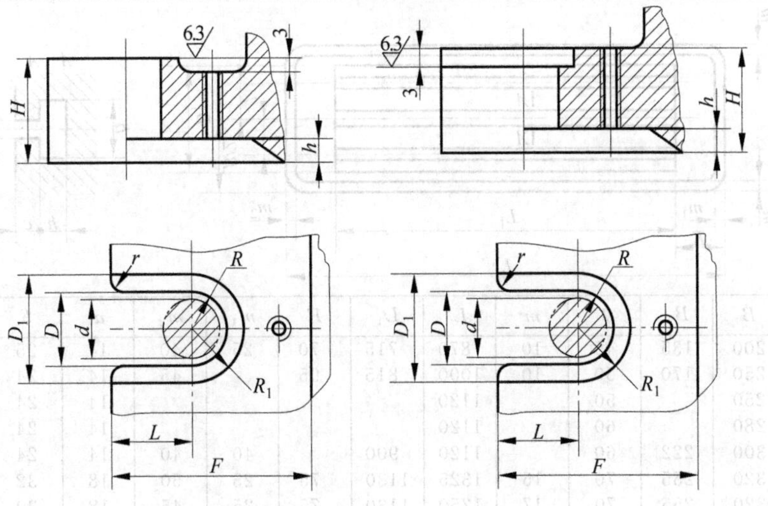

(a) (b)

螺栓直径 d	D	D_1	R	R_1	L	H	F	r	h
8	10	20	5	10	16	28	28	1.5	
10	12	24	6	12	18	32	35	1.5	4
12	14	30	7	15	20	36	42	1.5	
16	18	38	9	19	25	46	56	2	6
20	22	44	11	22	28	54	70	2	
24	28	50	14	25	30	60	88	2	8
30	36	62	18	31	38	76	113	3	10

表 A.10 T形槽主要尺寸 mm

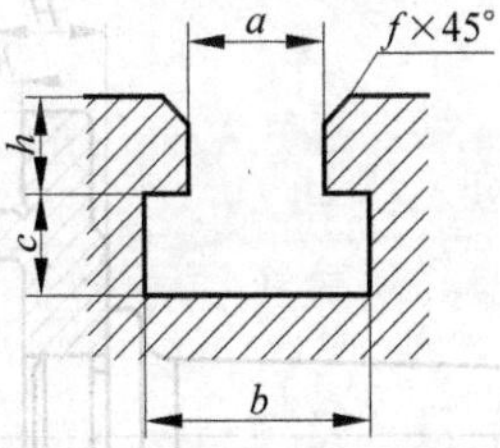

<table>
<tr><td colspan="2">a</td><td>10</td><td>12</td><td>14</td><td>(16)</td><td>18</td><td>(20)</td><td>22</td><td>(24)</td><td>28</td><td>(32)</td><td>36</td><td>42</td><td>48</td><td>54</td></tr>
<tr><td rowspan="2">b</td><td>基本尺寸</td><td>16</td><td>20</td><td>24</td><td>27</td><td>30</td><td>33</td><td>36</td><td>40</td><td>46</td><td>52</td><td>60</td><td>70</td><td>80</td><td>90</td></tr>
<tr><td>允差</td><td colspan="3">+1.5</td><td colspan="5">+2</td><td colspan="6">+3</td></tr>
<tr><td rowspan="2">c</td><td>基本尺寸</td><td>7</td><td>9</td><td>11</td><td>12</td><td>14</td><td>15</td><td>16</td><td>18</td><td>20</td><td>22</td><td>25</td><td>28</td><td>34</td><td>38</td></tr>
<tr><td>允差</td><td colspan="3">+0.5</td><td colspan="5">+1</td><td colspan="6">+2</td></tr>
<tr><td rowspan="2">h</td><td>最小</td><td>6</td><td>8</td><td>10</td><td>11</td><td>13</td><td>14</td><td>16</td><td>17</td><td>21</td><td>24</td><td>27</td><td>32</td><td>36</td><td>42</td></tr>
<tr><td>最大</td><td>13</td><td>15</td><td>18</td><td>20</td><td>23</td><td>25</td><td>28</td><td>30</td><td>36</td><td>42</td><td>46</td><td>54</td><td>60</td><td>70</td></tr>
<tr><td colspan="2">螺栓直径 d</td><td>8</td><td>10</td><td>12</td><td>(14)</td><td>16</td><td>(18)</td><td>20</td><td>(22)</td><td>24</td><td>(27)</td><td>30</td><td>36</td><td>42</td><td>48</td></tr>
<tr><td colspan="2">f</td><td colspan="3">1</td><td colspan="5">1.5</td><td colspan="6">2</td></tr>
</table>

注：a 的尺寸公差根据用途按 H7、H8(或 H9)、H11 或未注公差尺寸公差选取。

表 A.11 铣床工作台及 T 形槽尺寸 mm

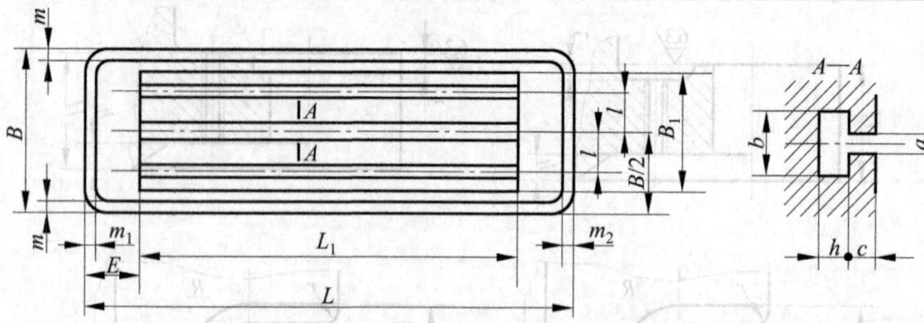

型号	B	B_1	l	m	L	L_1	E	m_1	m_2	a	b	h	c
X50	200	135	45	10	870	715	70	25	40	14	25	11	12
X51	250	170	50	10	1000	815	95		45	14	24	11	12
X5625A	250		50		1120					14	24	11	14
X5028	280		60		1120					14	24	11	18
X5630	300	222	60		1120	900		40	40	14	24	11	16
X52	320	255	70	15	1325	1130	75	25	50	18	32	14	18
X52K	320	255	70	17	1250	1130	75	25	45	18	30	14	18
X53	400	285	90	15	1700	1480	100	30	50	18	32	14	18
X53K	400	290	90	12	1600	1475	110	30	45	18	30	14	18
X53T	425									18	30	14	18
X60	200	140	45	10	870	710	75	30	40	14	25	11	14
X61	250	175	50	10	1000	815	95	50	60	14	25	11	14
X6030	300	222	60		1120	500		40	40	14	24	11	16
X62	320	220	70	16	1250	1055	75	25	50	18	30	14	18
X63	400	290	90	15	1600	1385	100	30	40	18	30	14	18
X60W	200	140	45	10	870	710	75	30	40	14	23	11	12
X61W	250	175	50	10	1000	815	95	50	60	14	25	11	14
X6130	300	222	60	11	1120	900		40	40	14	24	11	16
X62W	320	220	70	16	1250	1055	75	25	50	18	30	14	18
X63W	400	290	90	15	1600	1385	100	30	40	18	30	11	18

表 A.12 车床过渡盘结构和尺寸之一 mm

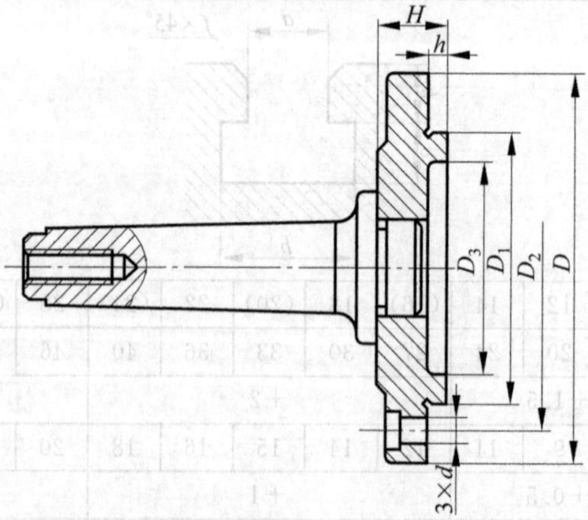

D	D_1(K7)	D_2	D_3	d	H	h	
						基本尺寸	允差
80	55	66	45	7	22	3	−6.1
100	72	84(86)	60				
125	95	108	80	9	24	3.5	−0.2
130	100	115					

表 A.13 车床过渡盘结构和尺寸之二 mm

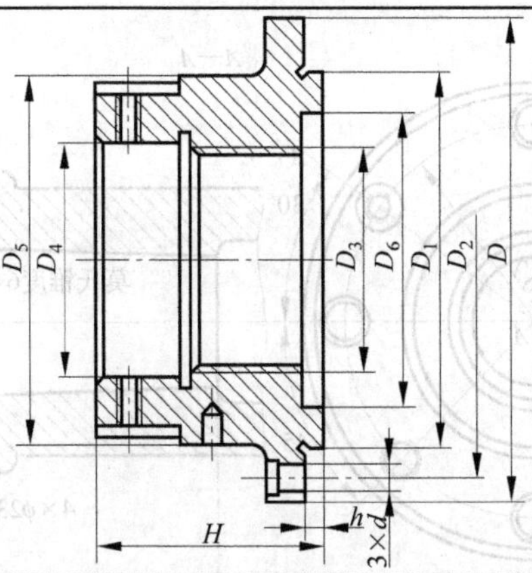

D	D_1(K7)	D_2	D_3	D_4(H6)	D_5	D_6	d	H	h	
									基本尺寸	允差
80	55	66	N33	35	50	45	7	36	3	−0.1
100	72	84(86)	M39	40	60	60	9	40		
125	95	108	M45	48	70	80		45		
130	100	112	M45	48	70	80		45	3.5	−0.2
160	130	142	M52	55	80	100		50	5	
200	165	180	M68	70	100	140	11	63		
250	210	226	M68	70	110	180	13	64		
315(320)	270	290	M90	92	130	240	17	81		
400	340	368	M120	125	170	310		104		
500	440	465	M135	140	190	410		117	0	
630	560	595	M150	155	210	520		133		

表 A.14 车床过渡盘结构和尺寸之三 mm

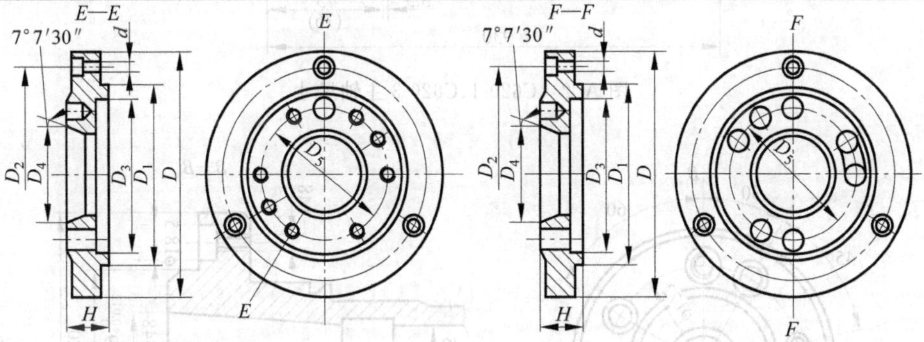

(a) (b)

D	D_1(K7)	D_2	D_3	D_4		D_5	d	H 不小于
				基本尺寸	偏差			
160(A)	130	142	110	53.975	+0.003 −0.005	75	9	22
200	165	180	140	63.513		85(A) 82.6(B)	11	25
250	210	226	180	82.563	+0.004 −0.006	108	13	28
315 320(A)	270	290	240	106.375		160	17	32
400 320(B)	340	368	310	139.719	+0.004 −0.008	172		36
500	440	465	410	196.869	+0.004 −0.010	234.96		40

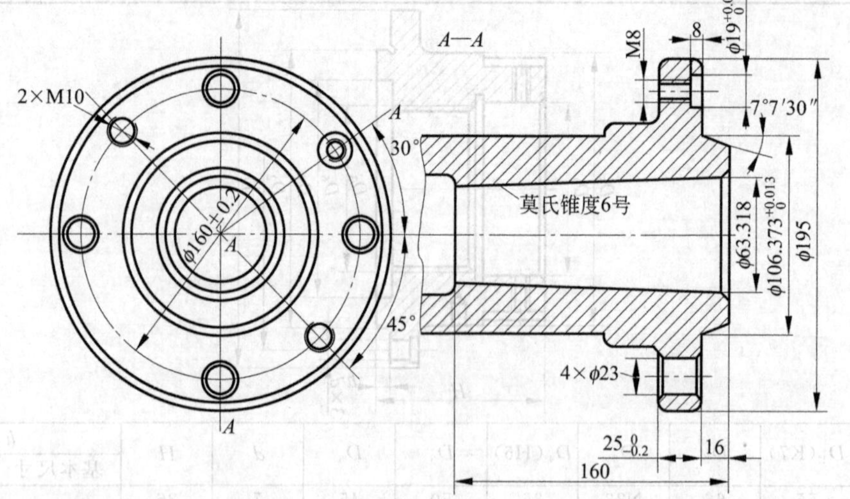

图 A.1 CA6140、CA6240、CA6250 主轴尺寸

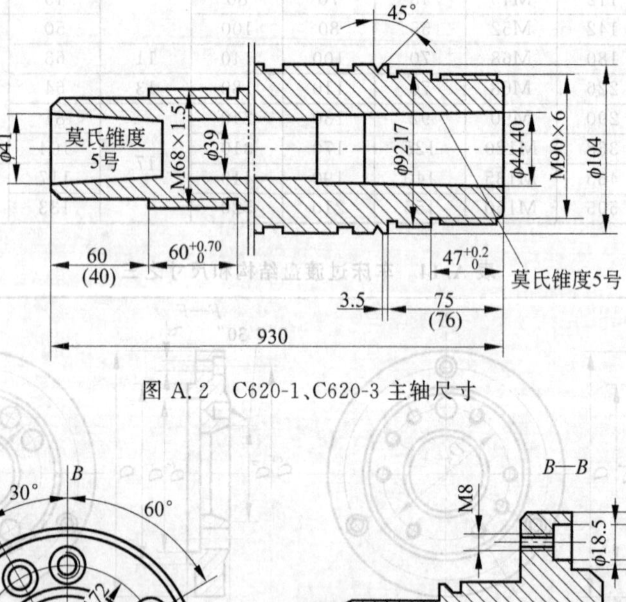

图 A.2 C620-1、C620-3 主轴尺寸

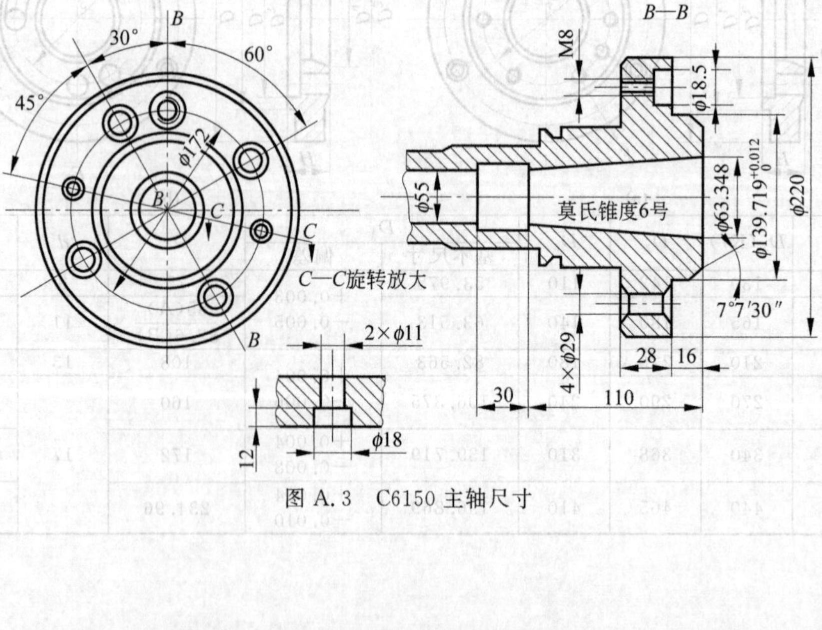

图 A.3 C6150 主轴尺寸

参考文献

[1] 倪森寿.机械制造工艺与装备[M].3版.北京：化学工业出版社，2015.

[2] 侯家驹.汽车制造工艺学[M].北京：机械工业出版社，1991.

[3] 曾东建.汽车制造工艺学[M].北京：机械工业出版社，2007.

[4] 王宝玺.汽车制造工艺学[M].北京：机械工业出版社，2007.

[5]《机械设计手册》联合编写组.机械设计手册[M].北京：化学工业出版社，1987.

[6] 李旦.机械加工工艺手册：第1卷 工艺基础卷[M].北京：机械工业出版社，2007.

[7] 朱耀祥，浦林祥.现代夹具设计手册[M].北京：机械工业出版社，2010.

[8] 艾兴.切削用量手册[M].北京：机械工业出版社，1985.

[9] 陈宏钧.实用机械加工工艺手册[M].北京：机械工业出版社，2009.

[10] 王宛山.机械制造手册[M].沈阳：辽宁科学技术出版社，2002.

[11] 吴圣庄.金属切削机床[M].北京：机械工业出版社，1980.

[12] 哈尔滨市教育局.专用机床设计与制造[M].哈尔滨：黑龙江人民出版社，1979.

[13]《金属热加工实用手册》编写组.金属热加工实用手册[M].北京：机械工业出版社，1996.

[14] 韩英淳.汽车制造工艺学[M].3版.北京：人民交通出版社，2013.

[15] 施江澜.材料成形技术基础[M].3版.北京：机械工业出版社，2014.

[16] 邓仕珍.汽车车身制造工艺学[M].北京：北京理工大学出版社，2005.

[17] 陈嘉真.塑料成型工艺及模具设计[M].北京：机械工业出版社，1995.

[18] 李硕本.冲压工艺理论与新技术[M].北京：机械工业出版社，2002.

[19] 张世昌.机械制造技术基础[M].天津：天津大学出版社，2002.

[20] 宋晓琳.汽车车身制造工艺学[M].2版.北京：北京理工大学出版社，2006.

[21] 倪森寿.机械制造基础[M].北京：高等教育出版社，2010.

[22] 吴林祥.金属切削原理与刀具[M].北京：机械工业出版社，1996.

[23] 赵慧欣.机械制造工艺基础[M].北京：电子工业出版社，2008.

[24] 王植槐，等.汽车制造检测技术[M].北京：北京理工大学出版社，2000.

[25] 周华祥，刘瑞已.汽车制造工艺与数控设备[M].北京：机械工业出版社，2007.

[26] 赵桂范，杨娜.汽车制造工艺[M].北京：北京大学出版社，2008.

[27] 丁柏群，王晓娟.汽车制造工艺技术[M].北京：国防工业出版社，2008.

[28] 林信智，杨连第.汽车零部件感应热处理工艺与设备[M].北京：北京理工大学出版社，1998.

[29] 鲜小红.冲压工艺与模具设计[M].成都：西南交通大学出版社，2014.

[30] 王纯祥.焊接工装夹具设计及应用[M].北京：化学工业出版社，2014.

[31] 宋新萍.汽车制造工艺学[M].2版.北京：清华大学出版社，2016.